DIGNITÉ, LIBERTÉ, ÉGALITÉ

Le droit aujourd'hui

La collection « Le droit aujourd'hui » regroupe des études juridiques concernant des problèmes d'actualité nationale et internationale, dans divers domaines (éthique, politique, questions de société...).

Déjà parus

Michel BOUDJEMAÏ, *La territorialisation de l'aide sociale légale*, 2022.
Carine VAYSSE, *La théorie générale du contrat administratif*, 2022.
Thomas LARDEUX, *La sécurité juridique et le contentieux international des investissements*, 2021.
Coffi Dieudonné ASSOUVI, *L'influence du droit international des changements climatiques sur le droit de l'environnement de l'Union européenne*, 2021.
Zohra Aziadé ZEMIRLI, *Le statut juridique des non-musulmans en Algérie. L'exemple des évangéliques et des ahmadis,* 2020.
Moustapha KAMARA, Jean Baptiste BERTRAND, avec la collaboration de Samba Thiam et Isabel Falconer, *Le contentieux international du transfert des joueurs, Football et autres sports collectifs, Nouvelle édition revue et augmentée,* 2020.
Béatrice Blohorn-Brenneur (dir.), *Médiation, cultures et religions*, 2020.
Marion Brosset Briand, Antonin Crinon, Élodie Delacoure et Émilie Delcher (dir.), *Le nombre et le droit*, 2020.
Mickaël Le Borloch, *L'application du droit d'auteur aux hyperliens, Analyse de droit français et de droit américain*, 2019.
Romain Feydel, *La société de libre partenariat. Régime juridique et fiscal*, 2019.
Arafat Abi, *La protection des droits des migrants, Interactions entre la protection des droits de l'homme et la protection diplomatique et consulaire*, 2019.
Georges Labrecque, *Les cours d'eau internationaux. Étude jurisprudentielle*, 2019.
Fabien Bottini, *Droits fondamentaux et crise(s) des solidarités*, 2019.

Boris Barraud

Dignité, liberté, égalité

Pratique des droits de l'homme numérique

L'Harmattan

5-7, rue de l'École-Polytechnique ; 75005 Paris

http://www.editions-harmattan.fr/

ISBN : 978-2-14-026514-3
EAN : 9782140265143

Sommaire des deux ouvrages

Théorie des droits de l'homme numérique

Partie 3. L'homme dénaturé

Partie 4. L'homme retrouvé

Pratique des droits de l'homme numérique

Partie 1. L'Homme marchandisé

1. Capitalisme de surveillance. Montesquieu l'a affirmé haut et fort, et l'histoire lui a plutôt donné raison : le commerce « unit les peuples ». Les relations commerciales seraient gage d'humanité et de liberté. Qu'on se souvienne du projet de Sully, reprenant le grand dessein attribué à Henri IV, visant à instaurer une paix perpétuelle. Emmanuel Kant, pour sa part, vit dans l'esprit du commerce une grande force pacificatrice. Cependant, encore faut-il que les contraintes économiques n'interdisent pas les choix politiques ni l'éthique humaniste. Les calculs économiques peuvent très bien favoriser des intérêts particuliers dont la somme ne produit pas l'intérêt général. Aujourd'hui, plus qu'hier, il importe de comprendre les logiques économiques qui se cachent derrière les services les plus invasifs, les plus omniprésents dans nos quotidiens. Ces services, de plus en plus, sont la conjonction des mégadonnées et du commerce. L'heure est aux richesses immatérielles. Dans son édition du 6 mai 2017, le journal *The Economist* pouvait ainsi avancer que le bien le plus précieux au monde ne serait plus le pétrole, mais les informations numériques.

L'économie s'est tournée vers le capitalisme de surveillance et la manipulation générale des comportements[1]. Le profiling, la personnalisation et le traçage permanent offrent aux entreprises de grands avantages stratégiques et compétitifs. Le marketing est fondamentalement bouleversé par les nouvelles technologies informatiques. L'analyse des caractéristiques comportementales et de la géolocalisation permettent de parfaitement connaître et orienter les consommateurs. L'historique des achats, les habitudes, le parcours sur le site web de l'entreprise ou en magasin grâce à des caméras sont autant d'informations permettant de nudger les individus

[1] Sh. Zuboff, *The Age of Surveillance Capitalism*, Public Affairs, 2019.

dans la société de consommation. Mais cela, en contrepartie, interroge nécessairement les droits et libertés fondamentaux[2]. Chaque trace laissée en ligne, notamment sur les réseaux sociaux, est monétisable et, au total, entre 500 et 1 000 milliards de dollars seraient le prix des données des Européens[3]. Quant à l'addiction aux écrans, qui touche davantage les « *digital natives* » que les plus anciens, sans que ceux-ci soient pour autant épargnés, elle sert grandement ce capitalisme de surveillance.

Historiquement, les avancées techniques des réseaux informatiques et de leurs usages ont conduit à repenser certaines catégories telles que la propriété privée ou la vie privée, ainsi que les normes juridiques qui les déclinent. Aujourd'hui, alors que l'économie des données devient toujours plus le cœur battant du monde, on pose partout les questions des droits sur les données personnelles et du droit au respect de la vie privée. Pour beaucoup, les droits de l'homme numérique se réduiraient à ces enjeux. Si l'on peut douter que tel soit le cas, toujours est-il qu'il s'agit bien des problématiques importantes, auxquelles le droit est déjà venu apporter quelques réponses. La population, de mieux en mieux informée, se montre de plus en plus réfractaire à abandonner ses données, même si beaucoup voient toujours dans le libre accès à certains services fort utiles une contrepartie suffisante. D'autres entendent désormais protéger les informations personnelles autant que leurs coordonnées bancaires. Si la liberté n'a pas de prix, que valent vraiment les données ? Pourrait-on en être propriétaire et en disposer, donc les vendre ?

L'idéologie de la rentabilité et du profit pousse à la sélection par la concurrence économique, qui elle-même mène au totalitarisme de l'argent. Le marché et sa loi tendent à remplacer l'État et ses lois, mobilisant toutes les ressources humaines et techniques. On passerait ainsi de « l'état social inscrit dans la Déclaration de Philadelphie au marché total qui signe la mort de l'humanisme juridique »[4]. Or les conséquences de ce retournement sont d'autant plus profondes que, désormais, ce qui s'échange sur les marchés, ce

---

[2] E. Joh, « The New Surveillance Discretion : Automated Suspicion, Big Data, and Policing », *Harvard Law and Policy Review* 2016, vol. 10, p. 15 s.

[3] « Quelle est votre valeur sur les réseaux sociaux ? », *Huffington Post* 23 févr. 2016.

[4] M. Delmas-Marty, *Sortir du pot au noir – L'humanisme juridique comme boussole*, Buchet-Chastel, 2019, p. 42.

qui s'achète et se vend, ce dont on fait le commerce, ce sont les hommes. Les grands services du numérique réifient les êtres humains. De plus en plus, hommes et choses en viennent à se confondre. L'homme est marchandisé, soldé, bradé, ce qui ne peut laisser le droit indifférent.

2. Juridiciser la datafication du monde. On tend à suspecter les pouvoirs publics plutôt que les pouvoirs privés de nous espionner et d'enregistrer de nombreuses informations nous concernant. Mais on prend aussi conscience du fait que les multinationales du numériques sont des multinationales des données, que sans ces dernières elles ne sont rien et qu'il nous revient de leur accorder ou pas cette puissance colossale qui est la leur. La mise en données du monde et de nos existences n'est pas une fatalité, pas le sens de l'histoire ou du progrès, mais notre choix, un choix qui mérite d'être précisément encadré par le droit. La datafication est bien l'une des grandes problématiques auxquelles les juristes doivent et devront répondre.

Les données personnelles sont désormais essentielles dans la vie individuelle et collective. Elles requièrent un cadre juridique et éthique volontariste et équilibré entre recherche, développement économique et social et protection des individus. L'IA responsable et l'IA de confiance sont forcément des IA qui, si elles fonctionnent bien sûr grâce à des données, le font de manière loyale et transparente. Les données personnelles sont l'émanation de l'être humain dans l'espace numérique, l'homme numérique tend à n'être qu'un corpus de données. Le droit et l'éthique doivent aussi favoriser une prise de conscience collective, permettre à tous de comprendre combien leurs informations particulières sont un enjeu civilisationnel majeur.

On pourrait rapprocher la protection des données du combat contre le changement climatique. Les cris d'alerte des scientifiques, depuis les années 1980, au sujet du réchauffement climatique ont souvent trouvé pour seul écho une indifférence quasi-générale. Puis, récemment, les choses ont changé, mais il est peut-être trop tard. Le climatoscepticisme suscite de moins en moins d'adhésion à mesure que les preuves concrètes de ce qui se passe au niveau climatique se font de plus en plus accablantes. Il se pourrait que, alors qu'on tarde encore à prendre au sérieux, dans le grand public, les grands enjeux attachés à la question de la « *privacy* », on franchisse bientôt le « pic de déni » et finisse par s'imposer la sensation d'une perte de la maîtrise de soi par la perte de la maîtrise de ses données. Là aussi, il serait peut-être trop tard. Pour l'heure, ce sont encore des lanceurs d'alerte, des activistes et quelques journalistes et chercheurs qui mettent en garde contre le péril numérique.

Quant au droit, en qualifiant le fond des océans, la Lune et l'espace de patrimoine commun de l'humanité, dans les années 1960, il a montré combien l'environnement nous appartient à tous et nous oblige tous à en prendre soin, mais sans produire des effets concrets suffisants, loin s'en faut. S'agissant des données, le patrimoine est une piste à suivre : patrimoine personnel ou patrimoine commun. L'apparition dans le langage économique de la notion de « bien public mondial », pour désigner un bien non exclusif et non rival (dont l'archétype est le climat) suggère au juriste celle de « bien commun ». Mais d'aucuns plaident surtout pour la consécration d'un véritable droit de propriété sur les données, donc pour leur patrimonialisation. Entre économisme juridique et humanisme juridique, le droit des données personnelles reste largement à construire et à adapter au nouveau monde dans lequel les IA nous plongent. Les défis sont grands pour les sources publiques du droit, garantes de l'intérêt général et du développement durable numérique, tant, comme l'observe Mireille Delmas-Marty, « le pôle marché prend d'autant plus facilement le contrôle de la mondialisation que le politique, plus long à évoluer, aurait perdu sa crédibilité, au risque de parachever la mort de l'humanisme juridique »[5].

---

[5] *Ibid.*

Chapitre 1. L'exploitation des données

3. L'or numérique. Si les intelligences artificielles sont de plus en plus omniprésentes, cela est rendu possible par l'expansion du *big data*, par l'explosion de la production, de l'enregistrement et du traitement de données[6]. Une donnée est une information qui a été enregistrée, sauvegardée, qui pourra donc être réutilisée ; et une donnée numérique est une information qui a été recueillie dans un format numérique. Le volume des données produites dans le monde double tous les 18 à 24 mois. Tous les deux jours, l'humanité produit autant d'informations qu'entre l'aube de l'humanité et 2003. Et plus de 90 % des données disponibles aujourd'hui ont été produites au cours des deux dernières années. La révolution des IA ne va pas sans révolution des données. Ces dernières sont le « nouvel or noir » : l'or numérique. Celui qui parvient à élaborer le premier un algorithme très efficace dans un domaine donné est semblable à celui qui découvre un gisement de pétrole. Il faut collecter, enrichir et (r)affiner les données, au service des algorithmes. Aux quatre pouvoirs classiques (législatif, exécutif, judiciaire et médiatique), vient s'ajouter le cinquième pouvoir : celui des données.

Dans le domaine de la médecine, par exemple, on a accumulé en France énormément de données depuis de nombreuses années avec les dossiers médicaux des patients. Des instruments permettent désormais d'exploiter ces données et de réaliser des progrès dans les connaissances à un faible coût. On parle alors de « *data mining* » : cette fouille dans les bases de données vise à identifier des relations entre les données. Cela existe d'ailleurs depuis longtemps en physique, biogénétique ou astronomie, domaines dans lesquels

---

[6] Le volume des données produites dans le monde double tous les 18 à 24 mois. Tous les deux jours, l'humanité produit autant d'informations qu'entre l'aube de l'humanité et 2003. Et plus de 90 % des données disponibles aujourd'hui ont été produites au cours des deux dernières années.

on est habitué à l'open data. Jusqu'à la recherche en littérature s'appuie aujourd'hui sur le *data mining* — en recensant les occurrences d'un mot dans le temps. La particularité de l'époque actuelle est que ce sont des entreprises privées qui se retrouvent au centre de la gestion et de l'exploitation de l'or numérique. Ce sont elles qui tirent profit de la richesse des quatre V des big data : volume (leur nombre augmente sans cesse), variété (elles proviennent de sources diverses, ces vidéos aux réseaux sociaux), vitesse (elles sont gérées et analysées en temps réel) et véracité (grâce au développement d'outils pour garantir la fiabilité de la data). Toutes les données rentrées dans l'ordinateur ou le smartphone en ressortent aussitôt pour approvisionner de grandes bases de données et préciser le profil de l'homme numérique en les croisant avec d'autres informations. On peut ainsi esquisser des profils et des cartographies relationnelles toujours plus détaillées. Au temps du web 1.0, les indications concernant les individus étaient surtout livrées sur des webforums. Aujourd'hui, si les forums en ligne sont innombrables, le web participatif comprend aussi les blogs, qui n'ont épargné aucun milieu et aucune catégorie de personnes, ainsi que tous les services interactifs et contributifs qui ont prospéré : wikis, réseaux sociaux, plateformes de partage audiovisuelles, sites de petites annonces, sites de vente aux enchères.

Les GAFAM, notamment, ont un appétit pantagruélique de données. Jamais rassasiés, ils débordent d'ingéniosité pour étancher leur soif d'informations personnelles. Car leurs modèles économiques ont dans une large mesure été construits sur la vente de ces informations à des annonceurs à des fins de publicité ciblée. Le modèle économique de ces plateformes consiste souvent en la mise à disposition gratuite d'une interface et de fonctionnalités de base dans l'espoir de dégager des revenus en vendant à une petite partie des utilisateurs des services dits « premium ». Il repose surtout sur l'achat par des annonceurs d'espaces publicitaires. Cela explique, d'une part, le besoin de maximiser le nombre d'utilisateurs actifs, en suscitant de l'engagement, et, d'autre part, les collectes massives de données personnelles : les gains étant proportionnels au nombre de clics sur les bannières publicitaires, il est important de proposer aux internautes les messages les plus personnalisés possible. Les données revêtent une valeur subjective, une valeur d'usage dépendant de leur utilité et des positions stratégiques auxquelles elles permettent d'accéder[7]. Au-delà, leurs algorithmes ne traitent certainement pas les données de façon neutre. Ils sont inévitablement influencés par des biais sociaux, politiques, moraux et surtout économiques, commerciaux. Comme Michel Serres le demandait, « petite poussette, individus, clients, citoyens laisseront-ils indéfiniment l'État, les banques, les grands magasins s'approprier leurs données, d'autant qu'elles deviennent aujourd'hui une source de richesse ? Voilà un problème politique, moral et juridique dont les solutions transformeront notre horizon historique et culturel »[8].

I. Les nouveaux gisements de données

4. Tout quantifier, tout chiffrer. La métaphore a fait florès : les données sont le « nouveau pétrole », une matière première à valoriser, qui peut offrir à celui qui la possède une puissance colossale. On comprend alors que certains acteurs souhaitent protéger leurs gisements de données, ne pas les partager, les enrichir, les exploiter. D'autres, bien que ne disposant pas des technologies permettant d'utiliser leurs bases de données, les gardent jalousement dans l'attente du progrès informatique qui leur permettra de tirer un grand profit de cette matière. Dans la « *data driven economy* », les « infomédiaires »[9] prennent le pouvoir en contrôlant de vastes silos de données. Du côté des États, on promeut la libération de cet objet non rival, l'open data, la réutilisation plurielle des données permettant d'en maximiser la valeur économique et sociale. D'après la Commission européenne, la valeur des données personnelles en 2020 approcherait le trillion d'euros, c'est-à-dire 8 % du PIB de l'Union européenne — une richesse qui n'est guère redistribuée aux masses qui la produisent. Et on succombe à la mode des statistiques, multipliant les indicateurs destinés à orienter les

---

[7] S. Chignard, L.-D. Benyayer, *Datanomics – Les nouveaux business models des données*, FYP, 2016.

[8] M. Serres, *Petite Poucette*, Le Pommier, coll. Manifeste, 2012, p. 73.

[9] C. Zolynski, « Un nouveau droit de propriété intellectuelle pour valoriser les données : le miroir aux alouettes ? », *Dalloz IP/IT* 2018, p. 94.

comportements de ceux et ce qui se laisse ainsi réduire en chiffres[10]. À compter des politiques néolibérales des années 1980, on a généralisé la calculabilité et systématisé la politique des quantificateurs, baromètres, indices et palmarès. Tout devait être chiffrable et chiffré. À l'ère de l'IA, ce phénomène prend une autre dimension. Le pouvoir, dans toutes ses dimensions, dépend aujourd'hui beaucoup de la maîtrise des données et de la possession d'algorithmes sophistiqués et efficaces.

Il existe différents moyens de « tracer » les internautes — *i.e.* mieux comprendre leurs comportements. Le plus classique est le dépôt de cookies, ces témoins de connexion « mouchards », petits fichiers informatiques installés sur le navigateur de l'utilisateur afin de recueillir son historique de navigation, inventés en 1994 par Lou Montulli, un ingénieur de Netscape, afin de se souvenir de l'adresse IP d'un e-consommateur lorsqu'il constitue un panier d'achat en naviguant sur des pages différentes d'un même site. Lorsque l'internaute se connecte à un site web, celui-ci place dans son ordinateur, avec son accord peu éclairé, un cookie où sont enregistrées les caractéristiques principales de sa navigation, si bien que, lorsqu'il reviendra sur ce site, il sera traité comme une personne déjà connue, se voyant proposer des contenus personnalisés. Les informations récoltées à travers les formulaires d'inscription constituent un autre mode de traçage — c'est pourquoi il est de plus en plus souvent obligatoire de s'inscrire pour pouvoir utiliser les services d'un site web. Et puis il y a toutes les données que les internautes divulguent plus ou moins volontairement (par exemple en cliquant sur des boutons de type « J'aime », permettant de cerner les affinités de chacun) afin de se faire mieux connaître de leurs réseaux de relations. D'autres techniques de pistage sont encore les langages tels que Java de Sun Microsystems ou ActiveX de Microsoft, lesquels permettent de manipuler des fichiers sur l'ordinateur de l'utilisateur.

Les captures de données peuvent être visibles — ce qui ne veut pas dire conscientes — mais aussi et surtout invisibles — et forcément inconscientes. Elles sont visibles lorsque les informations sont directement collectées auprès des internautes qui remplissent des formulaires. Mais la collecte d'informations, bien qu'elle soit parfaitement réelle, est difficile à comprendre et à accepter quand ces informations sont fournies dans le cadre

---

[10] I. Bruno, E. Didier, *Benchmarking – L'État sous pression statistique*, Zones, 2013.

de forums de discussion ou lors d'échanges sur les réseaux sociaux. Quant aux captures invisibles, il s'agit des cas dans lesquels l'internaute ignore que ses données sont l'objet d'un traitement : enregistrement des données de connexion ; utilisation de logiciels de recherche d'informations ou traces laissées en ligne afin d'alimenter des bases de données commerciales ; recours à des moteurs de recherche qui indexent l'ensemble des données recueillies par les divers services du web 2.0 et qui permettent de retrouver d'anciens messages ou autres documents même lorsqu'ils ont été effacés.

On souhaite toujours mieux connaître les utilisateurs, clients ou usagers, car cette connaissance a de la valeur, est une richesse. Pour cela, il faut collecter les plus grands volumes d'informations révélant des caractéristiques individuelles, notamment produites par les corps. C'est pourquoi les smartphones possèdent désormais des mécanismes permettant de nous capter et nous mesurer en permanence, tout comme les bracelets, les lits, les miroirs, les balances, tous connectés, parmi d'autres dispositifs visant à dépasser leur usage premier pour devenir des capteurs de nos flux physiologiques. Contrairement aux réseaux sociaux qui repèrent nos goûts et nos valeurs, il s'agit ici d'analyser des informations personnelles afin de pouvoir formuler des offres personnalisées ressortissant du marché du bien-être et de la prévention thérapeutique. C'est ainsi que, « pour notre plus grand bien », de moins en moins d'aspects de nos activités quotidiennes échappent à l'enregistrement. Pourtant ce phénomène n'en est encore qu'à ses prémices.

Le volume de données augmente à une vitesse exponentielle. La « datafication » du monde, commencée maintenant il y a de nombreuses années, n'a de cesse de se développer. De plus en plus de machines, d'objets connectés, de caméras et autres capteurs enregistrent de grandes masses de données. L'analyse de ces données permet d'améliorer les décisions, de prévoir des événements, de perfectionner divers processus. Et peu ou prou tous les domaines sont concernés, de la santé aux transports en passant par l'urbanisme. La révolution du big data est dopée par les progrès de l'intelligence artificielle en même temps qu'elle dope les progrès de l'IA. Avec ce cercle vertueux — ou vicieux, selon le point de vue —, tout devient plus transparent, quantifiable, mesurable. C'est la conjugaison de quatre facteurs qui rend cela possible : la baisse du coût de traitement de l'information, l'avènement du web participatif et donc l'apparition d'innombrables contenus générés par les utilisateurs, la croissance exponentielle des données générées par les humains et les machines et le perfectionnement des algorithmes. Et nous ne sommes peut-être qu'au début du déploiement de l'univers des data. Par exemple, les technologies de traitement automatique de la langue, d'analyse des sentiments ou de web sémantique permettent de produire des informations en extrayant du sens à partir de textes, images, sons ou vidéos.

Le droit est ainsi appelé à saisir des données de plus en plus variées. Il a depuis quelque temps l'habitude des données de géolocalisation et des données de connexion. Mais il est aujourd'hui aussi sommé d'encadrer la récolte d'informations à partir des interactions sur les réseaux sociaux ou des objets connectés que les individus introduisent dans leurs domiciles ou gardent en permanence sur eux. De plus, il doit intégrer le fait que, si beaucoup de données constitutives du big data ne sont pas identifiantes, pas des données personnelles, les capacités de corrélation des technologies informatiques permettent de réunir des informations éparses et d'en tirer des enseignements s'agissant de certaines personnes ou de certains groupes. Des traits de personnalité aux caractères physiologiques, des données sensibles au sens de l'article 8 de la loi du 6 janvier 1978 sont collectées alors pourtant que les utilisateurs n'expriment en aucun instant la volonté de les révéler. Les données de santé, en particulier, sont particulièrement convoitées, mais aussi les orientations politiques. Tout cela se déroule en l'absence de véritable conscience des utilisateurs pour qui le recours à ces instruments numériques est apparemment inoffensif, permettant l'exploitation subreptice de toutes les traces laissées. Par exemple, l'historique de navigation, aisément accessible aux tiers grâce aux cookies, est très significatif des préoccupations de santé d'un individu[11].

5. Les multinationales du numérique au cœur du jeu de données. Le matérialisme numérique constitue une nouvelle forme du matérialisme historique[12] — qui, selon la théorie formulée au milieu du XIXe siècle par

[11] T. Libert, « Privacy Implications of Health Information Seeking on the Web », *Communications of the ACM* 2015, vol. 58, n° 3, p. 68 s. ; T. Glenn, S. Monteith, « Privacy in the Digital World: Medical and Health Data Outside of HIPAA Protections », *Current Psychiatry Reports* 2014, vol. 16, n° 11, p. 1 s.

[12] M. Doueihi, « L'humanisme numérique vise à repérer ce qui peut être conservé de l'humanisme classique », humanite.fr, 19 mai 2016.

Karl Marx et Friedrich Engels, accorde une place cardinale à l'économie dans les mutations du monde, qui explique les événements historiques non par des idées mais par des rapports sociaux (plus particulièrement les liens entre classes sociales) et par l'influence des nouveaux moyens de production sur les mentalités, se référant aux situations réellement vécues par les hommes. Le numérique transforme les rapports sociaux de production dans un sens qui porte à un point inégalé la contradiction entre propriété privée et biens communs[13]. L'économie numérique, mêlant données immatérielles, moyens informatiques matériels et réseaux, place l'intelligence et les connaissances au cœur des créations de richesse. Surtout, partout sur la planète, les hommes sont en permanence incités à produire des données pour nourrir les machines informatiques. Et, l'économie étant au carrefour, cela impacte la société et la culture qui changent à une vitesse déconcertante. En vingt ans, le visage du monde a profondément changé.

Le pouvoir dont les données sont la source est en particulier détenu par ceux que l'on a pris l'habitude d'appeler « réseaux sociaux » et par les GAFAM (Google, Apple, Facebook, Amazon, Microsoft). Ces derniers connaissent parfaitement chacun de leurs utilisateurs puisque ceux-ci leur communiquent directement leurs noms, âges, préférences etc., mais aussi indirectement d'innombrables indications relatives à leurs goûts et habitudes de comportement à travers leurs « j'aime », « je n'aime pas », « retweets » et autres formes de partage ou de publication, abonnements, jeux etc. Grâce à leurs savants algorithmes, les réseaux sociaux et les GAFAM sont ensuite capables d'analyser ces sommes faramineuses de données pour orienter, modeler les conduites de leurs utilisateurs au profit de leurs annonceurs, donc édicter des normes qui, si elles sont bien plus insensibles que, par exemple, l'obligation de s'arrêter à un feu rouge, n'en revêtent pas moins une normativité très forte. Les données les plus pertinentes sont celles que les géants du web récoltent grâce aux services gratuits qu'ils offrent — en réalité les utilisateurs paient en données l'accès à ces services. S'il arrive que certains jeux de données soient vendus, ces multinationales aiment aussi les conserver à leur seul bénéfice. Elles mettent alors en avant, très paradoxalement, le droit à la vie privée des personnes fichées.

---

[13] *Ibid.*

Parmi ces multinationales du numérique, il faut ajouter les BATX chinois (Baidu, Alibaba, Tencent, Xiaomi). Depuis 2010, la Chine n'a de cesse de rattraper et même dépasser les États-Unis en matière d'objets connectés et de récoltes de données en tout genre, profitant de son absence de législation protectrice de la vie privée. Dès lors, « si les données sont le nouveau pétrole, la Chine est la nouvelle Arabie Saoudite »[14]. Le dynamisme des entreprises chinoises s'explique donc par leur possibilité juridique et capacité technique de collecter un grand nombre de données. En Chine, l'utilisation des réseaux sociaux WeChat et Weibo s'est généralisée et envahit tous les pans de la vie, allant beaucoup plus loin que Facebook. En Chine, la moitié des smartphones sont équipés de l'application de paiement mobile de WeChat. Or la supériorité des entreprises chinoises est proportionnelle à la supériorité de leurs bases de données. Grâce à elles, elles peuvent entraîner et perfectionner leurs IA et notamment mieux nudger les actions des consommateurs et mieux déterminer les stratégies commerciales. Les données sont un facteur déterminant du développement économique chinois et de la prise de pouvoir de la Chine sur de nombreux marchés.

Le navigateur mis au point par la start-up myCo permet de visualiser tous les intrus présents sur un site, notamment les cookies. En l'utilisant, on se rend compte que ceux-ci sont souvent une centaine. Ils envoient nos données de navigation aux quatre coins du monde, afin de mieux interpréter et orienter nos comportements. Or ces fuites de données sont totalement légales dès lors que nous cliquons à longueur de journée sur « j'accepte », qu'il s'agisse des conditions d'utilisation, que nous ne lisons pas, ou des cookies, que nous connaissons mal. On se place ainsi plus ou moins volontairement sous le regard permanent des plateformes. Toute une économie s'organise autour de l'intelligibilité continue et évolutive des comportements. La suggestion personnalisée de masse a permis une véritable révolution économique et, par suite, sociale et culturelle. La Silicon Valley est le foyer d'origine de ce grand changement. La rhétorique macluhanienne du « village global » a été prolongée par des entreprises privées qui, en réalité, étaient surtout préoccupées par la constitution d'immenses bases de données

---

[14] K.-F. Lee, *IA – La plus grande mutation de l'histoire*, Les Arènes, 2019.

comportementales[15]. Elles ont ainsi pu prendre place au carrefour de l'économie numérique et même de l'économie tout entière. Les réseaux sociaux sur le web, apparus au milieu des années 2000, ont utilisé et en même temps renforcé la disponibilité des utilisateurs, analysant tous leurs clics et toutes leurs frappes sur le clavier. C'est bien le passage du web 1.0 au web 2.0 qui a permis l'explosion de l'économie des données en offrant à chacun la capacité de s'exprimer, « liker » ou taguer des contenus, au-delà du simple accès à l'information. Les réseaux sociaux, généralement basés dans la Silicon Valley, ont enregistré d'énormes masses de données pendant qu'ils affirmaient œuvrer au renforcement des liens entre les personnes. Ils ont pu connaître avec précision les pratiques, modes de vie, goûts et opinions de leurs utilisateurs.

Les grandes masses de données numériques produites par les hommes se présentent donc aujourd'hui comme la principale source de création de valeur, la principale opportunité en termes d'innovation et de développement. Permettant de mieux cerner chaque utilisateur et notamment de déterminer ses centres d'intérêt antérieurs et potentiels, les données permettent de délivrer, en temps réel, des offres de plus en plus personnalisées, donc d'augmenter l'efficacité des entreprises. Du côté des utilisateurs, la pertinence et l'utilité des propositions qu'ils reçoivent est telle qu'ils ne jettent sur elles que rarement un regard critique. Ils s'avèrent peu conscients de la valeur des traces numériques qu'ils laissent lors de leurs navigations. Parfois, ils ignorent totalement que leurs comportements génèrent des traces qui sont mémorisées quelque part à l'autre bout du monde. Commenter ou aimer un contenu, en partager un autre, s'abonner au compte d'autrui, entrer une requête dans un moteur de recherche etc. Ce sont autant de moyens de produire des données qui seront utilisées afin de nous profiler. Lorsqu'on efface un contenu qu'on a par le passé publié mais que le service en conserve une copie, il s'agit alors de données qu'on pourrait qualifier de « cachées » et qui, plus encore que les autres, posent question au droit. Il semble que Facebook aille jusqu'à enregistrer les publications ou commentaires que l'utilisateur a finalement renoncé à publier, car cela serait révélateur d'une

[15] É. Sadin, *La silicolonisation du monde – L'irrésistible expansion du libéralisme numérique*, L'échappée, coll. Pour en finir avec, 2016, p. 70.

forme d'auto-censure significative de la personnalité de l'utilisateur[16]. De même, qui se douterait que les services de streaming conservent les données relatives au moment et à la durée de l'utilisation des services. Quant aux caméras et micros dont on ignore s'ils enregistrent notre voix et notre image en permanence, ils ne favorisent pas la confiance dans les technologies numériques. Certains seraient capables de percevoir les expressions corporelles d'un sujet, permettant de saisir ses émotions ou ses pensées[17]. Et les ruses déployées par de nombreux sites et applications pour récolter nos données sont de mieux en mieux documentées. On constate qu'elles sont sans bornes. Par exemple, une application qui permet d'actionner la lampe torche du smartphone récolte en échange de ce service l'ensemble des données de géolocalisation[18].

Pokémon Go, par exemple, célèbre jeu vidéo faisant appel à la « réalité augmentée », a été dénoncé comme une gigantesque opération d'espionnage de masse. Il a en effet été révélé que le jeu enregistrait les positions GPS en temps réel, l'historique des endroits visités, les habitudes des utilisateurs, les adresses des comptes Google et Facebook, les adresses IP, le nom et la version du système d'exploitation, les adresses des sites web visités avant le lancement du jeu ou encore les mots-clés utilisés pour rejoindre Pokémon Go — autant d'informations conservées pour une durée indéterminée[19]. Et l'on voit les GAFAM se chamailler, les entreprises axées sur l'informatique, Microsoft et Apple, étant tentées de critiquer les abus de celles qui dépendent plus étroitement des données, Facebook et Google. Ainsi a-t-on vu, en retour, Facebook signaler le 26 août 2020 qu'une mise à jour d'Apple allait limiter ses possibilités et celles des développeurs d'applications tierces de cibler les utilisateurs d'iPhone avec des publicités. Selon les simulations de la société de Mark Zuckerberg, cela devrait engendrer « plus de 50 % de pertes de revenus lorsque la personnalisation des campagnes de pub sur mobile est retirée ». Et de déplorer que, sous iOS 14, « vous devrez

---

[16] S. Merabet, *Vers un droit de l'intelligence artificielle*, th., Université d'Aix-Marseille, 2018, p. 234.
[17] *Ibid.*
[18] E. Morozov, *To Save Everything, Click Here – The Folly of Technological Solutionism*, Public Affairs, 2014.
[19] S. Prévost, « Du développement du numérique aux droits de l'homme digital », *Dalloz IP/IT* 2019, p. 345.

demander leur permission aux utilisateurs pour les suivre sur les applications et sites web détenus par d'autres sociétés », ainsi que l'a décidé Apple[20]. Le pistage des utilisateurs, grâce à leurs identifiants publicitaires uniques sur les mobiles, permet de récolter et partager des données les concernant et de les cibler avec des publicités personnalisées. Dans le modèle économique de Facebook, il est essentiel de pouvoir vendre des espaces publicitaires ultra-ciblés à très grande échelle aux annonceurs, mais aussi de suivre et monétiser les profils quand ils sortent de Facebook pour aller sur une autre application.

Toujours en 2020, Apple a décidé d'obliger les développeurs à divulguer le nombre de données d'utilisateurs qu'ils collectent. Apple précise ainsi sur son site officiel que « les développeurs et développeuses doivent rendre compte de leur utilisation de vos données (par exemple, vos données d'utilisation, vos coordonnées ou votre position) et préciser si ces données sont utilisées à des fins de pistage ». Il s'agit donc d'apporter davantage de clarté concernant la nature des données collectées par les applications publiées au sein de l'App Store. Il a donc été demandé aux développeurs de lister une trentaine de types d'informations pouvant potentiellement être transférées vers un éditeur. Dans une lettre informant diverses associations protégeant les intérêt des internautes, Jane Horvath, directrice de la sécurité chez Apple, ne se prive pas de tacler Facebook : « La direction de Facebook a clairement fait savoir qu'elle avait l'intention de collecter un maximum de données issues de ses propres produits ou de produits tiers afin de monétiser les détails des profils des utilisateurs. Et ce manque de respect pour la vie privée continue de s'étendre à d'autres de ses produits »[21]. Il semble donc nécessaire de distinguer, parmi les GAFAM, entre Apple et Microsoft, d'un côté, et Google et Facebook, de l'autre

Facebook Messenger et WhatsApp, par exemple, ont été obligés de publier les types d'informations qu'ils enregistrent. Il apparaît ainsi que, alors qu'iMessage d'Apple ne conserve que l'adresse mail, le numéro de téléphone et l'adresse IP, WhatsApp enregistre 16 catégories de données

[20] 6medias, « Les données personnelles à nouveau au centre des tensions entre Apple et Facebook », capital.fr, 27 août 2020.

[21] Cité par G. Belfiore, « Apple et Facebook se clashent sur le respect de la vie privée des utilisateurs », clubic.com, 23 nov. 2020..

personnelles et Facebook Messenger 65, notamment la localisation, les informations concernant les contacts, l'historique de recherche, les enregistrements vocaux, des données sur la santé et le « fitness », d'autres relatives aux aspects financiers et commerciaux ou divers chiffres servant à opérer des « diagnostics »[22]. Néanmoins, on se rappellera qu'en 2020 Apple était en procès avec le lanceur d'alerte Max Schrems qui lui reprochait le fait que tous les iPhones présentent un IDFA unique (*Identifier for Advertisers*), une pratique interdite par les lois européennes. Grâce à cet identifiant, les annonceurs peuvent aisément suivre les effets de leurs campagnes publicitaires et cibler certains utilisateurs. Cela permettrait même à Apple de relier les comportements en ligne des utilisateurs et ceux sur mobile (« *cross device tracking* »).

6. Les réseaux sociaux, des aspirateurs à données. Aujourd'hui, avec les objets connectés, la principale source de données individuelles est les réseaux sociaux. De Facebook à LinkedIn en passant par Twitter, on fréquente assidument, en France, trois réseaux sociaux en moyenne. Ceux-ci permettent de recueillir des informations très diverses : celles renseignées directement par l'utilisateur (comme son nom, son âge, ses préférences etc.), mais aussi celles déduites de ses activités, ses « j'aime », ses abonnements ou ses jeux. Grâce à ses outils de partage et de recommandation présents sur de plus en plus de pages web, Facebook est en mesure d'enregistrer nombre d'informations relatives aux sites consultés par les internautes. Et, lorsque ceux-ci ne sont pas identifiés avec un compte Facebook, les données sont rattachées à des numéros d'identification uniques, lesquels permettent d'établir des profils précis afin d'afficher des publicités ciblées. C'est le cookie « Datr » qui permet cela. Facebook dépose systématiquement ce cookie sur le terminal (ordinateur, tablette, mobile) de tout internaute qui consulte une page quelconque du domaine <facebook.com> — par exemple la page publique d'un événement ou d'une personnalité —, y compris lorsque l'utilisateur n'a jamais ouvert de compte et est donc un « utilisateur passif » du réseau social. Dès lors, à chaque fois que l'internaute ouvre une page web contenant un plug-in Facebook, la société américaine enregistre l'information

[22] « Facebook Messenger : un rapport qui fait froid dans le dos sur l'espionnage de vos données personnelles », letribunaldunet.fr, 8 janv. 2021.

selon laquelle il s'est rendu sur cette page, y compris, donc, si l'usager n'est pas identifié avec un compte Facebook.

Le bouton « J'aime » est, selon Quantcast Ranking, implémenté sur 32 % des 10 000 sites web les plus visités au monde. Seulement l'internaute qui entend informer la communauté Facebook ou ses amis Facebook qu'il aime tel ou tel produit ou tel ou tel chanteur comprend-il, normalement, qu'il en informe également l'entreprise qui lui délivre le service de réseautage social. Le cookie « Datr », lui, est un moyen déguisé et insidieux d'observer les activités des internautes puisqu'il est utilisé à l'égard de personnes non membres du réseau social et loin de tous actes positifs tels que le fait de cliquer sur le bouton « J'aime ». En outre, ce cookie est conservé sur le disque dur de tout visiteur de <facebook.com> pendant deux années, si bien qu'il est possible d'être surveillé par Facebook tout en ne s'étant pas rendu sur le site web du réseau social depuis des mois. Il faut donc constater le caractère systématique et massif de la collecte de données personnelles d'internautes non membres par Facebook grâce au cookie « Datr ». Facebook collecte des informations personnelles sans le consentement éclairé de ses utilisateurs et sans aucun consentement de ses non-utilisateurs, avec lesquels aucun contrat n'a été signé et qui pour la plupart ne peuvent se douter qu'ils sont ainsi pistés dans nombre de leurs activités en ligne. Si la variété des données collectées est moins importante concernant les internautes non-membres et concernant les internautes membres déconnectés que concernant les internautes membres connectés — les chercheurs ont noté que Facebook enregistre dans ce cas 11 types d'informations —, l'atteinte à l'intimité n'en est pas moins patente. Ce sont jusqu'aux données sensibles telles que des renseignements médicaux ou les préférences religieuses, sexuelles ou politiques qui peuvent être recensées.

Des chercheurs ont mesuré la précision des interprétations qu'il est possible de faire à partir des traces à première vue anodines laissées en ligne. Ainsi les préférences sur les réseaux sociaux (exprimées par des « likes ») permettent-elles de déterminer le sexe de l'individu avec un taux de succès dépassant les 90 %, mais aussi leurs orientations politique (85 %), sexuelle (83 %), religieuse (82 %) ou bien leur origine ethnique (95 %)[23]. D'autres

[23] M. Kosinski, D. Stillwell, T. Graepel, « Private Traits and Attributes are Predictable from Digital Records of Human Behavior », *Proceedings of the National*

analyses des informations révélées sur Youtube et Twitter montrent que celles-ci permettent d'identifier très finement les préférences politiques des utilisateurs[24].

Ensuite, ces informations personnelles sont mises à disposition des annonceurs. Ceux-ci peuvent par exemple, sur Facebook, réaliser une campagne de communication ciblant les femmes de 25-35 ans, qui vivent à Paris, sont célibataires, font du sport régulièrement et ont exprimé un intérêt pour la musique urbaine. Les outils des réseaux sociaux permettent d'optimiser comme jamais auparavant les stratégies publicitaires. D'autres utilisations sont aussi possibles, comme la manipulation démocratique. En a témoigné l'affaire Cambridge Analytica. Facebook s'est trouvé dans l'obligation de réagir et de tirer les applications qui ont accès aux données personnelles de ses utilisateurs. Pas moins de 400 d'entre elles ont été suspendues, témoignant du caractère massif des partages de données jusque là. Cambridge Analytica n'était peut-être que la face émergée de l'iceberg. Une fois que les données quittent les serveurs de Facebook, il n'y a plus aucun moyen, ni pour le réseau social ni pour personne, de savoir ce qu'elles deviennent, quel usage il en est fait. Le 23 août 2018, Facebook a, par exemple, annoncé la suppression de l'application MyPersonnality de sa plateforme. Le réseau social a, dans la foulée, informé les 4 millions d'utilisateurs de l'application du possible usage abusif de leurs données personnelles. Le cas de MyPersonnality est semblable à celui de Cambridge Analytica : il s'agit d'une application proposant des questionnaires et récupérant d'innombrables informations personnelles relatives aux participants. « Il est clair qu'ils ont partagé des informations avec des chercheurs et des entreprises disposant d'une politique insuffisante en matière de protection des données personnelles », explique le réseau social. En 2009, il avait pourtant certifié conforme cette application. Il s'agissait même de l'une des premières applications vérifiées. Autre exemple, les données de quelques 120 millions d'utilisateurs de Facebook ont été

Academy of Sciences 2013, vol. 110, n° 15, p. 5802 s. ; W. Youyou, M. Kosinski, D. Stillwell, « Computer-Based Personality Judgments are More Accurate than those Made by Humans », *Proceedings of the National Academy of Sciences* 2015, vol. 112, n° 4, p. 1036 s.

[24] M. Kandias et *alii*, « Which Side Are You On? A New Panopticon vs. Privacy », in *International Conference on IEEE*, 2013, p. 1 s.

malmenées par l'application Nametests, qui propose des tests de personnalité. Ainsi les personnes curieuses de savoir « que sera ta vie dans dix ans ? » ou « lequel des sept nains es-tu ? » ont-elles vu leurs informations personnelles s'évaporer dans la nature. En effet, un chercheur belge en sécurité informatique, Inti De Ceukelaire, a découvert que tout le monde pouvait consulter les informations des profils Facebook des utilisateurs ayant utilisé au moins une fois cette application. Normalement, lorsqu'on répond à ce type de test, on choisit si oui ou non on souhaite partager le résultat sur le réseau social. Mais NameTests.com conservait dans tous les cas une copie des noms, âges, langues, pays de résidence, photos de profil et listes d'amis de ses utilisateurs. Facebook a encore retiré récemment son agrément à une autre société qui s'adonnait peu ou prou aux mêmes activités que Cambridge Analytica : Cubeyou. Dans ces conditions, le réseau social se trouve face à une alternative peu satisfaisante : soit il avait connaissance de ces activités de trafic de données personnelles de la part de ses partenaires et était donc leur complice ; soit il ne savait pas, ce qui signifie qu'il était une passoire qui laissait passer y compris les applications les plus indélicates et les plus dangereuses pour ses utilisateurs. Par ailleurs, on remarquera qu'aux États-Unis un tiers des demandes de divorce comprennent dans leur motivation le mot « Facebook »[25]. Le réseau social ne favorise pas la paix des ménages.

7. Tirer profit de la richesse numérique que nous produisons. Historiquement, le droit de propriété n'a pu être consacré qu'au prix de luttes acharnées contre des puissants peu enclins à renoncer à quelques bribes de leur pouvoir de domination. La spoliation numérique nous ramènerait au Moyen-Âge[26]. Aux alentours de l'an 1 000, les serfs offraient à leurs seigneurs l'essentiel de leur production en échange de « services gratuits » plus ou moins réels, la protection contre la guerre ou l'usage des banalités du village comme le four, le moulin ou le pressoir. Ce n'est qu'après de longues batailles pour la reconnaissance de droits humains que les paysans purent léguer en héritage leurs terres, vendre librement leurs récoltes, disposer de

[25] E. Brown, « Comment les géants de la technologie en savent-ils autant sur nous ? », zdnet.fr, 8 juin 2020.

[26] G. Kœnig, *La fin de l'individu – Voyage d'un philosophe au pays de l'intelligence artificielle*, Éditions de l'observatoire, coll. De facto, 2019, p. 365.

leurs terrains grâce à des titres de propriété cessibles[27]. Il fallut faire la révolution pour que, à la fin du XVIIIe siècle, on mette définitivement fin au système féodal de la tenure et qu'on crée le cadastre. Le serf devenait propriétaire, homme libre. Chaque innovation technique pose depuis lors la question de la propriété des nouveautés qui apparaissent. Si l'imprimerie a été inventée dès le XVe siècle, et si l'on peint et sculpte depuis l'Antiquité, si ce n'est depuis la préhistoire, il fallut attendre le XIXe siècle pour que Beaumarchais, à la tête d'une fronde d'écrivains, obtienne la reconnaissance du droit d'auteur. Lors de la révolution industrielle, on créa un véritable régime de brevet pour protéger les inventeurs. Et, dans les années 1980, on instaura un droit de propriété non sur les données mais sur les bases de données. L'individu a toujours dû se battre pour pouvoir disposer librement de lui-même, de ses possessions, de ses productions et de ses créations, surtout lorsque celles-ci sont immatérielles. Aujourd'hui, comme le résume Gaspard Kœnig, « nous sommes des êtres numériques, abandonnant toute notre récolte de données en échange de services gratuits, d'une valeur discutable, fournis par nos nouveaux seigneurs »[28].

Les créations et tout simplement les vies des internautes, suscitant de l'attention et de la renommée, sont capturées par les plateformes pour être monétisées. Pour les tenants du « *digital labor* », il serait normal que ces internautes perçoivent une rémunération en contrepartie de la valeur qu'ils produisent[29]. Alors que, à terme, tout sera connecté — montre, appareils ménagers, mais aussi maison, usine et ville —, engendrant une formidable production de données et donc de valeur, il faut et faudra poser la question des droits des personnes sur les données qu'elles créent. Et, puisque l'homme numérique se réduit à ces données, peut-être s'agirait-il de droits fondamentaux, de droits de l'homme numérique. Pour l'heure, non seulement nous ne pouvons pas négocier le partage de nos données avec nos nouveaux seigneurs, mais, comme les serfs d'autrefois, nous avons l'interdiction d'en disposer librement sur les marchés. En mai 2018, Oli Frost, un ingénieux *millennial* britannique qui avait mis aux enchères sur eBay dix ans de

[27] G. Duby, *L'économie rurale et la vie des campagnes dans l'Occident médiéval*, Aubier, 1962.
[28] G. Kœnig, *La fin de l'individu – Voyage d'un philosophe au pays de l'intelligence artificielle*, Éditions de l'observatoire, coll. De facto, 2019, p. 365.
[29] D. Cardon, A. Casili, *Qu'est-ce que le digital labor ?*, INA Éditions, 2015.

publications sur Facebook, a ainsi été obligé par un tribunal de retirer son offre, jugée incompatible avec les conditions d'utilisation du service. Les hommes offrent chaque jour à Facebook un milliard de photos qui, une fois analysées, notamment au moyen de la reconnaissance faciale, deviennent un trésor générant pour l'entreprise californienne des profits trimestriels de plusieurs milliards de dollars. Les producteurs initiaux de cette richesse n'en perçoivent aucune part, seulement un pourboire en nature : un moyen de communication et d'information. La question de la patrimonialisation des données pourrait être posée. Mais ce ne sont bien entendu pas les multinationales du numérique qui le feront.

II. Le grand marché de la vie privée

8. Le syndrome de l'aspirateur connecté. En 2020, les trois dernières innovations technologiques présentées par Amazon ont été un drone d'intérieur qui protège la maison, des terminaux de paiement permettant de payer ses courses avec la paume de la main — tout le contraire donc du sans contact que rendait pourtant dans le même temps nécessaire l'épidémie de covid-19 — et un bracelet (baptisé Halo) écoutant vos conversations afin de vous aider à mieux gérer vos émotions. Or leur point commun est qu'ils collectent tous les données très personnelles de leurs utilisateurs[30] — avec leur accord bien sûr, mais si l'on ne souhaite pas donner cet accord il est inutile d'acquérir un tel objet. Le drone équipé d'une caméra, par exemple, vole à l'intérieur de l'habitation lorsqu'elle est vide et enregistre des images de ses moindres recoins. L'intérêt, paraît-il, est de pouvoir vérifier que l'on n'a pas laissé une fenêtre ouverte ou laissé traîner ses chaussettes grâce à une application dédiée sur son smartphone. Pour Amazon, l'intérêt est tout autre : mieux connaître votre maison et donc mieux vous connaître afin de pouvoir vous suggérer des achats plus pertinents, donc plus susceptibles de vous convaincre. Par exemple, si l'entreprise constate que, dans votre cuisine, se trouve une cafetière vieillissante, elle pourra vous proposer, lors

[30] R. Rollier, « Amazon et son intelligence artificielle très indiscrète », letemps.ch, 6 oct. 2020.

de votre prochaine connexion sur le site, d'acquérir ce modèle à capsules très à la mode et bénéficiant d'une promotion fort alléchante — mais seulement durant quatre heures, pour susciter un sentiment d'urgence d'achat. Quant au bracelet connecté Halo, il a notamment pour mission d'enregistrer les conversations de ses utilisateurs afin d'analyser leurs voix et les informer de leur état émotionnel, leur annoncer s'ils sont actuellement heureux ou malheureux, ce qui suppose que les individus en question soient désormais incapables de se connaître par eux-mêmes. La connaissance de soi est ainsi abandonnée aux multinationales du numérique. Le bracelet est également fourni avec une application qui scanne le corps en 3D, calcule la masse graisseuse, puis propose un programme d'entraînement afin de perdre du poids. Ce n'est donc plus à l'homme de se sentir bien ou mal dans son corps mais à des prothèses numériques de l'en informer. Et, pour le motiver, l'application lui montre à quoi son corps pourrait ressembler après quelques séances d'entraînement[31]. Amazon crée ainsi des outils lui permettant d'en savoir toujours plus sur l'état physique et émotionnel des « amazophiles ». L'historien Yuval Harari a depuis longtemps mis en garde contre le fait que des entreprises comme Amazon deviennent capables de vous connaître mieux que vous-même, prenant cet exemple très significatif : une entreprise deviendrait capable d'identifier une personne comme homosexuelle avant qu'elle le réalise elle-même, avec le risque que cette information soit transmise à des gouvernements totalitaires réprimant pareille orientation sexuelle[32].

Tous les secteurs de l'économie comprennent l'intérêt qu'il y a à récolter un maximum d'informations afin de mieux connaître les clients. C'est ainsi que jusqu'à l'aspirateur connecté enregistre des données. Il s'agit certainement de faciliter la gestion du ménage dans les foyers. Il est alors tentant de se laisser seconder ou même de se laisser totalement remplacer par un robot. L'aspirateur autonome, équipé de capteurs intelligents qui l'aident à s'orienter, est capable de contourner les objets encombrants. Mais le prix à payer pour s'épargner la corvée dépasse le seul coût de la machine. En effet, ces robots aspirateurs aspirent les données autant que les saletés. Ils cartographient les logements, avec l'emplacement des cloisons et des

---

[31] *Ibid.*

[32] Y. N. Harari, *Homo Deus – Une brève histoire du futur*, Albin Michel, 2017.

meubles, et leurs fabricants revendent ces précieuses indications aux sociétés du secteur de l'aménagement des maisons et appartements[33]. Bien sûr, le consentement du client est exigé. Mais, comme sur le web, celui-ci est généralement donné machinalement, sans comprendre les enjeux, sans savoir à quelles sollicitations intempestives il s'expose. On pourrait aussi redouter que des hackers obtiennent le plan de votre logement, piratent votre compteur électrique intelligent, favorisant les « cambriolages intelligents » ou « cambriolages connectés ». Néanmoins, parce que cela est fort commode, On est tenté d'introduire chez soi des aspirateurs connectés capables d'apprendre où et quand nettoyer pour éviter d'importuner leurs utilisateurs, cela en échangeant avec des serrures connectées, des thermostats connectés et autres capteurs de présence indiquant si les personnes sont chez elles ou si elles sont sorties[34]. Au-delà de l'aspirateur connecté, on voit également apparaître piscine connectée, brosse à dents connectée, réfrigérateur connecté, tondeuse à gazon connectée, téléviseur connecté — qui fait penser au télécran imaginé par George Orwell — etc.

L'heure est au temps réel, à l'instantanéité. Tout ce qui ne présente pas ces qualités paraît archaïque. On ne supporte plus qu'il existe une latence ou un délai entre une demande ou un problème et la réponse. Aujourd'hui, le temps réel ne concerne plus seulement l'internet et l'ordinateur. Il renvoie également à la faculté de saisir un nombre sans cesse accru de phénomènes du réel au moment même où ils se déroulent. De plus en plus d'instruments et de services peuvent suivre, sans délai et dans leur dimension continuellement évolutive, de nombreux faits grâce à l'implantation croissante de capteurs sur les corps et dans leur environnement. L'appréhension de toute chose en temps réel se généralise, sans que l'on perçoive la profusion de données qui en résultent. « Les objets connectés, écrit Éric Sadin, interceptant des informations "à la source", entraînent une visibilité toujours plus intégrale de la vie à tous les instants où elle se manifeste. Ils vont induire une brusque extension du régime du temps réel dans notre anthropologie, nous permettant de saisir en continu les flux du

---

[33] S. Prévost, « Du développement du numérique aux droits de l'homme digital », *Dalloz IP/IT* 2019, p. 345.

[34] A. Charnay, « Roomba veut rendre ses robots aspirateurs vraiment "intelligents" », 01net.com, 26 août 2020.

monde dans leur perpétuelle transformation »[35]. Notamment en matière de médecine, on voit se manifester une volonté de dépasser les structures qui jusque-là la régissaient pour instituer un suivi permanent de chacun et une gestion hyper individualisée et tendanciellement prédictive de nos vies. La start-up Forward a par exemple l'ambition de créer le « cabinet médical du futur » en fournissant à ses clients divers instruments connectés : bracelet, balance, moniteur de sommeil, capteur électrocardiogramme. Les données sont analysées et, en cas de paramètres anormaux, une réaction rapide peut être programmée. Quant à Google, il a inauguré une unité spécialisée dans les « sciences de la vie », Verily, qui a notamment créé des lentilles de contact connectées capables de mesurer le taux de sucre dans le sang des diabétiques. Les multinationales du numérique ont créé, depuis 2010, des départements de recherche consacrés à la santé, comme Google Health et Calico de Alphabet-Google, HealthKit, CareKit ou ResearchKit d'Apple. Ceux-ci ont élaboré des applications de diagnostic sur smartphone, par la prise de la température, l'analyse des fréquences vocales et de la toux, la photographie du visage et la sudation, fournissant également des kits pour la prise de sang. On veut donc rendre obsolète la consultation du médecin généraliste et la remplacer par l'habitude du suivi continu, de la veille permanente, la médecine passant du paiement à l'acte à l'abonnement. Cependant, pour l'heure, c'est encore l'internet des données, plus que l'internet des objets, qui se présente tel le grand défi. Il institue une surveillance de masse que d'aucuns dénoncent depuis longtemps[36].

L'intimité et la personnalité de l'individu sont clairement remises en cause par la marche vers une société orwellienne où des Big Brothers omniscients seraient capables de pénétrer dans les foyers et tout savoir de ceux qui y vivent. Déjà au XXe siècle la notion de vie privée a pris de l'importance, si bien que le droit à son respect a été largement reconnu tel un droit de l'homme alors pourtant que, en France, c'est l'article 9 du Code civil qui le reconnaissait. La transformation des sociétés autour des médias de masse, la mondialisation de l'information et l'omniprésence de la publicité ont attesté du besoin de protéger l'individu contre les immixtions commerciales. Le

---

[35] É. Sadin, *La silicolonisation du monde – L'irrésistible expansion du libéralisme numérique*, L'échappée, coll. Pour en finir avec, 2016, p. 172.

[36] Par exemple, J. Angwin, *Dragnet Nation – A Quest for Privacy, Security, and Freedom in a World of Relentless Surveillance*, Times Books, 2014.

recul des grandes idéologies a également joué un rôle fort dans la montée en puissance de la notion de vie privée et la reconnaissance d'un droit de l'individu à « être soi- même »[37] — alors qu'en Chine le confucianisme incite la population à se livrer corps et âme au collectif. Cependant, la révolution des IA conduit inévitablement à repenser à nouveaux frais la vie privée. Telle qu'elle est mise en œuvre aujourd'hui par l'industrie numérique, l'intelligence artificielle sert à personnaliser et optimiser un maximum de biens et services. Chacun se trouve nudgé par ces IA en fonction des données qu'il a abandonnées et qui permettent de comprendre son comportement passé pour orienter son comportement futur.

Avec le commerce en ligne, on ne trouve plus le sourire ni le mot gentil du boulanger à l'endroit de vos enfants, qui vous appelle par votre prénom et vous demande « deux baguettes paysannes bien cuites comme d'habitude ? ». Pour être de bons commerçants, les e-commerçants doivent recréer ce lien personnel artificiellement, pour que le consommateur ne se sente pas noyé dans la masse. La personnalisation permet la fidélisation. Mais elle est terriblement intrusive et invasive. Qu'une entreprise cherche à choyer ses clients pour éviter qu'ils ne soient tentés par la concurrence, qu'elle tâche de perfectionner leur expérience utilisateur n'est pas choquant. En revanche, qu'elle aspire les données sans que les personnes concernées en aient bien conscience et vendent ou échangent ces données est plus contestable.

En outre, la frénésie autour des données personnelles s'explique aussi par la baisse du coût du stockage et par la tendance des internautes à vouloir se faire connaître au maximum sur le web, ce qui suppose d'y laisser de nombreuses traces. Les services en profitent pour enregistrer un maximum d'informations à caractère plus ou moins privé, peu important que la finalité de la collecte ne soit pas toujours précisément établie comme la loi l'exige. Ils favorisent ainsi une forte exposition des individus, ce qui en fait des espaces de centralisation et de concentration des données personnelles. Chaque nouveau membre d'une plateforme est en effet invité lors de son inscription à communiquer un grand nombre d'informations à son sujet — ce qu'il accepte volontiers de faire. Peut être renseignée jusqu'à l'orientation sexuelle, religieuse ou politique.

---

[37] S. Hennette-Vauchez, D. Roman, *Droits de l'homme et libertés fondamentales*, Dalloz, coll. Hypercours, 2017, p. 513.

9. Récolter toujours plus de données, le secret d'un marketing efficace. Durant l'épidémie de covid-19, les tables des pubs de Grande-Bretagne ont affiché un temps des QR codes aux côtés des cartes des bières. En théorie, il s'agissait de recueillir ainsi les coordonnées des clients afin de pouvoir les recontacter en cas de découverte de cas de personnes touchées par le virus. En pratique, comme l'a révélé le *Times*, ce dispositif servait aussi à collecter un maximum de données personnelles relatives aux clients et à les revendre à des tiers à des fins publicitaires ou encore à des courtiers en assurance[38]. Juridiquement, ces données ne devaient être conservées que durant 21 jours et ne pouvaient pas être utilisées à d'autres fins que le traçage mis en place par la haute autorité de santé britannique. Conscients de l'aubaine, certains ont donc contourné ce cadre juridique et exploité économiquement les noms, adresses, adresses mail et numéros de téléphone des clients. Les responsables de cette manœuvre n'étaient pas les gérants des pubs mais les entreprises qui leur proposaient les services de QR code, notamment Pub Track and Trace (PUBTT), qui fournit un système de suivi de QR code pour l'industrie de l'hôtellerie et de la restauration et dont la politique de confidentialité stipule que ses utilisateurs acceptent de recevoir « des suggestions et des recommandations sur les produits ou services susceptibles de [les] intéresser », tandis que ses conditions d'utilisation l'autorisent à « collecter, utiliser, stocker et transférer » des données relatives aux personnes entrant dans certaines zones en utilisant « l'heure, le numéro d'identification et les images de vidéosurveillance ». Une autre entreprise qui fournit ce genre de services, Ordamo, a pour sa part dû concéder qu'elle conserve les données qu'elle recueille durant pas moins de 25 années, ce qui est évidemment impossible à justifier par les besoins de la lutte contre la pandémie[39].

L'or numérique que sont les données doit être au maximum collecté, enrichi et affiné. Surtout du point de vue du marketing, son potentiel économique semble considérable. La plupart des directeurs marketing voient dans la récolte et l'utilisation des données personnelles des clients et des clients potentiels de grandes opportunités de fidéliser et de toucher de nouvelles cibles. La donnée, c'est le nouvel Eldorado. La part du numérique dans les

---

[38] J. Mathoux, « Covid-19 : les données personnelles récoltées par les restaurants revendues à des tiers en Grande-Bretagne », usine-digitale.fr, 13 oct. 2020.
[39] *Ibid.*

budgets marketing des entreprises augmente continuellement et devient majoritaire. Partout, le data marketing devient une préoccupation prioritaire. Alors que cela ne concernait au début que des pure-players, très vite de grands groupes, dans la grande consommation, l'assurance, l'automobile ou encore le luxe, se sont tournés vers le secteur de la communication numérique. Avec la géolocalisation, les « likes », les publications et tout simplement les clics, on laisse chaque jour des traces un peu plus nombreuses sur le web. Le marketing a bien compris quel intérêt il pouvait en tirer. On parvient ainsi à segmenter les visiteurs et les acheteurs, par exemple pour définir ceux qui présentent la propension à acheter la plus importante. En ciblant cette partie du public, il a été montré que le retour sur investissement pouvait générer un retour sur investissement de 250 %.

L'explosion de l'utilisation du web et de la connexion permanente — et donc de la production de données permanente — conduit les entreprises à investir massivement dans l'analyse de ces données, à devenir les leaders dans leur enregistrement et leur exploitation pour être leaders sur leurs marchés. C'est pourquoi de nombreuses enseignes vous poussent à créer votre compte personnel, à posséder votre carte fidélité, pourquoi de nombreuses marques connaissent leurs clients comme jamais dans l'histoire cela n'était arrivé. Pour cela, de nouveaux métiers se créent, des professionnels de la data interviennent, car la profusion de données, en soi, est sans intérêt. Ce n'est qu'après le tri et le recoupage qu'elle prend de la valeur. En faisant dire toujours plus à leurs jeux de données, les sociétés précisent leurs offres, proposent le bon produit au bon moment. L'information pertinente pour une communication commerciale pertinente est devenue la clé de la performance d'une entreprise.

Il est difficile d'accéder aux coulisses du marché des publicités personnalisées et ciblées. Celui-ci évolue dans un cadre opaque visant à le préserver de l'hostilité du public. Les entreprises spécialisées, comme le français Criteo, leader du secteur le plus porteur au monde et première entreprise française à avoir intégré le NASDAQ depuis 1997, sont pourtant inconnus du grand public. Les courtiers de données (*data brokers*) investissent désormais des places de marché (*ad exchange*) pour s'échanger les données des utilisateurs. Ils compilent les informations, toujours à la limite de l'illégalité, et « blanchissent leurs activités en se drapant derrière le consentement qu'ils ont extorqué à l'internaute à travers l'acceptation de conditions générales d'utilisation illisibles »[40]. On peut en effet douter que, lorsqu'un internaute accepte les cookies, il sait qu'il accepte en même temps que ses données soient ainsi l'objet d'un grand commerce et qu'il accepte d'être espionné par un site lorsqu'il consulte d'autres sites.

Le développement de la publicité comportementale ciblée a été rendu possible par la technique des cookies tiers. Contrairement à la vocation originelle des cookies, ceux-ci n'appartiennent pas à un éditeur unique qui les dépose dans le navigateur de l'internaute pour le reconnaître lorsqu'il revient sur son site. Ils sont la propriété d'une régie publicitaire en ligne, un ad-network comme Weborama, Double-Click, Criteo ou Right Media. Quand un site web confie l'affichage de ses publicités à un ad-network, il l'autorise à exploiter les données de navigation de ses internautes qu'il a enregistrées, y compris lors de la navigation sur d'autres sites. Le cookie est alors un véritable cheval de Troie, un espion doté du don d'ubiquité. Cookie Viz, une extension du navigateur développé par la CNIL, permet de visualiser les diverses fuites de ses données lorsqu'on consulte, par exemple, un site d'actualités. On constate alors qu'on est en réalité en train de transmettre des informations à une ou plusieurs dizaines de serveurs situés partout dans le monde.

Criteo, par exemple, est spécialiste des recommandations personnalisées sur les sites de commerce électronique et du ciblage publicitaire. Son algorithme identifie les intentions d'achat des internautes en fonction de leurs historiques de navigation, ce qui permet de proposer des publicités ciblées. Les systèmes publicitaires sur le web sont des automates fonctionnant sur la base d'un système d'enchères en temps réel. Pendant que l'internaute charge la page web qu'il souhaite consulter, son profil est mis aux enchères par un automate afin que des robots programmés par les annonceurs se disputent le meilleur prix pour placer leurs bandeaux publicitaires. L'opération dure un instant, elle est invisible. Le profil mis aux enchères n'est pas un portrait type dont le marketing traditionnel est familier. Il est construit grâce aux traces de navigation laissées par l'internaute et que des cookies ont collectées. Ensuite, les robots des annonceurs proposent un prix d'achat de ce profil en estimant la probabilité que l'internaute clique sur le bandeau publicitaire à partir des

[40] D. Cardon, *À quoi rêvent les algorithmes ? Nos vies à l'heure des big data*, Le Seuil, coll. La République des idées, 2015, p. 37.

données d'activité d'autres internautes. L'efficacité de ces communications commerciales automatisées serait 30 % supérieure à celles réalisées par des *medias planners* humains à l'aune de leur connaissance du marché et de sa clientèle[41]. On comprend en tout cas qu'un marché gigantesque s'organise désormais autour de la vie privée.

Quant à Facebook, il utilise différents outils qui révolutionnent le marketing digital. Son « pixel de tracking », notamment, permet de suivre l'utilisateur dans sa navigation sur le web, même s'il passe de l'ordinateur à la tablette ou au smartphone. Cela permet de mieux comprendre son comportement même en cas de déconnexions et reconnexions. Ensuite, Facebook propose des algorithmes dits « *lookalike audience* » qui agrègent les données de groupes d'acheteurs pour ensuite identifier les profils similaires qui sont susceptibles d'être intéressés par le produit en cause. Pour cerner toujours mieux les existences de ses utilisateurs, Facebook s'est par ailleurs associé avec des géants de la gestion de données comme Acxiom et Datalogics, qui agrègent les informations hors web, par exemple avec les cartes de fidélité. Sur Facebook, beaucoup d'utilisateurs recherchent une forme d'anonymat et, pour en obtenir l'illusion, changeant leurs noms pour des pseudonymes. Mais Facebook ne s'est jamais intéressé aux noms et prénoms, qui sont des données sans valeur marchande. Ce qui lui importe, ce sont les « j'aime », les goûts, les activités, les valeurs, les relations etc.

C'est ainsi que, si l'on compare par exemple Facebook et Wikipédia, on constate que le premier appartient à une économie des sentiments et sensations quand le second relève d'une économie de la connaissance et de l'information. Si Wikipédia a pour principe l'anonymat véritable, Facebook fonctionne à base de visibilité, de partage et d'engagement. Si tous les deux reposent sur une dimension collective, ils répondent donc à des logiques fort différentes. On ajoutera, ce qui n'est pas anodin, que Wikipédia est une association non lucrative quand Facebook est une société commerciale. Or toute société commerciale vend un produit ou un service. Ce que Facebook vend, ce sont ses utilisateurs. Et il les vend très chers. On pourrait aussi opposer Google et son modèle reposant sur des critères de pertinence et d'efficacité, quand Facebook s'appuie sur « une logique de curation et de

---

[41] *Ibid.*, p. 49.

signature »[42]. Google, lui, a l'avantage de disposer d'une matière première d'une exceptionnelle qualité pour la publicité ciblée : les requêtes des internautes, lui permettant de vendre aux enchères les mots-clés de ses recherches par sa régie publicitaire Google Ads (anciennement Google AdWords).

Tous les GAFAM ne recueillent pas la même quantité de données personnelles. Amazon et Microsoft n'exigent pas de connaître la date d'anniversaire de leurs utilisateurs, tandis qu'Apple, Microsoft et Amazon ne cherchent pas à savoir quelles sont leurs opinions politiques. Apple, Google et Amazon ne semblent pas non plus connaître le niveau d'étude de leurs clients. Si toutes les entreprises ont la possibilité de suivre l'historique de navigation des internautes, Amazon ne peut accéder qu'au site web visité avant et à celui visité après avoir quitté la plateforme. Ensuite,puisqu'il s'agit d'un patrimoine jalousement gardé par chaque entreprise, les données de Facebook ne sont pas accessibles, celles de Google sont très partielles, tandis que Twitter fait payer très cher l'accès à ses archives. En revanche, les associations à but non lucratif s'engagent logiquement plus volontiers dans l'ouverture des données. Ainsi, pour Wikipédia ou OpenStreetMap, les données sont-elles des biens communs accessibles à tous. Les intérêts commerciaux, eux, sont forcément des freins à tout partage de données, ce qui, par exception, fait que les défenseurs de la vie privée et les multinationales de l'économie numérique se rejoignent.

En 2020, la société américaine Signs a produit une étude dans laquelle est mise en évidence, encore un peu plus, la grande quantité d'informations que les géants du secteur de la « tech » possèdent sur chacun. Chose intéressante, cette étude a aussi montré combien, tout à l'inverse, les utilisateurs sont peu et mal informés s'agissant du fonctionnement de Google, Amazon, Facebook, Apple ou Microsoft. Un quizz de vingt questions a ainsi permis de réaliser à quel point nous comprenons mal comment Facebook suit les amis avec lesquels un individu interagit le plus, ce qui lui permet de comprendre ceux dont il est le plus proche, ou comment le réseau est capable de connaître son statut relationnel ainsi que son orientation sexuelle, ou encore la couleur des yeux sur la base des photos de profil ou la profession actuelle et les professions ou autres activités passées. Enfin, tous les internautes ne

[42] M. Doueihi, *Pour un humanisme numérique*, Le Seuil, 2011, p. 160.

comprennent pas que les GAFAM conservent les informations relatives aux cartes de crédit ou qu'ils enregistrent les commandes vocales adressées aux assistants vocaux[43].

Par ailleurs, le marketing permis par les données personnelles est peut-être surtout problématique lorsqu'il s'agit d'un marketing électoral. On sait ce que la grave crise de la démocratie et des valeurs républicaines actuelle doit aux communications ciblées sur les réseaux sociaux. Le rôle joué par le cabinet britannique d'analyse de données Cambridge Analytica dans les victoires de Donald Trump aux présidentielles américaines et du Brexit a été largement documenté. Mais c'est aussi en Roumanie, au Kenya, au Ghana, au Nigeria ou à Trinidad-et-Tobago que l'entreprise de profilage politique est intervenue, comme l'ont indiqué Brittany Kaiser et Christopher Wylie, anciens responsables de Cambridge Analytica devenus lanceurs d'alerte[44]. Ils évoquent une « militarisation » des données personnelles, une « machine à propagande multiservices »[45]. Dans le documentaire « The Great Hak : l'affaire Cambridge Analytica », on peut, par exemple, voir un extrait d'une vidéo de promotion de Cambridge Analytica dans laquelle est pris l'exemple suivant : lors de la présidentielle de 2010 à Trinidad-et-Tobago, la société a fait gagner le parti majoritairement indien (UNC) contre le « parti pour les Noirs », cela en visant les jeunes qui d'habitude s'abstiennent massivement ; au final, la différence de l'abstention entre jeunes Indiens et jeunes Afro-Caribéens a atteint 40 %. Et c'est Facebook qui se situe au cœur de cette propagande, pour avoir permis à Cambridge Analytica d'aspirer des millions de données personnelles de ses utilisateurs et de réaliser leurs profils pour pouvoir cibler les indécis lors des scrutins et en influencer les résultats. Ensuite, on recourt à des envois de SMS en masse et à des appels automatisés toujours personnalisés, donc efficaces. Ils ciblent une personne en particulier en utilisant éventuellement son nom dans le message, et les messages donnent l'impression d'avoir été écrits par l'expéditeur en personne (un homme politique, député, sénateur), ce qui crée une sorte de relation très personnelle entre le parti politique et la personne destinataire du message.

---

[43] E. Brown, « Comment les géants de la technologie en savent-ils autant sur nous ? », zdnet.fr, 8 juin 2020.

[44] A. Faivre, « Données personnelles : comment "l'industrie de l'influence" traverse l'Afrique ? », lepoint.fr, 3 oct. 2020.

[45] *Ibid.*

Outre ce procédé, les groupes Telegram et WhatsApp sont des méthodes populaires de diffusion d'informations, comme l'a montré l'élection de Jair Bolsonaro au Brésil, qui a diffusé ses campagnes de désinformations essentiellement via WhatsApp. Tout cela tend à prendre la place des méthodes traditionnelles, beaucoup moins efficaces mais beaucoup plus honnêtes (meetings, affichage, porte-à-porte).

10. La vie privée de privacité. Les régies publicitaires peuvent affirmer qu'elles ne s'intéressent pas aux caractéristiques sociodémographiques des internautes et qu'elles traitent anonymement les données. Il est vrai que les personnes ont tendance à disparaître derrière leurs traces. La connaissance par profil, la connaissance des comportements, n'est pas tout à fait une connaissance des personnes. Elle interroge cependant bien leur droit à l'intimité, à conserver un espace personnel à l'abri des regards. Puisque les services du web participatif, lorsqu'ils sont proposés par des sociétés commerciales, ont pour objectif de garantir la collecte du maximum d'informations personnelles concernant leurs utilisateurs, le droit des données personnelles occupe nécessairement une place cardinale au sein du droit du web participatif.

On voit aujourd'hui apparaître un nouveau métier : courtier en données personnelles, à l'image de la société américaine Aristotle. Face aux techniques les plus intrusives de l'histoire de l'humanité, le droit au respect de la vie privée devient le premier, quantitativement et peut-être qualitativement, des droits de l'homme numérique. Alors que la vie privée devrait être un euphémisme, on doute qu'elle possède encore un sens au XXIe siècle. C'est ici que se cristallise, aux yeux des experts comme aux yeux du grand public, la tension entre les bienfaits et les méfaits, les avantages et les inconvénients des IA. Le respect de la vie privée, qui compte à présent parmi les droits de l'homme les plus essentiels, est un gage de sécurité mais aussi de dignité. Or, dans l'environnement numérique, de grandes quantités de données à caractère personnel sont collectées, souvent à notre insu, et peuvent servir à établir notre profil et à prédire nos comportements. Santé, politique, religion, mœurs, habitudes, loisirs etc., d'innombrables informations nous concernant sont collectées et nous ne savons pas ce qu'elles deviennent, qui les utilise et pourquoi.

Criteo, par exemple, a été visé par une plainte de l'association de défense de la vie privée Privacy International en 2019, dénonçant ses techniques de ciblage publicitaire. Le Règlement général sur la protection des données de l'Union européenne, notamment, ne serait pas respecté. Et l'opacité du fonctionnement des services de l'entreprise et de ses pratiques commerciales a aussi été dénoncée. En France, en 2020, la Commission nationale de l'informatique et des libertés a engagé une enquête concernant Criteo, qui est régulièrement critiqué au sujet du respect de la vie privée et du ciblage. Même Apple en est venu à déployer des mises à jour de ses logiciels afin d'empêcher techniquement Criteo de capter les données des utilisateurs sans leur consentement.

Un autre exemple très révélateur des spoliations de données dont on n'a que très mal connaissance nous est fourni par Google et son navigateur Chrome. Celui-ci possède un mode « navigation privée », illustré par un personnage avec un chapeau et des lunettes qui fait penser à un détective privé et qui nous rassure quant au fait que, lorsqu'on utilise ce mode, on est à l'abri de toute surveillance, de tout enregistrement de nos données de navigation. Or il n'en est rien. Quand on active le mode « navigation privée », Chrome signale à l'utilisateur qu'il surfe de façon protégée des regards indiscrets : « Chrome n'enregistrera pas les informations suivantes : votre historique de navigation ; les cookies et les données de sites ; les informations que vous avez saisies dans des formulaires ». Pourtant, ce mode « navigation privée » ne protège en réalité pas de la collecte d'informations par divers acteurs dont Google lui-même. Un cabinet d'avocats américain a ainsi déposé un recours collectif devant la justice de Californie, le 2 juin 2020. Il est reproché à Google de ne pas avertir suffisamment ses utilisateurs du fait que Chrome enregistre des informations quant à la navigation sur le web y compris en mode privé — qui devrait dès lors être renommé « mode navigation partiellement privée ». Les avocats mettent en avant la violation de la loi californienne sur la vie privée et la mise sur écoute. Ils interpellent Google en arguant que l'entreprise « ne peut pas continuer de collecter des données de l'immense majorité des Américains possédant un ordinateur ou un smartphone, de façon cachée et sans autorisation »[46]. Google a alors dû

[46] Cités par N. Six, « Google attaqué en justice pour la navigation pas si privée de son navigateur Chrome », lemonde.fr, 1er juin 2020.

réagir et, désormais, lorsqu'on utilise ce mode, on est averti que « Google utilise des cookies et d'autres données pour fournir, gérer et améliorer ses services et annonces ». En réalité, contrairement aux apparences, les modes « privé » des principaux navigateurs du web permettent seulement d'effacer les traces de la navigation sur l'ordinateur de l'utilisateur, qui peut être partagé avec la famille ou les amis. Mais ils n'empêchent pas les collectes d'informations à distance. Pour naviguer réellement de manière privée, mieux vaut recourir à un navigateur conçu spécialement pour cet usage, comme TOR Browser. Quant à Google, on remarquera que, jusqu'en 2018, il a inscrit son célèbre slogan « *don't be evil* » (« ne soyez pas malveillants ») dans le code de bonne conduite distribué à ses employés, c'est-à-dire que l'entreprise l'appliquait — comme son remplaçant « *do the right thing* » (« faites les bonnes choses ») —, dans une forme de dénégation inconsciente, avant tout à elle-même.

En juillet 2018, Apple et Google avaient été questionnés par le Congrès américain après que le *Wall Street Journal* avait révélé que Google permettait à des développeurs d'applications d'accéder au contenu des courriers électroniques enregistrés sur Gmail. Et une action en justice contre le moteur de recherche a été engagée devant le tribunal fédéral américain en août 2018. Les plaignants accusent Google de non-respect de la vie privée en raison du traçage des déplacements des internautes auquel il s'adonnerait grâce à leurs historiques de géolocalisation, y compris lorsque celui-ci a pourtant été désactivé. Ainsi la transformation du régime libéral en technolibéralisme réalise-t-elle son aspiration ultime : celle de n'être entravé par aucune limite et de n'être exclu d'aucun domaine. L'économie de la donnée entend ériger tous les gestes, tous les actes, toutes les relations, toutes les pensées en autant d'occasions de générer de petits profits supplémentaires. Les multinationales du numérique souhaitent accompagner chaque instant de la vie, devenir indispensables à tout moment, ne laisser aucune vacance aux hommes. Leur principal ennemi est donc logiquement la vie privée — on ne s'étonnera guère que d'aucuns de leurs responsables la présentent tel un archaïsme, telle une valeur désuète, contre-productive, propre aux passéistes qui refusent de laisser le futur advenir. Pour Éric Sadin, « l'économie de la donnée, c'est l'économie intégrale de la vie intégrale »[47].

Google est ainsi régulièrement attaqué, y compris en justice, en raison des grandes libertés qu'il prend avec la vie privée. Il sait qui sont vos amis, quels sont vos hobbies, ce que vous mangez, quels films vous regardez, quand et où vous aimez faire vos courses, quelles sont vos destinations de vacances préférées, quelle est votre couleur préférée, et même les choses les plus intimes et potentiellement embarrassantes que vous consultez sur Internet. Google, avec Facebook, compte parmi les plus grands collecteurs de données personnelles — parmi les GAFAM, on peut ainsi les distinguer d'Amazon, Microsoft et Amazon, bien que ceux-ci ne soient pas en reste. Google s'est d'ailleurs spécialisé, parmi de très nombreuses spécialités, dans l'analyse de la fréquentation de sites web avec son service Google Analytics. Et il est le leader mondial de la collecte d'informations privées à des fins publicitaires, qui sont exploitées en particulier par son service Google Ads.

Si seulement Google et Facebook malmenaient la vie privée, on pourrait mieux identifier les menaces et y répondre. Mais, en réalité, la grande majorité des services numériques s'appuient sur des modèles économiques qui supposent de prélever, traiter et réutiliser des données privées. Tel est *a fortiori* le cas des BATX et autres entreprises chinoises lorsqu'ils proposent leurs services ou produits en Amérique ou en Europe. En 2020, les utilisateurs de smartphones Xiaomi ont appris que, selon une enquête de Forbes publiée le 30 avril, la firme chinoise collecterait beaucoup de données, notamment pendant la navigation. « C'est un backdoor, avec des fonctionnalités de smartphone », clame l'un des auteurs[48]. Les smartphones Xiaomi surveilleraient et enregistreraient la navigation web, l'ouverture de fichiers, les recherches sur les moteurs de recherche etc., cela même quand le mode « incognito » est activé[49] — ce qui rappelle le mode semi-privé de Google. Xiaomi récolterait aussi d'autres éléments liés aux applications : écoute de musiques,lecture de vidéos, gestion des paramètres etc. Les

[47] É. Sadin, *La silicolonisation du monde – L'irrésistible expansion du libéralisme numérique*, L'échappée, coll. Pour en finir avec, 2016, p. 21.
[48] Cité par M. Claudel, « “C'est une backdoor avec fonction smartphone” : une enquête accable les smartphones Xiaomi », numerama.com, 30 avr. 2020.
[49] U. Rozier, « Finalement, Xiaomi admet que la collecte de données se fait même en navigation privée », frandroid.com, 4 mai 2020.

données seraient ensuite enregistrées sur des serveurs situés à Singapour et en Russie, loués par Xiaomi à Alibaba. Ensuite, grâce à ces informations, Xiaomi peut effectuer des analyses comportementales, en collaboration avec Sensors Analytics, spécialiste du domaine. En réaction à ces révélations, la multinationale chinoise, qui fabrique des trottinettes aussi bien que des montres, a déployé une mise à jour qui ajoute une option au navigateur permettant de bloquer la collecte de données même en mode « incognito ».

Finalement, le traçage et la personnalisation en ligne vont de pair avec un phénomène que certains ont qualifié « paradoxe de la vie privée », particulièrement présent dans le débat nord-américain sous l'appellation « *privacy paradox* ». L'utilisation d'internet et des IA qui le font fonctionner est paradoxale : on s'inquiète de plus en plus du fichage et de la surveillance et on recourt de plus en plus aux services qui nous fichent et nous surveillent. On se dit réticent à l'idée d'une utilisation commerciale de ses données personnelles et on clique toujours plus sur les publicités ciblées, on divulgue des sommes croissantes d'informations intimes, notamment sur les réseaux sociaux. C'est que ceux-ci sont devenus pour nous « vitaux ». On n'imagine plus un instant vivre sans eux ou sans smartphone. Mais cela remet en cause notre vie privée et, peut-être plus encore, notre intimité, c'est-à-dire ce qui appartient à la nature la plus profonde de l'être, cet espace où rien ni personne ne peut nous juger ni nous influencer, quand on est seul avec soi-même. Or on n'est plus jamais seul avec soi-même. Nos peurs, nos craintes, nos joies, nos désirs, nos égarements ne peuvent plus nous appartenir en propre. Car nous n'avons de cesse de livrer cette intimité aux moteurs de recherche et aux réseaux sociaux. Elle est pourtant notre richesse, parfois notre seule richesse. Sans cet espace de liberté absolue, de tolérance, de réflexion, d'expérimentation de soi et de renoncement, la vie change de sens. La révolution des IA change la vie. C'est une rupture culturelle sans précédent. Jusqu'à l'amour, qui appartient pourtant à la partie la plus spontanée et la plus inexplicable de l'existence, est aujourd'hui largement abandonné au travail des IA. Ce n'est d'ailleurs pas un hasard si le livre *Dataclysm*, qui décrit comment les algorithmes en viennent à nous connaître mieux que nous-mêmes, a été écrit par le fondateur de l'un des sites de rencontres les plus fréquentés (OkCupid)[50].

III. La dignité morale en danger

11. Indignité de la réification des personnes. En 2012, on vit, dans un supermarché américain Target, un client provoquer un scandale. Il se plaignait que le magasin envoie à sa fille de 14 ans des bons de réduction sur le prix des produits pour femmes enceintes. Selon lui, il s'agissait d'une démarche commerciale totalement déplacée. Mais, quelques jours plus tard, il découvrit, en même temps que sa fille, que celle-ci était effectivement enceinte. Cette histoire, racontée par un journaliste du *New York Times Magazine,* fit grand bruit car elle témoigna de la puissance du département d'analyse prédictive des grandes entreprises, chargé de collecter et acheter un maximum d'informations personnelles concernant les clients pour comprendre leurs habitudes et anticiper leurs comportements[51]. En l'occurrence, Target avait créé un programme de prédiction de la grossesse reposant sur l'analyse des comportements d'achat indiquant un changement dans le métabolisme de la cliente et permettant même d'évaluer la date de l'accouchement. De plus en plus, les firmes cherchent ainsi à vendre les biens et services aux gens qui en ont besoin avant même qu'ils sachent qu'ils en ont besoin. Cet exemple d'utilisation de la technologie à des fins de contrôle individuel et social a conforté de façon patente la formule « *code is law* » de Lawrence Lessig[52]. L'accumulation de données et leur synthèse par l'IA aboutissent à une capacité de régulation, de prescription et de contrôle ordinairement associée à la loi[53].

---

[50] Ch. Rudder, *Dataclysm – Who We Are (When We Think No One's Looking),* Crown, 2014.

[51] Ch. Duhigg, « How Companies Learn your Secrets », *The New York Times Magazine* 16 févr. 2012.

[52] L. Lessig, « Code is Law – On Liberty in Cyberspace », *Harvard Magazine* janv. 2000.

[53] J. Faure, « L'intelligence artificielle peut-elle nous gouverner ? », diploweb.com, 24 janv. 2018.

Un autre exemple significatif nous est donné par les révélations, en 2020, concernant la startup américaine Clearview AI. Celle-ci a développé une application de reconnaissance faciale très controversée car permettant de comparer n'importe quelle photo à une base de données composée de milliards de clichés issus du web. Cette application permet ainsi d'identifier n'importe qui. Cet outil ne devait être mis qu'à la disposition des forces de police. Mais *Buzzfeed* a révélé que des centaines d'entreprises l'utilisaient (notamment Walmart, Bank of America, la NBA et les casinos de Las Vegas) et ont effectué déjà des centaines de milliers de recherches. Et, le 5 mars 2020, le *New York Times* a indiqué qu'un club de « *happy few* » (de riches investisseurs) y avait aussi accès. Ainsi, en quelques instants, en exploitant une photo volée, l'application a permis à un riche milliardaire de remonter à l'identité de l'individu qui rencontrait en cachette sa fille[54]. Grâce à un algorithme efficace, celui qui possède cette application sur son smartphone peut comparer une photographie qu'il vient de prendre d'une personne, en totale méconnaissance de son droit à l'image et à la vie privée, avec ce gigantesque trésor de guerre de Clearview AI qui méconnaît tout autant le droit à l'image et à la vie privée. Clearview AI est même capable de retrouver l'identité d'une personne lorsqu'une partie du visage est cachée ou que le cliché est flou. La prouesse de la technologie de reconnaissance faciale est à la mesure du risque qu'elle fait peser sur les droits humains — d'autant plus que les résultats n'indiquent pas seulement le nom, mais fournissent également toutes les informations associées à la photo sur le web, comme la profession s'il y a une photo d'identité tirée du profil LinkedIn de l'individu. La start-up a subi les foudres des médias, mais aussi de Google, Twitter ou Facebook — coutumiers du divorce entre dires et actes —, dénonçant le fait que Clearview AI a enregistré quelques trois milliards de photos dans ses bases de données depuis sa création en 2016, les ayant piochées notamment sur les réseaux sociaux. On comprend toutefois que les géants du web s'opposent à ce que les photos mises en ligne sur leurs services soient réutilisées à des fins répressives, pour faire la chasse aux dissidents, par des régimes autoritaires tels que ceux de l'Arabie saoudite ou des Émirats Arabes Unis, à qui la start-up américaine aurait essayé de vendre

---

[54] S. Seibt, « Clearview AI, la start-up de reconnaissance faciale qui pulvérise la vie privée », france24.com, 6 mars 2020.

son produite. Les grandes plateformes ont toutes demandé à Clearview AI d'arrêter de piller leurs images et d'effacer celles déjà récupérées. La start-up, de son côté, semble avoir des idées pour perfectionner son outil, peu important que cela soit toujours plus invasif pour la vie privée. Dans son programme de reconnaissance faciale, consulté par le *New York Times*, un code permettrait d'adapter le logiciel à des lunettes de réalité augmentée[55]. Tout cela atteste de l'urgence de protéger la vie privée, notamment l'image, en réglementant les technologies de reconnaissance faciale. Et tant pis si cela permet à la Chine de prendre toujours plus d' « avance » en la matière. On peut sans doute vivre, et bien vivre, sans être à tout instant reconnu par des caméras et des logiciels.

Gaspard Kœnig résume parfaitement la situation : « Moins nous partageons d'informations, plus nous conservons de fait de liberté de choix et plus nous devenons, au sens propre, inutiles. A l'ère nudgitale, le partage, c'est l'esclavage, mais l'isolement, c'est l'effacement »[56]. En remettant en cause la vie privée et l'intimité, c'est la dignité humaine que l'IA, telle que déployée par l'industrie numérique, interroge — même si la dignité, transversale, est également malmenée par la servitude volontaire, la main invisible numérique et le téléguidage des conduites. Que penser de ceux qui se réjouissent de s'implanter des puces sous-cutanées à l'occasion d'une « *implant party* », cela afin d'être certain que les multinationales du web ne manqueront plus aucun instant de leurs quotidiens ? N'est-ce pas une part de leur humanité qui disparaît à chaque fois que l'individu se robotise un peu plus ? Les puces permettent un suivi médical ininterrompu ou une fluidification des achats avec le paiement sans contact dans les nouveaux supermarchés sans caisses. Mais il faut prendre garde à ne pas devenir les « idiots utiles » du capitalisme de surveillance. Et il n'est pas nécessaire de de se faire greffer des puces électroniques pour le devenir. Nos écrans d'ordinateur et nos smartphones sont des maisons sans portes ni fenêtres, traversées en permanence par des inconnus qui se servent et ne nous disent pas merci. Livré à tous les regards, noyé sous des tonnes d'informations, on peut de plus en plus difficilement prendre des décisions réfléchies et éclairées, des décisions libres. L'idéologie du partage et l'habitude du nudge conduisent tout droit à la dégradation de la

---

[55] *Ibid.*

[56] G. Kœnig, *La fin de l'individu – Voyage d'un philosophe au pays de l'intelligence artificielle*, Éditions de l'observatoire, coll. De facto, 2019, p. 174.

dignité des hommes, c'est-à-dire la « prérogative ou [le] prestige inaliénables dont jouit une personne en raison de son comportement, ou qui sont attachés à une chose, et qui leur valent considération et respect ou y donnent droit »[57]. La réification est une déshumanisation forcément synonyme d'indignité. Spoliés de nos données, revendus sans pouvoir mot dire, les notions d'esclavagisme et de traitements dégradants retrouvent une actualité. Or, comme le note Gaspard Kœnig en reprenant la métaphore de la maison, « des régulations comme le RGPD, en multipliant les occasions de cliquer sur "j'accepte", installent une porte en oubliant la serrure. Désormais, les inconnus nous demandent "est-ce que cela ne vous dérange vraiment pas si je passe un instant ?" tout en ayant déjà glissé un pied à l'intérieur. Difficile de refuser »[58]. Si nous ne réagissons pas plus fortement et plus massivement, la période durant laquelle la vie privée, l'intimité et l'identité auront été reconnues et protégées n'aura été qu'une parenthèse[59].

12. De nouvelles formes d'exploitation des hommes. L'exposé des motifs du décret du 27 avril 1848, préparé par Victor Schœlcher et visant à abolir l'esclavage en France, le qualifiait d' « attentat contre la dignité humaine ». En France, le droit à l'intégrité physique et psychique est notamment protégé par les articles 221 et 222 du Code pénal. Mais, qu'il s'agisse d' « augmenter » l'homme ou de le robotiser, ce sont des normes placées tout en haut de la hiérarchie qui devraient encadrer et limiter ces manipulations afin d'éviter qu'apparaissent de nouvelles formes d'exploitation des hommes. Ces normes sont les mêmes que celles qui font de la torture et de l'esclavage des atteintes à l'intégrité physique et psychique d'une personne. Les textes internationaux relatifs aux droits de l'homme opposent des interdictions absolues des traitements inhumains et dégradants, de l'esclavage et du travail forcé, pour lesquels aucun consentement de la victime n'est admis. Le droit à l'intégrité physique et psychique des personnes est protégé par la Déclaration universelle des droits de l'homme aux articles 4 et 5, qui prohibent l'esclavage, la servitude et les traitements cruels, inhumains ou dégradants. De même, le Pacte international relatif aux droits civils et politiques, à ses

---

57 V° « Dignité », in *Trésor de la langue française*.

58 G. Kœnig, *La fin de l'individu – Voyage d'un philosophe au pays de l'intelligence artificielle*, Éditions de l'observatoire, coll. De facto, 2019, p. 367.

59 A. Türk, *La vie privée en péril – Des citoyens sous contrôle*, Odile Jacob, 2011, p. 261.

articles 7 et 8, et la Convention européenne de sauvegarde des droits de l'homme, à ses articles 3 et 4, confirment que nul ne peut être tenu en esclavage ou en servitude, mais aussi qu'il est interdit de soumettre une personne à une expérience médicale ou scientifique sans son libre consentement. Les États doivent protéger l'être humain dans sa dignité et son identité et garantir à toute personne, sans discrimination, le respect de son intégrité. Dignité, identité et intégrité sont pourtant bien autant de valeurs mises à mal par l'économie de la donnée. Et la Cour européenne des droits de l'homme a souligné le caractère absolu de ces prohibitions qui concernent les « valeurs fondamentales des sociétés démocratiques qui forment le Conseil de l'Europe »[60].

La Convention de Genève du 25 septembre 1926 relative à l'esclavage le définit comme « l'état ou la condition d'un individu sur lequel s'exercent les attributs du droit de propriété ou certains d'entre eux ». L'esclavage suppose ainsi une réification de la personne. L'esclave n'a pas de personnalité juridique, il est une chose susceptible d'être vendue[61]. Le e-commerce des données personnelles, sans rétribution des personnes spoliées et avec leur consentement très mal fondé, ne constitue-t-il pas une forme moderne d'esclavage ou de servitude ? La servitude est une déclinaison de l'esclavage

---

[60] CEDH, 9 septembre 1989, *Soering c/ Royaume-Uni.* Quant à la Charte des droits fondamentaux de l'Union européenne, son premier article insiste lui-aussi sur le caractère inviolable de la dignité humaine et sur le droit à son intégrité. En France, le Conseil constitutionnel a affirmé que la sauvegarde de la dignité de la personne humaine contre toute forme d'asservissement et de dégradation est un principe à valeur constitutionnelle (Cons. const., déc. n° 94/343 DC et n° 94/344 DC, 27 juill. 1994) : « Au lendemain de la victoire remportée par les peuples libres sur les régimes qui ont tenté d'asservir et de dégrader la personne humaine, le peuple français proclame à nouveau que tout être humain, sans distinction de race, de religion, ni de croyance, possède des droits inaliénables et sacrés ». Ce principe est repris dans le Code civil, notamment à l'article 16 selon lequel « la loi assure la primauté de la personne [et] interdit toute atteinte à la dignité de celle-ci ». S'agissant des interventions sur le corps humain, l'article 16-3 du Code civil dispose qu' « il ne peut être porté atteinte à l'intégrité du corps humain qu'en cas de nécessité médicale pour la personne ou à titre exceptionnel dans l'intérêt thérapeutique d'autrui », ce qui paraît interdire toute augmentation du corps humain.

[61] P.-H. Prélot, *Droit des libertés fondamentales,* 2e éd., Hachette, coll. HU droit, 2010, p. 135.

dans laquelle il y a une situation de dépendance personnelle par rapport à autrui conduisant à une négation de l'autonomie sans anéantir complètement la personnalité. Selon la convention supplémentaire du 7 septembre 1956 relative à l'esclavage, la condition servile correspond à des hypothèses telle que la servitude pour dettes, le servage, c'est-à-dire la condition de quiconque est tenu de vivre et de travailler sur une terre appartenant à quelqu'un d'autre, ou encore les pratiques de mariage forcé ou d'exploitation des enfants.

Contrairement aux autres droits et libertés fondamentaux, qui doivent se concilier malgré leurs antagonismes et peuvent donc subir des amputations, la dignité humaine est un principe sur lequel on ne doit pas pouvoir transiger sans remettre en cause l'ordre juridique tout entier[62]. Encore faut-il s'accorder quant à son contenu, car jusqu'aux transhumanistes affirment œuvrer à sa protection lorsqu'ils invoquent le droit à l'expérimentation. Droit indérogeable, le droit à la dignité permet de justifier que des actes législatifs, administratifs ou judiciaires limitent certaines libertés, par exemple la liberté d'entreprise, pour éviter que certaines personnes ne portent atteinte à la dignité d'autres personnes, y compris si celles-ci ont consenti à ce qu'on puisse disposer d'elles.

De plus en plus, ce qui compte, c'est ce qui se calcule. Sur le plan des valeurs, le monde numérique véhicule de grandes transformations dont l'une des principales victimes semble être la dignité humaine — et l'une des grandes gagnantes l'utilité. La technique instaure la conversion intégrale de tout ce qui est qualitatif en données quantitatives, ainsi que l'idée que l'important serait d'optimiser à tout moment toutes les pratiques, notamment professionnelles. Face à cette technique triomphante, le proprement humain sort très diminué. On observe ainsi, dans des domaines toujours plus nombreux, le glissement de toute dimension qualitative vers des rapports quantitatifs, susceptibles d'être traités par les mathématiques et les statistiques. Tous les aspects du réel doivent pouvoir être transformés en données brutes susceptibles de faire l'objet de calculs. Cela dépasse d'ailleurs l'économie et les entreprises qui, grâce à la neuro-économie, « cartographient » scientifiquement les désirs et les comportements des

[62] M. Fabre-Magnan, « Le statut juridique du principe de dignité », *Droits* 2013, n° 58, p. 167 s.

consommateurs. Les politiques publiques ou le management reposent désormais tout autant sur les résultats des calculs des ordinateurs, délaissant tout sentiment ou intuition humain. L'important, c'est l'efficacité, augmenter la rentabilité, la productivité. Déjà dans les années 1980 on observait que la technique « ne se limite pas à la production d'engins de plus en plus sophistiqués, ni à la science que cette production présuppose et ne cesse de relancer, elle encercle la "culture", les beaux-arts, la politique, tout notre discours, savant ou non prévenu, tous nos rapports aux choses, toute l'interaction humaine ; ce règne enfin n'offre plus à la pensée d'autre voie que celle du calcul, au regard duquel ce qui est s'épuise dans sa disponibilité à toutes espèces de manipulations, de machinations, de planifications »[63]. Rien ne doit échapper aux calculs, donc à la mise en données, alors pourtant que l'humain se laisse difficilement réduire en données. Ce n'est qu'en dépréciant très gravement la dignité de l'homme qu'on parvient à l'exprimer en chiffres.

Un problème du même ordre se traduit par les questionnements autour du droit à l'oubli. La culture des technologies numériques « oublient l'oubli »[64]. Or l'oubli est constitutif de l'humain et de sa dignité. L'univers numérique rend la mémoire infinie et bouleverse la mémoire collective (l'histoire) et surtout la mémoire individuelle (l'identité). La civilisation numérique devient donc une civilisation dans laquelle il nous est interdit de changer, recommencer, effacer. Tout ce que l'on a fait par le passé doit être assumé, limitant notre capacité à nous renouveler, à avoir plusieurs vies dans une vie. Si l'on parle de plus en plus du droit à l'oubli, et s'il a déjà reçu quelques consécrations en droit positif, il demeure dans une large mesure peu effectif.

13. Publicités ciblées, publicités intrusives. Le data marketing est présenté par l'industrie numérique comme un système gagnant-gagnant : des taux de conversion plus importants pour les annonceurs, des publicités mieux ciblées et donc moins indigestes pour les utilisateurs. Il n'est cependant pas certain que la dignité y gagne aussi. Imaginez... Votre ordinateur personnel est en même temps votre outil de travail et, lors d'une présentation relative à la stratégie de votre entreprise devant tous vos collègues, s'affiche soudain une publicité pour les bières stout irlandaises. Tout le monde sourit et vous vous empressez de cliquer sur la petite croix qui permet de fermer cette fenêtre

---

[63] J. Taminiaux, *L'essence vraie de la technique*, Le livre de poche, 1983, p. 263.
[64] M. Doueihi, *Pour un humanisme numérique*, Le Seuil, 2011, p. 150.

non désirée à cet instant. Un peu plus tard apparaît une autre publicité, pour un site de rencontre pour les gays libertins. Cette fois les sourires sont nettement plus crispés, les regards se détournent, tandis que vous rougissez et que le reste de votre présentation sera un calvaire en raison du grand malaise ambiant. Le *coming out* involontaire est comme la révélation de la grossesse involontaire une terrible offense. La situation peut être dérangeante pour d'autres raisons, par exemple si vous vous inquiétez de la consommation d'alcools forts de votre enfant et que par la suite vous vous retrouvez régulièrement exposé à des publicités pour des alcools forts. La collecte massive de nos données personnelles peut avoir des effets pervers. La publicité ciblée constitue une atteinte grave à la protection de la vie privée, notamment lorsqu'elle n'a pas fait l'objet d'un consentement préalable, libre et explicite. Et ce consentement devrait concerner la récolte des données, indispensable pour pouvoir cibler, mais aussi l'affichage de la publicité ciblée — si la publicité est économiquement indispensable, on devrait systématiquement se voir offrir le choix entre subir une annonce personnalisée ou subir une annonce non personnalisée.

Le web en général et le web participatif en particulier — notamment les réseaux sociaux mais aussi les plateformes de partage et les blogs — reposent donc sur la publicité ciblée, supposant le traçage des comportements des utilisateurs. La CNIL distingue trois catégories de publicité ciblée en fonction de leurs pertinences respectives et donc de la fréquence des clics qu'elles génèrent[65]. Tout d'abord, il y a la publicité personnalisée classique, soit une publicité qui s'affiche en fonction des caractéristiques connues de l'internaute, qu'il a lui-même renseignées en s'inscrivant sur la plateforme. Avec les réseaux sociaux dans lesquels on précise volontairement ses centres d'intérêts et ses activités du moment, entre autres, ce type de publicité se fait de plus en plus précis. En deuxième lieu, la publicité comportementale suppose d'observer le comportement de l'internaute durant un certain temps (sites visités, mots clés tapés, commentaires laissés, temps passé par page etc.). Cela permet d'établir le profil de l'internaute, lequel est transmis aux annonceurs qui peuvent dès lors affiner leurs cibles et les exposer à des annonces pertinentes. Or les services du web participatif font largement commerce des informations relatives aux

[65] CNIL, 5 févr. 2009, communiqué sur la publicité ciblée en ligne.

profils de leurs utilisateurs. Il s'agit d'une véritable mine d'or pour tout annonceur qui peut ainsi accéder à un marketing comportemental à moindres frais. En troisième lieu, la publicité contextuelle repose sur les sites visités à un moment donné. Elle dépend uniquement du contenu de la page consultée et non de la personne de l'internaute, à l'inverse de la publicité personnalisée et de la publicité comportementale. Moins intrusive, elle est principalement employée par des annonceurs qui souhaitent se concentrer sur une activité particulière et est moins intimement liée aux plateformes du web participatif.

Aujourd'hui, les données des européens font encore l'objet d'un vaste et souvent opaque marché[66]. En témoignent les nombreuses sanctions prononcées pour violation du Règlement général sur la protection des données européen (RGPD). Depuis son entrée en vigueur, plus de cent millions d'amendes ont été infligées en Europe en raison de son non-respect[67]. Et plus de 150 000 incidents de sécurité impactant des données personnelles ont été relevés[68]. En étudiant 10 000 sites européens, des chercheurs américains de l'Université Cornell, dans l'état de New York, ont pu mieux comprendre les techniques mises en place par les sites pour obtenir l'accord d'installer leurs cookies. En particulier, près de 90 % d'entre eux ne respectent pas le RGPD deux ans après son entrée en vigueur en mai 2018[69]. Ces chercheurs ont étudié de près les *consent management platforms*, ces bannières ou pop-up devenus si familiers qui demandent à l'internaute son accord pour installer des cookies sur sa machine. Or la grande majorité d'entre eux ne répondent pas aux exigences minimales du RGPD, à savoir ne pré-cocher aucun case, faire que le rejet des cookies soit aussi simple que leur acceptation et permettre au consentement d'être explicite. Les cinq principaux acteurs du marché des *consent management platforms* (QuantCast, OneTrust, TrustArc, Cookiebot and Crownpeak) recourent au consentement implicite (simplement en visitant le site ou en faisant défiler la page), qui est donc illégal, dans un tiers des cas. La moitié des sites font en

[66] F. Debès, « Pourquoi le RGPD n'a (presque) rien changé pour les internautes », *Les Échos* 22 janv. 2020.
[67] D. Filippone, « RGPD : 114 millions d'amendes infligées en Europe depuis 2018 », lemondeinformatique.fr, 20 janv. 2020.
[68] *Ibid.*
[69] J.-S. Zanchi, « RGPD : comment les sites manipulent les internautes pour installer leurs cookies », 01net.com, 13 janv. 2020.

sorte que rejeter tous les cookies soit plus difficile que de les accepter. On a alors le choix entre « Tout accepter » et « Gérer les cookies », mais on ne peut pas « Tout refuser ». Il faut alors plusieurs clics pour s'opposer aux cookies quand un seul clic permet de les accepter pour vite pouvoir consulter le contenu désiré. Trois quarts des boutons « Tout refuser » se trouvent au second niveau, nécessitant ainsi deux clics. En outre, un site sur deux recourt aux cases pré-cochées. Et les décocher peut prendre beaucoup de temps : les plates-formes affichent de quelques dizaines à plusieurs centaines de cookies. Le record constaté par les chercheurs est ainsi de 542 sur une CMP de QuantCast[70]. Dans ce cas, nul bouton « Tout rejeter » n'était proposé, il fallait tout décocher manuellement. Pour les auteurs de cette étude, ces chiffres s'expliqueraient par une volonté de manipuler les internautes, de les obliger à consentir aux cookies contre leur volonté première, en faisant qu'il est beaucoup plus simple et rapide d'accepter les cookies que de les refuser. L'intrusion des publicités ciblées dans la vie privée serait donc encore loin de s'opérer avec l'aval parfaitement libre et éclairé des consommateurs.

Enfin, les États peuvent être complices de la mainmise des multinationales du numérique sur les vies privées de leurs utilisateurs. Si, en Europe, le RGDP et le modèle d'une IA responsable et de confiance promu tendent à limiter les risques, tel n'est pas le cas aux États-Unis qui peuvent être tentés de se défendre face à la Chine en donnant aux entreprises nationales toutes les chances de succès, même si cela suppose de porter atteinte à des libertés fondamentales. Ainsi, par un vote du 28 mars 2020, la Chambre des Représentants a-t-elle approuvé une loi de révision du Congrès visant à revenir sur le règlement sur la protection de l'internet qui avait pris effet le 3 avril 2017. Désormais, les données des américains peuvent être librement exploitées par les FAI, comme AT&T, Verizon et Comcast, qui peuvent en toute légalité surveiller les comportements de leurs clients en ligne, utiliser les données personnelles récoltées et surtout les vendre aux annonceurs ou à d'autres acteurs intéressés. La nouvelle réglementation, contrairement à celle adoptée sous la présidence de Barack Obama, n'oblige pas les FAI à obtenir le consentement de leurs clients pour pouvoir exploiter leurs données de navigation et autres données personnelles à des fins commerciales. Ils peuvent parfaitement recueillir, enregistrer et utiliser des informations

[70] *Ibid.*

personnelles au sujet de l'origine ethnique, l'appartenance religieuse, l'orientation sexuelle, l'état de santé ou l'emplacement géographique, avec les conséquences discriminatoires qui en résultent. L'interdiction, en France notamment, de recueillir et d'exploiter de telles données se justifie par la dignité des individus et leur égalité. Du fait de la nature de leurs services, les FAI ont accès à énormément d'informations au sujet de leurs abonnés. Et le Congrès des États-Unis, à majorité républicaine, a bien compris quel profit ces entreprises peuvent tirer d'un cadre juridique dans lequel ils sont libres de réutiliser ces données à leur guise. Le journal *The Verge* a publié les montants des « dons » versés par AT&T, Comcast et Verizon à chacun des parlementaires qui ont voté pour cette réforme, mettant en lumière l'importance du lobbying et des conflits d'intérêts dans un tel choix. Les multinationales du numérique font la loi par la loi des IA, mais aussi par la loi des États.

14. Plateformes opaques. En 2018, un court pamphlet intitulé *Dix arguments pour quitter les réseaux sociaux immédiatement*[71], écrit par le chercheur en informatique américain Jaron Lanier, a sonné, une fois de plus l'alarme : la logique de l'engagement qui anime les réseaux sociaux et leur *business model* classique sont antihumanistes et, en particulier, portent atteinte à la dignité humaine en supposant une accumulation maximales de données concernant les utilisateurs. Pour extraire des données, il faut qu'on les produise et, pour cela, qu'on soit actif le plus longtemps et le plus intensément sur la plateforme. Le plus efficace est alors de créer une addiction. Cette addiction joue sur les instincts primaires des hommes, ceux que l'humanisme a tâché de remplacer par des valeurs. Les récompenses, likes, jeux, clashes, nombres de followers et murs défilant sans fin sont des drogues douces mais efficaces. Dans le cas des jeux, par exemple, les développeurs font en sorte que le débutant gagne les premières parties, afin qu'il ne se décourage pas, puis qu'il gagne moins tout en restant assez satisfait pour ne pas abandonner et devienne assez frustré pour recommencer. Manipulations, addictions et création de désirs artificiels sont le lot commun des réseaux numériques. S'ensuivent l'abêtissement des populations, l'abaissement du débat public, le règne des fausses informations et de l'info

---

[71] J. Lanier, *Ten Arguments for Deleting your Social Media Accounts Right Now*, Henry Holt & Co., 2018.

populiste, l'hystérie partisane, la dictature de l'émotion etc. C'est pourquoi les réseaux sociaux jouent un jeu dangereux : ils doivent veiller à éviter toute prise de conscience de ces dérives tout en continuant d'alimenter cette addiction. Cela leur vaut d'être la cible de toujours plus de critiques. D'ailleurs, si vous souhaitez mesurer votre niveau d'addiction, des chercheurs ont mis au point le Facebook Addiction Scale, un questionnaire disponible en ligne.

Déjà au début des années 2010, l'accord qui liait Facebook à l'autorité de la concurrence américaine (la FCC) avait été rompu en raison des fuites de données qui lui étaient reprochées, alors qu'il s'était engagé à obtenir le consentement exprès des internautes pour toute utilisation de leurs données. Depuis lors, la bonne foi de Facebook en matière de protection de la vie privée est demeurée très douteuse. Et, aux États-Unis, ce sont aussi le FBI, la SEC, le Département de la Justice, la FTC et les procureurs des États de New-York et du Maryland qui enquêtent ou ont enquêté sur ses activités. Les « responsables de la vie privée » de Facebook ont admis qu'il leur reste « encore beaucoup de travail pour [...] aider les gens à comprendre comment Facebook fonctionne et les choix qu'ils ont sur leurs données ». Il n'est guère surprenant que les utilisateurs de ce service de réseautage social n'aient qu'une compréhension limitée de son fonctionnement réel, notamment du sort qui est réservé à leurs informations personnelles, et des conséquences que cela engendre sur leurs vies puisque Facebook et les annonceurs desquels il tire la plupart de ses revenus ont intérêt à ce qu'il en soit ainsi. Dans ces conditions, l'autorégulation ne saurait donner lieu qu'à des demi-mesures, des mesurettes, afin de mieux protéger la vie privée ou mieux informer les internautes. Les mesures annoncées par Facebook afin de redorer son image, comme la « portabilité des données », ne sont pour la plupart pas des choix délibérés mais une simple mise en conformité avec le cadre juridique en vigueur — spécialement dans l'Union européenne, où le Règlement général sur la protection des données (RGPD) est entré en application le 25 mai 2018.

Aujourd'hui, Facebook est toujours accusé d'abuser de la confiance de ses utilisateurs. « Ma patience a atteint ses limites » : c'est en ces termes que la commissaire européenne aux consommateurs, Vera Jourova, s'est exprimée le 20 septembre 2018. Elle a reproché à Facebook (mais aussi à Twitter) de tarder à se conformer aux prescriptions de la Commission européenne, qui a demandé aux plateformes de revoir leurs conditions générales d'utilisation afin de les rendre plus claires pour les consommateurs européens. Dans un communiqué diffusé également le 20 septembre, la Commission européenne estime que « les progrès » de Facebook ont été « très limités ». Et d'ajouter que les nouvelles conditions d'utilisation « contiennent une présentation trompeuse des principales caractéristiques des services. En particulier, Facebook indique maintenant aux consommateurs que leurs données et leur contenu sont utilisés uniquement pour améliorer leur "expérience" globale et ne mentionne pas que l'entreprise utilise ces données à des fins commerciales ». « Peu de gens savent clairement comment Facebook utilise les données personnelles de ses utilisateurs », a regretté la commissaire européenne. Aussi exige-t-elle du réseau social qu'il explique mieux à ses 380 millions d'utilisateurs en Europe quelles utilisations peuvent être faites de leurs données personnelles et comment les applications tierces peuvent y avoir accès. Les services tels que Facebook, forcément, feignent d'être honnêtes et transparents mais ne peuvent pas l'être, ou alors ils se conduiraient à leur propre perte. Leur objectif est de créer une confiance injustifiée dans leurs services en cachant au maximum leurs intérêts et modes de fonctionnement réels et en jouant sur une savante communication visant à polir leur image.

En 2019, un entrepreneur spécialisé dans le développement web a découvert que l'application Facebook allume et utilise la caméra et le micro du smartphone constamment et sans raison. Comme l'a montré le développeur, la caméra et le micro fonctionnent en arrière-plan lorsqu'il consulte son fil d'actualité[72]. La réaction de Facebook a été de se retrancher derrière un « bug informatique ». On s'étonnera tout de même que chacun de ces bugs ou piratage dont Facebook est la victime se traduise par une atteinte à la vie privée des utilisateurs. Et que sont devenues les données vidéos et sonores issues des caméras et des micros des utilisateurs de l'application ? Facebook s'est en tout cas toujours défendu d'écouter ses utilisateurs sans leur consentement — mais, lorsqu'on ouvre pour la première fois l'application, celle-ci nous extorque systématiquement cette autorisation, sans laquelle son usage deviendrait très limité, sans possibilité notamment de publier des

---

[72] M. Grumiaux, « Facebook active la caméra et le micro des iPhone en permanence sans en avertir les utilisateurs », clubic.com, 12 nov. 2019.

photos ou vidéos. Globalement, les différentes et nombreuses affaires qui ont touché le réseau social ont témoigné de pratiques au moins douteuses en matière de confidentialité. Nul doute que l'écoute des conversations constituerait une source de précieux renseignements pour toujours mieux affiner les profils.

Avec toutes ces révélations, le danger pour Facebook est déjà que ses utilisateurs se désinscrivent et migrent vers d'éventuels réseaux sociaux concurrents. Même si beaucoup ont un usage addictif de ce service, certains ont lancé une campagne devenue virale sur Twitter avec le hashtag « #DeleteFacebook ». Et une étude commandée par l'institut indépendant Pew Research Center indique que 26 % des Américains auraient décidé de supprimer l'application du réseau social de leurs mobiles quelques mois après les révélations relatives à Cambridge Analytica. Chez les 18-29 ans, la proportion atteindrait même 44 %. L'affaire semble donc avoir eu un impact fort sur la prise de conscience autour des données personnelles outre-Atlantique. L'enjeu est largement éducatif : au-delà de la communication des plateformes, il faudrait parvenir à beaucoup mieux informer la population des atteintes que leur utilisation frénétique et compulsive de ces services porte à leur dignité.

Facebook n'est cependant pas le seul concerné et, par exemple, Airbnb invite ses hôtes à s'équiper de détecteurs de bruit pour lutter contre les « fêtes clandestines ». Dans le cadre de sa campagne de « prévention des fêtes clandestines » (organisées sans que les propriétaires ne le sachent et formellement prohibées par l'entreprise depuis décembre 2019), le service de location de logements entre particuliers propose des réductions de plusieurs dizaines d'euros sur des appareils de détection de bruits, capables d'alerter les hôtes dès qu'un certain niveau sonore est dépassé[73]. On peut ainsi se retrouver surveillé chez soi, ce qui est une façon de dire qu'il n'y a plus de « chez soi », plus d'intimité, plus de vie privée. Les propriétaires doivent « informer les clients » que leurs logements sont équipés de systèmes de surveillance, mais cela ne nous habitue-t-il pas à la surveillance permanente ? Bien sûr, un appareil qui ne mesure qu'une augmentation du bruit ne peut pas être assimilé à une caméra de surveillance, cependant cela

[73] F. Soyez, « Pour éviter les fêtes sauvages, Airbnb vous pousse à surveiller autrui », cnetfrance.fr, 17 mars 2020.

témoigne de la marche vers un monde dans lequel nous serons à chaque instant épiés, d'une façon ou d'une autre. Ce monde sans libertés ne sera peut-être pas pour autant un monde plus sûr et ne sera certainement pas un monde plus heureux. La petite cloche enregistreuse de la start-up Humanyze, que les employés de certaines entreprises doivent porter autour du cou et qui permet de mesurer le temps qu'ils passent à discuter avec leurs collègues, en est un autre témoignage. Cette cloche, équipée d'un capteur audio qui se déclenche à chaque conversation, permet à certains salariés jusqu'alors peu reconnus d'être identifiés comme des connecteurs jouant un rôle central dans la vie de l'entreprise. Cela permet de perfectionner le management en valorisant les personnalités de confiance à qui tout le monde s'adresse. Mais cela institue aussi un suivi permanent des employés, même si la notion de vie privée au travail est de longue date discutée. De tels badges sociométriques destinés à améliorer la gestion des ressources humaines peuvent-ils être considérés comme protecteurs de la dignité humaine et des droits fondamentaux en général ? Peut-on justifier de faire porter à chacun une cloche afin d'assurer la bonne marche du troupeau ? Ces hommes avec leurs cloches n'ont plus grand chose d'humain. Ce sont des vaches à lait.

AirBnb, par ailleurs, s'appuie sur l'activité en ligne de ses utilisateurs pour leur attribuer un « score social », à la manière du système de crédit social chinois. Cela permet de prédire les risques qu'un locataire détériore les logements dans lesquels il passe ou pose autrement des « problèmes d'ordre moral »[74]. Comme indiqué dans le brevet déposé par la plateforme, que *The Evening Standard* a pu consulter, des algorithmes compilent les données disponibles en ligne, y compris sur les réseaux sociaux qui permettent de dénicher des informations relatives à « la conscience et l'ouverture d'esprit », concernant les utilisateurs afin de pouvoir leur attribuer une note. Ainsi, si les hôtes sont notés, les locataires le sont aussi, ce qui permet aux uns d'accepter ou non de louer leurs biens aux autres. Des traits tels que « le névrosisme », « l'implication dans des délits », « le narcissisme », « le machiavélisme » ou « la psychopathie » sont évalués et, lorsqu'ils sont présents chez un individu, celui-ci est jugé « indigne de confiance ». L'intelligence artificielle d'Airbnb discrimine également les utilisateurs qui

---

[74] V. Blue, « Your Online Activity is Now Effectively a Social "Credit Score" », flipboard.com, 17 janv. 2020.

ont créé de faux profils sur des réseaux sociaux ou qui ont renseigné de fausses informations les concernant, même si cela peut n'être que la conséquence de la volonté de protéger leur vie privée. Les contenus pornographiques et le « langage négatif » contribuent aussi à diminuer la note. De manière un petit peu plus compréhensible, les utilisateurs sont mal notés si les mots clés, les images ou les vidéos qui leur sont associés sont liés à la drogue, à l'alcool, à la violence, à la haine ou à la prostitution. Nous entrons donc dans la société de la surveillance permanente, mais aussi de la notation permanente. Or nul doute que la dignité humaine ne saurait tolérer cette notation des hommes à des fins de discrimination. Alors que des chercheurs russes ont créé un algorithme capable de déterminer les traits de la personnalité d'un individu à partir de simples photos[75], toutes les dérives sont possibles et notamment les discriminations injustes opérées à partir d'indications erronées. Le droit au respect de la dignité aura fort à faire afin d'éviter, par exemple, que dans le futur des entreprises recrutent des salariés en fonction de l'analyse informatique de leurs selfies.

15. Le cas des travailleurs du clic. Amazon, avec sa plate-forme de micro-tâches Amazon Mechanical Turk, nous a explicitement indiqué comment fonctionne pour toute une partie le monde des IA : avec des centaines de milliers de travailleurs indépendants, surnommé Turkers, rémunérés pour effectuer des tâches très simples destinées à éduquer les IA. Derrière leur apparence magique se cachent ces travailleurs du clics, souvent situés dans des pays où la main-d'œuvre coûte peu cher, ce qui est une première forme d'atteinte à la dignité humaine. Il faut de grandes quantités de travail humain pour collecter, traiter et restituer les données, et pour faire fonctionner les IA. Ces travailleurs sont recrutés à distance par des sociétés spécialisées telles que Amazon Mechanical Turk, Clickworker ou Figure Eight. Les « tâcherons du clic », constitutifs du « prolétariat numérique » organisé dans le cadre d'un « taylorisme numérique », seraient entre 40 millions et plusieurs centaines de millions en Asie et en Afrique, dans les pays émergents où ont été créées des « usines à clics » ou « fermes à clics »[76]. Ce sont des armées de travailleurs pauvres indispensables aux IA, des micro-travailleurs qui réalisent des micro-tâches micro-rémunérées. Sans

---

[75] S. Julian, « Vers une intelligence artificielle capable de deviner notre personnalité ? », lexpress.fr, 30 mai 2020.

[76] A. Casilli, *En attendant les robots – Enquête sur le travail du clic*, Le Seuil, 2019.

pouvoir de négociation et rémunérés deux dollars par heure en moyenne, ce sont des travailleurs fantômes. Et cela existe y compris dans le domaine du droit, dans le secteur des legaltechs, dont certaines proposent des services qui supposent de réaliser des tâches chronophages et répétitives[77]. C'est pourquoi on recourt à une main d'œuvre bon marché située en particulier en Inde — beaucoup de legal start-up sont anglo-saxonnes et l'Inde propose des salariés bien formés, nombreux et anglophones[78].

Très dégradante, synonyme de précarité et de perte de sens du travail, comme la plateformisation et l'ubérisation, l'activité des ouvriers de l'IA ne suscite bien sûr pas de grandes vocations. On estime d'ailleurs que, tous les six mois, la moitié de la force de travail du Mechanical Turk d'Amazon est renouvelée[79]. Parmi elle, PCMag a révélé que plusieurs milliers d'employés sont payés pour écouter et retranscrire ce que disent les utilisateurs de l'enceinte connectée Echo[80]. Leur rôle est de traduire ces données dans Alexa, l'assistant personnel, pour « améliorer l'expérience client » — un client dont la vie privée et la dignité ne sont ainsi guère des priorités, si bien que l'indignité du travail des uns côtoie l'indignité de l'exploitation des informations des autres. Les assistants vocaux sont généralement déclenchés par une commande vocale. Ils restent donc en veille et à l'écoute en attendant que l'on fasse appel à leurs services. On est donc en permanence écouté, par des robots et même parfois par des hommes. Le dilemme de l'IA et de ses acteurs est que, sans ces données précieuses, elle ne peut pas apprendre ni progresser.

Toutefois, la dignité est surtout mise à mal par le travail forcé de beaucoup d'internautes. En effet, tout le monde a déjà fait l'expérience, à l'occasion d'une requête ou d'un achat en ligne, de ce moment où l'on vous demande de prouver que vous n'êtes pas un robot en passant un test : le reCAPTCHA. Ce système de détection automatisée d'utilisateurs appartenant à Google vise à améliorer les capacités de reconnaissance des formes des IA, en particulier celle de Google Street View, en mettant à leur disposition de grandes bases

---

[77] G. Zambrano, « Essai de catégorisation des Legal Tech », *JCP G* 2019, p. 725.
[78] A. Hanson, « Legal Process Outsourcing to India : So Hot Right Now », *SMU Law Review* 2009.
[79] G. Kœnig, *La fin de l'individu – Voyage d'un philosophe au pays de l'intelligence artificielle*, Éditions de l'observatoire, coll. De facto, 2019, p. 42.
[80] P. Aubert, « La peur d'être sur écoute », zdnet.com, 24 mai 2020.

d'images étiquetées, donc dans lesquelles les ponts, passages piétons, feux tricolores, panneaux de signalisation, camions ou arbres sont identifiés. En cochant les cases dans lesquelles ces formes apparaissent, on travaille donc pour Google, on est un travailleur du clic dont le travail est forcé et non rémunéré. De la même façon, lorsque vous taguez un ami sur Facebook ou que vous likez une vidéo sur YouTube, et plus généralement à chacun de vos clics, vous œuvrez au perfectionnement d'une intelligence artificielle. Quant à Amazon, ses systèmes d'IA s'améliorent grâce à la contribution de ses clients qui cliquent ou non sur les recommandations. Et beaucoup d'IA de l'économie numérique fonctionnent ainsi. L'entraînement des IA ne va pas sans contributions humaines fortes et essentielles. Et les multinationales du numérique préfèrent ne pas avoir à payer ceux qui font ce travail[81]. Les données brutes, non annotées, n'ont que peu de valeur dans le domaine de l'IA. En demandant aux internautes, pour valider un formulaire, de réaliser une lecture d'image, de texte ou de son, on a créé une technique assez contestable pour enrichir les bases de données annotées à peu de frais, ce qui sert surtout la reconnaissance d'image et la reconnaissance de la voix.

Si beaucoup d'entreprises confient la collecte et l'annotation des contenus à des experts internes, les grandes plateformes, elles, s'appuient sur des micro-travailleurs, payés à la tâche — quelques centimes par clic —, dont la situation précaire et le travail répétitif interrogent leur dignité, mais aussi et surtout sur la masse des internautes qui travaillent pour elles gratuitement et dans 99,9 % des cas sans le savoir. Selon le sociologue Antonio Casilli, il s'agirait du premier cas de travail caché des « produsagers »[82]. Or l'article 4 de la Convention européenne de sauvegarde des droits de l'homme et des libertés fondamentales rappelle que « nul ne peut être astreint à accomplir un travail forcé ou obligatoire », quand l'article 8 du Pacte international relatif aux droits civils et politiques confirme que « nul ne sera astreint à accomplir un travail forcé ou obligatoire ». Il semble pourtant qu'il s'agisse de cela en l'occurence et que ces pratiques de travail forcé soient massives, touchant une part considérable de l'humanité. L'un des nombreux paradoxes de l'IA est donc qu'elle nous fait craindre le remplacement de l'homme par la machine dans de nombreux métiers, et donc la génération d'un chômage de

[81] A. Jean, *De l'autre côté de la machine – Voyage d'une scientifique au pays des algorithmes*, Éditions de l'Observatoire, 2019.
[82] A. Casilli, *En attendant les robots – Enquête sur le travail du clic*, Le Seuil, 2019.

masse, alors que par ailleurs elle oblige au travail forcé de populations entières.

Il faut rappeler l' « esprit de Philadelphie »[83], le fait que l'Organisation internationale du travail a initié la conférence de Philadelphie, en 1944, qui dans le prolongement de la Charte de l'Atlantique signée par Franklin Roosevelt et Winston Churchill en 1941, a réaffirmé les principes de la justice sociale et notamment cette proclamation inscrite dans la constitution de l'OIT en 1919 : « Le travail n'est pas une marchandise ». D'un point de vue humaniste, l'économie et la technique doivent servir les hommes, ce ne sont pas les hommes qui doivent servir l'économie et la technique.

[83] A. Supiot, *L'esprit de Philadelphie : la justice sociale face au marché total*, Le Seuil, 2010.

Chapitre 2. La dignité des personnes

16. La dignité, entre liberté et vie privée. Emmanuel Kant a conduit l'humanisme jusqu'à son extrême aboutissement en érigeant l'humanité en fin de tout acte, de toute pensée ou encore de toute technique. Il a installé la personne humaine au-dessus de toute chose, hors de tout prix, inaliénable et imprescriptible, la déclarant insusceptible d'être réduite à un simple moyen permettant de subvenir aux besoins d'autrui. Le respect de la dignité que confère à l'homme la dimension suprasensible de sa nature et sa raison législatrice, source de la morale et de la loi, a donc vocation à s'imposer à toute action individuelle ou collective.

Dans son célèbre discours *Oratio de hominis dignitate* (1486), Pic de la Mirandole affirmait, de façon très originale pour l'époque, que la dignité spécifique à l'homme réside dans son libre arbitre et est ce qui lui permet de s'humaniser, contre tous les dogmatismes qui robotisent les êtres[84]. Nul doute que le libre arbitre, l'autonomie, la souveraineté individuelle et finalement la liberté se trouvent au cœur de la dignité des hommes. Toute personne est déjà une personne morale, un « être individuel, en tant qu'ils possède les caractères qui lui permettent de participer à la société intellectuelle et morale des esprits : conscience de soi, raison, c'est-à-dire capacité de distinguer le vrai et le faux, le bien et le mal »[85]. Le nudge permanent diminue cette personne morale, qui tend alors à se réduire à l'aspect physique de la personne. La machinité des conduites ne va pas sans indignité. Et ceux qui succombent à des tendances animales sont plus dignes que ceux qui succombent à des tendances machinales. Mais la dignité dépend aussi du respect de la vie privée — le droit à la vie privée étant sans doute une liberté.

---

[84] M. Delmas-Marty, « Des humanismes à l'humanisme juridique : naissance et métamorphoses du mythe », cours au Collège de France, 5 janv. 2011.

[85] V° « Personne », in A. Lalande, *Vocabulaire technique et critique de la philosophie*, 10e éd., Puf, coll. Quadrige dicos poche, 2010, p. 758.

Sans intimité, on n'est plus grand chose. Violer l'intimité, c'est violer la personne humaine. La protection des informations personnelles est, comme la défense du libre-arbitre, une question de dignité. Le personnalisme, cette doctrine morale et sociale fondée sur la valeur absolue de la personne[86], exposée dans le *Manifeste au service du personnalisme* d'Emmanuel Mounier en 1936, défendra la dignité de la personne tant dans sa liberté que dans sa vie privée. La dignité dépasse donc la question de la vie privée tout en étant profondément renouvelée par elle à l'ère des IA et de l'économie numérique.

Beaucoup voient dans la dignité le premier des droits de l'homme, celui qui aurait le plus naturellement vocation à l'universalité — même si l'on trouvera toujours des temps et des lieux réfractaires à toute raison d'être de la dignité humaine. Le respect de la personne humaine est un impératif moral indérogeable, sans rapport avec l'utilité ou la rationalité. Avec la dignité, ce qui fait le sacré de l'homme, ce qui fonde l'humanité, ce n'est pas l'inclusion dans une collectivité, le service de la communauté, mais l'inviolabilité de la personne humaine. L' « homme révolté » d'Albert Camus se révolte ainsi déjà contre sa condition, pour la défense de la dignité : « En assignant à l'oppression une limite en deçà de laquelle commence la dignité commune à tous les hommes, la révolte définit une première valeur »[87] — à la fin de ses *Réflexions sur la guillotine*, Albert Camus rappelle qu'on ne transige pas avec le respect de la personne humaine, ce qui suppose tout d'abord de refuser les camps de concentration et la peine de mort.

17. Protéger la dignité, encourager la personnalité. Comme la personne humaine se divise en une personne physique et une personne morale, la dignité de cette personne comprend à la fois un pan physique et un pan moral. C'est essentiellement la dignité morale que les IA interrogent ; et elle le font tant en diminuant le libre-arbitre qu'en diminuant la vie privée. Protéger la dignité, c'est donc protéger la personnalité, soit la « personne qui réalise à un haut degré les qualités supérieures par lesquelles la personne se

---

[86] V° « Personnalisme », in A. Lalande, *Vocabulaire technique et critique de la philosophie*, 10e éd., Puf, coll. Quadrige dicos poche, 2010, p. 756.
[87] A. Camus, « L'Homme révolté (1951) », in *Œuvres*, Gallimard, coll. Quarto, 2013, p. 1060.

distingue du simple individu biologique »[88]. En droit, les droits de la personnalité sont des droits extrapatrimoniaux, donc des droits situés hors du patrimoine, sans valeur monétaire ou marchande, qui sont intransmissibles et insaisissables, donc qui ne peuvent être abandonnés ou vendus. Ils visent à protéger l'intégrité de la personne, qu'elle soit physique ou morale. Le droit au respect de la vie privée est au cœur de ces droits de la personnalité, notamment décliné en droit à l'image mais aussi sous la forme du droit à la protection des données personnelles ou encore du droit à l'honneur.

La dignité, notion centrale de la Déclaration universelle des droits de l'homme conçue tel un miroir inversé de la doctrine nazie, a pu sembler de plus en plus évidente à mesure que le XXe siècle se terminait. Au XXIe siècle, les bouleversements informatiques de l'homme redonnent une actualité aux combats menés en son nom. Les données personnelles sont l'ADN numérique de toute personne. Elles dévoilent ses valeurs culturelles et sa vie privée. Leur protection constitue dès lors un enjeu démocratique fort. Au moins quantitativement, c'est sur ce terrain que se déroule principalement le combat des droits de l'homme numérique. L'IA de confiance sera forcément une IA qui préserve l'intégrité de cette ADN numérique. Et l'IA qui inspire la méfiance est celle du capitalisme de surveillance, qui fonctionne grâce à des manipulations sans éthique des données personnelles qui ruinent la dignité morale des personnes et nient leurs personnalités. La difficulté, cependant, lorsqu'on pense les droits de l'homme numérique et spécialement la dignité numérique est l'absence de précédents historiques — qui ont nourri la DDHC ou la DUDH. Il faut avoir lu George Orwell pour mieux se faire une idée des enjeux en cause. La recherche de performances accrues des algorithmes et des réseaux de neurones appelle la collecte, le traitement et la conservation renforcés de données à caractère personnel. Le développement de l'intelligence artificielle entre donc forcément en tension avec la dignité de la personne et ses normes dérivées, inscrites notamment dans le Règlement général sur la protection des données de l'Union européenne et la loi Informatique et libertés française. Le principe de finalité, en premier lieu, doit conduire à minimiser les collectes de données

---

[88] V° « Personnalité », in A. Lalande, *Vocabulaire technique et critique de la philosophie*, 10e éd., Puf, coll. Quadrige dicos poche, 2010, p. 757.

personnelles et à limiter la durée de leur conservation, alors qu'il est tentant de récupérer un maximum d'informations afin d'entraîner de futures IA.

La Commission européenne propose de créer un nouveau droit sur les données industrielles dans l'objectif de favoriser leur exploitation et encourager de nouveaux modèles économiques proposant des services innovants, socles du développement de l'industrie du futur[89]. L'insécurité et les asymétries résultant du cadre juridique relatif aux données générées par les machines entraverait le développement de l'économie européenne de la donnée. Mais l'urgence n'est-elle pas de plus et mieux protéger les données personnelles et la personnalité des citoyens européens, en termes de droit positif et surtout de droit effectif ? Le RGPD, entré en vigueur en 2018, va certainement dans ce sens en exigeant des collectes raisonnées et parcimonieuses des données, destinées à un usage précis. Il s'attaque ainsi directement au carburant de l'IA et proclame que la protection des personnes physiques à l'égard du traitement de leurs données à caractère personnel est un droit fondamental protégeant le nom, les données de localisation ou encore les éléments spécifiques à l'identité physique, physiologique, génétique, économique ou sociale, ainsi que les informations biométriques et l'adresse IP. Peut-on s'en contenter ou bien de nouveaux progrès de la législation relative aux données personnelles peuvent-ils être espérés ? Le RGPD, « mélange de vieux et de neuf »[90], a été largement critiqué, notamment en raison de son trop faible impact concret au-delà des principes qu'il proclame. Et l'organisation Privacy Tech a par exemple publié un livre blanc intitulé « Une nouvelle gouvernance pour les données au XXIe siècle » esquissant de nouvelles pistes à suivre. Comme le souligne Isabelle Falque-Pierrotin, ancienne présidente de la CNIL, « la période du chèque en blanc sur les données est terminée »[91]. Le renouveau du régime juridique des données personnelles est nécessaire pour rééquilibrer le rapport des forces

---

[89] Commission européenne, communication « Building a European Data economy », COM(2017) 9 final, 2017, p. 10 ; C. Zolynski, « Un nouveau droit de propriété intellectuelle pour valoriser les données : le miroir aux alouettes ? », *Dalloz IP/IT* 2018, p. 94.

[90] V. Mayer-Schönberger, Y. Padova, « Regime Change? Enabling Big Data through Europe's New Data Protection Regulation », *Colum. Sci. & Tech. L. Rev.* 2016, n° 17, p. 315.

[91] I. Falque-Pierrotin, *Le Monde de l'économie* 28 mai 2017.

entre les individus et les multinationales du numérique. Pour l'heure, le troc « services contre données » n'est pas équitable.

Certains s'en satisfont pourtant, arguant qu'ils n'ont « rien à cacher ». Mais, comme l'expliquait l'ex-analyste-lanceur d'alerte de la NSA Edward Snowden, « lorsque vous dites “le droit à la vie privée ne me préoccupe pas, parce que je n'ai rien à cacher”, cela ne fait aucune différence avec le fait de dire “je me moque du droit à la liberté d'expression parce que je n'ai rien à dire”, ou “je me fiche de la liberté de la presse parce que je n'ai rien à écrire” »[92]. Une telle position est significative de l'égoïsme ambiant. Ce n'est pas parce que je n'ai pas d'intérêt à jouir personnellement d'un droit fondamental que je ne dois pas le défendre pour ceux qui en ont besoin. Les droits fondamentaux sont de toute façon des droits auxquels on ne peut pas renoncer, qui nous sont imposés pour notre bien même si l'on ne le conçoit pas ainsi — et Jean-Jacques Rousseau pouvait dire que « de lui-même le peuple veut toujours le bien, mais de lui-même il ne le voit pas toujours. La volonté générale est toujours droite, mais le jugement qui la guide n'est pas toujours éclairé. Il faut lui faire voir les objets tels qu'ils sont, quelquefois tels qu'ils doivent lui paraître, lui montrer le bon chemin qu'elle cherche, la garantir des séductions des volontés particulières »[93].

Face à l'automatisation du monde et de la gestion des vies humaines par des systèmes informatiques dont la prétendue neutralité dissimule la défense des intérêts économiques de quelques grandes firmes, il est un impératif moral et juridique : celui du respect de la dignité des hommes. On devrait pouvoir, par exemple, se suicider numériquement, pouvoir être un homme physique sans ombre numérique. Un droit de l'homme numérique pourrait être celui de ne pas être. L'invisibilité pourrait constituer un droit fondamental.

Il est toutefois aussi vrai que ce n'est que par l'équilibre, que par le « en même temps » qui est le seul mode de pensée juste, qu'on peut identifier une issue viable pour tout le monde. Protéger la vie privée, la dignité ou encore la liberté ne doit pas impliquer l'interdiction de l'IA qui est aussi la source de grands progrès. Si cette IA n'était plus utilisée que par des « passagers clandestins », profitant des services sans abandonner aucune donnée lui

[92] Cité par P. Crochart, « Données personnelles : les ressources pour s'informer, les outils pour reprendre le contrôle », clubic.com, 21 févr. 2020.
[93] J.-J. Rousseau, *Du contrat social*, 1762, L. II.

permettant de fonctionner, elle finirait par péricliter. On ne peut raisonnablement justifier d'utiliser gratuitement les services de Google ou Facebook sans rien donner ou payer en échange. Si l'on en venait à trop malmener le modèle économique de l'intelligence artificielle, on se priverait des nombreux progrès qu'elle permet ou, du moins, on devrait faire avec une baisse de la qualité des services en raison du tarissement des sources de données personnelles. Patrimonialiser les données à travers un droit de propriété produirait une perte d'efficacité des IA. Dès lors, la ville intelligente serait moins intelligente et la voiture autonome moins autonome. En laissant à chacun la possibilité de décider du sort des biens immatériels qu'il produit, cela nuirait à l'optimisation et à l'utilité recherchées par les IA, engendrerait des accidents et des pertes. Serait-ce le prix de la dignité et de la liberté ? C'est sur cette ligne de crête que se déroule la lutte pour les droits de l'homme numérique, entre le nudge permanent et l'autonomie contreproductive, entre la servitude volontaire et la liberté qui égard.

I. Le droit à l'identité numérique

18. La carte d'identité numérique de l'homme numérique. L'identité numérique est le résultat de l'agrégation, au fil du temps, des traces laissées par un individu au fur et à mesure de ses activités en ligne, des fragments de personnalité enregistrés sur les réseaux sociaux, forums, blogs et autres sites contributifs, des historiques de toutes les activités numériques. Libérée du sol et du sang, de la généalogie, elle est l'ensemble des données et caractéristiques qui permettent de reconnaître une personne et d'établir son individualité[94]. Se construit ainsi une « nouvelle *polis* numérique, qui a sa rationalité, son territoire, ses classes et enfin ses barbares »[95]. L'identité numérique, par suite, la persistance du « moi » dans l'espace immatériel et la conscience de cette persistance.

---

[94] M. Doueihi, « Un humanisme numérique », *Communication & langages* 2011, n° 167, p. 3.

[95] M. Doueihi, *La grande conversion numérique – Suivi de Rêveries d'un promeneur numérique*, Le Seuil, 2011, p. 137.

L'identité est tout pour l'homme qui vit en société. Sans elle, il devient à la fois aveugle et invisible. L'absence d'identité rend incapable, inutile, sauf éventuellement pour soi-même si l'on est un solitaire vivant tel un hermite. « L'identité, observe Raphaël Enthoven, est une instance séparatrice, une existence qui se prend pour une essence, un “empire dans un empire” selon Spinoza, qui rétrograde le vivant au rang d'observateur et fait passer du monde comme désir au monde comme divertissement »[96]. L'identité numérique, c'est le droit d'exister, le droit d'être dans l'univers numérique, le droit d'être reconnu comme individu. Alors que cette identité numérique est soumise à une traçabilité continue qui nous échappe, elle appelle la nécessaire « reconnaissance d'un droit à l'autodétermination informationnelle permettant à chaque individu de décider de la communication de ses données et de garder la maîtrise de leur utilisation, afin de s'épanouir librement dans l'univers numérique »[97].

Il faut donc affirmer que tout homme numérique a droit à une identité numérique et a droit à sa protection. La reconnaissance de cette identité numérique est la base indispensable à la structure des droits de l'homme numérique, en prolongeant l'identité physique et les droits de l'homme biologique. Le droit au respect de la vie privée, le droit au secret des communications électroniques ou le droit au respect de la dignité humaine supposent la reconnaissance d'une identité numérique. L'exercice des libertés publiques numériques individuelles et collectives qui permettent le développement d'une véritable citoyenneté numérique ne va pas sans consécration d'une identité numérique. Celle-ci a déjà connu quelques développements concrets, à l'image de la reconnaissance de la valeur juridique de la signature électronique dans le Code civil par la loi du 13 mars 2000, qui a constitué un progrès en matière de sécurisation et de facilitation des transactions informatiques.

---

[96] R. Enthoven, « Sagesses de l'amour », in A. Camus, *Œuvres*, Gallimard, coll. Quarto, 2013, p. 18.

[97] Déclaration commune de la Commission de réflexion et de propositions sur le droit et les libertés à l'âge numérique de l'Assemblée nationale française et la Commission sur les droits et devoirs sur internet de la Chambre des députés italienne, 28 sept. 2015.

Le droit à une identité numérique implique certains droits tels que le droit d'accéder aux réseaux numériques, donc l'interdiction de toute sanction privative d'accès à internet, ou la sanction de l'usurpation d'identité. Il suppose surtout le droit à l'intégrité de cette identité numérique, qui s'exprime dans le droit des données personnelles. Le commissaire européen pour l'économie et la société numérique plaide pour « un code civil pour l'ère du numérique qui clarifie en détails les questions qui peuvent se poser en matière de droits relatifs aux données »[98]. Déjà en 2011 un délit spécifique a été créé s'agissant de l'usurpation d'identité numérique[99]. Introduit à l'article 226-4-1 du Code pénal par la loi du 14 mars 2011, dite « Loppsi 2 », il dispose que « le fait d'usurper l'identité d'un tiers ou de faire usage d'une ou plusieurs données de toute nature permettant de l'identifier en vue de troubler sa tranquillité ou celle d'autrui, ou de porter atteinte à son honneur ou à sa considération, est puni d'un an d'emprisonnement et de 15 000 euros d'amende ». Y compris le titulaire d'une marque peut se prévaloir de cette disposition. Même s'il a fallu attendre 2014 pour que soit prononcée la première condamnation sur ce fondement[100], l'usurpation d'identité numérique est évidemment interdite. Il est donc défendu de créer un faux profil sur un réseau social ou tout autre service en empruntant son identité à un tiers, cela portant une grave atteinte à ses droits de la personnalité[101].

En outre, l'identité physique doit aussi être préservée. L'identification automatisée sur la base de données biométriques (empreinte digitale, détection de la voix, reconnaissance faciale) suppose un consentement valide à une telle surveillance ciblée, éclairé et réitéré. Et les IA ne sauraient être utilisées afin d'imiter ou déformer l'apparence physique, la voix ou d'autres caractéristiques individuelles dans le but de nuire à la réputation d'un individu ou de manipuler d'autres personnes[102]. Il semble ainsi indispensable de sanctionner très sévèrement les « *deep fake* », ces techniques de synthèse d'images basées sur l'intelligence artificielle et qui permettent, à des fins de

---

[98] G. H. Oettinger, « Pour un code civil des données numériques », *Le Monde* 15 oct. 2016.

[99] L. n° 2011-267, 14 mars 2011, *LOPPSI 2*.

[100] TGI Paris, 13e ch. cor., 18 déc. 2014, *X c. Rachida Dati*.

[101] TGI Paris, 17e ch., 20 mai 2015, *V. P. et autres c. A. S. et autres*.

[102] « Déclaration de Montréal pour un développement responsable de l'intelligence artificielle », Université de Montréal, 4 déc. 2018.

canular, de manipulation de l'opinion ou pour nuir à quelqu'un, de superposer des fichiers audios et vidéos afin de faire dire ou faire quelque-chose à quelqu'un qui ne l'a jamais dit ou fait. Les utilisations de toutes ces données par les pouvoirs publics, à l'image des systèmes mis en place en Inde ou en Chine, posent bien sûr d'autres questions. Sur ce point, il est significatif que le Kenya, après avoir envisagé sérieusement de créer un système national intégré de gestion de l'identité combinant les documents d'identité des personnes avec leurs données biométriques, les registres du cadastre, les registres scolaires et d'autres informations personnelles détenues par divers organismes gouvernementaux, a finalement dû renoncer à ce projet sous la pression de sa Haute Cour. Cette dernière a jugé qu'une loi sur la protection des données personnelles devait au préalable être mise en place[103].

19. La protection des données personnelles, un droit de l'homme numérique. La Convention 108 pour la protection des personnes à l'égard du traitement automatisé des données à caractère personnel, conclue dans le cadre du Conseil de l'Europe le 28 janvier 1981 et qui a constitué le premier instrument international dans le domaine de la vie privée et des données en entrant en vigueur dès le 1er octobre 1985, soulignait déjà que, « dans certaines conditions, l'exercice d'une complète liberté de traiter les informations risque de nuire à la jouissance d'autres droits fondamentaux (par exemple les droits à la vie privée, à la non-discrimination et à un procès équitable) ou à d'autres intérêts personnels légitimes (par exemple en matière d'emploi ou de crédit à la consommation). C'est pour maintenir un juste équilibre entre les différents droits et intérêts des personnes que la Convention impose certaines conditions ou restrictions au traitement d'informations ». Le règlement du 27 avril 2016, n° 2016/679, du Parlement européen et du Conseil relatif à la protection des personnes physiques à l'égard du traitement des données à caractère personnel et à la libre circulation de ces données, dit « règlement général sur la protection des données » (RGPD) — adopté le 27 avril 2016, après plus de quatre années de discussions, entré en vigueur le 25 mai 2018 et qui constitue désormais le cadre de référence pour les européens —, au premier point de ses considérants, consacre également le fait que « la protection des personnes

---

[103] A. Faivre, « Données personnelles : comment “l'industrie de l'influence” traverse l'Afrique ? », lepoint.fr, 3 oct. 2020.

physiques à l'égard du traitement des données à caractère personnel est un droit fondamental ». Et l'article 4-2 du RGPD définit le traitement de données comme « toute opération ou tout ensemble d'opérations effectuées ou non à l'aide de procédés automatisés et appliquées à des données ou des ensembles de données à caractère personnel, telles que la collecte, l'enregistrement, l'organisation, la structuration, la conservation, l'adaptation ou la modification, l'extraction, la consultation, l'utilisation, la communication par transmission, la diffusion ou toute autre forme de mise à disposition, le rapprochement ou l'interconnexion, la limitation, l'effacement ou la destruction ».

L'article 8§1 de la Charte des droits fondamentaux de l'Union européenne, comme l'article 16§1 du Traité sur le fonctionnement de l'Union européenne, affirment que « toute personne a droit à la protection des données à caractère personnel la concernant ». Cette protection des données personnelles est donc d'ores et déjà considérée comme un droit de l'homme numérique ô combien nécessaire face à l'évolution des modes d'interaction des individus avec les outils numériques connectés. L'usage du web participatif, en particulier des réseaux sociaux, ne pose pas véritablement de nouvelles questions concernant la protection des droits de la personnalité. Mais il démultiplie le nombre et la gravité des atteintes. Et la dimension transnationale des réseaux de communication rend périlleuse la bonne application d'un droit dont le caractère indispensable ne fait guère de doute mais qui demeure par trop national.

Le droit à l'identité et à l'intégrité numérique se traduit essentiellement dans le droit des données personnelles, dans le droit de contrôler en amont les données que l'on accepte de partager et le droit d'en conserver en permanence la maîtrise. L'identité numérique, normalement, devrait impliquer que ce soit aux plateformes d'accepter nos conditions et non à nous d'accepter les leurs. L'anonymat devrait être l'option par défaut, avec possibilité de décider, en pleine conscience, de révéler son identité. Des instruments tels que des portefeuilles permettraient de centraliser nos données personnelles, les sécuriser et les partager selon nos préférences de vie privée. Ainsi, plutôt que de devoir rechercher dans les paramètres les plus souterrains de Google ou Facebook les *privacy settings*, on pourrait automatiquement imposer nos exigences. Bien sûr, un tel système nous appauvrirait en services gratuits, en utilité, mais il nous enrichirait en droits sur notre individualité. N'est-ce pas dans ce sens que va le modèle européen fondé sur le droit et la confiance ? Jumbo, par exemple, est un « assistant de vie privée » qui règle, en fonction des souhaits de l'utilisateur, tous les paramètres de confidentialité disponibles sur les plateformes. Jumbo se charge donc de gérer la protection de notre intimité à notre place, car il serait trop fastidieux de paramétrer chaque service, parfois à chaque utilisation. Pour Mark Zuckerberg, les Occidentaux, comme les chinois, auraient renoncé à leurs vies privées. Peut-être les y a-t-on surtout forcés, à grand renfort de communication-manipulation et de nudge, et suffit-il de leur fournir quelques outils comme Jumbo pour qu'ils se préoccupent à nouveau de la protection de leurs informations personnelles.

Le principe qui doit être proclamé, et qui l'est déjà dans une large mesure, au niveau national comme au niveau supranational, est que tout être humain a droit à la confidentialité et au contrôle sur ses données personnelles, y compris sur celles produites par ses comportements en ligne et ses objets connectés. Chacun devrait pouvoir retrouver l'anonymat à tout moment s'il le souhaite. Quant aux utilisateurs de données personnelles, puissances publiques ou privées, ils devraient être entièrement transparents dans la collecte et l'usage des données de tout être humain et en faciliter l'accès, la traçabilité, la confidentialité et la sécurité[104]. Comme l'a affirmé la « Déclaration d'Avignon », « toute exploitation des données comme créations de tout être humain suppose son consentement préalable, libre, éclairé, limité dans le temps et réversible »[105]. Quant à la Déclaration de Montréal, elle affirme que « les services d'intelligence artificielle ne doivent pas construire de profils de préférences individuelles pour influencer le comportement des personnes concernées sans leur consentement libre et éclairé »[106]. Et, pour la Commission européenne, « une IA digne de confiance suppose d'offrir aux citoyens la maîtrise sur leurs données personnelles et d'éviter que ces dernières ne soient utilisées à leur encontre à des fins préjudiciables ou

---

[104] « Déclaration préliminaire des Droits de l'Homme Numérique », Forum d'Avignon, 2014, art. 6.

[105] *Ibid.*, art. 5.

[106] « Déclaration de Montréal pour un développement responsable de l'intelligence artificielle », Université de Montréal, 4 déc. 2018.

discriminatoires »[107]. L'exemple du site <note2be.com>, qui invitait les élèves à noter leurs enseignants (identifiés grâce à des données personnelles), est significatif : la CNIL a condamné le site[108]. Ensuite, il s'agit de trouver les moyens de rendre cette maîtrise effective, réelle, qu'elle ne reste pas une pétition de principe. Car le droit à la protection des données personnelles existe depuis longtemps, surtout en France, bien avant que l'internet et les IA n'envahissent nos vies, mais il peine de plus en plus à produire ses effets en pratique.

À l'ère des données massives, il devient de plus en plus compliqué de savoir à l'avance comment et pourquoi des calculs seront opérés à partir de nos données. La conception contractuelle d'une collecte des données finalisée et proportionnée, telle qu'imaginée par la loi Informatique et libertés de 1978, a perdu son sens[109]. Il devient nécessaire d'envisager la régulation des données personnelles à travers un contrôle *ex post* de la régularité des traitements et une gestion libre et éclairée de chacun. De nouvelles orientations doivent être données au droit des données personnelles afin d'éviter qu'il ne sombre dans l'archaïsme[110]. On peut, en premier lieu, suivre la Convention modernisée du Conseil de l'Europe pour la protection des personnes à l'égard du traitement automatisé des données à caractère personnel (« Convention 108+ »[111]) qui prévoit que le traitement des données à caractère personnel, à

[107] Commission européenne, « Lignes directrices en matière d'éthique pour le développement et l'utilisation d'une IA », 8 avr. 2019.

[108] CNIL, 25 juin 2008.

[109] D. Cardon, *À quoi rêvent les algorithmes ? Nos vies à l'heure des big data*, Le Seuil, coll. La République des idées, 2015, p. 79.

[110] Au-delà des nombreux travaux de la doctrine, le Conseil d'État, en 2014, a produit une étude sur « Le numérique et les droits fondamentaux » dans laquelle il insiste sur la nécessité de définir un droit des algorithmes. En mai 2016, la Maison-Blanche a publié un rapport intitulé « On Algorithmic Systems: Opportunity and Civil Rights ». Et le 15 décembre 2016, la Secrétaire d'État au numérique et à l'innovation a publié les recommandations du rapport du Conseil général de l'économie concernant les « Modalités de régulation des algorithmes de traitement des contenus ».

[111] La « Convention 108 » est ratifiée par les 47 États membres du Conseil de l'Europe et 6 États non-membres (Cap-Vert, Maurice, Mexique, Sénégal, Tunisie, Uruguay). Sa version modernisée, dite « Convention 108+ », est déjà signée par 24 États membres et un État non membre (Uruguay).

toute étape du cycle de vie d'un système d'IA, devrait reposer sur les principes suivants :

le traitement des données à caractère personnel aux étapes pertinentes du cycle de vie du système d'IA doit s'effectuer en vertu d'un fondement légitime prévu par la loi ;

les données à caractère personnel doivent être traitées licitement, loyalement et de manière transparente ;

les données à caractère personnel doivent être collectées pour des finalités explicites, déterminées et légitimes, et ne doivent pas être traitées de manière incompatible avec ces finalités ;

les données à caractère personnel doivent être adéquates, pertinentes et non excessives au regard des finalités pour lesquelles elles sont traitées ;

les données à caractère personnel doivent être exactes et, si nécessaire, mises à jour ;

les données à caractère personnel doivent être conservées sous une forme permettant l'identification des personnes concernées pendant une durée n'excédant pas celle nécessaire aux finalités pour lesquelles elles sont traitées.

20. Données et données personnelles. Circulantes, fluides, et bien souvent coconstruites, les données posent question du point de vue de leur définition et surtout s'agissant de leur caractère personnel ou non. La grande majorité des données produites par les individus semblent inoffensives, insignifiantes. Il ne paraît pas opportun de les intégrer dans le régime des données personnelles. Mais les IA sont de plus en plus capables de déduire des caractéristiques individuelles à partir de ces traces anonymes laissées directement (un « clic » ou un « like ») ou indirectement (sous forme de métadonnées), lesquelles peuvent être utilisées afin de contrôler les individus[112]. Les capacités de corrélation des procédés d'analyse statistique font entrer dans l'espace des données personnelles un ensemble de données fragmentées, en apparence anodines, qui en étaient jusqu'alors exclues. Lorsque des paramètres latents, des traits secondaires, qui par recoupement permettent de suivre un individu à la trace, de le réidentifier, sont produits

[112] J.-M. Deltorn, « La protection des données personnelles face aux algorithmes prédictifs », *RDLF* 2017, chron. n° 12.

dans un modèle, ils forment alors un faisceau identifiant, une donnée personnelle. Telle était déjà la position retenue par le G29, organe consultatif de l'Union européenne sur la protection des données personnelles, dans un avis du 20 juin 2007 : l'identité d'une personne ne passe pas nécessairement par la connaissance d'éléments d'identité avérés mais peut ressortir d'un faisceau d'autres éléments[113].

L'adresse IP, par exemple, doit-elle être qualifiée de donnée personnelle protégeable à ce titre ? Lorsqu'on visite un site web de e-commerce, celui-ci peut recueillir diverses informations, en particulier l'adresse IP à partir de laquelle on s'est connecté au web. Mais ce numéro d'identification attribué par le fournisseur d'accès à internet ne permet pas, seul, de remonter au nom et au prénom de l'internaute. Cela permet simplement une localisation. L'adresse IP est plus utile en matière pénale puisque des dispositifs comme HADOPI qui lutte contre le téléchargement illégal ainsi que les autorités responsables de la lutte contre le terrorisme ou la pédopornographie ont recours à un traçage des adresses IP. Ils sont en droit d'exiger du fournisseur d'accès à internet qu'il révèle l'identité qui se cache derrière une adresse IP. Alors cette dernière permet bien d'identifier indirectement un individu donné. Quant à la multinationale du web, l'adresse IP lui permet de suivre les activités d'un internaute sans savoir qui est cet internaute, une information de toute façon sans valeur car l'identité numérique se passe des noms et prénoms des personnes. Sans doute faut-il donc protéger l'adresse IP en tant que donnée personnelle. Les conditions de conservation, de stockage et d'exploitation des données sont rarement précisées clairement, tandis que les paramètres de confidentialité peuvent être difficiles à maîtriser. Les informations seraient systématiquement anonymisées : les publicités ciblées seraient adressées à des adresses IP et non à des individus identifiés. Il est difficile de suivre ce raisonnement dès lors qu'une donnée personnelle, en droit, est toute information concernant une personne physique identifiée ou identifiable. Une adresse IP ou des données de connexion semblent rendre identifiable la personne concernée. Inclure des identifiants tels que les adresses SSID, MAC, ou encore IP dans le domaine des données personnelles semble le minimum requis lorsque les appareils auxquels ces

---

[113] G29, « Avis 4/2007 sur le concept de données à caractère personnel », document 01248/07/FR – WP 136, 20 juin 2007.

données s'attachent révèlent nécessairement d'autres paramètres (par exemple de géolocalisation) qui suffiront sans peine à identifier une personne unique[114].

Les données personnelles sont celles qui permettent d'identifier directement ou indirectement un individu. Elles sont au cœur du web participatif, tant du point de vue des internautes (qui les produisent et les abandonnent) que du point de vue des plateformes (qui les utilisent et les revendent). Toute information au sujet d'un individu ne saurait être qualifiée de « personnelle ». Aux termes de l'article 2 de la loi n° 78-17 du 6 janvier 1978, dite « Informatique et libertés », « constitue une donnée à caractère personnel toute information relative à une personne physique identifiée ou qui peut être identifiée, directement ou indirectement, par référence à un numéro d'identification ou à un ou plusieurs éléments qui lui sont propres. Pour déterminer si une personne est identifiable, il convient de considérer l'ensemble des moyens en vue de permettre son identification dont dispose ou auxquels peut avoir accès le responsable du traitement ou toute autre personne ». En des termes proches, l'article 4 du RGPD dispose qu'est une donnée personnelle « toute information se rapportant à une personne physique identifiée ou identifiable », précisant qu' « est réputée être une "personne physique identifiable" une personne physique qui peut être identifiée, directement ou indirectement, notamment par référence à un identifiant, tel qu'un nom, un numéro d'identification, des données de localisation, un identifiant en ligne, ou à un ou plusieurs éléments spécifiques propres à son identité physique, physiologique, génétique, psychique, économique, culturelle ou sociale ». Il peut s'agir de l'état civil d'une personne, une image la représentant ou un enregistrement vocal, son numéro de téléphone, son adresse postale, ses informations de localisation, ses identifiants bancaires, son numéro de sécurité sociale, son empreinte, des information relatives à sa vie personnelle, ses habitudes de consommation, ses données informatiques (adresse IP, adresse mail, pseudo de réseaux sociaux, codes d'accès) etc. Seul le traitement de ces données, c'est à dire « toute opération ou tout ensemble d'opérations portant sur de telles données,

[114] L'adresse MAC (Media Access Control) est un numéro unique identifiant une carte réseau. L'identifiant SSID (Service Set Identifier) identifie quant à lui un réseau sans fil Wi-Fi. Enfin, l'adresse IP (Internet Protocol) constitue un numéro d'identification unique attribué à chaque appareil connecté au réseau internet.

quel que soit le procédé utilisé » (article 2 de la loi du 6 janvier 1978) est soumis aux impératifs de contrôle juridique. Ensuite, selon la définition de l'article 3-I de la même loi, les responsables de traitements de données à caractère personnel sont ceux qui en déterminent les finalités et les moyens. Nul doute que les plateformes du web participatif peuvent être — et sont très souvent — de tels responsables de traitement. Elles doivent dès lors veiller à respecter les droits des internautes relatifs à leurs informations personnelles, ce qui entre souvent en contradiction avec leurs modèles économiques.

L'IA entraîne un éclatement de la notion de données personnelles. Les capacités de corrélation des algorithmes d'apprentissage obligent à étendre la notion de données personnelles bien au-delà des identifiants classiques permettant de reconnaître une personne physique. De multiples signes, individuellement inaptes à identifier un individu, mais qui, une fois associés créent une empreinte unique, permettent de caractériser un individu. Les profils établis sur la base de ces traces permettent par agrégation et recoupement de parvenir à une identification[115]. La frontière entre données et données personnelles tend donc à se brouiller. Toute donnée brute transmise par l'ordinateur pourrait s'avérer être une trace permettant de préciser un profil. Cependant, les « données à caractère personnel » au sens de la loi Informatique et liberté et du RGPD ne sauraient être assimilées à toutes les données. Ces textes tracent un périmètre à géométrie variable dont l'élément déterminant est l'existence d' « éléments spécifiques propres à l'identité » d'un individu. On peut donc s'appuyer sur le critère de l'objectif du traitement de l'information pour distinguer les données et les données personnelles : si une information est collectée dans le but de permettre l'identification d'un individu, il est fort probable qu'elle permette d'une manière ou d'une autre de l'identifier et donc que ce soit une donnée personnelle. En 2011, la CNIL pouvait déjà retenir que la collecte conjointe de données de localisation et d'une adresse MAC « permet de déterminer *in fine* la position géographique des utilisateurs du système » et qu'en conséquence « la finalité de la collecte des adresses MAC combinée aux autres informations collectées conduit […] à considérer que ces données combinées entre elles constituent des données à caractère personnel »[116].

[115] J.-M. Deltorn, « La protection des données personnelles face aux algorithmes prédictifs », *RDLF* 2017, chron. n° 12.
[116] CNIL, déc. n° 2011-035.

Mais il existera toujours des collectes de données brutes qui ne seront pas des collectes de données personnelles. Quant aux données enregistrées afin de dresser des profils plus ou moins précis, grâce au travail des IA, afin de suivre, retrouver ou cibler un individu, elles doivent nécessairement être protégées en tant que données à caractère personnel.

21. Le droit des données personnelles. Face aux manipulations généralisées de données personnelles et aux enjeux qui s'attachent à leur détention, il est nécessaire que le droit intervienne. Concernant le dépôt de cookies, il s'agit d'un accès indu à un système informatique, pénalement sanctionné[117]. Il peut donner lieu à une violation de la vie privée, également sanctionnée par le droit pénal dans la mesure où les cookies débouchent nécessairement sur un traitement automatisé de données nominatives. C'est pourquoi les plateformes doivent annoncer clairement qu'elles font usage de cookies et indiquer que ceux-ci peuvent être refusés. Une section du Code pénal porte sur les « atteintes aux droits de la personne résultant des fichiers ou des traitements informatiques ». Sont ainsi réprimés le fait « de procéder ou de faire procéder à des traitements de données à caractère personnel sans qu'aient été respectées les formalités préalables à leur mise en œuvre prévues par la loi » (article 226-16) ; le fait « de collecter des données à caractère personnel par un moyen frauduleux, déloyal ou illicite » (article 226-18) ; le fait « de procéder à un traitement de données à caractère personnel concernant une personne physique malgré l'opposition de cette personne, lorsque ce traitement répond à des fins de prospection, notamment commerciale » (article 226-18-1) ; le fait de traiter des données sensibles (article 226-19) ; le fait « de conserver des données à caractère personnel au-delà de la durée prévue par la loi ou le règlement » (article 226-20) ; le fait de ne pas respecter le besoin d'une finalité déterminée du traitement (article 226-21) ; et le fait de dévoiler des informations pouvant porter atteinte à la considération de la personne ou à sa vie privée (article 226-22).

La loi, nationale ou européenne, encadre l'utilisation des données personnelles nécessaires au fonctionnement des IA. Elle encadre les conditions de collecte et de conservation des données à travers les principes de finalité, de proportionnalité, de sécurité, de limitation de la durée de conservation des données. Elle régit aussi l'exercice de leurs droits par les

---

[117] C. pén., art. L. 323.

personnes pour protéger leur vie privée et leur liberté : droit à l'information, droit d'opposition, droit d'accès, droit de rectification. Dans la lignée de la jurisprudence de la Cour de justice de l'Union européenne visant à favoriser le développement du numérique tout en protégeant les libertés fondamentales[118], et dans la veine de la loi française pour une République numérique[119], le Règlement européen intéresse l'IA en ce qu'il encadre la collecte, la conservation et l'utilisation de son carburant : les données personnelles — même si beaucoup d'IA fonctionnent à base de données qui, n'étant pas personnelles, ne sont pas concernées par le RGPD. Il insiste dans son introduction sur le besoin de permettre aux personnes physiques « d'avoir le contrôle des données à caractère personnel les concernant ». Il a modifié et approfondi le droit de la protection des données à caractère personnel, spécialement afin de renforcer la protection des personnes dont les informations sont l'objet d'un traitement et responsabiliser les acteurs de ce traitement. Cependant, le régime juridique réservé au traitement de ces données à caractère personnel reprend largement le droit français déjà applicable. Mais les nouveaux principes de protection des données consacrés ont induit un changement de logique notable : le glissement d'une logique de formalités préalables (déclaration, autorisation, avis, normes simplifiées) vers une logique de responsabilisation renforcée et de conformité continue dont les acteurs sont comptables.

L'introduction du concept d' « *accountability* » a sensiblement renouvelé l'environnement juridique des entreprises. À présent, elles ne doivent plus réaliser certaines formalités préalables à la mise en œuvre d'un traitement de données personnelles, mais il leur incombe d'être en mesure de prouver, le cas échéant, qu'elles respectent le RGPD et particulièrement les grands principes suivants : finalité, proportionnalité et pertinence, durée de conservation limitée, sécurité et confidentialité. En vertu de l'article 5 du RGPD, les données personnelles doivent être :

---

[118] CJUE, 8 avr. 2014, *Digital Rights Ireland*. D. Simon, « La révolution numérique et le juge de l'Union : les premiers pas vers la cybercitoyenneté », *Europe* 2014, n° 7, p. 9 s.

[119] L. Cluzel-Métayer, « La loi pour une République numérique : l'écosystème de la donnée saisi par le droit », *AJDA* 2017, p. 340.

« traitées de manière licite, loyale et transparente au regard de la personne concernée » ;

« collectées pour des finalités déterminées, explicites et légitimes, et ne pas être traitées ultérieurement d'une manière incompatible avec ces finalités » ;

« adéquates, pertinentes et limitées à ce qui est nécessaire au regard des finalités pour lesquelles elles sont traitées » ;

« exactes et, si nécessaire, tenues à jour » ;

« conservées sous une forme permettant l'identification des personnes concernées pendant une durée n'excédant pas celle nécessaire au regard des finalités pour lesquelles elles sont traitées » ;

« traitées de façon à garantir une sécurité appropriée ».

Le traitement des données à travers des IA doit donc être proportionné à la finalité légitime poursuivie. À chaque étape du traitement, il convient de poursuivre un juste équilibre entre, d'une part, les intérêts visés par le développement et le déploiement de l'IA et, d'autre part, les droits et libertés à préserver. Les entreprises ou administrations doivent donc examiner si la collecte de données est véritablement nécessaire et utile. Le big data suppose la collecte et le traitement d'autant de données que possible. Comment ménager cet impératif technique avec le principe de minimisation des données issu de l'article 5 du RGPD ? Ce dernier entend en tout cas offrir aux citoyens un droit à l'autodétermination informationnelle[120].

Ensuite, les principales dispositions du règlement permettent son application extra-territoriale (article 3), donc son application aux entreprises établies en dehors de l'Union européenne dès lors qu'elles ciblent les européens. Le texte européen régit tous les traitements de données effectués sur le territoire de l'Union européenne ou visant un résident européen, peu important que l'acteur concerné soit établi en dehors de l'Union européenne. Le RGPD devient ainsi une référence en dehors des frontières de l'Union européenne. Il a été repris volontairement par certains acteurs privés, à l'image de Microsoft qui a décidé d'appliquer les règles du RGPD à l'ensemble de ses clients, européens ou non. Le RGPD et, par suite, le modèle européen tendent

---

[120] B. Ancel, « La vie privée dans un monde digitalement connecté : la démocratie en danger ? », *RLDI* 2019, n° 159, p. 34.

progressivement à s'imposer au-delà de l'Europe. Google a lui-aussi fait le choix d'appliquer les règles du RGPD à l'ensemble de ses utilisateurs, ce qui a conduit à la modification de sa politique de confidentialité pour l'ensemble de ses clients.

S'agissant des obligations imposées par le RGPD, un consentement « explicite » et « positif » doit être obtenu (article 4), en particulier s'agissant de l'installation de cookies durant la navigation sur le web et l'envoi de formulaires de contact.

Est imposée une obligation d'information et de protection des données personnelles traitées (sécurité physique des serveurs, des lieux et des dispositifs informatiques, contrôle de l'accès aux données (article 32)).

Il est obligatoire de notifier à la CNIL toute violation de ces données dans les 72 heures, si la violation est susceptible d'engendrer un risque pour les droits et libertés d'une personne physique.

En vertu des articles 12 et 13, il est obligatoire de communiquer de façon concise, transparente, compréhensible et aisément accessible, en des termes clairs et simples un certain nombre d'informations aux utilisateurs (les données personnelles qui sont collectées, les finalités ou buts d'utilisation des données, les destinataires des données, la base juridique des traitements, les durées de conservation etc.).

Le « droit à l'oubli » est garanti (article 17), soit le droit d'obtenir d'un responsable de traitement l'effacement, dans les meilleurs délais, de ses informations à caractère personnel.

Est consacré le droit à la portabilité des données personnelles : « les personnes concernées ont le droit de recevoir les données à caractère personnel les concernant qu'elles ont fournies à un responsable de traitement » (article 20). Concrètement, tout individu peut exercer ce droit pour migrer d'un écosystème de services à l'autre sans pour autant abandonner son historique numérique[121].

---

[121] La loi pour une République numérique va plus loin en permettant la récupération de toutes les données associées à un compte utilisateur. Son article 48 introduit un droit pour le consommateur de récupérer en toutes circonstances l'ensemble de ses données. Ce texte confère aux individus un droit à la portée plus large que le droit à la récupération consacré par le RGPD dans la mesure où il couvre l'ensemble des

Toute personne peut s'opposer au traitement de ses données (article 21), mais aussi y accéder (article 15) et exiger leur rectification (article 16), la limitation de leur traitement (article 18) ou leur suppression (article 17).

En outre, est prohibé le profilage (article 22), il est possible de refuser qu'une décision produisant des effets juridiques soit prise par un traitement automatisé de données personnelles.

L'article 13-2-f prévoit que le responsable de traitement doit informer la personne concernée de « l'existence d'une prise de décision automatisée, y compris un profilage, et, au moins en pareils cas, [lui délivrer] les informations utiles concernant la logique sous-jacente, ainsi que l'importance et les conséquences prévues de ce traitement ».

Il est obligatoire de prendre en considération la protection des données personnelles dès la conception des services et systèmes (article 25, en anglais : *privacy by design*). Quant au *privacy by default*, il signifie que, par défaut, seules les données à caractère personnel nécessaires eu égard à la finalité des traitements peuvent être collectées.

Il est, selon les cas, obligatoire ou possible, en tant que responsable de traitement, de désigner un délégué à la protection des données (article 37-1) et de créer et conserver un registre des traitements (article 30).

Et il devient obligatoire de réaliser une étude d'impact sur la vie privée dès lors qu'une activité est susceptible d'impacter les droits et libertés des personnes concernées (article 35), cette étude d'impact devant prévoir les moyens de réduire les dommages potentiels. Son objet est de mesurer la nécessité et la proportionnalité des opérations de traitement par rapport à leurs finalités afin d'identifier et d'atténuer le risque élevé pour les personnes concernées. La réalisation d'une telle analyse est obligatoire dans de nombreuses situations (traitement de données sensibles au sens de l'article 9

---

données et pas seulement les données personnelles. Les fournisseurs de services doivent ainsi proposer une fonctionnalité gratuite permettant la récupération de tous les fichiers qu'il a mis en ligne ainsi que de « toutes les données résultant de l'utilisation du compte d'utilisateur du consommateur et consultables en ligne par celui-ci, à l'exception de celles ayant fait l'objet d'un enrichissement significatif par le fournisseur en cause ».

ou profilage de personnes sur la base de données provenant de sources externes).

Par ailleurs, un principe de responsabilité a vocation à responsabiliser les entreprises exploitant des informations personnelles. Celles-ci ne doivent plus s'adresser à une autorité de contrôle centrale afin d'obtenir une autorisation d'utilisation de données. En contrepartie, elles doivent à tout moment pouvoir justifier de leur respect du RGPD. Et des sanctions lourdes peuvent être prononcées en cas d'infraction (article 83-6) : jusqu'à 4 % du chiffre d'affaires mondial annuel ou 20 millions d'euros (le montant le plus élevé étant retenu).

Dans l'Union européenne, un groupe de travail, le G29, a été formé autour du contrôleur européen de la protection des données afin d'organiser un contrôle coordonné du respect du droit des données personnelles. Ce groupe enclenche des actions, y compris contre les multinationales du web.

22. Le RGPD et ses limites. Avec le RGPD, nous sommes entrés dans l'ère des bannières — ces petits bandeaux qui clament « Le respect de votre vie privée est notre priorité ! », alors qu'ils ne sont que le respect d'une obligation légale que l'on cherche à détourner en faisant croire qu'il s'agirait d'une initiative volontaire. Ces bannières sont un casse-tête que les webdesigners s'évertuent à faire disparaître en un clic, notamment parce qu'elles ruinent l'expérience utilisateur et la mise en valeur des contenus[122]. Le grand public se rend compte de la présence du RGPD essentiellement lorsque, en naviguant sur le web, on est sommé d'accepter les cookies ou de gérer les paramètres. Machinalement, neuf individus sur dix[123], pour gagner du temps et parce qu'ils ne comprennent que mal quels sont les enjeux, cliquent sur « Accepter les cookies ». Le réflexe est de se débarrasser du bandeau au plus vite, car il ralentit la navigation et perturbe l'accès au contenu. La situation est finalement proche de celle qui existait avant l'ère du RGPD, à la différence qu'il faut désormais cliquer cinquante fois par jour sur « J'accepte les cookies ». Cette réglementation est donc paradoxale puisque,

---

[122] A. Remay, « Le RGPD offre paradoxalement une immense opportunité de collecte pour les publicitaires et autres sociétés de services marketing », lemonde.fr, 15 mars 2020.

[123] *Ibid.* (Quantcast (deuxième solution la plus utilisée aux États-Unis et au Royaume-Uni) affiche en effet un taux d'acceptation de 90 %).

faite pour protéger la vie privée, elle incite l'internaute à laisser capter encore plus ses données personnelles[124]. Les bannières offrent, il est vrai, un choix délicat : accepter les cookies en un clic ou bien se perdre dans un marathon du consentement en cliquant sur « Personnaliser les cookies ». La « *consent fatigue* », comme on l'a baptisée aux États-Unis, fait que les utilisateurs préfèrent très majoritairement qu'on collecte et utilise leurs données personnelles.

Par ailleurs, beaucoup d'acteurs se sont mis en conformité avec les exigences du RGPD du point de vue de la transparence : elles ont élaboré des politiques de confidentialité très complètes pour expliquer quelles données sont traitées, pour quelle finalité, combien de temps elles seront conservées etc. Mais on sait que pratiquement aucun internaute ne les consulte. Cette exigence de transparence et d'information est donc remplie en théorie mais pas en pratique. On peut y voir une certaine forme d'hypocrisie ; ou bien une solution faisant figure de pis-aller. On rapporte que si un Américain moyen devait lire toutes les politiques de confidentialité auxquelles il a souscrit, cela l'occuperait durant 25 jours[125]. Les entreprises n'ignorent pas qu'elles sont contraintes par la loi de penser et publier ces actes et elles respectent cette obligation, mais elles savent bien que très peu d'utilisateurs les liront.

Un autre effet regrettable de l'entrée en vigueur du RGPD, heureusement passager, a été l'envoi massif de spams au moment de sa mise en place car toutes les entreprises ont dû prévenir les personnes dont elles détenaient l'adresse mail et leur demander si elles avaient le droit de leur écrire. Chaque demande d'autorisation était elle-même illégale car non sollicitée.

Le but affiché des institutions européennes est de « redonner aux citoyens le contrôle de leurs données personnelles, tout en simplifiant l'environnement réglementaire des entreprises »[126]. Sur l'un et l'autre point, des craintes sont permises, tant s'agissant de l'effectivité de la protection de ces nouveaux droits des citoyens européens que concernant la simplicité de cette nouvelle réglementation que les responsables de traitements devront appliquer. Le RGPD, comme tout règlement de l'Union européenne, est directement

---

124 *Ibid.*

125 J.-G. de Ruffray, « Les (vraies) faiblesses du RGPD », lebigdata.fr, 11 mars 2020.

126 Conseil européen, « Le règlement général sur la protection des données », consilium.europa.eu, 2018.

applicable sans besoin de transposition de la part des États membres. Néanmoins, il renvoie aux droits nationaux sur différents aspects. Et certaines dispositions nationales sont sans doute incompatibles avec le nouveau texte européen. En 2020, le Règlement général sur la protection des données demeure fort difficile à appliquer pour les entreprises[127]. Son grand défi est bien celui de son effectivité.

Reste que la collecte de données est fréquemment clandestine sur le web, ce qui oblige à utiliser avec la plus grande prudence les réseaux sociaux et autres services participatifs ; et ce qui amène à relativiser le contenu du droit des données personnelles tant celui-ci est souvent ignoré ou contourné. Il entre largement en confrontation avec les objets, pratiques, activités et modèles économiques des entreprises du numérique, qui ne peuvent donc les appliquer qu'à regret. Dès lors, le RGPD est dans une grande partie inefficace vis-à-vis des applications des pays tiers, car il est impossible de vérifier qu'il est appliqué. Les entreprises américaines ou chinoises sont forcément tentées d'ignorer ce texte, au risque d'amendes légères par rapport aux enjeux auxquelles elles sont attachées. Pour certains commentateurs, « nous avons encore enfanté un monstre juridique, nous nous sommes encore tiré une balle dans le pied avec cette loi »[128].

Le 12 décembre 2019, l'Institut Montaigne a rendu publique une étude sur le RGPD dans laquelle il déplore les faiblesses du règlement européen et plaide pour des règles différentes en fonction des secteurs, considérant que la santé, l'assurance ou la banque ne posent pas les mêmes difficultés que le e-commerce ou les jeux en ligne. On pourrait ainsi produire des régimes plus lisibles et plus concrets pour les acteurs. On regrette tantôt le caractère trop général du texte, la longueur des considérants ou les errements légistiques consistant à inclure des normes dans les considérants[129]. Le RGPD, insuffisamment concret, serait une directive cachée, à tel point que la France s'est sentie obligée de légiférer et de « transposer » ce texte en modifiant la loi Informatique et libertés de 1979. Les acteurs économiques, même de

---

[127] F. Debès, « Après deux ans, des milliards investis et quelques progrès, le RGPD patine », lesechos.fr, 28 mai 2020.

[128] Th. Klein, « Déconfinement : "Nous nous sommes encore tiré une balle dans le pied avec le RGPD" », lemonde.fr, 24 avr. 2020.

[129] J.-G. de Ruffray, « Les (vraies) faiblesses du RGPD », lebigdata.fr, 11 mars 2020.

bonne foi et volontaires, sont souvent confrontés à des problématiques d'interprétation et de mise en œuvre pratique. Alors qu'il s'agissait surtout de lutter contre les manipulations de données opérées par les multinationales telles que les GAFAM, ce sont finalement elles qui sont les moins durement impactées, tandis que nombre de PME se retrouvent dans le flou et gênées dans leurs activités. S'agissant de la durée de conservation, par exemple, le RGPD a établi une règle très générale, sur le modèle de celle figurant dans la loi française : les données ne doivent pas être conservées plus longtemps que nécessaire par rapport à la finalité pour laquelle elles ont été collectées. Plus généralement, tout le texte définit des notions vagues dans un esprit d'auto-contrôle et d'auto-compliance. Ainsi beaucoup d'acteurs ne savent-ils pas précisément ce qu'ils peuvent et ne peuvent pas faire, tandis qu'ils se savent menacés par de lourdes sanctions.

L'exploitation raisonnable des données est une opportunité pour le développement de la recherche et de l'intérêt général. Le libre accès aux données favorise la science et l'innovation ouvertes. La protection des données est alors un frein. Le RGPD doit protéger à la fois la vie privée et les données personnelles et la liberté d'entreprise, la liberté d'exploiter et vendre des données au nom des libertés économiques qui constituent l'essence de l'Union européenne. Les auteurs du RGPD ont donc recherché un subtil équilibre, quasi-impossible à trouver, et il n'est guère surprenant qu'il soit l'objet de vives critiques tant de la part des entrepreneurs que de la part des défenseurs des libertés individuelles.

23. Conceptions américaine et européenne des données personnelles. Le RGPD est aussi l'objet de commentaires positifs et même une source d'inspiration pour des pays non européens, y compris les États-Unis. L'entrée en vigueur du RGPD a donné lieu à des grandes asymétries en matière de flux de données entre les États-Unis et l'Union européenne. Berceau de beaucoup d'entreprises du numérique, qui ont plutôt intérêt à ce que les collectes, conservations et exploitations de données personnelles soient le moins encadrées possible, la Californie a adopté, le 28 juin 2018, une loi en partie inspirée du RGPD européen, entré en vigueur le 25 mai précédent. Le California Consumer Privacy Act, adopté par le Sénat et la Chambre des représentants de Californie et ratifié par son gouverneur Jerry Brown, devrait en théorie imposer aux entreprises de rendre publics les types de données qu'elles collectent à travers leurs activités. La loi les obligera également à permettre à leurs utilisateurs de refuser que leurs données soient utilisées à des fins commerciales. Et ceux-ci pourront exiger la suppression des informations déjà recueillies. Enfin, le texte interdira toute communication de données relatives à des enfants de moins de 16 ans. Alors que cette législation entrera en application le 1er janvier 2020, ses conséquences pour les acteurs de la Silicon Valley seront dans tous les cas limitées puisque leurs services s'adressent à tous les américains et même au monde entier — la Californie est cependant l'État le plus peuplé des États-Unis. Sans compter les dispositions très favorables aux entreprises déjà insérées dans la loi. Un article, par exemple, autorisera celles-ci à appliquer des tarifs différents selon que l'utilisateur acceptera ou non que ses informations soient récoltées et exploitées ou à ne rendre le service payant que pour les consommateurs ne souhaitant pas divulguer leurs données — ce qui est cependant parfaitement en cohérence avec le modèle économique de ces services, ordonné autour de ce qui est devenu l'adage des activités en ligne : « quand c'est gratuit, c'est vous le produit ». C'est ainsi à un véritable jeu de loi autour des données personnelles qu'on assiste en Californie.

Aux États-Unis, la Privacy Law est sectorielle. Il n'y a pas de réglementation fédérale générale applicable à l'ensemble des secteurs d'activité[130]. Le Privacy Act de 1974 ne concerne que les traitements de données des agences fédérales, non les activités des acteurs privés. Ce sont les États et les villes qui peuvent édicter les textes relatifs à la protection des données personnelles. Dans le millefeuille réglementaire qui en résulte, l'absence de protection des données personnelles est l'impression qui domine. Ainsi, par exemple, le Personal Privacy Protection Law adopté en 1984 par l'État de New York vise lui-aussi les données personnelles traitées par les agences de sécurité étatiques mais pas les acteurs privés. Mais les choses bougent, suivant le modèle du RGPD européen, et la Californie n'a donc pas attendu une hypothétique loi fédérale sur la protection des données aux États-Unis. Elle a adopté son propre texte, avec des intentions qui rappellent celles du RGPD. Parmi les nouvelles dispositions juridiques contraignantes pour les entreprises en même temps que rassurantes pour les consommateurs, on trouve notamment le fait que tout résident de l'État de Californie peut, s'il le souhaite, exiger un accès à toutes les données détenues par une entreprise

[130] D. Solove, P. Schwartz, *Information Privacy Law*, 6e éd., Wolters Kluwer, 2018.

permettant de l'identifier. Chaque citoyen peut, à la suite de cette requête, demander quel usage est fait de ces données et éventuellement leur suppression. Il est également prévu que chacun puisse refuser explicitement que ses données soient revendues à des tiers par le biais d'un bouton dédié que les sites sont tenus de proposer. Mais ce texte ne s'applique qu'aux entreprises dont le chiffre d'affaires excède 25 millions de dollars, qui détiennent les données de 50 000 personnes ou qui génèrent plus de 50 % de leurs revenus en vendant des données. Il écarte également de son champ d'application les traitements des données par le gouvernement fédéral, les États fédérés ou les administrations locales — elle ne s'attaque donc pas aux collectes de données par les pouvoirs publics américains, lesquelles avaient entraîné quelques scandales suite aux révélations d'Edward Snowden ou Julian Assange.

Le California Consumer Privacy Act, malgré le lobbying intense dont il a été l'objet, n'a pas cédé aux exigences de la puissante Internet Association à laquelle coopèrent Amazon, Facebook et Google. Ce lobby a cependant obtenu la suppression de l'interdiction par défaut de la vente des informations personnelles des utilisateurs — c'est pourquoi les sites devront proposer un bouton permettant aux internautes de demander au cas par cas cette interdiction, ce qui rappelle le mécanisme anti-cookies européen et laisse supposer que sa portée sera limitée. La loi californienne butte par ailleurs, comme le RGPD européen, sur le problème de son effectivité. La mise en conformité des entreprises s'avère longue et parfois chaotique. En 2020, près de la moitié d'entre elles ne se seraient toujours pas adaptées aux nouvelles règles[131].

Le California Consumer Privacy Act, s'il se rapproche du RGPD, n'en abandonne pas pour autant la conception américaine qui fait des données personnelles des biens commerciaux comme les autres ou presque. Ainsi la loi sur la protection des données de Californie ne permet-elle pas aux citoyens américains de reprendre le contrôle de leurs vies privées. Elle demeure fidèle à la vision américaine dans laquelle l'approche économique est l'essentiel, même si cela implique de permettre aux GAFAM de

---

[131] M. Chartier, « La Californie se dote de sa loi "RGPD", en attendant une législation fédérale », lesnumeriques.com, 4 janv. 2020.

s'introduire dans l'intimité des individus[132]. Sous l'angle économique, le traitement des données personnelles est un avantage concurrentiel pour les entreprises que le législateur californien a pris soin de ne pas trop malmener. Les entreprises peuvent ainsi fournir divers niveaux de service en fonction des données que l'individu accepte de leur transmettre. Refuser que l'on collecte ses données risque donc de diminuer la qualité des services ou même d'entraîner un refus de l'accès à ces services. Tandis que, en Europe, les données personnelles sont l'objet d'un droit fondamental des citoyens, auquel ils ne peuvent pas renoncer, les Américains se contentent de protéger des consommateurs.

La libre circulation des fichiers informatiques est par ailleurs un objectif de l'OCDE, comme en témoignent les lignes directrices adoptées le 23 octobre 1980, qui exhortent certes à la conciliation entre « des valeurs à la fois primordiales et antagonistes, telles que le respect de la vie privée et la libre circulation de l'information », mais insistent surtout sur le fait que les États doivent « s'efforcer de supprimer ou d'éviter de créer, au nom de la protection de la vie privée, des obstacles injustifiés aux flux transfrontières de données à caractère personnel ». En Europe, on a d'abord envisagé les données sous l'angle de leur marché et de leur commerce. L'approche initiale insistait sur leur libre circulation et la directive n° 95/46 du 24 octobre 1995 relative à la protection des personnes physiques à l'égard du traitement des données à caractère personnel et à la libre circulation des données et la directive n° 2002/58/CE, dite « vie privée et communications électroniques », du 12 juillet 2002 trouvent leur justification dans les dispositions du traité relatives au rapprochement des législations dans le but de la réalisation du marché intérieur. On voyait alors dans la liberté de circulation des données la cinquième liberté de circulation — après celles relatives aux biens, aux capitaux, aux services et aux personnes. Cependant, sans renier les objectifs économiques, l'Union européenne s'est érigée en fer de lance de la défense de la vie privée, surtout après l'entrée en vigueur du RGPD.

Par un arrêt du 6 octobre 2015, la CJUE a invalidé l'accord « Safe Harbor » conclu entre l'Union européenne et les États-Unis, autorisant et encadrant les

---

[132] A. Lazarègue, « Les Américains considèrent la donnée personnelle comme un simple bien commercialisable », lemonde.fr, 20 janv. 2020.

transferts de données personnelles de l'un vers l'autre côté de l'Atlantique, où sont basés les datacenters des multinationales du web. Dans cette affaire, un étudiant en droit autrichien avait porté plainte contre Facebook qui transférait sans le consentement de ses abonnées des données vers des serveurs américains. Les juges européens, rappelant les révélations d'Edward Snowden, ont souligné combien était contradictoire l'attitude des entreprises américaines acceptant les conditions du « Safe Harbor » tout en donnant à la NSA accès aux données en leur possession dans le cadre du programme « Prism ». Et de considérer que « n'est pas limitée au strict nécessaire une réglementation qui autorise de manière généralisée la conservation de l'intégralité des données à caractère personnel de toutes les personnes dont les données ont été transférées depuis l'Union vers les Etats-Unis sans qu'aucune différenciation, limitation ou exception soit opérée en fonction de l'objectif poursuivi et sans que soit prévu un critère objectif permettant de délimiter l'accès des autorités publiques aux données et leur utilisation ultérieure à des fins précises, strictement restreintes et susceptibles de justifier l'ingérence que comportent tant l'accès que l'utilisation de ces données ». La Cour de justice a donc censuré cet accord qui, en outre, écartait les autorités nationales de protection des données et méconnaissait le droit au respect de la vie privée et au respect des données à caractère personnel garanti par la Charte des droits fondamentaux[133]. Le « Safe Harbor » comprenait des principes de protection des données à caractère personnel théoriquement suffisants et permettant aux entreprises américaines d'accéder au marché européen et donc aux données des européens. Parmi ces principes, on trouvait celui du consentement explicite pour les données sensibles ou celui du droit d'accès et de rectification — des règles qui restent très étrangères à l'approche nord-américaine. L'idée du Safe Harbor était donc de créer un niveau de protection minimal des données comme condition à leur libre circulation.

Européens et américains, très liés par leurs économies numériques, devaient pourtant trouver les moyens juridiques de concilier leurs approches largement antagonistes. Le 2 février 2016, la Commission européenne et le Département américain du commerce ont annoncé la conclusion d'un accord

---

133 CJUE, 6 oct. 2015, aff. C-362/14, *Maximillian Schrems c. Data Protection Commissioner*.

concernant la mise en place d'un nouveau cadre juridique pour les exportations de données personnelles de l'Union européenne vers les Etats-Unis. Le « Bouclier vie privée » ou « Privacy Shield » a ainsi remplacé le « Safe Harbor ». La secrétaire au commerce des États-Unis, Penny Pritzker, s'est réjouit de la conclusion de ce qu'elle a qualifié d' « accord historique [qui] va aider à la croissance de l'économie numérique en garantissant que des milliers d'entreprises européennes et américaines, et des millions de particuliers, continuent à avoir accès aux services en ligne ». Il n'en demeure pas moins que cet accord, dont les GAFAM et autres multinationales du web se félicitent, continue d'être largement critiqué et même dénoncé par les défenseurs du droit au respect des données personnelles et de la vie privée. En France, la CNIL s'est rapidement fendue d'un communiqué dans lequel elle exprime son inquiétude. Elle rappelle que le G29, groupe des instances européennes de protection des données personnelles, avait le 13 avril 2016 exprimé de graves réserves face aux trop faibles progrès du « Privacy Shield » par rapport au « Safe Harbor ». Le 29 juillet 2016, le G29 a à nouveau fait part de sa position. S'il salue poliment quelques améliorations, il demeure préoccupé sur différents points, notamment concernant l'accès des pouvoirs publics aux données transférées vers les États-Unis. Pour ce qui est de la collecte en vrac de données personnelles, le G29 ne se satisfait pas des engagements pris en raison du « manque de garanties concrètes ». Par ailleurs, le G29 regrette que les informations relatives à l'application effective des principes du « Privacy Shield » soient trop rares. Ce texte a été diminué par l'attribution de pouvoirs supplémentaires à la NSA qui peut partager plus facilement les données de surveillance brutes avec plus d'une douzaine d'agences gouvernementales. Et un décret du Président Donald Trump a réduit sa portée en exigeant des agences qu'elles veillent à ce que leur politique de confidentialité exclut les personnes qui ne sont pas citoyens américains de la protection de la vie privée.

En Europe, tout responsable de traitement de données personnelles doit assurer la sécurité et la confidentialité de ces données vis-à-vis des tiers non-autorisés. En particulier, en vertu de la législation européenne, il ne peut procéder à un transfert d'informations à caractère personnel vers un État n'appartenant pas à l'Union européenne. Seuls font exception les pays qui disposent de réglementations nationales offrant une protection au moins équivalente à celle assurée par le droit européen. Une dizaine de pays tels que la Suisse, le Canada ou Israël ont ainsi été qualifiés de « pays adéquats ». Les États-Unis, pour leur part, ne sont pas éligibles au rang de pays adéquat puisqu'ils n'offrent guère de législation fédérale satisfaisante en matière de protection des données personnelles. Dans le même temps, à l'heure de la globalisation et d'internet, il est difficile — et même impossible — de poser le principe d'une interdiction des échanges d'informations avec le berceau des Google, Facebook et autres Twitter. C'est pourquoi, dès juillet 2000, la Commission européenne avait conclu avec le Département du commerce des États-Unis un programme d'autorégulation, purement déclaratif, incitant les entreprises et organisations y adhérant à assurer aux traitements d'informations provenant d'Europe une protection équivalente à celle accordée dans l'Union européenne. Il s'agissait du « Safe Harbor », littéralement « sphère de sécurité ».

Avec le nouveau « bouclier », différentes voies de recours, tant en Europe qu'aux Etats-Unis, sont consacrées. La Federal Trade Commission (FTC) pourra sanctionner et même exclure pour pratiques commerciales déloyales et trompeuses les entreprises participant au « Privacy Shield » qui n'en respecteraient pas les dispositions. Sous l'empire du « Safe Harbor », la FTC pouvait tout au plus demander à une société fautive de ne pas récidiver et les victimes ne pouvaient pas obtenir réparation pour la violation de leurs droits. De plus, l'accord prévoit la création d'un poste de médiateur (ombudsman) chargé de traiter les dossiers les plus sensibles. Et il comporte une innovante clause de révision annuelle censée permettre de suivre son application et, éventuellement, de l'adapter. Si la surveillance générale et inconditionnée des données personnelles des citoyens européens pratiquée par les services de renseignement américains est en principe interdite, il reste que de nombreuses incertitudes pèsent sur ce « Privacy Shield » : en premier lieu, il repose sur un engagement écrit du gouvernement américain à limiter la surveillance de masse à ce qui est « nécessaire et proportionné ». Or les notions de « nécessité » et de « proportionnalité » ne se présentent pas nécessairement sous le même jour en Europe et aux Etats-Unis. Elles requièrent d'être interprétées et cette interprétation peut être très extensive. Sur le fond, le « Privacy Shield » repose en effet sur le même raisonnement juridique que le « Safe Harbor » : les Etats-Unis n'ont pas à modifier leurs lois fédérales et les sociétés privées s'engagent individuellement à fournir une protection « adéquate » aux données transférées depuis l'Europe. Il s'agit d'un programme d'autorégulation et déclaratif comparable à celui du « Safe Harbor ». C'est pourquoi de nombreuses voix se sont élevées pour dénoncer ce qui serait un accord purement politique très insuffisant du point de vue de la sauvegarde des droits et libertés fondamentaux des Européens, en premier lieu en ce qu'il n'exige aucune modification de la loi des États-Unis. Du manque général de clarté du texte aux imprécisions quant aux notions clés et aux incertitudes quant à l'efficacité et à l'indépendance du médiateur, en passant par les incompatibilités entre certains principes américains et leurs équivalents européens ou par l'excessive complexité des voies de recours ouvertes aux citoyens européens, les opposants au « Privacy Shield » semblent ne pas manquer d'arguments.

Le « rapport Villani » pouvait dès lors se prononcer en faveur d'une réforme du cadre international applicable aux transferts de données, soulignant combien, « s'il est indispensable de constituer en France et en Europe de véritables écosystèmes autour de la donnée nécessaire au développement de l'IA, cette condition ne doit pas, pour autant, conduire à simplifier le transfert de données hors de l'Union européenne. Ce principe dit de libre circulation des données (*free flow of data*) est réclamé de longue date — dans le cadre d'un important lobbying — par les géants américains, qui y voient un intérêt stratégique si l'on considère l'asymétrie actuelle des flux de données. Un tel dispositif, intégré aux traités de libre-échange, marquerait un recul fort en termes de souveraineté, de compétitivité et de protection des consommateurs européens »[134]. Cela porterait en effet gravement atteinte à la capacité de l'Europe de négocier de futurs cadres à la circulation des données. Pour la mission Villani, il faudrait négocier et conclure un accord plus robuste juridiquement, pour garantir la protection des données personnelles de tous les Européens, dans un cadre suffisamment stable pour les entreprises.

Par ailleurs, il est significatif que l'Union européenne a signé avec le Japon, le 17 juillet 2018, un accord de libre-échange (baptisé « Jefta », pour « Japan-EU Free Trade Agreement »). Un de ses volets porte sur les transferts de données. Ainsi les règles relatives à la protection des informations personnelles sont-elles harmonisées entre l'Union européenne

---

[134] C. Villani, *Donner un sens à l'intelligence artificielle – Pour une stratégie nationale et européenne*, mission parlementaire, 2018, p. 38.

et le Japon, cela sur la base du RGPD. Alors que les relations entre l'Europe et les États-Unis sont loin d'être simples, leurs philosophies relatives au besoin de protéger les données personnelles plus ou moins profondément étant difficiles à concilier — si bien que la Commission européenne a par exemple averti les États-Unis, le 26 juillet 2018, qu'elle envisageait la rupture de l'accord Privacy Shield si les Américains échouent à tenir tous leurs engagements —, le Japon est, pour les européens, un partenaire plus compréhensif et coopératif. L'accord passé doit amener le Japon à s'aligner sur les standards offerts par l'Union européenne dans le RGPD. D'après le communiqué commun publié, devrait être créée « la plus grande zone sécurisée pour les transferts de données au monde ». L'ouverture de cette nouvelle autoroute des informations personnelles est aussi l'occasion pour le Japon et l'Union européenne de « réaffirm[er] leur engagement à créer des valeurs partagées concernant la protection des données personnelles, renforc[er] leur coopération et démontr[er] leur leadership en façonnant des normes mondiales basées sur un haut niveau de protection des données personnelles ».

24. Le principe d'effectivité du consentement. Confier ses données revient à donner un pouvoir fort à des entreprises. Cela est parfaitement envisageable tant qu'il y a une confiance du consommateur et une responsabilisation du commerce, et tant que le contrat et les conditions générales d'utilisation reflètent cette relation. Le principal défi que le droit des données personnelles doit relever pour permettre au droit fondamental à l'identité et à l'intégrité numériques de ne pas demeurer une pure pétition de principe est de parvenir à rendre le consentement de la personne à la collecte de ses informations personnelles réel et éclairé. Cela suppose tout d'abord de consacrer un principe de transparence numérique : chacun doit pouvoir être informé de l'existence et du contenu des données numériques à son sujet. L'exercice de la citoyenneté numérique suppose la possibilité pour tous de conserver à tout instant la maîtrise de ses informations à caractère personnel, ce qui est impossible lorsque l'information est opaque ou partielle. Cette transparence ne saurait aller sans bonne foi des acteurs qui manipulent les données, car la mauvaise foi les conduit forcément à remplacer la transparence par l'opacité, à manipuler les utilisateurs plutôt que les éclairer. Cette démarche de transparence peut être en outre un élément de compétitivité et de réputation des entreprises face à celles qui s'y refuseraient. L'information doit concerner, en plus de l'existence et du contenu des données collectées, les droits de l'individu. Le secret professionnel ayant vocation à protéger la personne, il ne saurait être utilisé à son encontre pour s'opposer à l'application du principe de transparence.

Ensuite, chacun doit pouvoir exprimer un consentement préalable à la gestion de ses données personnelles qui ne soit pas systématique et contraint mais libre et pleinement conscient. Ce n'est qu'à cette condition que le développement, l'apprentissage et l'utilisation des IA pourra être respectueux du droit à la protection de la vie privée et du droit à l'autodétermination informationnelle, donc de la souveraineté individuelle[135]. L'article 7 de la directive du 24 octobre 1995[136], tel qu'interprété par la Cour de justice[137], faisait du consentement un fondement possible parmi cinq d'un traitement automatisé de données. L'existence d'un intérêt légitime du responsable du traitement, notamment, en était un autre. Aujourd'hui, le RGPD prévoit, à son article 6, que « le traitement n'est licite que si, et dans la mesure où, au moins une des conditions suivantes est remplie : la personne concernée a consenti au traitement de ses données à caractère personnel pour une ou plusieurs finalités spécifiques (a) ; le traitement est nécessaire à l'exécution d'un contrat auquel la personne concernée est partie ou à l'exécution de mesures précontractuelles (b) ; au respect d'une obligation légale à laquelle le responsable du traitement est soumis (c) ; à la sauvegarde des intérêts vitaux de la personne concernée ou d'une autre personne physique (d) ; à l'exécution d'une mission d'intérêt public ou relevant de l'exercice de l'autorité publique dont est investi le responsable du traitement (e) ; ou le traitement est nécessaire aux fins des intérêts légitimes poursuivis par le responsable du traitement ou par un tiers, à moins que ne prévalent les intérêts ou les libertés et droits fondamentaux de la personne concernée qui exigent une protection des données à caractère personnel, notamment lorsque

---

[135] L. C. Berthet, C. Zolynski, N. Anciaux, P. Pucheral, « Contenus numériques, récupération des données et empouvoirement du consommateur », *Dalloz IP/IT* 2017 p. 29 s.

[136] Directive 95/46/CE du Parlement européen et du Conseil, 24 oct. 1995, *Relative à la protection des personnes physiques à l'égard du traitement des données à caractère personnel et à la libre circulation de ces données.*

[137] CJUE, 24 nov. 2011, aff. jointes C-468/10 et C-469/10, *ASNEF, FECEMD c. Administracion del Estad.*

la personne concernée est un enfant (f) ». Le consentement n'est donc pas la seule justification des traitements de données, mais sa place est renforcée et les autres causes possibles doivent être comprises de manière restrictive[138]. Suite à l'entrée en vigueur du RGPD, beaucoup d'entreprises se sont empressées d'obtenir le consentement de leurs clients alors même que celui-ci ne leur était pas toujours nécessaire.

Le RGPD oblige à obtenir un consentement « explicite » et « positif » de l'utilisateur (article 4), spécialement s'agissant de l'installation de cookies. On ajoutera que ce consentement doit aussi être « effectif », « réel » et « éclairé ». Or une étude germano-américaine de la Ruhr-Universität Bochum et de l'University of Michigan a montré qu'au-delà des apparences et de la forme la grande majorité des utilisateurs donnent leur accord de façon machinale, sans comprendre les enjeux, et la plupart des sites ne laissent pas le choix quant à la récolte et l'utilisation des cookies[139]. Le Comité européen de la protection des données (EDPB) a publié de nouvelles lignes directrices le 4 mai 2020. Celles-ci considèrent notamment que les sites protégeant leur accès par un mur de cookies (« cookies wall ») ne sont pas compatibles avec le RGPD[140]. Si l'utilisateur peut le plus souvent paramétrer l'utilisation des cookies lorsqu'il navigue sur un site, il arrive qu'il soit obligé d'accepter en bloc la récolte de ses données et son traçage pour accéder au contenu d'une page. Pour l'EDPB, le principe cardinal est celui du consentement de l'utilisateur. Or le système des murs de cookies aboutit à forcer la main, à obliger à accepter les cookies, sous peine de ne plus pouvoir jouir des services. Pour l'organe européen, le consentement doit toujours demeurer libre, spécifique, éclairé et univoque.

Quant à la CNIL, elle a déjà souvent mis en lumière le manque de transparence et d'information des sites, au point que cela caractérise des violations du RGPD. Celui-ci, en effet, impose de communiquer de façon concise, transparente, compréhensible et aisément accessible, en des termes clairs et simples diverses informations aux utilisateurs (les données

---

[138] S. Merabet, *Vers un droit de l'intelligence artificielle*, th., Université d'Aix-Marseille, 2018, p. 237.

[139] « (Un)informed Consent: Studying GDPR Consent Notices in the Field », 22 oct. 2019.

[140] E. Luquet, « Les "cookies walls" jugés incompatibles avec le RGPD », clubic.com, 7 mai 2020.

personnelles qui sont collectées, les finalités ou buts d'utilisation des données, les destinataires des données, la base juridique des traitements, les durées de conservation etc.) (articles 12 et 13). Les 25 et 28 mai 2018, la CNIL a été saisie de deux plaintes collectives par les associations « None Of Your Business » et « La Quadrature du Net ». Ensemble, ces plaintes cumulaient les réclamations de près de 10 000 personnes. Il était reproché à Google le fait que les utilisateurs de smartphones et tablettes Android sont obligés d'accepter la politique de confidentialité et les conditions générales d'utilisation des services Google pour utiliser leurs appareils. Dans ces conditions, il est difficile de refuser les conditions de la multinationale. Or Google utilise ensuite les données personnelles collectées pour personnaliser la publicité. La CNIL a alors pu constater, d'une part, que les informations fournies par Google aux utilisateurs ne sont pas facilement accessibles et, d'autre part, que ces informations ne sont pas toujours claires et compréhensibles pour un utilisateur moyen. Google fait en sorte de perdre les rares utilisateurs qui seraient tentés de consulter et comprendre ses conditions d'utilisation en éparpillant dans plusieurs documents les informations pertinentes, en utilisant des boutons et des liens qu'il est nécessaire d'activer pour prendre connaissance d'informations complémentaires, donc en divisant l'accès à l'information en plusieurs étapes fastidieuses, nécessitant jusqu'à cinq ou six actions ou clics. Tel est le cas, par exemple, de l'utilisateur qui, pour savoir ce que Google fait de ses données de géolocalisation, doit : (1) consulter « les Règles de confidentialité et conditions d'utilisation » ; (2) cliquer sur « Plus d'options » ; (3) cliquer sur le lien « En savoir plus » pour que soit affichée la page « Historique des positions » ; (4) retourner au document « Règles de confidentialité et consulter la rubrique « Informations relatives à votre position géographique » pour accéder au reste de l'information ; (5) cliquer sur les liens relatifs aux différentes sources utilisées pour le géolocaliser). Pour ce qui est de l'information donnée dans la rubrique « Personnalisation des annonces », elle empêche l'utilisateur de comprendre que ses données sont collectées chaque fois qu'il utilise un service, va sur un site ou une application Google (comme Google Search, YouTube, Google Maps, Google Photos ou Google Analytics) et que ces informations sont ensuite associées pour mieux établir son profil.

Quant aux traitements de données effectués par Google, la CNIL souligne qu'ils sont particulièrement massifs et intrusifs : les données (historique de navigation web, historique d'usage des applications, carnets d'adresses, géolocalisation, etc.) sont collectées non seulement à partir de l'utilisation du téléphone, de l'utilisation des services comme Gmail et YouTube, mais aussi en fonction des activités des utilisateurs lorsqu'ils se rendent sur des sites tiers utilisant les services Google (via les cookies Google Analytics déposés sur ces sites). Ainsi Google accède-t-il à des nombreuses données qui révèlent des aspects intimes de la vie privée des individus comme les habitudes de vie, les goûts, les contacts, les opinions ou encore les déplacements, cela sur la base d'un consentement très peu conscient et éclairé. Pratiquement personne n'est en capacité de prendre connaissance et de bien comprendre les « Règles de confidentialité et conditions d'utilisation », ni de saisir l'ampleur des traitements de données auxquels il sera procédé et leurs conséquences pour la vie privée. Les finalités sont ainsi présentées de manière bien trop générale, floue et faussement positive : « proposer des services personnalisés en matière de contenu et d'annonces, assurer la sécurité des produits et services, fournir et développer des services etc. » ou « les informations que nous collectons servent à améliorer les services proposés à tous nos utilisateurs. [...] Les informations que nous collectons et l'usage que nous en faisons dépendent de la manière dont vous utilisez nos services et dont vous gérez vos paramètres de confidentialité ». L'information donnée devrait permettre à l'utilisateur de se faire une idée claire du nombre et de la portée des traitements mis en œuvre. Or, autres exemples, l'information délivrée est trop floue pour pouvoir comprendre que la base juridique des publicités personnalisées est le consentement et non l'intérêt de Google, tandis que la durée de conservation de certaines données n'est pas indiquée.

Dans cet exemple fort significatif, la CNIL estime que le consentement des utilisateurs n'est pas valablement recueilli pour la personnalisation de la publicité. Elle condamne Google à une amende administrative de 50 millions d'euros ainsi qu'à une sanction complémentaire de publicité. La CNIL justifie sa sévérité par la gravité des manquements constatés, concernant des principes fondamentaux du RGPD : la transparence, l'information et le consentement. Comme dans ce cas, le consentement des utilisateurs est trop souvent extorqué en ce qu'il n'est pas suffisamment éclairé. Les informations communiquées doivent être plus accessibles, sur la forme (en n'étant pas dissimulées dans plusieurs documents et en n'obligeant pas à fouiller les sites par de multiples clics) et sur le fond (en permettant de bien comprendre l'ampleur des enregistrements de données et les conséquences de leur réutilisation). Le consentement recueilli est trop peu « spécifique » et « univoque ». Dans le cas de Google, on peut modifier certains paramètres en cliquant sur « plus d'options ». Dans ces paramètres de personnalisation du compte, l'affichage d'annonces personnalisées est pré-coché par défaut. Or le consentement doit être donné par le biais d'un acte positif (cocher une case). Comme l'a rappelé la CNIL, l'utilisateur doit consentir spécifiquement et distinctement au traitement de ses données à des fins de personnalisation de la publicité. Dans le cas de Google, l'utilisateur est invité à cocher les cases « j'accepte les conditions d'utilisation de Google » et « j'accepte que mes informations soient utilisées telles que décrit ci-dessus et détaillées dans les règles de confidentialité ». Comme le souligne la CNIL, « un tel procédé conduit l'utilisateur à consentir en bloc, pour toutes les finalités poursuivies par Google sur la base de cet accord (personnalisation de la publicité, reconnaissance vocale etc.) ». L'utilisateur devrait pouvoir donner un consentement spécifique pour chaque finalité. De la même manière, dans un arrêt du 1er octobre 2019, la Cour de justice de l'Union européenne a jugé que le consentement que l'utilisateur d'un site web doit donner pour le placement et la consultation de cookies sur son terminal n'est pas valablement donné au moyen d'une case cochée par défaut que cet utilisateur doit décocher pour refuser de donner son consentement. Pour la Cour, « l'exigence d'une "manifestation" de volonté de la personne concernée évoque clairement un comportement actif et non pas passif. Or un consentement donné au moyen d'une case cochée par défaut n'implique pas un comportement actif de la part de l'utilisateur d'un site internet »[141].

En 2020, dans la version définitive de ses lignes directrices sur les cookies publicitaires, la CNIL considère que la simple poursuite de la navigation sur un site web ne peut plus être considérée comme une « expression valide » du consentement de l'internaute. Partant, les utilisateurs doivent consentir par un acte « positif clair », comme le fait de cliquer sur « j'accepte » dans une

[141] CJUE, 1er oct. 2019, aff. C-673/17, *Bundesverband der Verbraucherzentralen und Verbraucherverbände*.

bannière informative. Par ailleurs, aucun traceur « non essentiel » ne pourra être déposé sur leurs terminaux. Surtout, la CNIL recommande que l'interface de recueil du consentement ne comprenne pas seulement un bouton « tout accepter » mais aussi un bouton « tout refuser ». Et l'internaute doit pouvoir retirer son consentement facilement et à tout moment. Refuser les traceurs doit être aussi aisé que de les accepter, indique la Commission[142]. S'agissant de l'information des internautes, la CNIL note que doivent leur être précisées les finalités des traceurs avant de consentir et les conséquences découlant d'une acceptation ou d'un refus de traceur. Ils doivent également être informés de l'identité de tous les acteurs utilisant des traceurs. Enfin, les organismes recourant à des traceurs doivent pouvoir, à tout moment, apporter la preuve du recueil valable du consentement. La CNIL ajoute que certains traceurs doivent être exemptés de ces règles relatives au recueil du consentement : il s'agit des traceurs destinés à l'authentification auprès d'un service, ceux destinés à garder en mémoire le contenu d'un panier d'achat sur un site marchand, certains traceurs visant à générer des statistiques de fréquentation, ou encore ceux permettant aux sites payants de limiter l'accès gratuit à un échantillon de contenu demandé par les utilisateurs ».

Les services du web 2.0, spécialement les réseaux sociaux — et surtout Facebook —, sont régulièrement critiqués en raison des manipulations d'informations personnelles qu'ils opèrent. Et la justice a déjà souvent eu l'occasion de condamner ces usages, même si ces services arguent qu'ils anonymisent les données ou encore que les législations nationales ne leur seraient pas applicables. Facebook a ainsi pu être condamné en raison de l'utilisation de plug-ins et de cookies permettant de suivre les non-membres du réseau social et d'enregistrer leurs activités. Or, par définition, ces non-membres ne sauraient accepter de manière éclairée de telles pratiques. Facebook a aussi été condamné du fait de nombreux manquements à la loi Informatique et libertés et du fait du manque d'informations claires et explicites apportées aux internautes souscrivant au service, ceux-ci n'étant finalement guère plus éclairés que les non-membres[143]. Certes, les internautes acceptent les conditions générales d'utilisation lorsqu'ils s'inscrivent, mais, d'une part, ils ne se préoccupent que rarement de leur

---

[142] A. Vitard, « La Cnil dévoile sa nouvelle doctrine en matière de cookies », usine-digitale.fr, 1er oct. 2020.

[143] CA Paris, 2e ch., 12 févr. 2016, n° 15/08624, *Facebook Inc. c. M. X.*

contenu qui est volontairement rendu abstrait et complexe et, d'autre part, il s'en faut de beaucoup que ces clauses respectent toutes le droit national des données personnelles[144]. Aussi la CNIL a-t-elle dû intervenir et condamner Facebook[145]. La simple mise en demeure de se conformer aux règles applicables adressée au réseau social par la CNIL ne pouvait suffire dès lors que c'est le modèle économique même d'un tel acteur qui semble difficilement conciliable avec le droit français de la protection des données personnelles[146].

25. Le principe de finalité des traitements. Alors que le Safe Harbor, invalidé par la Cour de justice de l'Union européenne, a été remplacé par un Privacy Shield censé mieux protéger les données des européens rapatriées aux États-Unis, l'utilisation faite par les plateformes du web participatif des informations personnelles de leurs utilisateurs suscite nombre de contentieux[147]. Ceux-ci se rapportent en particulier au principe de finalité, délicat à interpréter, dont les contours sont par nature incertains. Le Big Data et l'IA fonctionnent à partir d'une exploitation des données dont il est souvent difficile de définir la finalité au moment où elles sont collectées. En effet, le processus d'apprentissage entraîne des calculs et des corrélations non anticipés, autant d'opérations risquant de réorienter les finalités du traitement[148]. Cette caractéristique ne paraît pas pouvoir être conciliée avec le principe de finalité. L'IA a besoin de grandes masses de données collectées et sauvegardées dans l'attente d'une utilisation future ou pour nourrir un algorithme dont les résultats sont en partie inattendus. Or l'article 5 du RGPD dispose que les données à caractère personnel doivent être « collectées pour des finalités déterminées, explicites et légitimes » et que les

---

[144] *Cf.* J.-M. Bruguière, « La stigmatisation des clauses abusives dans les conditions générales d'utilisation des réseaux sociaux », *RLDC* 2015, n° 125, p. 69 s.

[145] CNIL, 27 avr. 2017, délibération n° 2017-006 prononçant une sanction pécuniaire à l'encontre des sociétés Facebook Inc. et Facebook Ireland.

[146] CNIL, 26 janv. 2016, déc. n° 2016-007 mettant en demeure les sociétés Facebook Inc. et Facebook Ireland ; CNIL, 4 févr. 2016, délibération n° 2016-026 décidant de rendre publique la mise en demeure numéro 2016-007 du 26 janvier 2016.

[147] *Cf.* B. Haftel, « Transferts transatlantiques de données personnelles : la Cour de justice invalide le Safe Harbour et consacre un principe de défiance mutuelle », *D.* 2016, p. 111 s.

[148] N. Forgo, S. Hänold, B. Schütze, *The Principle of Purpose Limitation and Big Data, in New Technology, Big Data and the Law*, Springer, 2017.

traitements ultérieurs doivent être compatibles avec ces finalités. Cet article impose donc de déterminer à l'avance, de manière spécifique, l'objectif ou les objectifs du traitement afin de les porter à la connaissance des personnes concernées (articles 13 et 14) dès le stade de la collecte, comme l'indique le considérant 39 du RGPD. Cela est un gage de transparence, de loyauté et de prévisibilité du traitement et du contrôle de l'utilisation de leurs données par les individus. Il est impossible de collecter des données à caractère personnel sans finalité particulière, « au cas où », pour une finalité future non encore connue. Cette explication des finalités qui s'effectuait auparavant dans le cadre des formalités préalables auprès de la CNIL doit être opérée dans le registre des activités de traitements et surtout à travers l'information à délivrer aux utilisateurs des services, les articles 13 et 14 du RGPD énumérant, parmi les informations à fournir, une description des finalités du traitement. Le risque est alors de voir certains afficher des finalités factices, afin de respecter cette obligation, et dissimuler les finalités réelles.

L'exigence de légitimité est la plus délicate à apprécier. Elle renvoie certainement à la question de la licéité du traitement des données, donc aux articles 7 et 9 du RGPD qui listent les fondements juridiques sur lesquels peuvent reposer des traitements de données : consentement de la personne concernée, exécution d'un contrat, obligation légale etc. La légitimité du traitement doit aussi se mesurer à l'aune des autres législations applicables au traitement et des droits et libertés fondamentaux comme la non-discrimination. Ainsi des finalités peuvent-elles être jugées légitimes si l'on se contentait de prendre l'article 6 du RGPD comme référence mais pas dès lors qu'on étend le champ d'investigation à l'ensemble du droit et même à l'éthique ou à la déontologie. Allant plus loin encore, le G29 affirme que la notion de légitimité suppose de se mettre à la place de la personne concernée et de vérifier si les finalités poursuivies ne vont pas dépasser ses « attentes raisonnables » par rapport au contexte initial de la collecte de ses données[149]. La légitimité des finalités signifie en effet qu'il faut prendre garde à ne pas abuser de la confiance des individus ou les prendre par surprise. Cela s'applique notamment à la transmission de données par le responsable de traitement à des tiers.

[149] G29, WP 203, « Opinion on Purpose Limitation », 2 avr. 2013, p. 4.

Quant aux traitements ultérieurs (les opérations sur les données subséquentes, secondaires ou nouvelles), qui doivent être compatibles avec les finalités initiales, la logique est de protéger en même temps les individus contre des détournements de finalité des traitements, leur permettre de garder une certaine maîtrise sur leurs données, et de conserver suffisamment de flexibilité pour que les responsables de traitement puissent procéder à des opérations au-delà de la collecte des données initiale, à condition donc qu'elles présentent un lien suffisant avec la finalité initiale de la collecte. Selon l'article 6-4 du RGPD, les traitements ultérieurs incompatibles avec les finalités initialement prévues sont illicites, sauf s'ils reposent sur le consentement de la personne concernée ou sur une obligation légale. Le test de compatibilité qu'impose l'article 5 du RGPD est nécessaire dès lors qu'un traitement ultérieur répond à une finalité différente de la finalité initialement prévue lors de la collecte. Des finalités différentes ne sont donc pas forcément incompatibles. Ensuite, le RGPD impose que les personnes concernées soient informées du traitement ultérieur de leurs données : « Lorsqu'il a l'intention d'effectuer un traitement ultérieur des données à caractère personnel pour une finalité autre que celle pour laquelle les données à caractère personnel ont été collectées, le responsable du traitement fournit au préalable à la personne concernée des informations au sujet de cette autre finalité et toute autre information pertinente visée au paragraphe 2 ». Ces personnes doivent aussi être informées de leur droit de s'opposer à ce nouveau traitement de leurs données[150]. En pratique, toutefois, on peut douter que ces obligations soient tout le temps respectées.

---

[150] Les articles 13 et 14 du RGPD prévoient que l'information délivrée doit porter sur la finalité du traitement ultérieur et sur toute information pertinente du paragraphe 2 des articles 13 et 14, lequel vise la durée de conservation des données, l'existence des droits des personnes concernées (dont le droit de retirer son consentement lorsque c'est la base juridique du traitement initial), l'existence du droit d'introduire une réclamation auprès d'une autorité de contrôle, les informations sur la question de savoir si l'exigence de fourniture de données à caractère personnel a un caractère réglementaire ou contractuel ou si elle conditionne la conclusion d'un contrat et si la personne concernée est tenue de fournir les données à caractère personnel, ainsi que sur les conséquences éventuelles de la non-fourniture de ces données et l'existence d'une prise de décision automatisée et les informations utiles concernant la logique sous-jacente, ainsi que l'importance et les conséquences prévues de ce traitement pour la personne concernée.

Le principe de finalité est présenté depuis longtemps comme la « pierre angulaire »[151] ou la « colonne vertébrale »[152] du droit de la protection des données personnelles en ce qu'il constitue le prérequis de tous les autres principes. Il est donc au centre du RGPD comme de tous les textes visant à protéger les données à caractère personnel depuis la « Convention 108 »[153] du Conseil de l'Europe et depuis la loi Informatique et libertés du 6 janvier 1978 qui prévoyait à son article 44 la nécessité de préciser les finalités du traitement dans le cadre des formalités préalables et la sanction pénale du détournement des finalités d'un traitement de données[154]. Le principe de finalité a aussi été consacré par l'article 8 de la Charte des droits fondamentaux de l'Union européenne selon lequel « toute personne a droit à la protection des données à caractère personnel la concernant. Ces données doivent être traitées loyalement, à des fins déterminées et sur la base du consentement de la personne concernée ou en vertu d'un autre fondement légitime prévu par la loi ». Cela témoigne de l'importance du principe de finalité au cœur du droit à la protection des données personnelles. C'est à l'aune des finalités du traitement, que le responsable du traitement doit déterminer, que les autres notions, principes et obligations de la législation

---

[151] G29, WP 203, « Opinion on Purpose Limitation », 2 avr. 2013, p. 4.
[152] J. Frayssinet, *Informatique, fichiers et libertés*, Litec, 1992, n° 172.
[153] Conseil de l'Europe, Convention 108 pour la protection des personnes à l'égard du traitement automatisé des données à caractère personnel, 28 janv. 1981. Ce texte a consacré formellement le principe de finalité en posant les grands principes encadrant le traitement automatisé de données personnelles et notamment celui selon lequel les données personnelles « faisant l'objet d'un traitement automatisé sont enregistrées pour des finalités déterminées et légitimes et ne sont pas utilisées de manière incompatible avec ces finalités » (art. 5).
[154] Cet article est devenu l'actuel article 226-21 du Code pénal : « Le fait, par toute personne détentrice de données à caractère personnel à l'occasion de leur enregistrement, de leur classement, de leur transmission ou de toute autre forme de traitement, de détourner ces informations de leur finalité telle que définie par la disposition législative, l'acte réglementaire ou la décision de la Commission nationale de l'informatique et des libertés autorisant le traitement automatisé, ou par les déclarations préalables à la mise en œuvre de ce traitement, est puni de cinq ans d'emprisonnement et de 300 000 euros d'amende ».

doivent s'analyser[155]. Ces finalités, dans chaque cas, servent de référence au moment de contrôler la licéité d'un traitement, l'adéquation, l'exactitude et la pertinence des données, le respect des principes de transparence ou de minimisation des données, la durée de conservation des données etc. Et le non-respect de l'obligation de définir les finalités du traitement entraîne le non-respect des autres principes. Le principe de finalité apparaît essentiel afin de prévenir les risques de dérives que l'usage des données personnelles fait courir à la vie privée ou à l'égalité et la non-discrimination. Le respect du principe de finalité a été caractérisé par le Conseil constitutionnel comme une garantie légale du droit à la vie privée[156]. On ne peut maîtriser physiquement des données qui, parce qu'elles sont immatérielles, sont fluides ou vaporeuses. Le principe de finalité permet alors d'imposer au responsable de traitement de limiter les usages des données à un périmètre précis afin d'en maîtriser et d'en contrôler la destination. C'est pourquoi il serait plus exact de parler de « principe de limitation des finalités », comme le fait le RGPD[157].

Les finalités doivent être déterminées et connues dès le début du traitement, de la collecte, cela d'autant plus avec l'obligation de protection des données dès la conception (*privacy by design*) prévue par l'article 25 du RGPD. Le principe de finalité oblige les concepteurs de systèmes d'IA à envisager très en amont des traitements de données la détermination de leurs finalités. Il faut aussi songer aux finalités dérivées, susceptibles d'apparaître à mesure de l'entraînement de l'IA, et leur compatibilité avec la finalité initiale. Pour ce faire, l'article 6-4 du RGPD prévoit un test de compatibilité : il s'agit d'établir un lien suffisant avec la finalité initiale à partir de différents critères. Ainsi cet article 6-4 dispose que « le responsable du traitement, afin de déterminer si le traitement à une autre fin est compatible avec la finalité pour laquelle les données à caractère personnel ont été initialement collectées, tient compte, entre autres : a) de l'existence éventuelle d'un lien entre les finalités pour lesquelles les données à caractère personnel ont été collectées et les finalités du traitement ultérieur envisagé ; b) du contexte dans lequel les

[155] F. Gaullier, « Le principe de finalité dans le RGPD : beaucoup d'ancien et un peu de nouveau », *Comm. com. électr.* 2018, n° 4.
[156] Cons. const., déc. n° 2008-562 DC, 21 févr. 2008.
[157] F. Gaullier, « Le principe de finalité dans le RGPD : beaucoup d'ancien et un peu de nouveau », *Comm. com. électr.* 2018, n° 4.

données à caractère personnel ont été collectées, en particulier en ce qui concerne la relation entre les personnes concernées et le responsable du traitement ; c) de la nature des données à caractère personnel, en particulier si le traitement porte sur des catégories particulières de données à caractère personnel, en vertu de l'article 9, ou si des données à caractère personnel relatives à des condamnations pénales et à des infractions sont traitées, en vertu de l'article 10 ; d) des conséquences possibles du traitement ultérieur envisagé pour les personnes concernées ; e) de l'existence de garanties appropriées, qui peuvent comprendre le chiffrement ou la pseudonymisation ».

Le principe de finalité n'interdit donc pas le développement des IA, mais il l'encadre et le freine fortement. La notion de finalités désigne les objectifs poursuivis par un traitement de données. Pour définir une finalité, il faut déjà avoir une vision claire et globale du traitement. Il faut être capable de distinguer des finalités proches mais différentes pour un même traitement de données, car une caractérisation générale et vague des finalités n'est pas acceptable. Selon le G29, les définitions suivantes sont trop incertaines : « amélioration de l'expérience utilisateur », « offre de publicité personnalisée », « future recherche », « prospection commerciale », « sécurité informatique », « développer de nouveaux services », « à des fins de recherche », sans autres précisions[158]. Sont en revanche des finalités suffisamment précises, par exemple, les suivantes extraites de la norme simplifiée n° 46 de la CNIL consacrée à la gestion du personnel : « gestion des carrières », « mise à disposition des personnels d'outils informatiques », « gestion administrative des personnels » et « gestion de la formation des personnels ». Ne sont par ailleurs pas des finalités les opérations techniques ou les fonctionnalités logicielles comme l'enregistrement, le tri, la numérisation de documents ou la gestion de bases de données. Ce qui importe est la raison de cet enregistrement, tri, numérisation ou gestion. Toutefois, la notion de traitement et la notion de finalité sont intimement liées. Ainsi, pour tenir le registre des « activités de traitements » prévu par l'article 30 du RGPD, les traitements sont identifiés par finalité et non par opération.

---

[158] G29, WP 148, Avis 1/2008, « Sur les aspects de protection des données liées aux moteurs de recherche », 4 avr. 2008.

La définition des finalités du traitement de données personnelles doit être précise, non ambiguë. Elle doit permettre de comprendre pourquoi on a besoin de procéder à ce traitement, quels en sont les objectifs réels. Les finalités doivent être exprimées de manière à être comprises non seulement par le responsable de traitement et son personnel, mais aussi par les autorités de contrôle et les personnes concernées, indépendamment de leurs différences culturelles ou linguistiques, de leur niveau de compréhension ou de leurs besoins spécifiques[159]. La CNIL a par exemple sanctionné Google qui avait défini les finalités poursuivies par l'ensemble des traitements de données de l'ensemble de ses services de la manière suivante : « Les données que nous collectons par le biais de nos services nous permettent de les fournir, les entretenir, les protéger et les améliorer, tout en développant de nouveaux services et en protégeant Google ainsi que nos utilisateurs ». La société ne mentionnait ainsi que la fourniture d'un service global, sans préciser les finalités des catégories de traitements opérés sur ses données. Pour la CNIL, cette présentation ne répond pas aux exigences du principe de finalité car « cette information générale ne permet pas à l'utilisateur de prendre conscience des finalités réelles, et par conséquent de l'ampleur de la collecte des données le concernant. Par conséquent, elle ne lui permet pas davantage de mesurer l'intérêt que peut revêtir, pour lui, tant la recherche d'informations complémentaires quant à la manière dont ses données sont traitées et/ou combinées que l'exercice de ses droits, afin de maîtriser l'usage de ses données »[160].

Par ailleurs, le contrôle des finalités des recueils de données peut être contrarié par le recours non aux données mais aux modèles qui en sont tirés et qui ne concernent pas directement l'individu mais un ensemble agrégé, implicitement anonyme. On ne peut alors plus établir un lien univoque entre la donnée initialement prélevée et la finalité de son utilisation[161]. La construction de profils de navigation, à partir des données individuelles, la liste des préférences, des lieux fréquemment visités obtenus à partir de

---

[159] G29, WP 203, « Opinion on Purpose Limitation », 2 avr. 2013, p. 17.
[160] CNIL, délib. n° 2013-420, 3 janv. 2014, prononçant une sanction pécuniaire à l'encontre de la société Google.
[161] J.-M. Deltorn, « La protection des données personnelles face aux algorithmes prédictifs », *RDLF* 2017, chron. n° 12.

métadonnées, pourraient dès lors être librement échangés. Cela *a fortiori* dès lors qu'on considère que le principe de finalité n'interdit pas la liberté de réutilisation statistique, que la finalité statistique est toujours présumée compatible avec la finalité du traitement[162]. Pourtant, on sait bien qu'il est possible d'identifier quelqu'un à partir d'informations individuellement anonymes et insignifiantes. C'est pourquoi il est important de combiner le principe de finalité avec le droit « de ne pas faire l'objet d'une décision fondée exclusivement sur un traitement automatisé, y compris le profilage » (article 22 du RGPD).

26. Le principe d'intégrité des données. Une autre problématique est le besoin de protéger les internautes-éditeurs contre les fuites de données. À l'ère de la dématérialisation et des flux transfrontaliers, le risque est très élevé. D'ailleurs, conscientes de ce risque et de l'opportunité économique qui s'y attache, des compagnies d'assurance proposent de couvrir les éventuelles pertes de données. Quant au droit, il doit au maximum prévenir les failles de sécurité que les plateformes et notamment les réseaux sociaux peuvent subir ou déclencher involontairement en leur imposant de strictes obligations de surveillance et de vigilance. Dans l'actualité récente, la presse a à plusieurs reprises révélé que des réseaux sociaux avaient laissé « s'échapper » des millions de données personnelles. Et la CNIL a pu procéder à des investigations qui ont, par exemple, abouti à mettre les réseaux sociaux en demeure de garantir des paramètres par défaut protecteurs de la vie privée — cela à la suite d'un dysfonctionnement, le 24 septembre 2012, ayant provoqué la publication de messages pourtant privés puisque issus de la messagerie des utilisateurs français de Facebook.

Cependant, pour l'heure, les plateformes du web participatif échappent à toute réglementation spécifique en matière de violation des données à caractère personnel, à l'inverse des fournisseurs d'accès à internet et des

---

[162] La directive 95/46/CE du 24 octobre 1995 relative à la protection des personnes physiques à l'égard du traitement des données à caractère personnel et à la libre circulation de ces données, à son article 6, a prévu que les données personnelles doivent être « collectées pour des finalités déterminées, explicites et légitimes, et ne pas être traitées ultérieurement de manière incompatible avec ces finalités. Un traitement ultérieur à des fins historiques, statistiques ou scientifiques n'est pas réputé incompatible pour autant que les États membres prévoient des garanties appropriées ».

opérateurs de télécommunications. Si elles ne sont pas soumises aux obligations telles que la notification en cas de violation des données traitées[163], elles sont toutefois soumises aux obligations générales incombant à tout responsable de traitement. Et l'article 17 de la directive n° 95/46 du 24 octobre 1995 *Relative à la protection des personnes physiques à l'égard du traitement des données à caractère personnel et à la libre circulation de ces données* prévoit que « le responsable du traitement doit mettre en œuvre les mesures techniques et d'organisation appropriées pour protéger les données à caractère personnel contre la destruction accidentelle ou illicite, la perte accidentelle, l'altération, la diffusion ou l'accès non autorisés » ; tandis que la loi « Informatique et libertés », à son article 34, dispose que « le responsable du traitement est tenu de prendre toutes précautions utiles, au regard de la nature des données et des risques présentés par le traitement, pour préserver la sécurité des données et, notamment, empêcher qu'elles soient déformées, endommagées, ou que des tiers non autorisés y aient accès ». Quant au Règlement général sur la protection des données (RGPD) du 27 avril 2016, il impose la notification immédiate de l'autorité nationale de protection en cas de violation et/ou de fuite de données (article 33), *a fortiori* dès lors que la garantie des droits et libertés des personnes concernées risque d'être touchée. Et les entreprises doivent signaler à l'autorité compétente et aux personnes concernées tout piratage de données à caractère personnel dans un délai de 72 heures au maximum.

En 2020, au terme d'une longue enquête du FBI et et six autres départements de polices européens, le site WeLeakInfo a été interdit[164]. Celui-ci vendait de grandes masses de données personnelles amassées par le biais de brèches et de failles exploitées sur différents services en ligne. Au total, 12 milliards d'identifiants et de mots de passe étaient concernés. Ils étaient revendus à partir de deux dollars, une somme qui permettait d'accéder à des informations diverses comme des numéros de téléphone, des adresses IP etc. Toutes les données personnelles volées étaient bien organisées, dans une base régulièrement entretenue et mise à jour. La même année, Weibo,

---

[163] Règl. UE, 25 août 2013, n° 611/2013, *Concernant les mesures relatives à la notification des violations de données à caractère personnel en vertu de la directive n° 2002/58.*

[164] A. Siméon, « Le FBI ferme un site qui vendait des données personnelles à partir de... 2 dollars », 01net.com, 20 janv. 2020.

l'équivalent de Twitter en Chine, qui compte beaucoup plus d'utilisateurs, a vu un hacker dérober et mettre en vente sur le darkweb sa base de données. Les informations personnelles de 538 millions de personnes se sont ainsi retrouvées dans la nature[165]. Et d'autres affaires, comme celle qui a touché Sony et les joueurs de Playstation, illustrent les difficultés à protéger l'intégrité des bases de données, lesquelles sont aux yeux des pirates des trésors. Aujourd'hui, on ne cambriole plus les banques mais les serveurs.

Au-delà, des mesures préventives et proactives peuvent être (et devraient être) prises. Différentes plateformes ont ainsi amélioré leurs politiques de cryptage des données personnelles afin de rendre plus difficile l'accès des tiers à ces données. Et il est remarquable que Facebook a mis en place une procédure d'alerte visant à mieux prévenir les fuites de données. Toute personne qui signale un défaut dans le fonctionnement du réseau social de nature à compromettre l'intégrité des données ou à contourner la protection de leur confidentialité peut ainsi être récompensée par une prime de 500 dollars minimum. Malgré le retard du droit, les plateformes du web participatif s'efforcent donc à protéger au mieux l'intégrité des données personnelles qu'elles conservent. L'enjeu est évidemment pour elles de préserver leur image et leur réputation, sachant qu'un éventuel scandale pourrait leur porter un grave préjudice, altérer irrémédiablement la confiance les liant à leurs utilisateurs et profiter à leurs concurrentes. Quand les intérêts des plateformes et des internautes concordent, tout devient plus facile ; et l'on peut alors se passer du droit.

27. Vers un droit de propriété sur les données personnelles ? La vie privée a longtemps été considérée comme un bien collectif justifiant des normes et des valeurs communes à tous, comme la pudeur ou la discrétion[166]. Aujourd'hui, cependant, cette approche est remise en doute par la volonté de certains de définir eux-mêmes ces normes et valeurs, de prendre le contrôle de leurs informations personnelles et de les gérer dans le cadre d'une vie privée à géométrie variable. Construite comme une protection, la vie privée est de plus en plus conçue comme une liberté. Les internautes entendent

---

[165] A. Vera, « Les données personnelles de 538 millions d'internautes en vente sur le dark web », presse-citron.net, 23 mars 2020.

[166] D. Cardon, *À quoi rêvent les algorithmes ? Nos vies à l'heure des big data*, Le Seuil, coll. La République des idées, 2015, p. 78.

mieux maîtriser les données qu'ils rendent publiques et celles qu'ils gardent confidentielles. Cela signifie procéder à des arbitrages entre vie privée efficacité et gratuité des services. À l'ère de l'intelligence artificielle, la question de l'accès aux données devient fondamentale : les algorithmes sont généralement développés sous des licences ouvertes, de telle sorte que le seul avantage concurrentiel se trouve dans la possession ou l'accès aux données permettant de faire fonctionner ces algorithmes. Reconnaître un droit exclusif sur les données pourrait avoir pour effet de réserver le développement de la technologie à quelques entreprises en mesure de capter suffisamment de données. Certains fournisseurs de services autour de la donnée établissent des stratégies et des pratiques afin de se réserver le contrôle des données, par des dispositions contractuelles ou des dispositifs techniques. Cet accès limité au big data risque de créer des barrières empêchant l'entrée de nouveaux acteurs sur les marchés concernés[167].

Mais on plaide de plus en plus pour le partage des données et, surtout, des données non personnelles. On estime ainsi que les données industrielles devraient être l'objet d'un droit à la portabilité sur le modèle de celui consacré par le RGPD s'agissant des données à caractère personnel, cela afin d'éviter l'enfermement de l'utilisateur dans un écosystème[168]. On considère aussi que des outils de covalorisation des données permettraient d'éviter l'effet « tas d'or » en obligeant les entreprises à donner accès aux tiers aux données qu'ils détiennent, permettant de développer des services innovants et de nouveaux marchés[169]. Par exemple, les fabricants de véhicules doivent assurer aux réparateurs indépendants un accès aisé, sans restriction et dans une forme standardisée, aux informations relatives à la réparation ou à la maintenance des véhicules, ce qui interdit toute restriction entre les réparateurs affiliés et les réparateurs indépendants[170]. Le partage de données pourrait être rendu obligatoire lorsqu'il est indispensable pour faire

---

[167] Commission européenne, communication « Building a European Data economy », COM(2017) 9 final, 2017, p. 9.

[168] C. Zolynski, « Un nouveau droit de propriété intellectuelle pour valoriser les données : le miroir aux alouettes ? », *Dalloz IP/IT* 2018, p. 94.

[169] *Ibid.*

[170] Règl. (CE) n° 715/2007, 20 juin 2007, *Relatif à la réception des véhicules à moteur au regard des émissions des véhicules particuliers et utilitaires légers et aux informations sur la réparation et l'entretien des véhicules.*

fonctionner un objet. Par exemple, les données produites par les véhicules connectés et les capteurs équipant les infrastructures routières devraient être partagées pour assurer le fonctionnement de ces véhicules. Il s'agirait de permettre à chaque opérateur d'améliorer son propre service, dans une logique de « coopétition »[171]. Ce système favoriserait la construction d'un « environnement favorable à la réciprocité des gains escomptés, qui est un des piliers de l'économie de la fonctionnalité reposant sur ce partage d'intérêts réciproques »[172]. Encourageant l'accès et le partage, il concrétiserait une liberté de circulation des données « cross plateformes », conçue comme la cinquième liberté de circulation et permettant de promouvoir toute une économie européenne bâtie sur la data.

Se développe la théorie des biens communs informationnels, à la suite de la théorie des communs renvoyant aux ressources naturelles et à la préservation de l'environnement[173]. Il s'agirait de mettre en commun et partager les ressources numériques, tout en appliquant des règles de gouvernance établies par la communauté des usagers elle-même. De même, on évoque un domaine public informationnel qui serait constitué de l'ensemble des informations numériques non protégées par un droit et appartenant dès lors à tous[174]. L'objectif des défenseurs d'une définition positive du domaine commun informationnel est de soumettre celui-ci à un régime inspiré de celui des choses communes de l'article 714 du Code civil, inspiré par la catégorie des *res communes* du droit romain. En matière de biens immatériels, l'absence d'exclusivité signifie s'accompagne d'une absence de rivalité et signifie que toute personne peut accéder et utiliser les données. On comprend bien que le domaine commun informationnel ne saurait s'étendre aux données à caractère personnel.

Tout à l'inverse, certains se prononcent en faveur de davantage de maîtrise sur les données ou, du moins, sur les données personnelles afin de préserver

---

[171] C. Zolynski, « Un nouveau droit de propriété intellectuelle pour valoriser les données : le miroir aux alouettes ? », *Dalloz IP/IT* 2018, p. 94.

[172] Conseil national du numérique, 28 avr. 2017, avis, « La libre circulation des données dans l'Union européenne ».

[173] E. Ostrom, *La gouvernance des biens communs – Pour une nouvelle approche des ressources naturelles*, De Boeck, 2010.

[174] A. Lucas-Schloetter, « Le "domaine commun informationnel" », *Dalloz IP/IT* 2018, p. 90.

les droits des individus qu'elles concernent. En ce sens, la loi pour une République numérique du 7 octobre 2016 a déjà consacré le droit pour toute personne de « décider et de contrôler les usages qui sont faits des données à caractère personnel [la] concernant ». Allant plus loin, d'aucuns évoquent un « droit à l'autodétermination informationnelle »[175], faisant des informations personnelles, comme leur nom l'indique, des prolongements des personnes plutôt que de leurs patrimoines. D'autres estiment au contraire que les données devraient être patrimonialisées. Cela permettrait tout d'abord de les vendre, d'être rémunéré en échange de la mise à disposition de ses données personnelles. Cette rémunération est même présentée comme une nécessité économique et morale afin d'échapper à la domination des grandes plateformes[176]. Historiquement, toutes les grandes révolutions techniques ont été accompagnées d'une extension du droit de propriété, par exemple avec la terre et la paysannerie au sortir de la féodalité, l'imprimerie et le droit d'auteur qui l'a suivie, soutenu par Beaumarchais, ou encore la création des brevets sur les innovations au moment de la révolution industrielle.

Se pose donc avec de plus en plus d'acuité la question d'un système dans lequel chacun serait maître de ses données, pourrait plus et mieux décider de celles qu'il abandonne, à qui et dans quelles conditions, ainsi que de celles qu'il conserve. L'instauration d'un droit de propriété sur les données — quand celles-ci, pour l'heure, sont *res nullius*, des choses sans maître — serait la meilleure manière d'en assurer la pleine jouissance. Des start-up, anticipant de telles patrimonialisation, monétisation et commercialisation des données, travaillent déjà sur des portefeuilles intelligents de données qui permettraient de jouir pleinement de l'*usus*, du *fructus* et de l'*absusus* sur ses informations personnelles, *i.e.* les droits de les utiliser, d'en percevoir les fruits, les revenus (par exemple en les louant), et d'en disposer, de les transmettre ou de les détruire. Ce ne seraient dès lors plus les services mais les utilisateurs qui imposeraient leurs « conditions d'utilisation », acceptant d'être « nudgés » par des IA dans certaines de leurs activités et certains de leurs choix mais pas dans d'autres.

---

[175] Conseil d'État, *Le numérique et les droits fondamentaux,* La documentation française, 2014, p. 273.
[176] J. Lanier, *Who Owns the Future?*, Simon & Schuster, 2014.

Gaspard Kœnig en appelle ainsi à la consécration d'un véritable droit de propriété sur les données personnelles, qui n'existe pour l'heure nulle part[177]. Il s'agirait de faire de nos informations personnelles des biens dont nous pourrions contractualiser l'usage, y compris en étant rémunérés pour la valeur que nous produisons et dont nous sommes aujourd'hui dépossédés en contrepartie de services gratuits. D'autres penseurs se battent pour que les données personnelles soit traitées comme du « travail », une manière d'aboutir aux mêmes conséquences pratiques que la patrimonialisation[178]. La « Déclaration de Montréal » a ainsi affirmé que « l'activité numérique des utilisateurs de services d'IA devrait être reconnue comme un travail qui contribue au fonctionnement des algorithmes et crée de la valeur »[179]. La propriété privée est source d'émancipation individuelle. Comme l'a montré Pierre-Joseph Proudhon, la propriété est « la plus grande force révolutionnaire qui existe » car elle coupe tout lien de dépendance[180]. Chacun peut développer une personnalité propre, dans la sécurité. Selon Proudhon, « pour que le citoyen soit quelque chose dans l'État, il ne suffit pas qu'il soit libre de sa personne. Il faut que sa personnalité s'appuie, comme celle de l'État, sur une portion de matière qu'il possède en toute souveraineté ». L'indépendance et l'autonomie supposent la propriété. Celle-ci permet de résister à la centralisation.

Un droit de propriété sur les données personnelles permettrait d'inclure le producteur de données dans la chaîne de valeur de l'économie numérique, en lui permettant de monétiser ou non ses biens immatériels, suivant des modalités contractuelles qu'il déciderait ou que des intermédiaires imposeraient pour lui aux plateformes. La patrimonialité des données consacrerait la souveraineté informationnelle, renverserait le rapport de forces et mettrait fin à la confiscation[181]. En exerçant l'abusus sur son

---

[177] G. Kœnig, *La fin de l'individu – Voyage d'un philosophe au pays de l'intelligence artificielle*, Éditions de l'observatoire, coll. De facto, 2019, p. 362.

[178] G. Wyel, J. Lanier, « Should we Trea Data as Labor? Moving Beyond Free », *American Economic Association Papers* 2017, vol. 1, n° 1.

[179] « Déclaration de Montréal pour un développement responsable de l'intelligence artificielle », Université de Montréal, 4 déc. 2018.

[180] P.-J. Proudhon, *Qu'est-ce que la propriété ?*, 1840.

[181] D. Gurlé, « Inventer de nouveaux droits de l'homme à l'ère du numérique », lesechos.fr, 27 juin 2019.

patrimoine digital, on peut participer au marché mais aussi le refuser, en retenant ses données. Mais encore faudrait-il que les hommes se servent de cet espace de liberté et de tranquillité pour renoncer à la servitude volontaire et développer une personnalité indépendante. Concrètement, les données de chacun pourraient être gérées grâce à des portefeuilles numériques personnels. Un « *smart contract* », un contrat intelligent servirait à définir et appliquer les conditions d'utilisation. On pourrait arrêter la liste des usages que l'on accepterait, des entreprises ou secteurs d'activité avec lesquels on accepterait de travailler, des contreparties en échange desquelles on louerait nos données et surtout des formes de données personnelles concernées. Les différents sites, applications et plateformes seraient automatiquement informées de nos propres « *terms and conditions* ». À eux de les accepter ou non. On pourrait par exemple décider de refuser toute géolocalisation, obligeant à payer des services de GPS, et accepter le partage des données de santé afin de favoriser la recherche ainsi qu'une prévention personnalisée — ou faire don de ses données personnelles aux organismes de recherche afin de contribuer au progrès de la connaissance. Dès lors, de très nombreuses transactions en micro-centimes alimenteraient ce portefeuille numérique. On pourrait aussi imaginer que des intermédiaires proposent de négocier le prix des données à la place des individus, sur le modèle des sociétés de gestion des droits d'auteur, tandis que quelques acteurs privés ne manqueraient pas d'apparaître, proposant de mêmes services de gestion des données en échange du prélèvement de commissions. Gaspard Kœnig imagine ainsi que « toute une économie de marché infinitésimale, elle-même gérée par des intelligences artificielles, viendrait se substituer au féodalisme numérique »[182]. La plupart des services aujourd'hui gratuits deviendraient payants puisque, si la production de valeur doit être rémunérée, cela concerne autant les plateformes que les individus. Mais d'aucuns pourraient choisir de payer les services en données ; d'autres le feraient en argent. Tout homme serait ainsi libre d'arbitrer entre confort et vie privée, nudge et libre arbitre, transparence et anonymat. On peut néanmoins supposer que rares seraient ceux qui profiteraient réellement de ces nouvelles prérogatives reconnues et qui donneraient l'avantage à la protection de leurs vies privées. Il faudrait que les utilisateurs soient capables d'opérer des choix libres et

[182] G. Kœnig, *La fin de l'individu – Voyage d'un philosophe au pays de l'intelligence artificielle*, Éditions de l'observatoire, coll. De facto, 2019, p. 369.

éclairés. Or il a été montré que la vision équilibrée et rationnelle de l'arbitrage individuel est illusoire et que la grande majorité des individus, s'ils peuvent revendiquer leur droit à la vie privée, voient surtout l'utilité des services gratuits auxquels ils ont accès et l'absence d'alternative[183].

Aux États-Unis, un juge de la Cour suprême, Neil Gorsuch, a exprimé une opinion dissidente dans laquelle il souhaite que les données personnelles soient protégées par le quatrième amendement de la Constitution, ce qui signifierait leur reconnaissance en tant que propriété qu'on ne peut pas perquisitionner, comme des papiers ou des effets personnels[184]. Le gouverneur de Californie a dans le même sens promis la création d'un « dividende numérique payé par les plateformes » : « Les consommateurs californiens doivent aussi pouvoir partager la richesse qui est créée à partir de leurs données parce que nous reconnaissons le fait que vos données ont une valeur et qu'elle vous appartiennent »[185]. En Europe, le RGPD écarte toute patrimonialisation des données personnelles. Il ne semble pourtant pas incongru de consacrer tel un droit fondamental le fait que toute personne est propriétaire des informations numériques la concernant. Cela permettrait, en outre, de clarifier le statut juridique des données personnelles. Mais ce serait aussi un terrible coup porté à l'économie numérique européenne, si ce droit n'était consacré qu'à l'échelle de ce continent.

Par ailleurs, on peut aussi s'élever contre la création d'un véritable marché des données personnelles justement au nom des droits fondamentaux. Récemment, une application baptisée Tadata a été lancée en février 2020, proposant de rémunérer le prêt de données personnelles. Les 15-25 ans peuvent remplir des questionnaires sur leurs études, leurs loisirs ou leurs habitudes de consommation. Ensuite, ils acceptent que ces informations soient transmises à des annonceurs en échange de quelques euros ou de bons d'achat. Cela a suscité la controverse et la branche française de l'Internet Society a alerté la CNIL en affirmant que « les données personnelles procèdent d'un droit fondamental et ne peuvent faire l'objet d'une telle

---

183 J. Turow, M. Henessy, N. Draper, *The Tradeoff Fallacy – How Marketers are Misrepresenting American Consumers and Opening them up to Exploitation*, University of Pennsylvania, 2015.

184 « Justice Neil Gorsuch, Dissenting », Carpenter c. United States, juin 2018.

185 Governor Gavin Newsom, State of the State Adress, 12 févr. 2019.

transaction », qu'elles devraient toujours demeurer inaliénables, loin de pouvoir être monétisées. Les données émanant de soi, étant des extensions de soi, elles devraient être tout aussi indisponibles que l'est le corps humain. Et il risque de se creuser un fossé entre les plus riches, qui pourront protéger leurs vies privées, et les plus précaires contraints de s'adonner à une nouvelle forme de prostitution, de vendre leurs intitmités pour pouvoir améliorer un peu l'ordinaire. Déjà dans la « Déclaration de Montréal » de 2018 il était soutenu que « toute personne doit pouvoir garder un contrôle étendu sur ses données personnelles, en particulier par rapport à leur collecte, usage et dissémination. L'utilisation par des particuliers de SIA et de services numériques ne peut être conditionnée à l'abandon de la propriété de ses données personnelles »[186]. On pourrait très bien envisager de combiner droits de la personne (en instituant des droits fondamentaux non négociables) et droits patrimoniaux (en délimitant le domaine négociable contractuellement). Finalement, la CNIL a autorisé TaData à poursuivre son activité[187]. Alors que Tadata proposait de venir en aide aux particuliers en leur offrant un outil pour mieux gérer et valoriser leurs données, peut-être faudrait-il surtout s'intéresser aux entreprises qui rachètent continuellement, sur des marchés opaques, des données prélevées de façon peu transparente. Si le monde du web et des IA doit fonctionner ainsi, le producteur de la matière première devrait profiter d'une partie de la valeur produite. Loin d'introduire l'appât du gain, ne serait-ce pas « une juste redistribution des profits là où règne aujourd'hui, sous la rhétorique trompeuse du partage, une forme d'extorsion généralisée »[188] ?

---

[186] « Déclaration de Montréal pour un développement responsable de l'intelligence artificielle », Université de Montréal, 4 déc. 2018.

[187] Y. Gallic, « TaData, l'application qui permet aux jeunes de monnayer leurs données personnelles », franceinter.fr, 12 oct. 2020.

[188] G. Koenig, « Exerçons notre droit de propriété sur nos données », lesechos.fr, 19 févr. 2020.

II. Le droit à la vie privée numérique

28. La protection des données intimes ou sensibles. Le droit à la vie privée est consacré par le Code civil, dont l'article 9 prévoit que « chacun a droit au respect de sa vie privée ». La jurisprudence, notamment de la Cour de cassation, a notamment retenu qu'il y a une atteinte à cet article dans l'hypothèse de révélations d'informations concernant la vie sentimentale ou sexuelle[189], l'état de santé[190], les opinions religieuses[191], l'engagement syndical[192] ou encore la situation patrimoniale[193] des sujets de droit. Les atteintes à la vie privée qui peuvent être le fait de systèmes d'IA ne sont pas nouvelles. En revanche, l'univers numérique modifie l'intensité, la fréquence voire la nature des atteintes. Jusqu'à ces dernières années, les atteintes à la vie privée provenaient de la révélation d'informations sans le consentement de l'intéressé. Cela signifiait que l'information avait été révélée contre la volonté de la personne concernée, donc en capturant cette information de manière frauduleuse, à la manière de la photographie d'un paparazzi captant l'intimité d'une personnalité. Avec le web, énormément de gens livrent des informations sensibles les concernant sans bien s'en rendre compte. La consultation de sites tels que les réseaux sociaux par un internaute peut révéler ses préférences politiques, religieuses ou sexuelles, alors même qu'il souhaite les garder secrètes. Même sans révéler par des actes positifs ces informations, la seule consultation de certains sites extériorise possiblement des convictions personnelles, au risque qu'elles soient ensuite révélées ou du moins conservées.

Le droit au respect de la vie privée numérique se traduit par la protection des données personnelles. « Les données personnelles doivent être protégées pour garantir le respect de la dignité de chacun et de sa vie privée », comme

---

[189] Cass. civ. 2e, n° 01-01.186, 24 avr. 2003.
[190] Cass. civ. 1ère, n° 86-16.185, 10 juin 1987.
[191] Cass. civ. 1ère, n° 99-10.928, 6 mars 2001.
[192] Cass. soc., n° 09-60.011, 8 juill. 2009.
[193] Cass. civ. 1ère, 12 oct. 1976.

l'a affirmé en 2015 la « Déclaration commune de la Commission de réflexion et de propositions sur le droit et les libertés à l'âge numérique de l'Assemblée nationale française et la Commission sur les droits et devoirs sur internet de la Chambre des députés italienne »[194]. Le meilleur moyen d'assurer une protection de la vie privée efficace consiste donc à limiter les collectes et traitements de données. Seules devraient être autorisées les récoltes de données strictement nécessaires au fonctionnement du service. Un réseau social n'a pas besoin d'enregistrer les données de géolocalisation. Il n'est pas nécessaire à un service de streaming de conserver les données relatives aux heures d'écoute ou de visionnage de ses contenus. Cela existe en droit avec le principe de minimisation des données retenu par l'article 5 du RGPD : « Les données à caractère personnel doivent être adéquates, pertinentes et limitées à ce qui est nécessaire au regard des finalités pour lesquelles elles sont traitées ». La difficulté est qu'il revient au service de déterminer la frontière entre les informations qui lui sont utiles pour assurer le service et celles qui ne le sont pas ; il le fera généralement de manière large, à son profit. Il n'est pas difficile à un réseau social d'avancer que la géolocalisation lui est nécessaire afin de proposer des contenus pertinents à ses utilisateurs. Pour les GAFAM, qui proposent tous les services possibles et imaginables, toute information présente, d'une manière ou d'une autre, une utilité. Facebook propose par exemple, en cas d'attentat ou de catastrophe naturelle, un service baptisé *Safety Check* qui permet, en cas de localisation à proximité des lieux, d'informer les « amis » que tout va bien. Contre ce gadget que la plupart n'utiliseront jamais, il faut autoriser la géolocalisation.

L'article 38 de la loi Informatique et libertés dispose que « toute personne physique a le droit de s'opposer, pour des motifs légitimes, à ce que des données à caractère personnel la concernant fassent l'objet d'un traitement » et à ce qu'elles « soient utilisées à des fins de prospection, notamment commerciale ». Le droit au respect de la vie privée numérique se traduit *a fortiori* par la protection des données intimes ou sensibles, sortes de données

---

[194] Commission de réflexion et de propositions sur le droit et les libertés à l'âge numérique de l'Assemblée nationale française et la Commission sur les droits et devoirs sur internet de la Chambre des députés italienne, déclaration commune, 28 sept. 2015.

hyper-personnelles[195]. Celles-ci font l'objet d'un régime plus strict : elles sont définies aux articles 8 de la loi du 6 janvier 1978 et 9§1 du RGPD et leur utilisation est interdite, sauf consentement exprès des personnes concernées ou intérêt public impérieux. Ainsi, les traitements relatifs à l'origine raciale ou ethnique, aux opinions politiques, convictions religieuses ou philosophiques ou à l'appartenance syndicale sont prohibés. Sont également protégées les données relatives à la vie et à la santé, les informations sur l'orientation sexuelle, le numéro de sécurité sociale (ou INSEE), ainsi que les données génétiques et les données biométriques lorsqu'elles servent à identifier une personne physique de manière unique. Déjà la « Convention 108 », dès les années 1980, interdisait le traitement informatique de données sensibles telles que les opinions politiques ou l'orientation sexuelle. En 2008, la CNIL a ainsi sanctionné d'amendes à hauteur de 15 000 euros deux sociétés commerciales qui avaient constitué des fichiers ethniques de prospection commerciale afin de proposer leurs services de « rapatriement vers le pays d'origine » .

Faisant preuve d'un équilibre et d'un pragmatisme exemplaires, dont on pourrait s'inspirer dans d'autres cas, la loi autorise toutefois ces traitements dans une série de cas limitatifs :

en cas de consentement de la personne ;

en matière de sécurité sociale, protection sociale ou droit du travail ;

lorsque des intérêts vitaux sont en jeu ;

pour les associations à finalité politique, philosophique, religieuse ou syndicale ;

quand les données ont été rendues publiques par la personne ;

dans le secteur de la justice ;

si sont en jeu des « motifs d'intérêt public importants » qui doivent néanmoins respecter « l'essence du droit à la protection de la donnée » ;

dans le secteur de la santé (médecine, etc.) ;

pour l'archivage, la recherche scientifique ou historique etc.

---

[195] Ch. Koumpli, *Les données personnelles sensibles – Contribution à l'évolution du droit fondamental à la protection des données personnelles*, th., Université Paris 1, 2019.

Cela évite donc d'empêcher la constitution de fichiers par les associations ou les partis politiques, la création de dossiers médicaux par les hôpitaux et professionnels de santé ou les traitements statistiques opérés par des instituts tels que l'INSEE.

Les données biométriques sont de plus en plus régulièrement utilisées afin d'identifier les personnes. En Chine, la reconnaissance faciale est très développée : outre le système de crédit social qui repose sur un suivi quasi-permanent des personnes au moyen de caméras, on paye ou on se connecte à diverses applications avec son visage. On peut de la même manière être automatiquement verbalisé si on traverse la route en dehors des passages cloutés. En Europe, on se garde, pour l'heure, d'autoriser de tels systèmes, cela au nom de la préservation de la vie privée.

La législation européenne pourrait même devenir encore plus exigeante s'agissant de la protection des données sensibles et prévoir des garanties fortes lorsque les systèmes d'IA traitent des données telles que les données génétiques ou les données policières ou judiciaires, concernant des infractions, des procédures et des condamnations. De telles garanties doivent également offrir une protection contre le traitement discriminatoire ou biaisé de ces données. Pour réduire les risques d'atteinte à la vie privée par les IA, la meilleure solution est d'intervenir au stade de la récolte des données personnelles[196]. Pour être efficace, il suffit de prohiber toute collecte de certaines données à raison de leur objet, donc des données sensibles, notamment parce qu'elles pourraient engendrer une discrimination. On peut interdire par principe la récolte de données relatives à la santé, à la confession religieuse ou à l'orientation sexuelle. La difficulté est que, même en posant une telle règle, de pareilles informations sont souvent révélées indirectement, non explicitement, simplement à travers le comportement en ligne, les « clics »[197]. Pris isolément, ceux-ci sont insignifiants et ne présentent aucun risque. Combinés entre eux, ils acquièrent un sens

---

[196] A. Bensamoune, C. Zolynski, « Big data et privacy : comment concilier nouveaux modèles d'affaires et droits des utilisateurs ? », *LPA* 2014, n°164, p. 8 s. ; F. Rochelandet, C. Zolynski, « De la Privacy by Design à la Privacy by Using », *Réseaux* 2015, n° 1, p. 15 s.

[197] S. Merabet, *Vers un droit de l'intelligence artificielle*, th., Université d'Aix-Marseille, 2018, p. 236.

relativement à la vie privée de la personne, et donc y portent atteinte. Le danger de l'intelligence artificielle se situe dans sa capacité à établir des corrélations entre des données éparses.

29. Origine et avenir du droit à la vie privée. Au-delà des données sensibles ou intimes, c'est bien de la vie privée en général dont on peut se demander, à force d'être malmenée par les géants du web et par les velléités sécuritaires des États, si elle ne serait plus qu'une vue de l'esprit[198]. Aujourd'hui, le droit de mener en toute discrétion une vie retirée a-t-il encore un sens ? En pratique, il devient chaque jour un peu plus difficile de faire le choix d'une vie déconnectée ou simplement protégée de toute immixtion de tiers. Économiquement, la vie privée et les *business models* des entreprises du secteur du numérique entrent quasi-frontalement en conflit. Parfaitement respecté, le RGPD, protecteur surtout de la vie privée des individus, pourrait ruiner les entreprises européennes face à la concurrence américaine et chinoise. Toute la gratuité apparente du web dépend d'utilisations des données personnelles toujours à la limite de l'illégalité, et souvent au-delà. Les exigences de plus en plus fortes de respect de l'intimité de chacun inquiètent forcément les acteurs de l'économie numérique. Si le législateur européen en venait à rendre obligatoire le paramétrage par défaut du navigateur, pour ne pas collecter de cookies, ce serait une révolution remettant en cause les fondements du web, cela au nom de la « *privacy* ».

Sous l'angle du droit positif, les données personnelles et la vie privée des internautes utilisateurs des services du web 2.0 sont théoriquement très bien protégés. Il s'en faut de beaucoup que cela soit également le cas dans les faits tant ces services, qui ne sont généralement pas domiciliés en France mais aux États-Unis, n'hésitent pas à prendre de grandes libertés avec les droits nationaux dès lors que ces derniers se veulent très protecteurs des informations personnelles. C'est pourquoi le respect des droits de la personnalité et de la vie privée est un long et difficile combat qui est mené en premier lieu devant les tribunaux — et par les tribunaux.

Or défendre la vie privée en tant qu'objet d'un droit de l'homme numérique ne va pas de soi. L'idée même de vie privée est à la fois récente et géographiquement située. Elle a prospéré en même temps que la bourgeoisie dans les sociétés monothéistes, au travers d'un processus que le sociologue

---

[198] K. Benyekhlef, « L'IA et nos principes de justice fondamentale », 15 févr. 2018.

allemand Norbert Elias a appelé « la civilisation des mœurs »[199]. La consécration d'un droit au respect de cette vie privée est logiquement plus récente encore. Aux États-Unis, un article publié en 1890 par Samuel Warren et Louis Brandeis dans la *Harvard Law Review* est classiquement considéré comme l'une des dates de naissance du droit à la vie privée (« *right to privacy* »). Selon ces auteurs, tout homme devrait jouir d'un « droit à être laissé tranquille » (« *right to be left alone* »), un droit pensé en réaction au développement naissant de la photographie.

Au XXe siècle, avec le développement quantitatif de la presse et des médias, les consécrations formelles du droit à la vie privée se sont multipliées. Ce droit se retrouve consacré tant dans plusieurs instruments internationaux, à l'instar de la Déclaration universelle des droits de l'Homme (article 12) et du Pacte international relatif aux droits civils et politiques (article 17), que dans des textes régionaux de protection des droits de l'homme, comme la Convention européenne de sauvegarde des droits de l'homme (article 8), la Charte des droits fondamentaux de l'Union européenne (article 7) ou la Convention interaméricaine des droits de l'homme (article 11). En 1998, l'UNESCO, par sa déclaration de Monaco, mettait en garde solennellement les États quant à la nécessité de protéger la vie privée et d'empêcher la diffusion de n'importe quelle information. D'autres déclarations des droits, comme la Charte africaine des droits de l'homme et des peuples, ignorent tout droit au respect de la vie privée. En droit français, ce n'est qu'en 1970 qu'un droit au respect de la vie privée a été consacré par la loi[200], à l'article 9 du Code civil selon lequel « chacun a droit au respect de sa vie privée ». En revanche, ni le Préambule de la Constitution de 1946, ni la Constitution de 1958 n'ont affirmé expressément la valeur constitutionnelle du respect dû à la vie privée. Face au manque de base textuelle, le Conseil constitutionnel a déduit un tel droit de l'article 2 de la Déclaration des droits de l'homme et du citoyen (« le but de toute association politique est la conservation des droits naturels et imprescriptibles de l'homme. Ces droits sont la liberté, la

---

[199] S. Hennette-Vauchez, D. Roman, *Droits de l'homme et libertés fondamentales*, Dalloz, coll. Hypercours, 2017, p. 513.
[200] L. n° 70-643, 17 juill. 1970, *Tendant à renforcer la garantie des droits individuels des citoyens.*

propriété, la sûreté, et la résistance à l'oppression »). Il a ainsi fait de la vie privée une composante de la liberté personnelle[201].

Auparavant, on trouve dans le secret des correspondances, auquel l'internet redonne une grande actualité, l'ancêtre du droit à la vie privée. La censure des correspondances écrites était apparue avec la création des postes par l'édit de Louis XI de 1464 créant le service régulier des postes royales et prévoyant une possibilité de contrôle par l'administration, donc une possibilité d'immixtion dans l'intimité de la personne, ce qui revient à nier cette intimité. Le contrôle des correspondances privées, en cachette, sans le dire, est depuis longtemps une obsession de tous les pouvoirs en ce que cela permet de mieux connaître les « sujets », qui se dévoilent davantage en privé qu'en public. Or ce n'est que la loi du 15 juin 1922 qui consacra le droit au secret des correspondances écrites. Ensuite, avec l'apparition des communications électroniques, ce droit a été adapté. Le droit au secret des correspondances postales et électroniques est désormais protégé par l'article L. 3-2 du Code des postes et des communications électroniques et l'article L. 241-1 du Code de la sécurité intérieure. En outre, des dispositions pénales prohibent l'interception des correspondances (articles 226-15 et 432-9 du Code pénal).

30. Contenu du droit à la vie privée numérique. La protection de l'intimité de la personne amène à consacrer à son profit une « sphère secrète de vie d'où [elle] aura le pouvoir d'écarter les tiers », selon l'expression de Jean Carbonnier[202]. La vie privée est cet espace dans lequel on peut se replier, à l'abri des regards et des écoutes, tranquille. C'est un « droit de se voiler »[203]. Ce droit est évidemment largement menacé par l'utilisation des services numériques, qui sont autant d'yeux et d'oreilles qui pénètrent sans mal les domiciles des individus. C'est pourquoi il semble indispensable d'affirmer le pan numérique du droit à la vie privée. Y compris en ligne, on doit pouvoir, si on le veut, être laissé en paix et se placer à l'abri de tout enregistrement de ses données de navigation. Il s'agit d'abord de permettre à l'individu de

---

[201] Cons. const., déc. n° 94-352 DC, 18 janv. 1995, *Sécurité* ; Cons. const., déc. n° 99-419 DC, 9 nov. 1999, *Pacs*.

[202] J. Carbonnier, *Droit civil*, vol. 1, Puf, coll. Quadrige, 2004, p. 518.

[203] S. Hennette-Vauchez, D. Roman, *Droits de l'homme et libertés fondamentales*, Dalloz, coll. Hypercours, 2017, p. 514.

s'opposer à toute intrusion non consentie dans sa sphère intime. Cette protection d'un droit à la tranquillité vaut aussi bien pour les éléments immatériels, comme la vie amoureuse ou l'état de santé, que pour les éléments matériels, comme le domicile ou les correspondances, qui tous peuvent être les objets d'enregistrement de données permettant de les connaître avec plus ou moins de précision.

Les systèmes d'information personnels faisant l'objet d'un accès personnalisé et sécurisé (messageries électroniques, outils mobiles, comptes ouverts sur des sites web et réseaux sociaux) font partie intégrante du domicile privé. « La forteresse d'un individu, c'est sa maison », affirmait Jean Carbonnier[204]. Les espaces personnels numériques des individus doivent donc être défendus comme des forteresses. Ils sont devenus indispensables ou presque à l'épanouissement de l'intimité de la personne. L'inviolabilité du domicile est garantie en tant que principe à valeur constitutionnelle[205]. Elle est protégée aussi bien contre les atteintes de l'autorité publique que contre les abus des puissances privées, ce qui justifie à la fois la réglementation des perquisitions faites par les autorités de police et l'incrimination de la violation du domicile d'autrui à l'aide de manoeuvres, menaces, voies de fait ou contrainte[206]. Techniquement, cela peut justifier la mise en place de systèmes de cryptage et d'accès protégé par mot de passe. Le droit protège l'hospitalité du domicile, c'est-à-dire le défend contre les nuisances environnementales et les troubles du voisinage. De telles nuisances et troubles peuvent exister s'agissant du domicile numérique. Celui-ci peut être concerné, comme le domicile physique, par des formes d'ingérences matérielles ou immatérielles. Si celles-ci atteignent un certain niveau de gravité, la Cour européenne des droits de l'homme estime qu'elles entravent la jouissance du domicile, affectent le bien-être de la personne et la privent de la sorte de son droit au respect de son domicile[207]. Le domicile numérique doit donc être protégé, en tant qu'espace d'intimité, contre toute surveillance, intrusion ou gêne.

---

[204] J. Carbonnier, *Droit civil*, vol. 1, Puf, coll. Quadrige, 2004, p. 514

[205] Cons. const., déc. n° 83- 164 DC, 29 déc. 1983, *Perquisitions fiscales.*

[206] S. Hennette-Vauchez, D. Roman, *Droits de l'homme et libertés fondamentales*, Dalloz, coll. Hypercours, 2017, p. 521.

[207] CEDH, n° 4143/02, 16 nov. 2004, *Moreno Gomez c. Espagne.*

Le « droit d'être laissé en paix » concerne tous les aspects de la vie d'une personne : son image, son corps, sa vie spirituelle, ses relations amicales et affectives etc. Il s'applique aussi dans le cadre de la vie professionnelle. Tout salarié a droit au respect de sa vie privée au travail, y compris lorsqu'il utilise les dernières technologies de communication. Une abondante jurisprudence a interdit à un employeur de s'immiscer dans la vie privée de ses salariés et plus encore de les sanctionner en raison de faits appartenant à leurs vies privées. L'article L. 1121-1 du Code du travail dispose ainsi que « nul ne peut apporter aux droits des personnes et aux libertés individuelles et collectives des restrictions qui ne seraient pas justifiées par la nature de la tâche à accomplir ni proportionnées au but recherché ».

Bien que plutôt récente, la notion de vie privée a évolué, surtout sous l'influence de la jurisprudence de la Cour européenne des droits de l'homme. Celle-ci a en effet fait de la vie privée une « notion large qui englobe, entre autres, des aspects de l'identité physique et sociale d'un individu, notamment le droit à l'autonomie personnelle, le droit au développement personnel et le droit d'établir et entretenir des rapports avec d'autres êtres humains et le monde extérieur »[208]. La vie privée s'est ainsi étendue et sa nouvelle dimension, une dimension sociale permettant de nouer des relations et d'opérer des choix de vie librement, est particulièrement interrogée par l'univers numérique dans lequel elle peut aussi bien se déployer qu'être bafouée et ignorée.

Certains, de manière révélatrice, renoncent au concept de « vie privée » et parlent de « désidentification » en reconnaissant que l'anonymat réel est un idéal inatteignable dans le monde de l'intelligence artificielle. Thomas Drake, ancien cadre de la NSA et lanceur d'alerte au sujet du projet de surveillance de masse Trailblazer au début des années 2010, explique : « Si vous dites : “dans mes communications électroniques, je n'ai aucune attente en matière de vie privée”, alors où espérez-vous avoir une vie privée ? ». Nos vies sont aujourd'hui en grande partie des vies numériques. Il est parfaitement incompréhensible d'opposer vie numérique — qui pourrait se passer de toute protection de l'intimité — et vie physique. L'une est le reflet de l'autre. Vie privée et vie privée numérique se confondent. En 2020, nous sommes ce sur quoi nous cliquons. Les plateformes du web participatif en

---

[208] CEDH, n° 2346/02, 29 avr. 2002, *Pretty c. Royaume-Uni*.

général et les réseaux sociaux en particulier donnent lieu à de nouvelles formes d'atteinte aux droits de la personnalité et à la vie privée, plus nombreuses et plus profondes[209]. L'article 9 du Code civil et ses équivalents semblent d'autant plus nécessaires à l'ère de l'internet, qui permet des diffusions mondiales et instantanées de contenus potentiellement nuisibles. Reste que les garanties en matière de vie privée sont défaillantes dans de trop nombreux cas. Rejoignant la question de la protection des données personnelles, celle du respect de la vie privée doit relever des défis inédits à l'heure des IA. Beaucoup d'utilisateurs de services fonctionnant à base d'IA ne savent pas, ou du moins pas dans quelle mesure et comment, que celle-ci ne fonctionne que grâce à des atteintes portées à la vie privée.

Avec le RGPD, pratiquement tout type de projet d'IA oblige à procéder à une étude d'impact sur la vie privée car il implique une utilisation massive de données, dont des données personnelles voire sensibles. Cependant, rares sont les États à avoir protégé expressément les données personnelles circulant grâce à internet. Des textes protègent les dossiers médicaux, les informations financières ou les données relatives aux mineurs, mais pas la vie privée en ligne. La régulation des réseaux est rendue délicate par le fait que l'internaute peut faire varier l'intensité du caractère privé des données révélées en ligne, en fonction des paramètres qu'il retient : informations publiques, privées, semi-publiques, accessibles seulement aux amis ou seulement aux amis des amis. Aux États-Unis, quand quelqu'un diffuse des informations sur un réseau social, son droit à la vie privée n'est plus protégé par le 4e amendement de la Constitution. Ainsi, lorsqu'un utilisateur de Facebook permet à ses « amis » de consulter ses informations, le gouvernement peut-il également y accéder sans enfreindre le quatrième amendement[210]. De même en France et en Europe, on distingue les comptes accessibles seulement aux amis (privés) et ceux accessibles au moins aux amis des amis (publics)[211]. Cela a de grandes conséquences également si l'on

[209] E. Derieux, « Réseaux sociaux et responsabilité des atteintes aux droits de la personnalité », *RLDI* 2014, n° 100, p. 77 s. ; M. Dupuis, « La vie privée à l'épreuve des réseaux sociaux », *RLDC* 2013, n° 102, p. 39 s. ; L. Marino, « Notre vie privée : des little data aux big data », *JCP G* 2012, NS 47, p. 14 s.

[210] B. Ancel, « La vie privée dans un monde digitalement connecté : la démocratie en danger ? », *RLDI* 2019, n° 159, p. 34.

[211] TGI Paris, 17e ch., 17 déc. 2014, *J. P. c. Edwy Plenel.*

vous poursuit en raison de propos publiés en ligne : selon qu'il y avait ou non un public, il s'agissait de communication publique ou privée et les conséquences ne sont pas les mêmes. Le droit au respect de la vie privée s'épuise avec la première divulgation d'un fait à caractère privé[212]. La loi du 6 janvier 1978 prévoit, à son article 8-II, que le fait de rendre volontairement publiques des informations écarte l'interdiction d'un traitement des données. Mais la CNIL interprète restrictivement cette exception. Pour elle, la protection des données personnelles ne disparaît pas en raison de leur divulgation publique dès lors que les intéressés n'ont pas conscience de leur traitement[213]. Selon la CNIL, un internaute peut donc s'opposer à ce que ses données soient réutilisées bien qu'ils les aient volontairement diffusées grâce à un service du web participatif. La plateforme qui récolte des données personnelles est ainsi soumise à une obligation de veille consistant à vérifier régulièrement que les données dont elle se sert présentent toujours un caractère public. Celles-ci peuvent en effet avoir été reprivatisées par l'internaute — s'il les a déplacées dans la partie privée de son profil, elles perdent leur caractère public. Et il est indifférent que ces données aient été indexées au moment où elles étaient situées sur la partie ouverte du profil, car seul importe le statut des données au moment de leur traitement.

Il faudrait, comme l'article 1er de la « Déclaration préliminaire des droits de l'homme numérique » du Forum d'Avignon, déclarer que « les données personnelles en particulier numériques de tout être humain traduisent des valeurs culturelles et sa vie privée. Elles ne peuvent être réduites à une marchandise »[214]. Toute personne a droit au respect de sa vie privée numérique et au secret de ses échanges numériques. Dans son arrêt du 6 octobre 2015, invalidant l'accord « *Safe Harbor* » conclu entre l'Union européenne et le gouvernement des États-Unis, la Cour de justice de l'Union européenne a considéré que « la réglementation permettant aux autorités publiques d'accéder de manière généralisée au contenu de communications électroniques doit être considérée comme portant atteinte au contenu

---

[212] Cass. 1ère civ., 3 avr. 2002, n° 99-19.852.

[213] CNIL, délib. 1er juin 2012, n° 2012-156, *Portant avertissement à l'encontre de la société Yatedo France.*

[214] « Déclaration préliminaire des Droits de l'Homme Numérique », Forum d'Avignon, 2014.

essentiel du droit fondamental au respect de la vie privée »[215]. Désormais, avec le nouvel accord dit « *Privacy Shield* », entré en vigueur le 1er août 2016, les principes de consentement, droit d'information, d'accès ou de rectification doivent être respectés. Les entreprises européennes qui envoient des données auprès de sociétés américaines sont tenues de vérifier que ces dernières disposent d'une certification.

Autoriser un réseau social à accéder à votre carnet d'adresses constitue une autre infraction au droit à la vie privée, en l'occurrence de toutes les personnes y figurant. Même une communication sur une plate-forme qui n'utilise pas le chiffrement de bout en bout, où des interceptions sont donc possibles, peut faire craindre quelques intrusions dans la vie privée. Par ailleurs, la diffusion sur un blog d'un article relatif à la compagne d'un défunt peut être sanctionnée dès lors que les informations contenues dans ce texte portent atteinte à son intimité[216]. Il est donc indispensable de choisir les informations à utiliser et celles à garder secrètes afin de ménager au maximum la vie privée des personnes concernées. Et les articles L. 226-1 et suivants du Code pénal renforcent la protection de l'identité et de l'intimité. En particulier, l'article L. 226-19 prohibe les traitements non-autorisés d'informations nominatives. Il incrimine plus exactement le fait de conserver ou diffuser des données révélant les « origines raciales ou les opinions politiques, philosophiques ou religieuses ou les appartenances syndicales ou les mœurs des personnes ». Quant à l'article 226-1, il punit « le fait pour toute personne de porter volontairement atteinte à l'intimité de la vie privée d'autrui en captant, enregistrant ou transmettant, sans le consentement de leur auteur, des paroles prononcées à titre privé ou confidentiel ».

En outre, la loi *Pour une République numérique* du 7 octobre 2016, modifiant la loi n° 70-643 du 17 juillet 1970 *Tendant à renforcer la garantie des droits individuels des citoyens*, a institué un délit d'atteinte à l'intimité sexuelle, mesure ô combien nécessaire alors que se multiplient les diffusions, sur les plateformes de partage spécialisées, de vidéos et photographies intimes — notamment avec le phénomène du « *revenge porn* ». Et divers articles de loi interdisent de diffuser des informations touchant à une

---

[215] CJUE, 6 oct. 2015, aff. C-362/14, *Maximillian Schrems c. Data Protection Commissioner*.

[216] CA Nîmes, 1ère ch. civ., 10 janv. 2013, n° 12/00466.

situation fiscale individuelle, à une adoption, au procès d'un mineur, au suicide d'un mineur etc. Toutes ces dispositions étant d'ordre public, les conditions générales d'utilisation des services ne sauraient poser des normes plus permissives en matière d'atteinte à la vie privée[217].

Or les exemples de technologies à base d'IA malmenant toutes ces dispositions ne manquent pas. Ainsi la start-up Fidzup a-t-elle été poursuivie parce qu'elle utilisait des SDK, c'est-à-dire des petits programmes intégrés dans des applications populaires et permettant d'enregistrer des informations relatives au profil et à la localisation de l'internaute. En juillet 2018, quatre sociétés de ciblage publicitaire de ce type (Fidzup, Teemo, SingleSpot, Vectaury) ont été mises publiquement en demeure par la Cnil, avant de trouver un accord avec le régulateur. Selon la CNIL, la mise en demeure de ces sociétés s'imposait « pour alerter les millions de personnes dont les données étaient collectées et traitées à leur insu. [...] Un écosystème était en train de se construire sur la base de telles pratiques, il est apparu nécessaire d'envoyer rapidement une alerte collective pour toutes les entreprises susceptibles de les mettre en œuvre ». Mais Fidzup a fait faillite. Et ses responsables ont accusé la CNIL en ce qu'elle défendrait la vie privée des Français quitte à nuire gravement à l'économie numérique nationale. En France, on préfère donc interdire à une telle société d'exploiter, comme elle le faisait, les données d'utilisateurs de smartphones, sans accord clair de leur part, pour afficher des publicités ciblées pour des magasins qui se trouvaient près d'eux. En tant que droit de l'homme numérique, on ne se plaindra pas que le droit à la vie privée puisse au moins rivaliser avec la liberté d'entreprise.

L'affaire Cambridge Analytica a montré combien le monde numérique peut être liberticide du point de vue de la vie privée. Cette firme britannique avait utilisé les données personnelles de dizaines de millions d'utilisateurs de Facebook à leur insu, pour influencer l'issue de l'élection présidentielle américaine de 2016, en faveur de Donald Trump. À des fins de manipulation de l'électorat, il s'agissait de connaître le plus précisément possible les opinions politiques des citoyens américains. En 2020, le commissaire à la protection de la vie privée du Canada a demandé, le 6 février, à un tribunal fédéral de déclarer que Facebook a enfreint les lois canadiennes sur la

[217] Cass. 1ère civ., 15 janv. 2015, n° 13-25.634.

protection de la vie privée. Le Canada vient ainsi s'ajouter à la longue liste des pays qui ont intenté des actions en justice contre le réseau social de la Silicon Valley à la suite du scandale Cambridge Analytica — dont en premier lieu les États-Unis eux-mêmes, où le réseau a été condamné à une amende record de 5 milliards de dollars pour ne pas avoir protégé les données personnelles de ses utilisateurs. Selon son communiqué, le commissaire canadien « exige que Facebook mette en place des mesures efficaces, précises et facilement accessibles pour obtenir le consentement valable de tous les utilisateurs et s'assurer de le conserver ». Il demande également que le réseau social se voie interdire « de continuer à recueillir, à utiliser et à communiquer les renseignements personnels des utilisateurs » en violation des lois canadiennes. Cela fait suite à une enquête qui a révélé de graves lacunes dans les pratiques de Facebook en matière de traitement des renseignements personnels. Pour Facebook, la vie privée n'a pas lieu d'être. Tout doit être visible, car sa prospérité en dépend. Heureusement, partout dans le monde, les pouvoirs publics se chargent de faire respecter le droit à la vie privée contre ces forces pour lesquelles la transparence devrait prévaloir. au Canada.

Peut-être est-ce la Commission de la protection de la vie privée belge (CPVP, équivalent de la CNIL française) qui a le plus strictement surveillé les activités et les procédés de l'entreprise californienne. En tout cas, cette commission a engagé un bras de fer autour du cookie « Datr » et de la pratique consistant à pister tous les internautes, y compris ceux qui sont déconnectés du service et même ceux qui ne sont pas inscrits, qui ne possèdent pas de comptes personnels. Facebook ne se conformant pas aux recommandations de l'autorité belge, celle-ci l'a attaqué en justice, laquelle a lourdement sanctionné la société américaine. Devant le refus de coopérer de la société californienne, la « CNIL belge » l'a assignée en justice, en juin 2015, dénonçant un traçage « invasif » par Facebook des habitudes de navigation des internautes forcément incompatible avec le droit des données personnelles et, en premier lieu, avec la loi du 8 décembre 1992 relative à la protection de la vie privée à l'égard des traitements de données à caractère personnel. Ce n'est toutefois que le problème du suivi des activités en ligne des personnes non inscrites au réseau social qui a focalisé toute l'attention et qui a conduit à la lourde condamnation de Facebook par la justice belge. Les juges ont donc donné raison à la CPVP selon laquelle il n'est pas légal de «

collecter systématiquement des données relatives à la consultation de sites internet externes mais qui contiennent des modules sociaux [...], alors même que l'internaute n'interagit pas avec ces modules sociaux ». Le 9 novembre 2015, le tribunal de première instance néerlandophone de Bruxelles a suivi les griefs de la CPVP et a imposé à Facebook Inc., Facebook Belgium SPRL et Facebook Ireland Limited de cesser de déposer le cookie « Datr » lorsque des internautes non inscrits visitent le site <facebook.com> sans les en informer au préalable et de manière claire. Facebook devra à l'avenir demander expressément l'accord des internautes belges non membres du réseau social et leur fournir des explications suffisantes quant à l'usage fait des données recueillies. Or il est évidemment difficile pour un service d'obtenir quelque autorisation expresse de la part de personnes qui ne sont pas inscrites à ce service. Les juges ont donc requis de Facebook qu'il arrête de collecter des informations personnelles relatives à ses « utilisateurs passifs » par l'intermédiaire de plug-ins placés sur des sites web tiers.

31. Le droit à l'image. La question du droit à l'image est significative. L'explosion des réseaux sociaux s'est accompagnée d'innombrables atteintes à ce droit, commises par d'autres individus, souvent des amis ou des membres de la famille, parfois des ennemis cherchant à porter un préjudice à celui ou celle dont on publie l'image[218]. Avec le web 2.0, s'est développée toute une économie de l'image numérique qui évolue très en marge du droit à la vie privée. Le droit à l'image, qui découle de l'article 9 du Code civil, interdit de diffuser en ligne la représentation d'une personne sans son autorisation expresse — sauf exceptions : personnalités publiques ou personnes exerçant dans le cadre de leurs activités professionnelles, illustration d'un évènement d'actualité immédiate ou d'un sujet d'intérêt général, groupe de personnes dans un lieu public. Il a ainsi été jugé que la diffusion sur un blog ou un réseau social d'un selfie représentant un homme politique en train de dormir dans un avion porte atteinte à son droit à l'image[219]. Lorsque la personne se trouve dans un lieu privé, l'article 226-1 du Code pénal réprime le fait de porter volontairement atteinte à l'intimité de sa vie privée en fixant, enregistrant ou transmettant, sans son consentement, son image.

---

[218] M. Doueihi, *Pour un humanisme numérique*, Le Seuil, 2011, p. 67.

[219] TGI Paris, réf., 10 févr. 2016, *J.-M. Le Pen c. B. Zaibat.*

Le principe de spécialité implique de demander une autorisation *ad hoc* chaque fois qu'une nouvelle publication de l'image d'une personne est envisagée[220]. Que cette image ait été une première fois téléchargée sur un blog ou un autre service ne signifie donc pas qu'il serait possible de la reproduire sans obtenir l'accord de la personne concernée. Les images ne deviennent pas de libre parcours une fois en ligne. Les tribunaux ont en particulier insisté sur l'impossibilité de reproduire librement sur des réseaux sociaux des photographies représentant des mineurs, quoi qu'en disent leurs conditions générales d'utilisation[221].

Au-delà de la publication de la photographie de quelqu'un, le simple fait de « taguer » des amis sur des photos publiées sur Facebook où ils apparaissent porte atteinte à leur vie privée. En la matière, l'État de l'Illinois a obligé Facebook à verser 550 millions de dollars aux parties impliquées dans une action de groupe visant à dénoncer son utilisation frauduleuse du logiciel Tag Suggest — un programme de reconnaissance faciale qui invite à « taguer » ses connaissances sur les photos du réseau social, cela loin de tout consentement des personnes concernées[222]. Cela constitue une nouvelle victoire pour les défenseurs de la vie privée. La reconnaissance faciale renouvelle évidemment en profondeur le droit à l'image. Une technologie qui analyse en détails les photographies postées par des utilisateurs afin d'identifier les personnes qui s'y trouvent est une manipulation de données sensibles — d'autant plus dans l'Illinois, qui possède les règles les plus strictes en matière de protection des données biométriques aux États-Unis. Depuis 2010, année de lancement de Tag Suggestion, Facebook doit redoubler d'ingéniosité pour utiliser ce service sans outrepasser les lois en vigueur dans les différents pays où l'entreprise est présente. Initialement activée par défaut au début des années 2010, Tag Suggestion avait été condamnée par l'Union européenne, aboutissant à sa disparition pure et simple en 2012 pour les pays européens. Ce n'est qu'en 2018 que cette technologie, revue et corrigée, est réapparue en Europe, cette fois en étant optionnelle et désactivée par défaut.

---

[220] C. civ., art. 371 s.

[221] CA Versailles, 2e ch., 25 juin 2015, n° 13/08349.

[222] P. Crochart, « Reconnaissance faciale : Facebook accepte de payer 550 M$ pour régler un contentieux », clubic.com, 30 janv. 2020.

Par ailleurs, loin du système de crédit social reposant sur l'espionnage permanent de la population, on voit de plus en plus de remises en cause de la vidéosurveillance-vidéoprotection ou, du moins, de l'analyse des images ainsi récoltées par des IA, cela afin d'éviter des biais ou simplement pour protéger la vie privée des individus. Ainsi, aux États-Unis, en 2020, la ville de Boston a-t-elle interdit la reconnaissance faciale. Cette mesure vise l'utilisation de cette technologie par tout employé municipal, qui ne peut pas non plus demander à une partie tierce de s'en servir[223]. Boston est devenue la deuxième plus grosse ville américaine à interdire l'usage de cette technologie, derrière San Francisco. D'autres villes ont pris la même décision : Oakland, en Californie, ou Cambridge, dans le Massachusetts. Et trois états américains (la Californie, l'Oregon et le New Hampshire) ont interdit l'usage de la reconnaissance faciale par les caméras de police. En janvier 2020, l'Union européenne a pour sa part fait savoir qu'elle envisageait d'interdire son usage dans les espaces publics pour une durée de cinq ans, avant de se raviser et de finalement proposer l'instauration de règles encadrant son utilisation.

III. Le droit à l'honneur numérique

32. Le droit à la réputation numérique. Aujourd'hui, c'est davantage dans le monde numérique que dans le monde physique que la dignité des personnes peut être malmenée. Il faut alors affirmer que la dignité numérique est un droit fondamental. Celle-ci, tout d'abord, s'oppose à la rationalité qui tend à faire de chacun de nos faits et gestes l'objet d'une transaction marchande et à inclure chaque instant de la vie dans un marché toujours plus étendu. La dignité numérique, c'est le droit se placer à l'abri de ces ambitions intégrales et de rendre l'acte de consommation facultatif, non obligatoire, et surtout demeurer soi-même hors du marché, n'être vendu qu'avec notre accord éclairé. « À l'opposé d'une rationalité qui s'obstine à réduire tout élément ou chacun de nos gestes à des codes, procédant d'un misérable

---

[223] G. Renouard, « La ville de Boston interdit la reconnaissance faciale », clubic.com, 25 juin 2020.

réductionnisme devant dorénavant régir le rapport au réel, écrit Éric Sadin, nous comptons plus que jamais user des pouvoirs offerts par notre sensibilité, seuls à même de nous mettre pleinement en contact avec les palpitations les plus indéfinissables de la vie »[224].

Ensuite, la protection de l'honneur des personnes est particulièrement concernée par les nouvelles technologies de communication. Le respect de la considération sociale explique l'incrimination pénale de la diffamation et de l'injure, que le web et particulièrement les réseaux sociaux facilitent. Si la critique est libre, l'honneur est protégé[225]. La loi du 29 juillet 1881 définit, à son article 29, la diffamation comme « toute allégation ou imputation d'un fait qui porte atteinte à l'honneur ou à la considération de la personne ou du corps auquel le fait est imputé ». Le même article précise que constitue une injure « toute expression outrageante, terme de mépris ou invective qui ne renferme l'imputation d'aucun fait ». La frontière entre injure et diffamation est parfois difficile à établir : la distinction repose sur l'imputation d'un fait précis, vérifiable, avec la possibilité d'en rapporter la preuve. Injure et diffamation peuvent aisément être commises grâce aux services du web participatif. Et les algorithmes qui sélectionnent les contenus à mettre en avant risquent fort d'avoir un faible pour les diffamations et injures, qui plus que des informations objectives sont susceptibles de générer de l'intérêt de la part du public.

La protection de l'enfance justifie le respect d'une vigilance particulière. Le respect de la dignité humaine numérique interdit les injures, diffamations et outrages en ligne. Il défend de porter atteinte à l'ordre public et aux bonnes mœurs. Les IA devraient dès lors non mettre en avant ces contenus illicites mais les trier et les supprimer. Il faut en particulier prendre garde aux contenus qui portent atteinte à l'e-réputation. Ceux-ci peuvent faire des ravages. Des « *fake news* personnelles » aux vidéos de « *revenge porn* », les occasions ne manquent pas de nuire aux personnes grâce aux nouveaux moyens de communication. Trop de personnes sont victimes de « mauvais buzz ». Le droit de la presse, avec toutes ses infractions limitant la liberté d'expression, s'applique au web et aux contenus publiés par tout internaute.

---

[224] É. Sadin, *L'intelligence artificielle ou l'enjeu du siècle – Anatomie d'un antihumanisme radical*, L'échappée, coll. Pour en finir avec, 2018, p. 249.

[225] B. Beignier, *L'honneur et le droit*, LGDJ, 1995.

Internet ne doit pas permettre de diffuser des contenus qui seraient interdits à la radio ou à la télévision. Dans l'univers numérique comme dans l'espace physique, les hommes ont le droit à la dignité, qui est la première des limites à la liberté d'expression. Aux États-Unis, y compris les informations les plus sensibles (policières ou judiciaires par exemple) peuvent être publiées et circuler, sans que les personnes concernées ne puissent s'y opposer. Des sites web reproduisent ainsi les mugshots (photos d'identité judiciaire) des personnes qui, une fois dans leurs vies, ont été soupçonnées d'avoir commis un délit. C'est pourquoi la notion d'e-réputation a prospéré, en même temps que les entreprises spécialisées dans l'enfouissement ou le remplacement des informations négatives circulant en ligne au sujet des individus.

Les hommes doivent être protégés contre le « bourdonnement », qui, surtout sur les réseaux sociaux, permet de répandre progressivement de fausses informations au sujet d'une personne[226]. Or il est difficile de lutter juridiquement contre ce phénomène, même si la calomnie et la diffamation peuvent être sanctionnées, car l'identification de l'individu ou des individus ayant lancé en premier lieu la rumeur est le plus souvent impossible. Des poursuites contre les auteurs de fausses nouvelles peuvent aussi être engagées sur le terrain de la diffamation. L'article 29 de la loi réprime « toute allégation ou imputation d'un fait qui porte atteinte à l'honneur ou à la considération de la personne ou du corps auquel le fait est imputé ». Il arrive souvent que tel soit le cas avec les fausses informations. D'ailleurs, les poursuites pour fausses nouvelles se doublent souvent de poursuites en diffamation. Et on a pu parler d' « *ingeniering* procédural » concernant des poursuites combinées, diffusion de fausses nouvelles et diffamation[227]. S'agissant de fausses informations visant, avec une dimension déshonorante, une personne précise (ou un groupe de personnes à condition qu'il soit recevable à agir), une action sur le fondement de la diffamation est

---

[226] Ch. Caron, « De la calomnie au bourdonnement sur les réseaux sociaux », *Comm. com. électr.* 2016, n° 12, p. 1 s.

[227] C. Lienhard, « Catastrophe, diffusion de fausses nouvelles et diffamation », *D.* 2002, p. 2972. Une exception de nullité soulevée par la défense, fondée sur la double qualification des faits, a été écartée par le tribunal selon qui « la loi n'interdit pas de donner à un fait unique plusieurs qualifications lorsque ces qualifications ne sont pas inconciliables entre elles » (trib. corr. Toulouse, 27 juin 2002).

envisageable[228]. La preuve de la « vérité des faits diffamatoires » est, selon l'article 35 de la loi, le seul justificatif qui permet à la personne poursuivie d'échapper à la condamnation. La pratique jurisprudentielle y a ajouté la condition, plus souple et moins exigeante, de la bonne foi. Celle-ci implique cependant, entre autres, le sérieux et la vérification des sources. Cela exclut que le bénéfice de la bonne foi soit accordé face à une information manifestement erronée.

Dès lors, « l'infraction de diffamation est tout à fait apte à sanctionner n'importe quelle fausse information de nature à porter atteinte à l'honneur et à la considération d'une personne, ce qui est généralement le cas d'une "*fake news*" »[229]. Des journalistes professionnels ne doivent pas franchir la limite de la mauvaise foi et de l'imprudence professionnelle ; et les tribunaux ne peuvent que sanctionner au titre de la diffamation envers des particuliers visée par les articles 32, alinéa 1, 23, alinéa 1, 29, alinéa 1, et 42 de la loi du 29 juillet 1881 les constructions diffamatoires par l'accumulation convergente d'imputations diffamatoires afin d'accréditer une thèse dubitative particulièrement subjective. Or le choix de présentation, l'angle d'interprétation, l'absence de précaution, notamment dans la désignation nominative, peuvent servir tant une fausse nouvelle qu'une diffamation[230].

33. Le droit à l'oubli numérique. Tout comme le corps, l'esprit et le cœur doivent être protégés. L'intimité concerne aussi les idées et les pensées. La Cour européenne des droits de l'homme a ainsi affirmé que l'article 8 de la Convention confère aux hommes un droit à la protection de la réputation[231]. Ainsi, les opinions politiques d'un citoyen, qui sont protégées par le secret du vote, ne peuvent-elles être divulguées sans son consentement. Les convictions religieuses ou l'appartenance à des cercles sociaux (comme la

---

[228] *Cf.* G. Sauvage, « Quel(s) outil(s) juridique(s) contre la diffusion de "fake news" ? », *Légip.* 2017, p. 428 s.

[229] Ch. Bigot, « Légiférer sur les fausses informations en ligne, un projet inutile et dangereux », *D.* 2018, p. 344.

[230] C. Lienhard, « Catastrophe, diffusion de fausses nouvelles et diffamation », *D.* 2002, p. 2972 s. ; J.-L. Matheu, « Halte à la désinformation des victimes d'AZF : pas de faire-savoir sans savoir-faire », *Gaz. Pal.* 2002, p. 781 s.

[231] CEDH, 7 févr. 2012, n° 39954/08, *Axel Springer c. Allemagne*.

franc-maçonnerie) sont de la même manière des informations qui relèvent de la vie privée des personnes.

Si de telles informations ont cependant été révélées à l'initiative d'un individu, la dignité et l'honneur numériques justifient le droit à l'oubli. Celui-ci est indispensable pour protéger la personnalité numérique. Déjà en 2001 Jean Frayssinet proposait d' « étudier la mise en place d'un droit à la tranquillité du consommateur ou droit à l'oubli numérique qui doit pouvoir se défendre efficacement contre le harcèlement informationnel qui prend des formes de plus en plus sophistiquées »[232]. En premier lieu, la question de la possibilité de faire valoir son droit à l'oubli numérique se pose à l'égard des réseaux sociaux[233]. Il était déjà l'une des principales recommandations du rapport d'information sur la vie privée à l'heure des mémoires numériques rendu public le 27 mai 2009. Le droit à l'oubli est d'ores et déjà consacré explicitement par l'article 17 du Règlement général sur la protection des données : « La personne concernée a le droit d'obtenir du responsable du traitement l'effacement dans les meilleurs délais de données à caractère personnel la concernant et le responsable du traitement à l'obligation d'effacer ces données à caractère personnel dans les meilleurs délais, lorsque l'un des motifs suivants s'applique : les données à caractère personnel ne sont plus nécessaires au regard des finalités pour lesquelles elles ont été collectées ou traitées d'une autre manière ». Ce droit signifie donc que toute personne doit pouvoir exiger le retrait de toute information ou autre contenu la concernant accessible en ligne, cela sans besoin de motiver cette demande. On évoque même la possibilité pour des entreprises, des personnes morales, de profiter d'un « droit à l'oubli économique »[234]. Le droit à l'oubli ne peut toutefois s'exercer qu'à condition de ne pas porter un préjudice grave aux personnes physiques ou morales détenant les informations ou les contenus en cause et de ne pas nuire au devoir d'information générale, la conservation de données pouvant se justifier par des traitements à des fins historiques,

---

232 J. Frayssinet, « Nouvelles technologies de l'information et de la communication et protection des libertés des consommateurs », in J. Frayssinet et *alii*, *L'individu à l'épreuve des NTIC*, PUL, 2001, p. 31.

233 M. Boizard, « Facebook forever, les réseaux sociaux peuvent-ils être contraints de nous oublier ? », *Comm. com. électr.* 2015, n° 4, p. 10 s.

234 H. Oberdorff, *Droits de l'homme et libertés fondamentales*, 7e éd., LGDJ, coll. Manuel, 2019, p. 430.

statistiques ou scientifiques[235]. Ce droit va donc de pair avec un devoir de loyauté : ne pas porter préjudice aux personnes physiques ou morales détenant les données.

La Cour de justice de l'Union européenne a consacré ce droit à l'oubli numérique dès 2014. Pour les juges européens, la personne titulaire des données peut exiger de la part de l'exploitant d'un moteur de recherche la suppression des liens vers des pages web contenant des informations la concernant, et cela sans qu'il soit besoin de rechercher si la présence de ces informations en ligne cause ou non un préjudice à la personne concernée[236]. M. Costeja Gonzalez s'était plaint devant les autorités espagnoles de ce qu'une recherche de son nom sur Google révélait une mesure de saisie et de vente aux enchères de ses biens dont il avait fait l'objet des années plus tôt. Il estimait que ce référencement lui causait préjudice et n'était plus justifié, du fait de la clôture de la procédure. Répondant à une question préjudicielle de la justice espagnole, la CJUE a rendu cet arrêt important obligeant Google, sur le fondement des articles 7 (droit au respect de la vie privée) et 8 (droit à la protection des données à caractère personnel) de la Charte des droits fondamentaux de l'UE, à faire droit aux demandes de déréférencement dont l'entreprise serait saisie.

Suite à cet arrêt, Google a créé un formulaire à l'attention des citoyens européens souhaitant obtenir le retrait de résultats de recherche jugés inappropriés. Les plateformes du web participatif, et en premier lieu les réseaux sociaux, seraient bien avisés de prendre une même initiative. Pour la seule année 2014, Google a été saisi de 170 000 demandes de déréférencement ; et il en a accepté 50 % environ. Le droit au déréférencement ne valait en effet qu'à un certain nombre de conditions — concernant tant la personne (seules les personnes physiques sont concernées, et pour autant qu'elles ne soient pas des personnalités médiatiques, auquel cas leur droit à l'oubli est moindre) que le contenu en cause (les contenus professionnels ont moins vocation à être déréférencés que des contenus sensibles, relatifs à l'orientation sexuelle d'une personne par exemple) et le contexte (diffusion à l'initiative ou à l'insu de l'intéressé).

---

[235] A. Auger, « L'Union européenne et le droit à l'oubli sur internet », *RDP* 2016, p. 1841.

[236] CJUE, 13 mai 2014, aff. C-131/12, *Google Spain*.

À présent, avec l'article 17 du RGPD, il n'est plus nécessaire de justifier par un motif légitime les demandes de déréférencement. Par ailleurs, la demande de déréférencement doit viser des liens identifiés et signalés, elle ne peut pas consister en une demande générale de suppression de tous les liens apparaissant au terme d'une recherche[237]. Dans le cadre de leurs publications de contenus en ligne, les internautes peuvent dévoiler certaines de leurs informations personnelles. Celles-ci deviennent alors publiques à leur initiative. Dans ce cas, le traitement qui peut en être fait n'est néanmoins pas entièrement libre puisque les utilisateurs des plateformes bénéficient d'un droit d'opposition que lesdites plateformes doivent respecter en leur offrant les moyens de le mettre en œuvre. Et, dès lors que tel est le cas, les éléments comportant des informations privées doivent être corrigés afin de les faire disparaître.

Avec internet, est apparu le problème de l'imprescriptibilité des données. Il semble difficile de croire qu'une mise en ligne d'informations puisse être réversible. Il est impossible de maîtriser, à l'échelle mondiale qui est celle du web, le sort réservé aux données personnelles une fois qu'elles ont été rendues publiques face aux capacités des serveurs et à la puissance des robots de recherche et d'extraction d'informations. Les services du web participatif présentent des dimensions internationales et une vocation universelle qui s'opposent au caractère essentiellement national ou régional du droit des données personnelles. Aussi est-il difficile d'obtenir le retrait d'un contenu au nom du droit à l'oubli, y compris en exécution d'une décision de justice. On peut mettre en ligne un contenu puis, plus tard, regretter cette publication et vouloir la supprimer. C'est alors un véritable parcours du combattant. Qu'il s'agisse d'une photographie de soirée alcoolisée, d'une pose trop sexy ou d'un article ou commentaire trop véhément ou exprimant une opinion avec laquelle on n'est plus d'accord, difficile d'en obtenir la disparition. Le droit à l'oubli consiste à imposer aux détenteurs de données personnelles de ne pas les conserver au-delà de la finalité d'origine. Face à la capacité quasi-infinie de la mémoire numérique, il s'agit de protéger l'individu par rapport à son passé. Chacun doit pouvoir être son propre archiviste, déterminer les éléments de son histoire et de ses activités passées rendus publics et ceux qui ne le sont pas. On ne saurait accepter qu'il existe

[237] CA Aix-en-Provence, 15 sept. 2016, n° 2016/842.

un casier numérique parfois plus pénalisant qu'un casier judiciaire — qui prévoit pour sa part un effacement périodique des données — pour les personnes cherchant un emploi, par exemple, ou souhaitant simplement avoir une vie sociale non impactée par des actes ou pensées passées.

L'effectivité de ce droit à l'oubli est difficile à garantir. Il peut être difficile de contraindre des services situés à l'autre bout du monde, lesquels peuvent mettre de la mauvaise foi dans leur respect de règles qui leur coûtent cher. Au-delà, l'application du droit à l'oubli est délicate s'agissant des données dérivées, c'est-à-dire des informations construites à partir de données primaires concernant un individu. En résultent de nouveaux modèles qui contiennent indirectement une image de l'individu. Il peut donc être compliqué de faire valoir son droit d'opposition auprès de services du web participatif. Ce droit n'en paraît pas moins indispensable tant les consentements aux traitements de données peuvent être viciés ou simplement influencés par des incitations commerciales ou une information inexacte ou insuffisante. Il faut une grande maturité et une certaine clairvoyance pour refuser de s'inscrire à un service afin de protéger ses informations personnelles, ce dont beaucoup d'utilisateurs des réseaux sociaux, des forums, des blogs ou des plateformes de partage ne disposent pas — *a fortiori* lorsqu'ils sont mineurs. Or cela est d'autant plus essentiel que le droit à l'oubli numérique fait apparaître d'autres droits insoupçonnés dans une société où le souvenir est érigé en devoir : le droit de repentir, le droit au regret, le droit à la rédemption, le droit au déni, le droit à la mémoire, le droit à la suppression, le droit d'être trouvé sur Google et même le droit de ne pas être cherché sur Google.

34. Le droit à l'oubli et le monde du travail. Les réseaux sociaux regorgent de pages personnelles dans lesquelles des internautes peu avisés font étalage de leurs activités quotidiennes et de leurs soirées privées en omettant qu'il s'agit d'une vitrine davantage que d'un espace réellement privé. Or l'exposition de sa vie personnelle sur les blogs, forums, réseaux sociaux ou plateformes de partage peut entraîner de lourdes conséquences sur la carrière professionnelle comme sur la vie sociale.

Il faut avoir conscience des difficultés à supprimer les contenus une fois qu'ils ont été mis en ligne une première fois. Ceux-ci laissent toujours des « traces ». Le droit à l'oubli, qu'on souhaite pourtant consacrer en tant que fer de lance d'une nouvelle génération de droits fondamentaux, est encore loin de bénéficier de toutes les garanties. Ensuite, et surtout, ces contenus peuvent être consultés par d'autres personnes que leurs destinataires initiaux, à savoir par d'éventuels recruteurs. De plus en plus d'employeurs « googlisent » les candidats — *i.e.* recherchent des informations à leur sujet via les moteurs de recherche afin d'établir leurs profils, notamment leurs environnements sociaux et culturels, avec le plus de précision possible. Les services du web participatif, et en premier lieu les réseaux sociaux, deviennent ainsi de véritables outils de recrutement des salariés. Aussi est-il prépondérant de prendre garde à l'e-réputation. La difficulté vient du fait que l'on n'a pas toujours conscience des conséquences nuisibles que des informations dévoilées en ligne peuvent emporter, parfois des années plus tard. Elle découle aussi du fait que les contenus relatifs à un individu peuvent être mis en ligne par lui-même mais aussi par ses « amis » et autres contacts, parfois sans qu'il le sache ou sans qu'il puisse exiger leur suppression.

Il existe par ailleurs des réseaux sociaux professionnels qui peuvent être d'un précieux secours afin de dénicher des offres d'emploi, mais aussi pour améliorer sa e-réputation en permettant à son curriculum vitae d'apparaître parmi les premiers résultats fournis par les moteurs de recherche. Les réseaux sociaux et le web plus généralement sont encore utiles aux entreprises afin de vérifier les informations fournies par les candidats ou rechercher des informations complémentaires. *In fine*, bien des recrutements et des non-recrutements sont influencés de manière décisive par les pages web comportant des contenus plus ou moins flatteurs pour les candidats.

L'article L. 1221-8 du Code du travail, concernant les données qu'un recruteur est autorisé à recueillir grâce aux plateformes du web participatif, précise que « le candidat à un emploi est expressément informé, préalablement à leur mise en œuvre, des méthodes et techniques d'aide au recrutement utilisées à son égard ». De plus, ces méthodes et techniques « doivent être pertinentes au regard de la finalité poursuivie ». Quant à l'article L. 1221-9 suivant, il dispose qu' « aucune information concernant personnellement un candidat à un emploi ne peut être collectée par un dispositif qui n'a pas été porté préalablement à sa connaissance ». La recherche d'informations relatives aux candidats sur le web, y compris sur les réseaux sociaux, n'est donc pas interdite par principe, mais lesdits candidats devraient être systématiquement informés en cas de recours à ces pratiques. Or, dans les faits, les entreprises ne se conforment qu'assez aléatoirement à ces normes. Beaucoup mènent des enquêtes en ligne au sujet des candidats à l'embauche sans les en avertir au préalable.

Par ailleurs, l'article L. 1212-6 du Code du travail pose le principe suivant : « Les informations demandées au candidat à un emploi ne peuvent avoir comme finalité que d'apprécier sa capacité à occuper l'emploi proposé ou ses aptitudes professionnelles ». Mais *quid* des informations qui sont collectées dans le dos du candidat ? En outre, est-il nécessaire de se conformer aux grandes règles posées par la loi « Informatique et libertés » du 6 janvier 1978, notamment les principes de finalité et de proportionnalité, ainsi que, éventuellement, les principes de sécurité et d'accès aux informations ? La CNIL, en tout cas, applique ces normes aux opérations de recrutement (CNIL, délib. n° 2002-17, 21 mars 2002, *Portant adoption d'une recommandation relative à la collecte et au traitement d'informations nominatives lors d'opérations de recrutement*), mais seulement s'il y a collecte et traitement de données à caractère personnel. Il en va différemment en cas de simple consultation, ce qui limite les risques pour les recruteurs.

Même s'il est difficile pour un employeur de se prévaloir explicitement des informations obtenues en consultant les réseaux sociaux et autres blogs, le risque de discrimination à l'aune de ces informations ressortissant le plus souvent de la vie privée est certain. Or l'article L. 1132-1 du Code du travail et les articles 225-1 à 225-4 du Code pénal prohibent les discriminations fondées, entre autres, sur l'origine, le sexe, la situation de famille, l'apparence physique, le patronyme, l'état de santé, le handicap, les mœurs ou l'orientation sexuelle. Ce sont pourtant des données souvent accessibles sur les réseaux sociaux ou les blogs. Mais encore faudrait-il, en cas de litige, que le candidat malheureux puisse prouver que le recruteur a eu effectivement accès à ces données et s'est fondé sur elles pour prendre sa décision. Bien sûr, la discrimination peut aussi être positive et les informations mises en ligne peuvent autant servir que desservir l'internaute en recherche d'emploi. Reste qu'un candidat à l'embauche prend un véritable risque professionnel lorsqu'il publie des renseignements personnels, fait étalage de ses activités privées ou exprime ses sentiments ou ses opinions sur les plateformes du web participatif.

35. Le droit à la mort numérique. Avec l'essor du numérique et du web, la question de la mort — certes peu stimulante — ne peut plus être éludée. Les hommes meurent et disparaissent. Qu'en est-il des hommes numériques, de ces ensemble des données relatives à des personnes décédées ? Les héritiers peuvent-ils accéder et disposer des données numériques du défunt (photos, vidéos, messages, mots de passe etc.) ? La protection de l'e-réputation s'étend-elle aux individus disparus ? Surtout, peut-on exiger la disparition de nos pages et de nos contenus à notre mort ? La loi du 7 octobre 2016 *Pour une République numérique* a prévu en ce sens la possibilité pour une personne de laisser des directives relatives à la conservation, à la transmission ou à l'effacement de ses données après son décès. La situation reste néanmoins délicate et chaque internaute doit se montrer vigilant dans la préparation de sa « mort numérique ».

Le droit à la mort numérique, selon la loi *Pour une République numérique*, permet à chacun d'organiser, de son vivant, les conditions de conservation et de communication de ses données à caractère personnel après son décès. En vertu du nouvel article 40-1 de la loi *Informatique et libertés*, les droits à la protection des données et notamment les droits d'opposition, d'accès, de rectification et de suppression deviennent caducs à la mort de l'intéressé. Cependant, « toute personne peut définir des directives relatives à la conservation, à l'effacement et à la communication de ses données à caractère personnel après son décès. Ces directives sont générales ou particulières ». Le législateur a ainsi divisé en deux parties ces directives, complexifiant la situation. Tout homme numérique devrait, en théorie, définir des directives relatives au sort de ses données après sa mort ou bien désigner une personne afin d'exécuter et de mettre en œuvre ces directives. Selon l'alinéa 2 de l'article 40-1 de la loi de 1978, « les directives générales concernent l'ensemble des données à caractère personnel se rapportant à la personne concernée et peuvent être enregistrées auprès d'un tiers de confiance numérique certifié par la Commission nationale de l'informatique et des libertés (CNIL) ».

Plus encore qu'un droit à la mort numérique, on pourrait imaginer un droit au suicide numérique, rejoignant le droit à l'oubli. Si la mort de l'individu physique peut faire disparaître en tout ou partie l'individu numérique, on pourrait décider de faire disparaître l'homme numérique pour que ne subsiste que l'homme physique, sans pendant informatique.

36. Le droit à l'anonymat numérique. Toute personne devrait pouvoir utiliser les services numériques sans y être identifiée ou identifiable. Le droit à l'anonymat numérique devrait bénéficier à tous, partout dans le monde. Et il devrait être gratuit, ne générer aucun coût supplémentaire — on trouve encore beaucoup d'exemples dans lesquels l'anonymisation revêt un caractère payant. Ce serait un gage de démocratie, une garantie des autres droits et libertés fondamentaux. Alors que la révolution numérique et les techniques de géolocalisation permettent de suivre les hommes partout et tout le temps, avec ou sans leur consentement, le risque est celui du nudge permanent et aussi celui de l'autocensure et, finalement, de la perte de toute individualité. Or, dans une démocratie, l'anonymat — incarné par le secret du vote — constitue une condition essentielle du plein exercice des libertés : liberté d'aller et venir, liberté d'expression, liberté de la presse, liberté d'opinion, liberté de culte. En ligne, le droit à l'anonymat peut se traduire par un droit au pseudonymat. Utiliser des pseudonymes permet de « maquiller » son identité réelle et donc de pouvoir s'exprimer librement sans craindre les représailles.

Les services de communication numérique doivent garantir la confidentialité des données et l'anonymisation des profils personnels. En ce sens, la déclaration commune franco-italienne de 2015 pouvait affirmer que « le secret des correspondances s'applique également aux communications sur internet et reconnaissent la possibilité de publier des contenus sur internet en usant d'un pseudonyme ou en intervenant sous forme anonyme pour exercer les libertés civiles et politiques sans subir des discriminations ou des censures. La liberté de développer et utiliser des technologies d'anonymisation et de chiffrement est une condition concrète d'exercice de ces droits »[238].

L'anonymat et le pseudonymat sont malheureusement souvent détournés de leurs fonctions premières. D'aucuns les utilisent non à des fins de liberté et

---

[238] Commission de réflexion et de propositions sur le droit et les libertés à l'âge numérique de l'Assemblée nationale française et Commission sur les droits et devoirs sur internet de la Chambre des députés italienne, déclaration commune, 28 sept. 2015.

de démocratie mais à des fins de violence, d'injure, d'attaque en tous genres ou pour diffuser des discours extrémistes. À tel point que l'on en vient à se demander si l'anonymat ne serait pas moins la garantie des droits et libertés qu'un vecteur d'atteintes aux droits et libertés. Il faut donc s'assurer de pouvoir identifier toute personne qui se servirait de ces services pour porter atteinte à l'ordre public ou aux droits et libertés d'autrui. Le droit à l'anonymat numérique ne saurait donc être absolu. À l'ère des attentats de masse et de la propagande extrémiste en ligne, on comprend que les États souhaitent conserver la possibilité d'arrêter les desseins meurtriers de certains. Pour des raisons d'ordre public ou d'atteinte aux droits d'autrui, il doit demeurer possible d'établir un lien entre l'apparence numérique et l'identité biologique. Mais le risque est alors de voir les pouvoirs publics de certains États à tendance autoritaire profiter de cette possibilité. C'est pourquoi le secret des communications et l'anonymat ne sauraient être levés que sur décision d'une autorité judiciaire indépendante motivée et contestable devant un tribunal statuant en public selon une procédure contradictoire équitable. Les utilisateurs de réseaux sociaux, plateformes de partage, blogs, forums et wikis opèrent souvent derrière des pseudonymes. Quel que soit le mérite de leurs publications, ces utilisateurs ont droit au respect de leur anonymat comme de leur vie privée. Aucune information personnelle les concernant ne peut donc être dévoilée contre leur gré. Il est ainsi défendu de révéler les noms et prénoms des participants à un forum qui avaient choisi d'utiliser des pseudonymes[239]. Que le forum soit public ne changeait rien à l'affaire.

En même temps, la responsabilité doit être pleine et entière pour celui qui s'exprime ou agit en son nom comme pour celui qui s'exprime ou agit derrière un pseudonyme — même si des juges allemands ont pu consacrer un droit à l'anonymat quasi-absolu pour protéger la liberté d'expression[240]. Comme l'alcool, l'anonymat désinhibe. « Toute la dignité de l'homme est dans la pensée », disait Blaise Pascal[241]. Or, avec le web, l'expression l'emporte sur la pensée. Elle devient une fin qui se suffit à elle-même alors qu'elle devrait n'être qu'un moyen au service de la pensée. Il n'est pas rare

[239] CA Montpellier, 5e ch., 15 déc. 2011.

[240] Cour d'appel de Hamm, 3 août 2011, I-3U196/10.

[241] Cité par *Dictionnaire des citations littéraires*, Larousse, coll. Références, 2014, p. 149.

que les discours tenus sur les plateformes participatives soient très débridés et irresponsables, à tel point qu'ils peuvent contrevenir à certaines prescriptions de la loi. Les réseaux sociaux montrent la part la plus noire des hommes qui s'expriment derrière l'anonymat. L'usage très fréquent de pseudonymes en lieu et place des véritables identités par les utilisateurs de blogs, forums, réseaux sociaux, wikis et plateformes de contenus les fait baigner dans un sentiment d'impunité erroné puisque cela n'atténue aucunement leur responsabilité — même si, dans les faits, il est difficile de poursuivre et de condamner tous les auteurs d'infractions du web 2.0. L'anonymat n'est d'ailleurs que de façade puisque les intermédiaires techniques peuvent être sommés par les autorités judiciaires de leur transmettre les véritables identités des auteurs des messages incriminés, qu'ils sont obligés d'enregistrer au préalable — mais de faux renseignements peuvent leur avoir été donnés.

Entre protection de la démocratie, des droits et libertés fondamentaux, de l'ordre public et des droits d'autrui, l'équilibre entre anonymat et transparence est donc difficile à trouver. Le droit peut difficilement proposer autre chose qu'un précaire compromis. La possibilité de retrouver l'identité de quelqu'un derrière son pseudonyme risque d'amener à l'autocensure, du moins dans les pays en proie à des régimes autoritaires. Et le véritable anonymat est un cadeau fait à tous les criminels. Mais n'est-ce pas là le lot des tous les droits de l'homme : pouvoir être détournés à des fins malveillantes ? C'est bien pourquoi un pays comme la Chine connaît moins de délits que les pays des droits de l'homme.

Partie 2. L'Homme robotisé

37. Le smartphone, meilleur ami de l'homme. Le grand paradoxe de l'intelligence artificielle pourrait être de rendre les robots plus humains et les humains plus robotiques. L'homme, tel que décrit par Charles Baudelaire, est « une passion immense, doublée d'une volonté formidable »[242]. Or, dans l'univers des IA, l'homme tend à perdre tant la passion que la volonté, à agir de plus en plus comme un automate, suivant les indications que lui donnent en permanence ses outils informatiques connectés. Après « l'âge de l'accès », qui dans les années 1990 et 2000 a fait de l'internet un outil formidable pour que les hommes augmentent leurs passions et éclairent leurs volontés — non sans interroger déjà les libertés individuelles[243] —, nous sommes entrés dans une ère radicalement différente, où la tentation de la paresse et de l'utilité fait qu'on est en permanence tenté de s'abandonner à la dictée des algorithmes. Après la mise à disposition gratuite de tout à tous, permettant de s'informer et d'échanger comme jamais auparavant, le numérique a changé de visage. Il est de moins en moins vrai que le web nous expose à une diversité d'informations, à des connaissances multiples et à une variété de choix[244].

---

[242] Cité par *Dictionnaire des citations littéraires*, Larousse, coll. Références, 2014, p. 147.

[243] M.-Ch. Piatti, dir., *Les libertés individuelles à l'épreuve des NTIC*, PUL, 2001.

[244] En 2015, Dominique Cardon pouvait écrire que « regarder la société depuis les calculateurs donne l'idée trompeuse que les internautes se plient aux desideratas des algorithmes. Les rêves des algorithmes ne sont que des rêves. Lorsque les usages sont observés depuis la réalité quotidienne des internautes, l'emprise des calculateurs sur leurs vies semble s'évaporer. Les usages sont beaucoup plus vagabonds, diversifiés et stratèges que ne le pensent ceux qui raisonnent depuis une seule plate-forme. Dans les enquêtes, les utilisateurs trouvent la personnalisation publicitaire médiocre, redondante et, la plupart du temps, à côté de la plaque. Elle ne

Alors qu'il permettait surtout d'accéder à des données, il sert désormais surtout à abandonner des données. Tandis qu'il se limitait au monde de l'ordinateur individuel, il se déploie à présent partout : sur des smartphones et tablettes qu'on conserve en permanence avec soi et sur divers capteurs et objets connectés qui s'intègrent à notre corps, à notre habitat ou au sein des espaces urbains et professionnels. Dans ce cadre, ce n'est plus nous qui recherchons l'information, ce sont les systèmes informatiques qui analysent nos modes de vie, nos besoins et nos aspirations et y répondent instantanément.

De tout temps, les machines avaient pour fonction d'effectuer des tâches simples et répétitives. Les systèmes d'intelligence artificielle, eux, servent à rétroagir sur les actes et les pensées des hommes. Pour cela, ils disposent de trois capacités[245] : interprétative (ils interprètent les situations), suggestive (ils indiquent quels actes effectuer) et autodécisionnelle (ils peuvent prendre des décisions à la place des hommes, à très haute vitesse, comme dans le cas du trading à haute fréquence qui achète ou vend des actions à des vitesses très supérieures à celles des capacités cognitives humaines). Et ces capacités sont d'autant plus développées que les données permettant de faire fonctionner ces systèmes sont nombreuses. C'est pourquoi le modèle de l'économie des IA suppose la collecte d'informations sur nos vies, ce qui aboutit à leur marchandisation intégrale. Les capacités interprétatives et suggestives des IA servent le plus souvent un accompagnement algorithmique de la vie à des fins commerciales. On comprend dès lors que quelques droits de l'homme numérique doivent être mobilisés afin de se protéger des dérives qui risquent forcément de survenir dès lors que le marché et les intérêts commerciaux sont aux commandes, secondés par des développements techniques dont les limites peuvent être repoussées très loin.

Il y a peu, le préfixe « i » comme « individuel » témoignait de l'emprise de l'individu sur la machine. Celle-ci était un gage de liberté et

---

parvient à attirer qu'un nombre infime de clics. Il y a des temps où les internautes choisissent le confort du guidage et d'autres où ils débrayent pour explorer et se perdre » (D. Cardon, *À quoi rêvent les algorithmes ? Nos vies à l'heure des big data*, Le Seuil, coll. La République des idées, 2015, p. 103).

[245] É. Sadin, intervention au colloque « IA et libertés individuelles » de la Commission Supérieure du Numérique et des Postes (CSNP), Assemblée nationale, 14 févr. 2017.

d'épanouissement personnel. Chacun devenait son propre maître, capable de plier le monde à toutes ses envies sans rencontrer la moindre résistance. Mais progressivement les applications se sont mises à prodiguer de plus en plus de conseils adaptés au profil de chacun. Pour Éric Sadin, les origines la nouvelle logique de l'informatique personnelle peuvent être datées : ce serait l'arrivée de l'iPhone en 2007 qui aurait inauguré l'ère de l'accompagnement des individus par des procédés chargés d'alléger le cours de leurs vies en fournissant en toute occasion la bonne information[246]. Le slogan publicitaire d'Apple était alors « il existe une application pour tout », témoignant de l'ambition de prendre le contrôle du moindre aspect de nos existences.

L'iPhone et le smartphone en général ont été les instruments principaux du franchissement d'un seuil dans l'histoire des interactions entre hommes et machines. Leur petite taille et leur recours au tactile ont généré une grande proximité avec le nouveau « meilleur ami de l'homme ». Cet ordinateur portable très maniable, pouvant s'insérer dans le creux de la main, a réponse à tout. S'est créé entre l'humain et l'objet un lien d'intimité fort et qui n'a fait que se renforcer à mesure que le smartphone a conquis de nouvelles compétences en même temps que de nouveaux pans de la vie. Donnant de nouvelles possibilités à son utilisateur, l'outil informatique a opéré un renversement insensible mais décisif : l'autorité exercée par l'homme sur l'appareil a laissé la place à une autorité de l'appareil sur l'homme, de plus en plus à l'écoute et docile, et de plus en plus perdu et incapable de se débrouiller seul en cas de perte de son fidèle compagnon ou d'absence de réseau mobile. Chacun a ainsi accepté d'avoir en permanence dans sa poche ou posé à côté de soi un objet permettant la connaissance évolutive des comportements. Et de nombreuses sociétés se sont engouffrées dans la nouvelle industrie qui est apparue : celle de l'information et de la recommandation personnalisées. Ergonomique et fonctionnel, le smartphone n'a finalement pas donné davantage de maîtrise à l'homme mais l'a dessaisi en devenant capable d'infléchir subrepticement chacun de ses actes, donc de revêtir un fort pouvoir incitatif.

38. Addiction au nudge. Des chercheurs en psychologie ont montré depuis longtemps, à travers des expériences, que les décisions humaines sont

[246] É. Sadin, *L'intelligence artificielle ou l'enjeu du siècle – Anatomie d'un antihumanisme radical*, L'échappée, coll. Pour en finir avec, 2018, p. 91.

sujettes à de nombreux biais ou « illusions cognitives ». Nos jugements quotidiens sont impactés par les effets de halo, l'heuristique de l'affect, l'impression de causalité, les biais de confirmation, les illusions de validité, le sophisme de la planification, l'aversion à la dépossession, la régression vers la moyenne ou les effets d'ancrage[247]. Ce sont des réflexes psychiques, des illusions d'optique mentales qui mènent à des conclusions erronées ou, du moins, qui ne sont pas les plus rationnelles. Les circuits neuronaux sont imparfaits et l'homme est un être fragile. C'est pourquoi le matraquage et la bêtise publicitaires fonctionnent et pourquoi un même bien se vend deux fois plus s'il coûte 99,99 euros que s'il coûte 100 euros. L'économie comportementale, qui considère l'être humain dans toutes ses imperfections, a ainsi remplacé la science économique qui, jusqu'aux années 1970 reposait sur le postulat de l'individu rationnel, l'*homo œconomicus*, capable d'optimiser son utilité propre. Les services à base d'IA actuels surfent sur ces failles de la psychologie humaine. De tout temps, la volonté des entreprises de mettre la main sur les clients est entrée en confrontation avec le caractère volage des consommateurs, qui aiment changer de produits, déambuler dans les rayons et se laisser tenter par de nouvelles marques, cela dans l'espace d'une société de consommation dans laquelle les offres se démultiplient. Et la loi est souvent venue renforcer la capacité des clients de ne pas être liés par certaines sociétés, renforçant la libre concurrence. Mais l'IA, combinée aux classiques stratégies publicitaires qui créent des besoins inexistants et font savoir quelle est la bonne marque, donne aux entreprises de nouveaux moyens de séduire et conserver les clients en se rendant indispensable à eux dans un maximum de séquences de la vie. Ainsi la liberté de n'écouter que ses désirs profonds et ses envies du moment, ennemi des commerciaux, se réduit-elle chaque jour davantage.

Une pathologie d'un nouveau genre a envahi les populations : l'addiction aux écrans. Cette addiction est aussi une addiction à l'utilité des indications fournies par ces écrans, une addiction au nudge. Les capteurs et l'IA guident l'action humaine, s'imposent à elle, finissent par lui dicter leurs choix. Or ceux-ci sont souvent influencés au moins autant par des intérêts économiques que par les intérêts individuels des personnes ou par l'intérêt collectif. C'est alors l'intégrité, la dignité et, surtout, la liberté de l'humain qui

[247] D. Kahneman, *Thinking, Fast and Slow*, Farrar, Strauss and Giroux, 2011.

se retrouvent bafouées[248]. Face à ce constat, le droit et les juristes peuvent intervenir en affirmant qu'il existe des droits de l'homme numérique qui défendent les hommes contre leur addiction au nudge. Les modèles autour desquels les IA fonctionnent reposent sur la réduction des phénomènes à des données. Ils ignorent ainsi la dimension sensible et la multidimensionnalité de l'existence humaine. C'est pourquoi le robotisme augmente à mesure que cette addiction au nudge se développe et que le recours aux IA apparaît indispensable dans de plus en plus de situations différentes du quotidien. Et cela procède de l'accoutumance aux services permanents que rendent les nouveaux outils, qui prennent en charge le souci de soi formalisé par la Grèce antique comme ensemble de pratiques favorisant une vie droite et saine grâce à des exercices réguliers. Les technologies informatiques s'érigent en nouveaux directeurs de conscience nous indiquant à chaque instant la bonne conduite. « Le techno-libéralisme, résume Éric Sadin, cherche à s'emparer du statut de prêtre compréhensif et compatissant, nous notifiant les préceptes nécessaires à la vie bonne, l'*eudaimonia* théorisée par Aristote comme une existence heureuse et accomplie »[249].

La CNIL, dans son rapport de 2017 sur les enjeux éthiques de l'IA, l'a remarqué : « La réflexion éthique sur les algorithmes et l'intelligence artificielle doit-elle se cantonner à considérer les secteurs où l'impact sur l'homme est incontestable, comme la médecine, la justice, l'orientation scolaire, voire l'automobile ? Ne faut-il pas prendre en compte également les algorithmes à qui nous sommes amenés à déléguer progressivement de plus en plus de tâches et de décisions apparemment anodines mais qui, mises bout à bout, constituent l'étoffe de nos existences quotidiennes ? »[250]. De nombreux philosophes, de Martin Heidegger à Jacques Ellul, ont souligné combien la technique change en profondeur notre rapport au monde. Par-là, et indépendamment de la finalité de son usage, la technique peut être évaluée à l'aune des modifications qu'elle induit dans notre mode d'action sur le

---

[248] F. Sureau, *Sans la liberté*, Gallimard, coll. Tracts, 2019.

[249] É. Sadin, *L'intelligence artificielle ou l'enjeu du siècle – Anatomie d'un antihumanisme radical*, L'échappée, coll. Pour en finir avec, 2018, p. 95.

[250] CNIL, *Comment permettre à l'homme de garder la main ? Les enjeux éthiques des algorithmes et de l'intelligence artificielle*, synthèse du débat public animé par la CNIL dans le cadre de la mission de réflexion éthique confiée par la loi pour une République numérique, déc. 2017, p. 30.

monde[251]. Sous cet angle, il semble que l'IA diminue plus qu'elle augmente les hommes. Elle réduit leur champ de vision. Elle leur fait perdre leur autonomie, leur libre-arbitre, leur capacité à décider souverainement. Elle les place en permanence en situation de dépendance et donc d'infériorité par rapport à l'outil technique. C'est même physiquement que son usage abusif réduit la taille de certaines parties du cerveau. Pourtant, ces calculateurs de statistiques que sont les IA ne savent rien des rêves, des désirs et des peurs des créatures spontanées et émotives. C'est d'ailleurs pourquoi ils construisent un monde débarrassé des rêves, des désirs, des peurs, de la spontanéité et des émotions. Nos vies mises sous tutelle sont des vies rationnelles, efficaces, optimisées, et donc des vies qui se ressemblent, dans lesquelles il ne reste plus grand chose de l'homme. L'homme robotisé est très différent de l'homme humanisé. Or les déclarations des droits de l'homme ont toujours été des déclarations des droits de l'homme très humain. Les droits de l'homme sont ce qui pourrait nous sauver de ce monde terrible dans lequel, contrairement à la mission qu'Emmanuel Kant a conféré à l'âge des Lumières, plus personne n'oserait se servir de son propre entendement, où tout le monde préférerait abandonner à des outils informatiques la faculté de penser et de juger.

Kai-Fu Lee, « pape » chinois de l'IA, peut juger hypocrite ou schizophrène l'attitude de la Silicon Valley, qui affirme faire le bien tout en réalisant des profits énormes[252]. Max Weber a lié l'esprit du capitalisme, défini par la création de richesse, avec l'éthique protestante, qui fait du travail une véritable mission et de l'ascétisme une règle de vie. L'économie numérique, dans son fonctionnement actuel, ne peut que générer quelques troubles chez les entrepreneurs américains. Comment Google ou Facebook pourraient-ils être à la fois efficaces et vertueux. Loin de l'esprit protestant qui protège l'individu et son intimité, les services offerts supposent de le mettre à nu. L'esprit du capitalisme divorce de l'éthique protestante. Et, comme beaucoup de divorces, cela ne se produit pas sans heurts. Depuis qu'ils se sont tournés vers l'économie de la donnée et de l'IA, les États-Unis, pays des libertés, ne sont plus ce qu'ils étaient. Beaucoup de startuppers américain sont en proie à des tourments, écartelés entre le souci de bien faire moralement et l'impératif

---

[251] M. David, C. Sauviat, *Intelligence artificielle – La nouvelle barbarie*, Éditions du Rocher, 2019.
[252] K.-F. Lee, *I.A. – La plus grande mutation de l'histoire*, Les Arènes, 2018.

de faire mieux techniquement pour triompher économiquement[253]. La crise de la morale protestante plonge les acteurs de la technologie dans un trouble réel, qui les guide vers des alternatives spirituelles comme le bouddhisme. Mais cela ne freine pas leurs visées impérialistes et hégémonistes traduites dans des techniques très addictives permettant de manipuler le comportement des masses. C'est même l'ensemble de la société américaine qui est traversée par un malaise profond, dont le Président Donald Trump est en quelque sorte l'allégorie.

La recherche d'un grand tout unitaire, d'une forme d'existence universelle détachée de l'individualité, de la part de ceux qui pensent et réalisent les IA est ô combien significative. La vogue du bouddhisme est sans doute une manière simple intellectuellement et efficace concrètement d'oublier l'individu — et le siège de Google à Mountain View abrite de nombreuses salles de méditation à la libre disposition des employés. Progressivement, les Américains semblent se rapprocher de la mentalité chinoise et du confucianisme. Contrairement à leurs homologues américains, les développeurs chinois — qui paradoxalement sont ceux qui s'expriment librement sans duplicité et sans la chape de plomb du politiquement correct qui, aux États-Unis, brouillent tout effort de compréhension par des slogans répétitifs et creux — n'hésitent ainsi guère à avouer que leurs produits visent, non à favoriser le développement personnel ou encourager les liens sociaux, mais à susciter une addiction numérique permettant de créer à la fois une dépendance envers la plateforme et une soumission sans faille au pouvoir en place[254]. Les succès des États-Unis au XXe siècle s'expliquaient par des modèles économique et technologique désormais obsolètes. Dans un monde où le progrès dépend de l'accumulation des données et de l'acceptation du nudge, l'avantage passe aux pays autoritaires. La liberté et la vie privée, qui hier favorisaient la créativité et l'innovation, sont à présent des obstacles à l'optimisation et à l'utilité. Ce qui nous indigne est ce qui enthousiasme les Chinois.

39. Le coup de data permanent ou les libertés oubliées. La civilisation humaine semble être entrée dans une ère où chaque individu se contente

---

[253] G. Kœnig, *La fin de l'individu – Voyage d'un philosophe au pays de l'intelligence artificielle*, Éditions de l'observatoire, coll. De facto, 2019, p. 245.
[254] *Ibid.*, p. 279.

d'être ce qu'il est déjà, à savoir un simple « moi » qui a une identité et des droits, mais qui ne possède plus l'ambition de s'élever au-dessus de cette individualité de base vers une personnalité plus haute[255]. Or les nouvelles technologies tendent à renforcer fortement cet effacement de la personnalité individuelle. Dans la « société des calculs »[256], profitant d'une sorte de « coup de data permanent », les intelligences artificielles produisent des normes qui s'imposent aux hommes robotisés. Elles sont sources de droit, font la loi loin de l'appareil étatique et des juristes[257]. Si rien n'est fait pour changer le cours des choses, nous allons vers la défaite finale de l'individu conscient et autonome, vers la capitulation du libre arbitre. Cela interroge jusqu'aux droits et libertés fondamentaux, car s'affirme insidieusement et progressivement la dictature des IA, soit une régulation technologique mettant en péril le libre-arbitre de chacun[258]. Bien sûr, en posant la question de la place des algorithmes dans le droit, dans les modes de régulation, dans les formes de normativité, c'est plus généralement la question de la place des IA dans les sociétés contemporaines qui est posée. Et c'est là un débat essentiel, d'autant plus que ces IA ne sont pas neutres ni objectives mais, au contraire, orientées par des visées politiques ou des intérêts commerciaux.

Le rôle des pouvoirs publics, des juristes, des philosophes et du droit que tous pensent et/ou produisent est de poser quelques garde-fous afin de ne pas entrer de plain-pied dans une société de la surveillance et du nudge permanents. Il leur appartient de pourvoir à l'éducation morale permettant d'encore conserver un peu d'autonomie dans les prises de décisions, un peu de libre-arbitre, un peu de liberté. Sans cela, les hommes oublieront progressivement le goût des libertés, s'abandonneront sans s'en rendre compte aux systèmes qui les guident, deviendront toujours plus des marchandises. L'homme-robot n'est pas plus une perspective réjouissante que c'est l'homme qui se robotise que lorsque c'est le robot qui s'humanise.

---

[255] A. Renaut *L'Ère de l'individu*, Gallimard, 1989.

[256] D. Cardon, *À quoi rêvent les algorithmes ? Nos vies à l'heure des big data*, Le Seuil, coll. La République des idées, 2015, p. 11.

[257] En ce sens, par exemple, G. Conti, W. Hartzog, J. Nelson, L. A. Shay, « Do Robots Dream of Electric Laws? An Experiment in the Law as Algorithm », in R. Calo, M. Froomkin, I. Kerr, dir., *Robot Law*, Edward Elgar, 2016, p. 274 s.

[258] En ce sens, par exemple, M. Dugain, Ch. Labbé, *L'homme nu – La dictature invisible du numérique*, Plon, 2016.

Contre le paternalisme libertarien de l'économie comportementale qui veut que nous soyons sans cesse ballotés au gré de nos biais cognitifs, l'action publique doit réaffirmer que l'homme, adulte et responsable, est un être de libertés. Moins de données et d'IA, c'est plus de libertés. Plus de données et d'IA, c'est moins de libertés. Au milieu des intérêts antagonistes, il revient à la politique et au droit d'arbitrer. On peut favoriser le développement économique ou le développement humain, ou bien rechercher un fragile équilibre donnant en partie raison à l'un et à l'autre avec la doctrine du en-même-temps-tisme, mais du point de vue des droits de l'homme seul le développement humain importe.

En la matière, les défis sont et seront colossaux. Parmi les différents droits de l'homme numérique identifiés et définis en ces pages, il semble que ceux afférents à la liberté, à l'autonomie, le libre arbitre et la souveraineté individuelle, soient les plus fondamentaux de tous. Plus que les autres, ils ont vocation à protéger l'humanité des hommes. La liberté de l'humain compris comme individu est à la fois ce qui doit le plus jalousement être préservé et ce que les IA de l'économie numérique malmènent le plus fortement. On est donc, ici, au cœur du sujet. Gilles Deleuze se méfiait de la manière dont les progrès de la numérisation risquait de transformer les sujets de droit en « dividus » résumés à des chiffres abstraits. Au début des années 1990, il percevait déjà que la mise en données du monde et des hommes pouvait transformer la société disciplinaire fonctionnant à base de répression en une société de contrôle fonctionnant grâce à des incitations[259]. Alors que la discipline restait extérieure à l'individu, le contrôle pénètre les dividus au quotidien. L'*homo sapiens* est en voie de disparition. Il se transforme en *homo roboticus*. L'homme qui pense laisse la place à l'homme qui agit sans pensée, sous la dictée de forces qui s'imposent à lui. Après les religions, les nations et le charisme de certaines personnalités, ce sont désormais les GAFAM et leurs semblables qui disent à chacun quoi faire, quand et où. La liberté d'esprit n'aurait été qu'une parenthèse occidentale de quelques décennies. Le dataïsme est le nouvel opium du peuple[260]. Dieu est mort, remplacé par l'État. Puis l'État est mort, remplacé par le Big Data. L'État et le droit pourraient-ils revenir sur le devant de la scène, regagner leurs lettres de

[259] G. Deleuze, « Post-scriptum sur les sociétés de contrôle », *L'Autre Journal* mai 1990, n° 1.
[260] Y. Harari, *Homo Deus – Une brève histoire du futur*, Albin Michel, 2017.

noblesse pour réimposer le libéralisme contre le contrôle permanent opéré par des dizaines de plate-formes ? Car l'homme révolté pourrait devenir homme soumis, incapable de s'élever contre une prison qu'il a construite lui-même, clic après clic.

Contre les hommes-dividus, la philosophie doit replacer au cœur de ses préoccupations les hommes-individus. Une philosophie sans sujets est le terreau d'une société sans libertés. Contre le téléguidage robotisé des conduites dans de nombreux champs de la vie, mettant en doute la pérennité des régimes politiques démocratiques fondés sur l'autonomie du jugement des citoyens, on doit rappeler ces mots du *Traité politique* de Spinoza, de 1677 : « Nul ne peut céder sa faculté de juger ». L'homme ne doit pas se laisser abuser par l'hétéronomie des IA, ces normes produites par des calculateurs, et doit conserver sa capacité de se donner à lui-même ses propres normes. Il revient aux hommes d'administrer le cours de leurs existences individuelles et collectives. Refusant le « soft totalitarisme numérique »[261], l'humain peut chérir la liberté comme son bien le plus précieux et faire du droit à la liberté la norme fondamentale sur laquelle repose l'ordre juridique dans son ensemble, une norme n'ayant de sens qu'en tant que norme effective.

261 É. Sadin, *La silicolonisation du monde – L'irrésistible expansion du libéralisme numérique*, L'échappée, coll. Pour en finir avec, 2016, p. 119.

Chapitre 3. Le téléguidage des conduites

40. Une journée dans le smartphone de Monsieur X. Les services fournis par des IA sont très nombreux et nous accompagnent tout au long de la journée. Prenons un exemple tout à fait ordinaire. Monsieur X, bien connu des juristes, est un homme-consommateur banal. Sa journée débute par la consultation d'informations et de réseaux sociaux sur son smartphone, en petit-déjeunant. Les contenus qu'il consulte, dans des pages déroulantes infinies, sont choisis par des IA. Il voit alors les dernières photographies d'un de ses amis qui a passé la soirée de la veille dans un bar branché. Il décide alors de lui écrire un court message afin de prendre de ses nouvelles. Si l'algorithme du réseau social lui avait présenté des images d'autres de ces amis, alors c'est à eux qu'il aurait écrit, renforçant leurs liens. Comme Monsieur X utilise quotidiennement une demi douzaine de réseaux sociaux, il se connecte ensuite à l'un d'entre eux, à vocation professionnelle. Il apprend alors qu'un de ses anciens collègues sera le soir même dans la même ville que lui, en raison d'un rendez-vous professionnel le midi. Monsieur X s'empresse alors de lui proposer de dîner ensemble, ce que son ancien collègue accepte. Si le réseau social lui avait présenté un autre contenu, sa soirée aurait été tout différente. Continuant de consulter ses comptes sur les réseaux, Monsieur X apprend qu'un ouvrage sur la faune de la montagne, l'une de ses passions, vient de sortir. Il s'empresse de le commander et, les prochains jours, il pourra profiter de cette lecture. Si on lui avait présenté les derniers ouvrages portant sur le ski ou la culture japonaise, ses autres sujets de prédilection, ses lectures auraient été différentes.

Plus tard, Monsieur X quitte son domicile et prend sa voiture afin de se rendre à un rendez-vous professionnel à l'autre bout de la ville, un entretien avec un candidat qui pourrait devenir un futur collaborateur. Il se laisse alors entièrement guider par le GPS. Et ce GPS ne manque pas de lui indiquer où s'arrêter afin de consommer un dernier café avant le rendez-vous dans une chaîne de restauration spécialisée que Monsieur X apprécie tout particulièrement — à moins que ce ne soit surtout elle qui apprécie Monsieur X. Le GPS lui dit aussi où s'arrêter pour prendre du carburant et à quelle heure repartir du café pour arriver tout juste à l'heure à son rendez-vous, à la minute près. Au cours du rendez-vous, un logiciel lui dicte les questions à poser afin de parfaitement cerner le profil du candidat, ses mérites et ses défauts. Le bilan de cet entretien est dressé par le logiciel, qui attribue une note au postulant. Monsieur X n'aura qu'à se fier à cette note pour savoir s'il pourra ou non le recruter. Lors de sa pause déjeuner, Monsieur X utilise une application mobile qui l'oriente vers un fast-food du coin. Soudain, le smartphone vibre : à 100 mètres de là se trouve un magasin de jeux et objets japonais. Monsieur X s'empresse d'y faire un tour. Il en ressort avec quelques bibelots « *made in China* » qui rejoindront une longue collection.

Le soir, Monsieur X navigue sur un site de e-commerce. Il n'a besoin de rien *a priori* mais, en bon consommateur, veut s'en assurer. À mesure des suggestions du site, il achètera finalement un nouveau livre sur la culture japonaise et un robot ménager censé lui offrir une cuisson « *healthy* ». Puis vient le moment de la détente : regarder un film sur un service de vidéo à la demande. Le film choisi parmi les milliers du catalogue l'est en fonction des recommandations de l'algorithme du service. Enfin, avant de s'endormir, Monsieur X consulte à nouveau ses réseaux sociaux. Il répond à certains tweets qui dénoncent l'attaque de boucheries par des militants vegan. Si l'algorithme de Tweeter lui avait offert des tweets relatifs à la situation climatique du Japon ou à la montée des tensions entre la France et la Turquie, c'est à ces sujets qu'il se serait exprimé. Ainsi, tout au long de la journée, Monsieur X pense-t-il et agit-il en fonction de ce que lui dictent ses prothèses informatiques. Au moment d'enfin poser le smartphone, une lueur de lucidité, permise par ce bref moment de déconnexion et de retour à soi-même, le transperce : il a oublié son dîner avec son ancien collègue. Sa conclusion est claire : « Il est normal que je n'y ai pas pensé, je n'avais pas entré ce rendez-vous dans mon application d'agenda électronique ».

Cette réflexion lui donne soudain l'envie de reprendre son smartphone. Il voit qu'il a 6 notifications. L'une d'entre elles est une publicité pour des voyages en Espagne, à Valence, à moitié prix — Monsieur X part toujours en vacances au bord de la Méditerranée. Il s'empresse de réserver, ne pouvant laisser passer une si belle occasion. Avec des algorithmes autrement programmés, ses prochaines vacances se seraient déroulées au Maroc, en Italie ou en Croatie. Dès le lendemain, cela recommencera : qu'il s'agisse de choisir une destination de vacances, un hôtel, un trajet, un repas, un film, un ami ou un partenaire, Monsieur X se laisse guider. Il jouit ainsi d'une vie ô combien calme et sereine, car il n'est jamais confronté à aucun choix cornélien, aucun dilemme, aucune impasse. Tout s'offre à lui à chaque instant. Il n'a qu'à suivre, tel le mouton de Panurge solitaire, non pris au sein d'un troupeau dans lequel il faut suivre le groupe mais se refermant sur lui-même. Sans toutes ces IA traitant les données personnelles de Monsieur X et lui indiquant quoi faire, quand et comment, il serait tout simplement perdu, démuni, désœuvré. Monsieur X est un enfant et ses parents sont les IA. Dans chaque situation du quotidien, un algorithme s'intercale entre la réalité et Monsieur X pour lui donner à voir une vision du monde, au détriment de toutes les autres. Le résultat est paradoxal : l'offre de biens et services n'a jamais été aussi importante et les choix de vie possibles se sont démultipliés. Pourtant, Monsieur X prend de moins en moins de décisions, compare de moins en moins d'alternatives. Il abandonne tout libre arbitre et s'en remet au déterminisme.

Et c'est bien le smartphone qui est l'instrument essentiel de l'accompagnement algorithmique continu de la vie. Son invention à la fin des années 2000 et sa rapide démocratisation parmi la population ont été des facteurs décisifs pour l'emprise des IA et des firmes qui se trouvent derrière elles en permettant d'accompagner en permanence chaque individu dans son quotidien. Sans cette connexion spatio-temporelle ininterrompue, il serait à la fois beaucoup plus difficile de suivre chaque instant des personnes et beaucoup plus difficile de les guider à chaque instant. Le smartphone est l'outil décisif de la personnalisation des services et de la géolocalisation. Dans l'histoire de l'humanité, l'invention de cette nouvelle forme d'ordinateur portable restera comme l'une des plus importantes, autant que celle de l'imprimerie ou celle de l'internet. Elle sert la colonisation de nombreux champs de la vie par les IA et, surtout, par les multinationales qui les créent et les utilisent. Ces assistants personnels numériques visent à répondre à toutes les questions et tous les souhaits des utilisateurs et à leur suggérer des offres pour les produits adaptés à chaque moment de leurs existences. Ce sont des « compagnons numériques » fidèles, sur lesquels on peut compter, qui ne nous laisserons jamais tomber sauf en cas de panne de batterie — et le chargeur de smartphone est devenu le bien le plus important entre tous. Cela signifie aussi que deux acteurs, Apple et Google, deviennent les maîtres du monde en ce qu'il leur revient de faire la loi sur leurs magasins d'applications, donc de décider des normes à respecter par les startupers qui ont eu la « bonne idée » et qui souhaitent offrir leurs services à la population.

Le smartphone prend donc de plus en plus de place dans la vie de chacun, lui proposant le meilleur pour lui à chaque instant. Pour Éric Sadin, « un autre genre d'altérité s'instaure, ne faisant que répondre à nos besoins et désirs supposés et destiné à nous seconder, nous guider, voire nous divertir ou nous consoler »[262]. La tutelle des IA est permise par le suivi de nos activités et à terme par l'interprétation de nos émotions, des expressions de nos visages, de nos fréquences vocales etc. Si l'accompagnement des technologies numériques est déjà présent, il est encore loin d'avoir livré toutes ses possibilités. C'est bien pourquoi la question des droits de l'homme numérique en général et celle de la liberté de l'homme numérique en particulier semblent cruciales. La récente amélioration grâce au *deep learning* des interactions de l'homme et de la machine en langage naturel, par exemple, permet et permettra encore plus de proximité, de spontanéité, d'intimité et de complicité entre eux. Déjà la commande tactile avait permis de créer une nouvelle forme de maîtrise et de domination sur nos objets techniques. Avec la commande vocale, ceux-ci nous obéissent sans délai et sans besoin de leur accorder toute notre attention — on peut lancer à notre assistant « assistant, démarre le moteur de ma voiture et lance le dernier disque de Maroon 5, j'arrive ! » tout en ayant les deux mains occupées.

Pouvons-nous accepter cette évolution de la vie humaine sans poser certaines limites ? Pouvons-nous accepter de porter toutes sortes de capteurs afin d'améliorer les services fournis par l'industrie numérique ? Chaque énonciation automatisée de la vérité est destinée à créer de l'engagement et à changer le cours des événements à des fins marchandes et utilitaristes. Par exemple, un miroir connecté sert moins à réfléchir l'image d'un individu qu'à collecter tout un tas de données à son sujet afin de pouvoir lui suggérer le plus efficacement possible des produits ou services. Le sens de l'histoire technique est clair : de plus en plus d'actions, des plus banales aux plus importantes, seront orientées par la puissance suggestive des assistants

[262] *Ibid.*, p. 102.

personnels. Il nous revient, en agissant sur l'histoire juridique et politique, d'infléchir cette marche vers un totalitarisme technologique dans lequel l'IA serait un surmoi guidant le moi en permanence en lui disant toutes les vérités et menant le collectif vers une pleine concorde, sans plus aucun conflit. La principale caractéristique de l'ère de l'intelligence artificielle serait la fin de la liberté. Ce n'est pas une maigre conséquence.

41. De la cybernétique à l'IA : gouverner les conduites. Dans les années 1950, Albert Camus pouvait observer : « Par la théorie de la liberté politique, il y a, au sein de notre société, accroissement dans l'homme de la notion d'homme et, par la pratique de cette même liberté, insatisfaction correspondante. La liberté de fait ne s'est pas accrue proportionnellement à la conscience que l'homme en a prise »[263]. Il semble qu'à l'ère des IA le phénomène inverse se produise. On se croit plus libre qu'on ne l'est réellement. Les apparences sont celles de la liberté tous azimuts quand la réalité est celle d'une robotisation des hommes de plus en plus intégrale. À la même époque que celle à laquelle Camus écrivait, le mathématicien américain Norbert Wiener fonda une nouvelle discipline : la « cybernétique ». En 1948, il lui donna ce nom à dessein, le faisant dérivé du mot grec « *kubernetes* » qui signifie « gouvernement » ou « gouverneur ». Il s'agissait alors de développer un complexe d'idées apte à instaurer un nouvel ordre grâce à l'élaboration d'appareillages dédiés[264]. L'informatique, dès son origine, a donc eu la vocation de guider les hommes. Dans le temps, elle a été tantôt libérale et tantôt liberticide. Aujourd'hui, c'est son visage liberticide qui l'emporte.

L'IA est l'héritière ou la continuatrice de la cybernétique qui souhaitait réduire toute chose à de l'information appelée à être collectée et interprétée par les machines afin que les conclusions permettent d'engager les meilleures actions, dans l'idéal de manière automatisée. Le rêve de la cybernétique rejoint celui de l'IA — qui, grâce au progrès technologique, est mieux qu'elle en mesure de le réaliser — : contrôler la marche du monde afin de le rendre moins aléatoire et moins injuste. La cybernétique devait ainsi recouvrir une fonction régulatrice, être dotée de pouvoirs homéostatiques, capable de

---

[263] A. Camus, « L'Homme révolté (1951) », in *Œuvres*, Gallimard, coll. Quarto, 2013, p. 859.
[264] N. Wiener, *Cybernétique et société* (1950), Le Seuil, 2014, p. 47.

maintenir le système dans une situation optimale. L'utopie ou dystopie cybernétique a influencé l'histoire de l'informatique et même l'histoire des idées, en raison de son audace et de sa vision démesurée des capacités de la technique. Elle a inscrit dans les consciences l'idée selon laquelle les machines de calcul pourraient permettre de définir et réaliser un bon ordre général des affaires humaines. Dès lors, l'informatique, même encore balbutiante, ne pouvait se satisfaire d'une vocation consistant à classer et indexer des informations. Il lui fallait, remplaçant les dieux et les religions, les États et la politique, devenir la nouvelle grande force de gouvernement. En fonction des décennies, cependant, la cybernétique s'essouffla, parut tantôt inconséquente et tantôt irréaliste. Face à cet épuisement, certains se chargèrent de maintenir son esprit vivant. Aujourd'hui, l'IA se présente tel son digne successeur.

Les principales fonctions et applications des IA sont les suivantes : produire des connaissances ; apparier une demande et une offre (« *matching* ») ; répartir des ressources (passagers et chauffeurs de taxis, parents et places en crèche, étudiants et places à l'université etc.) ; recommander un produit, une offre de façon personnalisée ; aider la prise de décision ; prédire, anticiper (par exemple, des phénomènes naturels, des infractions, la survenue d'une maladie). Ces grandes fonctions sont rendues possibles par la capacité des IA de filtrer et combiner de grandes masses de données, de modéliser des phénomènes en identifiant des régularités parmi ces données et à profiler les individus. Or les IA les plus présentes pour modeler les comportements sont à chercher du côté des algorithmes de recommandation. Ceux-ci ne constituent donc, techniquement, qu'une partie de l'empire des IA — mais les autres formes d'IA peuvent aussi influencer plus ou moins fortement et directement les décisions humaines. Les algorithmes de recommandation fonctionnent grâce à des modèles prédictifs et élaborent des prévisions quant aux comportements ou préférences permettant de devancer les besoins des consommateurs. Mais ces prévisions sont souvent des prophéties auto-réalisatrices. Elles parviennent à devancer les besoins parce que, dans une large mesure, elles les créent en empêchant de voir les autres possibilités.

Mark Zuckerberg affirme vouloir développer un « assistant virtuel » qu'il présente en ces termes : « Je lui apprendrai à comprendre ma voix pour contrôler toute la maison, musique, lumière, température et autres. Je lui apprendrai à laisser les amis entrer en regardant leurs visages quand ils sonnent à la porte. Je lui apprendrai à me signaler s'il se passe quelque chose dans la chambre de Max [sa fille] quand je ne suis pas avec elle »[265]. Cet assistant virtuel permettrait ainsi à chacun de s'ériger en super-héros saisissant la quasi-totalité des choses en temps réel, maîtrisant tout à tout instant, entretenant un rapport sans faille au monde, aux autres et à soi. Quand l'IA permet de développer nos capacités, elle augmente l'homme. L'intelligence artificielle peut très bien augmenter l'intelligence humaine. Que des algorithmes délestent les humains de ce qu'il y a de plus mécanique dans leurs activités afin qu'ils puissent se consacrer à des tâches cognitives plus importantes et plus complexes est un gain énorme. Mais, bien souvent, l'IA dessaisit l'homme très au-delà de ses activités répétitives et simples, qui dans un élan de servitude volontaire se laisse volontiers dessaisir, et alors elle diminue l'homme. Le risque est alors de devoir constater, pour reprendre une formule voltairienne, que « la plupart des hommes meurent sans avoir vécu »[266].

Dans les années 1930, après avoir visité l'usine d'Henry Ford, Charlie Chaplin entreprit de réaliser son célèbre film *Les Temps modernes* afin de dénoncer de façon caricaturale la tendance de certaines puissances à mettre l'homme au service de la machine alors que, au contraire, la machine devrait toujours demeurer la servante de l'homme. Dans son chef d'œuvre, il met en scène un monde d'automates aliénés, ayant perdu toute lucidité en même temps que tout libre-arbitre et que toute autonomie, dans lequel il ne reste que deux esprits libres et vivants qui, heureusement, vont se trouver : le vagabond (Charlie Chaplin) et la vagabonde (Paulette Goddard). Si la fordisme a favorisé une aliénation industrielle qui, depuis, a dans une large mesure laissé la place à des usines et des modèles de production plus humains, d'autres formes d'aliénation ne risquent-elles pas d'apparaître, touchant non plus seulement les ouvriers mais des populations beaucoup plus larges ?

---

[265] « Mark Zuckerberg veut construire une intelligence artificielle comme “Jarvis dans Iron Man” », lemonde.fr, 4 janv. 2016.

[266] Cité par *Dictionnaire des citations littéraires*, Larousse, coll. Références, 2014, p. 150.

42. Les effets normatifs des IA. Ce sont les algorithmes qui régissent les activités sur les plateformes numériques ; or quelles activités se déroulent aujourd'hui encore loin de toute plateforme numérique ? Si les données personnelles sont le nouvel Eldorado, leur exploitation par des algorithmes hypersophistiqués et non désintéressés idéologiquement ne risque-t-il pas d'aboutir à la constitution de formes postmodernes d'esclavagisme ou, du moins, de téléguidage des comportements collectifs et individuels ? De plus en plus, apparaissent de nouveaux besoins et de nouvelles dépendances. Par exemple, aucun étudiant ne peut se passer aujourd'hui d'un compte Facebook, celui-ci étant devenu indispensable y compris dans le cadre pédagogique. Et d'aucuns d'observer que « nous sommes devenus de la chair à algorithmes, victimes de la plus formidable extorsion de valeurs des temps modernes »[267]. Faite à l'origine pour être interprétée et appliquée par des humains, la loi aujourd'hui se machinise. Elle peut s'écrire par le code et cela bouleverse l'équilibre des droits et libertés. La question est alors de savoir comment préserver le Code originel, la loi humaine garante de l'exercice des droits et libertés fondamentaux, au premier rang desquels le droit à la liberté.

Les IA permettent des progrès considérables. Qu'on songe ne serait-ce qu'aux moteurs de recherche du web qui permettent d'accéder en une fraction de seconde à des documents avec une pertinence dont il faut continuer jour après jour à mesurer le caractère exceptionnel. Il ne s'agit pas, en ces lignes, de procéder à un bilan coûts/avantages mais uniquement de s'intéresser aux effets normatifs des IA — car téléguider les conduites des individus, c'est avoir un effet normatif. Sous cet angle, si les algorithmes facilitent la vie et sont synonymes de gains de temps et de productivité, ils en profitent pour, dans un même mouvement, orienter largement cette vie. Les résultats fournis par les moteurs de recherche du web — et en même temps le référencement des pages web — ne sont pas autre chose que des devoir-être, comme les contenus mis en avant sur les réseaux sociaux ou les suggestions d'achat sur les sites d'e-commerce. Et, lorsque des algorithmes servent à filtrer des contenus, à censurer des messages ou des images, à afficher des publicités ciblées, à optimiser le calcul du prix d'un service (par exemple d'un billet de

---

[267] C. Kœning, « Nous ne voulons pas être de la chair à algorithmes ! », lesechos.fr, 17 janv. 2016.

train ou d'avion), à piloter automatiquement des avions mais aussi des voitures, à réserver une automobile avec chauffeur, à passer des ordres financiers sur les marchés, à effectuer des diagnostics médicaux, à mener des opérations militaires, à écrire des dépêches de journaux, à afficher des fils d'actualité — le rédacteur en chef de Google News n'est autre qu'un algorithme —, à traduire des textes, à classer des documents, à crypter et décrypter des informations, ou encore à calculer le montant d'un impôt ou d'un crédit, à affecter des étudiants dans les établissements d'enseignement supérieur, à attribuer un logement social etc., ce sont autant de normes ou semi-normes plus ou moins directes, plus ou moins impératives mais souvent performatives, qui sont produites. *De facto*, l'IA choisit pour l'humain qui s'en remet à elle ; l'homme suit le robot et devient robot lui-même. Le choix de regarder, d'aimer, de partager, de commenter et de prolonger son expérience n'est que de façade, car les recommandations sont un redoutable outil de fidélisation qui guide largement les parcours en ligne des internautes.

Fonctionnant essentiellement à base de nudge — ce qui guide sans contraindre, oriente sans obliger —, l'IA pose une question sociale déterminante qu'il faut formaliser, afin d'y répondre consciemment : sommes-nous prêts à renoncer à notre libre arbitre ? Car les applications industrielles de l'IA, qui étendent chaque jour leur empire, ont pour effet de nous exposer à de moins en moins de choix, cela pour mieux nous servir et nous apporter toujours davantage de bien-être. Progressivement, parce que nos décisions souveraines seraient de toute façon bien peu éclairées et fortement biaisées, on se soumet aux signaux numériques, on se laisse enfermer dans une cage invisible mais pourtant bien réelle. Les IA, certes, apprennent de chaque individu. Mais lorsque, depuis sa plus tendre enfance, l'homme aura refusé toute individualité, il ne restera plus que l'éducation personnalisée suivant les normes culturelles souhaitées par les acteurs majeurs de l'économie numérique. À l'école, on pourrait par exemple redouter un système dans lequel des systèmes définiraient des parcours d'apprentissage à l'aune du profil de chaque élève et de l'application de prédictions mathématiques, car cette prédiction pourrait devenir auto-réalisatrice et l'élève se verrait assigné à un destin scolaire et professionnel tout tracé, que ni lui ni ses parents n'auraient choisi. On fait pourtant de plus en plus appel à l'intelligence artificielle afin de personnaliser les enseignements, à l'image de ces plateformes qui proposent des outils établissant des diagnostics cognitifs afin de « customiser les cours ». Dorénavant, chacun doit se voir proposer ce qui lui correspond, ce n'est plus à l'étudiant ou l'élève d'évoluer mais aux enseignements de s'adapter à lui, qui persévère alors dans ses caractéristiques, à l'opposé du principe historique de l'école permettant aux enfants de s'ouvrir à l'altérité sous de multiples formes. D'un point de vue humaniste, on s'efforcera tout au contraire de trouver les moyens de faire en sorte que chacun puisse échapper à tout déterminisme et en premier lieu à des décisions prises en fonction de valeurs inscrites dans des systèmes algorithmiques. De la même manière en matière de recrutement, comment accepter que tous ceux qui sont différents, originaux, atypiques, soient écartés et discriminés par une forme de racisme informatique, alors même que leurs particularités pourraient être leurs forces ? La normalisation des profils est assurément un appauvrissement.

43. L'expérience de psychologie sociale de Stanley Milgram. L'expérience menée durant l'année 1963 par le psychologue américain Stanley Milgram[268] permet de mieux comprendre les ressorts psychologiques de la normativité des IA. Cette expérience visait à mesurer le niveau d'obéissance d'un individu à une autorité qu'il juge légitime. Elle a mis en évidence le processus de soumission aveugle à l'autorité. Or la normativité des IA et la puissance normative des multinationales du numérique repose largement sur une telle autorité et une telle soumission qui font qu'une grande partie de la population est prête à suivre les recommandations des services sans prendre de recul, sans jamais les remettre en doute.

L'expérience de Milgram confronte trois personnages : un élève, dont la tâche est de mémoriser des listes de mots et qui reçoit une décharge électrique en cas d'erreur ; un enseignant, qui dicte les mots à l'élève, vérifie les réponses et, en cas d'erreur, envoie la décharge électrique destinée à faire souffrir l'élève ; un expérimentateur, représentant l'autorité officielle et sûr de lui. L'expérimentateur et l'élève sont en réalité deux comédiens, ce qu'ignorent les personnes recrutées comme « enseignants ». Au début de l'expérience, l'enseignant-cobaye est présenté à l'expérimentateur et à l'élève. On lui inflige un léger choc électrique de 45 volts afin de lui montrer quel

---

[268] S. Milgram, « Behavioral Study of Obedience », *The Journal of Abnormal and Social Psychology* 1963, vol. 67, n° 4, p. 371 s.

genre de souffrance il devra faire subir à l'élève. Quand l'expérience débute, l'élève est positionné dans une pièce distincte, attaché sur la chaise électrique. L'enseignant-cobaye commence à lui faire mémoriser les listes de mots. À chaque erreur, il enclenche une manette reliée à la chaise et croit que l'élève reçoit un choc électrique de puissance croissante (15 volts supplémentaires à chaque décharge). La douleur ressentie suite aux chocs électriques est simulée par l'apprenant-comédien qui a reçu les consignes suivantes : à partir de 75 V, il gémit ; à 120 V, il se plaint à l'expérimentateur qu'il souffre ; à 135 V, il hurle ; à 150 V, il supplie d'être libéré ; à 270 V, il lance un cri violent ; à 300 V, il annonce qu'il ne répondra plus. Dans ce dernier cas, l'expérimentateur explique qu'une absence de réponse est considérée comme une erreur et que l'enseignant doit continuer à administrer les décharges électriques.

Aux alentours de 150 volts, la plupart des enseignants-sujets expriment des doutes, des réticences, et demandent à l'expérimentateur s'ils doivent continuer. Ce dernier les rassure en leur indiquant qu'ils ne seront pas tenus responsables des conséquences. Si un sujet exprime le désir d'arrêter l'expérience, l'expérimentateur lui adresse, dans l'ordre, ces réponses : « Veuillez continuer s'il vous plaît » ; « l'expérience exige que vous continuiez » ; « il est absolument indispensable que vous continuiez » ; « vous n'avez pas le choix, vous devez continuer ». Si le sujet souhaite toujours s'arrêter après ces quatre interventions, l'expérience est alors interrompue. Sinon, elle prend fin quand le sujet a administré trois décharges maximales de 450 volts au moyen d'une manette sur laquelle il est indiqué « attention, choc dangereux ». L'expérience a été pratiquée avec 636 sujets, en modifiant certains paramètres afin de mettre en évidence les éléments déterminant dans l'obéissance à l'autorité. La plupart des variantes ont abouti à un résultat de 65 % de cobayes obéissant jusqu'au terme de l'expérience. Selon les circonstances, Milgram a observé un comportement de soumission à l'autorité élevé (près de 92 %) lorsque les chocs étaient administrés par un tiers à un comportement de soumission quasi-nul lorsque l'autorité était volontairement décrédibilisée.

Pour Stanley Milgram, les résultats obtenus étaient inattendus et inquiétants. Il n'imaginait pas que l'homme puisse être aussi docile. Dans le compte-rendu de ses travaux, il explique que l'intégration d'un individu dans une hiérarchie implique que son propre fonctionnement soit modifié : l'être humain passe alors du mode autonome au mode systématique où il devient l'agent de l'autorité. À l'ère des IA, les hommes ne passent-ils pas de la même manière de l'autonomie au mode systématique, s'en remettant entièrement à l'autorité des instruments informatiques ? L'obéissance à une autorité et l'intégration à l'intérieur d'un ordre hiérarchique sont nécessaires à toute société. Le respect des règles, et de l'autorité qui en est la source, est ce qui permet aux individus de vivre ensemble et empêche que leurs intérêts personnels divergents engendrent des conflits permanents. Stanley Milgram souligne ainsi que l'obéissance est une qualité nécessaire. Mais elle peut devenir dangereuse dès lors qu'elle entre en conflit avec la conscience de l'individu et l'emporte sur elle. Or n'est-ce pas une telle obéissance aveugle que beaucoup de services numériques suscite, à tel point que la conscience individuelle s'efface et même tend à disparaître, les hommes robotisés se laissant téléguider. Comment sinon comprendre que 55 % de la population brésilienne ait pu élir un candidat ouvertement violent, raciste et homophobe sur la base de fausses informations selon lesquelles le ministère de l'éducation, sous gouvernement socialiste, distriburait dans les écoles le « Guide du zizi sexuel » de l'auteur de bande dessinée suisse Zep et des biberons en forme de sexes en érection ? Cela ne peut s'expliquer que par la disparition du bon sens et l'élévation du suivisme numérique en mode de vie — l'équipe de campagne de Jair Bolsonaro lui a permis de remporter l'élection, alors qu'il n'était qu'à 5 % d'intentions de vote au départ, grâce à une campagne de diffusion massive de fausses informations partagées sur WhatsApp. Un autre moteur de l'obéissance est donc le conformisme, essentiel en matière de normativité des IA. Avec le conformisme, l'individu est persuadé que ses motivations lui restent propres et qu'il n'imite pas le comportement du groupe. Ce mimétisme est une façon de ne pas se démarquer du groupe, considérant que « si tout le monde pense ou agit comme cela, c'est que je dois penser ou agir ainsi ».

I. Suivre les traces et tourner en rond : la personnalisation contre la personnalité

44. Des traces et signaux aux profils. Lorsque nous utilisons le web ou un objet connecté — il y en aura bientôt six en moyenne par personne : smartphone, montre, enceinte, téléviseur, voiture ou même réfrigérateur[269] —, nous permettons à des multinationales du numérique de mieux nous connaître ou, plutôt, de mieux connaître nos profils numériques. Il se met en effet en place une connaissance par profils, sans besoin de pouvoir remonter à l'état civil des personnes qui se cachent derrière. Il n'est plus nécessaire de connaître les individus. L'ombre portée par leurs conduites numériques suffit à nourrir les calculs et à reconnaître les attitudes semblables. Le recensement et l'agrégation des données n'a pas l'individu ou le sujet pour cible mais le profil numérique[270]. À grand renfort de travaux de psychologie et d'économie expérimentale, les architectes des nouveaux algorithmes des big data estiment d'ailleurs qu'il convient de se fier davantage aux conduites réelles des individus qu'à ce qu'ils expriment explicitement sur les plateformes du web social et autres sites contributifs. On ne serait pas toujours honnête avec soi-même ni avec les autres lorsqu'on s'exprime publiquement. L'important est dès lors les régularités globales observées sur de grandes masses de données, permettant d'anticiper les actes et les besoins des consommateurs. Les algorithmes prédictifs ne donnent pas une réponse à ce que les gens disent vouloir faire, mais à ce qu'ils font sans vouloir vraiment le dire. Pour que des alternatives soient proposées à un utilisateur, il faut que, par ses actes, il prouve concrètement à l'algorithme qu'il souhaite prendre ses distances avec ses habitudes. Une étude sur les clients d'un site de location de vidéos en ligne australien a comparé les films que les utilisateurs placent dans leurs listes de

---

[269] Ch. Halary, « Intelligence artificielle : mais que se passe-t-il dans le cerveau des machines ? », capital.fr, 7 avr. 2020.

[270] A. Rouvroy, Th. Berns, « Gouvernementalité algorithmique et perspective d'émancipation », *Réseaux* 2013, n° 177.

préférences et les films qu'ils regardent réellement. sur la plate-forme. Il s'avère que, si beaucoup d'individus expriment le souhait de regarder des documentaires et des films d'auteur, il consomment concrètement des films grand public à succès[271]. Le mode de fonctionnement des IA colle à ce que font les individus en considérant, de façon très conservatrice, qu'ils sont rarement à la hauteur de leurs désirs. En préférant les conduites réelles aux expressions sans suites, les algorithmes nous emprisonnent dans notre conformisme[272].

Dans les environnements numériques, il est possible de savoir si l'individu exposé à un message à interagit avec lui en cliquant sur l'annonce ou, mieux, en achetant sur le site de l'annonceur. Les publicitaires et communicants substituent ainsi à la représentation démographique des publics la mesure personnalisée de l'efficacité des messages. Chacun abandonne de nombreuses indications numériques derrière lui lorsqu'il utilise des services informatiques. Des cartes de fidélité aux commentaires postés sur Facebook ou aux recherches sur Google, toutes ces données sont scrutées par des robots afin d'établir des profils précis qui sont ensuite vendus aux annonceurs les plus offrants. Dominique Cardon distingue sur ce point les « signaux », qui sont les informations explicites livrées en ligne par un internaute, par exemple un statut sur Facebook, et les « traces », soit les données implicites qui sont des enregistrements contextuels de comportement, des clics sur des liens, des coordonnées de géolocalisation, la manière de naviguer ou même la vitesse de lecture[273]. Les IA du web les plus efficaces sont celles qui combinent le plus efficacement les signaux informationnels et les traces de comportement pour préciser le profil d'un individu. Les calculs prenant en compte des signaux sans traces ou des traces sans signaux sont forcément moins pointus. Un site visité, le texte d'un commentaire qu'on y a laissé, une vidéo interrompue après quelques secondes ou vue dans son intégralité, le trajet de la souris sur la page, participeront à construire une image globale, même si kaléidoscopique, de

---

[271] K. Milkman, T. Rogers, M. Bazerman, « Highbrow Films Gather Dust: Time-Inconsistent Preferences and Online DVD Rentals », *Management Science* 2009, vol. 55, n° 6, p. 1047.

[272] C. O'Neil, *Algorithmes – La bombe à retardement*, Les Arènes, 2018, p. 70.

[273] D. Cardon, *À quoi rêvent les algorithmes ? Nos vies à l'heure des big data*, Le Seuil, coll. La République des idées, 2015, p. 62-63.

l'utilisateur. Google, par exemple, a intégré Core Web Vitals aux centaines de critères pris en compte lors du classement des résultats de recherche, ce qui permet de personnaliser les résultats en fonction de certains aspects de l'expérience d'un internaute, notamment le temps de chargement, l'interactivité et la stabilité du contenu au fur et à mesure de son chargement, ce qui est important car, explique-t-on chez Google, « une bonne expériences sur une page permet aux utilisateurs de faire plus et de s'engager plus profondément »[274]. Les résultats dans le domaine de la compréhension par la machine du langage naturel, donc parlé, pourraient même permettre de comprendre plus intimement encore les goûts des utilisateurs. Le perfectionnement de la technologie des chatbots renforce le compagnonnage, donnant une illusion d'humanité aux IA en leur permettant de parler et d'écrire, donc de dialoguer avec les hommes. Les interactions avec les robots deviennent ainsi de plus en plus fluides, dans de plus en plus de domaines. De nouveaux complices, des messageries instantanées comme Messenger ou Wechat, dépassent les applications particulières et s'érigent en plate-formes globales faisant le lien avec les consommateurs, étant capables de répondre à toutes formes de requêtes et de recommander les offres les plus pertinentes, allant jusqu'à pouvoir se charger des transactions.

Chaque « clic » dit beaucoup sur celui qui « clique ». Ainsi Facebook a-t-il créé aux États-Unis un service qui parvient à identifier l'état dépressif et les tendances suicidaires de ses utilisateurs à partir de l'analyse de leurs activités en ligne[275]. Une démarche qui témoigne du caractère particulièrement intrusif de certaines IA, auxquelles on ne peut même pas cacher nos pensées les plus intimes. Les IA sont capables de transformer la moindre trace en caractéristique individuelle et de croiser cette dernière avec de multiples autres informations concernant l'individu. L'historique de navigation, en premier lieu, est un excellent miroir de la vie de l'homme. À mesure que les outils numériques se rendent toujours plus indispensables et que les capteurs entourant l'homme se multiplient, les profils s'enrichissent. La diversification des sources de données permet une meilleure connaissance de chacun. Et la force des systèmes informatiques est de parvenir à détricoter les ensembles

---

[274] S. Condon, « Google : l'expérience influera sur le classement des résultats de recherche », zdnet.fr, 29 mai 2020.

[275] S. Merabet, *Vers un droit de l'intelligence artificielle,* th., Université d'Aix-Marseille, 2018, p. 235.

hétéroclites d'informations qui leur sont livrés afin d'identifier en son sein des structures stables, des corrélations insoupçonnées. Des traces brutes jaillissent donc une empreinte unique, une signature, celle d'un homme particulier, avec ses goûts, ses habitudes, ses vices etc. On peut ainsi le rattacher à une catégorie ou classe d'individus ou même le traiter dans toute son individualité. Le contrôle de la granularité de profils composites permet de passer de la trace anonyme au trait de personnalité, puis du trait à la personne individuelle[276]. À force de rattacher quelqu'un à un grand nombre de catégories différentes, on aboutit à un profil unique, donc à une seule et unique personne. À partir de cette identification, on peut totalement personnaliser les contenus qui lui seront offerts.

Dans un article paru en 2008, Chris Anderson tirait le constat de la « fin de la théorie »[277]. Il expliquait alors que les calculateurs recherchent des corrélations sans posséder un modèle préconçu donnant des explications. Les données massives et les mathématiques conduisent à oublier les sciences de l'homme lorsqu'on travaille sur l'homme. Il écrivait ainsi : « Qui sait pourquoi les gens font ce qu'ils font ? Le fait est qu'ils le font et on peut l'enregistrer avec une fidélité sans précédent. Avec assez de données, les chiffres parlent d'eux-mêmes »[278]. Les IA n'ont pas besoin de modèles permettant de comprendre *a priori* les causes des comportements. Ce qui importe uniquement, c'est leur capacité à anticiper avec justesse les comportements. Si l'appétence pour un objet ou une activité donné dépend du sexe, de la coupe de cheveux, du milieu social, des voyages antérieurs ou de la lecture assidue d'un auteur en particulier, l'IA retiendra une mosaïque constamment révisable de critères plutôt qu'une théorie unifiée forcément imparfaite. Ces calculs visent à cerner puis guider les actes et les pensées, ils n'ont pas besoin d'être compris et explicables et très souvent ils ne peuvent pas l'être.

Par exemple, le service de vidéos à la demande Netflix a créé près de 77 000 micros genres pour classer les goûts de ses utilisateurs dans une suite de

---

[276] J.-M. Deltorn, « La protection des données personnelles face aux algorithmes prédictifs », *RDLF* 2017, chron. n° 12.
[277] Ch. Anderson, « The End of Theory: the Data Deluge Makes the Scientific Method Obsolete », *Wired* 2008.
[278] *Ibid.*

cases à la précision surréaliste telle que « drames sentimentaux européens des années 1970 avec paysages et couchers de soleil » ou « comédies post-apocalyptiques portant sur l'amitié ». Ces catégories reposant sur les données massives servent à découper la population en une interminable mosaïque de cibles pour préciser le tir des campagnes de marketing[279]. La recommandation peut procéder de trois logiques différentes. La première consiste en un filtrage sémantique visant à placer l'utilisateur sur la « cartographie » des contenus en fonction des diverses données récoltées grâce à son historique de navigation, son commentaires, ses posts et ses « likes » ou à des questionnaires visant à mieux comprendre ses goûts. La deuxième approche est celle du filtrage collaboratif : la recommandation dépend du principe selon lequel deux utilisateurs qui se ressemblent (dont les données convergent) doivent se voir proposer les mêmes contenus. Le filtrage collaboratif s'appuie dès lors sur le comportement des utilisateurs et leurs consommations passées : « Les utilisateurs ayant aimé le contenu A ont aussi aimé le contenu B » ; « si M. X a aimé les contenus a, b et c et que M. Y aime les contenus a et b, il faut recommander c à M. Y ». La troisième technique est un filtrage qui combine les deux premières afin de rendre le système de recommandation toujours plus pertinent et efficace. Par exemple, l'algorithme de recommandation de Spotify opère de la façon suivante[280] : en premier lieu, les contenus écoutés (style, tempo) sont analysés (soit plutôt une approche basée sur les contenus) ; puis, les genres musicaux les plus appréciés sont regroupés en fonction de ceux des autres utilisateurs ayant consommé les mêmes contenus ; et l'utilisateur est circonscrit par rapport à ses propres comportements et à son profil (type de consommation, fréquence d'écoute etc.).

Ensuite, les intelligences artificielles peuvent produire des résultats imparfaits si elles ont été mal conçues et si elles fonctionnent mal, mais aussi si elles sont nourries par des données inexactes, approximatives. Or seuls les services qui mettent en œuvre les algorithmes maîtrisent leur fonctionnement et les données qui leur sont fournies. L'interrelation des données entre elles et des systèmes entre eux peut aboutir à créer des biais qui se renforcent les

---

[279] A. Madrigal, « How Netflix Reverse Engineered Hollywood », *The Atlantic* 2 janv. 2014.

[280] CNIL, « Les données, muses et frontières de la création », *Cahier IP* oct. 2015, n° 3.

uns les autres. Ces systèmes créent des boucles de rétroaction qui aggravent ce qu'ils prétendent mesurer objectivement. Les normes constitutives de la loi des algorithmes, bien que fortement individualisées, peuvent ne pas être du tout adaptées et même nocives pour certaines personnes — qui, par exemple, se verraient refuser un prêt ou un emploi parce qu'un moteur de recherche ou un réseau social aurait affiché certaines informations, éventuellement erronées, plutôt que d'autres.

45. Autopropagande invisible et « bulles de filtre » : l'enfermement des individus sur eux-mêmes. Il faut être prudent avec les outils qui utilisent le passé pour anticiper l'avenir et montrent leurs limites dans un environnement changeant. Pour gérer les incertitudes et les exceptions, l'homme reste très supérieur à la machine. La pandémie de Covid-19 a provoqué une crise sanitaire et économique d'une envergure sans précédent. Le coronavirus, de façon surprenante, a mis à mal les hommes mais aussi les robots. Durant les confinements, le chaos et la confusion ont fait dérailler les IA analysant les comportements en ligne. Selon la *MIT Technology Review*, les algorithmes de recommandation d'Amazon sont devenus inopérants, ne comprenant pas les nouveaux modes de vie des individus[281]. Les outils d'apprentissage automatique sont pourtant censés évoluer en fonction des nouvelles données qu'ils reçoivent. Mais aucune IA n'est assez adaptable pour tirer pertinemment les conséquences de changements si brutaux. Par exemple, une entreprise spécialisée dans la détection de fraude à la carte de crédit a été contrainte de modifier manuellement son algorithme, à cause d'une explosion de la demande pour les équipements de jardinage[282]. Beaucoup de revendeurs en ligne ont dû renoncer à leurs systèmes automatisés de commande car ceux-ci ont commencé à constituer des stocks sans rapport avec les nouvelles dynamiques de ventes. Beaucoup d'IA se sont trouvées confuses face aux mutations brutales impliquées par le virus. Cela montre que les hommes, ou la nature, peuvent très bien reprendre la main, dicter leur loi aux systèmes informatiques. Cependant, la tendance est davantage à l'emprise des machines sur les humains.

---

[281] L. Bastien, « Covid-19 : notre comportement pendant la pandémie fait " bugger " l'IA », lebigdata.fr, 15 mai 2020.
[282] *Ibid.*

Les moteurs de recherche, par exemple, deviennent les nouveaux centres névralgiques des systèmes informationnels — alors qu'on aurait pu croire à une véritable décentralisation de la diffusion de l'information ; mais il n'en est rien. Google, puisque c'est essentiellement de lui dont il s'agit, s'est forgé un quasi-monopole sur le marché de la recherche en ligne et envahit nombre de marchés annexes tels que celui de la cartographie avec Google Maps ou celui de la vidéo avec YouTube. Il est si ce n'est impossible du moins difficile de naviguer sur le web en contournant l'empire Google. Dans un monde massivement connecté, l'effet réseau favorise la constitution d'entités gigantesques à visée monopolistique. Les nouveaux géants prospèrent grâce à leur capacité à prendre appui sur la multitude pour créer et concentrer la valeur. Par suite, leur position leur permet d'imposer des normes parfois très strictes à leurs utilisateurs qui n'ont d'autre choix que de les accepter, que ce soit à travers les conditions générales d'utilisation — qui sont de véritables règlements à portée générale et impersonnelle bien plus que des contrats — ou, de manière bien plus insidieuse, à travers leurs algorithmes et en fonction des données emmagasinées. Le moteur de recherche de Google est un algorithme conçu pour intégrer de nombreux critères (dont beaucoup à caractère personnel : âge, sexe, géolocalisation, historique des recherches etc.) afin de donner des résultats satisfaisant à la fois les utilisateurs et les annonceurs. La pertinence des résultats — et les internautes cliqueront généralement sur les premiers d'entre eux, qui s'affichent sur la première page — n'est pas que le fruit de calculs mathématiques et logiques ; elle dépend aussi d'orientations décidées en opportunité par la multinationale du web.

On pourrait multiplier les exemples. Facebook utilise divers algorithmes qui modèlent largement les usages de ses utilisateurs, dans le cadre du service mais aussi en-dehors. Certains notamment, dits « *lookalike audience* », agrègent les données concernant un groupe d'acheteurs d'un produit donné et repèrent les profils similaires susceptibles d'être intéressés par ce produit. Le réseau social au milliard d'utilisateurs s'est même associé à des géants de la data qui agrègent les données recueillies par exemple grâce aux cartes de fidélité des supermarchés. Ensuite, des contenus et surtout des publicités très ciblés peuvent être proposés et, lorsque cela est suivi d'un acte d'achat, l'effet normatif a parfaitement joué. Or il est possible, grâce à Facebook, de réaliser une campagne publicitaire ne s'adressant qu'aux hommes célibataires, âgés de plus ou moins 30 ans, vivant à Paris, aimant le sport et les films d'action et adeptes des sorties nocturnes, par exemple. Ainsi la publicité pourrait-elle réaliser son vieux rêve : en devenant personnelle, perdre son caractère intempestif pour devenir, aux yeux de ceux qu'elle vise, une information comme une autre.

Une étude de BetaSeries publiée en 2020 a mis en lumière le rôle décisif joué par les systèmes de recommandations dans la consommation de programmes audiovisuels. Alors que, dans l'absolu, la surabondance de l'offre sur les plateformes de streaming devrait rendre les choix très divers et éclectiques, quelques contenus, ceux mis en avant sur les plateformes, sont massivement regardés, quand tous les autres restent à la marge. Cela s'explique déjà par une certaine fainéantise qui conduit à se concentrer sur ce qui nous est proposé ou sur les programmes qui s'enclenchent automatiquement quand un autre se termine. Surtout, on est tenté de se limiter aux contenus ou aux types de contenus auxquels on est déjà habitué, qui sont familiers et que l'IA de la plateforme propose en priorité. L'algorithme de Netflix, par exemple, se base sur différents éléments, dont notamment les métadonnées comme le genre d'un contenu, sa durée, le fait qu'il s'agisse d'une série ou d'un film, mais aussi sur les balises comme les résumés de texte conçus par des experts du domaine. À partir de ces données, Netflix est en mesure de réaliser des modèles sur des comportements similaires au sein d'un même pays par exemple ou sur le fait qu'un titre va attirer une audience similaire. Ainsi Netflix s'estime-t-il capable de proposer le bon contenu au bon public. Netflix utilise aussi les similitudes entre les genres : le géant de la vidéo à la demande recourt à des « cartes de similarités » qui lui permettent d'identifier des genres qui partagent des éléments communs, ainsi que des titres similaires[283].

Toutes les plateformes en ligne utilisent des algorithmes qui emportent de forts effets normatifs. Cependant, la normativité entre intelligences artificielles et utilisateurs des services est souvent bilatérale et non unilatérale. Lorsqu'un algorithme incite les clients d'un site d'e-commerce à acheter certains biens ou services particuliers, ce n'est que parce qu'il tire les conséquences de leurs habitudes, lesquelles possèdent donc un effet normatif

---

[283] V. Cimino, « Netflix dévoile les secrets de son IA de recommandation », siecledigital.fr, 15 déc. 2020.

à son égard. L'effet normatif est même parfois unilatéral, mais en ce que ce sont les utilisateurs qui imposent leurs choix aux algorithmes. Ainsi, quand Amazon développe une intelligence artificielle capable d'envoyer des livres à ses clients avant même qu'ils les aient commandés, l'effet normatif ne va que de l'utilisateur à l'algorithme. Toujours est-il que connaître si parfaitement les utilisateurs d'un service afin de pouvoir anticiper à l'avance toutes leurs décisions sans interférer dans celles-ci semble être une lubie et que le pouvoir le plus remarquable n'est pas ici celui de l'homme sur la machine mais celui de la machine sur l'homme. Et, lorsque les algorithmes sont modifiés afin d'exposer les utilisateurs à des contenus autres que ceux vers lesquels ils se dirigent le plus spontanément, par exemple afin de tempérer les ardeurs de quelqu'un ayant tendance à suivre une ligne de pensée et même de conduite extrémiste et dangereuse, leur aspect normatif et prescripteur n'en est que plus réel puisque, cette fois, le mouvement devient unilatéral : la machine ne décide plus pour l'homme après que l'homme a décidé pour la machine ; simplement, la machine décide pour l'homme.

Les humains construisent des algorithmes qui, en retour, reconstruisent les humains. Les mécanismes de filtrage des réseaux sociaux, alimentés en continu par les préférences exprimées par les internautes, finissent par les enfermer dans une certaine vision du monde qui s'auto-entretient et donc se renforce, sans possibilité d'être confronté à quelque contradiction. Alors qu'internet devait offrir un accès formidable à la diversité et à l'infinité du monde, les algorithmes des GAFAM et autres services de réseautage social, à la recherche de toujours plus de clics, enferment les individus sur eux-mêmes. Cela permet de les fidéliser en leur donnant l'impression qu'ils apprennent des choses — si bien que le temps moyen passé par jour sur les réseaux sociaux, 1h17 en 2019, ne cesse d'augmenter[284]. Par exemple, EdgeRank, l'algorithme de Facebook qui détermine quels contenus de quels amis doivent être affichés en priorité, aboutit à une hyper-personnalisation faisant que, en permanence, les textes, les images, les vidéos, les liens et les publicités s'affichant vont dans le sens des choix habituels des utilisateurs.

---

[284] Selon le rapport « Digital 2019 » publié par l'agence We Are Social et la plate-forme de gestion des médias sociaux Hootsuite (L. Connan, « Quatre conseils pour ne pas se laisser envahir par ses réseaux sociaux », lefigaro.fr, 10 mars 2020).

Cette « autopropagande invisible »[285] favorise notamment les phénomènes de radicalisation. Le pluralisme des courants de pensée et d'opinion et, par suite, la liberté d'opinion sont mis en danger. Où revient la dictature des algorithmes, dont les effets normatifs ne répondent guère aux exigences démocratiques.

L'expression « bulle de filtre » (ou « bulle filtrante ») a été créée par Eli Pariser en 2011[286]. Elle désigne les informations filtrées et donc personnalisées qui parviennent aux individus. En s'appuyant sur les caractéristiques des profils de chacun, les algorithmes conduisent à ne fréquenter que les objets, les personnes, les opinions et les cultures dont on est déjà familiers, à refuser la nouveauté et l'inconnu. Les réseaux sociaux, les moteurs de recherche et bien d'autres services livrent des résultats sur mesure à leurs utilisateurs. Or cela a pour effet d'enfermer et d'isoler les individus dans des « bulles » puisqu'ils n'accèdent plus à une information commune. Le pluralisme, notamment culturel et politique en pâtit. Alors que l'internet devait ouvrir les individus à la diversité du monde, le phénomène inverse se produit aujourd'hui et il devient l'instrument de prédilection de tous les communautarismes ou même intégrismes. Pour prendre un exemple parmi les moins alarmant, écouter la radio nous permettait autrefois de nous ouvrir à des styles et des artistes jusqu'alors pas ou mal connus. Désormais, avec les plateformes d'écoute à la demande, on se retrouve à écouter en boucle les mêmes morceaux, alors pourtant que l'internet pourrait nous permettre d'accéder en quelques clics à toute la culture musicale du monde. Les effets d'une offre culturelle et de contenus plus abondante que jamais sont ainsi neutralisés par la limitation de l'exposition effective des individus

---

[285] E. Pariser, *The Filter Bubble – What the Internet is Hiding from You*, Penguin Books, 2011. À titre d'exemple, l'auteur prend le cas de deux personnes aux convictions politiques opposées qui recherchent sur Google des informations concernant la compagnie pétrolière BP. La personne de « droite » voit s'afficher des résultats se rapportant aux chiffres financiers de l'entreprise, alors que celle de « gauche » obtient des résultats relatifs à la dernière marée noire causée par BP. En affichant en priorité des éléments allant dans le sens de ce que les internautes aiment et pensent déjà, le moteur de recherche les emprisonne dans des « bulles cognitives ».

[286] E. Pariser, *The Filter Bubble – What the Internet Is Hiding from You*, Penguin Press, 2011.

à la diversité culturelle du fait des IA des services qu'ils utilisent. Un tel phénomène se produit d'ailleurs y compris s'agissant des individus souhaitant par principe être confrontés à une diversité de contenus, car il est difficile d'échapper aux bulles de filtre. Les conséquences sont bien plus dramatiques lorsque le même phénomène se produit en matière idéologique, politique, ou s'agissant des cercles de diffusion de fausses informations tels que QAnon — cette mouvance apparue aux États-Unis regroupant les promoteurs de théories du complot selon lesquelles une guerre secrète mettrait aux prises Donald Trump, dont la mission secrète serait de sauver le monde, et des élites politiques (De Barack Obama à Emmanuel Macron), financières et médiatiques qui feraient toutes partie d'un même système visant à commettre impunément des crimes pédophiles et sataniques.

Les bulles de filtre s'imposent d'autant plus qu'il est délicat d'en prendre conscience. On peut parfaitement vivre dans sa bulle informationnelle sans en prendre conscience. Le confort de l'absence de contradiction ou encore le biais de confirmation propre à l'esprit humain et que connaissent bien les sciences cognitives — on privilégie les informations confirmant ses idées préconçues ou ses hypothèses et on accorde moins d'importance aux hypothèses et informations jouant en défaveur de ses conceptions — vont dans le sens de l'enfermement algorithmique. C'est pourquoi on voit certains auteurs, comme le psychiatre Serge Tisseron, demander tout simplement l'interdiction du ciblage personnalisé dans le domaine publicitaire et culturel, accusé de « condamner chaque spectateur à tourner en rond dans ce qu'il connaît de ses goûts et ce qu'il ignore de ses aprioris » et de contribuer à « réduire les données dont la majorité des humains disposent pour se faire une opinion sur le monde »[287]. Est-il temps de décréter l' « état d'urgence humain » ? Les IA ne cessent d'accroître leur puissance injonctive, leur capacité à produire des prophéties autoréalisatrices. Leurs recommandations-obligations instituent un monde nouveau, basé sur une nouvelle rationalité mixant statistiques et intérêts économiques, oubliant les libertés humaines. Il devient de plus en plus difficile d'opposer aux calculateurs notre droit à nous déterminer à l'encontre de toute probabilité. Cela n'est pas incompatible avec l'entrée dans l'ère de l'individu-tyran, au

---

[287] S. Tisseron, « Les publicités ciblées, c'est la bêtise assurée, interdisons-les ! », huffingtonpost.fr, 26 sept. 2017.

contraire, puisque l'individu devient un tyran y compris à l'égard de lui-même. Le numérique produit une société où cohabitent un individualisme et un égoïsme débridés et une faiblesse de la personnalité et de la liberté de chacun[288].

En 2020, cependant, la théorie des bulles de filtres a été remise en cause par une étude de chercheurs de l'Université de Pennsylvanie. Selon eux, les smartphones auraient au contraire tendance à exposer les individus à une plus grande variété d'informations[289]. Pour aboutir à une telle conclusion, ils ont analysé la consommation d'actualités de dizaines de milliers d'Américains sur une période de cinq ans sur leurs ordinateurs de bureau, leurs tablettes et leurs téléphones mobiles. Ils ont alors observé que, si ceux qui s'informent avec leurs ordinateurs n'accèdent qu'à un ensemble de sources et de thématiques réduit, tel ne serait pas le cas des personnes qui s'informent essentiellement avec leurs smartphones, car ces derniers, en raison de la structure de leurs applications mobiles et des agrégateurs de nouvelles, conduiraient à s'intéresser à des sujets plus variés[290]. Actuellement, alors que le smartphone est devenu le meilleur ami de l'homme en remplacement du chien, on observe pourtant des populations toujours plus divisées et irréconciliables, comme en a témoigné, le 6 janvier 2021, l'envahissement du Capitole, à Washington, par des militants d'extrême-droite pro-Trump, chose qui était encore inimaginable il y a quelques années. Du Pizza Gate des QAnon au « Guide du zizi sexuel » et aux tétines en forme de verge en érection de Jair Bolsonaro, les exemples ne manquent pas qui attestent du fait que de plus en plus d'individus, sans doute déjà naïfs naturellement, s'enferment dans une zone de confort idéologique, ne sont plus en mesure de comprendre ni leur environnement immédiat ni comment fonctionne le monde, et cela remet en cause jusqu'à la démocratie elle-même, qui tend à laisser place à la violence dès lors que les citoyens ne peuvent plus s'accepter ni se comprendre les uns les autres.

46. La fin des choix. Un exemple significatif de la délégation par les humains de leurs décisions à des IA, cela par commodité, est cette étagère à

---

[288] É. Sadin, *L'Ère de l'individu tyran – La fin d'un monde commun*, Grasset, 2020.

[289] J.-Y. Alric, « Ce travail universitaire remet en cause la théorie des bulles de filtres », presse-citron.fr, 13 déc. 2020.

[290] *Ibid.*

vin connectée décrite en ces termes : « Un rangement intelligent qui sait où chaque bouteille se trouve et qui sait aussi quand il est temps de les boire. Quand vous ajoutez ou retirez une bouteille de son rangement, l'étagère note immédiatement la différence et met à jour le stock dans l'app associée. Les concepteurs de Caveasy veulent offrir des conseils à tous les amateurs de vin pour les aider à mieux gérer leur cave et leur suggérer le vin adapté à un plat ou bien au contraire des recettes à partir d'une bouteille »[291]. Ainsi l'IA mettrait-elle fin au plaisir suprême consistant à descendre dans sa cave et de prendre le temps, parfois long, d'y choisir une bouteille en vue de la soirée à venir. Mais ce n'est pas dans ce cas là que la technologie est la plus intrusive. Avec la cave à vin connectée, on peut toujours refuser la proposition de l'IA ou même préférer conserver une cave traditionnelle, non assistée électroniquement. Le problème de la fin des choix se pose surtout dans le contexte de suggestions permanentes et personnalisées que produisent les réseaux sociaux et tous les assistants numériques.

La personnalisation va à l'encontre de la personnalité. Elle interdit le libre arbitre, l'évolution, le renoncement, la nouveauté. L'homme numérique est privé de sa capacité de s'émanciper de ses expériences antérieures. L'analyse prédictive et la personnalisation qui en découle supposent que le sujet continuera d'agir comme il l'a fait par le passé et en même temps l'oblige à continuer d'agir comme il l'a fait par le passé. Il faut s'enfermer dans soi-même pour que les services numériques fonctionnent de manière optimale. Amazon, par exemple, souhaite depuis longtemps envoyer, et faire payer, des livres et autres objets culturels ou non avant même que la personne n'ait exprimé ni même ressenti son besoin. La capacité d'anticipation de son IA serait telle qu'elle permettrait de deviner les désirs de chacun avant qu'ils n'apparaissent. En réalité, de façon performative, il s'agirait surtout de créer ce désir à des fins de consommation et d'augmentation de profits qui ne sont jamais jugés suffisants par l'entreprise. Surtout, cela interdit de changer d'avis, de brûler ce que l'on a adoré ou adorer ce que l'on a brûlé. Chaque individu devrait jusqu'à la mort rester fidèle à lui-même, à ses premières impressions, ses goûts de jeunesse. Comme l'explique Dominique Wolton, « un des effets de la domination socioculturelle est de ne pas être capable de demander autre chose que ce

---

[291] N. Furno, « Caveasy connecte la cave à vin », igen.fr, 7 juin 2020.

que l'on a. Désirer autre chose, entreprendre, c'est déjà se situer dans une démarche dynamique de questionnement, d'émancipation »[292]. Il semble fort que l'époque soit celle de l'infantilisation généralisée, interdisant pareille émancipation, pareil questionnement. Cette soumission socioculturelle serait à son apogée et sa première victime serait la liberté. Et Dominique Wolton de rappeler, alors que l'heure est largement aux médias personnalisés, que « les médias généralistes privilégiant la logique de l'offre rappellent l'importance, pour une théorie de la culture, d'une position normative qui souligne, contrairement à l'idéologie actuelle de la demande, combien l'émancipation culturelle passe largement par l'offre »[293]. Les radios, les télévisions et, dans une moindre mesure car ils sont souvent d'opinion, les journaux et les magazines sont un gage de démocratie en confrontant la population à une pluralité d'informations, d'analyses et de visions du monde. Ils sont des instruments de communication qui jouent sur l'universel et non sur le particulier. Les contenus personnalisés, au contraire, nuisent à la démocratie : sans eux, les victoires de Donald Trump, Jair Bolsonaro ou du Brexit auraient été impossibles. Ceux qui savent le mieux jouer avec les nouveaux médias remportent les élections en faisant voter les populations pour de mauvaises raisons. La démocratie en sort très fragilisée. Les choix des peuples, biaisés, sont une dépossession d'eux-mêmes par des personnalités charismatiques dont le principal argument est la désinformation.

En outre, loin de toute démocratisation, la spécialisation des médias et des contenus qu'ils proposent s'opère aussi en fonction des différents milieux solvables. Hier, l'entrepreneur multi-millionnaire et l'étudiant sans le sous voyaient les mêmes publicités pour des voitures de milieu de gamme qu'ils n'auraient jamais acheté. Aujourd'hui, les informations sont personnalisées selon les publics mais également par l'argent et par le niveau culturel, même si chacun peut théoriquement y accéder librement. Il en résulte forcément une conception moins démocratique de l'information reposant sur une spécialisation par niveaux de connaissances et par capacités financières. Avec les nouveaux moyens de communication, les contenus sont personnalisés, mais aussi leurs mises en forme et leurs procédures de

---

[292] D. Wolton, *Internet, et après ? Une théorie critique des nouveaux médias*, Flammarion, coll. Champs essais, 2010, p. 99.
[293] *Ibid.*, p. 22.

recherche. Les manières de construire le contenu, de le présenter et d'y accéder sont de moins en moins universels, de plus en plus rattachés à des schémas culturels particuliers. Les médias de masse laissent la place à des médias toujours plus sélectifs car toujours plus attentifs à la demande au détriment de l'offre. Il en résulte des sociétés de plus en plus divisées à l'image des médias qui les formatent.

N'est-il pas plus effrayant que réjouissant de voir la start-up Qloo ambitionner de croiser toutes nos préférences individuelles dans différents domaines afin, par exemple, de recommander de manger dans un certain type de restaurant ou de rencontrer une personne donnée en fonction de nos goûts musicaux ou de notre rythme de vie ? Qloo serait le « Netflix de la vie », enfermant ses utilisateurs dans une logique de recommandation holistique, à laquelle rien ne saurait échapper. Les objets connectés vont peu à peu effacer la frontière entre les mondes matériel et immatériel, pour que la personnalisation envahisse chaque moment de la vie. La chaîne de restauration rapide KFC en Chine a conçu avec Alibaba un système de paiement par reconnaissance faciale : il suffit de regarder la caméra pour être automatiquement débité. Dans le cas du supermarché du futur, conçu sur le même modèle, le client sera immédiatement reconnu et se verra remettre un caddie automatiquement préparé en fonction de ses besoins anticipés par les machines. Il ne sera plus fastidieux de faire les courses ; mais on mangera chaque semaine les mêmes plats, l'IA remplissant notre caddie en fonction de nos habitudes alimentaires et des données envoyées par nos réfrigérateurs connectés[294].

L'individu se trouve réduit à un alter ego numérique construit à partir de ses données et incapable de s'en échapper, enfermé dans une bulle de recommandations toujours conforme à son profil[295]. Des personnes curieuses peuvent envoyer des signaux de curiosité au système qui, en retour, les incitera à toujours plus de curiosité. Mais la plupart des gens font preuve de peu de curiosité et d'ouverture d'esprit et sont par conséquent dirigés vers

---

[294] K.-F. Lee, *I.A. – La plus grande mutation de l'histoire*, Les Arènes, 2019.
[295] CNIL, *Comment permettre à l'homme de garder la main ? Les enjeux éthiques des algorithmes et de l'intelligence artificielle*, synthèse du débat public animé par la CNIL dans le cadre de la mission de réflexion éthique confiée par la loi pour une République numérique, déc. 2017, p. 35.

moins de diversité. C'est ainsi que les algorithmes vont contre l'enrichissement culturel et la découverte de l'infinité du monde. Le téléguidage algorithmique des conduites a beau constituer une offense à nos facultés, rares sont ceux qui s'élèvent contre ce qui l'emporte grâce à son incroyable utilité. L'utilisation d'IA de recommandation produit notamment de lourdes conséquences sur les produits culturels en structurant l'offre en même temps que les pratiques de consommation culturelle. Cette offre est hiérarchisée, constituant à cette occasion une bulle de filtre, par différents services de recommandation devenus indispensables aux utilisateurs en raison de la surabondance des contenus accessibles. Paradoxalement, la démultiplication de l'offre a abouti à sa réduction. Les services de « matching » se retrouvent dans des secteurs très divers : la vidéo à la demande par abonnement (80 % des contenus visionnés sur Netflix seraient issus de recommandations personnalisées), la musique (la fonctionnalité de recommandation apparaît comme un réel enjeu de différenciation pour des services de streaming tels que Spotify ou Deezer), les services gratuits (pour Facebook, Youtube ou encore Google, l'algorithme permet la maximisation du nombre d'utilisateurs et ainsi leur exposition augmentée à la publicité) ou encore les sites de commerce en ligne (30 % des ventes d'Amazon résulteraient de recommandations automatiques)[296]. L'enjeu économique est indéniable pour les plateformes qui, en orientant les utilisateurs, augmentent la satisfaction et ainsi la fidélité — pour ne pas dire l'addiction — à leurs services. La relation individualisée avec le client est synonyme de réduction draconienne de la possibilité de choisir. Quand on entrait dans un magasin physique, le même pour tout le monde, on était confronté à des biens et services en tous genres, très divers, tandis que dans mon magasin personnel je ne trouve plus que les biens et services auxquels je suis habitué. Je gagne du temps, j'y trouve du confort, mais j'y perds ma liberté.

47. Standardiser les hommes. Paradoxalement, le mouvement de personnalisation des contenus s'accompagne d'un mouvement de standardisation : les algorithmes œuvrent à cadrer les conduites, à formater les esprits, à décider des désirs, à standardiser les besoins, donc à favoriser le

[296] CNIL, *Comment permettre à l'homme de garder la main ? Les enjeux éthiques des algorithmes et de l'intelligence artificielle*, synthèse du débat public animé par la CNIL dans le cadre de la mission de réflexion éthique confiée par la loi pour une République numérique, déc. 2017, p. 68.

suivisme, le panurgisme, et à éliminer au maximum les envies et les modes de vie alternatifs — ceux-ci étant trop peu monétisables. Les utilisateurs se retrouvent donc placés dans des silos de comportement et de consommation tracés par les algorithmes. Quand la normalité devient normativité. Les statistiques utilisées ne sont pas qu'individuelles, elles sont aussi collectives. Le problème de la bulle filtrante se pose à deux échelles : celle des individus et celle de la société dans son ensemble. S'agissant de la société, il n'est pas rare que la religion et ses préceptes ou d'autres traits culturels soient renforcés à l'échelle d'une population par des bulles de filtre. Il a été montré que l'usage intensif des statistiques est source de conformisme car les membres d'une société sont naturellement portés à adapter leurs comportements afin de suivre les tendances dominantes[297].

Les nouveaux médias tendent cependant moins à standardiser les populations que la télévision et ses prescriptions paternalistes abêtissantes. Les nouvelles techniques de calcul visent moins à ramener l'individu vers le centre de la société et sa moyenne normée. Mais les recommandations sont toujours tirées vers le milieu par les majorités : les goûts dominants, les produits les plus vendus, les contenus les plus vus[298]. L'IA apprend de nos comportements passés mais aussi de ceux de nos pairs. Elle compare nos profils avec ceux de nos semblables et, nous proposant les mêmes pensées et les mêmes activités, elle nous conduit à nous faire nous ressembler toujours plus. De façon probabiliste, l'IA suppose qu'une personne pourrait agir d'une manière donnée parce que d'autres l'ont déjà fait. Le futur de l'individu est prédit par le passé de ceux qui lui ressemblent. En outre, les entreprises du secteur du numérique peuvent introduire des biais volontaires dans le fonctionnement de leurs IA afin de modeler le monde à leur image, selon leurs préconçus, en fonction de leurs modes de pensée propres, afin de promouvoir leurs intérêts.

L'enjeu de la standardisation pour les multinationales du numérique est le même que celui qui a présidé à la construction de la société de consommation et à l'américanisation des modes de vie. Il s'agit de maximiser la part de la population se comportant selon les standards voulus afin de

---

[297] W. Espeland, M. Sauder, « Rankings and Reactivity : How Public Measures Recreate Social Worlds », *American Journal of Sociology* 2007, vol. 113, n° 1.

[298] C. O'Neil, *Algorithmes – La bombe à retardement*, Les Arènes, 2018, p. 70.

vendre toujours plus ses biens et services. L'intelligence artificielle, en outre, est limitée face à la diversité des contextes, des situations. Standardiser les pensées et les activités permet de renforcer l'efficacité et donc l'influence des systèmes d'IA. Il faut, en quelque sorte, que les vies des hommes soient codées comme des parties de jeu d'échecs et non libres, non aléatoires, non variables et incertaines. Les outils de recommandation sont performants à mesure que les pratiques sont régulières et donc prévisibles. Les outils de recommandation utilisés pour les livres par Amazon, les films avec Netflix, les morceaux de musique avec Deezer ou Spotify etc. reposent sur le filtrage collaboratif, c'est-à-dire proposent aux utilisateurs des contenus en comparant leurs profils avec ceux d'autres utilisateurs ayant aimé ou acheté les mêmes produits. Il devient ainsi de moins possible d'être particulier, atypique ou divergent. L'algorithme fait confiance à la régularité des structures de goûts et d'intérêts des utilisateurs. Pourtant, la popularité ne garantit en rien la qualité. Elle valorise de façon écrasante les choix conformistes, consensuels et populaires[299].

Ce mode de fonctionnement des algorithmes a aussi pour effet de concentrer l'attention autour de certaines informations qui obtiennent une immense, soudaine et brève popularité grâce aux effets de coordination virale qui concentrent le public[300]. Les compteurs de « nombres de vus » omniprésents servent aussi à favoriser ces piques d'attention. Comme on regardait, à la télévision, TF1 plutôt qu'ARTE parce que tout le monde le fait, quels que soient leurs programmes respectifs, on consulte les contenus les plus populaires parce que tout le monde le fait. Les traditionnelles mesures d'audiences continuent de fidéliser les publics. Alors que les youtubeurs remplacent les présentateurs du JT, la construction de la popularité numérique est brusque et déroutante. Elle privilégie la synchronisation, le mimétisme et l'obsolescence programmée[301]. Le paradoxe est qu'on a critiqué fortement les médias de masse au nom des libertés individuelles, leur reprochant, en diffusant des messages standardisés à tous, de formater les esprits et d'imposer leur rationalité. On réalise à présent que ces médias de

---

[299] D. Cardon, *À quoi rêvent les algorithmes ? Nos vies à l'heure des big data*, Le Seuil, coll. La République des idées, 2015, p. 24.
[300] K. Mellet, « Aux sources du marketing viral », *Réseaux* 2009, n° 157.
[301] D. Cardon, *À quoi rêvent les algorithmes ? Nos vies à l'heure des big data*, Le Seuil, coll. La République des idées, 2015, p. 92.

masse diffusaient un climat propice aux libertés individuelles et à la démocratie.

Gmail comporte désormais une fonction de suggestion de phrases. On peut ainsi, avec un peu de fainéantise, laisser Google répondre à notre place à nos mails. Mais ces messages sont alors largement standardisés, calibrés, loin de toute personnalité, loin des belles lettres que nos grands-parents s'écrivaient. Peut-être, une fois l'homme parfaitement robotisé, les services de messagerie répondront-ils aux mails sans intervention des individus. Que reste-t-il de l'homme lorsqu'il n'écrit plus, qu'il n'a plus de vocabulaire, plus de capacité à choisir ses mots, à comprendre toutes les nuances entre les quasi-synonymes ? Le langage n'est-il pas ce qui fait le propre de l'humain dans le règne animal ? Des études ont montré que, plus le temps passe, et moins la jeunesse s'exprime avec un bagage important de mots[302]. On ne saurait mieux caractériser la déshumanisation des hommes. De Georges Orwell dans *1984* à Ray Bradbury dans *Fahrenheit 451*, beaucoup ont déjà montré comment les systèmes autoritaires cherchent à entraver la pensée en diminuant le nombre de mots et en diluant leur sens. Il n'y a pas de liberté sans pensée et pas de pensée sans mots. Le regard critique n'existe que s'il peut être exprimé.

Or le bon fonctionnement des IA suppose la simplification et la standardisation du langage. Le monde numérique contribue fortement au rétrécissement du champ lexical et à l'appauvrissement de la langue. Il a besoin d'une pensée simple et commune et redoute toute pensée complexe, qui se libère, alternative ou périphérique. La disparition progressive des temps (subjonctif, passé simple, imparfait, formes composées du futur, participe passé…) aboutit à une pensée contenue dans l'instant, incapable de projections, de prises de recul ou d'anticipations. Avec moins de mots et moins de verbes conjugués, on ne parvient plus à exprimer ses émotions. Des études ont montré qu'une partie de la violence contemporaine provient directement de l'incapacité à mettre des mots sur les sentiments, sur les sensations intérieures[303]. Face à ces constats, on aspire à « enseigner et

---

[302] G. Siouffi, F. Gaudin, « La vie avec 500 mots de français : un emprisonnement social qui menace de plus en plus de jeunes », atlantico.fr, 23 oct. 2015.
[303] Ch. Clavé, « Baisse du QI, appauvrissement du langage et ruine de la pensée », agefi.com, 17 nov. 2019.

pratiquer la langue dans ses formes les plus variées, même si elle semble compliquée, surtout si elle est compliquée. Parce que dans cet effort se trouve la liberté. Ceux qui expliquent à longueur de temps qu'il faut simplifier l'orthographe, purger la langue de ses “défauts”, abolir les genres, les temps, les nuances, tout ce qui crée de la complexité sont les fossoyeurs de l'esprit humain. Il n'est pas de liberté sans exigences. Il n'est pas de beauté sans pensée de la beauté »[304]. L'effet de Flynn, du nom de son concepteur James R. Flynn, désigne l'augmentation des scores aux tests calculant le quotient intellectuel jusque dans les années 1990[305]. Le progrès, depuis la révolution industrielle, s'est accompagné d'une croissance de l'intelligence moyenne des hommes dans les pays occidentaux où ces travaux ont été menés. Or les chercheurs en sciences cognitives observent l'inversion de l'effet de Flynn, autrement dit une diminution progressive des capacités intellectuelles. Tandis que l'intelligence artificielle progresse, l'intelligence humaine régresse. Il faut ajouter, pour comprendre le phénomène, la segmentation croissante des marchés de l'information, la satisfaction des demandes individuelles renforçant les inégalités culturelles — mais les explications à ce phénomène ne se réduisent pas à l'utilisation des nouvelles technologies et il faut y ajouter la malnutrition, les pollutions ou le milieu social et éducatif. Or, s'ils sont heureux, les simples d'esprit ne sont pas libres.

48. La désindividualisation ou la perte de l'autonomie intellectuelle et morale. L'irrationalité de nos jugements quotidiens expliquerait le besoin de machines nous venant en aide en identifiant à notre place nos besoins et les moyens d'y répondre, en échappant à nos illusions cognitives[306]. La machine étant plus efficace que l'homme pour traiter en continu des flux d'informations croissants, ce second serait tenté de s'en remettre à cette première. L'IA facilite la prise de décision et, finalement, en vient à prendre la décision elle-même. De plus en plus, elle nous aide à améliorer non seulement l'efficacité de nos décisions, mais aussi leur nature même. Souhaitant être maximalement au fait de l'exact état des êtres et des choses afin d'éviter toute erreur et d'agir à chaque instant de manière optimale, les

---

[304] *Ibid.*

[305] R. Herrnstein, Ch. Murray, *The Bell Curve – Intelligence and Class Structure in American Life*, Free Press, 1994.

[306] D. Kahneman, *Thinking, Fast and Slow*, Farrar, Strauss and Giroux, 2011.

hommes, las de leur condition naturelle, renoncent à l'exercice de leurs facultés. Dans son best-seller *Homo Deus,* l'historien Yuval Harari se risque à une prédiction qui fait froid dans le dos : les applications industrielles de l'intelligence artificielle réaliseront la disparition du libre arbitre. « Nous allons être submergés par des produits extrêmement utiles qui ne laisseront place à aucun libre arbitre individuel. La démocratie, le marché et les droits de l'homme ne survivront pas »[307]. Il faudrait repenser l'homme et la société, mais ni l'un ni l'autre n'en sortiraient grandis. L'IA, en prenant le contrôle de nos comportements et en exerçant sa tutelle sur nos pensées les plus intimes, serait en mesure de ruiner les fondements libéraux de nos sociétés. En premier lieu, c'est l'individualité de chacun qui s'évaporerait. Il n'y aurait alors plus de droits dont on pourrait jouir librement, plus d'élections dans lesquelles on pourrait se prononcer librement, plus de marchés sur lesquels on pourrait consommer librement, seulement la dictée permanente. Bien sûr, aujourd'hui, la situation n'est pas encore celle-là. Mais les hommes qui naissent en 2020 pourront-ils échapper à ce destin ? Mieux vaut peut-être prendre très au sérieux ces questions. L'actualité n'a de cesse de montrer que les libertés ont de plus en plus de mal à survivre face aux pressions totalitaires de diverses origines.

« Si un algorithme me connaît mieux que moi-même, explique Gaspard Kœnig, et me propose des choix plus rationnels que je n'aurais jamais pu faire, si une myriade d'objets connectés précèdent ma capacité de décision en m'offrant une existence déterminée confortable, si je cesse peu à peu d'être l'agent de mes propres actions, pourquoi aurais-je besoin d'un droit de vote ou serait soumis à la moindre responsabilité ? »[308]. Le philosophe peut intituler son essai, paru en 2019, *La fin de l'individu* : cela semble être l'enjeu le plus essentiel, le défi le plus important parmi tous ceux que l'IA pose aux droits de l'homme. Il serait donc grand temps de replacer sur le devant de la scène l'individualité promue par les Lumières, l'idéal kantien de l'autonomie du sujet. Alors qu'on peut être tenté d'abdiquer la liberté en échange d'un parfait confort, on peut aussi vouloir la défendre quitte à être un grain de sable qui enraye la belle machine utilitaire. On peut considérer que la plus

---

[307] Y. Harari, *Homo Deus – Une brève histoire de l'avenir,* Albin Michel, 2015.
[308] G. Kœnig, *La fin de l'individu – Voyage d'un philosophe au pays de l'intelligence artificielle,* Éditions de l'observatoire, coll. De facto, 2019, p. 21.

grande richesse est la liberté de se déterminer, de faire ses choix, de critiquer, de se rebeller et d' « errer » comme l'aurait dit John Stuart Mill.

Thomas Jefferson, inspirateur de la démocratie américaine, pensait que, pour éviter la tyrannie de la majorité, il faudrait inlassablement lutter contre les biais empêchant les minorités d'être elles-mêmes, cela jusqu'à la plus petite minorité possible : l'individu. On comprend dès lors que ce sont les fondements mêmes de notre société ouverte et démocratique qui sont en jeu. Quand l'homme n'est plus un producteur conscient de connaissances mais un récepteur passif d'informations, quand l'hyper-personnalisation des produits génère la désindividualisation du sujet, quand le sur-mesure conduit à la perte de la mesure, Donald Trump, le Brexit, Jair Bolsonaro ou Recep Tayyip Erdoğan deviennent possibles. Téléguidé, robotisé, l'homme numérique perd son autonomie intellectuelle et morale. Il se retrouve enfermé dans un profil qui freine son évolution personnelle et qui évolue progressivement vers la « normale ». Alors que l'homme se réduit de plus en plus à l'homme numérique, celui-ci est le fait d'un croisement de données à travers un miroir déformant qui produit un profil type profondément réducteur. L'homme numérique est un homme diminué et simplifié.

L'intelligence artificielle provoque une personnalisation précise qui est en même temps une désindividualisation sans retour. Un homme n'est plus une entité autonome, capable de jugement et de décision. Il devient la simple émanation provisoire de flux qui le dépassent[309]. La personnalisation laisse ainsi la place à la standardisation et progressivement l'inclusion dans la masse compte plus que la singularité à mesure que les modèles statistiques et probabilistes font leur travail. On parle ainsi de « racisme numérique » ou d' « eugénisme numérique », le discours raciste étant un refus ou une négation de l'autonomie et des différences des autres ancrés dans une appropriation de l'histoire et dans une conception de l'identité souvent liée à un peuple, une nation ou une race. Du point de vue d'un humanisme numérique, la question de la singularité individuelle, de l'identité et de la personnalité, et finalement de la perte du sentiment d'humanité, devient essentielle. L'autonomie et le libre arbitre, s'opposant au racisme et à toutes les discriminations, sont une défense de la construction sociale de l'imaginaire de l'individu. En d'autres termes, ils sont un refus de

[309] G. Kœnig, *Le révolutionnaire, l'expert et le geek*, Plon, 2015.

l'invariance, de la fixité et de la raison collective. Pourtant, en acceptant les cookies et les conditions d'utilisation, en partageant une infinité de données personnelles, nous forgeons les fers qui nous entravent. Plus l'informatique devient indispensable à chaque instant, plus il devient difficile de faire le choix de l'altérité, du chemin libre et indépendant de la vie, s'affranchissant de soi-même qui est devenu le pire de tous les despotes. On foncerait ainsi vers ce monde dystopique dans lequel « la liberté n'est qu'un luxe qui peut attendre et ses derniers témoins peuvent disparaître »[310]. L'informatique, source des difficultés, offre d'ailleurs de multiples solutions afin d'y remédier. Et le droit en donne d'autres, par exemple en imposant d'offrir en permanence des choix au nom de la défense du pluralisme et de l'épanouissement personnel. Toutes les voies pourraient se combiner afin de protéger cette individualité sans laquelle il devient interdit à l'homme d'être soi-même, de résister à l'uniformisation. Si les hommes sont des êtres très prévisibles, aux comportements réguliers, les acteurs du monde numérique ne les enferment dans des bulles de filtre que si cela est rentable pour eux. En fonction du paramétrage des algorithmes, ceux-ci peuvent parfaitement nous exposer à des contenus très différents, nous obligeant à changer nos habitudes. Mais cette possibilité n'est guère exploitée. Aucune des grandes catégories d'algorithmes n'envisage la sérendipité comme variable essentielle aux choix de consommation. Ils se focalisent sur les liens forts exprimant des préférences avérées et délaissent y compris les liens faibles qui permettraient d'identifier des affinités potentielles, non encore révélées.

Est en cause, pour reprendre les mots d'Antoinette Rouvroy et Thomas Berns, une « gouvernementalité algorithmique » dont le sujet est « saisi par le "pouvoir", non pas à travers son corps physique, ni à travers sa conscience morale (prises traditionnelles du pouvoir dans sa forme juridico-discursive) mais à travers les multiples "profils" qui lui sont assignés, souvent de manière automatique sur la base des traces numérisées de son existence et de ses trajectoires quotidiennes »[311]. Autrement dit, le nouveau droit qui jaillit des algorithmes ne serait que le reflet de la synthèse des faits sociaux dans

---

[310] A. Camus, « Prométhée aux enfers », in *Œuvres*, Gallimard, coll. Quarto, 2013, p. 1119.

[311] Th. Berns, A. Rouvroy, « Gouvernementalité algorithmique et perspective d'émancipation – Le disparate comme condition d'individualisation par la relation », *Réseaux* 2013, n° 117, p. 174-175.

des données décontextualisées. Ce droit, malgré sa forte individualisation, ne semble donc qu'un peu moins coupé des réalités et coupé de ses destinataires que celui qui résulte des processus de démocratie représentative. Cela pose la question de son acceptabilité et, par suite, de sa viabilité sur le long terme, une fois que l'effet de surprise technologique — allant de pair avec un état de grâce technologique — sera passé. Déjà bien des auteurs de science fiction ont imaginé des hommes se révoltant contre les robots. Les hommes s'élèveront-ils bientôt contre la « loi des algorithmes » ? Depuis la Révolution française de 1789, le légalisme (fait de réduire le droit à la loi du Parlement) fait que les individus sont soumis à des normes générales et abstraites de comportement évitant qu'ils soient enfermés dans des dépendances personnelles, caractéristiques des rapports inégaux de l'Ancien Régime. Or l'hyper-personnalisation par les algorithmes tend à recréer de telles dépendances.

Il est temps de relire la dystopie *1984* de George Orwell, qui s'était placée en tête des ventes, en 2016, après l'élection de Donald Trump. Ce roman est lourd d'enseignements à l'époque de l'extrême-droite de masse, des *fake news*, des *deepfakes* et autres manipulations politisées de la réalité. Mais il faut plus encore relire la dystopie d'Aldous Huxley *Le meilleur des mondes*, publiée en 1932. Alors que George Orwell prévient que nous serons vaincus par une oppression imposée de l'extérieur, Aldous Huxley n'imagine pas qu'un Big Brother vienne priver les individus de leur autonomie, de leur maturité et de leur histoire, car ils s'en priveront tout seuls. L'homme, on le sait depuis les jeux du cirque romain, n'attend que trois choses dans la vie : manger, dormir, se divertir. Ainsi Huxley décrivait-il une population en venant à aimer son oppression, à adorer son oppresseur, à se ruer sur les moyens technologiques de cette oppression, qui défont la capacité de penser et la remplacent par des réflexes et des automatismes. *Le Meilleur des Mondes* envisage ainsi une fin de l'homme imposée sournoisement de l'intérieur, par des successions de renoncements individuels. Là où Orwell évoque le risque que les livres soient bannis par la force par un tyran, Huxley imagine un monde où il n'y aurait « aucune raison de bannir un livre, puisqu'il n'y aurait personne pour vouloir en lire un »[312]. Orwell craignait « que la vérité nous soit cachée », tandis qu'Huxley craignait « que la vérité

[312] N. Postman, *Se distraire à en mourir* (1985), Nova éditions, 2010.

ne soit noyée dans une mer d'insignifiance »[313]. En résumé, le monde dystopique d'Orwell repose sur la peur, quand celui de Huxley repose sur le désir. En ce sens, *Le Meilleur des mondes* est plus encore une satire de la société du spectacle et de la société de consommation[314]. C'est ici que réside l'outil de notre ruine qui permet de contrôler les foules, de les assujettir. Se divertir à tout prix, y compris en sacrifiant le libre-arbitre, telle est la voie que semble suivre l'humanité, ainsi que l'avait fort justement pressenti Aldous Huxley.

Comme l'explique Éric Sadin dans son ouvrage *L'Ère de l'individu tyran – La fin d'un monde commun*, l'apparition du nudge permanent accompagne un autre phénomène : la montée de l'individualisme et de l'égoïsme, sans que cela soit paradoxal puisque les nudges sont individualisés et personnalisés[315]. L'auteur montre comment les horizons communs sont entrés en crise, évincés peu à peu par la « primauté de soi », qui finit par devenir dictatoriale, noyer le sens du collectif et faire perdre son sens à l'idée de démocratie comme à l'idée de *démos*. Alors que l'ancien individualisme, hérité des Lumières et notamment de la pensée de John Locke, était encadré par les droits d'autrui et par ceux du peuple et n'interdisait pas l'épanouissement des solidarités organisées, les nouvelles technologies numériques, les smartphones et les réseaux sociaux, avec d'autres facteurs, ont favorisé le repli sur soi-même et sur ses seuls intérêts personnels. Ce sont les « solitudes interactives » décrites par Dominique Wolton[316]. Se produit, sans qu'il y paraisse, une « guerre de tous contre tous ». « Frustré et dépossédé, observe Éric Sadin, chacun se croit "augmenté", se rêve "surclassé", s'imagine omnipotent, comme en apesanteur. Le nouvel individu, en tapotant sur l'écran tactile, transmet ses ordres, donne son avis, publie ses fêtes intimes ou ses émotions de l'instant. Invisible et négligeable, il se croit unique. Dépossédé, il se croit maître absolu. Incapable d'influer vraiment sur le cours du monde, il vocifère avec virulence. Entre impuissance réelle et toute-puissance imaginaire, le choc génère des haines, des injures, et déjà des tueries. De plus en plus ingouvernables. De plus en

---

[313] *Ibid.*

[314] M. Dupont-Besnard, « Le Meilleur des Mondes dénonçait mieux que 1984 les dérives de notre société de consommation », numerama.com, 18 juill. 2020.

[315] É. Sadin, *L'Ère de l'individu tyran – La fin d'un monde commun*, Grasset, 2020.

[316] D. Wolton, *La communication, les hommes et la politique*, CNRS Éditions, 2015.

plus violents, en paroles et en actes. De plus en plus aigris, vindicatifs, revanchards, en même temps que souverainement capricieux et autocentrés »[317]. L'effondrement est aussi celui de notre monde commun, posant la question des modalités et même de la possibilité d'un contrat social rénové, permettant aux individus de ne plus s'effondrer ensemble mais de se tenir debout ensemble. Mais, pour l'heure, les individus en perte de personnalité deviennent de moins en moins gouvernables à mesure qu'ils perdent de vue leur avenir commun, leurs points communs, leur destin commun, le fait qu'ils constituent une communauté. Et progressent la défiance, la colère, la crispation, la protestation, le rejet de l'autorité politique, de la légitimité scientifique et de l'information journalistique. Au centre de cette macabre évolution de l'humanité se trouvent bien les réseaux sociaux et leurs algorithmes personnificateurs. Sur Facebook, note encore Éric Sadin, chacun a « le sentiment que le monde est à ses pieds, que sa parole vaut celle de tous, que son image est magnifiée »[318]. L'individu tyran « est un être ultra connecté, replié sur sa subjectivité, conforté dans l'idée qu'il est le centre du monde, qu'il peut tout savoir, tout faire, et voyant dans l'outillage technologique moderne l'arme qui lui permettra de peser sur le cours des choses. C'est le I de Iphone, le You de Youtube. Jamais combinaison n'aura été plus explosive : les crises économiques renforcent l'impression d'être dépossédé, la technologie celle d'être tout-puissant. L'écart entre les deux ne cesse de se creuser et devient de plus en plus intolérable. Les conséquences sont délétères : délitement du lien social, de la confiance, du politique ; montée du communautarisme, du complotisme, de la violence »[319].

---

[317] R. Pol-Droit, « "L'Ère de l'individu tyran", d'Éric Sadin », lemonde.fr, 9 oct. 2020.

[318] É. Sadin, *L'Ère de l'individu tyran – La fin d'un monde commun*, Grasset, 2020.

[319] *Ibid.*

II. La camisole numérique : la mise en pilotage automatique de nos vies

49. La conquête du corps et de l'esprit. « Enfant, je pensais que mes parents savaient tout de ce que je faisais quand je n'étais pas avec eux, alors j'avais peur de contourner les règles. J'étais si obéissante », raconte la journaliste Julia Angwin[320]. Cette anecdote témoigne des mécanismes psychologiques qui entrent en action lorsqu'on se trouve dans une situation de contrôle. « Je pense que c'est vraiment ce qu'est la surveillance : l'intimidation, l'autocensure, quand vous essayez de ne rien faire de risqué », ajoute Julia Angwin[321]. On sait qu'internet est un monde où l'oubli n'existe pas. Beaucoup d'hommes politiques et autres personnalités aux hautes responsabilités ont dû répondre de déclarations ou actes anciens réapparus à la surface médiatique soudainement, régurgités depuis les tréfonds des réseaux sociaux. Il faut ainsi apprendre à vivre dans une société où l'on sait qu'absolument tout ce que l'on dit et ce que l'on fait est mis en mémoire et pourra potentiellement nous être opposé des années plus tard. Cela est source de conformisme. Avec un peu de lucidité, on se dit qu'il ne faut pas prendre aujourd'hui des libertés qu'on regrettera plus tard. Il faut rentrer dans le cadre, dans le moule, ne pas faire de vagues. Ainsi l'enfermement, qui est l'envers de la personnalisation algorithmique, peut-il se renforcer.

Les générations actuelles sont de moins en moins libérales. Elles goûtent chaque jour un peu moins à la liberté. Elles préfèrent les dogmatismes, le prêt-à-penser et le prêt-à-faire. Elles se donnent alors à la technique corps et âme, trouvant dans son incroyable efficacité sa raison d'être. Au-delà de la mémoire infaillible des réseaux, c'est bien le téléguidage des conduites par les IA qui produit la camisole numérique. On laisse les puissants calculateurs mettre nos vies en pilotage automatique. L'émancipation individuelle est vécue comme un drame, non comme un aboutissement. Ou alors, tout à

---

[320] J. Angwin, *Dragnet Nation – A Quest for Privacy, Security, and Freedom in a World of Relentless Surveillance*, Times Books, 2014.
[321] *Ibid.*

l'inverse, on s'imagine plus libre que jamais car on ne voit pas tous les nudges omniprésents à chaque instant. Henri Bergson et d'autres ont montré combien les hommes se croient libres parce qu'ils ignorent les causes qui les déterminent. Les hommes sont et resteront inégaux face à la liberté : certains sont plus libres que d'autres, il y a des déterminismes plus forts que d'autres, une conscience de ce qu'est la liberté variable entre les individus. Les moins libres sont souvent ceux qui pensent l'être le plus ; et inversement. Quand des systèmes d'IA, par leurs recommandations, piègent les personnes dans des prophéties auto-réalisatrices et dans des destinées préécrites, la conscience de cette réalité est le meilleur moyen d'y échapper.

Les algorithmes procèdent à des tris dynamiques entre les données, loin de se contenter de les ranger chronologiquement ou alphabétiquement. Ils conditionnent ainsi l'accès à l'information. Ils atteignent pleinement leurs objectifs lorsqu'ils parviennent à épouser si étroitement les milieux dans lesquels ils interviennent que les comportements des acteurs se règlent peu ou prou sur eux. Les IA forgent alors les représentations des humains. Elles prennent le pouvoir sur leurs vies. Progressivement, l'industrie numérique parvient ainsi à imposer le technolibéralisme partout, dans tous les domaines, surpassant chaque jour un peu plus les limites et résistances de la psychologie humaine. Tout geste peut devenir une occasion de profit. Chaque instant de la vie doit être l'objet d'un savant calcul. La grande bataille économique de notre temps est la conquête du comportemental. Il s'agit d'être l'opérateur qui saura exercer sa tutelle permanente mais discrète sur l'individu, orientant chacun de ses gestes individuels et collectifs. Des IA sont ainsi appelées à être en permanence placées à nos côtés, sur nos corps, durant les relations sexuelles, le sommeil, dans les toilettes, la salle de bain, la voiture, les transports, au travail, au restaurant, dans les bons comme dans les mauvais moments. L'industrie du numérique déploie une « science du chronos »[322], s'évertuant à nous accompagner sur toute la ligne du temps, le jour comme la nuit, l'été comme l'hiver, dans les moments professionnels comme dans les moments personnels, de la naissance à la mort — et même au-delà. Le Comité Orwell peut annoncer : « Bienvenue dans le pire des

---

[322] É. Sadin, *L'intelligence artificielle ou l'enjeu du siècle – Anatomie d'un antihumanisme radical*, L'échappée, coll. Pour en finir avec, 2018, p. 210.

mondes : le triomphe du soft totalitarisme »[323]. La technique et la puissance économique qui se cache derrière souhaitent devancer les actes et, pour cela, devancer les aspirations, les goûts, les envies — et elles y parviennent de mieux en mieux. Le behaviorisme radical a montré combien les conduites humaines sont le fruit de leur environnement par une boucle permanente d'actions et de rétroactions. La science des probabilités fait de nous des êtres statistiquement prédictibles. Et nous le sommes de plus en plus à mesure que l'économie de la donnée se perfectionne. Il est par exemple possible de prédire les files d'attente à Disneyland Paris à partir du volume de communications sur le réseau mobile proche du RER A .

Le capitalisme industriel souhaitait vendre les plus grands volumes de biens. Pour cela, grâce à la publicité, il créait des besoins et donc une demande inexistants spontanément. Cette ambition était cependant bridée par l'aspect hors-commerce de bon nombre des activités humaines. Avec la société de consommation, le nombre d'aspects de la vie faisant l'objet d'une marchandisation n'a eu de cesse d'augmenter. Le libéralisme a cherché à élargir toujours plus son rayon d'action, mais il était rappelé à ses limites par la structure de la vie, composée de toute une part de vie privée inaccessible aux vendeurs-prédateurs. Aujourd'hui, on atteint le point culminant de cette société de consommation : la vie dans sa totalité est entrée dans le marché. Il n'y aura bientôt plus un acte quotidien qui ne soit visé par des incitations commerciales ou qui ne soit le fruit d'une manœuvre commerciale, à tel point que tous les angles morts semblent en passe de disparaître par la magie du technolibertarisme. Supprimant tous les espaces vacants, il concrétise le rêve absolu du capitalisme.

Les hommes sont animés par des projets permanents de perfectionnement de soi et trouvent dans les IA de magnifiques outils afin d'optimiser son budget, maigrir, rester en forme, surveiller sa consommation ou son bilan carbone etc.[324]. Jusqu'au sommeil, continent jusqu'ici inaccessible, peut désormais être quantifié et faire l'objet d'une exploitation commerciale. La nuit, nous pouvons profiter, par exemple, des vertus rassérénantes promises par le

---

[323] N. Polony, Comité Orwell, *Bienvenue dans le pire des mondes – Le triomphe du soft totalitarisme*, Plon, 2016.
[324] A.-S. Pharabod, « La mise en chiffre de soi – Une approche compréhensive des mesures personnelles », *Réseaux* 2013, n° 177.

bandeau connecté Dreem, de la start-up française Rythm. Il s'agit d'un serre-tête analysant notre sommeil afin, grâce aux dernières avancées du biofeedback et de la neuromodulation qui permettent de délivrer les meilleurs conseils, de passer des nuits sur mesure. On se retrouve de la sorte accompagné sans cesse par des coachs personnels, à l'image de ce coach du sommeil qui, au matin, nous délivre sur une application dédiée un « *sleep score* » qu'il s'agira d'améliorer dès la nuit suivante dans une perspective d'omni-optimisation. Et, bien sûr, ce « *sleep score* » est agrémenté de commentaires personnalisés et de suggestions d'achats de produits ou services sans lesquels il sera plus difficile d'améliorer ce score, donc indispensables — à commencer par l'oreiller connecté et le matelas connecté qui permettront de préciser les analyses du sommeil, s'il est encore possible de s'endormir au milieu de cette forêt de capteurs. Pourtant, savoir que son sommeil va être noté, avec la pression du résultat qui l'accompagne, n'est sans doute pas le meilleur moyen de trouver le sommeil. Cela n'empêche pas la société Withings de proposer son Sleep Analyzer, un sous-matelas de 63 cm de long qui se place entre le sommier et le matelas. Différents capteurs détectent le rythme cardiaque, mais aussi la fréquence des ronflements, les phases d'apnée du sommeil et les différents cycles de sommeil au cours de la nuit. Le résumé de la nuit est fourni dès le matin sur un compte personnel. Plus besoin de se baser sur ses sensations pour savoir si l'on a bien dormi et si l'on se lève du bon pied ; il suffit de consulter son smartphone et de découvrir le résultat (une note entre 0 et 100)[325].

Le bracelet connecté anti-dépression est un autre exemple de néo-prothèse fort utile puisqu'il permet de donner l'alerte sitôt que la santé psychique se dégrade, ce qu'il constate en observant la tension artérielle, la température du corps, l'acidité de la peau, le temps de sommeil, le rythme cardiaque etc. Il peut alors suggérer l'achat de divers traitements qui permettront de se sentir mieux. Tout cela atteste de l'immense optimisme avec lequel l'humanité imagine pouvoir se défaire au moyen de la technique de maux consubstantiels, qui l'accompagnent depuis toujours.

Les bracelets connectés mesurent les gestes et les flux physiologiques afin de prodiguer toutes sortes de conseils qu'on serait bête de ne pas suivre dès lors

[325] M. Grumiaux, « Withings Sleep Analyzer : le capteur qui vous aide à mieux dormir », clubic.com, 16 juin 2020.

qu'ils sont personnalisés. Avec les applications dédiées qui les accompagnent, ces instruments paramédicaux poussent à adopter certains comportements, à consommer certains produits et à éviter toute déviance. Les bracelets connectés, ce sont les nouveaux experts qu'il faut à tout prix écouter. Nombre de startuppers créent des outils numériques dont l'objet est de parer à la défectuosité de la nature humaine, de permettre aux hommes de commettre moins d'erreurs, de se comporter de manière moins inconsidérée, de mieux se comprendre pour mieux agir. Le porte biberon connecté Baby Gigl, par exemple, permet selon ses créateurs d' « analyser et corriger le comportement des adultes lorsqu'ils donnent le biberon, grâce à un inclinomètre qui émet un signal sonore et lumineux lorsque le geste est mal accompli ». Heureux sont les hommes qui, enfin, ont à leur disposition un outil qui leur permet de donner le biberon de la manière la plus efficace pour que le bébé puisse devenir grand, beau et fort. L'ours en peluche connecté sera sans doute un allié précieux afin de mieux comprendre et donc mieux réagir aux comportements de l'enfant.

Après les lunettes connectées, on imagine que des perruques connectées, des verres à vin connectés — garantissant une consommation modérée — et autres tampons hygiéniques viendront bientôt compléter la parure du parfait individu connecté. Celui-ci, ayant renoncé à toute liberté, à tout choix individuel, écoutera la musique choisie par ses chaussures connectées (en fonction du rythme de la marche ou de la course) et s'habillera à l'aide de dispositifs d'aide à l'habillage comme Echo Look d'Amazon, qui lui délivreront de bons conseils relatifs à la tenue du jour — des habits éventuellement à acheter en urgence si on ne les possède pas déjà — en fonction de la météo, de l'agenda et de l'humeur[326]. Cet individu connecté, uniquement soucieux de son bien-être, de ne pas perdre de temps et d'éviter tout casse-tête, sera très heureux de s'appuyer en toutes circonstances sur de tels *smart agents* combinant connaissances scientifiques (ou pseudo-scientifiques) et connaissances personnelle de chacun, pénétrant au plus profond de ce qu'il reste de l'esprit et saisissant chaque paramètre du corps.

[326] M. Tual, « Echo Look, l'algorithme qui vous dit comment vous habiller », *Le Monde* 29 juill. 2017.

Les ampoules connectées sont un autre exemple de l'ambition de l'industrie des IA de n'épargner aucun secteur. Un jour viendra-t-il où, lorsqu'on fera nos courses au supermarché, nous ne pourrons plus rien acheter qui ne soit pas connecté, jusqu'aux emballages des fruits et légumes ? Selon le cabinet d'étude britannique Omdia, l'éclairage stimule la croissance du marché de la maison connectée, l'analyste anticipant des ventes de l'ordre de 21 milliards de dollars à l'horizon 2023, contre 10 milliards en 2018[327]. Il est vrai que l'éclairage intelligent sait se faire passer pour indispensable, comme beaucoup des produits dits « intelligents ». Pouvoir commander ses ampoules par la voix, par de magiques « allume-toi », « éteins-toi » ou « diminue la luminosité » est évidemment un grand progrès pour tous ceux qui sont partisans du moindre effort et qui voient dans le fait de devoir déclencher un interrupteur un insupportable effort. Le confort, dont on pourrait d'ailleurs discuter la réalité, et la sécurité sont les moteurs de cette industrie.

Quant à la piscine connectée grâce à l'analyseur connecté Iopool, permettant d'optimiser automatiquement la qualité de l'eau et sa température, il s'agit évidemment pour l'entreprise qui le commercialise de ne manquer aucun instant de vendre au client un produit d'entretien. Suivant la logique « contrôler, alerter, traiter », Iopool est le parfait partenaire de l'estivant accompli[328]. Mais l'objet connecté et intelligent le plus important de tous sera peut-être la voiture autonome. Or sa vocation, par exemple s'agissant de la Google Car, est moins d'emmener une personne d'un endroit à un autre que d'exploiter son temps de cerveau disponible pendant le trajet. Il s'agit, grâce aux capteurs à l'intérieur de l'habitacle, de mieux connaître cette personne pour ensuite lui proposer de visualiser un épisode d'une série sur un service payant, lui proposer une pause déjeuner ou casse-croûte dans une brasserie partenaire — payant donc pour que l'automobile invite l'automobiliste à s'arrêter chez elle — ou l'inviter à faire un détour par le centre commercial du coin afin de profiter de ses incroyables promotions du moment.

Toute cette personnalisation, par ailleurs, signe la mort du marketing qui servait à combler la distance entre le producteur et le consommateur. Avec

---

[327] V. De Brye, « Le marché des luminaires connectés devrait doubler d'ici 2023 », lesnumeriques.com, 17 mai 2020.

[328] A. Brunet, « Iopool ECO : Test de l'analyseur d'eau de piscine connecté », domo-blog.fr, 16 mai 2020.

des offres en permanence adaptées au contexte et à la personne selon les flux de données de l'existence, c'est au moins un marketing totalement réinventé dont il s'agit : le *smart marketing*. Ce dernier vise à optimiser les placements publicitaires pour ne cibler que les clients potentiels. Il utilise aussi le suivi des utilisateurs pour pratiquer des prix dynamiques, donc des prix personnalisés. L'exemple topique est celui des compagnies aériennes et ferroviaires qui parviennent à percevoir dans les comportements sur leurs sites web des clients l'impérativité d'un déplacement, ce qui justifie de leur point de vue de leur proposer un prix plus élevé, tandis que le client hésitant se verra proposer un tarif attractif[329]. La politique tarifaire d'Uber suit une même logique : le prix de la course dépend de la distance et de la durée, mais aussi de nombreuses informations telles que l'état de l'offre et de la demande, mais aussi les heures de sortie de bureau ou de fin de soirée, la température extérieure, la survenance de pluie ou d'orages ou l'existence d'un mouvement de grève dans les transports en commun[330]. Une telle politique est sans doute moins critiquable lorsqu'elle s'appuie de la sorte sur des données objectives que lorsqu'elle repose sur des données subjectives. On peut en effet s'alarmer dès lors qu'Uber augmente ses prix lorsque le mode économie d'énergie de l'application mobile, qui se déclenche lorsque le niveau de batterie du téléphone de l'utilisateur est faible, est activé — parce que les clients sont alors dans l'urgence, dans la peur, et donc plus enclins à accepter une course à un prix plus élevé[331]. D'autres études affirment qu'Uber établirait les profils de ses clients à partir de nombreuses données et modulerait ses tarifs en fonction. Celui qui a souvent ouvert l'application mais rarement commandé un véhicule avec chauffeur se verrait proposer des prix attractifs, au contraire de celui qui réalise un acte d'achat quasi-systématiquement lorsqu'il ouvre l'application[332]. Dans ce cas là, être un client fidèle est pénalisant.

[329] A. Rouvroy et T. Berns, « Gouvernementalité algorithmique et perspectives d'émancipation – Le disparate comme condition d'individuation par la relation ? », *Réseaux* 2013, n° 1, p. 176.

[330] M. Bourdeau, « Uber assume l'explosion de ses prix face à la neige qui bloque l'Île-de-France », huffingtonpost.fr, 7 févr. 2018.

[331] S. Merabet, *Vers un droit de l'intelligence artificielle,* th., Université d'Aix-Marseille, 2018, p. 241.

[332] *Ibid.*

En outre, les internautes sont souvent soumis à des expérimentations sur les plateformes sans le savoir, afin d'améliorer les modèles auto-apprenants. Les grands services du web proposent en effet des versions différentes de leurs sites à des groupes d'utilisateurs, afin de pouvoir comparer leurs efficacités. Nous sommes ainsi les cobayes de ce « A/B testing » et la société est conçue tel un laboratoire à grande échelle. Plus encore, la possibilité d'une manipulation comportementale à partir de la connaissance de profils d'individus a été démontrée. En proposant des contenus publicitaires s'éloignant progressivement des attirances initiales, il est possible de modifier progressivement la perception qu'ils ont d'eux-mêmes[333]. L'IA est ainsi capable de modeler l'identité de quelqu'un. On mesure en effet, après l'exposition à ces messages, un ajustement durable des comportements : achats différents, adhésion à de nouveaux services. Il est donc possible, à partir de la création d'un profil naturel initial, de produire un profil dérivé artificiel simplement par l'exposition à de nouveaux contenus.

On va même plus loin en souhaitant automatiser la gestion des achats, évitant l'étape de la décision d'achat du consommateur dont la main est plus ou moins forcée. À l'image du dispositif Dash d'Amazon, les imprimantes ou les machines à laver pourraient commander automatiquement leurs consommables, les réfrigérateurs pourraient passer commande au supermarché et les caves à vin au caviste. Il s'agirait, selon un responsable d'Amazon, de « rendre la vie des consommateurs plus facile en leur évitant de tomber en panne de lessive, de nourriture pour leurs animaux ou d'encre pour l'imprimante »[334]. Les entreprises peuvent ainsi pénétrer les foyers jusqu'à ne faire plus qu'un avec eux. Un lien presque ombilical relie l'homme à ses fournisseurs, résultat d'une expertise automatisée et anticipative capable d'anticiper des besoins dont on n'est pas nécessairement conscient — ce sont d'autres prophéties autoréalisatrices. On peut par exemple imaginer que la voiture autonome se chargera de son propre entretien, décidant du renouvellement de ses pièces, de ses mises à jour et se rendant seule au garage afin de procéder aux opérations de maintenance. La figure

---

[333] J.-M. Deltorn, « La protection des données personnelles face aux algorithmes prédictifs », *RDLF* 2017, chron. n° 12.

[334] D. Rausch, « Des lave-linge et des imprimantes qui font leurs achats tout seuls sur Amazon », leparisien.fr, 20 janv. 2016.

historique du consommateur fait place à celle de l'homme téléguidé à l'image de sa voiture : en pilotage automatique. Il n'a plus de volonté ni de désir, seulement des besoins qui lui sont imposés. En tout cas accepte-t-on très volontiers ce suivi permanent qui permet de nous délivrer du poids de l'entretien de nos objets et des achats quotidiens. C'est ainsi que des robots s'agrègent aux personnes et à leur environnement afin de les alléger de toutes sortes de charges et leur rendre la vie plus agréable. Mais cela ne va pas sans neutralisation des libres choix, de la capacité de décider, d'exercer ses prérogatives. Peut-on encore, par exemple, participer à une élection et choisir ses gouvernants quand on ne participe plus au gouvernement de sa propre vie ? Peut-on éviter de succomber à la dictature du collectif quand on a déjà accepté la dictature de l'individuel ?

En matière économique, en décidant dans une large mesure à la place des utilisateurs des réseaux sociaux et des GAFAM, les IA font la loi. Une loi qui peut aussi avoir des répercussions graves car de nombreux services d'e-commerce sont entièrement dépendants de leur référencement par l'algorithme de Google et une modification de celui-ci peut les conduire à la perte ou, au contraire, à la gloire. Et nombre de petits sites, dont les budgets sont trop faibles, ne peuvent investir dans des prestations de référencement et de « réputation numérique » devenues pourtant indispensables.

50. L'homme accompagné de A à Z. Des sociétés telles que Alphabet-Google entendent ainsi littéralement piloter le cours de la vie, s'introduire dans tous les champs de la vie. Le groupe comprend un moteur de recherche (Google) et sa régie publicitaire (AdWords), une plate-forme de vidéos (YouTube), un système d'exploitation (Android), des services de cartographie (Google Map et Google Street View), mais aussi des départements de recherche sur la santé (Calico), sur l'éducation (Google for Education), sur les objets connectés et la domotique (Nest Labs), sur les infrastructures réseau (Google Fiber), sur la robotique (Boston Robotics), sur la ville intelligente (Sidewalk Lab), des laboratoires de recherche fondamentale en intelligence artificielle (Google Brain et Google DeepMind) et un service dédié aux « projet les plus fous » (Google X), qui n'a pas qu'un rôle symbolique et qui a joué un rôle moteur dans le développement des véhicules autonomes, ou encore un fond de placement (Google Capital) et un fond d'investissement (GV) qui encourage certaines start-up bien choisies. Son nom, Alphabet, n'est sans doute pas un hasard : il doit être pris au pied de la lettre, si l'on peut dire, car il s'agit bien de constituer l'alphabet de la vie, la réglant de A à Z.

La maison, la voiture, les loisirs, les relations, l'amour, le bien-être, la santé, l'éducation : tout doit être filtré par une IA. On comprend mieux pourquoi les grands acteurs ont développé des consortiums, comme Alphabet, maison mère de Google, afin de mettre à disposition des biens et des services pour la quasi-totalité des séquences du quotidien d'un humain et obtenir le monopole sur un méta-marché : le marché de la vie tout entière. Jusqu'à présent, les grandes multinationales historiques restaient très spécialisées. On a vu des fabricants d'automobiles produire aussi des moulins à poivre, mais jamais des entreprises vouloir embrasser la totalité de l'existence. Des grands conglomérats historiques, comme General Electric ou Mitsubishi, reposaient sur une multiplication d'activités industrielles sans relations entre elles. Les multinationales du numérique, elles, souhaitent capitaliser sur les moindres manifestations de la vie, ce qui devient possible avec la multiplication des objets connectés et la diversification des outils intelligents. À terme, la quasi-totalité des actes devraient produire des données et être influencés par des traitements de données passées et d'informations en tous genres, cela bien sûr à des fins d'exploitation commerciale C'est un potentiel économique virtuellement infini qui est apparu et qui a aiguisé les appétits les plus voraces. Toute la richesse de la vie doit être captée et traitée par des systèmes rétroactifs afin d'accéder sans cesse aux produits et services les plus nécessaires. Comme il est cependant compliqué de couvrir tous les besoins de la vie sans aucun manque, la stratégie complémentaire consiste à s'ériger en plateforme incontournable faisant le lien avec des sociétés partenaires répondant aux derniers manques. Les enceintes connectées et les assistants numériques personnels doivent ainsi devenir des outils incontournables, indispensables, répondant à toutes les demandes. Il faut éviter toute rupture de faisceau dans la relation nouée avec les clients. Et ces multinationales n'ont de cesse de racheter de nouvelles sociétés pour consolider leur présence à tous les maillons de la chaîne de consommation. Foodtech, cleantech, healthtech, beautytech, fintech, civictech, happytech et même lifetech : il devient difficile d'échapper à l'emprise de ces puissances de l'économie numérique envahissantes.

Mark Zuckerberg aspire à ce que ses utilisateurs ne quittent jamais le monde merveilleux de Facebook. Toutes les activités quotidiennes (aller en cours, aller chez le médecin, faire ses courses, rencontrer des amis, aller au cinéma etc.) devraient passer par le casque de réalité augmentée développé par la société qu'il a acquise en 2014, Oculus : « Imaginez des places de premier choix au match, une salle de classe avec des étudiants et des professeurs du monde entier, une consultation face-à-face avec un médecin immédiatement, sans quitter chez soi, ou des courses dans un magasin virtuel »[335]. L'objectif des multinationales du numérique est bien de mettre la main sur les vies des hommes dans leur totalité. Pour cela, elles peuvent se servir des outils de réalité augmentée, qui permettent d'effectuer un grand nombre d'activités tout en étant enfermé dans un écosystème donné. Mais cette réalité augmentée, contrairement à ce qu'indique son nom, travestit et simplifie la réalité, donc réduit le champ des expériences, diminue les dimensions constitutives de la vie. Il s'agit d'enfermer l'existence dans une vocation utilitariste. La réification bat son plein. L'individu n'est plus un humain mais bien une chose, du point de vue des industriels qui les vendent et les revendent, mais aussi du point de vue de l'individu lui-même. L'homme perd toute altérité, toute singularité, devient un objet, une chose, un moyen en vue d'une fin. « Contre cette entreprise de désincarnation, écrit Éric Sadin, la seule posture un peu conséquente consiste à continuer de jouir, sans retenue, des ressources infinies du sensible. Le respect du sensible représente un facteur de dignité et d'intégrité dans la mesure où il rend hommage à la pluralité des dimensions qui nous constituent, participant de notre bon équilibre, d'ordre biologique, psychologique, existentiel et social »[336].

Les écrans sont de plus en plus omniprésents dans nos vies. Certains passent quelques 15 heures par jour devant des écrans, auxquels ils sont addicts ou en tout cas qui se trouvent au centre de leurs activités personnelles comme professionnelles. Cette place cardinale des écrans depuis les années 1990 s'inscrit dans la longue tradition occidentale ayant accordé, parmi les cinq sens, un privilège à la vue, envisagée tel le sens le plus essentiel de tous — être aveugle serait un plus grand handicap que de perdre l'audition, le goût, l'odorat ou le toucher. Mais, avec les écrans, la vue cannibalise les autres sens, qui finissent par disparaître ou, du moins, perdre toute une partie

---

[335] H. Kuchler, « Bienvenue au pays de Facebook », *Courrier International* juill. 2015, n° 1290.
[336] É. Sadin, *La silicolonisation du monde – L'irrésistible expansion du libéralisme numérique*, L'échappée, coll. Pour en finir avec, 2016, p. 259.

de leurs capacités à force de ne pas être mobilisés. On ne touche plus, on ne sent plus et on mange vite sans déguster pour vite retrouver l'écran ou sans même quitter l'écran. Or une vie dans laquelle l'homme se contente de voir, et accessoirement d'entendre, n'est-elles pas d'une terrible pauvreté ? Toute la diversité du monde a besoin des cinq sens pour s'exprimer. La vue et l'audition ne peuvent suffire à se repérer et à s'orienter dans des environnements complexes non réductibles à quelques équations et statistiques. Sans contact, nos expériences individuelles et collectives perdent la majeure partie de leur saveur — et il faut nous administrer bien des édulcorants pour nous faire croire que cette saveur serait toujours présente bien que modifiée. En somme, l'essence de la liberté ce sont les sens. Ces derniers sont les moyens d'exercer la liberté de jugement et d'action, de s'évader des cadres qu'on cherche à nous imposer. Alors qu'on s'efforce d'appauvrir et d'enrégimenter l'expérience humaine tout en donnant l'illusion de l'enrichir, il importe de défendre, aux côtés de la liberté, la pluralité de l'être qui est son compère sans lequel elle n'est rien. Alors qu'on cherche à nous faire évoluer dans des cadres et suivant des schémas dévitalisés, obligeant à faire fi des puissances du corps et de l'esprit, on peut se laisser rattrapper par la part incontrôlable de nous-même et ces forces vitales que sont l'amour, l'amitié, le plaisir, et tâcher de se détourner de l'idéal de rationalité absolue qu'on veut appliquer à nos existences.

51. La communion de l'homme et de la machine. La technologie revêt un pouvoir injonctif. Elle contraint la faculté de jugement et d'action, lui substituant des protocoles visant à placer chaque acte dans un sillon, à dessiner la trajectoire à suivre. Les hommes se donnent des outils de dessaisissement d'eux-mêmes, de leur droit à décider, en conscience et en responsabilité, des orientations à donner à leurs vies, qu'ils s'agisse de choix existentiels ou d'activités quotidiennes et banales. L'homme mute. La figure humaine se transforme. On s'abandonne à des ordinateurs qui servent des intérêts privés et instaurent une organisation de la société utilitariste. Mais l'habileté de l'industrie numérique est de prendre de la place dans nos vies sans le dire et sans trop y paraître. Alors même que la technique tend à impacter tous les instants de nos vies individuelles et collectives, on tend à faire disparaître la sensation de sa présence. Toujours plus précise et efficace, elle devient évanescente, touchant l'individu sans qu'il s'en rende compte. Elle conquiert le corps et l'âme d'autant plus facilement qu'aucune résistance ne lui est opposée dès lors qu'il est difficile de résister à un phénomène qu'on perçoit mal. Celui-ci est pourtant bel et bien là. Dans *L'art de la guerre*, Sun Tzu note que « ce qui est familier n'attire pas l'attention ». Pas à pas mais rapidement, les technologies dictatrices de vérités deviennent, non plus des prothèses qui peuvent s'avérer dérangeantes, mais des organes à part entière, s'insérant naturellement à nos côtés, fonctionnant en toute autonomie et auxquels on ne prête plus attention alors pourtant que leur bon fonctionnement est vital. Toutes les conditions sont dès lors réunies pour que nous nous trouvions, inconsciemment mais pleinement, dans la plus grande disponibilité à l'égard des IA. On leur fait confiance. Elles nous délivrent du doute.

Les relations entre l'homme et la machine changent. Ce n'est plus l'homme qui exploite la machine mais la machine qui exploite l'homme. Elle le peut sans que ce dernier ne s'en offusque grâce à la structure relationnelle qui s'est installée entre eux. La technique ne sert plus seulement à répondre à des buts fonctionnels, elle entre en fusion avec l'individu. On s'en rend compte à travers l'attachement de beaucoup pour leurs smartphones, à la fois parents de substitution et meilleurs amis. La conformation anthropomorphe des systèmes informatiques, capables de nous comprendre et nous répondre, notamment par la parole, leur donne une apparence de doux êtres attentionnés, à l'écoute, disponibles. Mon smartphone, c'est mon ange gardien. Je suis donc prêt à lui pardonner beaucoup de choses. Pour Éric Sadin, nous passons de la communication à la communion[337]. L'économie de l'ambiance permet un compagnonnage avenant et discret, gérant nos besoins — en les définissant et en y répondant — avec une efficacité optimale. C'est ainsi que des caméras, des micros et d'autres enregistreurs peuvent entrer dans notre plus stricte intimité. On est tenté d'accorder l'exclusivité de nos existences à cette voix qui s'adresse à nous et seulement à nous, qui nous connaît sur le bout des ongles, qui possède des connaissances et des compétences extraordinaires dans de nombreux domaines et qui est toujours de bon conseil. C'est ainsi que l'autorité et l'aura de l'IA s'imposent. Le nudge permanent suppose la plus grande proximité, une complicité conviviale et douce, afin que les offres commerciales soient perçues comme des soins

---

[337] É. Sadin, *L'intelligence artificielle ou l'enjeu du siècle – Anatomie d'un antihumanisme radical*, L'échappée, coll. Pour en finir avec, 2018, p. 73.

bienveillants. Le projet de la Silicon Valley voulant faire du monde un « endroit meilleur » s'appuie sur le « *care* » de l'intelligence artificielle, protégeant les personnes et leur offrant le meilleur en toute chose. Reed Hastings, cofondateur de la plateforme de vidéos Netflix, assure par exemple vouloir proposer à ses abonnés « le bon film ou la bonne série en fonction de leur humeur du moment »[338]. L'expansion sans limite de cette industrie de la vie est rendue possible par la nature humaine, qui fait que, depuis l'enfance, on aime se laisser guider paresseusement, hier par nos parents, aujourd'hui par les prothèses numériques.

Les chatbots, ces agents conversationnels, créent une illusion de réciprocité entre l'homme et la machine. Cela renforce notre propension à l'anthropomorphisme[339]. Cortana de Microsoft ou Siri d'Apple en viennent ainsi à apostropher l'interlocuteur en se mettant à son service : « Que puis-je faire pour vous ? », « De quoi avez-vous besoin ? ». On s'attache à l'IA à mesure des services qu'elle rend. L'enjeu pour l'industrie numérique est donc de faire en sorte qu'elle rende le maximum de services. Quand la voix des assistants conversationnels sera devenue moins métallique et plus chaleureuse, qu'elle adaptera son débit et ses intonations au contexte et au contenu de son propos, ou lorsqu'elle copiera la voix d'un parent ou d'un ami, la confusion avec un humain rendra l'intelligence artificielle en apparence non artificielle. Le risque est celui d'une confusion autour du statut des machines. Plus les robots deviennent capables de simuler les émotions, d'avoir des réactions et des interactions humaines, plus les fabricants parviennent à insuffler aux machines la capacité de reproduire l'empathie affective et l'empathie cognitive (comprendre l'autre), plus il deviendra difficile de ne pas s'attacher à son robot. Or, si l'amour est aveugle, il est un brouilleur de raison, conduit à commettre des actes qu'on se refuserait si l'on était parfaitement lucide. Plus une machine aura la faculté de créer l'illusion qu'elle se met à notre place, plus nous serons enclins à nous imaginer à la sienne. Elle sera un complice, un confident, voire un thérapeute[340].

---

[338] M. Roosen, « Netflix veut proposer ses séries selon nos humeurs », ladn.eu, 8 janv. 2016.
[339] S. Tisseron, *Plus jamais seul – La révolution sournoise des machines parlantes*, Les liens qui libèrent, 2020.
[340] *Ibid.*

L'informatique dite « émotionnelle » (*affective computing*) peut jouer sur les sentiments humains.

Les chatbots sont conçus pour nous informer, pour répondre à nos questions et nos demandes. Au-delà, ils sont là pour nous guider. Ils sont appelés, à terme, à nous accompagner en permanence, en s'évertuant à nous envahir sans paraître envahissants. On jouira ainsi, par exemple, chaque jour d'un avis personnalisé, en fonction de l'analyse de l'urine par des WC connectés comportant des capteurs, du relevé du poids et autres informations par une balance connectée ou de l'examen de l'expression du visage par un miroir connecté — un miroir sans tain tel que celui de Microsoft qui « comprend » notre condition physiologique ou psychologique et prodigue, car il est en même temps un écran, des conseils et suggère des achats que l'on peut effectuer par un simple clic sur le miroir-tactile, et tant pis pour les traces de doigts. C'est bien d'une véritable industrie de la vie dont il s'agit, pouvant aussi percevoir les émotions du moment en analysant les fréquences vocales.

52. L'humain sans intuition, sans avis, sans spontanéité, sans créativité. Jean-Jacques Rousseau insistait sur la perfectibilité de l'homme, c'est-à-dire cette « faculté qui, à l'aide des circonstances, développe successivement toutes les autres, et réside parmi nous tant dans l'espèce que dans l'individu, au lieu qu'un animal est, au bout de quelques mois, ce qu'il sera toute sa vie, et son espèce, au bout de mille ans, ce qu'elle était la première année de ces mille ans »[341]. Ce perfectionnement des facultés humaines comprend notamment tout ce qui rend l'esprit actif et dynamique : la raison, mais aussi la mémoire, l'imagination, le désir. « Il serait triste pour nous, ajoutait Rousseau, d'être forcés de convenir que cette faculté distinctive est la source de tous les malheurs de l'homme, que c'est elle qui, faisant éclore ses lumières et ses erreurs, ses vices et ses vertus, le rend à la longue le tyran de lui-même et de la nature »[342]. L'homme est capable de se modifier et de modifier le monde car, à la différence de l'animal, il est doué d'inventivité et de libre arbitre[343]. Or que reste-t-il, dans l'univers des IA et du nudge

---

[341] J.-J. Rousseau, *Discours sur l'origine et les fondements de l'inégalité parmi les hommes*, 1755.

[342] *Ibid.*

[343] B. Bachofen, « Deux versions de la perfectibilité de l'homme », *Les Grands Dossiers des Sciences Humaines* 2021, n° 61, p. 33.

permanent, de cette perfectibilité et de ces capacités humaines ? Sans doute l'expérience et le raisonnement montrent-ils que, fort souvent, la quête d'amélioration personnelle s'accompagne d'une auto-tyrannie, mais celle-ci demeure incomparable à celle que chacun peut subir lorsqu'on utilise des outils numériques d'accompagnement individuel.

On pourrait s'étonner que des IA se donnent pour objectif de prédire l'avenir. En réalité, il n'y a là rien de très surprenant puisque, lorsque les vies humaines seront parfaitement placées sur des sillons déterminés à l'avance, il deviendra très facile d'anticiper l'avenir. Ces systèmes de divulgation de la vérité que sont les IA, grâce à leur efficacité et à leur autorité, font de l'intuition, de la créativité et de la spontanéité humaines des archaïsmes. C'est jusqu'à l'humanité de l'homme qui, finalement, se trouve délégitimée, emportant dans les décombres, parmi d'autres victimes, la liberté. La prise de décision par l'homme seul, non assisté, est vécue comme un facteur d'erreur, de non-optimalité, à éviter autant que possible. De la même manière que les assistants personnels intelligents, en particulier Alexa d'Amazon, ont su se rendre indispensables à des millions de consommateurs, notamment aux États-Unis, l'industrie numérique parvient à pénétrer les foyers du monde entier — à grand renfort de marketing et de consommation de masse. Une fois que chacun sera entouré de robots domestiques, leurs exploitants pourraient déployer des techniques encore plus intrusives et liberticides. « Lorsque le cheval de Troie sera entré dans la cité, commente-t-on, le piège pourra se refermer »[344]. Contre le réductionnisme mortifère du technolibertarisme, il serait l'heure de dresser des barricades autour de la liberté.

L'homme, l'individu, s'est toujours démarqué par sa singularité. Et tous les dogmatismes, toutes les puissances, y ont vu le pire des ennemis, risquant de faire fuire certains membres du troupeau, de faire mentir le fait que « l'homme ne descend pas du singe, il descend du mouton »[345]. L'affirmation en actes de la singularité, l'expression de l'inventivité, la divergence, l'indépendance sont autant de freins à l'optimisation des conduites et en même temps des bénéfices tirés de ces conduites. Il faut que les hommes

---

[344] P. Melun, « Essor des robots-policiers : le “monde d'après” sera-t-il orwellien ? », lefigaro.fr, 13 mai 2020.

[345] D. Saez, « J'accuse », album *J'accuse*, Wagram Music, Cinq7, 2010.

oublient leurs sens et ce qu'ils leur indiquent dans leurs rapports au monde et aux autres, qu'ils perdent le réflexe de la sensibilité et acquièrent celui de suivre toujours les modalités de vie arrêtées par les principaux acteurs du techno-libéralisme.

Le magasin sans caisses d'Amazon est significatif : on remplace les hommes et leur humanité par des IA et leur artificialité, par des myriades de capteurs permettant d'identifier les clients et leurs achats, de procéder à l'encaissement automatique et gérer les stocks sans intervention humaine. Nous sommes ainsi appelés à vivre dans des environnements aseptisés et standardisés afin de faciliter le travail des IA, à l'écoute de voix synthétiques, aiguillonnés par des systèmes de réalité augmentée ou des assistants personnels nous décrivant nos propres besoins et nous orientant vers les meilleurs produits pour y répondre. Il faut manipuler l'*homo connecticus* pour éviter toute réaction non désirée et maximiser l'efficacité du nudge. Boundless AI, par exemple, est une société qui permet aux applications pour smartphones de profiter des techniques des neurosciences pour créer de l'addiction chez leurs utilisateurs en activant les circuits de récompense du cerveau. Grâce à des rappels aux moments appropriés, avec la bonne dose d'encouragement et de réprimande, Boundless AI permet à des plateformes de commerce en ligne d'enregistrer 30 % de produits supplémentaires dans les caddies virtuels. Le slogan de Boundless AI se passe de commentaires : « Votre cerveau est programmable. Vous avez juste besoin du code ». L'objectif de ces acteurs économiques est bien de supprimer tous les derniers espaces de liberté, ne plus laisser aucun moment de la vie au hasard, maîtriser chaque geste de chaque individu pour monétiser chaque geste de chaque individu.

Une autre illustration du fait que la suggestion peut être une manipulation privant de fait les personnes de leur libre arbitre en créant l'illusion d'un libre choix est cette expérience menée par des scientifiques, avec le soutien de Facebook : ils ont démontré l'importance du phénomène de « contagion émotionnelle » en jouant sur le fil d'actualités des utilisateurs pour les soumettre à des contenus tantôt positifs tantôt négatifs et ont mis en évidence un véritable effet de contagion, montrant qu'il est possible d'influencer l'état émotionnel des utilisateurs du réseau social en modifiant les contenus qui leur sont proposés[346]. Cette expérience a été menée en 2014 et on sait que, quelque temps plus tard, Facebook et Cambridge Analytica se sont retrouvées au cœur de scandales liés à la manipulation des électorats, notamment lors de l'élection présidentielle américaine de 2016. En outre, des journalistes ont révélé un document interne de Facebook témoignant d'une pratique consistant à aider les annonceurs à identifier les émotions des utilisateurs pour mieux les cibler. Facebook invitait à viser surtout les individus identifiés comme « anxieux », « en insécurité », « stressés », « en échec » ou « inutile » car ce sont ceux qui sont dans la meilleure disposition d'esprit pour consommer inutilement, ceux qui sont les plus vulnérables, les plus influençables.

Dans le domaine financier, enfin, on trouve divers exemples des risques que fait courir le remplacement de l'homme par le robot. Le flash crash du 6 mai 2010, avec la chute historique du Dow Jones (environ 9 %), a interpellé quant aux risques d'emballement, de manipulation et de comportements moutonniers impliqués par le trading à haute fréquence (THF), soit l'automatisation des arbitrages boursiers, de la détermination des paramètres des ordres. En 2013, quand le compte Twitter de l'agence Associated Press a été piraté, les algorithmes ont conclu à un attentat à la Maison Blanche et précipité le retrait de milliards d'ordres sur les marchés en quelques secondes. Mais les robots traders présentent bien sûr aussi des avantages — c'est pourquoi on recourt à eux. La rapidité de leurs calculs et de leurs analyses permet de gagner beaucoup, ce qui, pour les financiers, compense largement ces quelques inconvénients.

53. Vivre dans la dépendance numérique. L'autonomie est le fait de s'administrer soi-même, le fait de se gouverner par ses propres lois, d'assumer et de vivre son particularisme, son individualité morale et culturelle, qu'on soit une collectivité ou une individualité. Mélange de liberté et d'indépendance intellectuelle et morale, elle désigne la faculté de se déterminer par soi-même, de choisir et d'agir librement. Or le fonctionnement des IA, surtout dans le domaine marchand, qui, comme on l'a vu, tend à recouvrir la vie tout entière, est un appel à l'assujettissement, à la soumission et à la dépendance. La CNIL peut ainsi retenir que le grand

---

[346] « Des utilisateurs de Facebook “manipulés” pour une expérience psychologique », *Le Monde* 30 juin 2014.

défi posé par les IA n'est pas la protection des données personnelles mais celle de l'autonomie et du libre arbitre[347]. Le prestige et la confiance accordés à des machines qu'on imagine infaillibles, neutres et très supérieures aux hommes risquent de conduire vers la tentation de se décharger à leur profit de toutes les responsabilités, des jugements et des prises de décisions. Il en résulte donc une dilution de la responsabilité qui remet en cause jusqu'à la possibilité de la démocratie.

Des neuroscientifiques et autres experts s'acharnent à démontrer que la notion de libre arbitre serait le reflet d'une métaphysique moyen-âgeuse, une préoccupation bourgeoise, un luxe de classe supérieure complaisamment soucieuse de son indépendance d'esprit. Vouloir prendre des décisions autonomes serait un réflexe orgueilleux préjudiciable au bien-être et à l'utilité. Il est vrai que, plus on parvient à cerner le fonctionnement du cerveau — encore très mystérieux —, plus on se rend compte que la capacité de décision dépend de processus chimiques se rapprochant de la vision cartésienne d'une pure mécanique cérébrale. On en vient à éradiquer les idées d'âme, d'esprit et de conscience, ainsi que celles de choix libres et arbitraires au profit d'une biologie moléculaire dans laquelle les 60 milliards de neurones corticaux d'un humain traitent les informations reçues en fonction de prédispositions génétiques et des expériences passées[348]. Certains imaginent même qu'il serait possible d'entièrement cartographier le cerveau et que cela permettrait de prédire toute décision et tout acte d'un individu déterminé[349]. L'IA pourrait alors entièrement remplacer l'humain sans que cela ne lui porte préjudice ni n'impacte le cours des choses. Elle serait en mesure d'exercer exactement le même pouvoir de décision que l'homme, de reproduire fidèlement sa capacité de délibération. L'homme n'aurait pas plus d'autonomie et de libre arbitre que la machine ; et celle-ci aurait tous les atouts pour épauler ou subroger ce premier. Ainsi, de façon troublante, la psychologie, les neurosciences et l'économie comportementale convergent-elles et s'associent-elles pour dénoncer l'idée de libre arbitre et

---

[347] CNIL, *Comment permettre à l'homme de garder la main ? Les enjeux éthiques des algorithmes et de l'intelligence artificielle*, synthèse du débat public animé par la CNIL dans le cadre de la mission de réflexion éthique confiée par la loi pour une République numérique, déc. 2017, p. 5.

[348] S. Dehaene, *Consciousness and the Brain*, Viking, 2014.

[349] *Ibid.*

justifier le nudge des IA. Si cette triade s'efforce de rendre scientifiquement justifiable le déterminisme total et l'anéantissement de la capacité de décision individuelle, il serait prématuré de déclarer le libre arbitre et l'autonomie abandonnés aux livres d'histoire. Sur cette question que des siècles de réflexions ne sont pas parvenus à trancher, de nouveaux développements sont possibles. De même qu'on ne peut prononcer les mots « je mens toujours » sans se contredire — c'est le paradoxe du crétois —, il est difficile d'affirmer qu'on est déterminé alors que le fait de rechercher scientifiquement à produire une telle connaissance scientifique suppose une capacité de jugement indépendante. Surtout, on peut défendre le libre arbitre et l'autonomie au-delà des réalités scientifiques mises au jour par les neurosciences, par exemple au nom de droits de l'homme qui peuvent parfaitement ne pas correspondre à la nature humaine et viser à la corriger.

Dans la pièce de théâtre de Karel Capek, *R.U.R.*, écrite en 1920, le mot « robot » apparaît pour la première fois et dérive du tchèque « *robota* » signifiant « corvée ». Le robot est donc là, à l'origine, pour effectuer les corvées à la place des hommes, ce qui est bien sûr libératoire. Dans la pièce, Domin, le directeur de l'usine de production des robots, présente ainsi les qualités émancipatrices de ses machines : « Désormais, [l'homme] ne connaîtra ni la soif, ni la faim, ni la fatigue, ni l'humiliation, il reviendra au paradis où la main du Seigneur le nourrissait. Il sera libre et souverain. Son unique tâche, son unique travail et souci sera d'être le meilleur possible. Il sera enfin le maître de la création ». Pourtant, aujourd'hui, les héritiers concrets de ces robots fantasmés sont loin de rendre les hommes libres et souverains.

Sans doute un facteur important de l'atteinte à l'autonomie est-il le manque de compréhension claire par le grand public du fonctionnement des plateformes qu'il utilise pour s' « informer », se « cultiver » ou faire des achats. Une étude a montré en ce sens que plus de 60 % des utilisateurs de Facebook n'ont aucune idée de l'activité éditoriale que joue l'algorithme et croient que tous les posts de leurs amis et des pages qu'ils suivent apparaissent sur leurs fils d'actualités — alors que seulement 20 % d'entre eux sont sélectionnés par l'IA à l'aune des données personnelles de l'utilisateur (informations enregistrées dans le profil, likes, commentaires, partages, temps passé sur les différents posts et autres interactions), afin de susciter son engagement et son addiction[350]. Un exemple très significatif est celui des tendances de Twitter. À l'observation, il s'avère que l'algorithme qui gère l'affichage de ces tendances est porté à favoriser les sujets people ou banals et à laisser en retrait les sujets plus sérieux, notamment politiques. La conséquence est que les « twittos » seront naturellement portés à s'intéresser aux sujets people ou banals qu'on leur met sous les yeux plutôt qu'aux sujets plus sérieux, notamment politiques. De cette manière, l'IA de Twitter décide de ce qui est « chaud » et de ce qui ne l'est pas, de ce dont on parle et de ce dont on ne parle pas. Il ne s'agit pas pour autant de censure ; juste d'une dynamique particulière qui est celle de l'algorithme qui ne mesure pas la popularité d'un sujet mais se base sur l'accélération de l'utilisation des termes. Or un tel mode de fonctionnement — décidé en toute connaissance de cause — profite aux sujets people et banals, qui s'imposent (et disparaissent) soudainement dans l'actualité, et est défavorable aux sujets sérieux, notamment politiques, qui se propagent plus progressivement et sur un temps long. Le résultat n'en est pas moins que l'algorithme de Twitter impose certains sujets de discussion au détriment d'autres.

54. L'IA au travail : le nouveau prolétariat. De nombreux métiers recourent désormais à des IA. Les nouvelles formes de collaboration homme-machine peuvent présenter des aspects aliénants. Obéir aux ordres des machines, leur répondre comme des automates, suivre leur rythme à l'image des employés d'Amazon contraints d'avancer à la mesure des bips de leurs boîtiers électroniques, déléguer les prises de décisions aux IA : la complémentarité laisse souvent la place à un renversement de l'autorité car ce n'est plus la machine qui est l'outil de l'humain mais l'humain qui est l'outil de la machine, réalisant certains gestes ou certaines opérations dont elle demeure incapable. Cela peut créer de la souffrance au travail. Ce renversement et cette aliénation sont le fruit d'une nouvelle rationalité dans laquelle le travail est piloté par des algorithmes à des fins d'efficacité optimale. Se déploie une forme de « paternalisme technologique »[351]

---

[350] CNIL, *Comment permettre à l'homme de garder la main ? Les enjeux éthiques des algorithmes et de l'intelligence artificielle*, synthèse du débat public animé par la CNIL dans le cadre de la mission de réflexion éthique confiée par la loi pour une République numérique, déc. 2017, p. 36.
[351] France Stratégie, « Anticiper les impacts économiques et sociaux de l'Intelligence Artificielle », 2016.

s'exprimant dans des recommandations, des alertes, des rappels, des interdictions et des automatismes. On voit ainsi dans l'IA au travail une résurgence du taylorisme, car « un degré extraordinaire d'ingéniosité humaine est mis au service de l'élimination de l'ingéniosité humaine »[352] ; et on s'inquiète de la « démission des hommes » provoquée par la « prise de pouvoir des machines »[353]. De plus en plus de secteurs et donc de travailleurs se soumettent à des procédés de décision automatique qu'il suffit d'exécuter. Au travail comme à la maison, on renonce de plus en plus à l'intuition, à la créativité et à la spontanéité. Aucun manager ne saurait accepter les erreurs et la baisse de productivité qu'impliquerait le maintien des décisions humaines et le non-recours à des IA pourtant beaucoup plus performantes. C'est pourquoi, à l'heure de l'administration numérique du monde, on s'appuie au maximum sur des instruments informatiques réagissant continuellement en feed-back, suivant, harmonisant et optimisant en continu les opérations[354].

Sans doute les entreprises et autres acteurs gagnent-ils à ainsi robotiser la vie professionnelle de leurs salariés, mais cela engendre en même temps une « prolétarisation des savoirs et des savoir-faire »[355] qui rend ce phénomène difficilement acceptable. Moins les êtres humains sont actifs dans l'élaboration et l'expression de décisions au travail, plus ils se trouvent dépossédés de leur expertise, plus ils se sentent dévalorisés, plus ils perdent réellement leurs capacités et compétences en même temps que la motivation à travailler et plus ils se laissent envahir par le sentiment d'être des « inutiles ». C'est pourquoi l'on peut dénoncer « la domination rampante des machines et l'abêtissement des humains »[356]. L'IA engendre un

---

[352] N. Carr, *Remplacer l'humain – Critique de l'automatisation de la société*, L'échappée, 2017, p. 71.

[353] J.-G. Ganascia, *Intelligence Artificielle – Vers une domination programmée*, Le Seuil, 2017, p. 57.

[354] É. Sadin, *L'humanité augmentée – L'administration numérique du monde*, L'échappée, 2013.

[355] France Stratégie, « Anticiper les impacts économiques et sociaux de l'Intelligence Artificielle », 2016.

[356] Y. Ferguson, « Une intelligence artificielle au travail – Cinq histoires d'Homme », in B. Barraud, dir., *L'intelligence artificielle – Dans toutes ses dimensions*, L'Harmattan, coll. Europe & Asie, 2020, p. 135.

appauvrissement des tâches cognitives, une déqualification. Il semble que la vision d'une complémentarité et d'une substitution permettant aux hommes de se décharger des tâches pénibles pour se consacrer à des missions plus dignes, plus stimulantes, faisant appel à un degré supérieur d'ingéniosité et d'intelligence, soit dans une majorité de cas mythique. Le recours aux IA au travail est surtout un vecteur de dévalorisation et de démotivation. De la sorte, les IA, à tous les niveaux, peuvent générer ou accompagner de profonds troubles individuels et de graves crises sociales. Le goût du travail constitue une part de la dignité humaine. C'est pourquoi le mouvement d'accompagnement informatique permanent et de substitution des travailleurs représente un affront à notre condition. Pour Éric Sadin, les travailleurs pourraient faire usage de leur droit de retrait, reconnu en France par le Code du travail, jusqu'au moment où ces systèmes cesseraient d'être utilisés et de les transformer en robots de chair[357].

Si les études en matière de relation entre travail et IA aboutissent à des résultats variables, l'une des plus optimistes d'entre elles, réalisée par le Forum économique mondial, estime que, en quatre années, la robotisation pourrait détruire 0,98 million d'emplois mais en créer 1,74 million, c'est-à-dire près de deux fois plus[358]. La grande problématique ne semble donc pas être celle de la destruction des emplois mais plutôt celle de la destruction de l'individualité. L'homme est un *homo faber* : il a de tout temps fabriqué des outils et des machines pour alléger et améliorer son travail. Les robots, depuis maintenant de nombreuses décennies, perpétuent cette lignée. Mais, depuis quelque temps, les hommes qui étaient hier délivrés des tâches avilissantes par ces robots sont désormais asservis par leurs instruments informatiques. Il suffit d'observer l'ouvrier qui doit se plier aux cadences imposées par des processeurs traitant en temps réel les commandes des clients, mais aussi le manager tenu d'utiliser de nouveaux logiciels pour effectuer ses missions, pour s'en rendre compte. Les personnes doivent s'aligner sur les systèmes, s'adapter à eux. L'automatisation ne permet plus aux hommes de gagner en dignité, au contraire. On revient à l'image d'une machinerie étouffante, dont les rouages échappent à la perception commune et qui impose aux corps et aux têtes son emprise implacable, telle qu'elle a

---

[357] É. Sadin, *L'intelligence artificielle ou l'enjeu du siècle – Anatomie d'un antihumanisme radical*, L'échappée, coll. Pour en finir avec, 2018, p. 257.
[358] World Economic Forum, « The Future of Jobs Report », 2018.

existé au XIXe siècle dans les usines du nord de l'Europe au moment de la révolution industrielle. Karl Marx et Friedrich Engels pouvaient alors décrire les ravages que de nouveaux procédés standardisés causaient sur les ouvriers, chacun devenant un « simple appendice vivant d'un mécanisme sans vie »[359]. Au XXe siècle, les usines ont perdu un peu leur allure de machineries impitoyables, devenant de belles mécaniques rationalisées et aseptisées. Mais, dans l'usine fordiste, la loi et la cadence des machines s'imposaient durement avec une parcellisation et une mécanisation des tâches aliénantes[360].

Le monde du travail moderne a ainsi été un vecteur de déshumanisation. Après des temps de mise en sommeil de cette logique liée au transfert de nombreux sites de production à l'étranger, il semble qu'elle refasse surface à mesure que s'impose le recours à des assistants informatiques. On oublie l'approche néolibérale qui promouvait des méthodes de management avec lesquelles il fallait insister sur l'individualisation des conduites, permettant aux personnes de se sentir plus responsables, les amenant à s'impliquer davantage, à prendre des initiatives, à être plus réactives et motivées[361]. L'efficacité des IA conduit à délaisser la conception de l'entreprise organisée de façon « distribuée, décentralisée, collaborative et adaptative »[362]. Actuellement, l'organisation du travail tend vers plus de verticalité et une soumission permanente à la pression des indications informatiques. Les ordres ne sont plus délivrés par des chefs plus ou moins sympathiques mais par des IA intraitables. On parle alors de « *data driven manufacture* », entreprise pilotée par les données, reposant sur la présence de capteurs associés à des calculateurs dans la quasi-totalité des maillons de la chaîne industrielle, de la conception à la production en passant par la logistique et la distribution[363]. Le personnel se voit ainsi partout dicter en temps réel les actions optimales à accomplir. La prise d'initiative, l'inventivité et la capacité d'adaptation deviennent inutiles. Il suffit de savoir comprendre les signaux et d'y réagir correctement. Le salarié se trouve en permanence surveillé et

---

[359] K. Marx, *Le Capital*, 1867.

[360] S. Weil, *La condition ouvrière*, Gallimard, 1951.

[361] L. Boltansky, E. Chiapello, *Le nouvel esprit du capitalisme*, Gallimard, 1999.

[362] K. Kelly, *The New Biology of Machines, Social Systems and the Economic World*, Basic Books, 1995, p. 189.

[363] B. Stiegler, *La société automatique – 1. L'avenir du travail*, Fayard, 2015.

mobilisé par un robot qui est une sorte de contremaître du futur, qui remet sans cesse en question sa valeur, le soumet à une lourde pression et une intense concurrence. Au travail aussi, le téléguidage des conduites et la camisole numérique deviennent des réalités. En résulte, chez le salarié, un sentiment difficile de précarité et des souffrances physiques et psychologiques. Il n'agit pas en fonction de ses facultés de jugement et d'action, mais rétroagit à des signaux. Or cette neutralisation de la spontanéité naturelle constitue l'une des caractéristiques majeures du totalitarisme selon Hannah Arendt[364].

S'opère un dessaisissement de la faculté de se déterminer en pleine conscience, une disqualification de tout jugement personnel et l'affirmation d'un « management désincarné »[365] tendant vers l'efficacité maximale. Cela concrétise la « subjectivité diminuée » imaginée par Karl Marx et les « processus sans sujets » décrits par Louis Althusser. Ce management sans manager, impersonnel, déshumanise aussi le travail car il n'existe plus de contremaître auprès de qui exprimer ses requêtes, ses réserves ou ses récriminations. Les discussions qui naissaient pouvaient conduire à de nouvelles concertations et négociations. IBM, Microsoft et d'autres groupes définissent à l'échelle mondiale le cadre général du travail avec pour but essentiel la maximisation de l'efficacité et donc de l'activité et la réactivité du personnel. Des objets connectés mesurent les performances de ce dernier — c'est le *quantified work* » —, qui est obligé de porter des capteurs en permanence. Les chaînes et les espaces de travail connectés permettent d'établir des cartographies des comportements et de mieux gérer les salariés. Ceux-ci se lassent plus vite qu'avant et deviennent mieux interchangeables, alors on les recrute sous la forme de contrats courts et précaires en sollicitant les agences d'intérim, soumettant chacun à des examens comparatifs permanents à l'aune d'une foule de critères définis par des cabinets spécialisés[366]. Le facteur travail, ce sont des personnes humaines considérées telle une variable d'ajustement. Ici aussi, l'IA contribue à réifier les êtres. Comme le décrit Alain Supiot, les salariés, « sous ce nouveau régime de

---

[364] H. Arendt, *Le système totalitaire – Les origines du totalitarisme*, Le Seuil, coll. Points, 2002, p. 190.

[365] M.-A. Dujarier, *Le management désincarné*, La Découverte, 2015, p. 9.

[366] É. Sadin, *L'intelligence artificielle ou l'enjeu du siècle – Anatomie d'un antihumanisme radical*, L'échappée, coll. Pour en finir avec, 2018, p. 161.

travail, inhérent à la gouvernance par les nombres, doivent se tenir prêts à répondre aux besoins du marché, tels qu'ils sont appréciés par leurs employeurs ou, s'ils sont chômeurs, par les agences de l'emploi. Autrement dit, ils doivent être à tout moment mobilisables et le moment venu se mobiliser pour réaliser les objectifs qu'on leur assigne »[367].

L'agriculture dite « de précision » montre que tous les secteurs sont prêts à succomber à la mode du *smart*. En utilisant des capteurs, des drones et des IA, divers systèmes visent à prendre les meilleures décisions à la place des agriculteurs, afin d'éviter leurs erreurs ou balbutiements. Ceux-ci ne sont dès lors plus que des ouvriers agricoles obéissant au grand chef électronique. Ils perdent leurs savoirs ancestraux, leur connaissance des éléments, des terres et des saisons, leur rapport direct aux bêtes et aux cultures avec la satisfaction qui s'ensuit lorsque la récolte est bonne. À la place, ce sont des méthodes standardisées, homogènes et efficaces qu'ils appliquent. Ou bien ils sont totalement remplacés par des robots, à l'image de Spot, le chien-robot quadrupède de Boston Dynamics, qui est proposé en version ouvrier agricole, capable de garder les moutons ou de travailler dans les champs de manière autonome[368]. Parmi tous les hommes, les agriculteurs comptent sans doute parmi ceux dont le sens commun est le plus développé. Mais, aujourd'hui, il leur devient inutile. Le sens commun, à force de ne plus être entraîné par personne, disparaît, ce qui engendre de dramatiques conséquences, notamment en termes politiques et sociaux. L'IA n'a cependant pas de sens commun et il faut réorganiser les activités afin de lui permettre de se déployer ou, comme dans le cas des agriculteurs, exploiter des données scientifiques que les hommes sont capables de saisir intuitivement ou par l'expérience. La start-up Westwell de Shanghai, par exemple, est spécialisée dans les ports intelligents, c'est-à-dire des ports automatisables « *by design* » — par exemple avec un marquage au sol adapté à la reconnaissance d'image permettant de se passer de jugement humain —, où les cargos chargent et déchargent leurs marchandises avec fluidité. Des ordinateurs calculent chaque mouvement de chaque container, anticipent les positions des véhicules, tandis que les marins ont disparu. Peut-être des secteurs comme la restauration seront-ils bientôt tentés de se reconfigurer

---

[367] A. Supiot, *La gouvernance par les nombres*, Fayard, 2015, p. 356.

[368] E. Back, « Le robot Boston Dynamics devient berger en Nouvelle Zélande », futura-sciences.com, 26 mai 2020.

afin de permettre l'automatisation et de se passer à la fois de cuisiniers et de serveurs — les cuisiniers-robots et les serveurs-robots existent déjà[369] et la crise sanitaire liée au nouveau coronavirus, accélératrice de beaucoup de phénomènes, a renforcé l'intérêt à leur égard[370]. Par souci de simplicité et par calcul économique, il est tentant de multiplier les espaces clos imperméables au sens commun, alors que les métiers de cuisinier et de serveur requièrent un important sens commun. Il semble loin le temps des auberges, ces lieux de socialité où l'on venait autant pour discuter avec le tenancier et les autres convives que pour se sustenter ou se désaltérer. L'heure est aux fast-foods (nourriture rapide), aux boutiques de prêt à manger. C'est alors moins l'IA qui s'adapte au monde réel que le monde réel qui s'adapte à l'IA.

Dans les entrepôts et les hyperdrives, les manutentionnaires suivent à longueur de journée les instructions de leurs casques audio, leur disant quels produits récupérer et à quels endroits. Les travailleurs reçoivent donc en permanence leurs ordres de la part d'ordinateurs et doivent s'y conformer sans faute, épousant sans relâche une rythmique fluctuant au gré du marché[371]. Mais, pour les industriels, le gain est grand : « La technologie digitale permet de confier aux bonnes personnes les bonnes tâches dans une force de travail liquide, adaptable, prête au changement et réactive »[372]. Amazon a ainsi breveté un bracelet servant à suivre très précisément l'activité des mains de ses employés, permettant d'optimiser leurs gestes, l'exécution de leurs tâches. Le dispositif vibre sitôt que la personne place sa main dans une micro-zone inutile, la rappelant à l'ordre à la moindre incartade[373]. Dans ce cas là, il s'agit d'évaluer en continu la pertinence des gestes et de les réorienter aussitôt en cas de besoin. Ces technologies peuvent ainsi devenir les instruments d'une tutelle permanente, allant jusqu'à vérifier la régularité du moindre mouvement.

---

369 C. Deluzarche, « Êtes-vous prêts pour les restaurants "zéro personnel" ? », kombii.slate.fr, 8 oct. 2020.

370 C. Le Foll, « Les préoccupations sanitaires renforcent l'intérêt pour Pazzi, le robot pizzaiolo mis au point par de jeunes ingénieurs français », usinenouvelle.com, 13 juin 2020.

371 M. Gueguen, « Les damnés de l'hyper », *Philosophie magazine* 2015, n° 90.

372 Accenture, « Technology Vision 2016 Trends », 2016.

373 A. Cherif, « Bientôt un bracelet pour surveiller les salariés d'Amazon ? », *La Tribune* 5 févr. 2018.

Le modèle chinois, comme souvent, fournit des illustrations extrêmes et permet de voir dans le futur. Didi, l'équivalent d'Uber en Chine et qui assure près de 30 millions de courses par jour, privilégie, contrairement à son homologue américain, la technique du *dispatch* (les courses sont assignées par une IA et les chauffeurs ne peuvent pas les refuser) par rapport à celle du *spot market* (les chauffeurs sont libres de choisir leurs courses). Nourris par les innombrables informations collectées au fil des années, scrutant les données de trafic en temps réel, les algorithmes de Didi anticipent l'état du trafic et le nombre de clients et s'actualisent constamment. Dans un système clos et répétitif comme celui d'une ville, la prévisibilité est très forte. Didi peut ainsi répartir les courses entre les chauffeurs de manière hyper-efficace, selon ses prédictions quant à l'état de l'offre et de la demande de courses VTC. Tout le monde sort gagnant de ce système à première vue : le chauffeur n'a qu'à suivre les instructions sans réfléchir, le client attend moins longtemps qu'arrive son véhicule, Didi maximise ses profits — le but est d'ailleurs principalement d'enrichir la plate-forme qui ponctionne un pourcentage substantiel sur chaque opération ; et ce n'est peut-être qu'un état provisoire avant l'introduction de VTA (voiture de tourisme automatiques à la place des voitures de transport avec chauffeur) permettant de se séparer de ces chauffeurs qui, bien que très largement « drivés », restent des humains et donc des freins à la parfaite optimalité.

En outre, Didi souhaite équiper ses chauffeurs de capteurs biométriques permettant de mesurer leur niveau de stress ou de leur indiquer le moment opportun pour faire une pause, boire un verre etc. Gaspard Kœnig, face à cet exemple, peut imaginer que, dans un futur proche, l'intelligence artificielle prévoira le moment où le chauffeur aura envie de procéder à la miction, cela en fonction de la nature et de la quantité de liquide absorbé et des données propres à son métabolisme. Le système sélectionnerait alors ses courses de façon à l'amener au bon moment à proximité de toilettes publiques : « Cela ne vaudrait t-il pas mieux que de se retrouver dans un embouteillage avec un passager impatient et une irrésistible envie d'aller aux toilettes ? Ne serait-ce pas une amélioration notable des conditions de travail ? »[374]. Mais ce chauffeur Didi qui urine quand l'ordinateur lui commande de le faire ne sera

---

[374] G. Kœnig, *La fin de l'individu – Voyage d'un philosophe au pays de l'intelligence artificielle*, Éditions de l'observatoire, coll. De facto, 2019, p. 156.

plus qu'un automate en chair et en os, suivant sans aucun jugement les ordres de son écran de bord lui disant qui conduire, où et comment, mais aussi quelle radio diffuser, quand faire une pause et quel tarif pratiquer. Dès lors que la décision humaine la plus spontanée et intuitive, celle d'aller aux toilettes, serait déléguée à un calculateur, sans doute ne resterait-il plus grand chose des fonctions cognitives de l'individu. C'est un enchaînement quasi-invisible mais réel qui s'opère. Encore une fois, dans un tel cadre paternaliste, comment imaginer que cet individu pourrait encore exprimer un choix lors d'une élection démocratique sans que cela soit de manière totalement inconséquente — problème qui, il est vrai, ne se pose pas en Chine — ? Ayn Rand, philosophe et figure du technolibertarisme, fait dire au personnage principal de son roman *La Grève* : « Un homme qui s'en remet à autrui pour décider de son destin n'est qu'une épave bonne pour la casse »[375].

III. La normativité algorithmique : nudge, factualisation, performativité, utilitarisme

55. L'IA source de normes. L'intelligence artificielle est devenue un mode d'organisation des affaires communes. Elle se présente de plus en plus tel un autre Léviathan, concurrent du prince et de l'assemblée, dont la souveraineté qui prend ici la forme d'une autorité naturelle sert à forger une communauté politique et à garantir la paix civile. À l'inverse de la conception de Thomas Hobbes selon laquelle le pouvoir résulte du monopole de la violence légitime, le pouvoir est désormais forgé par des logiques technico-économiques qui deviennent la nouvelle constitution, définissant les grands principes de la vie en communauté. Ces principes s'attachent principalement à des visées lucratives et utilitaristes. L'informatique réalise ainsi son ambition originelle : imposer à une échelle quasi-universelle une rationalité extrême.

Par un goutte-à-goutte normatif quotidien, des IA façonnent les esprits, orientent les décisions, guident les actions. Elles sont réellement des sources

---

[375] A. Rand, *La Grève*, Random House, 1957, p. 278.

de normes. Une norme (ou règle) est la signification d'un énoncé servant de modèle de comportement. Elle est un « outil mental » servant à tracer les lignes directrices des conduites des individus. L'important est la signification de devoir-être de l'énoncé. Aussi une proposition contient-elle une norme dès lors qu'elle impose, permet, conseille ou interdit d'adopter un certain comportement dans une certaine situation, quels que soient sa source, son objet et son degré de généralité et d'abstraction. Une norme est donc la signification d'un énoncé à l'aune de laquelle le destinataire comprend qu'il peut, qu'il ne peut pas, qu'il devrait ou qu'il doit faire quelque-chose. La norme a pour objet de donner la mesure des possibilités d'agir, d'imposer ou de proposer à un ou plusieurs individus un comportement ou une attitude, une action ou une abstention. La norme est par conséquent un indicateur des devoirs et des interdits, des possibles et des impossibles. Toute signification d'un énoncé qui est une description, une déclaration ou une évaluation, qui n'indique aucune attitude à adopter à quiconque dans un quelconque contexte, n'est pas une norme. Appartiennent à l'ordre du prescriptif — par opposition à ce qui relève de l'ordre du descriptif — l'obligatoire, l'impératif, le prohibitif, mais aussi le permissif, l'incitatif, le recommandatoire, le suggestif, l'habilitatif et l'attributif.

Les orientations des comportements issues des IA peuvent présenter différents degrés, allant du moins contraignant au plus engageant. Le niveau incitatif, à l'œuvre dans une application de coaching sportif par exemple, qui invite à consommer un complément alimentaire, est le plus léger[376]. Le niveau coercitif, à l'image des IA qui dictent leurs gestes aux employés dans le monde du travail, est le plus fort[377]. Entre les deux, on trouve les niveaux impératif et prescriptif, comme lorsqu'une IA prend la décision d'octroyer ou non un prêt bancaire mais que le banquier peut, en théorie, intervenir. Les dimensions incitative, impérative et prescriptive sont appelées, au vu de l'extrême utilitarisme qu'elles servent, à monter de niveau et à se rapprocher du stade coercitif.

Sans doute toute recommandation d'une IA, notifiée sur un écran ou dans un casque audio, n'est-elle pas une norme et encore moins une règle de droit en

---

[376] É. Sadin, *L'intelligence artificielle ou l'enjeu du siècle – Anatomie d'un antihumanisme radical*, L'échappée, coll. Pour en finir avec, 2018, p. 16.
[377] *Ibid.*

bonne et due forme, car, s'il s'agit bien de faire pression sur la décision humaine, cela ne la détermine pas puisque l'homme peut toujours l'ignorer si telle est sa volonté. Cette capacité est la force humaine contre laquelle les agences de marketing du monde numérico-industriel luttent sans relâche. En tout cas cela vaut-il en théorie ; en pratique, cette volonté tend chaque jour à disparaître un peu plus et on ne peut que constater la grande force normative des incitations des systèmes informatiques, leur influence véritable, leur grande capacité à nudger les comportements, leur tendance croissante à faire le droit au sens le plus large. Les effets de la loi des parlementaires et ceux de la loi des IA sont d'ailleurs souvent comparables. La seconde est peut-être même plus efficace, dans l'ensemble, que la première. Cela pourrait autoriser les juristes à l'étudier tant l'effectivité des normes, à mesure que se développent les théories panjuridistes et les théories pragmatistes du droit, tend à devenir un critère de juridicité à part entière — au même titre que la validité dans un ordre juridique ou que la conformité à un quelconque idéal de « droit naturel », par exemple. Avec l'effectivité, la force juridique ne dépend plus des émetteurs des normes mais de leurs récepteurs, de leurs destinataires. Or la confiance dans les algorithmes des GAFAM et autres services qui anime leurs utilisateurs fait que la loi des IA est très largement acceptée et suivie — d'autant plus qu'elle est souvent peu perceptible. Son score de conformation pourrait faire pâlir de nombreuses lois étatiques.

« Dorénavant, décrit Éric Sadin, nous attendons des processeurs qu'ils nous gouvernent avec maestria, qu'ils nous délivrent du fardeau que nous endurons depuis l'aube des temps et qui pourtant constituaient jusqu'à peu le sel de la vie et de notre relation au monde, celui de devoir à tout instant nous prononcer, nous engager, bref mettre en jeu notre responsabilité »[378]. La normativité algorithmique tend à effacer la responsabilité humaine, elle déresponsabilise. Il s'agit simplement d'agir conformément aux indications de nos instructeurs électroniques pour atteindre le but ultime, celui de l'instauration d'un monde parfait, hygiéniste, débarrassé de toute faute et de toute erreur, fonctionnant dans une absolue synergie. On se soumet, car il devient impossible d'y échapper, à des flux normatifs, c'est-à-dire des signaux et des informations continus, qui ne laissent plus le temps de la

[378] É. Sadin, *L'intelligence artificielle ou l'enjeu du siècle – Anatomie d'un antihumanisme radical*, L'échappée, coll. Pour en finir avec, 2018, p. 96.

réflexion et qui saturent les esprits jusqu'à les empêcher de fonctionner, une technologie caractéristique des sociétés de contrôle[379]. La communication instantanée est un outil très efficace pour le contrôle continu.

Quant à l'automaticité de l'application des normes, elle ne peut qu'interpeller. Les algorithmes rassurent par leur logique mathématique implacable. Mais le droit peut-il raisonnablement répondre à une logique mathématique implacable[380] ? Un droit robotisé, sans tribunaux, sans subjectivité permettant de pondérer ses conséquences en fonction de chaque cas spécifique, n'est-il pas un droit sensiblement affaibli et peut-être dangereux[381] ? Et l'humanité du droit n'est-elle pas essentielle afin de lui permettre de conserver son aura, sa solennité et son prestige, donc son autorité ? Parfois, il est bon que la morale, forme de droit souple, tempère le droit dur. Les magistrats, au moment de juger, se fondent sur la loi et la jurisprudence, mais aussi sur l'éthique et autres formes de droit non officiel qui permettent d'adapter les décisions aux particularités de chaque cas. En témoigne l'exemple des « délits altruistes », ces infractions commises dans l'intérêt général (par exemple par les lanceurs d'alerte) et non afin d'en retirer un profit personnel. Or il est beaucoup plus délicat d'apprendre à des algorithmes le droit souple que le droit dur. La loi des IA est par nature une loi inhumaine. Cette loi ne serait-elle pas, plus encore que la loi des parlements, décrite par Albert Camus et Friedrich Nietzsche comme une injure à la vie libre et une barrière devant l'accès au bonheur[382] ?

56. Des normes sensorielles, immanentes, intuitives, instantanées. Notamment lorsqu'elles ont une fonction de nudge, les normes produites par les IA sont souvent des normes sensorielles. Et ces normes deviennent à ce point fréquentes qu'on estime qu'elles concurrencent le droit en bonne et due

---

[379] E. Nicolas, *Penser les flux normatifs – Essai sur la fluidité du droit*, Mare & Martin, 2018, p. 310.

[380] H. Croze, « Comment être artificiellement intelligent en droit ? », *JCP G* 2017, p. 882 s.

[381] G. Loiseau, « La production d'une valeur juridique ajoutée, antidote à l'automatisation des prestations en droit », *Comm. com. électr.* 2017, n° 3, p. 26 s.

[382] D. Salas, *Albert Camus – La juste révolte*, Michalon, coll. Le bien commun, 2002, p. 115.

forme, celui sis dans les lois des États[383]. Proches des personnes quand les lois sont lointaines, adaptées à leurs traits les plus intimes quand les lois sont générales et impersonnelles, incitatives et persuasives quand les lois sont obligatoires, ces normes sensorielles occupent de plus en plus de place dans l'espace public et surtout dans l'espace privé. Ce sont souvent des incitations ludiques et individualisées que les destinataires ne perçoivent pas comme des normes et qui ont l'avantage d'être appliquées immédiatement et parfois automatiquement, sans nécessiter l'intervention d'une police, d'une administration ou d'un juge. Il s'agit de modèles de comportement, visant à façonner les pratiques, exprimés sous la forme de signaux visuels, sonores, tactiles et/ou kinesthésiques. Ces signaux agissent donc sur un ou plusieurs sens de l'individu et l'incitent à adopter une conduite donnée, de manière plus ou moins consciente. Normativité intuitive et à portée universelle, elles peuvent s'exprimer dans un langage codé (codes-couleur, codes de forme, codes sonores) et sont souvent concises et claires afin de faciliter la conformation immédiate sans nécessiter une quelconque interprétation. Ce sont aussi des « normes créatives » qui mobilisent des supports, des formes, des modes d'expression multiples[384] — qui pourraient intéresser les juristes, faisant de la « normativité comparée » et s'intéressant aux « techniques contemporaines de gouvernement des conduites » étudiés en sociologie, en économie et psychologie comportementales et en marketing social[385].

Une norme sensorielle tend à se confondre avec son support, à se fondre dans son support qui peut être un écran de smartphone, d'ordinateur, de tablette ou d'objet connecté. C'est à travers ce support qu'elle peut exprimer de façon tangible un signe ou signal. Cela donne lieu à une normativité immanente, qui se fond dans le réel. Contrairement aux normes des lois étatiques qui sont affichées haut et fort en surplomb, dans d'impressionnants textes officiels, par les institutions publiques, ces normes là sont cachées, embusquées dans d'innombrables dispositifs. Il s'agit aussi d'une normativité instantanée, dont la violation engendre une sanction automatique et immédiate. En Chine, par exemple, la ville de Shenzhen a mis en place un

383 C. Thibierge, « Les normes sensorielles – Exploration de la normativité du quotidien aux confins du droit », *RTD civ.* 2018, p. 567.
384 *Ibid.*
385 S. Dubuisson-Quellier, dir., *Gouverner les conduites*, Presses de SciencesPo, 2016, p. 35.

dispositif de vidéo-surveillance faisant que, sitôt qu'un piéton traverse la rue alors que le feu n'est pas au rouge pour les voitures, il est photographié, identifié par un système de reconnaissance faciale très perfectionné et sa photo et son nom sont dans l'instant affichés sur des écrans dans toutes les rues environnantes. Quasi instantanément, sans policier et sans juge, sans intervention humaine et sans contradiction ni possibilité d'exercer un recours, la norme est violée et cette violation est constatée, son auteur identifié, la « décision » de sanction est prise et appliquée, sous forme de stigmatisation publique.

Omniprésentes, les normes sensorielles, immanentes, intuitives, instantanées peuvent être des instruments des politiques publiques. Le meilleur exemple est peut-être le feux tricolore de circulation. Dans le même domaine, il y a ces visages souriants ou non selon qu'on respecte la vitesse maximale autorisée ou qu'on la dépasse. Il y a aussi les dos d'âne et les coussins berlinois qui font ralentir les automobilistes. Quant au bip qui retentit de plus en plus fort lorsqu'on n'attache pas sa ceinture de sécurité, c'est cette fois un outil de politique privée. Dans tous ces cas, « le signe assure une information… oui peut-être, mais surtout il exprime une norme »[386]. Il y a surtout beaucoup de ces normes qui sont les expressions des calculs des IA. Avec un peu d'attention, on réalise qu'elles nous accompagnent en permanence ou presque. Elles sont dans les espaces publics, comme les gares ou les aéroports, dans les trains, les bus, les voitures ; elles sont surtout dans l'espace privé, sur les écrans des téléphones, des tablettes, des ordinateurs et des objets connectés. Ce sont des instruments d'orientation des conduites non ostensiblement normatifs, ce qui explique pour partie leur efficacité. Il ne s'agit plus d'imposer et contraindre verticalement, profitant de l'immense puissance d'un Léviathan et se perdant dans des méandres procéduraux, mais d'inciter discrètement au moyen d'une normativité qui ne dit pas son nom et qui profite de leviers quasi pavloviens[387].

Cette nouvelle forme de normativité prend de plus en plus de place dans le champ de la normativité globale et son développement est largement lié à

---

[386] J.-P. Gridel, *Le signe et le droit – Les bornes, les uniformes, la signalisation routière et autres*, LGDJ, 1979, p. 313.

[387] I. Pavlov, *Conditioned Reflexes – An investigation of the Physiological Activity of The Cerebral Cortex*, Oxford University Press, 1926.

celui de la société de l'hyper-connection, de la surveillance et du contrôle. Les technologies numériques, immersives, laissent augurer l'apparition de normes psycho-sensorielles ou neuro-sensorielles. Les stimulations telles que des « bip » sont devenues si habituelles qu'on n'y prête plus guère attention. On les exécute sans réfléchir, au terme de réflexes conditionnés qui sont à la base de toujours plus de nos gestes quotidiens. Il faut « prendre conscience de la prégnance de la normativité sensorielle dans notre quotidien, du conditionnement et de la standardisation des comportements qu'elle induit, de la soumission pavlovienne inconsciente et de l'état assez hypnotique dans laquelle elle nous plonge »[388]. En passant d'un état de normativité inconsciente à un état de normativité consciente, on peut poser un regard critique sur ces nouveaux devoir-être, les accepter ou les refuser, ne plus se trouver dans une situation d'asservissement individuel ou collectif et éventuellement s'en affranchir. Par leur nombre, les normes visuelles, sonores, tactiles et kinesthésiques alimentent une pression normative continue, maintenant les individus dans des flux normatifs incessants bien que discrets car s'adressant aux réflexes sensoriels et non à la pensée et à la réflexion. Elles suscitent une mise en œuvre quasi-automatique, comme si le comportement adopté allait de soi. C'est ainsi que cette « normativité immanente et éminemment plastique »[389] est l'instrument du façonnage d'attitudes standardisées. Elle contribue au phénomène de « l'homme simplifié »[390].

57. Nudge. Les IA guident sans contraindre, orientent sans obliger[391]. Elles sont un exemple parfait de ce que le juriste américain Cass Sunstein a appellé des « *nudges* », ces outils du « paternalisme libertaire », nouvelle forme de normativité ô combien originale et importante, qui doit mobiliser toute notre attention — alors que les juristes sont si souvent tentés de ne voir

---

[388] C. Thibierge, « Les normes sensorielles – Exploration de la normativité du quotidien aux confins du droit », *RTD civ.* 2018, p. 567.

[389] A. Rouvroy, T. Berns, « Gouvernementalité algorithmique et perspectives d'émancipation », *Réseaux* 2013, vol. 177, n° 1, p. 185.

[390] J.-M. Besnier, *L'homme simplifié – Le syndrome de la touche étoile*, Fayard, 2012.

[391] D. Cardon, *À quoi rêvent les algorithmes ? Nos vies à l'heure des big data*, Le Seuil, coll. La République des idées, 2015, p. 101.

des normes que dans la loi et la jurisprudence[392]. Le théorie du nudge, en sciences du comportement, montre que des suggestions indirectes et implicites peuvent, sans forcer, orienter très efficacement les comportements des individus et des groupes, parfois mieux que les obligations directes de la loi. Le nudge ou « coup de coude » en français (mais le mot est souvent traduit par « coup de pouce ») est donc une technique visant à encourager certaines conduites sans le dire, sans formaliser de norme ni menacer d'une sanction, simplement en manipulant les esprits. Il s'agit de techniques d'orientation des comportements et de changement des habitudes sociales sans injonction. On laisse à l'individu l'ensemble des options possibles, mais en le « poussant du coude » vers celle qui semble la plus souhaitable. On recourt ainsi aux mêmes mécanismes psychologiques qui nous induisent en erreur pour nous prémunir contre nos pires instincts. On parle de « paternalisme libertarien » car cela permet de forcer les choix et les actes sans coercition, en jouant sur l'émotion. Pour Richard Thaler et Cass Sunstein, économiste comportementaliste et juriste prix Nobel d'économie en 2017, « le nudge est un aspect de l'architecture du choix qui modifie le comportement des gens d'une manière prévisible sans leur interdire aucune option ou modifier de manière significative leurs motivations économiques. Pour ressembler à un simple "coup de pouce", l'intervention doit être simple et facile à esquiver. Les "coups de pouce" ne sont pas des règles à appliquer. Mettre l'évidence directement sous les yeux est considéré comme un coup de pouce. Interdire uniquement ce qu'il ne faut pas faire ou choisir ne fonctionne pas »[393]. Les nudges visent donc à suppléer les choix des individus sans qu'ils s'en rendent compte. Le libre arbitre doit laisser la place au téléguidage des conduites tout en faisant croire aux hommes qu'ils demeurent parfaitement libres — car s'ils se rendaient compte de la manipulation, ils pourraient reconquérir leur liberté véritable. C'est exactement ainsi que la normativité des IA fonctionne.

Au Royaume-Uni et aux États-Unis, on a très tôt saisi l'importance des nudges y compris pour les politiques publiques. C'est ainsi que l'ancien Premier ministre David Cameron et l'ancien Président Barack Obama ont

---

[392] C. Sunstein, *Why Nudge? The Politics of Libertarian Paternalism*, Yale University Press, 2014.

[393] R. Thaler, C. Sunstein, *Nudge – La méthode douce pour inspirer la bonne décision* (2008), Vuibert, 2010.

tous deux créé une unité dédiée au nudge afin de servir leurs objectifs de politique intérieure, l'un en 2010 et l'autre en 2013. Diverses techniques de nudge ont ainsi visé à favoriser la lutte contre l'obésité, le recyclage ou la consommation d'énergie limitée. En 2009, à Stockholm, pour inciter la population à utiliser les escaliers au lieu des escalators dans le métro, de la musique a été diffusée dans ces premiers. Cela visait à favoriser l'effort physique, à des fins de santé publique. Et l'exemple le plus célèbre est celui de l'aéroport de Schiphol à Amsterdam, où des fausses mouches ont été apposées au fond des urinoirs afin d'inciter les hommes procédant à la miction à bien viser, ce qui aurait permis une réduction de 80 % des dépenses de nettoyage des toilettes. À défaut de pouvoir compter sur la nature humaine, les nudges peuvent favoriser le respect des règles de savoir-vivre et de civisme dans l'espace public. Même Google a recours aux nudges en interne, pour réduire la consommation de viande de ses employés ou pour améliorer leur productivité par un système de notifications personnalisées. On embauche désormais des « *nudge scientists* » dans la Silicon Valley.

Avec les nudges, la personne a l'impression de faire son propre choix, qui en réalité est orienté par le dispositif créant une « architecture du choix » savamment réfléchie. On reconnaît là la manière de fonctionner de nombreuses IA. Pour la première fois dans l'histoire, des vérités s'imposent dans les esprits en cachette, sans séduire ni forcer, par le sentiment partagé d'une évidence et la confiance accordée à l' « intelligence » des systèmes informatiques, conformément au principe qui veut que les systèmes cognitifs soient des « *evidence based systems* », c'est-à-dire des systèmes fondés sur le principe de la révélation de fait qu'ils exposent à notre conscience et avec lesquels il semble évident de devoir s'accorder. La normativité algorithmique jouit ainsi d'une aura et d'une force symbolique immenses. Elle procède d'une puissance de révélation, comme si le smartphone était la nouvelle lampe contenant un génie capable de régler le moindre détail de nos existences.

58. Factualisation. La normativité algorithmique est significative du glissement du gouvernement politique délibéré et vertical vers la gouvernance mathématique automatique et horizontale[394]. Cette automaticité et cette horizontalité proviennent du fait qu'il ne s'agit plus d'imposer des devoir-être à des être ; au contraire, les être s'imposent aux devoir-être, les faits s'imposent aux normes, deviennent normes. Telle est la conséquence de la généralisation des pratiques statistiques et de la multiplication des corrélations de données. La loi des IA est donc symptomatique de la factualisation du juridique[395]. Elle se distingue du droit dit « valide » en ce qu'elle amaigrit la distinction de l'être et du devoir-être (du *sein* et du *sollen*) chère à Hans Kelsen. C'est ainsi que la « loi de Hume » et l'idée d'une séparation nette entre être et devoir-être, entre fait et droit — peut-être contestable d'ailleurs, car que vaut le droit détaché des faits et des pratiques qu'il est supposé saisir ? — perd toute force didactique à l'épreuve de la loi des IA. Et cette factualisation du droit concerne y compris les legaltechs : pour elles, les textes de droit (règlements, jurisprudences etc.) sont des faits, comme le sont les caractéristiques d'un dossier. Les legaltechs ne se basent pas sur un droit positif général et abstrait mais sur des données concrètes, statistiques. Ainsi, avec elles et plus généralement avec la loi des algorithmes, le droit passe de la causalité normative à la corrélation pratique[396]. Le droit positif n'est plus considéré autrement que telle une donnée factuelle. La réalité des faits l'emporte sur la fiction des textes. Ces derniers sont, au mieux, une information dont il faut tenir compte parmi beaucoup d'autres. D'ailleurs, s'agissant des algorithmes des GAFAM et des réseaux sociaux, ils imposent leur loi loin de tout texte, si ce n'est les conditions générales d'utilisation.

La loi des IA rejoint sous cet angle les usages et toutes ces normativités immanentes et spontanées, qui ne s'imposent pas de l'extérieur mais de l'intérieur, loin de toute discussion, de toute délibération et de toute évaluation. Il faut rappeler combien la normativité algorithmique repose sur un jeu d'échanges et d'interactions entre l'utilisateur et l'algorithme : l'utilisateur, par son comportement, influence l'algorithme, lequel en retour, par ses informations, influence l'utilisateur etc. L'algorithme

---

394 A. Mendoza-Caminade, « Le droit confronté à l'intelligence artificielle des robots : vers l'émergence de nouveaux concepts juridiques ? », *D.* 2016, p. 445 s.
395 H. Croze, « La factualisation du droit », *JCP G* 2017, p. 174 s.
396 L. Baby, « L'algorithme de l'informaticien et le syllogisme du juriste », *Dalloz IP/IT* 2016, p. 311 s.

« auto-apprenant » par rapprochements successifs, en dégageant des corrélations, fait émerger des normes à partir des régularités et des coïncidences qu'il identifie. De telles normes n'ont évidemment rien à voir avec les dispositions à portée générale, dénuées de toute discrimination, décidées au sein des hémicycles, qui ne prennent que très peu en compte, par soucis d'égalité et d'impartialité, les situations particulières de chacun de leurs destinataires. La loi des algorithmes correspond par conséquent à un mouvement d'individualisation des règles de droit. Avec la normativité algorithmique, des normes individuelles résultent de faits particuliers, tandis qu'avec les lois étatiques, des faits particuliers résultent de normes générales.

Les projections vers l'avenir des IA sont étroitement liées au passé. Elles dépendent de bases de données qui ne sont pas autre chose que des enregistrements de faits passés. Ensuite, des algorithmes en tirent des liens de corrélation. Ce qu'il faudra faire dans le futur est donc déduit ce qui a été fait dans le passé. Et la corrélation se substitue à la causalité. Le gouvernement des hommes change ainsi de figure : « Le modèle n'est plus celui de commandements édictés dans des termes généraux et définitifs par des autorités considérées comme souveraines et douées de contrainte, mais celui d'une multiplicité de dispositifs [...] qui émergent de la réalité même qu'il s'agit de réguler [...], sans même réclamer l'appui d'une sanction activée de l'extérieur »[397].

Gaston Bachelard disait « rien n'est donné, tout est construit ». Les résultats produits par les IA ne sont pas de simples reflets des réalités, ils dépendent des jeux de données retenus et des méthodes de traitement utilisées. Et une donnée elle-même n'est pas donnée mais construite par l'outil informatique qui l'extrait du phénomène et la met en forme numérique. Ensuite, le pouvoir déductif des IA met en évidence des relations invisibles pour l'œil humain entre des phénomènes apparemment sans lien. Cela est porteur d'une dynamique qui interroge jusqu'à l'idée même de connaissance. Par le passé, un scientifique cherchait dans le monde qui l'entourait des causalités cachées pour comprendre et expliquer le fonctionnement des choses. Les données massives permettent d'identifier des corrélations. Celles-ci conduisent à agir sans en connaître la raison, ce qui est porteur de graves menaces pour les

---

[397] T. Berns, *Gouverner sans gouverner, une archéologie politique de la statistique*, Puf, 2009, p. 7.

libertés individuelles[398]. Qu'on se souvienne de Gilles Deleuze qui, en 1990, imaginait que, « face aux formes prochaines de contrôle incessant en milieu ouvert, il se pourrait que les plus durs enfermements nous paraissent appartenir à un passé délicieux et bienveillant »[399].

59. Performativité. La distinction entre les énoncés descriptifs et les énoncés performatifs est peut être ce qui permet le mieux de caractériser les effets normatifs des IA. Pensé par le philosophe John Austin et expliqué par l'aphorisme « Quand dire, c'est faire »[400], le langage performatif traduit le fait que, derrière le contenu sémantique d'une assertion (son signifié, ce dont on parle), il peut se trouver l'intention de produire des effets concrets. Il est ainsi possible de faire quelque-chose en parlant. L'IA, avec les indications qu'elle énonce au terme de ses traitements de données, est capable de modifier les représentations d'un individu et finalement de le faire agir différemment de ses intentions initiales. Dans de nombreux cas, les IA génèrent donc des énoncés performatifs, par contraste avec les énoncés constatifs ou descriptifs qu'elles semblent surtout produire à première vue. Un énoncé performatif n'est ni vrai ni faux mais plus ou moins efficace. Sans doute les IA sont-elles aussi des systèmes destinés à expertiser des réalités et à énoncer des vérités, mais elles sont avant tout des outils destinés à produire des effets matériels en influençant les comportements. Elles donnent lieu également à des énoncés descriptifs, qui expriment un état des choses, et il n'est pas rare qu'il s'agisse d'énoncés descriptifs prescriptifs : des descriptions du passé servant à modeler le présent et le futur.

Par exemple, quand quelqu'un constate qu' « il pleut », cela n'a pas pour conséquence de faire pleuvoir le lendemain ni les jours suivants. En revanche, quand une IA dit à quelqu'un « vous aimez et aimerez le rock'n roll, vous écoutez et écouterez du rock'n roll », elle réalise en même temps ce qu'elle énonce car l'individu aime et aimera le rock'n roll et écoute et écoutera du rock'n roll — mais, en même temps, cet énoncé tire les conséquences d'une étude statistique du passé, donc d'une approche simplement descriptive. Une base de données semble devoir être classée

---

[398] D. Lecourt, *La philosophie des sciences*, Puf, coll. Que sais-je ?, 2018, p. 122-123.
[399] G. Deleuze, *Pourparlers*, Minuit, 1990, p. 237.
[400] J. L. Austin, *Quand dire, c'est faire*, 1962.

parmi les énoncés purement descriptifs. Mais son utilisation par un algorithme peut engendrer des énoncés performatifs, qui font advenir la réalité plus qu'ils la décrivent, qui rejoignent les promesses, les souhaits et les déclarations des autorités instituées, à l'image du maire qui, au moment où il déclare deux individus mariés, les fait passer de l'état pré-marital à l'état marital. L'incitatif tourne souvent au prescriptif et est performatif. Les IA peuvent bien prétendre se borner à décrire des réalités, dans les faits elles la font aussi se réaliser — un peu à l'inverse du monde politique qui a tendance à convertir fallacieusement des constructions intellectuelles en états de fait.

La capacité performative des IA se renforce à mesure que le régime de vérité qu'elles instituent voit son autorité se renforcer, induisant l'augmentation de son efficacité et tétanisant à la base toute velléité de contradiction. Mais le fait que les IA soient pour beaucoup créées par des entreprises qui contraignent les activités humaines afin de satisfaire leurs intérêts particuliers amène à se demander si notre pouvoir de décision n'a pas été abandonné à des puissances qui, si elles soutiennent qu'elle tâchent de garantir notre confort, affirme s'assurer de notre confort, nous privent pour ce faire de temps de moments imprévus qui auraient pu s'avérer enrichissants. Ainsi la robotisation, donc la réduction de la capacité de libre décision humaine, peut-elle donner l'impression honteuse d'être moins acteur de sa vie, une condition de passivité dans laquelle Spinoza voyait l'émergence inévitable de « passions tristes »[401].

60. Utilitarisme. L'utilitarisme est une doctrine en philosophie politique ou en éthique sociale qui prescrit d'agir dans le but de maximiser le bien-être collectif ou bien-être général compris comme la somme ou la moyenne des bien-être individuels. Sa maxime est : « Le plus grand bonheur du plus grand nombre » — on parle tantôt de bien-être (*welfare*) et tantôt de bonheur (*happiness*), termes qui se rejoignent sans doute sans être synonymes, le bien-être n'étant qu'un plaisir élevé personnel quand le bonheur présente une dimension morale et collective. Le bonheur ou bien-être recherché peut être physique, moral, social ou intellectuel. Et quelque-chose peut être qualifié d' « utile » dès lors qu'il contribue à maximiser ce bonheur ou bien-être. C'est en ce sens particulier qu'on peut parler du calcul de l'utilité d'un acte ou

[401] É. Sadin, *La silicolonisation du monde – L'irrésistible expansion du libéralisme numérique*, L'échappée, coll. Pour en finir avec, 2016, p. 209.

qu'on peut comparer les utilités respectives de certaines actions (ou règles). Pour ce faire, les utilitaristes pèsent le pour et le contre d'une décision en comparant ses avantages et désavantages en termes d'utilité, ses conséquences sur le bien-être du plus grand nombre. Mais il ne faut donc pas réduire le concept d'utilité à son sens courant de moyen en vue d'une fin immédiate donnée. L'injustice, chez les utilitaristes, est ainsi le gaspillage de bien-être qui diminue la quantité de bien-être collectif. Maximiser le bien-être est la maxime morale de l'action — ce qui conduit d'ailleurs à reconnaître une certaine pertinence à la notion de droits de l'homme. L'objectif prioritaire est donc de mettre en œuvre les moyens d'atteindre la somme maximale de bien-être. L'utilitarisme est en ce sens une théorie conséquentialiste : il juge la moralité d'une action (ou d'une norme) seulement à l'aune des conséquences espérées — les qualités morales de l'agent (généreux, altruiste, égoïste, intéressé, sadique etc.) sont indifférentes dans le calcul de la moralité d'une action. L'utilitarisme est un pragmatisme. La moralité d'un acte est « calculable » en fonction de ses seuls effets, peu importants l'acteur et ses motivations. L'utilitarisme se distingue des morales idéalistes et rationalistes, plaçant la raison à la base des actions, et s'ouvre au matérialisme. Ce n'est pas ici « l'autonomie de la volonté » kantienne qui fonde la morale et qui permet d'agir de façon désintéressée. D'un côté, seuls comptent les effets d'une législation, de l'autre, c'est son caractère raisonnable qui permet de la juger.

L'utilitarisme est encore un eudémonisme, une théorie morale fondée sur le bonheur conçu comme bien suprême — le mot vient du grec « *εὐδαιμονία* ou *eudaimonía* » signifiant « béatitude ». À la Révolution française, Saint-Just pouvait affirmer que « le bonheur est une idée neuve en Europe ». Et l'article 1er de la Constitution de 1793 pouvait proclamer de façon très utilitariste que « le but de la société est le bonheur commun ». Puis, certains intellectuels y ont vu un substitut laïque au salut chrétien : le sens de la vie, ce n'est pas de préparer au mieux son entrée dans l'au-delà mais de jouir de son bonheur ici et maintenant. On ne peut s'épanouir que dans la vie terrestre ; et celui qui ne le comprend pas, qui se réserve pour sa vie de mort, rate sa vie. Le bonheur doit être la finalité naturelle de la raison, dans la veine de la pensée stoïcienne — alors que l'hédonisme fait du plaisir et non du bonheur le but de la vie humaine. Avec l'eudémonisme, le bonheur est le souverain bien et le critère ultime de choix des actions humaines.

L'utilitarisme doit guider tant les actions individuelles que les décisions politiques, dans tous les domaines et notamment en matières économique, sociale, religieuse, éducative, juridique et judiciaire. Le père de l'utilitarisme est Jeremy Bentham, qui, à la fin du XVIIIe siècle, présenta le concept d'utilité en ces termes : « Principe qui approuve ou désapprouve toute action en accord avec la tendance à augmenter ou à diminuer le bonheur de la partie dont l'intérêt est en question »[402]. L'utilité sociale était le principe éthique à partir duquel Bentham évaluait les conduites individuelles et collectives. Selon lui, intérêt personnel et intérêt collectif ne sauraient s'opposer car ils se rejoignent et, si l'un et l'autre aboutissent à des actions fondées sur l'utilité, ils contribueront pareillement à la maximisation du bien-être global — mais on pourrait aussi estimer que l'utilitarisme suppose un altruisme spontané ou forcé qui s'oppose à l'égoïsme qui ne permet pas toujours d'aller dans le sens du bien commun. Filleul et disciple de Bentham, John Stuart Mill a prolongé sa pensée utilitariste, en faisant une philosophie plus élaborée[403]. Il proposa un utilitarisme indirect, s'éloignant de l'utilitarisme hédoniste de Bentham, concentré sur le plaisir et le bien-être et refusant tout droit naturel ou métaphysique englobante qui dicterait aux hommes le sens du bon et du mauvais ou du juste et de l'injuste. D'autres versions de l'utilitarisme prospérèrent au XIXe et au XXe siècles[404].

Quant aux anti-utilitaristes, ils voient dans l'utilitarisme le triomphe de l'économie et une approche purement instrumentale de l'action politique et des rapports sociaux. S'il faut juger de la moralité des actions au regard de leurs conséquences sur le bonheur de l'ensemble des individus, cela suppose de procéder à des calculs de maximisation. Cette dimension rationaliste voire mathématique de l'utilitarisme est largement responsable de son image négative dans l'opinion publique[405]. La philosophie utilitariste heurte parce qu'elle semble ne pouvoir que malmener la dignité de certains hommes — ceux qui sont laissés de côté afin de maximiser le bonheur des autres. Des philosophes d'aujourd'hui lui reprochent de réduire l'homme à un automate,

---

[402] J. Bentham, *An Introduction to the Principles of Morals and Legislation*, 1780, chap. 1.

[403] J. S. Mill, *L'utilitarisme*, 1861.

[404] C. Audard, *Anthologie historique et critique de l'utilitarisme*, Puf, 1999.

[405] Ch. Salvat, « L'utilitarisme : une morale sans scrupules ? », *Les Grands Dossiers des Sciences Humaines* 2021, n° 61, p. 41.

dont les actions seraient uniquement déterminées par des algorithmes utilitaristes, et d'ainsi représenter une nouvelle forme d'aliénation de l'être humain. Un thème central dans la pensée humaniste est par ailleurs absent de la philosophie utilitariste : l'épanouissement de l'homme. Alors que, chez les humanistes, l'homme doit pouvoir s'élever grâce aux arts et aux sciences au-dessus de sa condition naturelle, Jeremy Bentham considère que ce qui importe n'est que la satisfaction et pas le perfectionnement, pas la réforme de la nature humaine.

La Silicon Valley est parcourue par un souffle utilitariste en même temps que libertaire qui se répercute dans les outils informatiques qu'elle produit[406]. Les IA ne sont pas neutres idéologiquement. Elles visent, dans le cas de l'industrie numérique, à maximiser les profits et, pour cela, à augmenter le bien-être individuel et collectif, mesuré comme la différence nette entre la somme des plaisirs et celle des peines. Cet utilitarisme est l'option politique qui imprègne aujourd'hui majoritairement les IA, des États-Unis à la Chine — une option certainement séduisante pour beaucoup d'utilisateurs et de consommateurs. L'optimisation sociale imprègne aujourd'hui les techniques de *machine learning*. Il s'agit de manipuler, nudger les individus, les décharger des choix pour devenir les serviteurs de la communauté. L'humanité pourrait se rapprocher du « meilleur des mondes » d'Aldous Huxley, où le bonheur est fondamental et le solipsisme — le sujet pensant ne connaît d'autre réalité que lui-même — condamné. Ainsi, en devenant Alphabet en 2015, Google a abandonné son slogan très poppérien « *Don't be evil* » au profit de termes nettement plus normatifs : « *Do the right thing* ». Il ne s'agit plus d'éviter le mal, mais de faire le bien ; on passe de l'abstention à l'action. Et le bien est ici conçu comme le bonheur le plus haut, l'absence de troubles, la jouissance permanente, l'éradiction de tous les maux. Mais les algorithmes pourraient parfaitement être programmés pour libérer les individualités, quitte à être beaucoup moins efficaces, ou bien pour protéger la paix. Le « *nudge by AI* » est largement politique en ce qu'il a pour objectif de renforcer autant que possible le bien-être de l'utilisateur et l'utilité collective. Un tel projet est possible et peut-être même souhaitable, mais le problème est qu'on en parle trop peu. L'optimisation sociale et l'utilité plutôt

---

[406] G. Kœnig, *La fin de l'individu – Voyage d'un philosophe au pays de l'intelligence artificielle*, Éditions de l'observatoire, coll. De facto, 2019, p. 168.

que le hasard, la sérendipité et l'individualité est un choix politique qui devrait appartenir au peuple. Or celui-ci le subit sans dire un mot, ce qui est logique puisqu'il n'en a pas conscience. L'intelligence artificielle est pourtant un véritable projet de société défendant le bien commun, pas seulement un *business model.* Sa contrepartie est l'abandon du sujet, caractéristique d'ailleurs de la pensée postmoderne.

C'est bien à des fins utilitaristes qu'il faut continuellement chercher la plus haute réactivité, le plus intense rendement, des gains optimaux et des pertes limitées, auxquels doivent se livrer toutes les composantes de la société, les individus, leurs modes de vie, leurs forces de travail, les institutions, les hôpitaux, les écoles, les entreprises, les transports. L'entrepreneur Peter Thiel répète à l'envi et non sans raisons que « l'intelligence artificielle est communiste ». Centralisatrice, normative et recourant au nudge à des fins utilitaristes, l'IA semble en effet mettre la personnalisation au service de la standardisation et de l'asservissement des populations. L'optimisation numérique s'accompagne d'une vision holistique de la communauté qui tranche avec l'ère industrielle. Les concepteurs de logiciels de navigation GPS, par exemple, ne cherchent pas à donner le trajet le plus court mais celui qui sera optimal pour la communauté des automobilistes, même si cela oblige à faire des kilomètres supplémentaires afin d'éviter de contribuer à la formation de bouchons. De même les sites de rencontres ne proposent pas des profils correspondant aux attentes — car alors l'offre serait très inférieure à la demande, quelques profils seraient hyper demandés (les hommes recherchent essentiellement de jeunes femmes de 23 ans) quand la majorité resterait dans l'ombre — mais organisent les rencontres afin que toute le monde en sorte autant que possible satisfait. Il faut donc recourir à d'importants critères cachés au-delà de critères explicites qui se ressemblent. Pour être utile, le service doit parvenir à proposer aux utilisateurs des profils « accessibles », au-delà de leurs désirs insatisfaisables. Le cœur n'est plus le dernier refuge de l'alchimie aléatoire, du hasard heureux et de la magie inexplicable. Ainsi Lara de Meetic, le premier chatbot de dating, s'efforce-t-elle de rechercher le juste milieu entre les données enregistrées par les utilisateurs, leurs préférences non exprimées et leur capacité de séduction réelle. Lara doit ainsi établir la personnalité de l'utilisateur pour lui proposer des profils dont il n'aurait jamais eu l'idée par lui-même mais néanmoins susceptibles de lui convenir. On s'assemble parce que les données le veulent et parce que l'algorithme le veut. Le coup d'algorithme remplace le coup de foudre.

Le mélange d'utilitarisme et d'informatique entre en confrontation avec le libre arbitre et le ruine en grande partie. En matière économique, cela signifie qu'*homo œconomicus* perd sa capacité de prendre des décisions dans un marché libre. Il devient par conséquent difficile de conserver la célèbre définition de l'économie de marché de Friedrich Hayek dans laquelle le marché est un ordre spontané engendré par des volontés particulières se basant principalement sur deux informations : les prix et leur évolution. L'efficacité et l'équilibre arrivent naturellement (ou pas) mais ils ne sont pas des principes directeurs d'une quelconque gouvernance. Avec l'IA, on a davantage affaire à une économie dirigée par des instances centrales mesure de tout connaître et donc de tout organiser de manière verticale, broyant fatalement tout choix individuel. Aux yeux de Hayek, le planisme serait le début du totalitarisme[407]. Il semble pourtant bien que ce soit là ce à quoi l'on a affaire. Dans un monde dans lequel tout est organisé à l'avance et systématisé, où les conduites sont efficacement prédictibles, le marché n'est plus utile et on peut ajuster à la perfection l'offre et la demande. Des instructions reçues d'en haut remplacent le mécanisme psychique d'arbitrage entre les prix et les désirs. La tentation est donc grande de s'abandonner à des formes de planification et d'oublier le marché comme toutes les libertés. Comme l'explique Gaspard Kœnig, « les entrepreneurs de la Silicon Valley sourient face aux histoires de libre arbitre. Pour eux, ceux qui défendent le libre arbitre doivent être des sortes d'inquisiteurs échappés de temps lointains, moulinant des concepts métaphysiques alors que l'humanité avance tranquillement vers un avenir meilleur. Ils sont certains que demain l'intelligence artificielle permettra de tout optimiser. Absolument tout. Et que nous en vivons mieux, absolument mieux »[408]. Les IA sont des technologies du temps réel. Elles sont ainsi ô combien utiles en ce qu'elles permettent l'ajustement continu du réel aux exigences individuelles et collectives. Elles sont donc la source de gains de maîtrise formidable, permettant d'éviter tous les comportements sous-optimaux et de réduire fortement les parts

[407] F. A. Hayek, *La route de la servitude*, Librairie Médicis, 1946.
[408] G. Kœnig, *La fin de l'individu – Voyage d'un philosophe au pays de l'intelligence artificielle*, Éditions de l'observatoire, coll. De facto, 2019, p. 175.

d'incertitudes dans le cours des choses. Mais peut-on réellement trouver heureux le type de société qui en résulte ?

Gaspard Kœnig décrit la société telle que l'IA la modèle en ces termes : « Nous aurons donc vécu deux, trois siècles en imaginant que l'individu avait des droits, que ses choix lui appartenaient. En croyant être raisonnables, nous avons été fous. L'intelligence artificielle va araser nos différences, nos caprices, nos singularités. Nous allons redevenir une société bien réglée, une tribu homogène, une fourmilière laborieuse où chacun s'affaire au bonheur de tous et où tous contribuent au bonheur de chacun »[409]. Et c'est la Chine qui donne le ton de cette société-automate, tandis que les États-Unis sont tentés de se renier et de suivre la force de ce vent méta-utilitariste et que l'Europe s'accroche à ces valeurs humanistes dont elle est le berceau. En Chine, un gigantesque lac de données est exploité par des géants de l'intelligence artificielle avec l'aval du gouvernement et sous le contrôle attentif de la police, cela afin de maximiser le bonheur collectif. Ce dernier s'accoutume mal des divergences individuelles et le citoyen chinois, hyper-connecté, est dans l'obligation à la fois de céder ses données et de se conformer aux nudges. En échange, il gagne en bien-être et en sécurité. Loin des guerres civiles et des famines qui sont encore dans la mémoire chinoise, il paraît difficile de se plaindre de ces évolutions qui ont, notamment, permis à une vaste classe moyenne de remplacer la vaste classe miséreuse. Cependant, la liberté individuelle et collective ne devrait-elle pas être considérée comme le critère essentiel du bonheur ? D'un point de vue européen et humaniste, la société-automate telle que la Chine la connaît n'est pas une société heureuse. L'utilité est donc un concept relatif. En Chine, elle suppose l'oubli de la vie privée et de l'intimité, en plus de la liberté, suivant une idéologie confucéenne qui a de quoi attrister et non remplir de joie un européen humaniste. Pour un chinois, le bonheur se trouve dans l'amitié, la loyauté, le souci des autres, le dévouement pour la patrie[410]. C'est pourquoi les citoyens se livrent corps et âme aux autorités, font dont de leur personne au collectif sans arrière-pensée. Renouveau du confucianisme, progrès technologique et domination économique sont explicitement liés. Il est tentant, à la suite de Yuval Harari, de conclure à la défaite finale de l'individu

---

[409] *Ibid.*, p. 188.

[410] K.-F. Lee, *AI Superpowers – China, Silicon Valley and the New World Order*, Houghton Mifflin Harcourt, 2018.

conscient et autonome[411]. Le libre arbitre est à la fois mis en doute par la science et rendu inutile par la technologie. L'individu, coupable de trop de maux à l'égard des autres et de l'environnement, doit s'effacer. Il est un frein au bonheur — croit-on.

61. La loi des IA, une politique. Une décision prise par une IA ou avec l'assistance d'une IA présente l'avantage de sembler *a priori* plus équitable et plus juste qu'une décision humaine éventuellement orientée politiquement et en tout cas soumise à une subjectivité. La rigueur mathématique et la logique de l'algorithme jouent à première vue en sa faveur. L'algorithme ne pourrait pas être corrompu ou autrement influencé. On ne prête aux robots ni intentions ni opinions ; ils obéiraient simplement à une froide objectivité statistique. Les nouvelles pratiques de gouvernement algorithmique assoient leur légitimité sur cette objectivité. On consent à ce que des IA gouvernent les vies en raison de leur neutralité semble-t-il implacable. Or cette neutralité n'est bien souvent que de façade ; ou plutôt l'outil est en soi neutre mais pas l'usage qui en est fait[412].

L'algorithme procède à un travail de systématisation de données à partir d'instructions porteuses de valeurs prédéterminées par l'homme. Ainsi va-t-il, par exemple, censurer automatiquement les propos ou images des personnes portées vers les pires travers de la pensée humaine — ce dont il faudrait *a priori* se réjouir. Cependant, se pose la question de la légitimité de ce pouvoir qui porte atteinte à la liberté d'expression, liberté fondamentale consacrée par tous les textes relatifs aux droits de l'homme. Car ce sont aussi tous les contenus violents, racistes, blasphématoires ou haineux qui sont filtrés. Or la violence des uns n'est pas celle des autres, le racisme des uns n'est pas celui des autres etc. Et puis les idées dangereuses ne doivent-elles pas être combattues plutôt qu'effacées et donc ignorées ?

Les algorithmes procèdent à un travail de pondération dont les intentions et les conséquences prennent un tour inévitablement politique. Quand ils décident de ce qui est « tendance », de ce qui est « plus populaire », plus généralement de ce qui doit s'afficher sur l'écran de l'utilisateur et de ce qui doit demeurer caché, ainsi que par leur manière d'agencer les informations

---

411 Y. Harari, *Homo Deus – Une brève histoire du futur*, Albin Michel, 2017.

412 En ce sens, par exemple, S. De Silguy, « Doit-on se méfier davantage des algorithmes ? », *RLDC* 2017, n° 146, p. 32 s.

d'une façon particulière, ils jouent un rôle prescripteur qui peut aller jusqu'à influencer le résultat des élections — sans d'ailleurs que cela soit nécessairement la volonté du service. En outre, lorsque, par exemple, Twitter « nettoie » ses listes de tendances en supprimant les gros mots, les obscénités, mais aussi les publicités déguisées, il s'agit d'actes qui ne sont pas neutres ; car encore faut-il définir les limites entre ce qui relève de la catégorie des gros mots et ce qui n'en relève pas, ce qui constitue une obscénité et ce qui n'en constitue pas une, ce qui est une publicité déguisée et ce qui n'en est pas une. Les start-up de la Silicon Valley devenues multinationales du net semblent devoir être nécessairement animées par des racines iconoclastes et par un état d'esprit hyper-tolérant et ouvert, associé à la contre-culture de la Valley. En réalité, cela cache des convictions et intentions bien plus conservatrices qu'en apparence. Ainsi les algorithmes de Facebook, Twitter ou Google appliquent-ils bien souvent des normes assez pudibondes — sortes d'anachronismes postmodernes —, lesquelles s'imposent subrepticement à des milliards d'utilisateurs à travers la planète.

Au cours du mouvement Occupy Wall Street aux États-Unis en 2011, des militants ont été surpris que les hashtags « #occupy » ou « #OWS » ne figurent pas dans les tendances de Twitter. En volume, sans doute ces hashtags avaient-ils toute leur place au premier rang de Twitter. En revanche, leur vélocité était insuffisante pour générer un pic, comme le font les annonces de décès de personnalités, les catastrophes naturelles où les émissions de télévision à succès. Le phénomène n'était pas suffisamment explosif pour être tendance. Les militants ont alors reproché à Twitter de censurer leurs revendications. Mais Twitter a programmé son algorithme pour que seuls les mouvements d'opinion immédiats et simultanés aient droit à une forte audience, sur le modèle de la viralité sur le web. Choisir une autre voie que celle du pic attentionnel serait tout autant un choix politique. Tout service du type de Twitter en vient forcément, en fonction des techniques de mesure qu'il retient, à donner une visibilité excessive à certains faits et certaines opinions et une visibilité insuffisante à d'autres. Les services du web jouent ainsi un rôle de ministère de l'éducation et de ministère de la culture, disant aux populations quoi et comment penser, quoi et comment se divertir, à quoi et comment s'intéresser. Il importe ainsi de comprendre comment ils façonnent nos représentations.

Par exemple, l'algorithme de Facebook, appliquant les conditions générales d'utilisation du service, bloquera les comptes de ceux qui chercheront à publier des représentations de nus (même très partiels). Aussi est-il impossible de mettre en ligne sur Facebook — qui pourtant s'assigne comme mission de « rendre le monde plus ouvert » — *L'origine du monde* de Gustave Courbet, la photographie iconique de la « petite fille au napalm » qui, nue, fuit les bombes en hurlant, une illustration montrant les seins d'Eve dans le jardin d'Eden ou même une vidéo informative sur l'allaitement maternel. En revanche, des propos extrémistes très choquants ou mensongers ne sont pas censurés au nom de la liberté d'expression. Quant à un ouvrage intitulé *Vagin*, l'algorithme de l'iBookstore d'Apple va le transformer en *V***n*. D'autres exemples peuvent être trouvés dans ces mots qui n'apparaissent pas lorsqu'on utilise la fonction de saisie automatique des moteurs de recherche (qui fait que les résultats s'auto-complètent au fur et à mesure qu'on entre des lettres) ou dans ces pages web qui n'apparaissent pas ou qui apparaissent très lointainement dans les pages de résultats. Les multinationales de la communication numérique limitent ainsi la possibilité d'utiliser librement des termes ou des images pourtant déjà largement diffusés, si ce n'est légitimés. En 2010, le magazine Hacker 2600 avait publié une liste noire des mots que Google ignore volontairement. Le moteur de recherche ne propose ainsi aucune saisie automatique pour « croix gammée » ou même « Lolita » — ce n'est pas que Nabokov soit détesté à Mountain View, mais l'algorithme ne parvient pas à séparer l'amateur de romans et l'amateur de pédopornographie.

Des intelligences artificielles déterminent de la sorte l'étendue et les limites de ce qui est culturellement acceptable. Elles font passer les termes les plus courants pour des termes honteux et des chefs d'œuvre pour des obscénités. La Silicon Valley reflète moins les normes sociales en vigueur qu'elle les façonne à sa guise. Et les algorithmes deviennent les nouveaux gardiens du temple, en remplacement des philosophes, journalistes, éditeurs etc. En faisant la loi sur des services qui sont, dans le monde d'aujourd'hui, au cœur de toutes les activités sociales, politiques et économiques, les algorithmes — et ceux qui les conçoivent et les règlent — jouissent d'une puissance gigantesque qui n'a peut-être rien à envier à celle des États. Les programmeurs disposent d'un pouvoir de plus en plus grand à mesure que les IA deviennent des outils indispensables dans les processus de prise de décision. Certes, il est encore difficile de trouver les mots justes pour comprendre et expliquer la politique des IA. Cette politique n'en paraît pas moins constituer une réalité forte et une donnée incontournable pour qui souhaite comprendre le monde d'aujourd'hui et de demain.

Chapitre 4. La liberté des individus

62. « Liberté, j'écris ton nom ».[413] Devons-nous fatalement renoncer à nos libertés à l'ère du recueil massif des données personnelles et de la manipulation générale et subséquente des vies ? Si l'on en croit la courte fiction qui ouvre le récent essai de Laurence Devillers *Les robots « émotionnels »*, il semble que telle soit la voie dans laquelle nous nous engouffrons. La scientifique décrit ainsi les péripéties d'un amateur de bon vin confronté, en 2025, à des systèmes d'intelligence artificielle programmés pour préserver son bien-être et sa sécurité. Face aux incitations pressantes de sa voiture autonome, de sa cave à vin connectée, de son assistante personnelle virtuelle et de sa montre reliée à la plate-forme de son assureur, l'homme est contraint de renoncer à ce dernier verre qui lui aurait fait tant plaisir[414]. L'individu, aujourd'hui et surtout demain, est et sera enserré dans les mailles serrées d'un réseau d'attention et de bienveillance, largement hygiéniste, qu'il peut avoir dans un premier temps envie de débrancher puis auquel il s'habitue bien vite.

La liberté est peut-être la première de toutes les valeurs qui doivent être défendues par les droits de l'homme numérique. L'intelligence artificielle sert à façonner un monde dans lequel la liberté cède sa place au téléguidage des conduites et à la camisole numérique. Le combat pour la liberté n'est-il pas le plus honorable de tous pour les héritiers des Lumières et de la Déclaration de 1789 ? Selon Albert Camus, « il y a une justice à restaurer la liberté, seule valeur impérissable de l'histoire. Les hommes ne sont jamais bien morts que

[413] « Liberté » est un poème que l'auteur français Paul Éluard a écrit en 1942 pendant la Seconde Guerre mondiale, comme une ode à la liberté face à l'occupation allemande.

[414] L. Devillers, *Les robots « émotionnels »*, Éditions de l'Observatoire, 2020.

pour la liberté »[415]. Dans ce monde où des IA deviennent capables d'anticiper et d'influencer ou même diriger nos conduites, peut-on encore affirmer, comme Jean-Jacques Rousseau et comme l'article premier de la Déclaration des droits de l'homme de 1789, que nous sommes « nés libres » ? N'est-il pas, en revanche, de plus en plus vrai que les hommes « partout sont dans les fers »[416] — en l'occurrence des fers numériques ? Bien sûr, cette défense de la liberté entre surtout dans le cadre du principe de précaution et du développement durable numériques, visant à protéger les générations futures plus que les générations actuelles qui, en Occident, n'ont pas encore totalement oublié le goût des libertés individuelles. Ces libertés n'en paraissent pas moins se réduire progressivement, la prise de pouvoir des IA dans un nombre croissant d'aspects de la vie individuelle et collective semblant constituer la première des causes de ce phénomène.

En 1927, dans son film *Metropolis* à la fois dystopique et prémonitoire, Fritz Lang montrait combien l'instauration d'une mécanisation généralisée des modes d'existence risque de générer des rapports asymétriques de pouvoir enfermant les êtres dans des cases, des rôles et des fonctions dont ils ne peuvent se défaire. N'est-ce pas la tendance actuelle que l'on peut reconnaître dans cette œuvre ? Dans les années 1980, 1990 et 2000, l'informatique offrait à ses utilisateurs des clés, des fenêtres. Aujourd'hui, il leur donne au contraire des serrures et des murs. D'un rapport ludique et ouvert avec sa machine, on est passé à une relation exclusive et oppressante. Le mariage de l'ordinateur et de l'internet a enthousiasmé les foules parce qu'il ouvrait de façon incommensurable le champ des possibles, tant en termes d'actions que de pensées. Puis, à mesure que les techniques d'enrégimentement des consommateurs se sont perfectionnées, ce champ des possibles s'est réduit. La volonté historique de posséder un surcroît de maîtrise grâce à l'informatique a tout d'abord été synonyme d'expansion des libertés en offrant aux individus une meilleure information permettant d'agir de façon plus éclairée et plus efficace. L'intelligence artificielle, en remplaçant l'humain dans toujours plus d'activités, permet de passer au stade supérieur : celui dans lequel le surcroît de maîtrise résulte d'une subrogation de la machine à l'humain. Les affaires humaines ne dépendent alors plus des

---

[415] A. Camus, « L'Homme révolté (1951) », in *Œuvres*, Gallimard, coll. Quarto, 2013, p. 1068.
[416] J.-J. Rousseau, *Du Contrat social*, 1762.

agissements libres des hommes mais des signaux envoyés par les IA, de leur aura et de leur valeur de vérité qui leur permet de s'imposer sans ambiguïté. On en vient dès lors à imaginer pouvoir procéder à une « ingénierie humaine » dans laquelle la liberté ne trouverait plus aucune place. Il s'agirait de produire une cartographie quasi intégrale des phénomènes humains, d'élaborer une théorie computationnelle à partir des données pertinentes et, *in fine*, de contrôler tous les comportements humains[417].

Même Friedrich Hayek, figure tutélaire du libéralisme économique, concédait que, « s'il y avait des hommes omniscients, si nous pouvions connaître tout ce qui affecte non seulement l'accomplissement de nos souhaits présents, mais aussi ce que seront nos besoins et désirs à l'avenir, il n'y aurait guère de raisons de plaider pour la liberté »[418]. Autrement dit, les grandes capacités anticipatives et prédictives de l'intelligence artificielle pourraient donner des arguments forts à ceux qui, pour des raisons diverses mais convergentes, ne voient dans les libertés individuelles que des freins et des obstacles à supprimer. La problématique, alors que l'intelligence artificielle s'installe partout, semble bien être celle-là : les nouvelles technologies de l'information vont-elles servir les hommes ou les asservir[419] ? Ou bien vont-elles permettre à certains hommes d'asservir les autres ? Ce n'est rien d'autre qu'un nouveau projet de société dont il est question. Il s'en faut de beaucoup que tout ce qui est nouveau soit *ipso facto* bon et bénéfique. C'est pourquoi il importe de conserver un regard critique sur les mutations alentour. C'est en partie au droit qu'il appartient de délimiter le champ des possibles de l'automatisation du monde en cours.

63. Le droit, serviteur de la liberté. En 1938, Paul Valéry débutait par ces mots ses « Fluctuations sur la liberté » : « Liberté, c'est un de ces détestables mots qui ont plus de valeur que de sens, qui chantent plus qu'il ne parlent, qui demandent plus qu'ils ne répondent ». Qu'est-ce qu'être libre ? Voici une question bien délicate, à laquelle les philosophes, mais aussi les juristes et les légistes qui tâchent de faire advenir la liberté en faits par la liberté en droit, peuvent essayer de répondre. La liberté appartient à la fois aux vocabulaires

---

[417] A. Pentland, *Social Physics – How Good Ideas Spread*, Penguin Books, 2015.

[418] F. Hayek, *La Constitution de la liberté*, Litec, 1994, p. 30.

[419] R. Chatila, « Intelligence artificielle et robotique : un état des lieux en perspective avec le droit », *Dalloz IP/IT* 2016, p. 284 s.

philosophique et juridique. En même temps qu'il est difficile d'exprimer par des mots ce qu'est la liberté, elle constitue pour chacun un sentiment, une expérience et une représentation *a priori* familiers mais discutables. Au sens étroit, « la liberté est l'état, la situation de la personne qui n'est pas sous la dépendance absolue de quelqu'un, ce qui est l'opposé de l'esclavage ou de la servitude »[420]. Au sens large, « la liberté est l'état de ce qui ne subit pas de contraintes, c'est-à-dire la possibilité, le pouvoir d'agir sans contrainte »[421]. Or, justement, à l'ère des IA, nos prothèses informatiques sont des sources de contrainte, de dépendance et même de servitude. La liberté se traduit par un pouvoir d'autodétermination, d'autonomie, la possibilité d'être son propre législateur. Dans la conception antique, telle qu'exprimée par Socrate, la liberté est comprise comme connaissance et emprise sur soi-même, c'est-à-dire comme association de la vertu et de la sagesse personnelles[422]. D'un point de vue politique et social, la liberté est le « pouvoir d'agir, au sein d'une société organisée, selon sa propre détermination, dans la limite des règles définies ». Les libertés civile, politique et sociale qui en résultent sont elles-aussi remises en cause. Le droit, qui a notamment pour mission, d'un point de vue humaniste, de donner aux libertés les moyens de s'épanouir, ne saurait demeurer indifférent et ne pas réagir. Avec la révolution des Lumières au XVIIIe siècle, la liberté s'est imposée en Occident comme le principe de légitimation des sociétés humaines. Ainsi que l'observait Hegel, « l'histoire universelle est le progrès de la conscience de la liberté »[423]. Le propre de la modernité politico-juridique est d'avoir fait de la liberté le but de l'organisation collective et le fondement du droit[424]. Ainsi Spinoza pouvait-il enseigner que « le but de l'instauration d'un régime politique n'est pas la domination, ni la répression des hommes, ni leur soumission au joug d'un autre. Ce à quoi on a visé par un tel système, c'est à libérer l'individu de la crainte, de sorte que chacun vive, autant que possible, en sécurité. Le but poursuivi ne saurait être de transformer des hommes raisonnables en bêtes

---

[420] V° « Liberté », in *Dictionnaire Le Robert 2019*.

[421] *Ibid.*

[422] P.-H. Prélot, *Droit des libertés fondamentales*, 2e éd., Hachette, coll. HU droit, 2010, p. 7.

[423] G. W. F. Hegel, *Leçons sur la philosophie de l'histoire*, 1830.

[424] P.-H. Prélot, *Droit des libertés fondamentales*, 2e éd., Hachette, coll. HU droit, 2010, p. 7.

ou en automates. Ce qu'on a voulu leur donner, c'est plutôt la pleine latitude de s'acquitter dans une sécurité parfaite des fonctions de leurs corps et de leurs esprits. Après quoi ils seront en mesure de raisonner plus librement, ils ne s'affronteront plus avec les armes de la haine, de la colère, de la ruse et ils se traiteront mutuellement sans injustice. Bref, le but de l'organisation en société, c'est la liberté »[425].

Les principaux textes relatifs aux droits de l'homme en Allemagne, en Espagne ou en France semblent placer la liberté au-dessus des autres droits et libertés fondamentaux, dans une forme de hiérarchie au plus haut niveau de l'ordre juridique. Cela est une conséquence logique de l'évolution de nos sociétés en sociétés libérales. « Les hommes naissent et demeurent libres et égaux en droits », proclame l'article premier de la Déclaration de 1789. Mais ce qui doit aussi — et peut-être surtout — intéresser le droit est de parvenir à transformer cette liberté juridique en liberté pratique, concrète, effective. Le défi est grand, à l'heure actuelle, alors que la liberté perd de sa valeur, est concurrencée par le confort du prêt-à-penser et du prêt-à-faire. Avec Michel Foucault, on peut constater que l'heure est venue, une fois de plus, de « relancer aussi loin et aussi largement qu'il est possible le travail indéfini de la liberté »[426]. De plus en plus nombreux sont ceux qui constatent que nous vivrions désormais « sans la liberté »[427] — les technologies numériques étant un facteur transversal dans ce phénomène : elles contribuent directement à exercer une tutelle sur les personnes et elles servent, par exemple, à diffuser largement certaines doctrines totalitaires liberticides. Qu'il s'agisse des libertés individuelles comme le droit à la vie privée ou des libertés collectives comme la liberté d'expression ou le droit de vote, les exemples ne manquent pas qui témoignent d'une régression dans la jouissance des libertés, en France et ailleurs. L'individu et le citoyen sont tentés de démissionner, laissant la place à l'homme téléguidé, robotisé. C'est une question politique de la plus haute importance à laquelle pourtant rares sont ceux qui osent apporter quelques réponses : sommes-nous prêts à accepter de ne plus jouir de nos libertés afin de permettre l'avènement de vies individuelles et collectives ordonnées autour du nudge et de l'utilitarisme,

---

[425] B. Spinoza, *Traité théologico-politique*, 1670.
[426] M. Foucault, *Dits et écrits (1954-1988)*, t. IV, Gallimard, 1994, p. 574.
[427] F. Sureau, *Sans la liberté*, Gallimard, coll. Tracts, 2019.

organisées par le grand « nudgital » — rencontre du nudge et du capital — et par les spécialistes de l'économie politique comportemental ?

Si l'on définit l'humanisme par le critère de l'autonomie de l'humain, conçu tel un être capable d'auto-limitation, on risque de plus en plus d'être déçu à mesure que l'accélération permanente des techniques échappant à tout contrôle humain et la destruction des structures sociales et des valeurs symboliques tendent à rendre l'humain obsolète. Dans ce contexte, il semble que « l'humain ne relèvera les défis de la société technicienne qu'au prix d'un humanisme reconfiguré autour du motif de la liberté »[428]. Et cette liberté devrait être une liberté qui s'exerce prioritairement à l'égard de soi-même. Jacques Ellul insistait déjà sur le besoin, pour acquérir une véritable liberté, de prendre quelques distances par rapport à soi et surtout par rapport à l'emprise sur son imaginaire et sur son univers symbolique des forces technologiques, de la mentalité technicienne, du langage et des réflexes informatiques. Une émancipation effective suppose une profonde rénovation de nos manières de vivre, d'agir et de penser. Pour surmonter le conditionnement et le déterminisme technologiques, l'homme doit mettre un espace suffisant entre lui et ses instruments techniques, continuer à les utiliser mais sans les idolâtrer, sans leur donner sa vie, sans concevoir toute son existence autour d'elles. Pareil ressaisissement éthique au cœur de nos propres vies serait une victoire sur nous-mêmes.

64. Pas d'individualité sans liberté. Comme la liberté, l'individualité est un terme équivoque, donnant lieu à des nombreux sophismes, et néanmoins indispensable. Un être humain se caractérise comme individu d'un point de vue psychologique : il est et doit se ressentir comme une unité biologique, un être particulier avec son identité propre, différent de tous les autres[429]. On ne peut construire cette individualité, cette identité personnelle que dans la liberté. La standardisation et l'enfermement sont, au contraire, des forces anti-individuelles. Et il n'y a pas de société sans individualités, car une société se compose d'unités qui se ressemblent, qui s'assemblent, mais aussi qui divergent, qui se confrontent et qui recherchent des compromis. C'est en cela qu'une société humaine diffère, par exemple, d'une société de fourmis

---

[428] F. Rognon, « L'humanisme face à la technoscience », *Les Grands Dossiers des Sciences Humaines* 2021, n° 61, p. 60.

[429] N. Hélias, *La société des individus*, Le Seuil, 1991.

dans laquelle chaque ouvrière se dévoue totalement au collectif. On ne peut faire société sans volonté et liberté de faire société. C'est l'individu qui, par le consentement qu'il donne lors de la formation ou du renouvellement du contrat social, est la source du pouvoir et de l'autorité légitimes. La société n'est donc pas une fin en soi ni l'instrument d'une fin supérieure aux individus qui la composent. Sa vocation se réduit à garantir le bien de ceux-ci et la paix entre ceux-ci. L'individu est supérieur à la société et indispensable à la démocratie. C'est pourquoi les régimes autoritaires nient l'individualité[430] — qui ne doit pas être confondue avec l'égoïsme et le narcissisme, qui sont eux anti-démocratiques[431] et qui prospèrent à l'époque actuelle. Les institutions sociales servent à protéger les individus et leurs droits et à favoriser l'approfondissement de l'individualité de chaque individu. L'individualisme est donc une conception philosophique, politique, sociale et morale qui privilégie les droits, les intérêts et la valeur de l'individu par rapport à ceux du groupe. Pour l'individualiste, « toute association ne peut être qu'un pis-aller puisqu'en s'associant il perd tant soit peu de son indépendance. Un pis-aller — pour un temps déterminé, avec des individus déterminés, pour une besogne déterminée — sans lequel la besogne qui lui tient au cœur ne pourrait être accomplie »[432].

La définition de l'individu est le fruit d'un long travail historique débuté sous l'Antiquité, repris par les théologiens du Moyen-Âge et achevé lors de la réforme et de la Renaissance. Au sein de l'idéologie chrétienne, l'homme n'est pas en relation immédiate avec lui-même. Sa condition s'explique par des facteurs non personnels. La dignité de la personne dépend alors de sa relation à Dieu. Puis la consécration de l'individualité, avec les libertés fondamentales qui s'y attachent, ont constitué les originalités les plus fortes de la philosophie et de la civilisation occidentales. La Renaissance a rompu avec la conception holiste de la personnalité. Et les Lumières on valorisé l'individu en tant qu'être particulier, libéré des contraintes imposées par les groupes familiaux et sociaux qui encadrent sa vie, une liberté consacrée en droit et protégée par le droit[433].

---

[430] A. Honneth, *Le droit de la liberté – Esquisse d'une éthicité démocratique*, Gallimard, 2015.

[431] B. Mathieu, *Le droit contre la démocratie*, LGDJ, 2017.

[432] E. Armand, *L'initiation individualiste-anarchiste*, 1923.

[433] A. Laurent, *Histoire de l'individualisme*, Puf, coll. Que sais-je ?, p. 24.

Face au nudge permanent et à la puissance et l'autorité des multinationales du numérique, il faut défendre l'individualisme, c'est-à-dire une « théorie qui voit dans l'individu la forme la plus essentielle de réalité ou le plus haut degré de valeur »[434]. Il n'y a pas de liberté sans individualité, et inversement. On ne peut accepter le remplacement de l'homme-individu autonome et responsable par l'homme-robot dépendant et irresponsable qui, autant que celui qui s'imagine jouir de libertés absolues et sans limites et qui ainsi autodétruit ces libertés, implique une régression des droits et des valeurs nécessaires à l'humanités de l'homme[435]. L'individualisme est aussi une approche selon laquelle les hommes seraient toujours trop gouvernés et pour laquelle l'idéal politique devrait être le développement de l'initiative privée[436]. Il s'oppose de la sorte à l'étatisme, mais aussi, aujourd'hui, à la force normative des IA. Ces dernières comme les États ne devraient pas chercher à réguler les vies des hommes dans leur globalité et se contenter d'interventions ponctuelles, de fonctions rigoureusement bornées. L'autonomie individuelle, dans le cadre de laquelle les libertés s'exercent, devrait donc toujours l'emporter sur les pressions issues de la famille, le groupe, le clan, la corporation, la caste, l'équipe ou le smartphone.

Comme l'explique l'excellent « vélosophe » Guillaume Martin, « Aristote parlait de *kaïros* : ce *kaïros* n'est pas de l'ordre du calcul rationnel ou du contrôle. Bien au contraire, il est l'art de sentir le moment opportun, celui où il faudra précisément sortir du calcul et lâcher prise, celui où il sera possible d'enflammer la course. La vie d'un sportif de haut niveau est à quatre-vingt quinze pour cent constituée de maîtrise, de retenue — d'apollinien dirait Nietzsche en référence au dieu grecque de la beauté, de la juste proportion. Le temps de la préparation sert justement à gommer toute part d'imprévu, à objectiver la performance, à lui donner une métrique quasi-scientifique. En course, il s'agit encore de maîtriser tous les paramètres : il faut gérer son effort bien entendu, mais également surveiller en permanence sa position dans le peloton, son alimentation, son sommeil, son propos face aux médias

[434] V° « Individualisme », in A. Lalande, *Vocabulaire technique et critique de la philosophie*, 10e éd., Puf, coll. Quadrige dicos poche, 2010, p. 499.

[435] P. Lambert, « Trop de liberté tue la liberté », in *Mélanges Jean-Paul Costa*, Dalloz, 2011.

[436] V° « Individualisme », in A. Lalande, *Vocabulaire technique et critique de la philosophie*, 10e éd., Puf, coll. Quadrige dicos poche, 2010, p. 499.

etc. Tout le temps, il faut être dans le contrôle. Tout le temps ou presque… Au milieu de cet océan de rationalisation, une vague de folie peut toujours s'élever. Mieux encore : elle doit s'élever, pour que le cycliste, de coureur honnête, parfaitement moyen, devienne champion. Cette vague irrationnelle est affaire de *kaïros*. Tout est sous contrôle et puis, à un moment donné, sans que l'on sache pourquoi, on sent qu'il faut laisser place au risque, à l'excès, à la démesure. Apollon doit s'éclipser devant Dionysos, dieu du vin et de l'ivresse »[437]. Depuis trente ans et les premières victoires de Miguel Indurain, le Tour de France a été souvent remporté par des cyclistes-mathématicien et des équipes-mathématiciennes, pour qui le risque doit au maximum laisser la place au calcul, l'imprévisible à l'anticipation et le panache au contrôle. Ce ne sont pas là de grands mais de petits champions — et le public, qui ne les apprécie guère, ne s'y trompe pas. Car rien de grand n'est possible sans liberté. On préfèrera sans aucun doute les défaites superbes de Guillaume Martin, qui ne conçoit pas de courir une course sans improviser à un moment ou un autre une attaque, même s'il sait bien qu'il paiera cher sa manière de courir libéré face aux manœuvres parfaitement huilées et mécanisées des formations concurrentes.

I. Le droit à la souveraineté individuelle

65. Ne pas craindre la liberté. Sans doute « la liberté est[-elle] dangereuse, dure à vivre autant que exaltante »[438] car elle implique le poids énorme de la responsabilité à l'égard d'autrui et à l'égard de soi. Elle n'en est pas moins la plus grande richesse de la vie et le cœur battant de l'individu, sans laquelle il n'existe pas. Contre le déterminisme de Leibniz, pour qui il appartient à Dieu de déterminer l'avenir de chaque être humain et « tout est toujours au mieux

---

[437] G. Martin, *Socrate à vélo – Le Tour de France des philosophes*, 2e éd., Grasset, 2020, p. 142-143.

[438] A. Camus, « Discours de Suède, 10 décembre 1957 », in *Œuvres*, Gallimard, coll. Quarto, 2013, p. 82

dans le meilleur des mondes possibles »[439], ou d'Arthur Schopenhauer[440] selon qui le libre arbitre est fatalement une illusion, contre, donc, l'idée que nos actions seraient prédéterminées, l'existentialisme, dont Jean-Paul Sartre a livré un traité systématique[441], nous enseigne combien l'affirmation de la liberté humaine n'est pas une exaltation souriante de cette liberté, puisqu'elle implique la responsabilité et l'incertitude de l'action dans un monde privé à la foi de dieu et de valeurs morales absolues ou consensuelles. La liberté est source d'angoisse à l'épreuve de la contingence du monde. Elle donne « la nausée »[442]. L'homme peut la ressentir comme un fardeau et chercher à y échapper en se livrant à diverses forces extérieures ou en se donnant quelques prothèses le libérant de la liberté dans certains aspects de l'existence. Pourtant, comme l'écrivait Sartre, « on ne fait pas toujours ce que l'on veut, mais on est toujours responsable de ce que l'on fait. Le propre de la réalité humaine, c'est qu'elle est sans excuse »[443]. L'homme est « condamné à être libre »[444], il ne peut échapper à la nécessité de choisir et le refus de tout choix est déjà un choix. À l'ère des IA, cependant, la condamnation à être libre risque d'être commuté en condamnation à suivre son tuteur numérique, ce qui est tellement moins angoissant, tellement plus rassurant, comme s'il s'agissait d'un dieu et d'une religion numériques, d'un refuge informatique. Les hommes ont l'habitude de se reposer sur des rôles auxquels, par mauvaise foi, ils s'identifient et souhaitent être identifiés (garçon de café, philosophe, juriste, bourgeois etc.). À présent, le statut d'homme numérique suffit à les rassurer.

Refusant de se dérober à l'histoire, il faut défendre son droit à la souveraineté individuelle. Est souverain celui qui se gouverne lui-même, qui possède « la compétence de la compétence » au sujet de sa vie, qui a le pouvoir suprême impliquant l'exclusivité de la compétence concernant ses agissements et ses pensées. Bien sûr, la souveraineté individuelle ne saurait être totale ou parfaite. Il s'agit d'un idéal vers lequel il faut tendre afin de défendre

---

[439] G. W. Leibniz, *Essais de Théodicée sur la bonté de Dieu, la liberté de l'homme et l'origine du mal*, 1710.
[440] A. Schopenhauer, *Essai sur le libre arbitre*, 1839.
[441] J.-P. Sartre, *L'Être et le néant*, Gallimard, 1943.
[442] J.-P. Sartre, *La Nausée*, Gallimard, 1938.
[443] J.-P. Sartre, *L'Être et le néant*, Gallimard, 1943.
[444] *Ibid.*

l'individu, afin de défendre la liberté. Comme le risque n'est pas et ne peut pas être celui d'un excès de liberté mais celui d'un manque de liberté, la souveraineté individuelle — souveraineté numérique dans l'espace numérique — peut être consacrée et défendue par le droit. Il s'agit forcément d'une méta-norme, d'une règle de droit transversale destinée à influencer de nombreuses branches du droit.

Cette souveraineté individuelle est l'héritière directe de l'humanisme, la lanterne qui éclaire les droits de l'homme depuis toujours. Elle suppose l'éducation, l'information, la culture et la démocratie — qui toutes sont remises en cause à l'époque actuelle. Elle implique le libre arbitre, l'autonomie, l'indépendance d'esprit, la tolérance, l'indépendance, l'ouverture, la curiosité et la responsabilité — qui, eux-aussi, sont tous remis en question aujourd'hui. La confrontation de l'humanisme juridique et de l'intelligence artificielle semble ainsi se cristalliser autour de la souveraineté numérique. L'humanisme de la Renaissance, selon la formule de Pic de la Mirandole, empruntée à Plotin, appelle l'homme à « sculpter sa propre statut ». Cette formule, comme plus récemment le « surhomme » de Friedrich Nietzsche, évoque un épanouissement par un effort personnel plutôt qu'une transformation technologique. Or, de nos jours, on est davantage tenté par la seconde que par la première voie. L'IA doit éclairer et non dicter les choix. Elle doit favoriser une liberté dont le plein accomplissement serait l'autodétermination active à l'abri des contraintes extérieures et subies, « l'attirance quasi invincible de la volonté vers le vrai ou le bien clairement connu »[445]. Même si les sciences du comportement et les neurosciences indiquent le contraire, l'individu peut s'imaginer souverain, exercer son libre arbitre, délibérer avec soi-même et uniquement avec soi-même et constituer ainsi son originalité. D'où l'importance de ne pas déléguer cette capacité à des machines qui subrogeraient leur propre souveraineté à celle des hommes.

L'individu se définit par les décisions qu'ils prend, qu'elles soient conscientes ou non[446]. Il se fabrique ainsi son identité réelle, alors que de plus en plus d'humains se satisfont d'une identité civile sans identité réelle. Or ce sont

---

[445] V° « Liberté », in F. Worms, dir., *Les 100 mots de la philosophie*, Puf, coll. Que sais-je ?, 2019, p. 24.

[446] J. Lehrer, *The Decisive Moment – How the Brain Makes Up its Mind*, Canongate Books, 2009.

l'une et l'autre qui permettent l'attribution d'une responsabilité, indépendamment des déterminismes biochimiques. On peut offrir un droit à la souveraineté individuelle à chaque individu afin d'encourager son libre arbitre, mais celui-ci, contrairement à la formule de la Déclaration des droits de l'homme selon laquelle nous serions « nés libres », doit se cultiver et se fortifier tout au long de la vie. Le droit peut bien sûr l'y aider, mais, comme souvent, ce qui importe est l'effectivité de la liberté plus que sa juridicité. Le libre arbitre, l'autonomie, l'indépendance d'esprit ne sont ni donnés biologiquement ni présupposés intellectuellement. Ils se forgent lentement, à mesure de l'expérimentation de la vie. C'est d'ailleurs pourquoi les « *digital natives* », accompagnés dès leur plus tendre enfance par des IA et qui n'ont pas connu l'ouverture ni l'insouciance des années 1960 à 2000, risquent beaucoup plus que leurs aînés de perdre leur souveraineté. Plus un acte ou une décision dépend de circuits de décision complexes, faisant appel à nos capacités réflexives, plus il témoigne de ce que nous sommes. Mais moins nous réfléchissons et délibérons, plus nous obéissons à des réflexes et des signaux extérieurs, plus nous perdons le contrôle sur nous-mêmes. Une éducation morale semble nécessaire afin d'apprendre à faire des choix libres et éclairés, afin de croire en la possibilité du jugement personnel. Et la souveraineté individuelle et le droit en général ont un rôle à jouer dans cette éducation qui permettrait de « retrouver l'individu sous les datas »[447], dans la lignée humaniste d'Érasme qui s'opposait au cerf arbitre de Luther.

Être libre, cela s'apprend. Décider est une capacité qui s'éduque. Or, sans cette souveraineté individuelle effective, il devient difficile, ou même impossible, de résister au confort des recommandations. Qui est encore capable de dire « je refuse d'acheter ce produit qui m'est suggéré par l'IA, qui me plaît et qui me serait utile, parce que je suis moi et je veux décider de ma vie » ? L'appétence pour l'autonomie et la fierté personnelle peuvent résister à la pression des nudges. Contre la thèse selon laquelle, l'IA nous connaissant mieux que nous-mêmes, nous devrions lui déléguer nos choix et nos actions, on peut soutenir que l'intelligence artificielle est un obstacle à l'avènement de l'individu, empêchant de devenir soi-même et de constituer son libre arbitre. Cela paraît d'autant plus important dès lors que la loi des

[447] G. Kœnig, *La fin de l'individu – Voyage d'un philosophe au pays de l'intelligence artificielle*, Éditions de l'observatoire, coll. De facto, 2019, p. 334.

IA, contrairement aux autres modes de gouvernement des hommes, interdit toute négociation, toute discussion, toute opposition, toute délibération collective, donc toute marge d'action afin, par des concessions réciproques, de trouver un juste équilibre entre la pression normative nécessaire et la préservation de soi tout autant nécessaire.

En psychologie, la théorie de la motivation et du besoin d'Abraham Maslow (connue sous le nom de « pyramide des besoins de Maslow ») montre combien les comportements des hommes sont les réactions à différents besoins : besoins physiologiques élémentaires, tout d'abord, puis besoins de sécurité ; besoin d'amour et d'amitié, ensuite, ainsi que de reconnaissance ; besoin d'accomplissement, d'épanouissement, enfin[448]. Chaque besoin assouvi conduit les humains à aspirer à la satisfaction d'un besoin supérieur. Et la psychologie humaniste de Maslow introduit le postulat de l'autodétermination et s'appuie sur l'expérience consciente du patient : il s'agit de développer chez lui la capacité de faire des choix personnels. Que reste-t-il de ce volontarisme dans le monde numérique ? Quels besoins peuvent encore être assouvis réellement et non artificiellement ? Quels hommes sont encore capables de suivre leurs propres expériences et de se débarrasser des conditionnements qui limitent leurs libertés, comme le pensait le chercheur américain ? Si l'humain peut peiner à emprunter naturellement ce chemin, on peut l'y aider par le droit.

66. La souveraineté individuelle comme droit de l'homme. La souveraineté individuelle est la source des libertés si on considère ces dernières comme des résultats. Elle est la condition des libertés individuelles. Elle exprime l'individualisme présent, notamment, dans la Déclaration des droits de l'homme et du citoyen de 1789. Rompant avec la structure de l'Ancien régime où la société était faite d'ordres et de corps, la Déclaration a fait passer le pouvoir des groupes vers les individus. Les droits déclarés en 1789 ne sont susceptibles que d'un exercice individuel — on comprend alors pourquoi la liberté syndicale ou la liberté d'association n'ont pas été consacrées, voire ont été combattues à l'image de la loi Le Chapelier de 1791 qui a interdit toute action syndicale. C'est à l'individu de se construire librement, souverainement. Être hauteur de ses actes est une question de liberté, mais aussi de dignité car l'exercice du libre arbitre est source d'estime

[448] A. Maslow, « A Theory of Human Motivation », *Psychological Review* 1943.

de la part d'autrui comme de soi-même. En outre, il ne saurait y avoir de démocratie sans souveraineté individuelle. Dès lors que le ciblage comportemental et la manipulation algorithmique empêchent d'élaborer une opinion et de construire une identité, le vote perd son sens. L'encadrement du filtrage personnalisé des informations constitue donc un enjeu majeur pour la conservation d'une société pluraliste et de la liberté d'opinion. La « Déclaration de Montréal » peut donc affirmer que « les systèmes d'intelligence artificielle doivent permettre aux individus de réaliser leurs propres objectifs moraux et leur conception de la vie digne d'être vécue »[449]. La souveraineté numérique est une condition *sine qua non* du bien-être numérique. L'individu autonome, libre de ses choix et responsable de ses actions, est la condition des droits individuels, des mécanismes des marchés, de la justice et de la démocratie. La Cour suprême des États-Unis ne s'y est d'ailleurs pas trompée puisqu'elle a consacré le libre arbitre comme la condition même du système juridique américain, permettant à l'individu de choisir entre le bien et le mal, le souhaitable et le condamnable, le permis et l'interdit.

La souveraineté individuelle, dans la tradition libérale, est aussi une propriété de soi. Pour John Locke, l'État n'a de sens que s'il se donne pour raison d'être et pour mission de préserver les droits naturels de l'homme et surtout le premier d'entre eux : la propriété, qu'il définit comme propriété des biens mobiliers et immobiliers, mais aussi propriété de soi-même, ce qui inclut et dépasse la liberté. Pour le philosophe britannique, les individus doivent être « parfaitement libres d'ordonner leurs actions, de disposer de leurs biens et de leurs personnes comme ils l'entendent, sans demander l'autorisation à un autre homme ni dépendre de sa volonté »[450]. On ajoutera que les individus doivent de la même manière pouvoir décider de leurs sorts sans besoin de s'en remettre à quelques objets informatiques. Cette propriété de soi détermine les limites de l'action publique : en son nom, chacun est d'abord maître d'une sphère personnelle dans laquelle il ne saurait y avoir d'intrusion légitime. Cela vaut identiquement et *a fortiori* à l'égard de toute puissance privée. Comme la souveraineté régit les relations entre les États, la souveraineté individuelle d'autrui vient seule borner celle de chacun. La

[449] « Déclaration de Montréal pour un développement responsable de l'intelligence artificielle », Université de Montréal, 4 déc. 2018.
[450] J. Locke, *Second traité sur le gouvernement civil*, 1690.

liberté des modernes est donc cette sphère personnelle indérogeable de liberté, cet espace privé à l'abri de toute intrusion de la puissance publique ou d'une puissance privée, « la jouissance paisible de l'indépendance privée »[451].

La Déclaration de 1789, cependant, place l'individu privé sous le citoyen public et attache les droits de l'homme aux droits politiques du citoyen. La souveraineté individuelle vise, au contraire, à placer l'individu personne privée au fondement de l'ordre juridique. « Toute souveraineté réside essentiellement dans la nation. Nul corps, nul individu ne peut exercer d'autorité qui n'en émane expressément », pose l'article 3 de la DDHC. Serait-il inconséquent de convenir plutôt que « toute souveraineté réside essentiellement dans l'individu. Nul corps, nulle nation ne peut exercer d'autorité qui n'en émane expressément » ? Avec la souveraineté individuelle, l'individu est la seule réalité irréductible dans l'ordre éthique, dans l'ordre politique et donc dans l'ordre juridique. Il est le seul absolu de ces questions, pour lesquelles par conséquent « toutes les propriétés du groupe peuvent se ramener à des combinaisons quantitatives des propriétés de ses éléments individuels »[452]. Contrairement à une approche nationaliste ou socialiste, l'approche individualiste consiste donc à tout mesurer à l'échelle de l'individu plutôt qu'à l'échelle du groupe ou de la nation. On retrouve ici l'opposition entre les droits de l'individu occidentaux et les droits de la société chinois.

Au XVe siècle, Jean Pic de la Mirandole pouvait exprimer son enseignement en ces termes : « Je ne t'ai donné ni place déterminée, ni visage propre, ni don particulier, afin que ta place, ton visage et tes dons, tu les veuilles, les conquières et les possèdes par toi-même. Toi, que ne limite aucune borne, par ton arbitre, entre les mains duquel je t'ai placé, tu te définis toi-même. Je t'ai mis au milieu du monde, afin que tu puisses mieux contempler autour de toi ce que le monde contient »[453]. Sans doute la souveraineté individuelle peut-elle s'inspirer de cet héritage humaniste. Les IA ne doivent pas nous empêcher de « contempler le monde », de « n'être limité par aucune borne » ou de « conquérir son visage et ses dons par soi-même ». On peut ainsi

[451] B. Constant, *De la liberté des Anciens comparée à celle des Modernes*, 1819.
[452] M. Bernès, in A. Lalande, *Vocabulaire technique et critique de la philosophie*, 10e éd., Puf, coll. Quadrige dicos poche, 2010, p. 500.
[453] J. Pic de la Mirandole, *Discours sur la dignité de l'homme*, 1486.

« définir l'humanisme que nous devrions défendre, non pas comme celui qui ambitionne de nous doter d'une puissance sans limite sur les choses, procédant d'un anthropocentrisme dominateur et dévastateur, mais comme celui qui nous enjoint de cultiver nos capacités, seules à même de nous rendre pleinement maîtres de nos destins, de favoriser l'éclosion d'une infinité de possibles, n'empiétant sur les droits de personne et donnant voix au chant polyphonique et ininterrompu des divergences »[454].

67. « L'ordre libertaire ». La défense de la souveraineté individuelle est inéluctablement une position libertaire. Le libertarisme défend le droit absolu à la liberté des personnes et celui de se soustraire à toute autorité illégitime. À l'ère numérique, il s'agirait du droit absolu de se soustraire à l'autorité des IA. Le libertarisme s'attache à la pleine autonomie individuelle comme principe politique et comme condition forte d'une bonne société, laissant à chacun le soin de vivre comme bon lui semble et de mener ses initiatives sans se soumettre à la loi de quiconque, si ce n'est de lui-même. Aujourd'hui, cela se traduirait dans la possibilité de vivre et agir sans se soumettre à la loi des IA. Si, historiquement, le libertarisme s'est élevé contre à peu près tous les modèles politiques, accusés d'avoir systématiquement pour effet d'embrigader les foules et réduire les libertés, il peut aujourd'hui s'inquiéter de certains modes de gouvernance privés. Toute la philosophie politique moderne a consisté à rechercher le meilleur équilibre entre la volonté de puissance individuelle et le devoir d'aménager une vie collective durable. Aux yeux des libertariens, l'individu est l'enjeu unique, ce qui conduit à contester jusqu'à l'État, quelle que soit la forme qu'il prenne, car il serait par nature un destructeur de liberté — et peu important alors qu'il soit un garant de sécurité. Certains, plus modérés, en appellent à un État minimal, se contentant d'assurer des fonctions de protection contre la violence, le vol, la fraude, la non-application des contrats[455]. L'État-providence et son corollaire l'impôt sont jugés abusifs car faisant reposer le bien commun sur la ponction de ressources provenant de l'initiative individuelle et du travail. L'individu doit compter sur lui-même avant tout, sur ses talents, ses qualités et ses compétences. Et sa souveraineté éminente implique une responsabilité totale : à lui de se prendre en main et de s'auto-gouverner.

---

[454] É. Sadin, *L'intelligence artificielle ou l'enjeu du siècle – Anatomie d'un antihumanisme radical*, L'échappée, coll. Pour en finir avec, 2018, p. 272.

[455] R. Nozick, *Anarchie, État et Utopie* (1974), Puf, coll. Quadrige, 1988, p. 9.

Aux États-Unis, l'esprit libertaire a été incarné au XXe siècle par Herbert Spencer et sa théorie du darwinisme social, Henry David Thoreau et sa défense de l'autonomie des personnes ou Ralph Waldo Emerson et son transcendantalisme estimant que toute entité, religieuse ou politique, corrompt la société et nuit à l'indépendance des individus. S'il n'est pas lieu d'embrasser le libertarisme dans toutes ses prémisses et toutes ses conclusions, la souveraineté individuelle est une méta-prérogative au service des personnes, et indirectement des courants, mouvements et organisations, qui prônent une liberté absolue fondée sur la négation du principe d'autorité dans l'organisation sociale et le refus de toute contrainte découlant d'institutions autoritaires. Ici, toutefois, parce qu'on sait trop bien qu'une liberté totale est dans les faits impossibles, les libertés des uns anéantissant bien tôt celles des autres et seul le droit permettant d'aboutir à une situation de liberté maximale, on se placera plus volontiers dans les pas de l'approche ordo-libertaire d'Albert Camus[456]. L'ordre libertaire est une vision du monde dans laquelle la liberté est la valeur suprême mais pas la valeur unique. Alors que le libertarisme se rapproche jusqu'à se confondre avec l'anarchisme, courant de philosophie politique développé depuis le XIXe siècle contre l'autoritarisme, contre le verticalisme, prônant l'autogestion, l'horizontalisme, les individus-producteurs s'associant et coopérant librement et se gouvernant dans un cadre fédéraliste et de démocratie directe — l'anarchie n'est donc pas le désordre absolu contrairement à ce que l'on soutient souvent par ignorance ou par mauvaise foi. L'ordre libertaire imprégnant la souveraineté individuelle rejoint les projets libertaire et anarchiste en promouvant une société sans domination et sans exploitation. On ne renonce pas à l'ordre mais on le soumet à la liberté, de telle sorte que le gouvernement n'est toujours que celui des hommes par eux-mêmes, jamais celui des hommes par quelques-uns, par l'État, la religion, la société ou la morale, ni celui des hommes par des machines ou par des puissances privées étrangères. Plus précisément, la souveraineté individuelle envisagée à l'aune des liens par lesquels le monde numérique fait prisonniers les hommes conduit du côté de l'anarchisme individualiste ou individualisme libertaire, qui défend la liberté des choix des individus face aux pressions des groupes sociaux[457] ou,

---

[456] M. Onfray, *L'Ordre libertaire, la vie philosophique d'Albert Camus*, Flammarion, 2012.

[457] V. Basch, *L'individualisme anarchiste*, Alcan, 1904.

aujourd'hui, des instruments informatiques. Il rejette la domination et l'exploitation et entend abolir la contrainte grégaire exercée sur l'initiative et l'impulsion individuelles. Égoïste, cette approche protège l'ego de chacun, la primauté de l'individu et de son expérience.

Le paradoxe est que les technologies en cause se sont développées, à l'origine dans la Silicon Valley, dans un esprit largement libertarien pour devenir à présent très liberticides, cela sous l'effet à la fois de la défense d'intérêts économiques, de la nature de la technique et de phénomènes psychosociaux. L'automatisation intégrale de la vie signe la fin de la politique et de l'État, conformément à l'aspiration libertarienne originale. Toutefois, si historiquement elle souhaitait affranchir l'homme de toute autorité, elle a bien pour effet de recréer de nouvelles formes d'autorité, moins sensibles, moins évidentes, mais tout aussi réelles et puissantes. Le paradoxe est que les technolibertariens, qui clament haut et fort leur attachement à la liberté absolue, ont institué un modèle industrialo-civilisationnel qui réduit drastiquement la subjectivité, qui oriente les actions et les pensées au détriment du jugement personnel. Une petite population d'informaticiens et d'entrepreneurs, élevés dans le rêve américain et l'utopie libertarienne, produisent contre leur nature même des instruments servant à encadrer et orienter continuellement des milliards d'individus et aboutissant à les déposséder d'eux-mêmes.

L'esprit libertaire redoute tous les intermédiaires, de quelque nature qu'ils soient, ce qui inclut en premier lieu les IA qui ont tendance à restreindre le champ de vision et la marge d'action, qui, comme les lois des États, imposent un ordre obligé des choses. Il rejette tous les effets de hiérarchie qui servent à maintenir des privilèges et qui empêchent la pleine et libre expression des individus. Or c'est bien un tel effet qui s'instaure entre l'homme et son tuteur numérique. C'est pourquoi d'aucuns voient dans les blockchains de solides échappatoires pour réinventer le monde numérique. Délivrant de tous les intermédiaires, notamment des plateformes qui sont le modèle dominant de l'industrie numérique, elles permettraient de reprendre le contrôle, de reconquérir nos capacités perdues. Max Stirner, qui était peut-être plus nihiliste que libertaire, prônait une philosophie égoïste contre les abstractions telles que Dieu, l'État ou la société qui imposent une histoire à laquelle les individus doivent se sacrifier en oubliant leurs propres personnes[458]. Il rejetait ainsi toutes les morales et toutes les normes préconçues et s'imposant aux hommes. On pourrait aujourd'hui ajouter l'IA à la liste de ces objets capables de fasciner les foules.

68. Le droit à la déconnexion. Des études neuroscientifiques estiment qu'un être humain procède à environ 35 000 décisions par jour, la plupart inconscientes ou très peu conscientes[459]. Les IA contribuent à réduire sensiblement ce chiffre en décidant à la place de l'homme — ce qui peut potentiellement constituer un grand progrès : l'informatique servirait à désengorger nos facultés cognitives, nous permettant de nous concentrer sur les choix les plus importants. Personnaliser son intelligence artificielle serait une solution afin de ne sacrifier ni la souveraineté individuelle ni les formidables potentialités de ces technologies. Chaque utilisateur établirait ses propres normes dans une sorte de *machine learning* interactif, où l'individu est le maître des paramètres de la machine[460]. La machine pourrait dès lors se voir confier des décisions de la vie courante, en fonction d'orientations générales arrêtées par l'humain et modifiables à tout moment, avec effet immédiat. Le nudge serait présent mais dépenderait des considérations éthiques de l'individu. Celui-ci se servirait de l'IA pour prolonger sa morale personnelle et le rapport de force entre homme et machine serait renversé. Les systèmes de recommandation pourraient laisser la porte ouverte à la divergence. En réalité, de tels mécanismes sont largement utopiques, car même techniquement réalisables encore faudrait-il que les individus soient concrètement décidés à reprendre le contrôle, ce dont on peut douter, surtout après des années d'accoutumance à la tutelle informatique.

Tout à l'inverse, plutôt que des IA omniprésentes mais personnalisées, la souveraineté numérique pourrait justifier la consécration d'un droit à la déconnexion, un droit de se placer à tout moment — et même, pourquoi pas,

[458] M. Stirner, *L'Unique et sa propriété*, 1844.

[459] B. Sahakian, J. N. LaBuzetta, *Bad Moves – How Decision Making Goes Wrong, and the Ethics of Smart Drugs*, Oxford University Press, 2013.

[460] A. Holzinger et *alii*, « Towards Interactive Machine Learning: Applying ant Colony Algorithms to Solve the Travelling Salesman Problem with the Human in-the-loop Approach », in *Proceedings of the International Conference on Availability, Reliability and Security*, Springer, 2016.

durant toute la vie — à l'abri des incitations numériques. Les services d'intelligence artificielle devraient explicitement offrir le choix de la déconnexion à intervalles réguliers, sans inciter à rester connecté. Il conviendrait, tout d'abord, de pouvoir échapper à la traçabilité en ligne, mais aussi IRL (*in the real life*) permise essentiellement par la géolocalisation. La géolocalisation peut se déployer aussi bien à des fins commerciales (analyse des comportements des consommateurs) que managériales ou disciplinaires (suivi des employés maquillé en « sécurité ») ou encore pénales (bracelet électronique pour les condamnés, balises GPS dans le cadre d'enquêtes judiciaires). Or, en droit français, bien que les enjeux en termes de préservation des droits individuels soient largement comparables à ceux qui accompagnent la biométrie, ni la loi de 2004 relative aux fichiers et aux libertés, ni celle de 2014 relative à la géolocalisation n'ont conféré de compétence particulière à la CNIL en matière de géolocalisation[461]. Celle-ci est dès lors uniquement soumise à un régime de déclaration préalable et nul ne peut s'opposer à la réalisation d'un projet de géolocalisation. Il est donc parfaitement possible, par exemple, que des dispositifs de géolocalisation soient installés dans les véhicules des employés afin de suivre ou facturer une prestation de transport, veiller sur l'employé, le véhicule ou la cargaison ou s'assurer du respect des règles d'utilisation du véhicule. La CNIL ne pouvant que donner des conseils, elle propose des fiches techniques qui invitent tout employeur à ne pas recourir à la géolocalisation pour contrôler le respect du Code de la route par ses employés ou dès lors que sont en cause des délégués du personnel. Mais il est aisé de maquiller la vraie raison d'un suivi derrière de fausses raisons. La Cour de cassation a toutefois estimé qu'un licenciement motivé par des données de géolocalisation était illicite, lesdites données ne pouvant être utilisées qu'en vue des finalités déclarées lors de la constitution du traitement[462].

La biométrie connaît de plus en plus d'usages privés qui posent la question de la possibilité de demeurer à l'abri des regards intrusifs et des bras tentaculaires. Concrètement, la géolocalisation prend une dimension nouvelle avec la généralisation des puces RFID (*radio frequency identification*), en plus de la multiplication des applications nécessitant

[461] S. Hennette-Vauchez, D. Roman, *Droits de l'homme et libertés fondamentales*, Dalloz, coll. Hypercours, 2017, p. 580.
[462] Cass. soc., 3 nov. 2011, n° 10-18.036.

l'activation de la géolocalisation — souvent sans que l'on comprenne bien pourquoi. Des discothèques à Mexico, Madrid, Barcelone et Rotterdam ont convaincu leurs clients que l'injection intra-corporelle d'une puce RFID leur permettrait de devenir des clients « VIP »[463]. Il s'agit bien entendu surtout de mieux les connaître afin de pouvoir leur offrir des incitations personnalisées et les amener à consommer plus et plus souvent dans ces lieux festifs. Juridiquement, la souveraineté individuelle peut déjà être relayée par l'exigence du consentement de la personne. Mais cela paraît fort insuffisant et le droit à la déconnexion permettrait de prévenir quelques abus, à défaut de pouvoir tous les freiner. Plus de telles puces vont envahir discrètement le quotidien, renforçant la possibilité de téléguider à distance les conduites, plus cette question se posera. D'ores et déjà, beaucoup d'objets de consommation courante comportent des puces RFID. L'intérêt pour les entreprises est évident : si un client rentre chez lui avec des puces RFID dans les bagages, les responsables du marketing pourront engager des actions commerciales personnalisées en fonction des informations renvoyées par ces puces. Il faudrait au moins pouvoir « tuer » les puces, les désactiver à tout moment ou même imposer leur désactivation par défaut avec possibilité pour le client qui souhaite être traqué de les activer. Au travail, l'implantation d'une puce RFID sous la peau des salariés leur permet d'entrer dans les locaux et de « badger » automatiquement, sans besoin de gérer des mots de passe ou de prendre garde à ne pas oublier sa carte à puce. En contrepartie, l'atteinte aux libertés individuelles est évidemment disproportionnée. L'implantation de micropuces sur les travailleurs est aussi un moyen pour les employeurs de mieux surveiller les employés afin de renforcer leur productivité[464]. Le TGI de Paris a d'ailleurs pu retenir qu'un dispositif biométrique de pointage et de contrôle des horaires et des salariés était disproportionné en raison des « dangers d'atteinte aux libertés individuelles » et de la possibilité de recourir à des alternatives moins liberticides telles qu'une badgeuse classique avec identification par un code secret[465].

---

[463] A. Türk, *La vie privée en péril – Des citoyens sous contrôle*, Odile Jacob, 2011, p. 57.

[464] S. Prévost, « Du développement du numérique aux droits de l'homme digital », *Dalloz IP/IT* 2019, p. 345.

[465] TGI Paris, 19 avr. 2005, n° 05/00382, *Comité d'entreprise d'Effia Services, Syndicat Sud Rail c. Effia Services.*

Aujourd'hui, au travail comme chez soi, le principal danger est celui de la mise en visibilité permanente. Le bureau et la maison risquent de se transformer en prisons panoptiques.

L'objectif affiché de l'industrie numérique est d'introduire l'intelligence artificielle partout. *In fine*, il deviendrait impossible de vivre sans être connecté. Il n'y a pas que la consommation intelligente et la vie sociale intelligente qui seraient impossibles sans connexion, tel serait également le cas de la consommation et de la vie sociale en soi. Là encore, la Chine offre des exemples révélateurs de ce qui pourrait attendre les pays occidentaux. La stratégie « Internet Plus », impliquant le développement rapide des infrastructures de communication et la démocratisation des smartphones, vise à intégrer toutes les activités, notamment industrielles, dans un vaste réseau auquel il serait impossible d'échapper. Modernisée autour de nouveaux moteurs de croissance, développant au maximum l'internet mobile, l'informatique en nuage, les big datas et l'internet des objets, la Chine est un pays où il est désormais impossible de vivre loin du commerce électronique ou des services bancaires en ligne. Par exemple, le smartphone devient indispensable pour faire ses courses. Tencent a ainsi développé WeChat, une messagerie qui remplit des fonctions quasi universelles. WeChat permet de communiquer, être actif sur les réseaux sociaux, mais aussi faire ses courses, régler ses achats, commander un taxi, prendre un rendez-vous avec un spécialiste, s'enregistrer à l'hôpital etc. On scanne des codes-barres, par exemple sur les marchés, et on n'utilise plus beaucoup les espèces ni les emails et encore moins les courriers papier. Même les entreprises fonctionnent autour de WeChat. En Chine, refuser WeChat implique la mort professionnelle, sociale et sentimentale — alors qu'en Europe on peut encore vivre à peu près normalement sans avoir un compte sur Facebook.

Un droit à la déconnexion préserverait de telles dérives totalitaires et serait une condition du bien-être numérique. Le « débranchement » serait aussi la seule véritable solution pour les personnes ayant développé une addiction, qui souffrent de la sursollicitation qu'entraînent les notifications et d'une volonté de reconnaissance sociale imposant de ne rien rater et de répondre rapidement et à tout. Elles sont atteintes de « FOMO » (*fear of missing out*), de « stress digital »[466]. Il devrait donc exister toujours, pour ces personnes et les autres, une alternative matérielle et non connectée à un service offert en ligne. La première des résistances consiste à repasser en « mode manuel », à quitter volontairement les réseaux pour renouer avec un mode de décision 1.0, sans doute moins optimal mais subjectif et authentique. C'est ainsi que l'exercice concret de notre souveraineté permettrait de nous éviter de devenir des « zombies »[467]. En cessant d'émettre des données, on se place à l'abri du nudge. La Cour européenne des droits de l'homme elle-même a reconnu avec fatalisme que la déconnexion serait le seul moyen de préserver sa vie privée et qu'il est illusoire de prétendre à la même protection en ligne qu'hors ligne[468]. Des militants ou de simples individus avertis font ainsi le choix d'utiliser de vieux téléphones portables du début des années 2000, avec des cartes prépayées, d'occulter la webcam de l'ordinateur avec un autocollant, d'éteindre systématiquement la géolocalisation ou d'utiliser des applications en pair-à-pair pour éviter de partager ses données avec des tiers. On peut donc soit tirer les conséquences de l'avènement inexorable de l'homme numérique et chercher à en tirer le meilleur profit, soit défendre l'homme physique. On peut aussi contribuer aux deux mouvements et ne pas nier par principe tous les bienfaits du numérique et des IA. Et on peut encore utiliser les outils informatiques tout en demeurant souverain numériquement grâce aux messageries cryptées, VPN (réseaux privés virtuels qui permettent de créer un lien direct entre des ordinateurs distants, isolant leurs échanges du reste du trafic) et outils de navigation anonyme ne laissant pas de traces, comme Tor, chers aux hackers[469]. Mais vivre sur un tel *dark web* pose d'autres difficultés, avec notamment le risque d'y faire de mauvaises rencontres. Certains proposent d'autres moyens ingénieux pour vivre connecté librement : l' « obfuscation », qui consiste à produire délibérément des informations ambiguës, confuses ou trompeuses afin de rendre la

---

[466] M.-P. Fourquet-Courbet, D. Coubert, *Connectés et heureux ! Du stress digital au bien-être numérique*, Dunod, 2020.

[467] J. Lanier, *Ten Arguments for Deleting your Social Media Accounts Right Now*, Henry Holt & Co., 2018.

[468] CEDH, 13 nov. 2007, n° 31358/03, *Muscio c. Italie*.

[469] G. Kœnig, *Les aventuriers de la liberté*, Plon, 2016.

collecte de données inutile[470]. On se camoufle pour pouvoir utiliser les nombreux services du web en cachette. Cela demande cependant beaucoup d'efforts en même temps que d'imagination. Pour être invisible, mieux vaut être absent du réseau qu'y être présent et s'efforcer à y enregistrer des données erronées pour brouiller les pistes. Par ailleurs, des services de clonage virtuel permettent de créer de fausses identités pour perturber les algorithmes. Mais, là encore, on ne vit plus vraiment lorsqu'on endosse une fausse identité. Reste que diminuer la qualité et la représentativité des jeux de données est effectivement un moyen de se protéger dans l'univers numérique.

On propose également que le droit consacre une « imprédictibilité d'ordre public »[471], c'est-à-dire le droit de se mettre à l'abri des recommandations personnalisées sans pour autant se déconnecter. La mise en pratique d'un tel droit semble toutefois délicate, mais son effet symbolique, ne serait pas nul. La première mesure de bon sens serait déjà d'encadrer et limiter les relations entre l'homme et l'ordinateur, de conditionner la connexion à internet afin de prévenir les atteintes irréversibles à la vie privée et surtout à l'autonomie et à la liberté[472]. Alors que déjà des corps humains accueillent des puces électroniques, pour l'instant surtout à des fins médicales, qui peuvent collecter des données nombreuses et variées[473], le droit peut interdire la connexion permanente ou, au moins, accorder le droit à la déconnexion. Alors que la sécurité informatique totale ne peut être garantie et qu'il existe des risques de prise de contrôle par des personnes mal intentionnées, notamment des prises d'otage numérique, la seule solution peut être de quitter le réseau. L'effacement sélectif des souvenirs est d'ores et déjà pratiqué dans le cadre de certains traitements médicaux. Le droit pourrait-il autoriser de telles pratiques à une plus vaste échelle ? Les implants TIC, puces en silicone insérées dans le corps humain afin d'améliorer sa

---

[470] F. Brunton, H. Nissenbaum, *Obfuscation: A User's Guide for Privacy and Protest*, MIT Press, 2016.
[471] S. Merabet, *Vers un droit de l'intelligence artificielle*, th., Université d'Aix-Marseille, 2018, p. 233.
[472] J. Le Gars, « Homme augmenté, transhumanisme en embuscade », *Dr. de la famille* 2018, n° 6.
[473] D. Neerdael, *Une puce dans la tête – Les interfaces cerveau-machine qui augmentent l'humain pour dépasser ses limites*, Fyp, 2014.

communication, pourraient-ils être déployés à grande échelle, sans possibilité de retour en arrière, mis à part dans les cas extrêmes tels que ceux des personnes souffrant de paralysie totale. Le cadre juridique actuel, en tout cas, est encore loin d'offrir toutes les réponses à l'apparition de telles prothèses technologiques.

Au-delà du monde des IA, la liberté, consistant à pouvoir faire tout ce qui ne nuit pas à autrui, est de plus en plus abandonnée au profit d'un hygiénisme qui semblera très excessif aux yeux d'un libertaire. Les messages des autorités sanitaires martelés partout invitent l'individu à se protéger contre lui-même et à se méfier de sa liberté comme de la peste[474]. Pour notre plus grand bien, ces messages influencent nos comportements et portent atteinte à notre souveraineté individuelle. Mi-parent bien intentionné, mi-directrice de conscience étouffante, la santé publique s'érige en nouvelle morale séculière dont les commandements seraient « perdez du poids, arrêtez de fumer, mangez sainement, faites de l'exercice, buvez modérément, soyez prudents, donnez votre sang de votre vivant et vos organes après votre mort, ne faites pas l'amour avec n'importe qui et n'importe comment etc. »[475]. Dans cette époque où la liberté individuelle des Lumières et des révolutionnaires de 1789 s'essouffle de plus en plus, on se rappellera que, pour Albert Camus, « en face de la société politique contemporaine, la seule attitude cohérente de l'artiste est le refus sans concession. Par sa fonction même, l'artiste est le témoin de la liberté »[476]. Tout homme devrait développer ses talents artistiques ou, s'il n'en a point, s'en inventer, car, ce faisant, il développerait son goût pour la liberté.

---

[474] J.-M. Larralde, dir., *La libre disposition de son corps*, Bruylant, coll. Droit et justice, 2009.

[475] S. Hennette-Vauchez, D. Roman, *Droits de l'homme et libertés fondamentales*, Dalloz, coll. Hypercours, 2017, p. 63.

[476] A. Camus, « Prométhée aux enfers », in *Œuvres*, Gallimard, coll. Quarto, 2013.

II. Le droit à l'autonomie numérique

69. Se donner sa propre loi. Le droit pourrait consacrer le principe selon lequel les systèmes d'intelligence artificielle doivent être développés et utilisés afin de favoriser ou, du moins, ne pas porter atteinte à l'autonomie des individus, dans le but de renforcer le contrôle de chacun sur sa vie et son environnement. La Commission européenne retient d'ailleurs en ce sens que « les systèmes d'IA devraient être les vecteurs de sociétés équitables en se mettant au service de l'humain et des droits fondamentaux, sans restreindre ou dévoyer l'autonomie humaine »[477]. La notion d'autonomie personnelle a notamment été consacrée par la Cour européenne des droits de l'Homme en tant que « principe important qui sous-tend l'interprétation des garanties de l'article 8 [de la Convention de sauvegarde des droits de l'homme] »[478] — qui protège la vie privée des personnes. L'autonomie occupe une place cardinale dans la jurisprudence européenne en ce qu'elle vise à préserver la capacité des personnes de faire des choix concernant leurs modes de vie et le sens qu'elles entendent donner à cette dernière[479]. De la sorte, il s'agit d'un aspect important de la figure du sujet à laquelle la CEDH garantit des droits. Le sujet est un individu libre et responsable dont « la dignité et la liberté sont l'essence même » de la Convention européenne de sauvegarde des droits de l'homme[480]. Cependant, l'autonomie individuelle ne fait pas l'unanimité. Certains considèrent qu'il s'agirait d'un excès d'individualisme aboutissant à conférer une force normative excessive aux droits de l'individu, contre ceux du citoyen ou de la personne, et à valoriser excessivement la volonté du sujet à laquelle il deviendrait impossible d'opposer de quelconques limites[481]. La

[477] Commission européenne, « Lignes directrices en matière éthique pour le développement de l'IA », 8 avr. 2019.

[478] CEDH, 29 avr. 2002, n° 2346/02, *Pretty c. Royaume-Uni.*

[479] S. Hennette-Vauchez, D. Roman, *Droits de l'homme et libertés fondamentales,* Dalloz, coll. Hypercours, 2017, p. 536.

[480] CEDH, 29 avr. 2002, n° 2346/02, *Pretty c. Royaume-Uni.*

[481] M. Fabre-Magnan, M. Levinet, J.-P. Marguénaud, F. Tulkens, « Controverse sur l'autonomie personnelle et la liberté du consentement », *Droits* 2008, n° 48, p. 3 s.

protection juridique de l'autonomie et, plus généralement, de l'individualité vise surtout, au-delà de ses éventuelles limites, à protéger la dignité humaine, notamment en favorisant le développement personnel, ainsi que la démocratie. Même pour les petites choses de la vie, on ne peut admettre que nos conduites nous soient imposées. Suivant la formule d'Alexis de Tocqueville, « c'est surtout dans le détail qu'il est dangereux d'asservir les hommes ». Comment quelqu'un qui aurait perdu l'habitude de choisir son trajet, la musique qu'il écoute ou le contenu de ses repas pourrait-il choisir librement un métier, un partenaire ou un candidat lors d'une élection ? Si, par exemple, une IA pouvait attribuer à chacun l'emploi lui correspondant le mieux en fonction de ses caractéristiques personnelles, ses qualités et ses goûts, ceux-ci seraient tirés du monde réel, où ils ont été élaborés au hasard des événements et des rencontres. Mais, demain, concernant ceux qui n'auraient pas pu expérimenter la vie sans IA, ils seraient les produits de recommandations automatiques martelées dès le plus jeune âge et durant toute l'éducation et le développement personnel. Pareille prédétermination intégrale serait difficilement viable en même temps que vivable.

L'autonomie est un corollaire fondamental de la liberté. Elle est un espace où il est possible d'agir ou de ne pas agir et, en cas d'action, de lui donner des motifs et des modalités arbitrairement définis. Il s'agit d'un pouvoir d'autodétermination spontanée et volontaire, un espace libre utilisable au gré du choix des personnes[482]. Autrement dit, il s'agit de la capacité à être cause première et absolue de ses actes. Cette autonomie, ce droit de se donner à soi-même (*auto*) sa propre loi (*nomos*), ne va bien sûr pas sans pleine et entière responsabilité. Les lois des uns s'arrêtent là où commencent celles des autres. L'autonomie fonde le devoir de répondre de ses actes, cet impératif qui constitue l'honneur du genre humain. Et l'autonomie profite d'abord à l'individu, mais aussi à la collectivité des individus. Il n'y a pas d'autonomie collective sans autonomie individuelle.

Les dictionnaires définissent l'autonomie comme ceci : « Fait de se gouverner par ses propres lois ; faculté de se déterminer par soi-même, de choisir, d'agir librement ; liberté, indépendance morale ou intellectuelle »[483]. Cette autonomie doit être protégée, et pour cela être l'objet d'un droit, afin de

[482] M. Levinet, *Théorie générale des droits et des libertés*, Bruylant, 2010, p. 52.
[483] V° « Autonomie », in *Trésor de la langue française*.

ne pas se laisser gouverner par les lois des IA, ne pas être déterminé par des IA, ne pas se trouver dans une situation de dépendance morale ou intellectuelle à l'égard des IA. L'être humain, même lorsqu'il a le sentiment d'opérer des choix personnels, obéit à des influences, par exemple des habitudes routinières. Pour Pierre Bourdieu, l'*habitus* est cette disposition par laquelle la société et les membres qui la constituent font des choix réguliers et prévisibles. C'est pourquoi les calculateurs peuvent produire, à partir de masses de données pertinentes, des recommandations pertinentes. Mais il ne faudrait pas que le mouvement s'inverse, que ce ne soit plus le résultat informatique qui suive le comportement humain mais plutôt le comportement humain qui procède du résultat informatique. Car alors l'individu ne serait plus autonome, plus l'auteur de ses propres normes, plus un individu en bonne et due forme. Tant que les prédictions algorithmiques se bornent à confirmer des lois sociales et personnelles, l'autonomie est sauve. Dès lors qu'elles influencent les comportements, qu'elles les font dévier de leurs trajectoires naturelles, l'autonomie s'efface au profit de la loi des IA. Et, sans autonomie, l'individu devient un « dividu » en disparaissant dans les flux du contrôle machinique[484]. L'autonomie, forme normative de la liberté, est indispensable à l'individualité. Aucun homme ne peut se satisfaire de vivre replié sur le passé, enfermé dans ses caractères antérieurs, plutôt que de s'ouvrir à l'avenir et de le préparer. Or les IA fonctionnent à base de statistiques relatives aux événements passés, font constamment l'hypothèse que notre futur sera une reproduction de notre passé. Pour ne pas avoir seulement une histoire mais aussi une subjectivité, des représentations, des projets, une personnalité, il est important de pouvoir s'abriter du passé.

Le comportementalisme radical nous montre à quel point, alors que nous nous rêvons émancipés de toutes les déterminations, celles-ci sont en réalité irrésistibles et nous empêchent de devenir des singularités pleines et entières. L'autonomie pleine et entière est une utopie. Seule une semi-autonomie est concevable. Elle n'en doit pas moins être défendue afin de nous éviter de nous transformer en petites souris mécaniques prises dans les griffes des grands calculateurs[485]. Contre l'idée qu'il existerait dans l'homme et dans la

---

[484] G. Deleuze, « Post-scriptum sur les sociétés de contrôle », in *Pourparlers – 1972-1990*, Minuit, 2003.

[485] A. Pentland, *Social Physics – How Good Ideas Spread – The Lessons from a New Science*, Penguin Press, 2014.

société quelque chose de déterminé et de calculable, il faut défendre la liberté définie comme indépendance intérieure. Avec les stoïciens, il faut concevoir la liberté indépendamment de toute condition extérieure. L'autonomie, envisagée tel un idéal, est la capacité de se détacher de son environnement, de s'abstraire de toutes les formes de pression extérieure, de ne dépendre que de soi-même, de ne connaître aucune contrainte. Un tel détachement implique sans doute une force psychologique peu ordinaire. Après les stoïciens, nombreux sont les philosophes, de Spinoza à Jean-Paul Sartre, qui ont envisagé la liberté telle une indépendance intérieure et « la capacité morale de se déterminer en suivant les seuls conseils de la raison et de l'intelligence non dévoyée par la passion »[486].

70. La condition d'une vie heureuse, prospère et digne. Le libre arbitre peut susciter des conduites aléatoires et imprévisibles ou bien des conduites qui sont les résultats de délibérations. L'autonomie renvoie à ces dernières. Elle n'est pas le fruit du hasard mais le fruit du jugement indépendant. Elle compte davantage sur l'arbitre que sur la liberté dans le libre arbitre, qui devient, plus justement nommé, un « arbitre libre ». Celui-ci est capable de mettre dans la balance les différents arguments pour et contre avant de tirer une conclusion. Il est indifférent que son jugement soit prévisible d'un point de vue physique ou biochimique, l'important est qu'il soit plus ou moins mûri sous la forme d'une délibération intérieure. L'autonomie n'est donc pas un simple hasard brisant les chaînes de causes à effets. Elle est l'usage de cette conscience, que René Descartes installait dans la glande pinéale, permettant de parcourir le champ des possibles et d'y opérer un choix en pesant le « pour » et le « contre ». Elle est une intentionnalité non contrariée, par contraste avec ces gestes que l'on effectue sous la pression inconsciente d'un nudge, sans bien savoir pourquoi. Il y a autonomie lorsqu'on peut expliquer son action par d'autres motifs que « c'est comme ça » ou « le maître l'a dit ». L'être humain se distingue par sa réflexivité et sa capacité à délibérer, donc à justifier une action, à lui donner de bonnes raisons (subjectives). La reconnaissance de l'autonomie n'est pas celle des décisions finales mais celle des délibérations précédentes qui y conduisent. Or celles-ci sont au moins perturbées, si ce n'est effacées, par l'impact des IA sur les conduites. Plutôt

[486] V° « Liberté », in L. Hansen-Love, dir., *La Philosophie de A à Z*, Hatier, 2018, p. 265.

que de se désespérer face à la finitude de l'existence, l'autonomie permet d'accéder à la richesse de la vie et à la dignité de la condition humaine. Les vertus du hasard et de l'improvisation sont essentielles dans la vie et, par exemple, un détour chez un disquaire ou un libraire offre des perspectives inattendues alors que Spotify ou Amazon ne proposent qu'une expérience cadrée. Mais cela suppose aussi d'accepter le lot de toute existence humaine, contre lequel les IA agissent : l'ouverture indéfinie du réel, l'absence de vérités absolues, l'incertitude et la persistance du doute qui empêchent d'arrêter en toutes circonstances la meilleure décision.

L'autonomie a constitué une grande avancée pour les hommes qui, en particulier après la Révolution française, se sont trouvés libérés des consentements sociaux qui caractérisaient les sociétés traditionnelles et l'Ancien Régime. Les individus, seuls ou en groupes, se sont vus reconnaître le droit de formuler leurs propres objectifs et de déterminer les moyens de les atteindre. Aux États-Unis, la « *privacy* », selon la jurisprudence de la Cour suprême, comporte le droit au respect de la vie privée, mais aussi la liberté de faire certains choix existentiels dans des domaines où l'État a perdu le droit de contrecarrer les libertés individuelles[487]. Or il serait sans doute regrettable que des puissances privées acquièrent une telle prérogative heureusement abandonnée par la puissance publique. En Europe, la CEDH a jugé de la même façon que la notion de vie privée ne permet pas seulement le « repli sur soi », mais est « une notion large qui englobe, entre autres, des aspects de l'identité physique et sociale d'un individu, notamment le droit à l'autonomie personnelle, le droit au développement personnel et le droit d'établir et entretenir des rapports avec d'autres êtres humains et le monde extérieur »[488]. Le droit à la vie privée est ainsi tout simplement un droit à la vie, un droit de vivre pleinement, comme on l'entend au plus profond de soi, sans se livrer corps et âme à des forces extérieures. L'équivalent contemporain du « destin à la turque » dont se moquait Leibniz — « *fatum mahometanum* », soit le fait d'accepter un destin de type fataliste selon lequel les événements se produiraient « quoi qu'on fasse », obligeant à adopter les comportements qui la feront advenir — serait de laisser l'intelligence artificielle et ses recommandations gérer entièrement nos vies, au motif que

---

[487] F. Rigaux, *La protection de la vie privée et des autres biens de la personnalité*, LGDJ-Bruylant, 1990, p. 20.

[488] CEDH 29 avr. 2002, n° 2346/02, *Pretty c. RU.*

les algorithmes, comme Dieu autrefois, seraient en mesure d'identifier le « meilleur des mondes possibles ». Le droit à l'autonomie pourrait même muer en obligation d'autonomie, imposant de recourir à nos facultés de jugement.

La volonté humaine libre échappe aux régimes de causalité à l'œuvre dans les autres domaines de la nature. C'est un « empire dans un empire », selon la formule de Spinoza, qui désormais doit aussi échapper aux déterminismes numériques. Il faut croire en un tel pouvoir de l'esprit, même s'il connaît forcément des fragilités. Un travail rigoureux de l'esprit est nécessaire à l'être humain. Il faut croire, comme Descartes au XVIIe siècle, au cogito, c'est-à-dire le plein usage de la capacité de discernement, permettant de rechercher les vérités en faisant preuve de méthode. Mieux vaut sans doute pouvoir dire « je pense donc je suis » que « je ne pense pas donc je ne suis pas ». Les réflexions sur l'acte gratuit, un acte voulu sans aucun motif, tentent de pousser aussi loin que possible l'idée d'une volonté absolument libre de ses choix et indifférente à toute détermination. L'homme numérique est-il capable d'actes gratuits ? À l'opposé de l'envie d'être secondé en toutes circonstances et de bénéficier d'un assistanat informatique au quotidien, on peut s'approprier la formule d'Emmanuel Kant « aies le courage de te servir de ton propre entendement ». Et, afin de favoriser cette autonomie et ce libre-arbitre, on peut exiger du droit qu'il pose des bornes afin de les protéger. L'autonomie passant du monde philosophique au monde juridique, elle pourra gagner en effectivité.

71. Le droit de disposer de soi-même. L'autonomie pourrait s'exprimer juridiquement sous la forme d'un droit des individus de disposer d'eux-mêmes. Il serait alors défendu aux services d'intelligence artificielle et à ceux qui les développent de prescrire aux individus des comportements, des modes de vie particuliers, directement ou indirectement en déployant des mécanismes de surveillance, d'évaluation ou d'incitation contraignants. En outre, les IA ne devraient pas augmenter le stress, l'anxiété ou le sentiment de harcèlement, qui sont autant de perturbateurs d'autonomie[489]. Surtout, elles ne doivent pas enfermer leurs utilisateurs dans des profils, dans des bulles, dans des identités fixées a priori par des traitement de données et

---

[489] « Déclaration de Montréal pour un développement responsable de l'intelligence artificielle », Université de Montréal, 4 déc. 2018.

immuables, réduisant drastiquement les choix, les options, les possibilités de développement personnel. En France, le rapport Touraine sur la révision de la loi relative à la bioéthique, dans son chapitre concernant l'intelligence artificielle, préconise en ce sens de faire prévaloir l'autonomie de l'homme au sens de l'autodétermination sur l'autonomie de décision des machines[490]. On pourrait aller jusqu'à décréter que tout instrument qui altère la capacité de jugement et de délibération personnels, se substituant à la conscience et à la liberté d'action, serait interdit, inutilisable. L'autonomie serait de la sorte le principal barrage aux mécanismes qui tendent à imposer un ordre unilatéral et infondé des choses et, pour Éric Sadin, ce serait là « une salutaire politique de légitime défense »[491].

Le droit de disposer de soi-même peut notamment prendre la forme d'un « droit à l'errance », comme le défend Gaspard Kœnig en reprenant cette expression du philosophe Isaiah Berlin commentant l'œuvre de John Stuart Mill[492]. En effet, la quête d'autonomie est au centre de la critique adressée par ce dernier à Jeremy Bentham — dont la vision utilitariste des choses influence largement le monde de l'IA industrielle, remplaçant la volonté générale en tant que cadre d'organisation du champ social. John Stuart Mill défend la capacité de chacun de chercher et tracer sa voie, diverger, changer, s'améliorer, ce qui engendre généralement des conduites sous-optimales, nuisant à l'utilité. Le bonheur et les valeurs doivent être personnels et non collectifs, résultant de l'exercice du jugement et non de l'apprentissage social. On doit dès lors jouir d'un complet droit à l'autonomie ou d'un total « droit à l'errance ».

La médiation continue de l'expérience par des systèmes faisant des hommes autant de tours de contrôle continuellement informées de l'état des choses engendre une détérioration de la capacité à composer spontanément et activement avec le réel, ainsi qu'un oubli des sens à force de ne pas les solliciter. Heureux sont les ignorants, qui vivent encore en liberté quand les

---

[490] J.-L. Touraine, « Rapport de la mission d'information sur la révision de la loi relative à la bioéthique », Assemblée nationale, 15 janv. 2019.

[491] É. Sadin, *L'intelligence artificielle ou l'enjeu du siècle – Anatomie d'un antihumanisme radical*, L'échappée, coll. Pour en finir avec, 2018, p. 106.

[492] G. Kœnig, *La fin de l'individu – Voyage d'un philosophe au pays de l'intelligence artificielle*, Éditions de l'observatoire, coll. De facto, 2019, p. 336 ; I. Berlin, *Liberty – Incorporating « Four Essays on Liberty »*, Oxford University Press, 2002.

ultra-connectés sont en permanence informés de la misère de la condition humaine, de la nature humaine et de leur propre situation — tout cela impactant grandement l'équilibre physique et psychique général. L'homme autonome, l'homme errant, bien sûr, se cognera souvent contre le réel, car il lui manque de nombreuses clés pour pouvoir le décoder. Mais cela ne vaut-il pas mieux que de voir ce réel disparaître, remplacé par un monde artificiel dans lequel tout serait rigoureusement ordonné et extrêmement efficace ? Ne vaut-il pas mieux être vulnérable, fragile, mais souple et humain qu'omniscient, puissant, mais rigide et inhumain ? C'est bien ce qui se joue autour du droit à l'autonomie. Aristote ne disait-il pas qu' « une vie si vulnérable est pourtant la meilleure » ? Parce que je dispose du droit d'errer et que je compte bien m'en servir plutôt que me laisser asservir, je vais au devant de la vie et de ses aléas, j'expérimente, j'essaye, je me trompe, je tombe, je me relève, je commence, je recommence, je réussis, j'échoue, je ris, je pleure. C'est la vie, c'est ma vie. Doué de sensibilité et d'entendement, c'est moi qui décide.

Sans autonomie et sans droit à l'errance, il n'est pas de plaisirs et de joies véritables, de jubilations telles que celle liée à la découverte de l'inconnu ou à l'assouvissement de la curiosité, pas d'inattendu qui donne envie de « connaître la suite » et d'aventurer sa vie. Les contraires de l'autonomie et du droit à l'errance seraient la robotonomie et le droit au téléguidage. Si ces derniers triomphaient, c'est une bonne partie du sel de la vie qui serait dissoute dans une mer de pesanteur. Contre la vision du monde qui ne souffre pas l'incertitude et craint tout imprévu, une autre approche goûte au pouvoir créatif du hasard, sans lequel rien parmi la nature et parmi les hommes n'existerait, se félicite des surprises de la vie sans lesquelles celle-ci serait d'une fadeur étouffante. L'autonomie est le moyen de faire dérailler les habitudes et de s'aventurer dans de nouvelles expériences. Pour générer ces déviances sans lesquelles toute évolution, de l'évolution biologique à l'évolution technique et à l'évolution sociétale, serait impossible, il faut pouvoir assumer des choix profonds et délibérés, souvent sous-performants du point de vue de l'utilité, mais indispensables à la construction d'une individualité. C'est ainsi que l'on peut devenir soi-même.

Le droit à l'errance, à l'ère des IA, est donc le droit de vivre sans les réseaux sociaux ou de les quitter, le droit de ne pas subir de recommandations ou du moins de ne pas les suivre, le droit de refuser les notifications, en somme le droit d'exister loin des outils à visée utilitaire qui envahissent la population, le droit de tracer sa route, suivre son propre chemin et s'abstraire de toute influence, y compris soi-même. La « *privacy* », la vie privée, prend ainsi bel et bien un tour nouveau : il ne s'agit plus de protéger ses informations personnelles mais de protéger son autonomie, plus de pouvoir se placer à l'abri des regards — on peut très bien anonymiser ou crypter toutes les données —, mais de pouvoir se déterminer soi-même hors du réseau et loin des nudges. Il faut dès lors assumer les conséquences négatives de l'autonomie à court terme sous l'angle de l'utilité, pour la collectivité, et rappeler qu'elle est la condition de tout progrès futur. Éradiquer la déviance reviendrait à consacrer l'inertie comme principe de fonctionnement du monde et de la vie, alors que jusqu'à présent ce principe était l'homéostasie[493], qui s'oppose à la rigidité des idées et de leurs représentations, qui s'appuie sur la créativité dans laquelle Henri Bergson voyait l' « élan vital » de l'être humain. Les sentiments et les sensations ne sont pas des barrières mais des conditions des processus intellectuels, de la délibération et du jugement. Ils forment la « musique de fond du vivant » sans laquelle il devient impossible de distinguer le bien du mal ou le plaisir de la souffrance, sans laquelle il ne resterait plus qu'à s'en remettre au travail infaillible des machines. On ne peut vivre sans ces réactions chimiques, seuls à même de produire du sens. La décision instinctive, la plus primaire de toutes, n'en est pas moins une décision pleine et entière digne de l'être humain. À l'opposé d'une conception de l'humain comme étant pétri de trop de défauts pour être fiable et utile, qu'il faudrait subroger par des machines hyper-efficaces, faisant bientôt de nous des êtres superflus, le droit à l'autonomie célèbre l'éclosion et l'expression des pouvoirs virtuellement infinis de chaque être, même si naviguer à vue n'est pas la solution qui permet d'arriver le plus efficacement à bon port. Pleinement se réaliser à partir de ses propres facultés, au long de ses déambulations aléatoires, est un long et périlleux voyage, mais c'est le seul voyage que l'homme puisse entamer.

La technique pourrait d'ailleurs contribuer à solutionner le problème qu'elle a créé. En effet, on voit aujourd'hui des informaticiens développer des techniques de *machine learning* en incorporant un facteur de sérendipité.

---

[493] A. Damasio, *L'ordre étrange des choses*, Odile Jacob, 2017.

L'intelligence artificielle n'est donc pas vouée à demeurer toujours anti-individuelle. Conçue ou programmée autrement, elle pourrait parfaitement favoriser l'épanouissement de l'individu, de son autonomie et de son libre arbitre en lui donnant de nouveaux outils pour bien juger et bien délibérer plutôt que de le dessaisir de ses capacités. Dès lors, à l'instar de l'évolution biologique ou sociale, l'épanouissement de chacun dépendrait de processus volontairement rendus sous-optimaux. La limite — qui est de taille — se trouve dans l'intérêt pour l'industrie numérique de développer la servitude volontaire et l'addiction au confort des IA plutôt que le goût de la liberté. Pourtant, l'excès de rationalité nuit à la rationalité et les plus grandes découvertes ont été réalisées dans des régimes libéraux, où l'imprévisibilité et la sérendipité peuvent jouer leur rôle, où il est possible de laisser libre court à son imagination et à ses expériences, quitte à aboutir à des résultats fort éloignés des objectifs initiaux. La liberté n'est pas un défaut auquel il faudrait remédier, comme semblent le penser nombre de thuriféraires de l'IA, mais un élément essentiel à l'évolution des connaissances, des sciences et des techniques[494]. Il en va de même s'agissant de l'évolution d'un individu. Le progrès ne se déclare pas *ex ante* mais se constate *ex post*.

Sur ce point, Gaspard Kœnig observe, de manière imparable, que « l'évolution naturelle illustre de manière fondamentale le rôle du hasard. J'ai demandé à mes interlocuteurs d'imaginer une intelligence artificielle chargée d'optimiser les relations entre les premières bactéries issues de la soupe primitive il y a quelques trois ou quatre milliards d'années. En cherchant à améliorer le bien-être des bactéries, en tâchant d'éliminer les anomalies, l'intelligence artificielle n'aurait-elle pas barré la route qui devait aboutir à l'humanité ? Car l'évolution est une succession d'erreurs. La sélection naturelle, loin de suivre une ligne droite, bricole à partir des matériaux qu'elle trouve à sa portée. Elle ne poursuit aucun but, elle tâtonne à la recherche du nouveau. Ainsi, les pattes existaient chez certains vertébrés aquatiques bien avant la conquête des milieux terrestres, et n'ont été "exaptées" pour la marche que dans un second temps. Les poissons ne se sont pas dit "tiens, des pattes seraient bien pratiques pour sortir de l'eau". Ils ont utilisé un organe modérément utile, sous optimal, pour se livrer à des

---

[494] K. O. Stanley, *Why Greatness Cannot Be Planned – The Myth of the Objective*, Springer, 2015.

expérimentations innovantes. Une intelligence artificielle leur aurait probablement conseillé de se débarrasser de ces pattes encombrantes, qui ralentissaient la nage et augmentaient le risque d'être victime d'un prédateur. Si donc la vie n'était pas profondément mue par des mécanismes aléatoires, aucun être humain ne serait jamais apparu »[495].

III. Le droit à la différenciation numérique

72. La diversité, richesse des hommes. *Les Essais* de Montaigne décrivent non un homme exceptionnel, mais un homme ordinaire. Et la richesse de cet homme ordinaire est sa diversité. Montaigne écrit ainsi : « Oui, je le confesse, la seule variété me paye, et la possession de la diversité, au moins si aucune chose me paye »[496]. L'infinie variabilité de l'humain constitue pour le penseur du XVIe siècle un sujet inépuisable, ce qu'il exprime en distinguant l'homme de l'animal, beaucoup moins divers : « Plutarque dit en quelque lieu qu'il ne trouve point si grande distance de bête à bête, comme il en trouve d'homme à homme. J'enchérirais volontiers sur Plutarque et dirais qu'il y a plus de distance de tel homme à tel homme qu'il n'y a de tel homme à telle bête »[497]. Or c'est moins physiquement que psychologiquement et culturellement que les hommes diffèrent. Chacun possède sa personnalité propre, son identité caractéristique, qui constituent toute sa fortune personnelle. Or ce particularisme de chaque individu et la diversité des hommes pris collectivement sont aujourd'hui remis en cause par le monde numérique et sa vocation à standardiser les personnalités. L'industrie numérique accélère encore un peu plus la mondialisation et l'américanisation du monde. À l'époque de Montaigne, les habitants d'Europe, d'Asie, d'Afrique, d'Amérique du nord et d'Amérique du sud se ressemblaient beaucoup moins qu'aujourd'hui ; et, à l'intérieur de l'Europe ou même à l'intérieur de la France, les individus étaient beaucoup moins semblables. Ce

---

[495] G. Kœnig, *La fin de l'individu – Voyage d'un philosophe au pays de l'intelligence artificielle*, Éditions de l'observatoire, coll. De facto, 2019, p. 321-322.
[496] M. De Montaigne, *Les Essais*, 1580, L. III, chap. IX.
[497] *Ibid.*, L. III, chap. II.

qu'une personnalité a d'intime et d'irremplaçable, éventuellement même de contradictoire, est ce qu'elle devrait préserver avant tout. L'homme se distingue nettement de l'animal — ou n'est pas un animal comme les autres — en raison de sa capacité à penser et à s'exprimer de manière très perfectionnée, mais aussi du fait de sa diversité, de sa capacité de différenciation. Aujourd'hui, Edgar Morin s'inscrit dans la veine d'un « humanisme concret » qui protège l'universalisme et l'unité des hommes et reconnaît « les diversités humaines qui sont des formes de richesse »[498]. Consacrer un droit à la diversité ou un droit à la différenciation serait un premier pas afin de protéger cet aspect essentiel de l'humanité des hommes.

La diversité et la différenciation sont des éléments clés de l'individualisme, qui désigne une vision des choses dans laquelle les différences individuelles sont très marquées[499]. L' « ordre technico-hygienisto-libéral »[500] promu à travers les IA et se reflétant dans nos modes de vie tend à réduire la diversité, réduire la possibilité de se différencier et donc attenter à l'individualisme. Toute volonté divergente est vouée à être étouffée avant de pouvoir s'exprimer par l'ordre autoritaire des IA et des multinationales qui se trouvent derrière, privilégiant la sécurité, le confort et le profit. Plus ce système se généralise, devient massif, incontournable, plus c'est jusqu'à la capacité de penser elle-même qui se voit entravée. Les différences entre les hommes s'amenuisent ainsi progressivement, mais rapidement à l'échelle de l'histoire, ce qui doit s'analyser tel un regrettable phénomène contre lequel le droit, y compris au niveau suprême des droits de l'homme, peut agir. Éric Sadin plaide en ce sens : « À l'opposé d'une rationalité qui prétend éradiquer tous désordre, lutter contre l'entropie et asseoir une maîtrise toujours plus étendue sur le cours des choses, ce sont les imperfections de la vie jamais résolues une fois pour toutes qui stimulent notre désir de nous réaliser »[501].

Il n'est par exemple pas admissible d'abandonner la cuisine, suivant la recette de Nathan Myhrvold, ancien ponte de Microsoft, à la science des datas, ou

---

[498] E. Morin, « Repenser l'humanisme dans le sens d'un universalisme concret », *NonFiction* 10 avr. 2008.

[499] V° « Individualisme », in A. Lalande, *Vocabulaire technique et critique de la philosophie*, 10e éd., Puf, coll. Quadrige dicos poche, 2010, p. 499.

[500] É. Sadin, *L'intelligence artificielle ou l'enjeu du siècle – Anatomie d'un antihumanisme radical*, L'échappée, coll. Pour en finir avec, 2018, p. 197.

[501] *Ibid.*, p. 246.

alors l'humanité tout entière finirait par consommer les mêmes mets, dans les mêmes quantités, aux mêmes horaires, et les goûts s'épuiseraient peu à peu. La défense de la liberté est donc forcément en même temps une défense de la diversité. Et cette dernière, à l'instar de la défense de la vie privée conçue comme autonomie et comme libre arbitre, permet de mettre l'accent sur des zones moins balisées, si ce n'est des angles morts, des discussions éthico-juridiques autour de l'IA. Le thème de la diversité humaine et sociale, jusqu'à présent, est resté dans l'ombre. Ce thème est pourtant un thème essentiel à une époque où le mode de fonctionnement des réseaux sociaux a tendance à la fois à enfermer les individus dans des « bulles de filtre » — sur Instagram, par exemple, les clichés proposés dans l'onglet de recherche ne sont pas choisis au hasard mais correspondent aux likes, interactions et recherches de l'utilisateur —, ainsi qu'à uniformiser les sociétés et les cultures en favorisant les conduites et les opinions « normales » car ce sont les plus aisées à monétiser. La normalisation est donc l'un des effets puissants de l'utilisation des technologies numériques. Et, en épousant les comportements des internautes, les algorithmes des réseaux sociaux tendent à maintenir les inégalités sociales et culturelles en offrant à chacun des contenus « à son niveau » plutôt que l'accès à de nouvelles ressources permettant de s'enrichir et d'entrevoir d'autres opportunités. Les compteurs du web social obligent chacun à construire son espace (im)personnel selon ses origines sociales et culturelles.

73. Lutter juridiquement contre l'uniformisation. L'article 1er de la Déclaration universelle de l'UNESCO sur la diversité culturelle, adoptée en novembre 2001 et reprise dans la Convention sur la protection et la promotion de la diversité des expressions culturelles de 2005, érige la diversité culturelle au rang de « patrimoine commun de l'humanité ». Une éventuelle déclaration des droits de l'homme numérique devrait en faire de même. Elle devrait, comme la Déclaration de Montréal, reconnaître que « le développement et l'utilisation de services d'intelligence artificielle doivent être compatibles avec le maintien de la diversité sociale et culturelle et ne doivent pas restreindre l'éventail des choix de vie et des expériences personnelles »[502]. Avec le droit à la diversité et à la différenciation et leurs

---

[502] « Déclaration de Montréal pour un développement responsable de l'intelligence artificielle », Université de Montréal, 4 déc. 2018.

déclinaisons en droit positif, il s'agirait donc de promouvoir un développement et une utilisation de l'IA ne conduisant pas à une uniformisation de la société par la normalisation des pensées et des comportements.

Très significativement, la Cour européenne des droits de l'homme a déduit du droit à la protection de la vie privée la reconnaissance au profit de chaque individu d'une « capacité à être soi-même ». Pour la Cour, « sur le terrain de l'article 8 de la Convention, où la notion d'autonomie personnelle reflète un principe important qui sous-tend l'interprétation des garanties de cette disposition, la sphère personnelle de chaque individu est protégée, y compris le droit pour chacun d'établir les détails de son identité d'être humain »[503]. Cette conception de la vie privée et de l'autonomie trouve tout spécialement à s'appliquer aujourd'hui, dans le lisse monde numérique. En tant que protection des choix identitaires de la personne, elle a déjà mené à des adaptations majeures de notions juridiques traditionnelles, qu'il s'agisse de l'état civil ou de la vie amoureuse, sexuelle et familiale[504]. En France, en 1977, une commission spéciale des libertés présidée par Edgar Faure avait d'ailleurs déjà rédigé une proposition de loi constitutionnelle qui consacrait notamment un « droit à la différence ». Ce texte retenait que « la République française, une et indivisible, reconnaît et protège la diversité des cultures, des mœurs et des genres de vie. Chacun a le droit d'être différent et de se manifester comme tel ». De nos jours, pour de nouvelles raisons, un tel projet mérite d'être remis sur la table et, au moins, débattu.

Il est possible d'utiliser les services numériques de manière à protéger son intimité et, par suite, demeurer à l'abri de l'influence des IA. On peut ainsi, avec quelques connaissances concernant le fonctionnement du web, changer de cookies pour plus de confidentialité — la fonctionnalité « cookies SameSite » de Google Chrome empêche les domaines tiers de créer des fichiers de cookies lorsque l'utilisateur n'est pas sur leur site web, ce qui préserve donc du risque d'être suivi partout en ligne. On peut aussi désinstaller un maximum d'applications et programmes superflus, désactiver les données de géolocalisation, réinitialiser les permissions accordées aux

---

[503] CEDH, 11 juill. 2002, n° 28957/95, *Goodwin c. Royaume-Uni*.

[504] S. Hennette-Vauchez, D. Roman, *Droits de l'homme et libertés fondamentales*, Dalloz, coll. Hypercours, 2017, p. 523.

services, chiffrer les contenus et les communications, utiliser un VPN, paramétrer un pare-feu bloquant les connexions entrantes indésirables, utiliser un navigateur web et un moteur de recherche respectueux de la vie privée, installer des systèmes d'exploitation et des logiciels libres et ouverts comme LineageOS sans services Google sur Android et Linux sur ordinateur ou encore supprimer ses comptes sur Facebook et sur tous les réseaux sociaux[505]. Ainsi l'utilisateur des services numériques pourra-t-il reprendre le contrôle sur lui-même et, par suite, protéger la diversité tant en tant que contributeur à cette diversité qu'en tant que consommateur de diversité. Moins de données collectables et des données plus difficilement rattachables à la personne, c'est un profil plus délicat à établir, une personnalisation moins efficace ou même inexistante et, donc, une préservation de l'accès aux multiples visages de l'existence.

À moins de vivre totalement déconnecté, protéger son intimité sur internet demeure une tâche sisyphéenne. Il faudrait donc aller bien plus loin et, comme pour la plupart des droits de l'homme numérique, l'IA pourrait parfaitement être utilisée afin de rendre plus effectif le droit à la diversité et à la différenciation. Les préférences personnelles pourraient être des critères clés du fonctionnement d'une IA, qui pourrait régulièrement inviter l'utilisateur à les modifier au gré de ses envies et lui proposer des alternatives, des plus classiques aux plus rares. On disposerait ainsi d'un outil précieux pour forger sa personnalité. Le projet « Algodiv », par exemple, vise à lutter contre l'enfermement qu'induisent les systèmes de recommandation sur le web en promouvant la diversité et en stimulant la sérendipité. Mais encore faudrait-il qu'en amont les modèles statistiques n'aient pas déjà fait disparaître les goûts et les couleurs alternatifs. Le droit pourrait ainsi imposer que le développement des IA prenne en compte les multiples expressions des sociétés et des cultures, ainsi que des sous-sociétés et des sous-cultures, cela « *by design* », dès la conception des outils informatiques. Les développeurs d'IA, en particulier dans le secteur industriel et marchand, devraient se voir imposer de refléter la diversité des

---

[505] P. Crochart, « Quels outils pour protéger vos données personnelles ? », clubic.com, 13 mars 2020 (qui conseille de consulter le site prism-break.org : tirant son nom du célèbre programme de surveillance mondiale de la NSA, ce site liste un grand nombre d'alternatives sécurisées aux applications et services les plus populaires).

individus et des groupes et de permettre à cette diversité de s'exprimer. L'IA peut être une chance pour la diversité à condition de l'intégrer dès le départ en tant que principe essentiel. Les bénéfices de l'intelligence artificielle peuvent être importants s'ils prennent en compte les spécificités des multiples contextes culturels locaux. En même temps, l'IA doit être conçue pour ouvrir l'individu à la pluralité des cultures, des goûts et des natures humaines et ne pas fermer les identités personnelles sur elles-mêmes par le traitement des données passées et renforcer certains préjugés liés aux différences sociales, sexuelles, ethniques, religieuses ou autres. Plutôt que d'appauvrir l'humain, elle peut très bien fêter cette pluralité, cette multiplicité qui, selon Montaigne, constitue la plus grande richesse de l'être humain « ondoyant et divers ».

Mireille Delmas-Marty, constatant combien la puissance des nouvelles technologies numériques (et biologiques) pourrait engendrer un « homme profilé, augmenté, fabriqué, voire transformé » propose de retenir le principe de créativité parmi les quatre principes constitutifs de l'humanité qu'elle identifie[506]. L'indétermination, constitutive de l'humanité et devant à ce titre être prioritairement protégée, en dépend en effet. Les IA doivent permettre, non pas de nier la part irréductible de chacun, mais de la développer, de lui permettre de s'exprimer pleinement, renforçant la singularité et la richesse de tout homme. En 1984, lors du lancement du Mac, le clip publicitaire imaginé par Apple présentait un monde aux logiques inversées par rapport à la dystopie 1984 de George Orwell. « *Think different* », enjoignait la marque à ses clients, tandis que Steve Jobs, inspiré par le nouvel esprit du capitalisme, associait à sa présentation des portraits de Picasso, Einstein ou Bob Dylan. L'informatique devait alors servir la créativité, l'épanouissement, l'affranchissement personnel grâce à l'ordinateur. Et ce dernier était présenté comme un outil protégeant l'individu, le plaçant à l'abri de tout fichage à large échelle que l'informatisation des sociétés débutante faisait craindre. C'est avec cette conception de l'informatique — à condition qu'elle ait été sincère — que le droit à la diversité et à la différenciation invite à renouer. N'y aurait-il pas un public large pour des outils protecteurs des droits humains et en premier lieu de la liberté individuelle dans toutes ses

[506] M. Delmas-Marty, *Sortir du pot au noir – L'humanisme juridique comme boussole*, Buchet-Chastel, 2019, p. 90.

déclinaisons ? N'est-il pas temps de renouer, y compris dans les textes juridiques, avec une forme d'humanisme romantique qui exalte les droits de la subjectivité créatrice et qui se passionne pour la diversité des peuples, ces forces qui donnent leur énergie à la nature comme à l'histoire des hommes ? Les IA sont en quelque sorte les concierges de l'époque actuelle, ces méticuleux gardiens de l'ordre à qui tout dysfonctionnement semble un crime et qu'Albert Camus n'appréciait guère, leur conférant souvent un mauvais rôle dans ses romans.

74. L'office du droit à l'heure des grandes manœuvres civilisationnelles. Le droit peut servir à infléchir le sens de l'histoire. Pour cela, il doit être animé par une volonté politique forte et claire. En l'occurrence, des règles de droit devraient refléter notre choix collectif de préserver nos individualités. L'IA se trouve au cœur de mouvements que l'on pourrait analyser telles des ruptures civilisationnelles : enfermement et standardisation des hommes. Il convient de ne pas accorder à ces logiques le monopole de la rationalité et de faire valoir des modes de rationalité organisés autour de l'acceptation et de la promotion de la diversité des hommes, ce qui est une condition et en même temps un effet de leur liberté. Si des pensées et des actes sous-optimaux en résultent, il faut considérer que telle est la conséquence d'une nature humaine normale, laquelle mérite d'être préservée de la volonté de la remplacer par une nature humaine artificielle à des fins utilitaristes. L'incertitude fondamentale de la vie mérite d'être juridiquement protégée. Ce sont des conflits de valeurs, des rationalités opposées qui sont en jeu. Alors que ceux-ci déterminent nos modalités d'existence, le droit ne saurait demeurer silencieux. Il lui appartient de se montrer actif. Ces questions engagent les choix politiques majeurs de notre temps. Pourtant, alors que nous sommes face à certains des moments les plus décisifs de l'histoire humaine, les plateaux de télévision et les hémicycles ne se mobilisent que rarement. Ils ne se montrent pas à la hauteur des enjeux et il semble nécessaire d'alerter les populations quant aux grands changements qui les frappent et les frapperont discrètement. Or « le danger, pour l'espèce, n'est pas d'aller où elle va, c'est d'y aller les yeux fermés, les jambes folles, la cervelle ivre »[507]. On ne saurait se satisfaire d'une acceptation silencieuse et d'un renoncement collectif laissant libre cours à une robotisation des hommes, une mise en pilotage

[507] G. Duhamel, *L'humanisme et l'automate*, Hartmann, 1933, p. 27.

automatique des affaires humaines décidée et organisée par des puissances lointaines.

Avec des IA humanistes, nous pourrions œuvrer à offrir à chacun des contre-imaginaires, des contre-exemples, des contre-opinions, favorisant le développement de l'esprit critique, de la créativité, de la singularité. Plutôt qu'une maîtrise parfaite du cours des choses individuelles et collectives, on promouvrait la possibilité, offerte à tous, d'expérimenter un champ infini de possibles et le droit de ne jamais s'ancrer définitivement à un port d'attache, le droit de mouiller dans toutes les mers de la vie. Loin d'encourager la recherche de la perfection des êtres, ou alors nous serions tous des cyborgs parfaits et identiques, le droit peut soutenir des modes de vie tolérant les imperfections et les limites humaines en même temps que l'autonomie de la volonté. Le droit peut nous rendre maîtres de nos destins, même si cela nous empêche d'accéder aux destins optimaux.

Les IA, en tant que technologies imposant leurs vérités et réduisant les choix humains, écartent l'ambiguïté et l'incertitude jusque-là propres à toute situation, aux relations humaines et au langage. Or il existe une richesse de l'ambiguïté et de l'incertitude en ce qu'elles ouvrent la voie à une diversité d'interprétations. Et les enchaînements d'ambiguïtés et d'incertitudes qui jusqu'à présent caractérisaient l'existence faisaient que chaque vie était unique, chacune offrait au quotidien de multiples options entre lesquelles choisir pour composer avec le réel. Pour que le réservoir des possibles ne s'épuise pas sous l'effet d'un conformisme social technologiquement stimulé, des garde-fous juridiques sont espérés. La vitalité d'une société depend du foisonnement des subjectivités, ses progrès sont souvent le fait des divergents, de ceux qui osent prendre le risque de la différence, et de la sérendipité qui ne sourit qu'aux personnes libres et audacieuses. Quant à l'organisation démocratique de la vie collective, elle perdrait sens si disparaissait la pluralité nécessairement contradictoire des intérêts particuliers et la capacité à discuter contradictoirement et à élaborer des compromis dans le respect du droit égal de chacun à faire valoir sa singularité. Une situation mortifère s'insinue dès qu'une logique majoritaire « cherche à expulser ce qui ne cadre pas avec son identité »[508]. Or, par sa nature même mais aussi en raison des volontés des industriels qui l'animent,

[508] E. Canetti, *Masse et puissance* (1960), Gallimard, coll. Tel, 1986, p. 257.

la vision du monde des IA tend à être totalitaire, à lutter contre les individualités et donc contre la diversité. Il s'agit là d'un des aspects de son anti-humanisme, lequel pourrait s'analyser tel un retour en arrière en raison de la simplification de la civilisation, alors que sa complexité et son ouverture étaient les résultats de l'effacement progressif de l'homogénéité tribale. La discussion sans fin autour des valeurs, les questionnements moraux insolubles ou la frontière sans cesse débattue entre les intérêts individuels et collectifs sont les témoins du progrès social, non des signes de défaillance intellectuelle. C'est pourquoi l'intelligence artificielle et l'intelligence humaine sont difficilement conciliables et pourquoi, si l'on défend l'humain, on refusera que la première remplace par trop la seconde et serve l'enrégimentement des populations.

Contre les nudges visuels et sonores de plus en plus omniprésents dans nos environnements, l'humain gagnerait à ce que le droit promeuve la multiplicité des sources de la sensation, car ce n'est qu'ainsi que l'on peut accéder à toute la diversité du monde. Alors que les IA fonctionnent à base de simplifications visant à rendre toute chose calculable, à grand renfort de rationalisme et de formules abstraites et restrictives, on pourrait réapprendre à faire l'expérience du sensible, renouer avec les repères matériels et humains qui nous permettaient encore il y a peu de nous orienter seuls, sans prothèses informatiques, en étant pleinement au contact du réel. Le droit doit défendre l'accès au sensible et au réel parce qu'ils permettent ô combien mieux que l'immatériel et l'artificiel de vivre en harmonie avec le monde et avec les autres, sans cadres, sans bornes autres que celles définies par le jugement libre. Le réel, malgré l'acharnement à le contenir, finit toujours par se dérober et à nous offrir ces incertitudes et cette part d'inattendu qui constituent le fond de notre condition. Dans nos sociétés conçues pour être régulées de A à Z, afin d'optimiser toute situation, l'usage délibéré et revendiqué de nos sens permet une salutaire prise de distance par rapport à ces logiques toujours plus dominantes et asphyxiantes[509]. Libre, autonome, responsable, l'individu peut se réaliser en tant qu'être singulier, indomptable, puissant, participant à l'hétérogénéité de l'humanité. La sauvegarde ou plus

[509] É. Sadin, *La silicolonisation du monde – L'irrésistible expansion du libéralisme numérique*, L'échappée, coll. Pour en finir avec, 2016, p. 260.

encore l'exaltation du sensible, à travers les expressions du corps et de l'esprit, est un gage de bonne santé existentielle individuelle et collective.

Partie 3. L'Homme discriminé

75. Égalité-réalité à l'ère des IA. Diogène de Sinope est connu pour avoir le premier soutenu la philanthropie, soit le souci de l'humain et la croyance en l'égalité de tous. Pourtant, c'est le constat amer qu'aucun être humain ne peut correspondre à un tel idéal que Diogène déplore dans l'anecdote qui le dépeint s'écriant, une lanterne à la main en plein midi : « Je cherche un homme ! ». L'IA pourrait-elle servir de lumière éclairant la voie vers une égalité-réalité entre les hommes ? Comme l'a énoncé Peter Thiel, fondateur de Paypal et serial stratupper, aujourd'hui « les miracles portent un nom : la technologie »[1]. Cependant, les miracles des uns peuvent être les cauchemars des autres. En l'occurrence, la technologie n'est pas systématiquement bienfaitrice et il est important que le droit veille sur l'humain, sur ses valeurs fondamentales, au premier rang desquelles l'égalité entre les êtres. Or l'IA est régulièrement accusée de discriminations, le plus souvent à raison, et cela n'est évidemment pas acceptable. Avec la vie privée et la liberté, l'égalité fait partie des principes essentiels d'un ordre juridique humaniste à l'ère des IA. Par exemple, le jeu Art Selfie de Google, qui permet de réaliser un égoportrait grâce au système de reconnaissance faciale qui identifie votre sosie artistique parmi les tableaux exposés dans différents musées du monde, a été sévèrement critiqué par la communauté Afro-Américaine qui a remarqué que les noirs étaient généralement associés à des portraits d'esclaves. L'algorithme n'est pourtant pas raciste, mais les personnes noires, dans les tableaux exposés à travers le monde, sont souvent des esclaves. Avec les IA, le problème est souvent celui-là : reflétant les travers du passé, que les politiques publiques contemporaines peuvent pourtant vouloir corriger, les bases de données sont trop souvent racistes, misogynes ou, en

---

[1] P. Thiel, *De zéro à un – Comment construire le futur*, J.-C. Lattès, 2016, p. 10.

tout cas biaisées[2]. Dès lors, loin d'être neutres, les IA peuvent porter atteinte au principe d'égalité entre les êtres humains. C'est pourquoi elles doivent être utilisées intelligemment, ne pas être généralisées ni utilisées dans un certain nombre de contextes difficiles. Beaucoup de controverses récentes autour de la discrimination de certaines minorités ou de certaines catégories de population (personnes noires, femmes, habitants de quartiers défavorisés) l'ont abondamment montré. Jusqu'à la justice pénale américaine s'est retrouvée dans la tourmente, accusée de s'en remettre à des IA racistes.

Les inégalités du monde réel sont reproduites par les IA puis imprègnent à nouveau le monde réel, de manière renforcée dans une forme de cercle vicieux. Les outils numériques créent des nœuds de pouvoir, lesquels, tant qu'ils ne sont pas régulés par la puissance publique, comportent toujours des risques — y compris pour les droits de l'homme[3]. Les travaux dénonçant les discriminations par la voie des IA se multiplient. Ils critiquent tantôt les « inégalités automatiques »[4], tantôt la « société boîte noire »[5], tantôt la « bombe à retardement des algorithmes »[6]. Le Conseil de l'Europe dénonce ainsi la multiplication des « algorithmes tendancieux qui discriminent systématiquement un groupe de la société, par exemple en fonction de l'âge, de l'orientation sexuelle, de la race, du genre ou de la situation socio-économique »[7]. Les techniques de traitement automatisé de données risque par conséquent de priver un individu de son droit de jouir de tous les droits de l'homme et de toutes les libertés fondamentales sans discrimination. L'égalité ou le droit à l'égalité peut alors être conçu comme un méta-droit, un

---

[2] Dominique Cardon explique toutefois que le reproche des biais dans la représentation de la réalité n'est acceptable que dans les cas où il existe un classement bon ou juste des données en cause. Ce reproche n'a donc de sens que lorsque l'opération statistique produite par le calculateur est un simple dénombrement (D. Cardon, *À quoi rêvent les algorithmes ? Nos vies à l'heure des big data*, Le Seuil, coll. La République des idées, 2015, p. 80).

[3] M. Bachelet, « Les droits de l'homme à l'ère du numérique », ohchr.org, 17 oct. 2019.

[4] V. Eubanks, *Automating Inequality – How High-tech Tools Profile, Police, and Punish the Poor*, St Martin's Press, 2018.

[5] F. Pasquale, *The Black Box Society – Les algorithmes secrets qui contrôlent l'économie et l'information*, FYP, 2015.

[6] C. O'Neil, *Algorithmes : la bombe à retardement*, Les Arènes, 2018.

[7] Conseil de l'Europe, DGI, étude 12, 2017, p. 29.

droit transversal nécessaire à l'effectivité de tous les autres. C'est pourquoi il semble mériter une protection renforcée. Nous ne sommes pas tous égaux devant les IA. On peut plus ou moins bien comprendre leur influence sur nos vies, leurs modes de fonctionnement et les moyens de se préserver de leurs conséquences négatives. Surtout, on risque plus ou moins de subir les effets de leur partialité potentielle sur le cours de la vie. Chaque jour, dans une grande opacité, ils affectent notre accès à l'information, à la culture, à l'emploi ou encore au crédit. On imagine à quel point le cours de la vie de quelqu'un est foncièrement impacté lorsqu'un emploi lui est refusé à l'aune de l'avis biaisé d'une IA. Cathy O'Neil a d'ailleurs créé l'entreprise Online Risk Consulting & Algorithmic Auditing, qui aide les entreprises à identifier et à corriger les préjugés des algorithmes qu'elles utilisent.

Au niveau politique, on voit quelques acteurs se saisir de ces enjeux. En France, la députée Isabelle Rauch a ainsi plaidé, dans une tribune au *Monde*, pour une « intelligence artificielle inclusive, qui ne soit pas un vecteur supplémentaire de discriminations »[8]. La problématique de la qualité des données utilisées est simple à poser mais difficile à résoudre. En premier lieu, comment s'assurer de la légitimité et de la pertinence de celui qui déclarera des données biaisées ou non-biaisées ? Sur quel(s) critère(s) se baser pour évaluer la qualité d'un jeu de données ? Cette problématique n'en est pas moins incontournable. Des données erronées ou tout simplement périmées provoquent forcément des erreurs et des dysfonctionnements plus ou moins graves selon le domaine concerné, de l'envoi de publicités ciblées correspondant mal au profil réel jusqu'à une erreur de diagnostic médical. Pouvoir garantir la qualité des données entrantes dans les systèmes d'intelligence artificielle constitue donc un enjeu crucial, auquel le droit doit apporter des réponses de façon de plus en plus pressante à mesure que ces machines sont amenées à prendre des décisions autonomes dans les services publics, la gestion des ressources humaines etc. Mais la qualité de la donnée a un coût : elle suppose d'investir dans des moyens humains et techniques importants, afin d'identifier et corriger toute corruption de données, tout manque de représentativité dans leur contenu ou la reproduction involontaire d'un stéréotype. Les données des réseaux sociaux professionnels, par

---

[8] I. Rauch, « Si l'on n'y prend garde, l'intelligence artificielle reproduira nos stéréotypes de genre », lemonde.fr, 7 févr. 2020.

exemple, qui peuvent être considérées comme des sources d'informations importantes, posent à cet égard des problèmes de fiabilité liés à la tendance des individus à embellir leurs CV ou à ne pas les tenir à jour. La quantité de données disponibles peut être un autre facteur nuisant à la pertinence des résultats fournis par les IA. Au-delà, il existe aussi un risque de voir certains acteurs travestir des données afin que leurs systèmes produisent des résultats allant dans le sens de leurs intérêts.

Le recours à l'apprentissage profond dans divers cas de figure de personnalisation des contenus et d'aide à la décision fait craindre une reproduction silencieuse des inégalités sociales présentes dans les bases de données, souvent involontairement et même sans que personne ne le sache. Le problème des inégalités dues aux IA n'est le plus souvent pas le fait de violations volontaires des droits de l'homme mais d'imperfections des données non intentionnelles, loin de tout désir de contrôler ou de manipuler les hommes. Avec ces limites techniques, parfois accompagnées de limites juridiques, l'utilisation de procédés de décision automatique risque d'aboutir à des abus. Le droit est le premier concerné par la lutte contre les discriminations. C'est à lui qu'il revient d'imposer des garde-fous suffisants, au risque d'entraver le progrès technique et économique au nom de l'égalité. Comme l'a retenu la Déclaration de Montréal, « le développement des services d'intelligence artificielle doit bénéficier économiquement et socialement à tous en faisant en sorte qu'il réduise les inégalités et la précarité sociales »[9]. Malgré les contraintes techniques qui rendent délicate l'intelligibilité du traitement de données par les algorithmes et réseaux de neurones, l'enjeu de la protection contre les discriminations, droit fondamental, oblige à interroger les moyens pratiques de protéger les personnes. En cas d'impossibilité d'identifier de tels moyens, on pourrait devoir se résoudre à interdire ou limiter fortement, dans un certain nombre de cas, l'utilisation des IA.

La surveillance est l'instrument des inégalités. Dans un régime de totale liberté, les individus sont parfaitement égaux et ce sont leurs différences individuelles qui induisent les écarts de statuts. Au temps des collectes massives de données et des orientations subséquentes des conduites par des

---

[9] « Déclaration de Montréal pour un développement responsable de l'intelligence artificielle », Université de Montréal, 4 déc. 2018.

IA, un défi majeur est celui du creusement des inégalités. Les minorités, quelles qu'elles soient, seront toujours les grandes perdantes de la société du contrôle qui se profile. Et Edward Snowden de conclure par cette vérité regrettable : « Si vous êtes un homme, blanc, aisé, bref que vous vous situez à la cime de la pyramide sociale, alors il est probable que les problématiques liées à la confidentialité des données ne vous touchent pas au cœur »[10].

[10] Cité par P. Crochart, « Données personnelles : les ressources pour s'informer, les outils pour reprendre le contrôle », clubic.com, 21 févr. 2020.

Chapitre 5. La sélection des profils

76. Le danger des profils incomplets ou erronés. Dans le monde des IA, toute personne est considérée en fonction de son profil, donc selon sa catégorie personnelle et professionnelle, ses caractères culturels, ses caractéristiques physiologiques, sa position sociale (étudiant, salarié, contribuable, assuré, consommateurs, titulaire de compte bancaire, abonné, client, utilisateur, syndicaliste, militant politique, indécis à l'approche d'une élection) etc. Par exemple, dans le secteur des assurances, on individualise le risque, ce qui suppose de parfaitement connaître la personne. Et on propose à celle-ci des services de prévention augmentée qui doivent permettre d'agir sur les sources des dangers, par des incitations relatives à l'activité physique, la nutrition etc. Des profils toujours plus précis sont ainsi établis et réutilisés, y compris à l'insu des personnes, par exemple grâce au développement des cartes de fidélité dans toutes les chaînes de magasins — certaines, par des pratiques agressives, cherchent même à imposer la souscription à ces cartes. Le profilage est défini par le Règlement européen sur la protection des données à caractère personnel comme « toute forme de traitement automatisé de données à caractère personnel consistant à utiliser ces données à caractère personnel pour évaluer certains aspects personnels relatifs à une personne physique, notamment pour analyser ou prédire des éléments concernant le rendement au travail, la situation économique, la santé, les préférences personnelles, les intérêts, la fiabilité, le comportement, la localisation ou les déplacements de cette personne physique ». Outre le besoin d'obtenir l'autorisation de profiler un individu et de ne pas faire un usage de son profil dont il n'a pas été prévenu, le risque est que ce profil soit incomplet ou, pire, erroné. En fonction des milieux et des enjeux concernés, les conséquences peuvent être graves. Les IA peuvent susciter des biais, des discriminations, voire des formes d'exclusion injustifiées, non voulues par quiconque.

Il est regrettable que beaucoup de discours marchands vantent l' « objectivité » supposée des IA, par opposition à un jugement humain toujours faillible. Ils insinuent ainsi, parmi les utilisateurs, la croyance en une super-neutralité des ces outils informatiques, dont ils pourraient accepter aveuglément tous les résultats. Il ne s'agit pourtant pas toujours, loin s'en faut, de vérités incontestables. Les « sorties » des algorithmes dépendent des « entrées », dont le contenu dépend de choix humains. Et le fonctionnement de l'algorithme dépend lui-même d'orientations données par des humains, qui peuvent faire prévaloir certains critères sur d'autres. Comme en matière de libertés face aux IA, l'égalité interroge fortement l'information et l'éducation du grand public, qui doit être averti des enjeux et des processus en cours. Chacun devrait savoir qu'une IA peut difficilement être neutre et objective et que les résultats qu'elle produit méritent d'être appréhendés avec du recul, un regard critique, des réserves. Un algorithme reflète inévitablement des partis pris idéologiques, politiques, sociaux, éthiques ou moraux. Et il répond souvent à des finalités commerciales qui impactent son fonctionnement et donc ses résultats.

En décembre 2020, l'Agence européenne pour les droits fondamentaux a rendu un rapport sur l'éthique de l'IA dans lequel elle préconise, parmi d'autres propositions, de soutenir beaucoup plus qu'actuellement la recherche sur les biais et les discriminations algorithmiques, donc de trouver de nouveaux financements pour la recherche visant à identifier et étudier les effets potentiellement discriminatoires de l'IA, afin que des actions en amont soient prises pour en limiter, ou annuler, les effets[11]. Trop souvent, l'intelligence artificielle risque de produire des corrélations fallacieuses[12]. Les relations entre les données identifiées travestissent la réalité en « entrée » et la déforment en « sortie ». Dans un profil, on peut prêter à quelqu'un des habitudes, des goûts ou des opinions qui ne sont pas les siens mais qui risquent de le devenir à force de l'en convaincre. Une prédiction peut ne pas être pertinente mais le devenir grâce à l'effet performatif des IA, à leurs prophéties auto-réalisatrices. Elles déforment ainsi insidieusement les

[11] Agence des droits fondamentaux de l'Union européenne, « Bien préparer l'avenir : l'IA et les droits fondamentaux », 13 déc. 2020 ; J. Lausson, « IA éthique : l'Europe doit financer davantage la recherche sur les discriminations par algorithme », numerama.com, 14 déc. 2020.

[12] C.-S. Calude, G. Longo, « Le déluge des corrélations fallacieuses dans le big data », in B. Stiegler, dir, *La toile que nous voulons – Le web néguentropique*, FYP, coll. Nouveau Monde Industriel, 2017.

personnalités. Et même si l'informatique permet de dire ce qui a été correctement, cela ne saurait l'autoriser *ipso facto* à décider de ce qui sera. Mais cela vaut *a fortiori* dès lors que l'information d'origine est erronée ou que son interprétation est contestable. Que l'analyse prédictive et la personnalisation qui en découle supposent que le sujet continuera d'agir comme il l'a fait par le passé est le premier de tous les biais. Cela constitue pourtant l'une des règles essentielles du fonctionnement de l'IA. Le droit, en s'y opposant, pourrait ainsi limiter radicalement les possibilités de profilage et de recours à l'IA. Les techniques en cause permettent de créer à partir d'un amas de données le profil d'un utilisateur qui se superpose plus ou moins bien avec sa personne. Il faut prendre garde à ce qu'il n'y ait pas de confusion entre l'un et l'autre. Un sujet ne saurait être assimilé à son profil[13]. C'est pourtant là l'effet recherché par ces techniques et, derrière elles, par ceux qui les promeuvent. Elles tâchent de réduire les personnes à l'image construite à partir de leurs données ; et c'est cette image qui est exploitée commercialement. Il est pourtant tentant de faire entièrement confiance à une IA qui nous connaît mieux que nous-mêmes. Pourtant, la complexité humaine incite à refuser toute substitution du profil numérique d'un individu à sa réalité physique. Un tel réductionnisme serait à l'évidence anti-humaniste. Une personne ne saurait se résumer à la somme de ses données personnelles, quand bien même elles seraient nombreuses et diverses.

Dans La Chute, Albert Camus écrit : « Avant de voir les hommes, nous voyons les enseignes qu'on a posées sur eux. Imaginez des cartes de visite : Dupont, philosophe froussard, ou propriétaire chrétien, ou humaniste adultère, on a le choix, vraiment. Mais ce serait l'enfer ! Oui, l'enfer doit être ainsi : des enseignes et nul moyen de s'expliquer. On est classé une fois pour toutes »[14]. Le problème n'est donc pas nouveau. Mais, avec les IA, il prend une dimension et un caractère concret qui obligent les politiques et les juristes, au-delà des philosophes et des écrivains, à réagir.

---

[13] S. Merabet, *Vers un droit de l'intelligence artificielle*, th., Université d'Aix-Marseille, 2018, p. 243.

[14] A. Camus, « La Chute », in *Œuvres*, Gallimard, coll. Quarto, 2013.

I. La disparition des logiques collectives

77. L'oubli de la solidarité. L'écosystème numérique tel qu'il s'est imposé avec le web repose en grande partie sur les capacités de personnalisation des IA. Le profilage et la segmentation de plus en plus précis rendent des services à la fois aux entreprises qui développent ces techniques et aux individus qui y recourent. Cette logique d'individualisation des offres risque toutefois de porter atteinte aux logiques collectives essentielles à la vie de nos sociétés, de la structuration de l'espace public démocratique et pluraliste aux mécanismes de mutualisation des risques dans l'ordre économique[15]. Désormais, assure-t-on dans le milieu des nouvelles technologies, il devient possible de connaître dans leurs détails les destins individuels et de s'adresser aux individus en s'affranchissant de la solidarité collective. Traditionnellement, on recourait à des catégories statistiques non individuelles, permettant de collectiviser la gestion des risques pour faire face à l'incertitude des comportements individuels.

À présent, on quantifie quantité de paramètres qui touchent jusqu'au corps humain. La physiologie devient mesurable — une mesure souvent synonyme de performance. Même les valeurs, les modes de communication, la perception de soi-même et des autres, tout entre dans le monde de la mesurabilité généralisée[16]. On ne s'appuie plus sur des chiffres globaux pérennes mais sur des identités individuelles et collectives qui évoluent en permanence. Aux côtés du « modèle de l'index », celui de Google qui repose sur la pertinence et l'efficacité[17], s'impose le « modèle du visage », celui des

---

[15] CNIL, *Comment permettre à l'homme de garder la main ? Les enjeux éthiques des algorithmes et de l'intelligence artificielle*, synthèse du débat public animé par la CNIL dans le cadre de la mission de réflexion éthique confiée par la loi pour une République numérique, déc. 2017, p. 5.

[16] M. Doueihi, « L'humanisme numérique vise à repérer ce qui peut être conservé de l'humanisme classique », humanite.fr, 19 mai 2016.

[17] M. Doueihi, *Pour un humanisme numérique*, Le Seuil, 2011, p. 157.

réseaux sociaux avec sa logique de curation et de signature[18]. Mais la pertinence et l'efficacité dépendent beaucoup de la personnalisation et le premier modèle tend à se rapprocher du second. Chacun doit être traité individuellement. L'individualisme méthodologique, qui n'est pas du tout une défense de la liberté à travers la personnalité de l'individu, a tendance à s'imposer partout. La dynamique de personnalisation des contenus et des services entraîne progressivement la disparition des logiques collectives. Or nos sociétés ont été bâties sur ces logiques. Sans elles, l'enfermement de chacun sur lui-même menace de désagréger les constructions sociales.

Le big data est particulièrement bien accueilli par les organisations sensibles à la gestion du risque, publiques ou privées. En permettant une prédictibilité accrue des événements, notamment de la survenue d'incidents dommageables, il leur offre la possibilité d'agir de manière préemptive pour empêcher leur apparition ou du moins limiter leurs effets négatifs. Dans le secteur bancaire, il s'agit de mieux anticiper et prévenir les défauts de paiement des emprunteurs et ainsi d'optimiser l'allocation du crédit selon un niveau de risque finement établi. Les traces numériques laissées par les individus permettent donc de leur attribuer des scores de solvabilité, mais aussi de décider du sort des réfugiés ou de la libération conditionnelle des personnes incarcérées. Facebook est par exemple titulaire d'une famille de brevets permettant d'attribuer une note à un individu en fonction de son réseau social, c'est-à-dire en évaluant les scores de ses « amis », des « amis de ses amis » etc. Dans un nombre croissant de situations, on traite chaque personne en fonction de ses paramètres et caractères particuliers. Si cela peut poser question en soi, cela devient inacceptable dès lors que ces paramètres et caractères sont erronés, approximatifs ou mal interprétés. Tel est le cas, par exemple, s'agissant de l'évaluation par une IA du risque de récidive d'un détenu[19]. S'agissant des réfugiés, IBM a développé un outil de décision automatique qui pourrait, selon le groupe, « aider les gouvernements à distinguer les vrais réfugiés des imposteurs et des terroristes »[20].

---

[18] *Ibid.*, p. 160.

[19] R. Berk et *alii*, « Forecasting Murder within a Population of Probationers and Parolees: a High Stakes Application of Statistical Learning », *Journal of the Royal Statistical Society* 2009, vol. 172, n° 1, p. 191 s.

[20] P. Tucker, « Refugee or Terrorist? », *DefenseOne* 2016.

Les montres connectées et les bracelets connectés, qui enregistrent les paramètres physiques et physiologiques de l'individu, sont un bon exemple. Elles mesurent l'activité physique, géolocalisent leurs porteurs et, si elles sont associées à d'autres objets connectés tels qu'une balance connectée, à un smartphone et à des applications, elles donnent une bonne indication de l'état de santé. On imagine sans mal l'intérêt des banquiers, des assureurs et des mutuelles pour ces informations. En recoupant les photos des repas et des boissons consommés, publiées sur les réseaux sociaux, les données relatives au nombre de pas quotidiens et donc au niveau de sédentarité, les séances de sport, le poids et la taille, le rythme cardiaque, il est possible d'établir la probabilité de développer certaines pathologies. L'Apple Watch a sauvé la vie de dizaines de personnes en les avertissant des premiers signes de leurs infarctus. Mais si ces données sont vendues à des banques ou des compagnies d'assurance, celles-ci pourraient faire payer cher ou refuser les prêts et les polices d'assurance. Si les prix de certains services variaient en direct en fonction des informations transmises par les objets connectés, indiquant qu'un individu a une pratique à risque ou s'adonne à trop peu d'activité physique, ce sont à la fois la liberté et l'égalité qui seraient dangereusement malmenées. Il faudrait, pour éviter de payer au prix fort son emprunt bancaire, renoncer à monter à cheval ou à faire de l'escalade, ou bien le faire « clandestinement ».

On a ainsi vu des assureurs être accusés d'utilisation illégale de données. Par exemple, le programme Helsana, lancé en 2017, incite par des bonus l'utilisateur à adopter un mode de vie sain et sportif. L'utilisateur récolte des points lorsqu'il effectue certaines activités puis les échange contre des versements en espèces ou des offres de partenaires[21]. Cette logique d'hyper-individualisation, soutenue par l'usage de l'intelligence artificielle, diminue, à la fois dans les faits et dans la psyché collective, l'exigence humaniste de la solidarité. S'y substituent des engagements et des décisions toujours particuliers. La « société du contrat » gagne jusqu'au secteur médical, au détriment de l'établissement d'un régime commun, faisant que les populations les plus aisées profitent en priorité des meilleurs soins. On ne s'étonnera guère que ce phénomène se retrouve déjà aux États-Unis, où la

---

[21] Ch. Talos, « Les caisses-maladie espionnent leurs clients », 24heures.ch, 30 avr. 2018.

médecine est une activité économique et marchande presque comme une autre. Malgré ses avantages, le diagnostic automatisé ne devrait pas être généralisé, ou alors l'industrie numérique pourrait envahir l'ensemble de la chaîne de la santé. La prescription automatisée, de la même manière, constituerait un franchissement de seuil dangereux. Placer la médecine à l'abri des logiques économiques, cela suppose en partie de la placer à l'abri des IA.

78. Un exemple : la personnalisation dans le secteur des assurances. Ces problématiques s'expriment en premier lieu dans le domaine assurantiel. En effet, la personnalisation remet en cause la mutualisation, c'est-à-dire la logique même de l'assurance et du pacte social sur lequel elle repose. Pour que plusieurs personnes décident de s'assurer, c'est-à-dire de mettre en commun leurs risques, il faut que ces risques leur apparaissent abstraits et incertains bien que réels. C'est parce qu'on ignore qui, parmi les assurés, verra le risque en cause se réaliser, occasionnant de grands frais, qu'on accepte de les financer à l'avance et ensemble. Or la segmentation permise par le recours aux grands ensembles de données générées par les comportements des individus en ligne (réseaux sociaux, notamment) ou hors-ligne (données issues de bracelets connectés, par exemple) rendrait possible la diminution radicale de l'incertitude sans laquelle le monde de l'assurance perd beaucoup de sa raison d'être. La mutualisation risque fort de laisser la place à de nouvelles formes de discrimination et d'exclusion. Ceux qui présentent des comportements ou des caractéristiques « à risque » pourraient se voir appliquer des tarifs plus élevés, voire même être victimes de décisions de refus d'assurance. L'établissement d'une corrélation entre un comportement et la réalisation d'un risque pourrait conduire à défavoriser les personnes concernées, qui fument, qui sont obèses, qui mangent trop sucré, qui ne font pas suffisamment d'activité physique etc. On peut donc poser la question des bornes à imposer face à la tendance à normaliser les comportements, les modes de vie, donc les vies. Les algorithmes, via les corrélations qu'ils établissent dans les données, finiraient par édicter la norme des comportements individuels, une norme à laquelle on ne pourrait échapper qu'au prix d'un renchérissement de l'assurance[22]. De tels arbitrages

---

[22] CNIL, *Comment permettre à l'homme de garder la main ? Les enjeux éthiques des algorithmes et de l'intelligence artificielle*, synthèse du débat public animé par la

découleraient directement des données et échapperaient à toute délibération collective. En outre, cela écarterait les déterminants collectifs et sociaux des conduites pour ne plus s'attacher qu'à la responsabilité de chaque individu. Quant à d'autres facteurs de risque, liés à l'environnement de l'individu ou à son patrimoine génétique, ils pourraient engendrer des discriminations et des exclusions.

L'IA pourrait ainsi constituer le nouveau cadre d'exercice de l'assurance. Elle pourrait changer en profondeur la façon de concevoir les risques et de les valoriser et transformer les techniques d'assurance. Sans doute les assureurs se sont-ils toujours appuyés sur des données pour prévenir les risques, pour proposer des services financiers de protection différents selon les profils. Mais, aujourd'hui, l'individualisation est en mesure d'aller si loin que l'on peut se demander s'il serait encore justifié de parler d' « assurance » ou, plus encore, de « mutuelle ». Plutôt que des appréciations globales en fonction des déclarations des clients, les IA rendent possibles des évaluations plus fines selon les données comportementales de masse. Dans le secteur des assurances, comme un peu partout, on s'oriente ainsi vers une personnalisation extrême.

Les IA sont capables d'évaluer et de classer les individus, d'établir leurs caractéristiques physiques et mentales et d'en tirer des conclusions, de prédire leur futur état de santé, de mesurer leur aptitude à l'emploi ou même leur propension à commettre des infractions. Le profil, la notation ou le classement peuvent servir à évaluer l'admissibilité à une assurance, mais aussi à d'autres services tels que des services financiers. Une compagnie d'assurance, pour mieux anticiper le risque et donc mieux connaître son client, peut être tentée d'éplucher ses comptes sur les réseaux sociaux. Quelqu'un qui passe ses journées à publier les photos de ses soirées arrosées est ainsi susceptible de se voir proposer un autre tarif de police d'assurance que quelqu'un qui ne « poste » que des contenus professionnels sur des réseaux professionnels et se montre discret par ailleurs.

L'assurance comportementale se retrouve en premier lieu, depuis longtemps, dans le secteur des assurances automobiles : les coefficients de réduction-majoration (bonus et malus) permettent de pratiquer le « *pay as*

CNIL dans le cadre de la mission de réflexion éthique confiée par la loi pour une République numérique, déc. 2017, p. 38.

you drive », à l'aune des antécédents des conducteurs notamment en termes de vitesse moyenne. De nos jours, on peut aussi appliquer le système de bonus et malus en profilant le style de conduite de l'individu (accélérations brusques ou douces, freinages brusques ou doux etc.), cela grâce aux capteurs qui équipent les véhicules de nouvelle génération. On estime que le marché de l'assurance automobile connectée en Europe atteint déjà 15 milliards d'euros[23]. Pour cela, il faut donc que les véhicules possèdent des boîtes noires enregistrant les paramètres de conduite. À partir de ces paramètres, chaque conducteur se voit attribuer une note par son assureur, dont dépend le montant de sa cotisation. Les bons conducteurs peuvent réaliser jusqu'à 50 % d'économie. Un tel système témoigne parfaitement de la société de la surveillance. Pourra-t-on encore, dans quelques années, se tenir à l'écart de tout regard intrusif ? Il ne faut cependant pas nier les bénéfices de tels systèmes et d'ailleurs la moitié des français se disent prêts à livrer leurs données de conduite afin de pouvoir bénéficier d'une assistance dépannage gratuite, suivre le véhicule en cas de vol, obtenir une vidange gratuite à partir d'un certain nombre de points récoltés grâce à une bonne conduite etc.[24]. Quant à la détermination de la responsabilité en cas d'accident, les boîtes noires permettront plus facilement de désigner le conducteur fautif.

Dans tous les secteurs, les « likes » et autres traces laissées sur les réseaux sociaux ou ailleurs pourraient servir à proposer des tarifs personnalisés et « justes », loin de la vocation initiale des mécanismes d'assurance et de mutualisation. Par exemple, certains assureurs ont observé à travers les données d'achats de leurs clients que les personnes qui positionnent des feutres sous les pieds des tables et des chaises, afin de protéger le bon état des parquets, auraient un comportement automobile nettement plus prudent que la moyenne. Dès lors, l'achat de ces feutres peut devenir un critère afin d'accorder une réduction de prime[25]. Le risque n'est plus conçu comme un événement mais comme un comportement. Il n'est plus un phénomène

---

[23] Étude du cabinet Deloitte (citée par S. Prévost, « Du développement du numérique aux droits de l'homme digital », *Dalloz IP/IT* 2019, p. 345).

[24] *Ibid.*

[25] D. Cardon, *À quoi rêvent les algorithmes ? Nos vies à l'heure des big data*, Le Seuil, coll. La République des idées, 2015, p. 52

objectif mais un ensemble de paramètres subjectifs. Tout est appelé, à l'image des assurances, à être subjectivisé.

II. Des humains choisis par des machines

79. Des recrutements assistés par informatique. En 2020, alors que sévissait partout la covid-19, l'Association pour l'emploi des cadres (Apec) pouvait observer le large essor des solutions de recrutement basées sur l'IA, technologie « déjà utilisée par un large pan d'entreprises », selon l'association[26]. Et de citer l'exemple de Randstad, qui utilise un chatbot de pré-recrutement baptisé Randy et qui lui permet de valider un certain nombre de pré-requis, avant de transmettre les profils les plus pertinents aux conseillers. Alors que de nombreux candidats étaient confinés ou du moins dans l'incapacité de se déplacer, le numérique en général permettait de maintenir l'activité. Hors de l'entreprise et plus encore au sein de l'entreprise, la révolution des IA produit ses effets les plus radicaux. La décision humaine tend à laisser la place à la décision informatique, automatisée ou semi-automatisée — quand c'est encore l'homme qui valide la décision mais qu'il lui est délicat d'aller contre les orientations données par ses outils d'aide à la décision dont il comprend mal le fonctionnement mais auxquels il accorde une entière confiance. Dans le cadre professionnel, l'IA impacte les métiers et les structures de coûts des entreprises, donc leur compétitivité[27]. Cela s'observe dans le recours à l'IA pour procéder à des recrutements ou à des promotions, ainsi que dans la surveillance sur le lieu de travail, le suivi de l'intégration des salariés, l'adaptation des rémunérations ou l'évaluation des performances ou de la productivité. La « data RH » sert aussi à gérer les carrières et les besoins de formation (en proposant des modules toujours plus individualisés), déterminer les leviers de l'engagement, mieux comprendre les collaborateurs de manière à adapter les actions pour les retenir ou établir

---

[26] AFP, « CV : L'intelligence artificielle "trois fois plus" utilisée dans les recrutements », lesechos.fr, 16 nov. 2020.

[27] S. Roder, *Guide pratique de l'intelligence artificielle dans l'entreprise*, Eyrolles, 2019, p. 5.

la liste des éléments qui favorisent l'efficacité d'une équipe ou les qualités d'un leader. Le recours à l'IA permettrait même de dépister le mal être au travail, prévoir l'absentéisme, prédire les accidents du travail, voire les démissions, afin de permettre aux managers d'agir sur leurs causes[28]. Des entreprises équipent ainsi leurs salariés de badges, de bracelets ou de colliers qui enregistrent les déplacements et le son de la voix, afin de mieux les connaître. Aux États-Unis, certaines souhaitent même pouvoir, grâce à ces objets connectés, suivre le sommeil et l'activité physique afin de prodiguer des conseils aux salariés permettant d'améliorer leur productivité — dérive évidemment inacceptable en raison de son caractère intrusif.

L'IA intervient à trois niveaux : l'interaction entre l'homme et la machine ; l'augmentation des capacités de l'humain avec la mise à disposition d'assistants informatiques ; le déploiement de procédés intelligents avec actionnabilité[29]. Amélioration de l'expérience client, optimisation des processus et de la performance opérationnelle, renforcement ou diversification du business model, l'IA peut bien sûr apporter beaucoup à la plupart des sociétés, quels que soient leurs secteurs économiques. Mais elles peuvent aussi les amener à opérer des choix biaisés et discriminatoires ne profitant à personne, ce qui doit amener à recourir à ces outils avec parcimonie, non frénétiquement et sans recul. Or on voit apparaître des « *connected factories* » ou « *smart factories* » (usines connectées et intelligentes), dans lesquelles on recourt abondamment au « *data-driven manufacturing* », c'est-à-dire un environnement industriel dans lequel l'administration des ressources humaines et matérielle est abandonné au travail des algorithmes, où la donnée devient la ressource essentielle afin d'atteindre la plus haute optimisation tout en conservant une grande flexibilité. L'IA est au cœur du mouvement d'automatisation de l'entreprise, ce qui n'est guère surprenant tant il s'agit d'un espace social ultra-normé et en recherche permanente d'efficacité, qui veut à tout prix diminuer le champ de l'incertitude, du doute et de l'insécurité[30]. C'est pourquoi, plus que partout

---

[28] L. Malfettes, « Gestion du personnel par algorithmes et droits du salarié », *Droit social* 2019, p. 591.

[29] S. Roder, *Guide pratique de l'intelligence artificielle dans l'entreprise,* Eyrolles, 2019, p. 54.

[30] P. Adam, « Droit (du travail) et intelligence artificielle », *Lexbase Hebdo édition sociale* 14 nov. 2019, n° 802.

ailleurs, le monde professionnel est régi par des lois, des règles, des normes, des certifications. Et c'est pourquoi il est tentant, plus que partout ailleurs, de recourir à des systèmes informatiques qui permettent de dépasser les imperfections et les tâtonnements des interventions humaines. En contrepartie, on assiste à un formatage du monde de l'entreprise et spécialement des recrutements. Plus généralement, l'IA est une mode qui, comme toute mode, présente le danger d'amener à accepter sans les trier ses aspects positifs et ses aspects négatifs, ses bénéfices et ses désavantages. Ici, le risque est d'en venir à terme à adosser toute action humaine à un système automatisé, risque d'autant plus fort dès lors que ce système est biaisé et produit des résultats discriminatoires. Car la puissance de la technologie fait que, même lorsqu'en dernier lieu c'est toujours l'humain qui décide formellement, matériellement en revanche il abandonne son pouvoir et sa capacité à l'outil. Ici encore, l'IA génère des prophéties auto-réalisatrices.

En matière de recrutement, tout spécialement, des IA « prédictives » s'efforcent d' « identifier les bons profils », ceux des personnes susceptibles d'être les plus performantes et de s'intégrer le mieux. Par exemple, une société d'assurances est parvenue à varier ses recrutements lorsqu'elle s'est rendue compte, en comparant les performances et parcours de ses commerciaux, que « les anciens vendeurs de cuisine étaient les meilleurs vendeurs de produits d'assurance ». L'entreprise a alors pu programmer son algorithme pour qu'il valorise le critère « ancien vendeur de cuisine ». D'autres instruments informatiques d'aide au recrutement vont jusqu'à évaluer l' « affinité professionnelle » d'un candidat avec son futur manager. Ce genre d'IA intègre de plus en plus de domaines : formation, évaluation, mobilité interne, absentéisme, accidents ou bien-être des collaborateurs. L'analyse des « compétences » pour dénicher en interne les personnes les plus qualifiées se développe aussi. Progressivement, les algorithmes remplacent les responsables des ressources humaines. Ils facilitent l'atteinte des objectifs de recrutement et de gestion des ressources humaines, notamment en termes de rapidité dans la mobilité et le recrutement. C'est notamment le coût de la « mauvaise embauche » qui pourrait être évité, voire la réduction à une échelle plus large du chômage.

Smartrecruiters, par exemple, est une société de logiciels de recrutement. Son directeur explique que les entreprises reçoivent aujourd'hui cinq fois plus de candidatures que par le passé, si bien que le tri à l'aide d'une IA serait devenu indispensable[31]. Smartrecruiters propose à la fois un chatbot baptisé SmartPal et un outil d'analyse de CV qui permet de repérer les candidats « adaptés à un poste ». « Les gens disent “c'est affreux, c'est une machine qui a lu mon CV”, mais cette machine a accès à beaucoup plus d'informations que le recruteur et ne fait pas de discrimination, ne s'arrêtant pas par exemple sur la consonance d'un nom », explique encore le directeur de la société, estimant que « la peur des algorithmes ne se justifie pas tant qu'on s'en tient aux compétences »[32]. Certaines entreprises possèderaient des données sur plusieurs millions de demandeurs d'emplois et d'employés, une source d'information privilégiée pour les aider dans la recherche du candidat idéal, en s'appuyant sur des logiciels censés permettre de mesurer l'affinité professionnelle d'un candidat avec son futur manager et réduire ainsi le turn over. Le cabinet Tractica prédit une augmentation moyenne annuelle de 50 % jusqu'en 2025 de l'utilisation de l'IA en entreprise. En matière de gestion des recrutements en particulier, les algorithmes de « *matching* » ont de plus en plus de succès, promettant d'analyser les très nombreux CV des très nombreux candidats avec rapidité et objectivité[33]. Par exemple, ZipRecruiter, une start-up de Los Angeles, sert d'intermédiaire entre l'offre et la demande d'emplois. Elle permet notamment, plutôt que de postuler à un poste particulier dans un secteur précis, d'uniquement se déclarer disponible. Ensuite, en fonction des données dont elle dispose, l'IA de ZipRecruiter cerne les compétences du candidat et lui trouve le poste le mieux adapté en fonction de sa nature profonde et de la situation du marché du travail. L'intelligence artificielle est ainsi bel et bien en passe de tout décider à la place de l'humain, y compris s'agissant des choix de vie les plus fondamentaux[34].

Le recrutement avec assistance d'un algorithme tend même à devenir la norme tant cela facilite la procédure — du point de vue de l'entreprise. EasyRecrue propose ainsi d'effectuer l'essentiel du travail de tri entre les candidats pour les entreprises qui recourent à ses services grâce à des

---

[31] AFP, « CV : L'intelligence artificielle “trois fois plus” utilisée dans les recrutements », lesechos.fr, 16 nov. 2020.
[32] *Ibid.*
[33] C. Schmitt, « L'IA appliquée au processus de recrutement : comment la rendre plus juste et inclusive ? », generation-nt.com, 23 mai 2020.
[34] Y. Harari, *Homo Deus – Une brève histoire de l'avenir*, Albin Michel, 2017.

« entretiens en vidéo différés », donc à l'aide d'agents conversationnels. Lorsqu'une société recourt à ses services, les postulants à un postes sont renvoyés vers un site web qui annonce : « À vous de jouer ! Vous allez répondre à 5 questions vidéo, puis à un questionnaire écrit ». « Votre entretien durera 7 minutes », est-il précisé. L'entretien d'embauche humain, avec son futur employeur, laisse donc la place à un tête à tête fort déstabilisant avec son écran d'ordinateur ou son smartphone. Le candidat a droit à 45 secondes de préparation pour lire la question et une minute pour y répondre, à la seconde près. Il n'est pas possible de recommencer ou d'effectuer une pause. Les questions sont classiques : il faut se présenter, expliquer pourquoi on postule à ce poste et dans cette entreprise etc. On peut douter de la qualité des recrutements passant par de tels procédés déshumanisants. À moins qu'il s'agisse de recruter des hommes ou femmes cyborgs, les plus froids des monstres froids, qui parlent aux hommes comme aux ordinateurs. Ensuite, l'IA est utilisée pour analyser et noter les performances des candidats, sans qu'aucun humain n'ait vu les vidéos.

En France, 70 % des entreprises du CAC 40 feraient confiance aux « entretiens en vidéo différés » ou à d'autres formes de recrutement assisté par IA[35]. Le candidat répond seul à des questions générées automatiquement, puis l'intelligence artificielle analyse ses réponses et présente les résultats sous forme de listes aux personnels des ressources humaines. Si c'est à eux que reviendra le choix final, leur travail est déjà prémâché : les candidats ayant reçu la meilleure note, selon l'algorithme, sont tout en haut. Les gains de temps sont évidemment fort importants. Les IA peuvent analyser plus de 15 000 caractéristiques concernant le choix du langage, l'étendue du vocabulaire, les mouvements oculaires, la vitesse de diction, le niveau de stress et les émotions dans la voix, la capacité à conserver des informations, mais aussi le fait de ne pas trop sourire (on peut voir sa note baisser si on a l'air trop amical). Les entretiens vidéo servent donc à analyser, au-delà de la teneur des conversations, les mouvements de la tête des postulants, ceux de leurs yeux, les expressions faciales, afin d'établir le niveau d'intérêt et d'enthousiasme d'un candidat et de mieux cerner sa personnalité. L'enjeu consiste moins à examiner les CV qu'à procéder à des tests de personnalité,

---

[35] A. Gayte, « Niveau de stress, vocabulaire : votre entretien d'embauche sera peut-être jugé par une IA », numerama.com, 7 mai 2020.

de motivation et de mesure du degré d'intelligence émotionnelle. On mesure les « *soft skills* », c'est-à-dire les caractéristiques personnelles, afin de prévoir les capacités de chacun à évoluer au sein d'un environnement spécifique. Les deux entreprises leaders du marché, l'Américaine HireVue et la Française EasyRecrue, profitent de l'absence d'encadrement réglementaire de l'utilisation de l'IA dans les processus de recrutement pour prospérer. Cela d'autant plus que la crise liée au nouveau coronavirus et les confinements ont fait doubler la demande d'entretiens vidéo différés[36]. Alors qu'aux États-Unis les recrutements 100 % digitaux sont déjà habituels — près de huit CV sur dix y sont écartés automatiquement sans être vus par un humain, notamment pour les emplois peu qualifiés[37] —, vont-ils se généraliser en Europe ?

De tels procédés posent beaucoup d'interrogations, en termes de vie privée, de protection des données et surtout d'égalité entre les candidats. Les risques de biais amenant à recruter avec l'IA des candidats différents de ceux qui auraient été recrutés avec l'humain sont grands. Entretiens vidéo différés, « *matching* » entre offre et demande, tri des CV, l'IA influence de façon décisive une proportion croissante de recrutements. LinkedIn, en tirant les conséquences, a d'ailleurs annoncé en 2020 proposer des outils d'entraînement à l'entretien automatisé permettant d'obtenir des conseils et d'identifier les faiblesses — qui ne sont pas du tout les mêmes dans une conversation avec un humain et dans une conversation avec un robot. Pour trouver un travail, il faut s' « artificialiser » pour plaire à l'IA. Une journaliste raconte son expérience : elle a testé la plateforme d'EasyRecrue en candidatant à un emploi dans une grande société qui recourt à ce service. Elle raconte : « L'expérience était pour le moins étrange : une montée de stress pendant les 45 secondes de préparation, puis un irrépressible sentiment de ridicule, le tout avec une voix mal assurée et le regard fuyant. Après quelques jours, l'entreprise nous a finalement indiqué que notre profil ne correspondait pas au poste »[38]. EasyRecrue réalise une centaine d'entretiens de ce type par jour[39].

---

[36] *Ibid.*

[37] C. O'Neil, *Algorithmes : la bombe à retardement*, Les Arènes, 2018, p. 175.

[38] A. Gayte, « Niveau de stress, vocabulaire : votre entretien d'embauche sera peut-être jugé par une IA », numerama.com, 7 mai 2020.

[39] *Ibid.*

80. L'abandon de la capacité de décision. L'examen de dossiers par des personnes humaines, long et fastidieux, soumis à toute l'épaisseur de leur subjectivité, laisse la place à des jugements algorithmiques réputés neutres, objectifs et efficaces. Conformément à la novlangue numérique, l'objectif des entretiens automatisés est de proposer aux candidats des « évaluations augmentées » et d'améliorer l' « expérience candidat ». Il est pourtant très incertain que ces procédés grandissent les individus qui s'y trouvent confrontés. Être déstabilisé par un entretien avec un robot ne veut pas nécessairement dire qu'on était un mauvais candidat pour le poste en question. Avec les technologies d'aide au recrutement, on tend à délaisser les qualités humaines des personnes qui autrefois faisaient la différence entre les candidats, lorsqu'on recrutait un « futur collègue ». Aujourd'hui, on recrute des clones et l'IA peut donner la priorité à la jeunesse, à la discipline, à la réactivité, à l'adaptabilité, au tempérament conciliant, aux corps dociles et dénués de toute aspérité. Si pour l'heure de telles méthodes sont en théorie censées ne constituer que des outils complémentaires, la tendance est bien à l'imposition de procédés rigides s'appuyant sur un registre uniformisé d'exigences, au détriment des qualités humaines pourtant essentielles dans le monde professionnel. L'instinct, l'intuition et l'expérience sont désormais conçus telles des vieilleries provenant d'un temps lors duquel les failles et imprécisions des décisions humaines causaient des pertes pouvant engendrer jusqu'à la faillite de l'entreprise.

Jusqu'à la dignité de l'employeur lui-même est remise en cause dès lors que sa capacité à prendre des décisions, à exercer des responsabilités, à élaborer une stratégie pour l'entreprise se trouve grandement diminuée. Sans doute la gestion algorithmique du personnel renforce-t-elle, pour une part, le pouvoir des directeurs en leur fournissant des informations décisives, mais, en même temps, ces directeurs sont souvent tentés de suivre les indications données par les IA sans poser sur elles un regard critique ni leur opposer une quelconque contradiction. Le pouvoir passe ainsi matériellement des mains humaines aux mains informatiques. À défaut de pouvoir exercer un contrôle sur l'IA, et alors que celle-ci est réputée infaillible, on s'en remet bien volontiers à elle. Il n'est alors pas abusif de dire que « c'est l'IA qui décide ». Une puissance n'est jamais aussi efficace que lorsqu'elle reste discrète, qu'elle jouit de la légitimité de la scientificité et profite d'une présomption de neutralité. Pourtant, cette scientificité et cette neutralité sont bien relatives.

Alors qu'on attribue aux décisions des IA de très bonnes raisons d'échapper à toute discussion ou toute contestation, ces raisons existent pourtant[40].

81. Notation et comparaison permanentes. Les personnes sont mises constamment en parallèle. De la vie personnelle, sur les réseaux sociaux, à la vie professionnelle, elles n'ont de cesse de se comparer ou d'être comparées. Tout, même l'amitié et l'amour, devient affaire de performance, de notation, de classement. Contre la singularité irréductible des êtres, les groupes affinitaires et les rapports humains s'ordonnent autour de standards auxquels il faut répondre, sous peine de se voir mal noté par les ordinateurs. L'originalité et la créativité paient de moins en moins. Insidieusement, on est tenté d'intérioriser ces changements dans la civilisation. On comprend qu'on est, à tout moment de la vie, affecté d'une forme de score et, consciemment ou inconsciemment, on œuvre à l'améliorer et à le capitaliser. Cette tendance à tout noter et tout comparer est une violence symbolique : au-delà de l'égalité entre les êtres, la liberté, la dignité, l'estime de soi et l'intimité sont gravement malmenées. Désormais, l'humain se sent utile et à sa place au moment où il est choisi après avoir été comparé et il se sent vivre à l'instant où lui-même compare puis choisit, le tout au sein d'une civilisation réduisant chacun à une unité indifférenciée, sur le modèle de l'argent qui, selon Georg Simmel, est caractérisée par le fait qu'elle rabat toute chose au principe d'une stricte équivalence avec toute autre[41]. Cela serait une autre conséquence de l'imposition de l'idéologie techno-libérale, avec laquelle les droits de l'homme numérique peinent souvent à cohabiter.

On entre ainsi dans l'ère d'une société informatisée au sein de laquelle la totalité des membres sont en permanence scrutés et notés, chacun travaillant sans relâche à faire bonne figure pour améliorer sa place dans l'impitoyable étalonnage universel. Cela modifie considérablement le rapport aux autres et le rapport au réel. À la façon d'un crédit social chinois plus doux, qui ne dit pas son nom, il s'agit d'éliminer les comportements marginaux, déviants et originaux et de gratifier ceux qui sont les plus méritants en ce qu'ils suivent rigoureusement les modèles et les normes. Les risques et les situations

---

[40] P.-Y. Verkindt, « Intelligence artificielle, travail et droit du travail », in A. Bensamoun, G. Loiseau, dir., *Droit de l'intelligence artificielle*, LGDJ, 2019, p. 307.

[41] G. Simmel, *Philosophie de l'argent* (1900), Puf, 2007.

sous-optimales sont ainsi réduits à la portion congrue. Cette ingénierie sociale, comme dans le modèle chinois, vise à assurer l'utilité maximale de chaque geste et de chaque événement.

Il a été montré combien les décisions humaines et les actes qui y font suite dépendent de nombreux biais ou « illusions cognitives »[42]. Les nombreux jugements, souvent inconscients, qui orientent les comportements tout au long d'une journée sont tout sauf rationnel. Effet de halo, heuristique de l'affect, impression de causalité, biais de confirmation, illusion de validité, pensée associative, sophisme de la planification, aversion à la dépossession, régression vers la moyenne, effets d'ancrage, tout cela influence les comportements qui sont loin d'obéir à des règles logiques, mathématiques et statistiques. Ils procèdent de réflexes neuronaux, d'illusions d'optique mentales qui conduisent à des conclusions erronées ou à des actions sans explication. Mais, dans le monde des IA, tout cela tend à s'épuiser au profit du téléguidage algorithmique. Et, lorsque les biais ou illusions cognitives trouvent encore une place, ils tendent à s'appuyer sur les notations et comparaisons plus ou moins formalisées des outils numériques.

On est toujours influencé par trop de critères à prendre en compte et d'opinions subjectives à considérer. Les règles simples et les check-list ont, au contraire, des vertus éprouvées, comme le savent bien les aviateurs ou les alpinistes. À chaque fois qu'une décision immédiate ou rapide est nécessaire, mieux vaut pouvoir se reporter à un manuel clair et précis que de devoir se fier à son intuition. C'est pourquoi ces nouveaux modèles qui guident nos vies ont tant de succès et sont très largement tolérés et même acceptés. Leur utilité et l'efficacité de leurs résultats concrets l'emportent sur toutes les critiques qu'on peut être tenté de leur adresser. Pourtant, en acquérant des automatismes, on devient un automate. Collectivement, on se transforme en bataillons de pions interchangeables. Peut-on, dès lors, à bon escient délaisser notre préférence naturelle pour le jugement humain, celui du docteur ou de l'avocat, et faire aveuglément confiance à des machines supposément objectives, pertinentes et vierges de tout biais ?

82. Des IA racistes, misogynes, a-morales ? Les IA sont étrangères à la morale, parce qu'elles sont « bêtes », ce qui se traduit notamment dans l'exemple frappant de la reproduction des stéréotypes et les discriminations

[42] D. Kahneman, *Thinking, Fast and Slow*, Farrar, Strauss and Giroux, 2011.

liés au genre. Les assistants vocaux et interactifs, comme l'assistant Siri d'Apple ou Alexa d'Amazon, sont souvent non incarnés (dénoués de corps virtuel ou physique). On leur attribue des voix de jeunes femmes parce qu'elles seraient plus agréables et donc « vendeuses » que les voix de femmes plus âgées ou d'hommes. Les voix de femmes sont perçues comme plus aidantes et coopératives que les voix d'hommes, plus autoritaires[43]. Il semble aussi que les voix de femmes soient perçues comme moins intelligentes et amènent à plus de tolérance en cas d'erreur de la part de la reconnaissance vocale[44]. Ainsi, ces assistantes vocales reflètent, renforcent et perpétuent les stéréotypes sociétaux, retranscrits dans des produits issus des nouvelles technologies[45]. On trouve dans ces outils des « biais inconscients », les mêmes qui imprègnent la pensée de leurs créateurs[46]. Plus notre environnement technologique imposera subrepricement l'idée de l'association nécessaire entre femme et assistante, plus les femmes, dans le monde réel, seront obligées de jouer ce rôle et trouveront cela « normal ». Les biais des systèmes interactifs risquent donc de préserver et plus encore de renforcer les stéréotypes discriminants.

On a mis en évidence l'endogamie sociale, raciale et de genre qui caractérise les milieux où se recrutent ceux qui entraînent aujourd'hui l'intelligence artificielle[47]. Il n'est dès lors guère surprenant que des IA puissent s'avérer racistes ou misogynes. Sur ce dernier point, près de 88 % des chercheurs en IA sont des hommes, tandis que plus de 80 % des objets (*chatbots*, robots) qui en sont les applications concrètes ont des noms féminins (comme Alexa, Sofia, Samantha etc.), des voix et corps de jeunes femmes et des rôles de

---

[43] C. Nass, S. Brave, *Wired for Speech – How Voice Activates and Advances the Human-Computer Relationship*, MIT Press, 2005

[44] C. Nass, C. Yen, *The Man who Lied to his Laptop – What Machines Teach us about Human Relationships*, Current, 2010.

[45] M. Ochs, « Une intelligence artificielle anthropocentrée », in B. Barraud, dir., *L'intelligence artificielle – Dans toutes ses dimensions*, L'Harmattan, coll. Europe & Asie, 2020, p. 196.

[46] C. Lai, B. Mahzarin, « The Psychology of Implicit Bias and the Prospect of Change », Harvard University, 2018.

[47] K. Crawford, « Artificial Intelligence's White Guy Problem », *The New York Times*, 25 juin 2016.

subalternes (assistantes, infirmières)[48]. En outre, l'utilisateur peut les éteindre facilement et à tout moment. On ressent ainsi, au cœur du monde des IA, une certaine domination masculine qui impacte jusqu'au fonctionnement de ces nouveaux outils. Les assistantes vocales sont un miroir assez exact du milieu[49]. Or pareille représentation des femmes à travers les objets peut renforcer les stéréotypes de genre dans le monde physique. Les développeurs sont très majoritairement des hommes, ils ne sont donc pas représentatifs de l'ensemble de la population et sont porteurs de biais conscients ou inconscients qui se retrouvent ensuite dans leurs lignes de code et leurs programmes[50].

Un autre élément significatif est le comportement dialogique des assistantes virtuelles personnelles face au harcèlement sexuel des utilisateurs, représentant plus de 5 % des interactions[51]. La plupart d'entre elles répondent de manière évasive ou positive, montrant une grande tolérance à ce genre de comportement. Pour les auteurs du rapport de l'Unesco visant à promouvoir la parité dans le numérique, les comportements de ces assistantes virtuelles renforcent les stéréotypes d'assistantes serviles et l'idée selon laquelle ces réponses ambiguës, voire positives, seraient appropriées aux harcèlements sexuels[52]. Cela pose d'autant plus question que les assistantes virtuelles, surtout lorsqu'elles sont incarnée et donc dotées d'une apparence physique, s'avèrent confondantes de réalité, donnant l'impression à leurs interlocuteurs d'échanger avec des personnes humaines simples et dociles, prêtes à répondre à toutes leurs demandes. Il a été montré que la représentation sexualisée des systèmes interactifs provoque des conduites sexistes qui continuent dans le monde réel. Ce serait jusqu'au mythe de l'acceptation du viol (les femmes, inconsciemment, auraient le désir de se faire violer) que de

---

[48] C. Schmitt, « L'IA appliquée au processus de recrutement : comment la rendre plus juste et inclusive ? », generation-nt.com, 23 mai 2020.
[49] M. West, R. Kraut, H. Ei Chew, « I'd Blush if I Could: Closing Gender Divides in Digital Skills Through Education », 2019.
[50] J. Charpenet, C. Lequesne Roth, « Discrimination et biais genrés », *D.* 2019, p. 1852.
[51] M. J. Coren, « Virtual Assistants Spend Much of their Time Fending off Sexual Harassment », *Quartz* oct. 2016.
[52] M. West, R. Kraut, H. Ei Chew, « I'd Blush if I Could: Closing Gender Divides in Digital Skills through Education », UNESCO, 2019.

tels chatbots tendraient à conforter en ayant tendance à adopter un comportement de soumission[53]. OK Google, quant à elle, répond dorénavant systématiquement « désolée, je n'ai pas compris » lorsqu'une requête comporte un mot à connotation sexuelle ou vulgaire, ce qui est sans doute la meilleure voie à suivre pour les concepteurs de tels instruments informatiques. Elle répond aussi, en cas d'injure, « je n'aime pas tellement les gros mots, je préfère les grands mots comme "anticonstitutionnellement" ». De la sorte, les harcèlements sexuels des utilisateurs sont très vite éteints. On peut aussi ajouter aux systèmes, par défaut ou en option, des voix masculines, proposer des voix non-genrées ou encore remplacer l'apparence humaine par une apparence animale (un petit écureuil ou une petite souris qui répond à vos questions).

En outre, beaucoup d'algorithmes fonctionnent à partir de bases de données qui contiennent des biais liés au genre. Entraînés sur ces données, les algorithmes répliquent les stéréotypes qu'elles contiennent[54]. Les exemples concernant la sous ou sur-représentation d'un groupe dans une base de données sont pléthores, témoignant bien souvent d'une réalité discriminatoire, présente ou passée, au détriment des femmes. C'est ce que certains chercheurs appellent un « biais d'endogénéité »[55]. Par exemple, un algorithme d'Amazon, utilisé à partir de 2014 dans le cadre des recrutements et permettant d'attribuer une note automatiquement entre 0 et 5 aux CV des candidats, discriminait les CV contenant le nom « femme » ou l'adjectif « féminin », à tel point qu'aucune femme n'a été sélectionnée. Cela s'expliquait par le fait qu'il a été entraîné sur des données de candidats principalement masculins, il reposait sur l'historique de l'employeur, lequel avait semble-t-il une préférence pour les profils masculins[56]. Les données communiquées à l'algorithme pour des postes techniques ou de

---

[53] M. Ochs, « Une intelligence artificielle anthropocentrée », in B. Barraud, dir., *L'intelligence artificielle – Dans toutes ses dimensions*, L'Harmattan, coll. Europe & Asie, 2020, p. 196.

[54] A. Bernheim, F. Vincent, *L'Intelligence artificielle, pas sans elles !*, Belin, coll. Égale à égal, 2019.

[55] P. Bertail, D. Bounie, S. Clémençon, P. Waelbroeck, « Algorithmes : biais, discrimination et équité », Télécom ParisTech, févr. 2019.

[56] J. Dastin, « Amazon Scraps Secret AI Recruiting Tool that Showed Bias Against Women », Reuters, 9 oct. 2018.

développement provenaient de CV d'hommes principalement puisque les postes en question avaient jusque là été occupés essentiellement par des individus masculins. L'algorithme en a conclu que le fait d'être un homme était un critère important. L'affaire étant d'autant plus préoccupante que le programme conduisait au renforcement itératif des biais, que l'alimentation du jeu de données produisait par boucles de rétroaction[57]. Cette IA de recrutement sexiste a d'ailleurs été abandonnée trois ans plus tard. « C'est par le travail que la femme a en grande partie franchi la distance qui la séparait du mâle ; c'est le travail qui peut seul lui garantir une liberté concrète », écrivait Simone de Beauvoir[58]. Mais, pour que l'émancipation féminine puisse se réaliser concrètement, encore faut-il que l'organisation du travail garantisse l'égalité entre les femmes et les hommes. Comme dans cet exemple, il existe souvent un écart entre ce qui est souhaité, ce qui est programmé dans l'esprit des programmeurs et le contenu des résultats obtenus.

Autre exemple similaire, en 2015, des chercheurs de l'Université Carnegie Mellon et de l'International Computer Science Institute ont montré comment Adsense, la plateforme publicitaire de Google, était biaisée par des préjugés défavorables aux femmes. Grâce à un logiciel baptisé Adfisher, ils ont créé 17 000 profils dont ils ont ensuite simulé la navigation sur le web afin de mener une série d'expériences. Ils ont pu en conclure que les femmes se voyaient proposer des offres d'emploi moins bien rémunérées que celles adressées aux hommes, à niveaux équivalents de qualification et d'expérience. Or cela n'est pas anecdotique car la publicité en ligne ciblée de Google est tellement omniprésente qu'elle influence réellement les décisions des individus. Dans ce cas, l'algorithme a peut-être été influencé par le fait que les hommes auraient pu avoir davantage tendance en moyenne à cliquer sur les publicités annonçant les emplois les mieux rémunérés, tandis que les femmes auraient eu tendance à s'autocensurer, selon des mécanismes bien connus des sciences sociales[59]. Comme souvent, le biais de l'IA n'est que le

---

[57] M. Oppenheim, « Amazon scraps “sexist AIi'recruitment tool” », *Independant* 11 oct. 2018.

[58] S. De Beauvoir, *Le deuxième sexe*, Gallimard, 1949.

[59] CNIL, *Comment permettre à l'homme de garder la main ? Les enjeux éthiques des algorithmes et de l'intelligence artificielle*, synthèse du débat public animé par la

reflet d'un biais préexistant. Évidemment dans le monde du business, on attend d'un outil de recrutement censé remplacer l'humain qu'il soit le plus discriminant possible, pour identifier le meilleur rapport compétence/coût. Mais tel n'est pas le cas lorsque l'IA se base sur des critères illégitimes et non justifiés.

Les IA de traduction donnent aux mots anglais non genrés « *doctor* » et « *nurse* » des équivalents français genrés : « un » docteur et « une » infirmière. Quant aux algorithmes d'analyse automatique des textes du site d'actualités de Google, on a constaté qu'ils retiennent un modèle sexiste concernant les carrières des individus, associant les hommes à des métiers de programmeurs et les femmes à des activités de femmes au foyer[60]. Et le module de reconnaissance vocale de Google, entraîné sur des voix masculines bien plus que sur des voix féminines, s'avère beaucoup plus performant pour reconnaître une voix d'homme que pour reconnaître une voix de femme[61]. Il a aussi été montré que les outils de reconnaissance vocale présentent des taux d'erreur bien plus élevés lorsque les paroles sont prononcées par des afro-américains[62]. Les imperfections des bases de données ne sont pas toujours dues à la « photographie » spatio-temporelle d'une société déjà inéquitable. Il arrive que cela résulte d'interventions humaines ayant agrégé de façon discriminante des données. Il s'agit alors d'un biais de sélection. Le taux d'erreur de certains logiciels de reconnaissance faciale en témoigne : il s'élèverait à 35 % pour les femmes de peau noire en moyenne, contre seulement 0,8 % pour les hommes à la peau claire[63]. Ces disparités sont liées aux bases de données utilisées, dans lesquelles on fait figurer moins de femmes que d'hommes et beaucoup moins

---

CNIL dans le cadre de la mission de réflexion éthique confiée par la loi pour une République numérique, déc. 2017, p. 32.

[60] T. Bolukbasi, K. W. Chang, J. Zou, V. Saligrama, A. Kalai, « Man is to Computer Programmer as Woman is to Homemaker? », in *Proceedings of the 30th International Conference on Neural Information Processing Systems*, 2018, p. 4356.

[61] R. Tatman, « Google's Speech Recognition Has a Gender Bias », *Making Noise and Hearing Things* 12 juill. 2016.

[62] J.-Y. Alric, « Ces chercheurs ont listé leurs solutions pour rendre l'IA plus éthique », presse-citron.net, 25 avr. 2020.

[63] J. Buolamwini, T. Gebru, « Gender Shades : Intersectional Accuracy Disparities in Commercial Gender Classification », in *Proceedings of Machine Learning Research* 2018, n° 81, p. 1 s.

de personnes noires que de personnes blanches. D'autres exemples existent d'ailleurs de biais racistes de logiciels de reconnaissance d'image au détriment de personnes de type « asiatique ». En 2015, par exemple, un logiciel de reconnaissance faciale de Google a créé une grande polémique : un couple d'Afro-Américains s'est aperçu qu'une de ses photos avait été étiquetée sous le tag « gorille ». Cela s'explique par le fait que les données avec lesquelles l'algorithme a été entraîné pour reconnaître des personnes comprenaient trop peu de personnes noires, tandis que l'IA était déjà entraînée à reconnaître les singes. Elle a ainsi rapproché ces personnes de la catégorie « gorille » plutôt que de la catégorie « homme », considérant qu'il y avait plus de similitudes entre une personne noire et un singe qu'entre une personne noire et un humain. Dans un tel cas, le biais de sélection peut d'ailleurs parfaitement résulter d'un acte de malveillance de la part de salariés racistes chez Google ou chez l'un de ses sous-traitants de données. Tel a été le cas s'agissant du robot conversationnel Tay développé par Microsoft, qui s'est mis à proférer sur Twitter des propos racistes et sexistes après quelques heures de fonctionnement et d'entraînement au contact des internautes. L'IA est à l'image de l'homme, finalement. Il lui est difficile de ne pas connaître les mêmes travers que lui, même si elle peut en corriger certains.

Autre exemple, Latanya Sweeney, une chercheuse en informatique afro-américaine, a observé que, lorsqu'elle entrait son nom dans le moteur de recherche de Google, celui-ci lui proposait d'affiner sa requête en retenant « Latanya Sweeney arrested ». Il s'agissait en réalité d'une publicité (une « annonce ») pour un service de consultation en ligne qui permet de savoir si les personnes ont un casier judiciaire. Les noms de ses collègues blancs, en revanche, ne suscitaient pas ce genre de résultats, mais plutôt des propositions commerciales de robes de mariée ou de retrouvailles avec les amis d'enfance. Latanya Sweeney a montré que l'algorithme, sans être animé par aucune mauvaise intention, c'est-à-dire totalement involontairement de la part de ses développeurs, produisait des effets discriminatoires[64]. Il n'a pas du tout été programmé pour détecter et distinguer les personnes noires et les personnes blanches, mais il reproduit « bêtement » une régularité statistique selon laquelle les noms et prénoms des personnes noires sont statistiquement

[64] L. Sweeney, « Google Ads, Black Names and White Names, Racial Discrimination, and Click Advertising », *ACM Queue* 2013, n° 3.

plus souvent liés à des clics vers des recherches de casier judiciaire. Livré à lui-même, le calculateur s'approprie les comportements des internautes et en vient à accentuer « innocemment » la structure sociale, les inégalités et les discriminations.

Parfois, c'est volontairement que les IA traitent inégalement les individus. On sait ainsi que des techniques de prix dynamiques sont déployées, notamment dans les secteurs des voyages, des transports et de l'hébergement, afin de proposer des prix plus élevés aux clients les plus fidèles, qui n'iraient de toute manière pas voir ce que propose la concurrence, et aux clients sans alternative ou pressés, qui eux-aussi sont prêts à accepter des offres à des prix élevés[65]. Pour diverses raisons, les IA ont donc tendance à malmener l'égalité entre les hommes — et notamment entre les hommes de sexe masculin et les hommes de sexe féminin.

La question de la pertinence des données utilisées par une IA afin de produire des résultats se rapporte moins à leur véracité, même si elles peuvent bien entendu être falsifiées et manipulées, qu'aux biais qu'elles peuvent refléter et qui devraient, logiquement, interdire leur exploitation à des fins de décision. En ce sens, il peut être exact que très peu de femmes ont mené des carrières de haut niveau dans les grandes entreprises. Mais utiliser cette statistique afin d'en déduire une capacité des femmes à gérer ces entreprises et à prendre les décisions importantes inférieure à celle des hommes, donc des limites à la possibilité pour des femmes d'effectuer de brillantes carrières, relève bien évidemment d'une approche biaisée. Or nombreux sont les jeux de données qui, comme ici, comprennent des formes d'inégalité ou de discrimination. Par exemple, un algorithme utilisé pour déterminer le prix d'un produit d'assurance à partir d'un grand nombre d'informations issues d'une base client faisait varier le prix en fonction du sexe du client. Dans un tel cas, on peut modifier le mode d'apprentissage de l'algorithme en éliminant la prise en compte de cette information. Mais cela peut conduire de manière implicite à un biais équivalent, en fonction par exemple des achats précédemment réalisés par les clientes, différents de ceux des clients. Cela indique en tout cas que les motifs ou critères à partir

[65] D. Cardon, *À quoi rêvent les algorithmes ? Nos vies à l'heure des big data*, Le Seuil, coll. La République des idées, 2015, p. 86.

desquels une IA travaille doivent être connus, ainsi que leur impact sur les décisions finales, afin de pouvoir jauger le caractère éthique du système.

Les voitures autonomes posent un « dilemme macabre » : est-il plus rationnel de sauver l'occupant de la voiture ou bien des tiers en cas d'accident inévitable[66] ? La machine pourrait ainsi être amenée à opérer des choix « moraux », privilégier telle ou telle catégorie d'individus[67]. Ces choix sont potentiellement discriminatoires, risquant, volontairement ou non, de reproduire des stéréotypes et préjugés humains. On a ainsi vu des robots « conversationnels » qui, par effet d'imitation des adolescents lorsqu'ils s'expriment sur les réseaux sociaux, en sont arrivés à délivrer des messages racistes, injurieux, misogynes voire négationnistes. D'autres ont appris à tricher lorsqu'ils jouent avec des humains[68]. N'étant pas dotées du sens commun, les IA ne comprennent ni les situations ni l'environnement dans lequel elles se déroulent. Cela provoque, par exemple, des erreurs de traduction cocasses (la phrase « mon avocat est immangeable » donne sur Google Traduction « *my lawyer is uneatable* »). Mais cela peut aussi provoquer des dérives nuisibles : après les attentats de Londres en juin 2017, l'algorithme de tarification dynamique d'Uber a ainsi doublé le tarif des courses dans la zone concernée pour répondre à l'afflux de demandes[69]. Corrélation ne signifiant pas forcément causalité, l'IA génère inévitablement une forme de bêtise artificielle. Si, lorsque l'on tape le nom de certaines personnalités dans Google, le moteur de recherche suggère d'y ajouter « juif » ou « escroc », c'est parce que beaucoup d'internautes l'ont déjà fait et que, sans sens commun, l'algorithme ne voit pas de raisons de ne pas reproduire ce comportement majoritaire. Les algorithmes appliquent les procédures machinalement, sans aucun sens moral. C'est pourquoi une tutelle humaine effective est nécessaire. Les décisions appuyées par des IA sont

---

[66] D. Larousserie, « Le dilemme macabre des voitures autonomes », *Le Monde* 23 juin 2016 ; J. Journaux, « Voiture autonome : "On ne doit jamais laisser l'algorithme décider en dernier ressort" », *Le Monde* 10 oct. 2018.

[67] E. Awad, S. Dsouza, R. Kim, J. Schulz, J. Henrich, A. Shariff, J.-F. Bonnefon, I. Rahwan, « The Moral Machine Experiment », *Nature* 2018.

[68] B. Solinski, « Intelligence artificielle : Tay, jeu d'humains, jeu de vilains » », *The Conversation* 10 avr. 2016.

[69] B. Georges, « Pourquoi l'intelligence artificielle peut présenter des risques », lesechos.fr, 19 févr. 2020.

possibles à condition qu'elles soient réellement prises par des hommes qui conservent sur ces technologies un regard critique et de la réserve. Cela est d'autant plus important que l'utilisation des IA risque de normaliser les profils à force, justement, de trop profiler les individus et parce que les outils qui utilisent le passé pour anticiper l'avenir ont montré leurs limites dans des environnements changeants.

Qu'une IA soit raciste est évidemment d'autant plus grave lorsque cela est volontaire ; et plus encore quand les pouvoirs publics en sont à l'initiative. Or cela existe, comme en a témoigné la révélation du fait que la Chine utilise un logiciel de reconnaissance facial, conçu par le géant de l'e-commerce chinois Alibaba, permettant d'identifier les personnes d'origine ouïghoure et, par suite, de leur réserver un traitement discriminatoire. Ces faits ont été mis au jour dans un article du 16 décembre 2020 publié par le *New York Times*. Alibaba a ensuite reconnu dans un communiqué de presse son implication, à travers sa filiale Alibaba Cloud, dans la réalisation, le développement et la production de ces moyens de surveillance envers la population ouïghoure[70]. Minorité musulmane vivant principalement dans le nord-ouest de la Chine, dans la province du Xinjiang, les Ouïghours sont victimes depuis des années de persécutions de la part du gouvernement chinois, qui cherche à tout pris à les surveiller en permanence. L'enquête du *New York Times* explique que les clients (notamment les services de police) des outils de reconnaissance faciale en cause recevaient des alertes à chaque fois qu'un visage jugé ouïghour était détecté. Précédemment, c'est le *Washington Post* qui avait révélé que le géant de la tech Huawei avait travaillé avec une entreprise spécialisée dans la vidéo surveillance, Megvi, pour mettre au point des « alertes Ouïghours »[71]. Cela montre que les puissances publiques ne sont pas nécessairement plus vertueuses que les puissances privées ; et aussi combien les grands groupes chinois sont obligés à collaborer avec le pouvoir central, recevant sans doute de fortes pressions alors qu'ils sont déjà structurellement très proches du pouvoir communiste.

---

[70] A. Gayte, « Alibaba reconnaît avoir développé un algorithme raciste pour surveiller les Ouïghours », numerama.com, 22 déc. 2020.
[71] *Ibid.*

III. Les secrets des boîtes noires, les biais des bases de données

83. L'obscurité des boîtes noires. L'intervention humaine joue un rôle dans le fonctionnement des algorithmes et des réseaux de neurones : ce sont des humains qui les paramètrent initialement, qui leur donnent leurs premières orientations, qui procèdent à des choix et des pondérations entre les critères et les bases de données à prendre en compte qui impactent leurs mécanismes et donc leurs résultats. Avec les algorithmes, les informaticiens peuvent d'ailleurs leur faire dire à peu près ce qu'ils souhaitent en les programmant habilement. Les biais peuvent se trouver dans les données, mais aussi dans la modélisation et la programmation, donc dans les règles mathématiques qui constituent le cœur d'un dispositif algorithmique et en vertu desquelles les opérations permettant le traitement des données se déroulent. Le choix des critères est susceptible d'être à la fois porteur et générateur de discriminations. D'ailleurs, de nombreux cas de discrimination par des algorithme ont été rapportés : biais de genre, mais aussi concernant diverses minorités dans le domaine de l'emploi, de la justice ou de la lutte contre la fraude[72]. Un modèle mathématique ne peut, par nature, être impartial : il est inéluctablement un assemblage d'« opinions » et poursuit les objectifs déterminés par son auteur[73]. Un modèle mathématique est forcément influencé par la vision du monde de ceux qui le conçoivent. Il est donc une construction psycho-sociale. Et une construction psycho-sociale est fatalement biaisée, plus ou moins, en fonction de l'influence de certaines valeurs et de certaines expériences passées. C'est pourquoi il paraît nécessaire de pouvoir contrôler le fonctionnement des IA, afin de s'assurer que ces biais ne dépassent pas des limites raisonnables.

En programmation classique, la création d'une IA suppose d'écrire à la main un modèle déductif, donc de lister des règles générales permettant d'inférer

---

[72] C. O'Neil, *Algorithmes : la bombe à retardement*, Les Arènes, 2018, p. 177.
[73] *Ibid.*, p. 83.

des conclusions à partir d'un cas particulier. De tels modèles sont par définition explicables puisque ces règles sont définies *a priori* par un programmeur. L'apprentissage automatique et l'apprentissage profond supposent davantage d'autonomisation et les réseaux de neurones sont moins maîtrisables. Ils ne s'appuient pas sur des règles établies par avance. Par exemple, s'agissant de la reconnaissance d'image, les données sont des images constituées de tableaux de pixels. Il est impossible de programmer manuellement un algorithme qui serait capable de classer les images avec un grand degré de précision à partir des valeurs pixel par pixel. Un réseau profond va apprendre automatiquement des centaines de milliers, voire des millions, de paramètres, rendant tout début d'explication du cheminement de l'outil informatique impossible. En l'état actuel de l'art, l'explicabilité des IA constitue donc un véritable défi scientifique en raison de la difficulté à concilier le besoin d'explication et le souci d'efficacité[74]. Si, pour identifier le contenu d'une image, l'importance de cette explicabilité paraît plutôt faible, tel est beaucoup moins le cas s'agissant, par exemple, de l'attribution d'un prêt.

On utilise désormais beaucoup ces techniques grâce auxquelles la machine écrit « elle-même » les instructions qu'elle exécute. L'homme décide de la finalité et, ensuite, l'outil informatique établit ses propres paramètres et ses propres règles. Cela pose le fameux problème dit des « boîtes noires », c'est-à-dire du fonctionnement opaque des IA, des difficultés et même de l'impossibilité de comprendre et d'expliquer pourquoi un système informatique produit certains résultats plutôt que d'autres. C'est un peu comme l'intelligence humaine : on ne peut pas couper la tête pour observer à l'intérieur du cerveau comment il fonctionne. D'un point de vue éthique, cela est évidemment problématique dès lors que ce système peut potentiellement reproduire ou renforcer des discriminations entre les êtres humains, portant atteinte au principe d'égalité. Peut-on accepter que des décisions individuelles soient prises à l'aune d'informations dont on ne peut pas retracer l'origine ? Comme l'a retenu la mission parlementaire de Cédric Villani, « à mesure de l'irruption de l'IA dans nos vies sociales et

---

[74] C. Villani, *Donner un sens à l'intelligence artificielle – Pour une stratégie nationale et européenne*, mission parlementaire, 2018, p. 141.

économiques, pouvoir "ouvrir les boîtes noires" tient de l'enjeu démocratique »[75].

Nous sommes dans l'ère de la post-programmation. La programmation consistait à écrire des lignes de code afin de faire exécuter par la machine des tâches définies et systématisées. À présent, le script a remplacé les instructions et les protocoles peuvent ensuite développer leurs propres grammaires et presque acquérir leurs propres personnalités. L'IA aboutit ainsi souvent à des résultats probants et spectaculaires, mais pour des raisons que les chercheurs peuvent peiner à expliquer. On peut observer les données d'entrée (*input*), les données de sortie (*output*), mais le mécanisme interne qui permet de passer des unes aux autres s'avère mystérieux. Le recours à l'apprentissage automatique est bienvenu dès lors qu'on ne peut formuler de règle précise décrivant le phénomène que l'on souhaite prédire ou représenter. Le procédé parvient lui-même à formuler, par induction, une représentation interne, un modèle. Le problème est que ce langage intérieur s'exprime dans un espace propre à la machine, qui n'a pas vocation à être humainement saisissable. Seuls les résultats, manifestations extérieures du modèle, sont accessibles. En revanche, sitôt qu'il y a un grand nombre de paramètres et de données, l'enchaînement déterministe conduisant au résultat échappe, lui, à toute traduction. Le modèle et les règles utilisés par la machine sont donc difficiles à comprendre, tout comme le lien entre les données d'entrée et le résultat. Les IA servent à identifier des corrélations entre des paramètres, mais pas à expliciter les éventuelles relations causales entre ces paramètres[76]. L'IA se présente telle une boîte noire parce qu'elle est construite afin de réaliser les prédictions les plus précises et justes et de pouvoir s'appliquer à de nouveaux cas, non afin d'élaborer des représentations interprétables humainement — bien que certaines techniques permettent justement de suivre le travail de l'algorithme, à l'instar des « arbres de décisions » qui mettent en lumière, dans une structure hiérarchique, les variables identifiées comme les plus importantes, ainsi que des méthodes de guidage de l'entraînement, d'analyse *a posteriori* ou de

---

[75] *Ibid.*, p. 21.

[76] J. Burrell, « How the Machine "Thinks": Understanding Opacity in Machine Learning Algorithms », *Big Data and Society* 2016, p. 1 s. ; G. Shmueli, « To Explain or to Predict? », *Statistical science* 2010, vol. 25, n° 3, p. 289 s.

« visualisation » des modèles[77]. L'entraînement, durant lequel l'IA construit son modèle à partir de données et l'affine, est un processus obscure. Or chacun pourrait avoir le droit de comprendre le fonctionnement de la prise de décision qui le concerne. C'est là une exigence essentielle dans un État de droit, y compris lorsque cette décision est prise par une personne privée. Mais la nature des procédés statistiques mis en œuvre et les difficultés d'interprétation *a posteriori* des modèles auto-générés rendent ce droit assez utopique en matière d'IA. Faudrait-il dès lors interdire ou du moins limiter fortement le recours à ces techniques dans un certain nombre de cas ?

Un algorithme peut générer des résultats empreints d'iniquité parce qu'il s'appuie sur des données empreintes d'iniquité. Le biais est plus souvent dans la base de données que dans l'algorithme. Dans tous les cas, son fonctionnement opaque risque d'empêcher de déceler cette iniquité et de prendre un traitement injuste pour un traitement juste car résultant du travail neutre et objectif de la technique. Il n'y a pas de complot à imaginer, simplement un fait technique structurel : l' « invisibilité du computationnel »[78]. Jamais autant qu'aujourd'hui beaucoup de rouages essentiels à la vie sociale et démocratique, mais aussi à la vie individuelle, ont été à ce point mis à l'écart de l'exigence de publicité. L'opacité n'est plus l'exclusivité des régimes autoritaires. Elle accompagne l'émancipation du technolibertarisme, qui profite de l'effet de sidération produit par la brillante technique. Celle-ci est actuellement dans une forme d' « auto accroissement »[79] qui lui fait prendre ses distances par rapport aux humains. Ce n'est pas qu'elle échappe à ses créateurs, mais elle devient chaque jour un peu plus étrangère au commun des mortels, qui dès lors s'y soumet sans autre forme de procès. Cas extrême : on a vu une IA inventer son propre langage lui permettant de s'exprimer sans qu'aucun être humain ne puisse la comprendre[80]. Des chercheurs entendent créer des IA capables de créer et d'encadrer d'autres IA, renforçant toujours plus la tendance à

---

[77] J.-M. Deltorn, « La protection des données personnelles face aux algorithmes prédictifs », *RDLF* 2017, chron. n° 12.

[78] É. Sadin, *La vie algorithmique – Critique de la raison numérique*, L'échappée, 2015.

[79] J. Ellul, *Le système technicien* (1977), Le Cherche Midi, 2012.

[80] E. Moreira, « L'intelligence artificielle invente un langage incompréhensible par l'homme », *Les Échos* 24 juin 2017.

l'affranchissement de la technique par rapport à l'homme[81]. Il pourrait ainsi se creuser à terme un gouffre irrémédiable entre les hommes et leurs outils, empêchant les premiers de pleinement profiter des seconds. La tendance est donc à des IA dont le fonctionnement échappe de façon croissante aux hommes, y compris aux chercheurs et informaticiens qui en sont à l'origine.

Face à cette tendance, quelques formes de régulation semblent indispensables afin d'éviter des dérives qui pourraient, notamment, consister en des discriminations involontaires mais réelles et cachées. La boîte noire est forcément dangereuse dès lors que l'IA prend des décisions ou aide à prendre des décisions qui orientent directement des vies humaines, parfois de façon décisive et irrémédiable. Il faudrait pouvoir expliquer les mécanismes de l'IA sous la forme d'un séquencement des étapes et des choix réalisés.

84. Des biais dans les « entrées » aux biais dans les « sorties ». Lorsque, le 2 décembre 2020, Timnit Gebru, qui codirigeait chez Google la recherche sur les questions d'éthique liées à l'intelligence artificielle, a été licenciée parce qu'elle avait osé émettre des réserves face aux biais contenus dans les systèmes de langage naturel s'entraînant à partir de l'ensemble des contenus du web, dans lesquels les « hommes blancs aisés » sont largement sur-représentés, on a compris combien la vision de l'éthique des GAFAM n'est pas très éthique. On a pu aussi, à cette occasion, se rendre compte que beaucoup d'algorithmes fonctionnant sur le web mais aussi hors du web sont « nourris » à partir de sites de référence, comme des médias reconnus, mais aussi à partir de pages de blogs, forums ou réseaux sociaux dont le contenu est souvent de piètre qualité, tant sur la forme que sur le fond. « Pourquoi faire confiance à ces modèles de langage nourris non pas par des textes sélectionnés, mais par les données d'Internet représentant beaucoup de *fake news* ? », s'interroge Laurence Devillers[82]. Et la la sociologue américaine Ruha Benjamin d'expliquer que « nourrir les systèmes d'IA de la beauté du monde mais aussi de sa laideur, et de sa cruauté, mais s'attendre à ce qu'elle ne reflète que la beauté, est un fantasme »[83].

---

[81] Y. Demeure, « L'intelligence artificielle de Google a créé sa propre IA et celle-ci surpasse celle de l'homme », sciencepost.fr, 5 déc. 2017.
[82] Citée par S. Seibt, « Timnit Gebru, licenciée par Google pour sa vision "éthique" de l'intelligence artificielle ? », france24.com, 8 déc. 2020.
[83] *Ibid.*

En 2020, des internautes se sont rendu compte que l'IA de Twitter qui choisit quelle partie d'une photo s'affiche en aperçu donne la priorité aux visages des personnes blanches par rapport à ceux des personnes noires. Ainsi, lorsqu'une photo mise en ligne représente côte à côte Barack Obama et Mitch McConnell, un sénateur blanc de 78 ans, Twitter ne fait apparaître dans sa fenêtre que le second, comme si l'ancien Président des États-Unis n'était pas là[84]. Or cela n'est pas un hasard mais le fruit d'une orientation donnée à l'algorithme de Twitter en 2018 afin qu'il identifie la partie d'une photographie la plus digne d'intérêt et la mette en avant dans l'aperçu d'un tweet. Ensuite, l'IA en est venue « naturellement » à considérer qu'une personne blanche serait toujours plus intéressante qu'une personne noire, fusse-t-elle un ancien Président. Par ailleurs, un internaute a démontré comment un autre algorithme, celui de la plateforme vidéo Zoom, effaçait le visage de son collègue noir, mais pas son visage blanc[85].

La capacité des machines à apprendre seules ou de façon supervisée dépend de deux paramètres : leur programmation et les données qu'on leur fournit. L'un et l'autre peuvent être biaisés et donc véhiculer des discriminations. Concernant le second paramètre, il faut convenir que les données brutes n'existent pas. « Toute quantification est une construction qui installe un dispositif de commensuration des enregistrements et établit des conventions pour les interpréter », explique Dominique Cardon[86]. Des données peuvent, sorties de leur contexte et/ou croisées avec d'autres données, aboutir à des absurdités, des contresens, des conclusions incorrectes. Par exemple, il importe de bien comprendre les catégories des statistiques policières pour pouvoir interpréter certaines données issues des commissariats de police. Les données ne sont parlantes qu'à condition de leur poser des questions pertinentes et non orientées par des aprioris. Il peut aussi arriver que des données correspondent à des réalités factuelles et pourtant aboutissent à discriminer des populations. Tel est le cas lorsqu'un algorithme de « police prédictive » invite les policiers à patrouiller dans certains quartiers pauvres

---

[84] M. Turcan, « Twitter privilégie-t-il les personnes blanches aux personnes noires sur les photos ? », numerama.com, 21 sept. 2020.

[85] *Ibid.*

[86] D. Cardon, *À quoi rêvent les algorithmes ? Nos vies à l'heure des big data*, Le Seuil, coll. La République des idées, 2015, p. 56.

afro-américains plutôt qu'ailleurs parce qu'une majorité des agressions y sont commises. C'est ainsi que PredPol, un algorithme utilisé par la police américaine pour prédire l'endroit où des crimes auraient une probabilité élevée d'être commis, a été dénoncé en raison de sa propension à cibler ces quartiers.

Que les données soient utilisées pour la conception ou pour l'exploitation de l'IA, les dangers sont autres lorsque ce sont elles-mêmes qui ne sont pas bonnes. Des données peuvent être incomplètes, insuffisantes, fausses, erronées, trafiquées à des fins de manipulation. Elles peuvent en particulier représenter de façon disproportionnée un groupe au détriment des autres. Il existe en outre un risque de subir des attaques directes consistant à modifier les propriétés du modèle ou à abreuver un algorithme de données orientées afin de modifier le sens de ses prédictions futures[87]. Le programmeur peut aussi choisir les données ou les annoter en fonction des stéréotypes, croyances, goûts ou idéologies qui l'animent. Des discriminations dans les jeux de données peuvent ainsi découler des étiquettes explicatives accolées par des hommes aux différentes données. Des annotations de classification, indiquant à l'algorithme quel objet ou quelle personne est désigné par la donnée, peuvent être imprécises ou inexactes. Plus encore, des annotations d'évaluation de contenus, qui servent à préciser le « ton » d'un texte, à l'instar d'un tweet ou d'un commentaire de client, risquent d'être mal construites par l'humain, y compris lorsque ce sont des « travailleurs du clic » qui effectuent le long et fastidieux travail d'étiquetage des données. Par exemple, les photos de robes de mariée des femmes indiennes sont généralement annotées, dans la base ImageNet constituée aux États-Unis, en tant que « costumes traditionnels » ou « performances artistiques »[88]. Or l'annotation des données est une étape déterminante : elle conditionne l'efficacité et la pertinence du futur traitement par l'IA de nouvelles données non annotées. Si des biais, notamment culturels, impactent le travail initial d'annotation des données, ils se retrouveront certainement dans le fonctionnement final de l'IA.

---

[87] M. Fredrikson, S. Jha, T. Ristenpart, « Model Inversion Attacks that Exploit Confidence Information and Basic Countermeasures », in *Proceedings of the 22nd ACM SIGSAC Conference on Computer and Communications Security*, 12 oct. 2015, p. 1322 s.

[88] A. Bernheim, F. Vincent, *L'intelligence artificielle, pas sans elles ! Faire de l'IA un levier pour l'égalité*, Belin, coll. Égale à égal, 2019, p. 40.

Afin de limiter les coûts importants de la création des bases de données annotées, les entreprises du secteur numérique peuvent externaliser cette prestation en achetant des jeux de données prêts à l'emploi, déjà traités par des sociétés spécialisées situées dans des pays où la main d'œuvre est bon marché. Elles peuvent aussi acheter ces données aux géants de l'industrie numérique, qui possèdent des gisements gigantesques. Et il leur est possible de s'appuyer sur des bases de données en libre accès, constituées de façon collaborative, à l'instar de Github, ImageNet ou PhotoDNA. Le danger est alors encore plus grand que ces données soient imparfaites. Dans tous les cas, plus des bases de données discriminantes circulent librement et nourrissent des IA partout sur la planète, plus ces discriminations prospèrent, souvent en toute discrétion. Les données peuvent donc contenir involontairement des biais parce qu'elles reflètent les stéréotypes qui imprègnent la société, si bien que ceux-ci peuvent n'être connus ni remarqués de personne. Or une représentation faussée du passé donnera certainement lieu à une image inexacte de l'avenir. Il y a un biais discriminatoire dès lors que l'intelligence artificielle fausse le résultat, ce qui peut arriver lorsqu'elle est mal conçue, ou qu'elle discrimine des personnes parce que les données sur lesquelles elle repose sont elles-mêmes discriminantes, reflétant des préjugés ou étant construites à partir d'informations partielles et partiales. De façon volontaire ou non, un jeu de données peut réserver un sort inégalitaire selon le genre, l'origine ethnique, l'orientation sexuelle etc. Le fonctionnement en boîte noire de l'IA est ô combien problématique dès lors qu'elle peut masquer ces biais, sans qu'on puisse les identifier ou savoir s'ils proviennent des données ou de l'algorithme. Les algorithmes de ciblage publicitaire de Google, par exemple, proposent aux femmes des offres d'emplois moins rémunérés parce qu'ils reflètent les biais qui imprègnent déjà la vie réelle — et ils ont pour effet de les renforcer.

Un exemple simple permet de bien comprendre les difficultés en cause : imaginons que l'on souhaite créer une IA dans le but d'identifier les restaurants parisiens qui devront se soumettre à un contrôle sanitaire, cela à partir de la base de données comprenant les plaintes déposées pour intoxications alimentaires. Les restaurants qui ont été concernés par le passé par le plus grand nombre de plaintes seront davantage stigmatisés et donc contrôlés. Toutefois, il est probable que les personnes à haut revenu portent plus facilement plainte que les populations plus précaires, qui ont davantage tendance à se méfier de la police y compris lorsqu'elles sont victimes. Si l'algorithme se base sur ces informations, il aura tendance à viser essentiellement les restaurants « chics » et à laisser tranquilles les établissements de restauration rapide fréquentés par les plus modestes. Au final, c'est la protection de la santé des personnes les moins fortunées qui pourrait en pâtir.

On a appris par ailleurs, en avril 2016, qu'Amazon avait exclu de son nouveau service consistant en la livraison gratuite en un jour des quartiers peuplés majoritairement de populations défavorisées à Boston, Atlanta, Chicago, Dallas, New York et Washington[89]. Un algorithme de la multinationale avait, en effet, mis en évidence, en exploitant les données à sa disposition, que ces quartiers généreraient plus de pertes que de profits pour l'entreprise. *In fine*, ces résultats ont conduit Amazon à discriminer indirectement les populations noires. Dans ces villes, les individus noirs avaient environ deux fois moins de chances que les blancs de vivre dans des zones desservies par le service d'Amazon. La société n'a bien sûr recouru à aucune donnée raciale au moment d'élaborer son algorithme d'aide à la mise en place du service. Le résultat n'en est pas moins celui d'une discrimination massive des personnes de couleur. Et on a remarqué que les mêmes populations, des mêmes quartiers, avaient déjà subi pendant des décennies la pratique dite du « *redlining* », consistant pour les banques à refuser systématiquement d'accorder des prêts à des Afro-Américains, même solvables, en raison de la couleur de leur peau et de leur domiciliation dans des zones peuplées majoritairement par des minorités[90]. Loin de tout racisme intentionnel, le recours par Amazon à l'IA a donc abouti à la pérennisation de discriminations anciennes.

Une étude américaine a en outre révélé des pratiques discriminatoires liées aux jeux de données utilisés à des fins de *scoring* bancaire : ces crédits ayant été, par le passé, plus régulièrement accordés à des hommes, pour des

---

[89] CNIL, *Comment permettre à l'homme de garder la main ? Les enjeux éthiques des algorithmes et de l'intelligence artificielle*, synthèse du débat public animé par la CNIL dans le cadre de la mission de réflexion éthique confiée par la loi pour une République numérique, déc. 2017, p. 33.
[90] *Ibid.*

raisons variables et souvent contestables, certains outils informatiques en ont déduit que les femmes constituaient un public plus risqué[91]. Un refus d'octroi de crédit déduit par la machine d'informations inexactes change la vie de la personne qui subit cette décision. Les enjeux sont donc énormes : des vies humaines dépendent du travail des IA. Il est révélateur que les hommes ne sont pas égaux devant la médecine personnalisée : en effet, une étude a révélé que 96 % des échantillons utilisés à cette fin sont ceux de personnes de type européen[92]. Dès lors, cette médecine est nettement moins efficace concernant les individus d'autres origines. En outre, ces données se rapportent principalement à des personnes âgées, ce qui est défavorable aux plus jeunes. Et une autre source de biais est le genre (car le chromosome X est largement sous représenté, tandis que le Y est quasiment absent de ces bases de données), si bien que « si vous êtes une femme d'origine africaine et jeune, la médecine personnalisée ne vous concerne pas »[93]. De même, il a été révélé qu'un logiciel utilisé pour prendre des décisions relatives à des soins médicaux et des allocations d'invalidité a privé de ces prestations des personnes qui y avaient droit, ce qui a eu de graves conséquences pour elles. Les résultats de la recherche du terme « écrivain » dans Google Image aux États-Unis offrent une dernière illustration : 26 % de ces résultats correspondent à des femmes, alors que celles-ci seraient pourtant 56 % dans le pays[94]. Une femme écrivain, pour gagner en visibilité, devrait donc faire le choix d'un nom d'artiste masculin.

Les échantillons d'entraînement d'une IA peuvent être non représentatifs de la distribution réelle de la population notamment lorsqu'ils sont issus du web ou plus encore des réseaux sociaux, car le modèle aura alors tendance à se focaliser sur la catégorie d'individus qui a le plus l'habitude de recourir à ces

---

[91] A. Tugend, « Exposing the Bias Embedded in Tech », *The New York Times* 17 juin 2019.

[92] CNIL, *Comment permettre à l'homme de garder la main ? Les enjeux éthiques des algorithmes et de l'intelligence artificielle*, synthèse du débat public animé par la CNIL dans le cadre de la mission de réflexion éthique confiée par la loi pour une République numérique, déc. 2017, p. 33.

[93] *Ibid.*

[94] L. Dishman, « The Hidden Gender Biais In Google Image Search », *Fast Company* 22 avr. 2015.

services[95]. Les internautes ne constituent pas un échantillon représentatif de la population générale. Des biais dans les données peuvent enfin résulter de l'utilisation de grandeurs de substitution, en lieu et place d'indicateurs directs. Si l'on trouve dans les données d'entraînement une apparente cooccurrence de paramètres (entre un code postal et une orientation religieuse par exemple), un moteur de recommandation proposera aux individus identifiés au départ de ce code postal des contenus destinés au groupe religieux en question. C'est pourquoi, lorsque l'on tape dans un moteur de recherche un prénom commun dans les communautés afro-américaines, s'affichent à l'écran des offres de prêts pour liberté conditionnelle (« *bail bonds* ») ou des services de recherche d'historique criminelle[96]. C'est donc une indirection (l'association entre un prénom et une origine ethnique, puis entre ethnicité et population carcérale) qui conduit à la proposition du message publicitaire : l'information sensible, n'est pas directement accessible mais est intégrée au cœur même du modèle de recommandation[97]. Il faut alors prendre garde à ne pas assimiler ces corrélations à des liens de causalité. Or une IA n'apprend toujours qu'à identifier des corrélations et la mise à jour d'une relation causale entre des paramètres a besoin d'une force interprétative dont seul l'homme est capable.

85. Relativité et limites de la rationalité algorithmique. Les outils de prédiction algorithmique et d'aide à la décision bénéficient d'une présomption d'objectivité et de neutralité. La quantification des conduites par des instruments de prédiction algorithmique procure l'illusion d'une métrique objective. L'intervention de calculs mathématiques et statistiques contribuent à une impression de haute précision et de haute pertinence. À l'inverse, toute analyse humaine serait subjective, dépendant beaucoup du regard de celui qui observe. La décision automatique semble devoir être nécessairement la meilleure, car les choix humains, à l'inverse, seraient nécessairement biaisés. Mieux vaudrait dès lors recourir à des outils informatiques dans les choix de gestion des employeurs impactant les salariés et/ou les candidats. Pourtant, la

---

[95] N. B. Weidmann et *alii*, « Digital Discrimination: Political Bias in Internet Service Provision Across Ethnic Groups », *Science* 2016, vol. 353, n° 6304, p. 1151 s.

[96] L. Sweeney, « Discrimination in Online Ad Delivery », *Comm. of the ACM* 2013, vol. 56, n° 5, p. 44 s.

[97] J.-M. Deltorn, « La protection des données personnelles face aux algorithmes prédictifs », *RDLF* 2017, chron. n° 12.

« rationalité algorithmique »[98] est beaucoup plus relative et imparfaite qu'elle n'y paraît. Il n'est pas rare que des biais statistiques nuisent à l'objectivité des résultats. Au-delà, le développement de l'IA se déroule principalement au sein d'un environnement homogène, où l'on trouve de jeunes hommes blancs, ce qui aboutit à imposer, le plus souvent non sciemment, dans le fonctionnement de ces nouveaux outils numériques certaines disparités culturelles, sociales, de genre etc.[99]. C'est ainsi que l'on a constaté combien l'intelligence artificielle fonctionne souvent loin de toute impartialité mécanique et n'est ni dénuée d'arbitraire ni exempte de malfaçons. Elle est en particulier un terrain de prédilection pour les inégalités de genre. Ces dernières profitent des nouvelles technologies pour se décliner tant dans la formation et l'emploi, où les femmes sont largement minoritaires, que dans la conception des outils ou dans les destructions d'emplois qui concernent en majorité des postes occupés par des femmes[100]. On sait que bien des outils d'aide au recrutement, à l'image de celui auquel Amazon a dû renoncer, sont misogynes parce qu'ils reproduisent et amplifient des stéréotypes déjà présents dans la société.

À l'instar de tout processus d'apprentissage, celui des IA peut être influencé par des données du passé qui reflètent des traits propres à des époques ou à des faits sociaux qu'il n'est pas souhaitable de voir se perpétuer à l'avenir au moyen de machines reproduisant des archaïsmes à grande échelle[101]. Même un algorithme développé de façon maximalement neutre, à partir d'échantillons de données pertinents et suffisants, va consacrer et rigidifier une certaine vision de la société. Sous cet angle, l'intelligence artificielle se présente telle une force éminemment conservatrice, faisant du passé l'avenir et freinant ou même interdisant toute évolution, tout progrès. Il s'agit là d'une

---

[98] A. Rouvroy, T. Berns, « Le nouveau pouvoir statistique – Ou quand le contrôle s'exerce sur un réel normé, docile et sans événement car constitué de corps “numériques” », *Multitudes* 2010, vol. 40, n° 1.

[99] Conseil économique, social et environnemental, « Les retombées de l'intelligence artificielle pour le marché unique (numérique), la production, la consommation, l'emploi et la société », avis, 31 mai 2017.

[100] J. Charpenet, C. Lequesne Roth, « Discrimination et biais genrés », *D.* 2019, p. 1852.

[101] I. Rauch, « Si l'on n'y prend garde, l'intelligence artificielle reproduira nos stéréotypes de genre », lemonde.fr, 7 févr. 2020.

raison de plus de limiter et encadrer son usage dès lors qu'il impacte la vie réelle des personnes. Du point de vue des droits de l'homme, la présence de préjugés ou simplement d'approximation dans les données et dans les programmes est une préoccupation majeure. Cela pénalise lourdement la diversité et l'inclusion et aboutit à produire toute une population d'exclus du numérique. Plutôt que de rendre nos décisions plus justes et objectives, ces systèmes, trop souvent, confortent les stéréotypes et les discriminations en leur donnant une apparence d'objectivité et d'irréfutabilité. De plus en plus d'éléments montrent à quel point les femmes, les membres de minorités ethniques, les personnes handicapées et les personnes LGBT souffrent tout particulièrement des discriminations causées par des algorithmes biaisés[102]. Des ONG ont ainsi adopté en 2018 la « Déclaration de Toronto », dans laquelle elles appellent les institutions internationales à consacrer des garanties afin d'éviter que les systèmes d'apprentissage automatique favorisent les pratiques discriminatoires. Il conviendrait d'intégrer dans les mécaniques des IA des principes technico-éthiques permettant de minimiser les risques de discrimination liés à la dépendance aux données d'entraînement.

Choisir les données utilisées durant la phase d'apprentissage d'une IA revient à prendre des décisions parfois lourdes de conséquences. Celui qui entraîne un algorithme lui inculque d'une certaine manière ses valeurs ou, du moins, certaines valeurs. Le paramétrage des algorithmes, soit la définition explicite de critères pour trier, sélectionner et recommander, peut engendrer des inégalités de traitement entre les personnes. Mais ce sont surtout les biais provoqués par les données car déjà présents en elles qui posent le défi le plus redoutable. Le caractère historique d'un jeu de données l'oblige, en quelque sorte, à renouveler les inégalités préexistantes. Une IA servant à identifier les meilleurs profils à recruter pour une catégorie de postes de travail donnée va nécessairement déduire les caractéristiques du « candidat idéal » à partir de l'historique des individus qui ont été recrutés par le passé. On ne s'étonnera alors pas qu'il en vienne à écarter systématiquement certaines catégories de population, parce qu'elles ont fait l'objet d'une exclusion par le passé, pour une plus ou moins bonne raison — le niveau de qualification ou d'expérience

---

[102] D. Mijatović, « Protéger les droits de l'homme à l'ère de l'intelligence artificielle », coe.int, 3 juill. 2018.

peut constituer un motif valable de sélection, mais pas la couleur de peau ou le sexe. Pourtant, l'utilisation d'une telle technologie pourrait s'avérer contre-productive pour l'entreprise, car souvent les talents sont rares et, parce qu'ils sont rares, mal représentés dans les statistiques. Se fier abusivement aux chiffres du passé peut dès lors amener à privilégier les profils standards contre les profils rares, malgré que ces profils rares soient ceux des plus talentueux. Ici, le problème éthique rejoint celui de l'efficacité.

L'entraînement des IA est trop imparfait pour justifier de s'en remettre totalement à leurs décisions. L'humain doit garder la main sur les choix les plus importants, tels que celui de ses collaborateurs, d'un point de vue formel et surtout d'un point de vue matériel. Déléguer la prise de décision au robot, c'est risquer de manquer des occasions uniques et, finalement, de s'appauvrir là où l'on croit s'enrichir. Il est des choix qui méritent du temps et de l'argent. Cependant, comme l'a noté l'Agence des droits fondamentaux de l'Union européenne dans son rapport « Bien préparer l'avenir : l'IA et les droits fondamentaux », de décembre 2020, on ne doit pas jeter l'opprobre sans mesure sur une IA qui serait forcément discriminatoire et, au contraire, des algorithmes pourraient aussi atténuer certaines discriminations en corrigeant les aprioris humains. « Dans certaines circonstances et dans certains domaines, l'utilisation d'algorithmes pourrait apporter une contribution positive en réduisant les préjugés et les stéréotypes », avance le rapport[103].

Plus généralement, la personnalisation au cœur du fonctionnement du web social, en épousant les comportements des internautes, tend à perpétuer les inégalités présentes dans les sociétés. Elle en vient en effet à donner aux classes privilégiées les moyens de s'enrichir intellectuellement en accédant à plus de ressources et d'opportunités et en développant les réseaux de relations. À l'inverse, les classes modestes se retrouvent souvent enfermées sur elles-mêmes, sans possibilité de s'ouvrir à d'autres cultures et d'autres modes de pensée. Pour Dominique Cardon, « les compteurs du web social

---

[103] Agence des droits fondamentaux de l'Union européenne, « Bien préparer l'avenir : l'IA et les droits fondamentaux », 13 déc. 2020.

laissent chacun construire son espace informationnel en fonction de ses ressources sociales et culturelles »[104].

[104] D. Cardon, *À quoi rêvent les algorithmes ? Nos vies à l'heure des big data*, Le Seuil, coll. La République des idées, 2015, p. 100.

Chapitre 6. L'égalité des hommes

86. Face à la liberté : l'égalité au cœur des droits de l'homme. Le principe d'égalité est central dans les révolutions de la fin du XVIIIe siècle contre des ordres politiques et sociaux inégalitaires et injustes. En France, les révolutionnaires ont triomphé des privilèges de l'Ancien Régime. Les distinctions de corps comme la noblesse, le clergé et le tiers état ont disparu, laissant la place aux hommes, aux citoyens, constitutifs d'une unité : le peuple. C'est ainsi que l'égalité des êtres humains a été érigée en principe phare des droits fondamentaux. Le droit à l'égalité est une conquête essentielle. C'est à partir de cette base fondatrice que la France s'est adonnée à une forme de « culte de l'égalité », comme l'a relevé il y a longtemps Alexis de Tocqueville[105]. À tel point que la France serait devenue le pays de l'égalité — quand les États-Unis seraient le pays de la liberté. Au nom de l'égalité, les individus seraient prêts à renoncer à leurs libertés individuelles. Pour Tocqueville, « il y a en effet une passion mâle et légitime pour l'égalité qui excite les hommes à vouloir être tous forts et estimés. Cette passion tend à élever les petits au rang des grands ; mais il se rencontre aussi dans le coeur humain un goût dépravé pour l'égalité, qui porte les faibles à vouloir attirer les forts à leur niveau, et qui réduit les hommes à préférer l'égalité dans la servitude à l'inégalité dans la liberté »[106]. Si l'on peut discuter la réalité de l'équilibre entre liberté et égalité et son influence sur l'état de la société française au XIXe, au XXe et au XXIe siècles, et s'il est vrai que l'égalitarisme et même le communisme sont liberticides et rarement synonymes de prospérité économique, sociale et morale, il est en tout cas certain que le droit à un traitement égal entre les hommes compte au nombre des droits humains. Les hommes doivent se comporter tels des frères et, dans

[105] A. De Tocqueville, *L'Ancien Régime et la Révolution,* Michel Lévy frères, 1856.
[106] A. De Tocqueville, *De la démocratie en Amérique*, Gosselin, 1835-1840.

la devise de la République française « liberté, égalité, fraternité », la liberté marche d'un côté, l'égalité et la fraternité de l'autre, main dans la main.

La consécration juridique du principe d'égalité dans le premier article de la Déclaration des droits de l'homme et du citoyen du 26 août 1789 (« Les hommes naissent et demeurent libres et égaux en droits ») a constitué une rupture décisive dans l'histoire du droit français. L'article 6 dispose : « La loi est l'expression de la volonté générale. Tous les citoyens ont droit de concourir personnellement, ou par leurs représentants, à sa formation. Elle doit être la même pour tous, soit qu'elle protège, soit qu'elle punisse. Tous les citoyens étant égaux à ses yeux sont également admissibles à toutes dignités, places et emplois publics, selon leurs capacités, et sans autre distinction que celle de leurs vertus et de leurs talents ». À l'origine, l'égalité était donc comprise essentiellement telle une égalité devant la loi, laquelle doit être la même pour tous. Historiquement, cela se comprend par le fait que la Déclaration était la continuation de l'acte fondateur de la Révolution : l'abolition des privilèges, prononcée dans la nuit du 4 août 1789. Il faut cependant ajouter que la formule « la loi doit être la même pour tous » doit se comprendre comme signifiant « la loi doit être la même pour tous ceux qui se trouvent placés dans des situations identiques ». L'égalité, depuis longtemps, se distingue de l'égalitarisme et du communisme dans lesquels le droit doit mener à l'égalité matérielle de tous les êtres humains, tant en valeur fondamentale qu'en statut social et surtout en richesse économique. L'égalité, plus modeste et ménageant la liberté, prône seulement que chaque individu ait les mêmes droits politiques, sociaux et civils. On revient alors à la justice distributive décrite par Aristote, dans laquelle les personnes et groupes de personnes placés dans des situations comparables doivent être traités de la même manière.

En 1793, la Déclaration de 1789 disparaît formellement du droit en même temps que le texte en tête duquel elle était placée : la Constitution de 1791. La Convention, à majorité montagnarde, proclame la République et rédige une nouvelle déclaration des droits pour accompagner la nouvelle Constitution. Ce texte, républicain et d'inspiration rousseauiste, inscrit l'égalité en tête des droits proclamés, affirme la souveraineté populaire et consacre des droits de nature sociale. Mais la nouvelle Constitution, en des temps troublés, n'a jamais trouvé l'occasion d'être mise en application. Symboliquement, on la plaça dans un coffret en fer dont on devait la sortir une fois la paix revenue. Mais elle n'en sortit jamais[107]. Reste que le principe d'égalité n'a eu de cesse d'imprégner l'ordre juridique en France, mais aussi ailleurs, et la Constitution de 1946 consacra de nouveaux et nombreux droits sociaux d'inspiration égalitariste. C'est ainsi que le Préambule de la Constitution de la IVe République souligne que c'est bien toute et non seulement la moitié de l'humanité qui doit bénéficier du principe d'égalité : « La loi garantit à la femme, dans tous les domaines, des droits égaux à ceux de l'homme ». Et l'article 1er de la Constitution de 1958 proclame : « La France est une République indivisible, laïque, démocratique et sociale. Elle assure l'égalité devant la loi de tous les citoyens sans distinction d'origine, de race ou de religion ». On vit aujourd'hui largement dans l'idéal d'une « société des égaux »[108].

L'égalité est un terrain complexe et mouvant. Objet de nombreuses et variables interprétations tant juridiques que politiques, elle a acquis un sens riche mais aux contours incertains, malléables. Selon qu'on le rapproche ou qu'on l'éloigne de l'idée de traitements équitables entre les personnes, elle interdit ou autorise les régimes distincts reposant sur des différenciations objectives. Elle se traduit de plus en plus dans le principe de non-discrimination. Alors, si le principe d'égalité implique que les personnes et groupes de personnes dans des situations identiques soient traités de façon identique, il ne s'oppose guère à ce que les personnes et groupes de personnes dans des situations différentes soient traités de façon différente.

L'égalité est écartelée entre les mathématiques et la politique. Son problème est que, en théorie, elle suppose que les objets soient identiques, alors que, en pratique, elle s'applique à des différents. Ce sont des individus différents qui sont égaux. L'égalité juridique est en fait un droit au rapprochement des conditions et elle connaît forcément des degrés, si bien que tous les pays qui pratiquent l'humanisme juridique, des États-Unis à la France, consacrent et pratiquent une certaine égalité entre les êtres. On revendique l'égalité quand les écarts hiérarchiques et l'égoïsme des supérieurs ne sont pas acceptés. Mais l'enjeu n'est normalement pas de supprimer toute différence entre les humains. L'objectif de l'égalité juridique ne peut pas être l'égalité factuelle,

---

[107] S. Hennette-Vauchez, D. Roman, *Droits de l'homme et libertés fondamentales,* Dalloz, coll. Hypercours, 2017, p. 3.
[108] P. Rosanvallon, *La société des égaux*, Le Seuil, 2011.

pas être de produire des mêmes, ou alors elle vire au totalitarisme et éradique toute liberté.

87. L'égalité et la lutte contre les discriminations. Dans le monde des IA, les risques de discriminations et plus généralement de traitements différenciés des individus existent intrinsèquement. C'est la vocation même de la plupart des IA que de considérer différemment chaque individu. Ces nouvelles technologies malmènent potentiellement l'égalité au moins autant que la liberté. Et la situation est d'autant plus difficile à saisir et contrer que les biais et discriminations numériques sont le plus souvent invisibles, imperceptibles, méconnus de ceux qui les subissent — par exemple, des femmes auxquelles on ne propose pas les mêmes postes de travail que les hommes ignorent (et les hommes ignorent aussi) cette différence de traitement. C'est l'une des conséquences des contenus ciblés et du phénomène d'enfermement algorithmique. Mais c'est plus généralement que, tant en matière politique qu'en matière sociologique, la problématique de l'égalité et de la lutte contre les discriminations est devenue un thème majeur[109] — à telle enseigne qu' « on est volontiers perdu dans le champ du droit de l'égalité et de la non-discrimination, véritable maquis conceptuel dans lequel il est difficile de se repérer. Qu'on en juge : égalité formelle ou égalité substantielle, égalité des chances ou égalité des résultats, discriminations directes et indirectes, action positive, affirmative action, discriminations positives, discriminations à rebours, parité, représentation équilibrée, non-discrimination, égalité devant ou par la loi… »[110]. La grammaire contemporaine du droit de l'égalité et de la non-discrimination s'avère donc fort complexe, bien plus que celle du droit des libertés. La liberté suppose essentiellement la consécration de grands principes puis l'effacement du droit. À l'inverse, l'égalité implique des régimes juridiques fins et précis, dans de nombreux domaines.

Que les biais et les discriminations soient générés par les IA ou que les algorithmes se bornent à les reconduire, la politique, l'éthique et le droit doivent les combattre. Le plus souvent, il n'est pas ici question de situations

---

[109] J.- L. Halpérin, E. Fassin, dir., *Discriminations : pratiques, savoirs, politiques*, La documentation française, 2009.

[110] S. Hennette-Vauchez, D. Roman, *Droits de l'homme et libertés fondamentales*, Dalloz, coll. Hypercours, 2017, p. 713.

objectivement différentes mais simplement d'injustice entre hommes et femmes, jeunes et vieux, européens et noirs, arabes ou asiatiques etc. Avec la sauvegarde des libertés ou la protection de la vie privée, la lutte contre les discriminations est un autre grand défi de la pensée juridico-éthique de l'IA. Alors qu'ils sont aujourd'hui des créateurs, conducteurs ou augmentateurs de biais sociaux, les algorithmes devraient être conçus afin de toujours constituer des réducteurs ou même des suppresseurs de biais. Bien sûr, si le principe est évident, la nature et le mode de fonctionnement de l'IA interrogent la faisabilité d'une telle intention. Mais cela ne saurait interdire de l'affirmer haut et fort, car ce sont bien des vies humaines qui sont en jeu derrière certaines décisions injustes prises à l'aide de systèmes informatiques. L'échelle à laquelle ces derniers se déploient et leur impact potentiel en font désormais les lieux privilégiés de la lutte contre les discriminations. Leur puissance les oblige et oblige ceux qui les fabriquent et ceux qui les utilisent. À tous, des obligations renforcées devraient être imposées afin de limiter au maximum les atteintes aux intérêts de certains groupes sociaux, qui peuvent d'ailleurs être constitués par la logique même du *big data* et de l'analyse algorithmique au terme de traitements discriminatoires. Ces catégories de populations font l'objet de réflexions autour de la notion de « *group privacy* »[111].

Par ailleurs, l'IA ne doit pas servir à creuser un fossé entre l'homme physique et l'homme numérique. Si l'on peut plaider pour des droits de l'homme numérique, ce n'est pas afin de consacrer l'existence de cet homme numérique distinct de l'homme physique mais afin de protéger l'homme physique derrière son apparence numérique. L'enjeu est de faire en sorte que l'homme numérique ne s'éloigne pas de l'homme physique mais le rejoigne, éviter que de nouvelles fractures viennent s'ajouter à celles qui existent déjà. Au contraire, la *polis* numérique pourrait servir à réduire ces fractures, à façonner un monde commun profitable à tous, n'excluant personne.

Contrairement au temps de la Déclaration universelle des droits de l'homme, après la Seconde Guerre mondiale, quand il était aisé de communier à travers les frontières, partout dans le monde, contre la barbarie nazie, le droit à l'égalité numérique et les droits de l'homme numérique achoppent sur la

---

[111] B. Mittelstadt, « From Individual to Group Privacy in Big Data Analytics », *B. Philos. Technol.* 2017, p. 475 s.

difficulté de se représenter les risques et les ruptures potentielles qui accompagnent le changement d'ère technologique que l'on vit en raison de l'incompétence technique d'une grande partie de la population. Cette autre forme d'inégalité rend difficile à réaliser la vocation universelle des droits de l'homme numérique. Trop d'êtres humains ne sont pas des « acteurs » du monde numérique et, partant, ne se sentent pas concernés bien qu'ils le soient fortement. « La conscience partagée de notre faillibilité représente le socle d'une société se refusant à toute forme d'exploitation symbolique effective des faiblesses de quiconque »[112].

88. Le droit à la connexion. De manière très concrète, le droit à l'égalité a vocation à se traduire en premier lieu par un droit à la connexion. En effet, l'humanité non connectée se trouve *de facto* écartée des bénéfices (et des maléfices) de nombreuses IA qui œuvrent en ligne. La cyber-société fabrique ainsi de nouvelles formes d'exclusion. Les bienfaits de la société numérique ne sont possibles qu'à condition que tous ou la grande majorité des hommes possèdent les outils informatiques permettant d'y accéder. Or il y avait au 31 mars 2019 4,3 milliards d'internautes dans le monde, soit seulement 56,8 % de la population mondiale, répartis de la manière suivante : 719 millions en Europe, 286 millions aux États-Unis, 829 millions en Chine, 118 millions au Japon, 492 millions en Afrique[113]. Ces chiffres reflètent la mondialisation du web, qui atteint toutes les parties du monde, mais ils montrent aussi combien certains continents continuent de posséder de grandes zones blanches, où l'on vit encore « comme avant ». L'accès à internet bénéficie avant tout aux pays développés de la planète. Ainsi les puissants ont-ils tous les moyens pour devenir toujours plus puissants et laisser loin derrière eux ceux qui étaient déjà à la traîne technologique. Même s'il est utopique à l'échelle mondiale — mais il peut parfaitement se décliner aux niveaux des continents et des pays —, le droit à la connexion doit servir à lutter contre ces fossés numériques qui ont de graves conséquences économiques, mais aussi sociales, pour ceux qui les subissent. Cette question de la fracture numérique est souvent abordée lors des conférences mondiales sur la société de l'information. Ne serait-ce qu'en France, le Défenseur des droits, face à l'accroissement exponentiel de la

[112] M. C. Nussbaum, *La fragilité du bien*, L'éclat, 2016.
[113] world-statistics.org.

dématérialisation des démarches administratives, en est venu à estimer qu'il faudrait « faire en sorte que ce processus inéluctable et fondamentalement positif pour la qualité du service public respecte les objectifs des services publics sans laisser personne de côté »[114]. La question de l'accès est donc primordiale. Celle de la formation à l'usage des technologies de l'information l'est aussi, puisqu'il est insuffisant d'avoir accès à des outils dont on ne sait pas se servir[115].

On pourrait imaginer que ces questions ne sauraient raisonnablement trouver de réponses que dans des interventions publiques, l'initiative privée ne pouvant suffire. C'est pourtant la situation inverse qui se produit. Facebook a ainsi développé le projet Internet.org, qui vise à permettre aux populations du globe les plus démunies de se connecter et dont le slogan initial affirmait « the more we connect, the better it gets » (« plus nous nous connectons, mieux les choses se passent »). De la même manière, la vocation universaliste du réseau social l'a conduit à créer un laboratoire, le Connectivity Lab, rassemblant notamment des experts de la NASA. En est sorti un prototype de drone géant capable de se maintenir à 18 km au-dessus du sol durant 3 mois, offrant une connexion aux populations alentour. Google, avec son unité de recherche Google X, s'est attaché à Loon, dont l'objectif est de développer l'accès à internet dans les zones les plus reculées de la planète au moyen de ballons gonflés à l'hélium. Elon Musk, pour sa part, a développé le projet OneWeb afin de déployer une constellation de 4 000 satellites grâce à la fusée SpaceX. Ce sont donc des entreprises privées qui revêtent l'habit de sauveuses des damnés du numérique.

Au regard des services offerts (e-commerce, accomplissement de formalités administratives, fourniture de biens culturels, accès à la connaissance etc.), le réseau internet doit être considéré comme un bien essentiel auquel tout le monde doit avoir accès, à l'instar des réseaux d'énergie, postal, téléphonique, de transport. Le droit d'accès au « service public numérique universel » suppose une couverture géographique satisfaisante et la fourniture d'un service de qualité à un tarif abordable. L'égalité d'accès aux réseaux de

---

[114] Défenseur des droits, « Dématérialisation et inégalités d'accès aux services publics », 2019.

[115] H. Oberdorff, *Droits de l'homme et libertés fondamentales*, 7e éd., LGDJ, coll. Manuel, 2019, p. 422.

communication, étant donnée la place prise par la communication numérique, est devenue une condition de l'exercice de nombreux droits et libertés. Tel est par exemple le cas de la liberté d'expression, qui suppose de pouvoir utiliser les réseaux sociaux, les forums en ligne ou les services de blogging. Tel est aussi le cas du droit à informer et à être informé, de la liberté d'entreprendre et d'innover, de la liberté d'association, du droit à la culture, du droit aux services publics, de la liberté d'opinion etc. Pour la Commission européenne, « les systèmes d'IA devraient prendre en compte tout l'éventail des capacités, aptitudes et besoins humains, et leur accessibilité devrait être garantie »[116]. Déjà en 2009, le Conseil constitutionnel consacrait la valeur fondamentale du droit à l'accès à internet : « En l'état actuel des moyens de communication et eu égard au développement généralisé des services de communication au public en ligne ainsi qu'à l'importance prise par ces services pour la participation à la vie démocratique et l'expression des idées et des opinions, la libre communication des pensées et des opinions implique la liberté d'accéder à ces services »[117]. Logiquement, un tel « droit à » devrait impliquer des obligations positives pour les États, afin de le garantir. En ce sens, la Cour européenne des droits de l'homme protège rigoureusement le droit d'accès à internet. Par exemple, si elle ne s'oppose pas à ce qu'on diminue, lors d'un séjour en détention, la possibilité d'utiliser les services en ligne, elle oblige à prendre garde à ce que cela ne porte pas atteinte aux projets de formation individuelle et de réinsertion sociale des détenus qu'internet permet. La Cour a ainsi déterminé que des autorités pénitentiaires ne peuvent pas refuser de manière générale l'accès à internet des prisonniers car cela constituerait une violation de leur droit de recevoir et de diffuser des informations et des idées[118].

Aux États-Unis, la Cour suprême a posé le principe de la liberté d'accès et d'usage des services numériques, dans un arrêt du 19 juin 2017[119], cela au

---

[116] Commission européenne, « Lignes directrices en matière éthique pour le développement de l'IA », 8 avr. 2019.

[117] Cons. const., déc. n° 2009-580 DC, 10 juin 2009, *Loi favorisant la diffusion et la protection de la création sur internet.*

[118] CEDH, 17 janv. 2017, n° 21575/08, *Jankovskis c. Lituanie.*

[119] Cour suprême des États-Unis, 19 juin 2017, *Packingham c. North Carolina,* 582 U.S.

nom de la liberté d'expression et du droit à l'information garantis par le premier amendement de la Constitution. La liberté d'expression et le droit à l'information sont supposés s'épanouir dans les lieux « virtuels » tels que les réseaux sociaux. Et la Cour suprême de citer en exemples plusieurs d'entre eux : Facebook, LinkedIn et Twitter, relevant au passage la variété des contenus auxquels ils donnent accès et à quel point ils permettent de concrétiser les principes relatifs à la liberté d'expression affirmés dans l'arrêt *Reno v. ACLU* de 1997[120]. Nulle loi ne saurait donc malmener la liberté d'accéder à internet et d'utiliser les services du web, y compris de manière active ou participative. Les textes nationaux et internationaux consacrant les droits et libertés fondamentaux protègent cette liberté au nom de celle d'émettre mais aussi de recevoir des idées et des informations de toute nature[121]. Il est intéressant de noter que, dans l'arrêt du 19 juin 2017 de la Cour suprême, plusieurs juges ont exprimé des opinions dissidentes, soulignant que les capacités technologiques de l'internet ne pourraient justifier que certains droits et intérêts soient moins bien protégés au nom de la liberté d'expression.

En France, la loi du 7 octobre 2016[122] a notamment souhaité poser quelques jalons juridiques en vue de l'accès pour tous au numérique. L'accessibilité des services publics est essentielle pour garantir l'égalité réelle des usagers

---

[120] Cour suprême des États-Unis, 19 mars 1997, *Reno c. American Civil Liberties Union*, 521 U.S. *Cf.* Ph. Mouron, « L'accès aux réseaux sociaux est un droit constitutionnel selon la Cour suprême des États-Unis », *REM* 2017, n° 44, p. 62 s.

[121] La liberté de réception suppose naturellement l'accès le plus large possible à tous les moyens de communication, ce qui inclut la communication en ligne. À ce titre, la Cour européenne des droits de l'homme a affirmé l'importance que revêtent les sites internet dans l'exercice de cette liberté (CEDH, 10 mars 2009, *Times Newspaper Ltd c. Royaume-Uni*, n° 3002/03 et 23676/03, § 27 ; CEDH, 18 déc. 2012, *Yildirim c. Turquie*, n° 3111/10, § 48-50 ; CEDH, 6 juin 2016, *Kalda c. Estonie*, n° 17429/10). En France, le Conseil constitutionnel a érigé la liberté de réception en fondement de l'objectif à valeur constitutionnelle de pluralisme. Dès lors, les récepteurs doivent profiter d'un libre choix entre plusieurs médias différents, qu'il s'agisse de périodiques de presse ou de services audiovisuels (Cons. const., déc. n° 84-181 DC, 10 oct. 1984). Cette dimension existe aussi concernant la communication en ligne. C'est pourquoi le Conseil constitutionnel a fait de l'accès à internet un élément de la liberté d'expression (Cons. const., déc. n° 2009-580 DC, 10 juin 2009).

[122] L. n° 2016-1321, 7 oct. 2016, *Pour une République numérique*.

devant le service public. Or la disparition des guichets physiques au profit de guichets en ligne et le passage au tout numérique risquent de laisser sur la touche toute une frange de la population qui n'est pas ou peu connectée. En même temps, comme l'a observé le Conseil d'État dans son étude annuelle de 2017 intitulée « Puissance publique et plateformes numériques : accompagner l'"ubérisation" », les plateformes en ligne sont une opportunité pour développer de nouvelles activités de service public. Il a ainsi souhaité que le Commissariat général à l'égalité des territoires définisse une méthodologie afin de prendre en compte les nouvelles possibilités offertes par les plateformes numériques dans la conception et la mise en œuvre des politiques de lutte contre les inégalités territoriales et le développement des capacités des territoires. Par exemple, de telles plateformes peuvent faciliter la mise à disposition de solutions de transport collaboratives pour les personnes ne disposant pas de véhicule.

Mais, sans accès à internet et aux services numériques, on devient un invisible. Certains pourraient s'en réjouir, préférant la discrétion de vies hors-ligne. Mais la situation est différente lorsqu'elle est subie, involontaire. Or, dans le monde, tel est encore le cas de populations entières. Ce sont les oubliés de la révolution numérique, des isolés qui ne connaissent rien à la nouvelle interactivité et à la sociabilité numérique dont elle est le vecteur. Le droit à la connexion est un enjeu de souveraineté collective, quand le droit à la déconnexion est un enjeu de souveraineté individuelle. Toute personne devrait donc posséder le droit d'accéder et d'utiliser librement le réseau internet, sous réserve de ne pas porter atteinte à l'ordre public et aux droits d'autrui.

I. Le droit à la non-discrimination numérique

89. L'égalité devant la loi des IA. « À l'opposé d'une rationalité qui génère une furie innovatrice concourant à l'extension de son empire et contribuant à l'instauration d'un utilitarisme généralisé, écrit Éric Sadin, nous nous refusons à compter indéfiniment un gain dans notre rapport au réel et aux autres, mais cultivons les pouvoirs de notre inventivité en vue d'expérimenter de multiples modes d'existence participant de notre épanouissement individuel et collectif »[123]. Le droit pourrait aller dans ce sens et, limitant les possibilités de personnalisation, il préviendrait en même temps les risques de discrimination. La personnalisation met en effet à l'épreuve le principe d'égalité, et inversement. L'intelligence artificielle entre souvent en conflit avec l'égalité. Certes, en France, le Conseil constitutionnel a souligné que l'égalité ne s'oppose pas à ce « que le législateur règle de façon différente des situations différentes ni à ce qu'il déroge à l'égalité pourvu que, dans l'un et l'autre cas, la différence de traitement qui en résulte soit en rapport direct avec l'objet de la loi qu'il établit »[124]. Le problème avec les IA est qu'elles risquent de reproduire des biais, donc non de traiter différemment des cas objectivement différents mais des cas pourtant semblables. Or, si « la France assure l'égalité devant la loi de tous les citoyens », comme le proclame l'article premier de la Constitution du 4 octobre 1958, il est temps qu'elle s'enquiert aussi de l'égalité devant la loi de l'IA. Ce principe est d'ailleurs censé s'imposer aux personnes privées comme aux institutions publiques. Mais les pratiques discriminatoires peuvent cependant se justifier par des situations différentes. On traite alors différemment des personnes différentes afin de diminuer ces dernières différences. L'égalité des moyens laisse la place à l'égalité des résultats. Le contrôle opéré par le juge s'opère en deux temps[125]. En premier lieu, il observe si la norme ou pratique discriminatoire peut s'expliquer par une différence de situation. Ensuite, si tel est le cas, il vérifie que cette différence de traitement est proportionnée avec le but poursuivi. On peut donc très bien identifier au moyen d'une IA de nombreuses différences de situation entre des personnes et leur appliquer les traitements les plus appropriés. Si l'égalité s'oppose à ces traitements différents justifiés par des réalités différentes, l'équité prend son relais. Tel n'est bien sûr plus le cas lorsque ces traitements différents sont les résultats de manipulations ou d'erreurs, donc ne correspondent pas à de véritables écarts dans les situations des personnes. La nature des données en cause de même que les modalités de leur récolte et de leur traitement n'offrent trop

---

[123] É. Sadin, *L'intelligence artificielle ou l'enjeu du siècle – Anatomie d'un antihumanisme radical*, L'échappée, coll. Pour en finir avec, 2018, p. 247.

[124] Cons. const., déc. n° 96-375 DC, 9 avr. 1996, *Transferts d'entreprise du secteur privé*.

[125] L. Favoreu et *alii*, *Droit constitutionnel*, 17e éd., Dalloz, 2015, p. 1030.

souvent pas les garanties suffisantes pour justifier une différence de traitement. La problématique ici est celle de la fiabilité insuffisante de la technique pour pouvoir l'autoriser à produire de tels effets.

Loin de toute « égalité devant la loi », la loi des IA produit par principe des discriminations puisque l'objet même des algorithmes est de traiter différemment chaque utilisateur, de lui fournir des contenus personnalisés qui vont l'amener à adopter une conduite particulière. Ainsi l'automaticité et la rigidité s'associent-elles à la personnalisation ; et ce mélange peut potentiellement produire des résultats insatisfaisants qui ne seront l'objet d'aucun contrôle. En France, l'article 225-1 du Code pénal incrimine toute forme de discrimination fondée notamment sur l'origine, le sexe, la situation de famille, l'apparence physique, le patronyme ou le lieu de résidence. Il semble pourtant que le principe même de la loi des IA soit d'opérer des discriminations fondées sur l'origine, le sexe, la situation de famille, l'apparence physique, le patronyme ou le lieu de résidence. Dans les faits, les algorithmes n'ont de cesse de discriminer les utilisateurs des services sur la base de critères illicites[126]. Qu'on pense à l'exemple de la voiture autonome qui se retrouve dans une situation catastrophique, obligée soit de renverser à gauche deux enfants, soit à droite trois personnes âgées. L'ordinateur devra choisir en pondérant le nombre de victimes, leur âge, leur condition physique et mentale, et même, dans certains pays, sait-on jamais, leur sexe. Un tel choix de l'IA est extrême, mais c'est en permanence qu'elle produit des résultats à l'aune des différences entre les personnes.

Les droits de l'homme numérique pourraient consacrer l'obligation de concevoir et entraîner les services d'IA de manière à ne pas créer, renforcer ou reproduire des discriminations fondées entre autres sur des différences sociales, sexuelles, ethniques, culturelles ou religieuses. Le recours à des algorithmes et des techniques probabilistes devrait toujours être porté à la connaissance des personnes concernées qui pourraient s'opposer à la construction et à la diffusion de profils les concernant[127]. Une IA digne de

---

[126] Plus généralement, O. Itéanu, *Quand le digital défie l'État de droit*, Eyrolles, 2016.

[127] Commission de réflexion et de propositions sur le droit et les libertés à l'âge numérique de l'Assemblée nationale française et Commission sur les droits et devoirs sur internet de la Chambre des députés italienne, déclaration commune, 28 sept. 2015.

confiance suppose d'offrir aux citoyens la possibilité de refuser que leurs données soient utilisées à leur encontre à des fins préjudiciables ou discriminatoires[128]. Avec le principe d'égalité, tous les humains devraient être identiquement admissibles à toutes dignités, places et emplois, selon leurs capacités et sans autre distinction que celle de leurs vertus et de leurs talents. Aucun préjugé ni stéréotype ne devrait prospérer dans un système d'IA et finalement impacter le sens de vies humaines.

Historiquement, l'affirmation selon laquelle la loi doit être la même pour tous est importante tant on a connu nombre de législations et autres règles juridiques opérant précisément de telles distinctions, depuis l'esclavage au Code de l'indigénat en passant par le statut des Juifs sous Vichy[129]. Alors que les distinctions fondées sur la race ont heureusement disparu de la loi, l'IA menace de les faire réapparaître. Si, comme l'enseigne depuis de nombreuses années le courant américain de la *Critical Race Theory*, la race demeure un concept éclairant en droit, par exemple s'agissant du droit de la propriété largement marqué par l'histoire de l'esclavage[130] ou, de nos jours, de la contraception, de l'avortement ou de la génétique qui sont autant de questions « racialisées »[131], rien ne saurait aujourd'hui justifier de traiter différemment des individus en fonction de leurs origines — comme l'a déclaré la Déclaration des Nations Unies sur l'élimination de toutes les formes de discrimination raciale du 20 novembre 1963. Pourtant, le risque est grand de voir des IA, souvent involontairement, opérer des choix « racistes ». Cela s'explique par le fait que, si les théories biologisantes racistes du début du XXe siècle ne sont désormais plus soutenables, les différences de races, comprises comme constructions sociales, continuent d'expliquer la réalité des sociétés contemporaines, si bien que les systèmes d'IA sont amenés à les refléter.

---

[128] Commission européenne, « Lignes directrices en matière d'éthique pour le développement et l'utilisation d'une IA », 8 avr. 2019.

[129] D. Lochak, *Le droit et les paradoxes de l'universalité*, Puf, coll. Les voies du droit, 2010.

[130] C. Harris, « Whiteness as Property », *Harvard Law Review* 1993, vol. 8, n° 106, p. 1710 s.

[131] D. Roberts, *Killing the Black Body – Race, Reproduction and Liberty*, Random House-Pantheon, 1997.

90. La prohibition de toutes les discriminations. En droit français, c'est la loi Pleven du 1er juillet 1972 relative à la lutte contre le racisme qui a constitué la première consécration explicite de la notion de discrimination. Elle a notamment modifié la loi du 29 juillet 1881 sur la presse, ainsi que le Code pénal, afin de sanctionner les discriminations raciales. Puis, dans les années 1990, notamment avec le nouveau Code pénal, l'arsenal pénal de la lutte contre les discriminations s'est sensiblement enrichi, à tel point qu'on a vu dans le droit de la non-discrimination une nouvelle branche du droit[132]. Que ce soit dans le commerce, dans l'emploi ou même dans les relations entre administration et administrés, le combat pour l'égalité entre les individus ou entre les citoyens s'est renforcé. Au niveau de la fonction publique, la loi du 16 novembre 2001 relative à la lutte contre les discriminations a ajouté dans le statut général de la fonction publique un dispositif anti-discriminatoire. Depuis les années 2000, c'est surtout dans le cadre de l'Union européenne que se joue le droit de la non-discrimination. La jurisprudence de la Cour de justice a joué un rôle majeur, faisant notamment du principe de non-discrimination à raison du sexe un principe général du droit communautaire[133]. Par exemple, la Cour a considéré que le fait que les travailleurs à temps partiel se voient refuser le bénéfice d'un régime complémentaire constitue une discrimination indirecte à l'égard des femmes dès lors que ce sont elles qui ont plus souvent recours au temps partiel[134]. Quant aux traités, alors que la non-discrimination concernait initialement l'égalité salariale entre les hommes et les femmes, en vertu de l'article 199 du Traité de Rome, le traité d'Amsterdam a ajouté une clause générale de non-discrimination à travers l'article 13 : le Conseil « peut prendre les mesures nécessaires en vue de combattre toute discrimination fondée sur le sexe, la race ou l'origine ethnique, la religion ou les convictions, un handicap, l'âge ou l'orientation sexuelle »[135]. Enfin, des directives européennes de l'an 2000 sont venues compléter cet important corpus juridique. La directive n° 2000/43/CE interdit les discriminations fondées sur

---

[132] J.-L. Halpérin, E. Fassin, dir., *Discriminations : pratiques, savoirs, politiques*, La documentation française, 2009.

[133] CJCE, aff. C-43/75, 8 avr. 1976, *Defrenne*.

[134] CJCE, aff. C-170/84, 13 mai 1986, *Bilka Kaufhaus*.

[135] E. Dubout, *L'article 13 du traité CE – La clause communautaire de lutte contre les discriminations*, Bruylant, 2006.

la race ou l'origine ethnique à toutes les personnes, tant pour le secteur public que pour le secteur privé, en ce qui concerne l'accès à l'emploi, à la formation, aux prestations sociales, à l'éducation, à la fourniture de biens et services. Ce texte exige, en outre, des États qu'ils instituent des Equality Bodies, institutions nationales chargées de la lutte contre les discriminations — à l'image, en France, de la Haute Autorité de Lutte contre les Discriminations et pour l'Égalité (HALDE), créée par la loi n° 2004-1486 du 30 déc. 2004 et dont les compétences ont été transférées en 2008 au Défenseur des droits. Quant à la directive n° 2000/78/CE, elle interdit les discriminations en matière d'emploi à partir de huit critères : race, sexe, orientation sexuelle, convictions, origine ethnique, handicap, religion, âge. La lutte contre les discriminations donne donc lieu à un corpus juridique fourni et relativement précis. En France, il faut ajouter les nombreuses lois qui sont venues, dans les années 2000 et 2010, allonger la liste des critères de distinction prohibés : les caractéristiques génétiques[136], la grossesse[137], le lieu de résidence[138], l'identité sexuelle ou identité de genre[139], la vulnérabilité résultant de la situation économique[140] ou même l'incapacité à s'exprimer dans une langue autre que le français[141].

La non-discrimination suppose que l'on ne peut utiliser certaines distinctions pour opérer des choix entre des personnes. Si le droit s'en saisit, ces distinctions deviennent non seulement illégitimes mais aussi illégales. Les discriminations les plus absolument prohibées sont celles qui touchent à la race, l'origine et les croyances, comme l'exprime l'article premier de la Constitution. De nombreuses dispositions juridiques interdisent les discriminations, dans le sillage de l'article 7 de la Déclaration universelle des

---

[136] L. n° 2002-303, 4 mars 2002, *Relative aux droits des malades et à la qualité du système de santé.*

[137] L. n° 2006-340, 23 mars 2006, *Relative à l'égalité salariale entre les femmes et les hommes.*

[138] L. n° 2014-173, 21 févr. 2014, *De programmation pour la ville et la cohésion urbaine.*

[139] L. n° 2012-954, 6 août 2012, *Relative au harcèlement sexuel* ; L. n° 2016-1547, 18 nov. 2016, *De modernisation de la justice du XXI e siècle.*

[140] L. n° 2016-832, 24 juin 2016, *Visant à lutter contre la discrimination à raison de la précarité sociale.*

[141] L. n° 2016-1547, 18 nov. 2016, *De modernisation de la justice du XXI e siècle.*

droits de l'homme selon lequel « Tous sont égaux devant la loi et ont droit sans distinction à une égale protection de la loi. Tous ont droit à une protection égale contre toute discrimination qui violerait la présente Déclaration et contre toute provocation à une telle discrimination ». Cela concerne naturellement les IA. Le droit positif s'oppose aux discriminations, surtout en matière d'emploi, de logement, d'éducation et d'accès aux biens et services. Dans ces cas, ce sont surtout des discriminations indirectes qui risquent de se produire, à savoir, selon l'article 1er de la loi du 27 mai 2008 *Portant diverses dispositions d'adaptation au droit communautaire dans le domaine de la lutte contre les discriminations*, « une disposition, un critère ou une pratique neutre en apparence, mais susceptible d'entraîner, pour l'un des motifs mentionnés au premier alinéa, un désavantage particulier pour des personnes par rapport à d'autres personnes, à moins que cette disposition, ce critère ou cette pratique ne soit objectivement justifié par un but légitime et que les moyens pour réaliser ce but ne soient nécessaires et appropriés ». En France, les articles 225-1 et 225-2 du Code pénal ou encore l'article L. 122-45 du Code du travail prohibent ainsi toute forme de discrimination.

L'article L. 1132-1 du Code du travail interdit d'écarter un salarié ou un candidat d'une procédure de recrutement ou de l'accès à un stage ou à une période de formation en entreprise, de le sanctionner ou de le licencier ou de lui infliger toute autre mesure discriminatoire, directe ou indirecte, en se fondant sur des critères ou des préconçus discriminatoires. Or ce sont là justement des domaines dans lesquels on est de plus en plus tenté de faire appel à des outils algorithmiques. Si le fruit de la décision résultant de l'algorithme revient statistiquement à occasionner un désavantage pour une catégorie de salariés en raison de leur âge, de leur état de santé, ou de tout autre motif discriminatoire légal, alors la discrimination pourra être retenue sans que l'employeur ne puisse tirer argument de l'objectivité des données traitées par l'algorithme de GRH[142]. Pour s'exonérer de sa responsabilité, il faudrait alors pouvoir prouver que l'on a poursuivi un but légitime au moyen d'instruments proportionnés. Quant au salarié ou candidat lésé, il devrait pouvoir engager une action en nullité de la mesure discriminatoire et demander le versement de dommages-intérêts afin de réparer son préjudice.

---

[142] L. Malfettes, « Gestion du personnel par algorithmes et droits du salarié », *Droit social* 2019, p. 591.

Au niveau européen, le Comité économique et social européen juge dans le même sens que le recours à des IA ne saurait aller sans « la protection des droits et libertés concernant le traitement des données des travailleurs [et] le respect des principes de non-discrimination »[143]. Face au risque que des algorithmes provoquent, perpétuent ou renforcent des biais sociaux, le CESE préconise de former à l'éthique les ingénieurs, informaticiens et autres concepteurs d'IA, mais aussi d'instituer des entités de contrôle[144].

Par ailleurs, le droit français, aux côtés des discriminations absolument prohibées (celles qui se rapportent à la race, aux origines ou aux croyances), consacre des discriminations relativement prohibées. Cela signifie que certains critères de distinction peuvent être utilisés par la loi, par exemple à des fins de « discrimination positive », mais pas par des acteurs privés. On comprend alors que les outils algorithmiques, sauf s'ils sont déployés par des administrations publiques, ne sauraient dans aucun cas procéder à des discriminations à l'occasion de relations privées. Ce sont donc bien toutes les formes de discrimination qui se trouvent défendues aux IA privées, qu'elles touchent à l'âge, l'apparence physique, le sexe, l'identité de genre, le handicap, l'activité syndicale, le lieu de résidence etc.

Cela, étant donné le mode de fonctionnement naturel de ces techniques, est une grande limite aux possibilités de leur développement. La lutte contre les discriminations donne ainsi lieu à de redoutables conflits entre liberté et égalité — même si dans de nombreux cas les IA malmènent l'une et l'autre. Plus la liste des critères de distinction prohibés s'allonge, plus la libre détermination, par les individus, des personnes avec lesquelles ils vont contracter, interagir, cohabiter, travailler etc. est réduite. Dans l'idéal, le droit devrait prendre un tour plus fin et précis afin de distinguer les situations dans lesquelles des discriminations sont trop peu graves pour devoir être interdites et celles où il doit intervenir afin de les prohiber, en raison de leur impact sur la vie des personnes. La liberté même signifie pouvoir choisir en fonction des critères que l'on estime utiles ou pertinents. Finalement, la liberté est notamment une liberté de discriminer. Mais le principe d'égalité triomphe de cette liberté là — sans pour autant que cela soit indiscutable, comme en a

[143] CESE, « L'intelligence artificielle : anticiper ses impacts sur le travail pour assurer une transition équitable », avis, 19 sept. 2018.
[144] *Ibid.*

témoigné la façon avec laquelle la Cour de justice de l'Union européenne a jugé que la liberté d'entreprendre comprenait le choix fait par l'employeur d'une neutralité (religieuse, philosophique, politique) de l'image de l'entreprise et ne contrevenait pas, ce faisant, au droit de la non-discrimination : ici, la Cour a préféré protéger la liberté des acteurs sociaux, en reconnaissant aux employeurs le pouvoir d'imposer la neutralité[145].

91. Le droit des données personnelles comme garde-fous. L'IA oblige à prendre garde, plus encore que par le passé, aux risques de discrimination accompagnant les procédés de personnalisation. Dans le secteur des assurances, par exemple, la lutte contre les discriminations justifie l'interdiction de s'appuyer sur des données de santé, ce qui limite nettement le travail des algorithmes de personnalisation concernant certaines polices d'assurance[146]. A titre d'exemple, la Cour de justice de l'Union européenne interdit l'utilisation du genre comme variable au sein d'un modèle statistique en assurance au nom du principe d'égalité de traitement entre les hommes et les femmes[147]. Or une telle obligation pourrait être malmenée par des IA capables d'inférer par elles-mêmes les critères permettant d'identifier le genre.

D'un côté, la combinaison des données et des algorithmes pourrait conduire à une plus grande diversité au nom d'une société dite « inclusive », cela au terme de procédés dits de « discrimination positive » — des pratiques qui, si elles visent à supprimer une discrimination subie par un groupe de personnes en les faisant bénéficier d'un traitement préférentiel, sont toutefois précisément encadrées sur le plan juridique[148]. Mais il convient avant tout de prévenir et atténuer les possibles « discriminations négatives » de certains groupes qui présentent un risque accru de voir leurs droits affectés par l'IA de manière disproportionnée. Sont concernés les femmes, les enfants, les personnes âgées, les personnes économiquement défavorisées, les membres de la communauté LGBTI, les personnes handicapées et les groupes

---

[145] CJUE, C-157/15, 14 mars 2017, *Achbita c. G4S Secure Solutions*.

[146] L. n° 2016-41, 26 janv. 2016, *De modernisation de notre système de santé*.

[147] CJUE, aff. C-236/09, 1er mars 2011, *Test-Achats*.

[148] I. Desbarats, « Le recrutement à l'ère de l'IA : l'éthique au secours du droit ? », *RLDA* 2019, n° 153.

« raciaux », ethniques ou religieux. Cela devrait justifier d'interdire le recours à des IA pour décider ou pour aider à décider dans les domaines les plus problématiques, y compris dans les services publics. Des mesures de contrôle et d'audit devraient être imposées afin d'identifier toute dérive vers des effets discriminatoires lorsque le recours à l'IA ne serait pas défendu.

En matière commerciale, si une entreprise peut se procurer les informations nécessaires concernant ses clients de manière à leur recommander des biens et services personnalisés, on pourrait s'inspirer du *Customer Privacy Bill of Rights* de 2012, proposition américaine visant à protéger les données des consommateurs et, par suite, à les préserver des personnalisations, surtout lorsqu'elles tournent à la discrimination[149]. Pour l'heure, le profilage est possible, malgré le RGPD qui se borne à l'encadrer. Or le profilage, par définition, est une forme de discrimination reposant sur des critères plus ou moins justes et pertinents. Le consentement au profilage devrait être non seulement obligatoire mais aussi effectif, éclairé. Or les législateurs et les juges sont susceptibles de mal réaliser quels sont les enjeux et les menaces. Un tel décalage pourrait donner un regrettable chèque en blanc aux technologies discriminantes. L'arrêt rendu le 12 avril 2018 par la chambre sociale de la Cour de cassation témoigne de la perception décalée de certaines juridictions par rapport aux conséquences du recours aux IA sur les conditions de travail des salariés. Ici, les magistrats ont estimé que la consultation du comité d'hygiène, de santé et des conditions de travail (CHSCT) n'était pas justifiée dans la mesure où l'utilisation de l'IA Watson « se traduit en termes de conséquences mineures dans les conditions de travail directes des salariés dont les tâches vont se trouver facilitées »[150]. Pourtant, l'impact de l'IA sur les conditions de travail dépasse de beaucoup ce simple constat. Une telle décision est un mauvais signal à une époque où les entreprises s'apprêtent à utiliser massivement l'intelligence artificielle[151]. Les représentants élus du personnel doivent être pleinement impliqués dans les décisions qui vont changer profondément et durablement l'environnement de travail des salariés.

---

[149] B. Ancel, « La vie privée dans un monde digitalement connecté : la démocratie en danger ? », *RLDI* 2019, n° 159, p. 34.

[150] Cass. soc., n° 16-27.866, 12 avr. 2018.

[151] G. Loiseau, « Intelligence artificielle et conditions de travail des salariés : un impact à prendre au sérieux », *Dalloz IP/IT* 2018, p. 437.

Face à la possible gestion algorithmique des personnels, le droit des données personnelles mérite d'être rigoureusement respecté. Les salariés vont voir de plus en plus de leurs données être collectées et traitées afin de servir les nouveaux outils de gestion des carrières, recrutement, formation, gestion de la paie, des horaires, annuaires et organigrammes internes, actions sociales etc. Si cela peut leur être profitable, le droit doit veiller à ce que les aspects pernicieux ne prospèrent pas, à l'exemple du suivi et du contrôle continu grâce à des objets connectés que chacun devrait porter en permanence. Les données de géolocalisation, comme les autres, ne sauraient être exploitées au mépris des droits des intéressés. Or, dans le Code du travail, les articles L. 1222-3 et L. 1222-4 posent déjà le principe selon lequel aucune information concernant personnellement un salarié ne peut être collectée par un dispositif qui n'a pas été porté préalablement à sa connaissance, de même qu'il doit être expressément informé, préalablement à leur mise en œuvre, des méthodes et techniques d'évaluation professionnelle mises en utilisées à son égard. De plus, le comité social et économique (CSE) doit être informé, préalablement à leur utilisation, concernant les méthodes ou techniques d'aide au recrutement des candidats à un emploi ainsi que sur toute modification de celles-ci, sur les traitements automatisés de gestion du personnel et sur toute modification de ceux-ci préalablement à leur mise en œuvre. Le même CSE doit être informé et consulté en cas d'introduction de nouvelles technologies modifiant les conditions de santé et de sécurité, ainsi qu'au sujet des moyens ou techniques permettant un contrôle de l'activité des salariés, cela en vertu de l'article L. 2312-38 du Code du travail. Le non-respect de cette obligation expose l'employeur au délit d'entrave. Du côté de la Cour européenne des droits de l'homme, il a été jugé que le suivi des paramètres de communication des salariés (contenus, fréquences, destinataires) opéré via les outils de l'entreprise constitue une atteinte aux droits fondamentaux des travailleurs, qui doit être évaluée par conséquent en fonction du but légitime ou non qu'elle poursuit et de la proportionnalité de l'atteinte qu'elle engendre[152].

S'agissant des procédures de recrutement, l'article L. 1221-8 du Code du travail implique que les données collectées soient strictement nécessaires à l'évaluation des capacités du candidat à occuper le poste proposé. Dès lors,

---

[152] CEDH, n° 588/13, 22 févr. 2018, *Libert c. France*.

les formulaires de candidature ne peuvent imposer, par exemple, d'indiquer sa situation matrimoniale ou sa paternité[153]. Un employeur doit tout spécialement veiller au respect des exigences tenant à la licéité des traitements de données de ses collaborateurs et candidats à l'embauche, y compris — et surtout — si ces opérations sont automatisées au moyen d'algorithmes. En premier lieu, il importe de se trouver dans l'une des bases légales limitativement énumérées par le RGPD, suivant le mécanisme inauguré par la loi « Informatique et libertés » française : le « consentement de la personne concernée, dans les conditions mentionnées au 11 de l'article 4 et à l'article 7 du règlement [européen] », la nécessité de « l'exécution d'un contrat auquel la personne concernée est partie ou à l'exécution de mesures précontractuelles prises à la demande de celle-ci », le « respect d'une obligation légale à laquelle le responsable du traitement est soumis », la « sauvegarde des intérêts vitaux de la personne concernée ou d'une autre personne physique », l' « exécution d'une mission d'intérêt public ou relevant de l'exercice de l'autorité publique dont est investi le responsable du traitement » ou encore les « fins des intérêts légitimes poursuivis par le responsable du traitement ou par un tiers, à moins que ne prévalent les intérêts ou les libertés et droits fondamentaux de la personne concernée qui exigent une protection des données à caractère personnel, notamment lorsque la personne concernée est un enfant ». Respecter cette disposition, c'est déjà prévenir en partie les risques de discrimination. Cela d'autant plus que le consentement du salarié au traitement de ses données comme l'analyse depuis longtemps la CNIL, mérite d'être exclu en raison du lien de subordination qui lie le salarié à l'employeur et qui amène à douter du caractère libre du consentement. Aujourd'hui, le RGPD confère une importance décisive à la liberté de choix de l'intéressé — le consentement donné doit être libre, donné spécifiquement pour le traitement pour lequel il est sollicité, éclairé, recueilli sans ambiguïté. Il en résulte que la plupart des traitements de données ne peuvent pas reposer sur le consentement du salarié. On prévient aussi les discriminations à la base lorsqu'on opère le contrôle de finalité : la collecte et le traitement des données par l'employeur doivent répondre à des objectifs légitimes eu égard à l'activité de l'entreprise. Et les données doivent être adéquates, pertinentes et limitées à ce qui est nécessaire au regard des finalités pour lesquelles elles sont traitées.

---

[153] CNIL, « Le recrutement et la gestion du personnel », 2018.

Respecter le droit des données personnelles est la première des exigences afin de limiter les discriminations[154]. Tel est encore le cas, par exemple, des données sensibles telles que l'appartenance syndicale, qui ne peuvent être collectées et qui, si elles l'étaient, menaceraient de nourrir des discriminations. Dans le cadre d'un recrutement, la collecte de données n'est concevable qu'à condition que ces données ne servent qu'à évaluer la capacité du candidat à occuper l'emploi (qualification, expérience).

92. Égalité mais pas égalitarisme : la nécessité de certains biais. Dans le secteur privé, Accenture, comme d'autres, a développé un instrument d'équité (« *fairness tool* ») censé lui permettre d'identifier et de corriger les discriminations potentielles au sein de l'entreprise. Des algorithmes visent ainsi à quantifier les biais tels que des écarts de traitement entre les hommes et les femmes ou la prise en compte de l'origine au cours des procédures de recrutement. Il s'agit là d'une exigence de justice sociale : il faut lutter contre la tendance naturelle des hommes à perpétuer le passé, y compris dans ses travers, et à préférer ce qui ressemble à soi par rapport à ce qui est différent. Les IA peuvent ainsi parfaitement servir l'équité et la diversité, tout dépend des usages qu'on en fait et des objectifs qu'on lui assigne. En matière de recrutement, elle peut être utile en permettant de dépasser le confort immédiat du conservatisme et du mimétisme pour s'appuyer sur les critères les plus objectifs de distinction entre les candidats. Une telle ambition est d'ailleurs assez logique en matière d'IA : promouvoir une forme d'égalitarisme utilitariste dans laquelle chacun se caractérise par son utilité réelle plutôt que par son origine ou son milieu. Une société sans biais serait sans doute plus efficace et plus prospère qu'une société fonctionnant à base de copinage et de localisme plutôt que de mérite. Cependant, une telle délégation du choix de ses collaborateurs à des IA parfaitement neutres n'est pas du goût de tout le monde et Gaspard Kœnig observe que « cette logique trahit un double renoncement au libre arbitre. D'une part, l'objet du choix est réputé non responsable de ses caractéristiques personnelles, qu'elles soient innées ou acquises. D'autre part, l'agent du choix délègue sa décision à la machine de peur de céder, consciemment ou non, à des préjugés

[154] L. Malfettes, « Gestion du personnel par algorithmes et droits du salarié », *Droit social* 2019, p. 591.

profondément enfouis »[155]. Et le philosophe de se demander : « Quels critères resterait-il à l'intelligence artificielle, une fois l'individu réduit à l'épure de lui-même et devenu une simple abstraction de 1 et de 0 ? L'utilité réciproque. Ainsi l'intelligence artificielle, non contente d'anticiper et de révéler nos préférences spontanées, irait jusqu'à les supprimer au nom même de la satisfaction équitable et optimale de l'ensemble des individus »[156].

Nul doute qu'on ne saurait accepter un monde dans lequel les entreprises placeraient sur un pied d'égalité, pour éviter toute différenciation, ceux qui sont diplômés et ceux qui ne le sont pas, ceux qui ont une expérience et ceux qui n'en ont pas, ceux qui font la preuve de certaines formes d'intelligence et ceux qui ne le font pas, ceux qui donnent envie de travailler avec eux et ceux qui ne le donnent pas. L'égalitarisme n'est pas l'égalité et cette dernière ne saurait justifier qu'on préfère un candidat pénalisé par ses mauvaises études ou son QI trop faible afin de ne pas le discriminer. On ne saurait pour autant plaider pour les biais et les discriminations et, s'il faut sans doute se préserver d'une société totalement lissée, totalement automatisée, totalement dé-subjectivisée, c'est un fragile équilibre, comme souvent, qu'il faut poursuivre. C'est bien entendu un gouffre qui sépare les biais injustes et les distinctions justes. Trop d'égalité tue la liberté ; et trop de liberté tue l'égalité. Entre ces deux extrêmes, nous devons œuvrer à l'édification d'une société ménageant à la fois la liberté et l'égalité. Comme souvent, les positions par trop radicales ne sont pas bonnes conseillères. C'est pourquoi, comme la justice, il convient de se bander les yeux et de peser les qualités, les arguments ou les intérêts en présence au moyen d'une balance. En fonction des emplois, la force physique ou le niveau d'éducation peuvent être des critères justes de distinction entre des candidats. Tel ne saurait être le cas de la couleur de peau, de l'origine socioculturelle ou de l'identité sexuelle.

Surtout aux États-Unis, la lutte contre les discriminations est devenue une obsession de tous les instants dans les cercles progressistes. Dès qu'on jouit d'un début de puissance ou de privilège, il faut prouver à chaque occasion que l'on est pas dans le camp de l'oppression. Il faut prendre garde à ce que l'objectif de lutter contre les discriminations dans le monde des IA ne se

---

[155] G. Kœnig, *La fin de l'individu – Voyage d'un philosophe au pays de l'intelligence artificielle*, Éditions de l'observatoire, coll. De facto, 2019, p. 224.
[156] *Ibid.*, p. 225.

retourne pas contre lui-même, n'aboutisse pas à tout aplanir, ce qui serait une autre forme de déshumanisation liberticide. L'objectif ultime des antiracistes ou des féministes devrait être de rendre la couleur de peau ou le sexe indifférent, non de construire des communautés d'intérêts prêtes à entrer en conflit. Dans les entreprises américaines, aujourd'hui, les employés sont paralysés par la peur de laisser échapper un propos que d'aucuns qualifieraient de « discriminatoire » ou de se comporter d'une manière qui serait jugée « inapproprié », si bien que les relations interpersonnelles authentiques deviennent impossibles. Finalement, on peut plaider pour une société des IA moins biaisée, mais pas sans biais aucun car alors cela signifierait en même temps sans humain aucune, sans affects, sans goûts, sans passions. Le droit n'a pas à promouvoir des IA qui seraient devenues parfaitement neutres et objectives. Il doit se contenter de lutter contre les injustices tout en préservant la part d'humanité qui permet de choisir arbitrairement ses amours, ses amis, ses collaborateurs. Selon le bon vieux préjugé, « qui se ressemble s'assemble ». Les biais permettent la continuité, l'appariement culturel est ce qui permet de poursuivre une histoire commune. En définitive, il existe aussi bien des raisons de redouter que les IA reproduisent et renforcent des biais injustes que des raisons de craindre qu'elles altèrent les biais justes et nécessaires à toute société. Car il n'est pas de société sans *affectio societatis*.

Une première voie équilibrée semble se trouver dans l'obligation de réaliser une étude d'impact relative aux discriminations pour tout projet d'IA visant à prendre ou à aider à prendre des décisions individuelles, touchant directement des personnes. Dans le cadre juridique européen actuel, il est déjà nécessaire, avant de mettre en œuvre des traitements de données personnelles, d'effectuer préalablement une étude quant à l'impact potentiel de ces activités sur les droits et les intérêts des personnes concernées. Cette étude d'impact sur la vie privée (« *privacy impact assessment* ») peut conduire, en cas de risque identifié, à apporter préventivement des correctifs. En ce sens, les lignes directrices adoptées par le groupement européen des autorités de protection des données (G29) soulignent qu'un PIA est nécessaire chaque fois qu'un risque de discrimination ou d'exclusion émerge avec un traitement de données et qu'il s'agit là d'une condition forte de l'acceptabilité sociétale de l'IA. Les concepteurs d'IA, qu'ils en soient à l'initiative ou à la réalisation, devraient s'interroger systématiquement quant aux conséquences sociales de leurs projets et travaux. On pourrait aller plus loin encore en imaginant un système d'autorisation préalable, ce qui obligerait à répondre aux complexes questions de son organisation, notamment s'agissant de l'organisme qui serait chargé d'opérer les contrôles et délivrer les autorisations. Mais cela irait contre la logique de responsabilisation des acteurs pour l'heure dominante, notamment afin de laisser suffisamment de marges d'innovation aux industriels, pour qui le droit doit être un soutien et non un frein — sachant que l'innovation peut être une innovation en faveur de l'égalité numérique.

Par ailleurs, une autre et dernière voie pourrait être de penser les droits collectifs sur les données, comme y a invité le « rapport Villani »[157]. La législation actuelle, focalisée sur la protection de l'individu, se trouve en décalage par rapport aux logiques autour desquelles les systèmes d'IA fonctionnent — soit l'examen de masses d'informations afin de repérer des tendances et des comportements cachés. Elle ne prend pas suffisamment en compte les effets de ces technologies sur des groupes d'individus. C'est pour combler ce décalage qu'il a été proposé de créer des droits collectifs sur les données, de consacrer une « macro-protection de la vie privée »[158]. Et la loi *De modernisation de la justice du XXIe siècle* du 18 novembre 2016 a ouvert une action de groupe « données personnelles » (figurant à l'article 43 ter de la loi du 6 janvier 1978) permettant aux associations de défense des consommateurs et de protection des données personnelles d'agir en cas d'infractions à la législation sur ces données[159]. Cette action de groupe est toutefois très encadrée et elle ne permet que la cessation de l'infraction concernée, non la réparation du préjudice causé. Reste que les droits collectifs sur les données auront sans doute un rôle utile à jouer dans ce contexte où il convient d'adapter la protection des droits et des libertés à la nouvelle donne de l'IA. Dans ce contexte, alors que la technique saisit les données des individus mais aussi des groupes d'individus, et que les systèmes rétroagissent sur les individus mais aussi sur les groupes d'individus, le trouble jeu des données menace de causer des discriminations

---

[157] C. Villani, *Donner un sens à l'intelligence artificielle – Pour une stratégie nationale et européenne*, mission parlementaire, 2018, p. 140.

[158] G. Loiseau, « Intelligence artificielle et droit des personnes », in A. Bensamoun, G. Loiseau, dir., *Droit de l'intelligence artificielle*, LGDJ, 2019, p. 59.

[159] L. n° 2016-1547, 18 nov. 2016, *De modernisation de la justice du XXIe siècle*.

tant individuelles que collectives, appelant des réponses tant individuelles que collectives — les discriminations collectives étant peut-être plus graves encore que les discriminations individuelles.

II. Le droit à la transparence algorithmique

93. « Nul n'est censé ignorer la loi des IA ». Certaines IA aboutissent à des résultats très pertinents, bien supérieurs à ceux que pourraient produire des humains. Le problème est que la façon dont ils y parviennent demeure très opaque. C'est là le fameux problème des « boîtes noires » : on voit ce qui y rentre, on récolte ce qui en sort, mais on n'a qu'une vague idée de ce qui s'y passe, des mécanismes entre les entrées et les sorties. Cet enjeu est de taille car pouvoir expliquer ce qui se passe est crucial pour de multiples usages, qu'il s'agisse de l'attribution d'un crédit, du choix du meilleur candidat pour un emploi, de l'affectation d'un bachelier dans un établissement d'enseignement supérieur, d'un diagnostic médical ou de la conduite autonome, surtout lorsqu'elle engendre des accidents. Dans son rapport du printemps 2019, le groupe d'experts de haut niveau de la Commission européenne notait ainsi que, « dès qu'un système d'IA a une incidence importante sur la vie des personnes, il devrait être possible d'exiger une explication appropriée du processus de décision ». Plus généralement, on devrait pouvoir s'assurer à tout instant qu'une IA fait ce pour quoi elle a été programmée et ce pour quoi elle est utilisée. Toute IA devrait pouvoir être évaluée en temps réel et *a posteriori*. Nul mécanisme algorithmique ne devrait atteindre un degré de complexité tel qu'il ne puisse plus être surveillé ni contrôlé par des êtres humains. Dans la « Déclaration de Montréal », il est retenu ainsi que « les décisions des services d'IA devraient toujours être justifiables dans un langage compréhensible aux personnes qui les utilisent ou qui subissent les conséquences de leur utilisation. La justification consiste à exposer les facteurs et les paramètres les plus importants de la décision et doit être semblable aux justifications qu'on exigerait d'un être humain prenant le même type de décision »[160].

Pour contrôler le travail des IA, notamment afin de prévenir les discriminations, il est impératif de pouvoir « soulever le capot et plonger les mains dans le moteur ». Dès lors qu'une décision individuelle est prise sur la base des résultats d'un algorithme, il faudrait avoir le droit de se voir expliquer comment ceux-ci ont été obtenus, à travers quels mécanismes, à partir de quelles données, suivant quels critères. Or cela est en réalité assez utopique. Poser un tel principe reviendrait largement à interdire l'usage de ces technologies, d'une part car il est souvent impossible de comprendre exactement comment un système d'IA aboutit à certains résultats plutôt que d'autres et, d'autre part, parce que même lorsque cela est possible pour ses concepteurs, traduire le mode de fonctionnement d'une IA afin de le rendre accessible au grand public sans néanmoins trop le simplifier est une gageure. Il est bien possible de préconiser, comme la CNIL, de « constituer une plateforme nationale d'audit des algorithmes », mais, en pratique, la réalisation d'un tel audit achopperait sur de nombreux obstacles techniques. Et encore faudrait-il convaincre les autorités compétentes de ne pas limiter les contrôles au seul respect de la vie privée et d'inclure aussi les atteintes aux principes de liberté et d'égalité. On ne saurait pour autant renoncer au principe selon lequel « nul n'est censé ignorer la loi des algorithmes », car celle-ci emporte des conséquences trop importantes sur nos existences individuelles, collectives, privées, professionnelles etc. Le fonctionnement des services d'intelligence artificielle devrait être intelligible de tous ou, au moins, de leurs concepteurs. Quiconque s'estime victime d'une violation des droits de l'homme causée par une IA devrait pouvoir accéder aux données personnelles le concernant qui ont été utilisées, mais aussi aux informations d'apprentissage et de test, aux informations sur la façon par laquelle l'IA fonctionne et a été utilisée, aux informations utiles et compréhensibles sur la manière avec laquelle l'IA a produit la recommandation, la prévision ou la décision. Enfin, cette personne devrait pouvoir comprendre comment les données issues de l'IA ont été interprétées et quelles suites leur ont été données et pourquoi. Il s'agirait donc d'enregistrer et documenter le travail

---

[160] « Déclaration de Montréal pour un développement responsable de l'intelligence artificielle », Université de Montréal, 4 déc. 2018.

des systèmes : description de la collecte et de l'étiquetage des données, description de l'algorithme utilisé, explication du processus de prise de décision algorithmique.

94. Le secret des algorithmes. La transparence des algorithmes suscite logiquement de nombreuses réserves et est souvent jugée insatisfaisante ou même impraticable. Une transparence se contentant de la publication pure et simple d'un code source laisserait la quasi-totalité du public dans l'incompréhension et correspondrait en pratique à une absence de transparence. Il s'agit pourtant là de la façon la plus évidente de donner un accès au mode de fonctionnement de l'IA. En outre, une telle transparence risque de porter atteinte aux droits de propriété intellectuelle et aux secrets industriels et des affaires, qui ne sont pas de peu de poids dans la balance des intérêts. Dévoiler un algorithme peut aboutir à menacer un modèle économique. Concernant le secret des affaires, la directive européenne relative à la « protection des secrets d'affaires contre l'obtention, l'utilisation et la divulgation illicites » entérine l'impossibilité d'accéder à des demandes d'accès à une modélisation, aux objectifs d'un dispositif ou aux annotations d'un jeu de données[161]. Quant au considérant 63 du RGPD, il précise que le droit d'accès aux informations personnelles qui ont justifié une décision automatisée « ne devrait pas porter atteinte aux droits ou libertés d'autrui, y compris au secret des affaires ou à la propriété intellectuelle ». Avec la protection des données personnelles, le droit des brevets, le secret entourant certaines fonctions régaliennes afin de protéger la sécurité et l'ordre public ou encore l'article L. 341-1 du Code de la propriété intellectuelle qui interdit « toute extraction, par transfert permanent ou temporaire, de la totalité ou d'une partie qualitativement ou quantitativement substantielle du contenu d'une base de données sur un autre support, par tout moyen et sous toute forme que ce soit », ce sont divers obstacles juridiques qui s'opposent à la possibilité d'obtenir des comptes quant aux décisions automatisées[162]. Au-delà, on peut aussi refuser de renseigner le monde entier quant au fonctionnement de son algorithme afin de le protéger des tentatives de manipulation. En effet, quiconque connaît les critères décisifs du travail

---

[161] Dir. 2016/943/UE, 8 juin 2016, *Relative à la protection des secrets d'affaires contre l'obtention, l'utilisation et la divulgation illicites.*

[162] J.-M. Deltron, « Quelle(s) protection(s) pour les modèles d'inférences », *Cahiers Droit, Science et Technologies* 2017, n° 7, p. 127 s.

d'une IA peut chercher à en tirer parti. C'est pourquoi Google, par exemple, veut éviter que les résultats fournis par l'algorithme PageRank de son moteur de recherche ne soient faussés par des acteurs qui auraient compris comment en exploiter la logique à leur profit, en faisant remonter certains résultats favorables en tête et en en faisant disparaître d'autres.

Reste que s'il est difficile d'entrer dans les rouages hyper-complexes et d'accéder aux variables versatiles des algorithmes, on peut en revanche attendre de ceux qui les commandent et les fabriquent qu'ils rendent publics les objectifs qu'ils leur attribuent. Ceux-ci sont normalement à la fois plus explicites, plus compréhensibles et plus importants, mais à condition bien sûr qu'ils soient exprimés de bonne foi et sérieusement. On peut aussi demander à accéder aux données qui nourrissent l'algorithme, surtout s'il s'agit de ses propres données personnelles. Mais cela restera le plus souvent très insuffisant et ne permettra pas de faire le lien direct avec les résultats. On pourrait réclamer des explications quant aux pondérations affectées aux différentes hypothèses en fonction du profil et du contexte d'utilisation. Cependant, dès lors que des méthodes non paramétriques sont appliquées, les conditions des calculs sont révisées en permanence selon les actions des utilisateurs. Il est par conséquent vain de réclamer la levée d'un quelconque secret des algorithmes qui n'existe pas en tant que tel — ou qui existe sans que personne ne le connaisse précisément. On peut alors s'en remettre aux flux de données utilisés dans le calcul.

Par rapport aux algorithmes qu'on programme et donc dont on saisit plutôt bien le mode de fonctionnement, les réseaux de neurones artificiels permettant l'apprentissage profond peuvent difficilement sortir de leur condition de « boîtes noires ». Ces IA sont opaques par nature, à tel point que l'obligation de transparence et d'explicabilité semble devoir en interdire l'usage, ce qui est une conséquence radicale mais inéluctable. Les concernant, il est impossible de saisir quel raisonnement artificiel permet de passer des données initiales au résultat final. Il faut distinguer l' « apprentissage supervisé », qui permet en théorie d'accompagner pas à pas l'apprentissage du système et donc d'en contrôler la logique, et l' « apprentissage non supervisé », dans lequel la machine jouit d'une entière autonomie et on se borne à contrôler la qualité a priori des résultats qu'elle produit. Cependant, une science naissante, forme de « forme de rétro-ingénierie », tâche de développer des outils permettant d'un peu mieux saisir le fonctionnement des réseaux de neurones. L'explicabilité des algorithmes d'apprentissage automatique est un sujet si pressant qu'il constitue aujourd'hui un champ de recherche spécifique, qui doit être soutenu par la puissance publique. Trois axes en particulier paraissent devoir être approfondis spécifiquement : la production de modèles plus explicables, mais aussi la production d'interfaces utilisateurs mieux intelligibles et la compréhension des mécanismes cognitifs à l'œuvre pour produire une explication satisfaisante.

C'est pourquoi de nombreux spécialistes se réfèrent non à la transparence, trop illusoire que l'on soit en présence d'un algorithme programmé ou, surtout, d'un système d'apprentissage automatique, mais à l'intelligibilité ou explicabilité. Ce n'est pas d'avoir accès à un code source et à des paramètres incompréhensibles et parfois incertains qui importerait mais de pouvoir saisir la logique générale de fonctionnement de l'algorithme. Cette logique devrait pouvoir être comprise par tous et donc être énoncée textuellement, non à travers des lignes de code informatique. En ce sens, pour la CNIL, « rendre transparent un calculateur, cela doit avant tout être un travail pédagogique, pour essayer de faire comprendre ce qu'il fait. Ce qui est essentiel, ce n'est pas que le code soit transparent, c'est que l'on comprenne ce qui rentre et ce qui sort de l'algorithme ainsi que son objectif. C'est cela qui doit être transparent »[163].

Alors que la DARPA (Defense Advanced Research Projects Agency), l'agence chargée de la recherche au sein du département de la défense américain, mène un projet sur l'« XAI » (« *Explainable Artificial Intelligence* »), les principaux éditeurs de programmes d'IA (IBM, Google, Microsoft) jouent plus ou moins honnêtement le jeu de la transparence en proposant des suites logicielles (AI OpenScale chez IBM, Google AI Explanations) qui permettent à leurs utilisateurs de comprendre comment ces IA aboutissent à tel ou tel résultat plutôt qu'un autre. Ces instruments d'analyse demeurent toutefois limités : ils permettent seulement d'identifier les données ayant joué un rôle déterminant pour l'algorithme, sans dévoiler

---

[163] CNIL, *Comment permettre à l'homme de garder la main ? Les enjeux éthiques des algorithmes et de l'intelligence artificielle*, synthèse du débat public animé par la CNIL dans le cadre de la mission de réflexion éthique confiée par la loi pour une République numérique, déc. 2017, p. 51.

son mécanisme exact ni quelques relations explicatives. Ils permettent simplement aux ingénieurs non spécialistes de faire une grossière analyse de ces outils informatiques[164].

95. L'explicabilité : comprendre la « logique » de fonctionnement d'un algorithme. Quelles que soient les limites des opérations de contrôle qu'il serait possible d'envisager, des exigences de loyauté et de transparence à l'égard des individus dont les IA affectent la qualité de vie, les choix de vie les plus essentiels ou encore la réputation (numérique) doivent être posées. Tel est déjà le cas dans le RGPD, à la suite de la loi *Informatique et libertés*. Le texte européen, par son article 22, prévoit au bénéfice des personnes concernées le « droit de ne pas faire l'objet d'une décision fondée sur un traitement automatisé, y compris le profilage, produisant des effets juridiques la concernant ou l'affectant de manière significative de façon similaire ». Dans le même sens, le considérant 71 souligne que, « en tout état de cause, un traitement de ce type devrait être assorti de garanties appropriées, qui devraient comprendre une information spécifique de la personne concernée ainsi que le droit d'obtenir une intervention humaine, d'exprimer son point de vue, d'obtenir une explication quant à la décision prise à l'issue de ce type d'évaluation et de contester la décision ». Le RGPD insiste plus généralement sur le besoin de transparence. Les personnes touchées par des traitements de données doivent en être averties et doivent être alertées en cas de collecte de leurs données personnelles au plus tard au moment de celle-ci. L'information doit, selon l'article 12, être réalisée de façon « concise, transparente, compréhensible et aisément accessible, en des termes clairs et simples », ce qui fait peser sur l'auteur du traitement de données une exigence renforcée tant sur la forme que sur le fond de l'information à transmettre. Au-delà, la satisfaction de l'exigence de transparence devrait dépendre de la lisibilité des algorithmes mobilisés, de la capacité à expliquer clairement et simplement, sans ambiguïté, comment ils traitent les données personnelles. Par exemple s'agissant d'un salarié ou d'un candidat dont la mutation ou le recrutement dépend des indications fournies par un outil informatique, il est impératif qu'il puisse saisir comment ce dernier opère et contrôler la validité des résultats qu'il génère. Mais, encore une fois, si le

---

[164] J. Henno, « L'intelligence artificielle à l'heure de la transparence algorithmique », lesechos.fr, 9 mars 2020.

principe est aisé à poser, sa mise en œuvre effective est assez chimérique. Au moins faut-il pouvoir vérifier les informations détenues sur la personne et ayant été utilisées, ainsi que les corriger si nécessaire ou demander leur suppression, droits que le RGPD consacre.

L'obligation d'information est déjà un devoir crucial en robotique, pour les fabricants, les vendeurs et les prestataires de services[165]. Cela semble devoir être vrai dans tout le secteur de l'IA en général. Pour prévenir et encadrer les traitements algorithmiques, le droit français a renforcé l'exigence de transparence à l'occasion de la loi « Pour une République numérique »[166] et de ses décrets d'application[167]. Les entreprises sont ainsi tenues à une obligation de transparence concernant leurs algorithmes de classement, de référencement et de déréférencement. Les plateformes en ligne, en vertu de l'article L. 111-7 du Code de la consommation, sont tenues de « délivrer au consommateur une information loyale, claire et transparente sur […] les modalités de référencement, de classement et de déréférencement des contenus, des biens ou des services auxquels ce service permet d'accéder ». Cela est important tant les GAFAM et autres services de réseautage social devraient expliquer clairement au public ce que font leurs IA, quels présupposés elles suivent et en quoi elles influencent les comportements. Mais, alors que les algorithmes ont été, à grand renfort de savante communication, élevés au rang de mythes, jamais ces entreprises ne sauraient s'engager dans cette voie de leur propre initiative. C'est de façon très utopique que la CNIL suggère aux acteurs privés de contribuer à un cercle vertueux de transparence en ajoutant dans les espaces personnels des individus possédant un compte un onglet à cet effet, permettant notamment de consulter la listes des informations personnelles détenues par l'entreprise, de les corriger et de les supprimer, ainsi que des explications concernant la logique de l'algorithme[168]. Déjà dans la loi « Informatique et libertés »

---

[165] N. Nevejans, *Traité de droit et d'éthique de la robotique civile*, LEH édition, coll. Science, éthique et société, 2017.

[166] L. n° 2016-1321, 7 oct. 2016, *Pour une République numérique*.

[167] D. n° 2017-1434, 29 sept. 2017, *Relatif aux obligations d'information des opérateurs de plateformes numériques*.

[168] CNIL, *Comment permettre à l'homme de garder la main ? Les enjeux éthiques des algorithmes et de l'intelligence artificielle*, synthèse du débat public animé par la

l'article 47 évoque la communication des règles du traitement et de ses principales caractéristiques par celui qui souhaite se prévaloir des exceptions au principe de prohibition des décisions prises sur le seul fondement d'un traitement automatisé de données à caractère personnel. Quant au RGPD, certains expliquent que la lecture conjointe des articles 22, 13 et 15 (relatifs au droit d'accès aux données collectées et au droit de connaître la finalité de traitement) induirait nécessairement, bien que tacitement, un « droit d'explication », donc le droit, pour tout individu, de demander des explications concernant une décision algorithmique prise à son sujet[169]. L'Union européenne souhaite en tout cas renforcer ce droit[170]. Et, plus clairement, les articles 12 à 15 du RGPD consacrent le droit de l'utilisateur d'exiger une explication sur le traitement des données dont il est la source. Ainsi le responsable du traitement doit-il informer la personne de « l'existence d'une prise de décision automatisée, y compris un profilage, [et] des informations utiles concernant la logique sous-jacente, ainsi que l'importance et les conséquences prévues de ce traitement pour [elle] ». L'article 12§1 précise que cette information doit être communiquée « d'une façon concise, transparente, compréhensible et aisément accessible, en des termes clairs et simples ».

Des IA opaques sont la porte ouverte à tous les biais et toutes les discriminations dès lors que ceux-ci s'avèrent difficilement perceptibles. C'est pourquoi, malgré toutes les limites pratiques d'un tel principe, il faut plaider pour la transparence des algorithmes. Une telle transparence, par exemple lorsque le code source est rendu public ou communiqué aux individus concernés, est un premier garde-fous, bien que ces individus ne soient que rarement en mesure de comprendre le sens de ce code source. La « Déclaration de Montréal » pose en ce sens que « le code des algorithmes, publics ou privés, doit toujours être accessible aux autorités publiques compétentes et aux parties prenantes concernées à des fins de vérification et

---

CNIL dans le cadre de la mission de réflexion éthique confiée par la loi pour une République numérique, déc. 2017, p. 56.

[169] B. Goodman, S. Flaxman, « European Union Regulations on Algorithmic Decision-Making and a "Right to Explanation" », *AI Magazine* 2017, p. 50 s.

[170] Parlement européen, « Résolution sur une politique industrielle européenne globale sur l'intelligence artificielle et la robotique », 2018/2088(INI), n° 158, 12 févr. 2019.

de contrôle »[171]. Mais un code source ouvert n'est ni nécessaire ni suffisant pour assurer la transparence — le risque est de voir la technicité extrême étouffer la clarté. En cas de prise de décision automatisée et même en cas de prise de décision assistée par informatique, il doit être nécessaire de garantir, dès la conception, la transparence et l'explicabilité des algorithmes. Dans l'idéal, il faudrait fournir un moyen simple de comprendre ce que fait l'IA, comment et pourquoi. Les informaticiens, comme tous ceux qui contribuent à la fabrication des IA, doivent garder en permanence à l'esprit l'objectif de faciliter leur vérifiabilité et définir des méthodes en vue de leur explication. Une IA digne de confiance suppose également d'assurer la « traçabilité » des systèmes d'IA[172]. Plus encore, il pourrait s'agir d' « intégrer des mécanismes de sécurité par conception et de sûreté dans le système d'IA permettant d'en vérifier l'innocuité à chaque stade »[173]. Et la Commission européenne de proposer de retenir une obligation de conservation des dossiers et des données, plus précisément des « dossiers de programmation de l'algorithme et des données utilisées pour entraîner les systèmes d'IA à haut risque, et, dans certains cas, [...] des données elles-mêmes » en vue de pouvoir vérifier la conformité des systèmes d'intelligence artificielle[174].

Enfin, les administrations sont aussi soumises au principe de transparence. Sur ce point, l'article L. 311-3-1 du Code des relations entre le public et l'administration, introduit par l'article 4 de la loi « Pour une République numérique », prévoit que « toute décision individuelle prise sur le fondement d'un traitement algorithmique comporte une mention explicite en informant l'intéressé. Les règles définissant ce traitement ainsi que les principales caractéristiques de sa mise en œuvre sont communiquées par l'administration à l'intéressé s'il en fait la demande ». En pratique, ce sont surtout les décisions administratives assistées par informatique qui génèrent des contentieux autour du manque d'explication et de motivation — ce qui

[171] « Déclaration de Montréal pour un développement responsable de l'intelligence artificielle », Université de Montréal, 4 déc. 2018.

[172] Commission européenne, « Lignes directrices en matière d'éthique pour le développement et l'utilisation d'une IA », 8 avr. 2019.

[173] *Ibid.*

[174] Commission européenne, « Intelligence artificielle – Une approche européenne axée sur l'excellence et la confiance », livre blanc, COM(2020) 65 final, 19 févr. 2020.

constitue un autre témoignage des peurs infondées du public à l'égard de l'État quand il fait une totale confiance aux multinationales privées qui, pourtant, à l'inverse des pouvoirs publics, défendent des intérêts privés et non l'intérêt général. Le Conseil constitutionnel a d'ailleurs ajouté que, « lorsque les principes de fonctionnement d'un algorithme ne peuvent être communiqués sans porter atteinte à l'un des secrets ou intérêts énoncés au 2° de l'article L. 311-5 du Code des relations entre le public et l'administration, aucune décision individuelle ne peut être prise sur le fondement exclusif de cet algorithme »[175]. La même règle devrait certainement s'appliquer aux relations entre personnes privées. Dans tous les cas, cependant, le principe de transparence et d'explicabilité ne saurait permettre seul de garantir l'effectivité des droits et libertés fondamentaux. Il n'en doit pas moins être considéré tel un principe essentiel. La transparence et l'explicabilité sont des préalables qui permettent de garantir que les autres principes soient observés.

96. Une condition de la confiance et de la responsabilité. Le résultat d'un algorithme doit pouvoir être compris et contesté. L'intelligence doit être augmentée, c'est-à-dire au service de l'humain, bien davantage qu'autonome. Ce qui se joue est le binôme homme-machine. Dans l'idéal, l'IA devrait être intuitivement compréhensible de l'humain. On ne peut pas avoir confiance dans ce que l'on ne comprend pas, ou bien alors il s'agit d'une confiance aveugle, soit une confiance précaire et insatisfaisante. La transparence et l'explicabilité sont importantes parce qu'elles sont une question de confiance pour les utilisateurs. Or on sait qu'une IA qui profite à tous, des industriels aux consommateurs en passant par les gouvernants et par les citoyens, est forcément une IA qui inspire la confiance[176]. Les enjeux économiques sont d'ailleurs élevés. George Akerlof, Prix Nobel d'économie en 2001, a montré que si un marché devient opaque pour certains de ses acteurs, il finit par s'effondrer[177]. Même si l'économie numérique repose aussi sur de fortes addictions et de grandes utilité et praticité, voilà ce qui pourrait lui arriver si

---

[175] Cons. const., déc. n° 2018-765 DC, 12 juin 2018, *Loi relative à la protection des données personnelles*.

[176] A. Gattolin, C. Kern, C. Pellevat, P. Ouzoulias, « Intelligence artificielle : l'urgence d'une ambition européenne », rapport d'information, Sénat, 31 janv. 2019.

[177] J. Henno, « L'intelligence artificielle à l'heure de la transparence algorithmique », lesechos.fr, 9 mars 2020.

un grand nombre de consommateurs perdaient confiance par la faute des manques de transparence.

Au-delà de l'aspect économique, l'explicabilité de ces technologies est une condition essentielle de leur acceptabilité sociale et, finalement, de leur viabilité à long terme. Il n'est ni admissible ni tolérable que, dans une société où règnent la démocratie et l'État de droit, certaines décisions importantes pour les citoyens et les individus puissent être prises sans explication et donc sans compréhension. Finalement, toute décision inexpliquée est forcément une décision injustifiée. Dans des domaines aussi décisifs pour la vie d'un individu que l'accès au crédit, à l'emploi, au logement, à la justice ou à la santé, on ne peut concevoir d'accepter l'injustifiable[178]. Plus généralement, on devrait toujours savoir suivant quel objectif un programme a été conçu et entraîné, notamment lorsqu'il s'agit d'applications commerciales destinées essentiellement à manipuler le « temps de cerveau disponible » des consommateurs et, ce faisant, à maximiser les profits de l'entreprise, sans tenir compte ni de l'intérêt personnel de l'utilisateur ni de l'intérêt général. Il semble donc tout particulièrement nécessaire de faire preuve de transparence vis-à-vis de l'utilisateur ou du client en l'informant des motifs qui sous-tendent les propositions qui lui sont faites. Il conviendrait également de mieux informer les utilisateurs afin de ne pas les maintenir dans un hermétisme source d'une asymétrie d'informations préjudiciable. On devrait notamment leur permettre de mieux saisir la valeur réelle des informations qu'ils abandonnent, et qu'ils perçoivent comme insignifiantes, et leur détailler précisément les usages qui en sont faits, notamment lorsqu'il s'agit de ventes ou d'échanges.

Par ailleurs, consacrer un droit à l'explication et à la justification — compréhensible de tous — de toute décision assistée par machine doit pouvoir servir de base pour régler d'éventuels différends. Le fait de pouvoir expliquer comment une IA fonctionne est aussi un enjeu du point de vue de la responsabilité — même si l'on pourrait aussi poser le principe selon lequel quelqu'un qui prend une décision individuelle à l'aune d'une indication algorithmique en est toujours pleinement responsable. Il reste indispensable de mettre en place des mécanismes permettant d'assurer la responsabilité à

---

[178] C. Villani, *Donner un sens à l'intelligence artificielle – Pour une stratégie nationale et européenne*, mission parlementaire, 2018, p. 142.

l'égard des systèmes d'IA et de leurs résultats, et de les soumettre à une obligation de rendre des comptes. La responsabilité suppose donc la vérifiabilité. Pourtant, l'impossibilité pratique de suivre le trajet des données au sein des procédés décisionnels est un obstacle à l'établissement d'une chaîne de responsabilités des participants au processus de traitement des données. Cela contrarie aussi la possibilité de vérifier que différents principes, tels que celui de finalité du traitement, sont respectés. Si des accidents surviennent, l'IA doit être transparente et rendre des comptes à l'enquêteur pour que le processus interne qui a abouti à l'accident puisse être compris, que l'erreur ou le dysfonctionnement éventuel puisse être identifié. Suite à un accident, les parties, les juges, les avocats, les témoins et les experts doivent pouvoir s'appuyer sur toute information utile concernant le fonctionnement de l'algorithme. *In fine,* les systèmes qui ne peuvent être soumis à des normes de transparence et de responsabilité appropriées ne devraient pas être utilisés. Plus encore, un système d'IA honnête serait un système qui comporte des mécanismes d'identification des injustices et de réparation de celles-ci le cas échéant.

Enfin, c'est aussi par souci de transparence et afin de conforter la confiance des utilisateurs en même temps que la responsabilité des opérateurs que le droit, notamment à travers le RGPD, oblige à systématiquement alerter les autorités publiques compétentes et, éventuellement, les personnes affectées en cas de découverte d'erreurs de fonctionnement de l'intelligence artificielle, d'effets imprévus ou indésirables, de failles de sécurité ou de fuites de données.

97. Auditer ou certifier les algorithmes ? Puisque les succès des IA dépendront de leur capacité à inspirer confiance — une confiance véritable, solide, pérenne, non une confiance aveugle comme aujourd'hui, susceptible de s'effondrer dès le premier scandale —, rendre les décisions automatisées ou semi-automatisées explicables et compréhensibles est un défi incontournable. Nul doute que bientôt l'acceptabilité de ces décisions sera étroitement liée à leur explicabilité. Cependant, étant donné la technicité du domaine, on pourrait préférer des explications données à des autorités compétentes et certificatrices plutôt qu'au grand public — mais encore faudrait-il que ce dernier fasse confiance à ses premières à une époque où l'on se méfie davantage de la puissance publique que des puissances privées.

Tandis que d'aucuns plaident pour la création de « chaînes d'audits »[179] permettant de compléter les contrôles *ex post* par des examens *ex ante*, Cédric Villani a proposé en ce sens d'accroître l'auditabilité des systèmes d'IA en constituant un groupe d'experts publics assermentés à qui il reviendrait de procéder à des audits d'algorithmes et de bases de données et de procéder à des tests[180]. Ces experts pourraient être saisis à l'occasion d'un contentieux judiciaire, dans le cadre d'une enquête diligentée par une autorité administrative indépendante ou suite à une demande du Défenseur des droits[181]. Cela permettrait d'imposer une stricte obligation de rendre des comptes (*accountability*) aux exploitants de techniques d'intelligence artificielle tout en préservant le secret des affaires, le modèle économique et les droits de propriété intellectuelle associés. Ce serait en quelque sorte une fonction tampon qui serait assurée entre les sphères du secret légitime et de l'information légitime.

De son côté, la Commission européenne préconise dans le même sens que les futurs « systèmes d'intelligence artificielle à haut risque » (concernant la santé par exemple) soient certifiés, testés et contrôlés, comme le sont les voitures, les cosmétiques ou les jouets[182]. L'Agence des droits fondamentaux de l'Union européenne, dans son rapport de décembre 2020 consacré à l'éthique de l'IA, préconise que chaque IA fasse l'objet d'une évaluation avant et pendant son utilisation[183]. Et certains ont proposé la création d'une agence des algorithmes, à l'image de la *Federal Drug Administration* aux États-Unis qui examine, teste et approuve des médicaments couverts par des brevets et des droits de propriété intellectuelle. Un tel organisme pourrait aussi exercer des fonctions de certification et de standardisation pour les objets fondés sur l'IA et interagissant dans l'environnement humain (voiture autonome, drone, robot etc.). Le public des utilisateurs des services devrait

---

[179] J. Charpenet, C. Lequesne Roth, « Discrimination et biais genrés », *D.* 2019, p. 1852.

[180] C. Villani, *Donner un sens à l'intelligence artificielle – Pour une stratégie nationale et européenne*, mission parlementaire, 2018, p. 21.

[181] *Ibid.*

[182] Commission européenne, « Lignes directrices en matière d'éthique pour le développement et l'utilisation d'une IA », 8 avr. 2019.

[183] Agence des droits fondamentaux de l'Union européenne, « Bien préparer l'avenir : l'IA et les droits fondamentaux », 13 déc. 2020.

alors s'en remettre à la qualité du processus de certification et considérer que, si l'outil a été certifié, c'est qu'il répond à des standards qualitatifs suffisants. Le certificat serait la garantie que l'IA ne représente pas un risque pour les utilisateurs et les consommateurs. Il pourrait être délivré par un organisme indépendant sur le modèle des normes ISO. La CNIL envisage de placer cette activité sous le joug de la puissance publique, par le truchement d'une plateforme nationale constituée d'un comité d'experts. Elle interroge aussi l'opportunité de la labélisation privée, par des sociétés homologuées sur le modèle de la notation financière. On pourrait imaginer que les IA soient « notées » en fonction du niveau de confiance que l'on peut avoir en elles, à l'image du nutri-score ou de l'éco-score. Par ailleurs, toutes les IA pourraient ne pas être concernées de la même façon : les plus critiques, parce que des vies humaines en dépendraient, seraient très rigoureusement surveillées, tandis que les plus anecdotiques ne seraient pas contrôlées. On a ainsi imaginé une « échelle de risque » comprenant quatre catégories d'IA en fonction de leur impact sur l'intégrité d'une personne ou d'une communauté : si l' « explicabilité » serait le seul prérequis de l'entrée en fonction d'un algorithme de type 1, des publications scientifiques et des interventions humaines conditionneraient l'adoption d'un algorithme de type 4[184].

Il s'agit donc ici d'une autre forme de transparence et d'explicabilité, peut-être davantage équilibrée, réaliste et faisable. Sans transparence, il serait impossible d'examiner le système en cause. Mais cette transparence est incomparable à celle qui consisterait, notamment, à publier le code source de ce système. De toute façon, le grand public, constitué de profanes, est généralement mal en mesure d'identifier, dans la conception ou la maintenance d'une IA, la présence de préjugés concernant le genre, l'origine, l'orientation sexuelle, l'âge etc. Par exemple, pour identifier une discrimination algorithmique, son existence et sa mécanique doivent être mises en évidence par un audit. Mais ce dernier risque de rencontrer des obstacles techniques, mais aussi juridiques. L'expérience du contentieux « admission post-bac » a témoigné des complexités technologiques que suppose un tel contentieux. En effet, si les discriminations alléguées devaient être établies à l'aune de la modélisation algorithmique et de son

---

[184] J. Murawski, « Canada Prepares AI Standards for Government Agencies », *Wall Street Journal* 29 mai 2010.

fonctionnement, grâce à une série de tests d'ingénierie, cela aboutit, en raison de l'incompétence et aussi de l'incompréhension des juges, à accorder un pouvoir immense aux ingénieurs, aux experts, conditionnant y compris l'introduction de l'action[185].

Certaines applications, notamment dans les systèmes critiques comme le transport aérien, par exemple, ne peuvent se passer de certification, donc d'un contrôle sérieux et rigoureux de leur fiabilité. L'informatique classique, fonctionnant avec des programmes et des règles, le permet. Les outils d'intelligence artificielle dont les résultats varient en fonction des données qui servent à les entraîner posent problème de ce point de vue. L'ambition d'auditer et certifier les IA achoppe sur l'incapacité par définition de garantir *a priori* le comportement d'un système qui apprend seul, de façon autonome. La certification formelle de l'apprentissage est ainsi en soi un nouveau champ de recherche. Pour que cette ambition puisse se réaliser, il faudra parvenir à développer des outils, des méthodes et des procédures suffisamment fiables et permettant en particulier de confronter les IA à leur cadre juridique et éthique. Pour l'heure, de telles capacités sont quasi inexistantes en raison de l'opacité des techniques d'apprentissage automatique et d'apprentissage profond. Des protocoles d'audit ou de certification ne peuvent donc qu'être balbutiants. Aujourd'hui, aucun pilote automatique d'avion ne repose sur des outils d'intelligence artificielle. Et les voitures autonomes ne sauraient être déployées à grande échelle sans aucune certification. Des initiatives existent toutefois déjà, à l'image de TransAlgo, plateforme d'évaluation portée par l'Institut national de recherche en informatique et en automatique (INRIA) et la CNIL et qui vise à mesurer la conformité aux règles juridiques et éthiques des services et produits issus des technosciences, donc à encourager la conception d'algorithmes responsables par construction. Certains, constatant qu'une tutelle humaine sur l'IA est impossible à mettre en œuvre, proposent de réguler les algorithmes par d'autres algorithmes[186]. Cette forme d'autorégulation se retrouve dans le projet du laboratoire allemand Algorithmic Accountability Lab ou dans la société Online Risk Consulting & Algorithmic Auditing fondée par Cathy

[185] J. Charpenet, C. Lequesne Roth, « Discrimination et biais genrés », *D.* 2019, p. 1852.

[186] A. Sée, « La régulation des algorithmes : un nouveau modèle de globalisation ? », *RFDA* 2019, p. 830.

O'Neil, dont l'objet est de déceler les biais algorithmiques des outils numériques. De tels algorithmes de contrôle d'autres algorithmes seraient évidemment fort utiles, par exemple dans les cas de contentieux autour de décisions algorithmiques.

Plus généralement, on pourrait investir significativement dans les techniques de rétro-ingénierie pour « tester » les IA, en particulier leur caractère non discriminatoire, l'absence de biais dans les jeux d'apprentissage. Il est même concevable de développer les explications en langage naturel par les outils informatiques basés sur l'apprentissage automatique. Tout acteur public ou privé souhaitant recourir à un service d'IA devrait spécialement se concentrer sur ces besoins. Il devrait, en outre, pouvoir prouver qu'il a procédé à des tests suffisants s'agissant de la répétabilité de son système, soit le fait que le même algorithme avec les mêmes données engendre les mêmes résultats, ainsi que de sa robustesse, c'est-à-dire son insensibilité aux légères modifications dans les données fournies en entrées. ainsi que ne modifient pas le résultat.

On a aussi proposé de mettre en place pour la robotique et l'IA un système de test similaire à ceux des médicaments : les produits technologiques seraient évalués avant d'être commercialisés[187]. Pour obtenir la certification, il faudrait répondre à des exigences en matière de sécurité, d'efficacité et de non-discrimination. Enfin, on pourrait aller encore plus loin et imaginer des procédures d'audit ou de certification visant à garantir que les IA ne portent pas atteinte aux droits et libertés fondamentaux, mais aussi à d'autres formes de droits humains et sociaux. Tel pourrait être le cas, par exemple, des droits des travailleurs tels que consignés dans les chartes des droits de l'homme, les conventions de l'OIT et les conventions collectives, que le déploiement et la généralisation des IA ne devraient pas malmener. Un algorithme reflétant les conventions fondamentales de l'OIT et inclus directement dans le système pourrait précisément y veiller. En cas d'échec, le système s'arrêterait automatiquement[188]. On plaide ainsi de plus en plus pour la mise en place de

---

[187] F. Pasquale, *New Laws of Robotics – Defending Human Expertise in the Age of AI*, Belknap Press, 2020.

[188] UNI Global Union, « Les 10 grands principes pour une intelligence artificielle éthique », 2018.

mécanismes de certification des algorithmes, éventuellement avec des niveaux cumulatifs de certification[189].

Les derniers développements en la matière, très intéressants, se trouvent dans cette proposition de loi adoptée par le Sénat français en fin d'année 2020 et dont l'objectif est d'instaurer un « cyber-score » sur le modèle du nutri-score que l'on trouve désormais sur les emballages alimentaires, qui comprend cinq niveaux allant de A à E et du vert au rouge en fonction de la qualité nutritionnelle du produit. Il s'agirait ainsi d'informer le grand public de manière ludique et simple du niveau de sécurité qu'offrent les réseaux sociaux, les services cloud, les marketplaces et autres services fonctionnant à base d'IA. Il s'agirait donc, si le Parlement dans son ensemble valide ce projet, de créer un label pour informer les utilisateurs du niveau de protection des données personnelles lors de l'utilisation de certains services en ligne. Visible à chaque connexion, ce label reposerait sur des « critères objectifs et techniques » définis par l'Agence nationale de la sécurité des systèmes d'information (ANSSI). En outre, la proposition de loi prévoit que ce label ne devrait pas figurer dans les conditions générales d'utilisation, car il risquerait alors de se trouver noyé sous une masse d'informations illisibles pour l'internaute[190]. Au-delà, une telle certification devrait avoir pour effet de rendre les acteurs en question plus transparents et, plus généralement, plus vertueux.

III. Le droit à la neutralité numérique

98. Les plateformes : café du commerce ou place du village, censeurs ou intermédiaires ? L'égalité appelle un autre principe très célèbre en « droit de l'internet » : la neutralité du net (l'expression « *net neutrality* » a été inventée par le juriste américain Tim Wu dès 2003), destinée à garantir l'égalité de

---

[189] Y. Meneceur, *L'intelligence artificielle en procès – Plaidoyer pour une réglementation internationale et européenne*, Bruylant, coll. Macrodroit microdroit, 2020, p. 357.

[190] A. Vitard, « Données personnelles : bientôt un "cyberscore" pour afficher le niveau de protection des plateformes ? », usine-digitale.fr, 23 oct. 2020.

traitement en ligne, c'est-à-dire l'obligation pour les opérateurs concernés de traiter identiquement tous les contenus auxquels ils ont affaire. Ainsi se placent-ils à l'abri de tout risque d'opérer des discriminations. La neutralité garantit un accès égalitaire et sans discrimination à tous les contenus, quel que soit l'opérateur. Aussi peut-on considérer que le principe de neutralité serait « le préalable indispensable à l'exercice effectif des libertés à l'âge numérique »[191]. Ce principe s'oppose notamment à ce que des lois imposent des obligations de surveillance, par exemple s'agissant des contenus violents ou choquants, aux plateformes du web. Il serait regrettable que demain les réseaux sociaux en viennent à s'autocensurer et à supprimer tout propos un tant soit peu tendancieux, car cela porterait une profonde atteinte à la liberté d'expression. La neutralité protège donc contre les discriminations potentielles, mais aussi contre des atteintes à d'autres droits fondamentaux : le respect de la vie privée, l'accès à l'information, le libre choix des consommateurs. Alors que, le 14 décembre 2017, la Commission fédérale des communications aux États-Unis a abrogé le principe de neutralité du net, jugé obsolète, le droit de l'Union européenne garantit l'internet ouvert et interdit aux acteurs de discriminer l'utilisateur sur la base de l'origine ou de la destination des données et garantit ainsi les droits de l'abonné en termes de vitesse et de qualité du service[192]. En France, la loi *Pour une République numérique* consacre le principe de la neutralité de l'internet[193], donc l'accès égal au réseau de tous les utilisateurs, quelles que soient leurs ressources, mais aussi de toutes les données, sans discrimination. Et il revient à l'ARCEP (Autorité de régulation des communications électroniques et des postes) de veiller au respect de ce principe par les opérateurs.

---

[191] Commission de réflexion et de propositions sur le droit et les libertés à l'âge numérique de l'Assemblée nationale française et Commission sur les droits et devoirs sur internet de la Chambre des députés italienne, déclaration commune, 28 sept. 2015.

[192] Règl. (UE) 2015/2120 du Parlement européen et du Conseil, 25 nov. 2015, *Établissant des mesures relatives à l'accès à un internet ouvert et modifiant la directive 2002/22/CE concernant le service universel et les droits des utilisateurs au regard des réseaux et services de communications électroniques et le règlement (UE) n° 531/2012 concernant l'itinérance sur les réseaux publics de communications mobiles à l'intérieur de l'Union.*

[193] L. n° 2016-1321, 7 oct. 2016, *Pour une République numérique.*

Cependant, la neutralité numérique n'est pas un principe relatif au fond des contenus et encore moins un principe politique. Elle consiste techniquement à traiter de manière indifférenciée les paquets IP, donc les données acheminées sur le réseau mondial, quelle que soit leur provenance. Par exemple, la neutralité interdit de donner la priorité à un serveur mail par rapport à un serveur de flux vidéo. Elle oblige à traiter identiquement les différents services du web. Mais elle ne porte pas sur le sort réservé aux divers contenus à l'intérieur d'un service donné. Défendre la neutralité du net revient à défendre l' « internet pour tous », l'égalité d'accès au réseau, donc l'interdiction de fournir des accès aux réseaux différents en fonction des ressources financières des utilisateurs. Cela a bien sûr un lien direct avec la liberté d'expression, l'accès à l'information et la démocratie, mais ce lien ne doit pas être confondu avec celui qui relie la liberté d'expression, l'accès à l'information et la démocratie à la lutte contre les fausses informations en ligne. La neutralité du net se rapporte à des flux de données qui, en soi, n'ont ni sens informationnel ni sens idéologique. Les éventuelles obligations de contrôle imposées aux grands services du web se rapporteraient, pour leur part, à la signification des données. Que les algorithmes s'efforcent au maximum de respecter cette neutralité est donc un grand enjeu, même si elle vise classiquement les réseaux.

Derrière la responsabilité des plateformes et notamment des réseaux sociaux, c'est toute la question de la neutralité du net qui se pose. Pour beaucoup, il serait impossible d'obliger ceux-ci à intervenir à l'égard des contenus qu'ils hébergent sans porter excessivement atteinte à ladite neutralité, ainsi qu'à la liberté d'expression. Les devoirs de surveillance des grandes plateformes ont toutefois déjà été renforcés en matière de lutte contre les contenus racistes, antisémites, négationnistes et pédopornographiques. L'article 6-I-7 de la loi *Pour la confiance dans l'économie numérique* du 21 juin 2004 oblige les FAI et hébergeurs à mettre en place un dispositif facilement accessible et visible permettant à toute personne de leur signaler des contenus qu'ils doivent retirer s'il s'agit d'apologie de crimes contre l'humanité, d'incitation à la haine raciale, de pornographie enfantine, d'incitation à la violence, d'atteinte à la dignité humaine et de promotion de jeux d'argent illégaux. S'il est possible pour les grands hébergeurs d'identifier des contenus illicites quand ceux-ci sont objectivement contraires à la loi, on ne saurait étendre un tel dispositif à d'autres contenus dont la traque suppose d'analyser des preuves. Par définition, l'hébergeur n'a pas accès à ces preuves et ce n'est pas son rôle, si bien qu'il ne peut que s'en remettre au juge dans la majorité des cas, faute d'illicéité manifeste des contenus signalés[194]. La Commission de réflexion et de propositions sur le droit et les libertés à l'âge du numérique s'oppose également à tout « renforcement par la loi des obligations de surveillance des intermédiaires privés dans la lutte contre les contenus illégaux. S'agissant du rôle actif que joueraient certains hébergeurs par leurs systèmes de référencement ou de classement, la Commission rappelle que la responsabilité limitée de ces acteurs résulte en réalité de ce qu'ils n'ont pas connaissance des contenus, contrairement aux éditeurs. Le fait que certains hébergeurs aient recours à des outils de classement des contenus mis en ligne par des tiers peut justifier d'imposer des règles en ce qui concerne ce classement mais ne justifie pas que la loi leur impose des obligations de surveillance et de censure supplémentaires sur ces contenus »[195]. Si la justice publique était en mesure de répondre aux besoins, il n'y aurait aucune difficulté à faire appel à elle. Mais, cette justice étant en proie à de grandes difficultés et appelée à opérer de profondes réformes, on propose de donner un rôle cadre aux intermédiaires du web, là où la loi *Pour la confiance dans l'économie numérique* du 21 juin 2004, transposant la directive communautaire 2000/31/CE du 8 juin 2000 sur le commerce électronique, avait préféré consacrer la quasi-irresponsabilité des intermédiaires techniques et se reposer sur des prérogatives fortes accordées aux juges, conformément à la tradition de protection d'une liberté de communication triomphante.

Après que Donald Trump, contestant les résultats de l'élection présidentielle de 2020, a appelé ses partisans à marcher sur la Capitole, à Washington, le 6 janvier 2021, et que ceux-ci ont envahi les assemblées, convaincus qu'il était légitime de reprendre par la violence ce qui avait été indûment perdu par le vote — simili coup d'État qui était inimaginable dans l'une des plus belles démocraties au monde avant l'ère des réseaux sociaux —, Facebook, Twitter, Instagram et Snapchat ont « pris leurs responsabilités » : ils ont

---

[194] Ch. Bigot, « Légiférer sur les fausses informations en ligne, un projet inutile et dangereux », *D.* 2018, p. 344.

[195] Ch. Féral-Schuhl, Ch. Paul, Commission de réflexion et de propositions sur le droit et les libertés à l'âge du numérique, *Numérique et libertés : un nouvel âge démocratique*, Assemblée Nationale, rapport n° 3119, p. 88.

bloqué les comptes de celui qui terminait son mandat (pour une durée indéterminée concernant Facebook, Instagram et Snapchat et de façon permanente pour Twitter, qui a aussi fermé des centaines de comptes en lien avec la mouvance QAnon)[196]. S'il est sans doute bienvenu que la liberté d'expression soit limitée en cas d'incitations à la violence, que la normativité d'origine privée relaie ainsi le droit, cela au niveau constitutionnel qui est celui de la liberté d'expression — surtout aux États-Unis où elle est conçue tel un quasi-absolu —, est ô combien significatif de la faiblesse actuelle du droit. Et d'aucuns peuvent évidemment s'offusquer devant une telle censure privée du plus haut personnage de l'État et estimer que cela interroge l'état des libertés publiques en Occident ainsi que les risques que font peser ces multinationales sur ces libertés, quand d'autres se réjouissent de cette heureuse réaction, bien que trop tardive, tant Donald Trump a fait du mal à son pays et au monde à travers ses manœuvres de désinformation permanente, surtout sur Twitter — soutenir le droit de désinformer, de diffuser des fausses informations et des théories du complot, au nom de la liberté d'expression, d'information ou d'opinion est parfaitement illogique et inconséquent.

Peut-être Twitter est-il plus proche du bar du commerce que de la place du village et doit-il être régulé comme tel (le patron peut mettre dehors le client ivre qui crie trop fort et nuit à la paisibilité des autres clients). Mais sans doute y a-t-il aussi de bonnes raisons de ne pas accepter de s'en remettre aux puissances privées en matière de régimes juridiques des droits et libertés fondamentaux. S'agissant de la liberté d'expression, on remarquera que Facebook et Google deviennent, selon un rapport d'Amnesty International du 1er décembre 2020, des « zones de non-droits de l'homme » au Vietnam, où les géants de la technologie collaboreraient avec les pouvoirs publics afin de censurer l'opposition pacifique et la liberté politique dans le pays, cela afin de pouvoir continuer à y proposer certains de leurs services. Amnesty International a ainsi prévenu que, « bien qu'elles ont été autrefois le grand espoir pour l'essor de la liberté d'expression dans le pays, les plateformes des réseaux sociaux sont en train de devenir rapidement des zones de non-droits de l'homme ». Facebook et Google se conformeraient sans mot dire aux

---

[196] AFP, « Twitter, Facebook, Instagram... Les réseaux sociaux s'organisent contre Donald Trump », lexpress.fr, 9 janv. 2021.

demandes de retrait « des mauvaises informations, de la propagande contre le Parti et l'État » (en 2020, Facebook aurait répondu favorablement à 95 % des demandes du gouvernement et YouTube à 90 % d'entre elles). Facebook avait d'ailleurs admis plus tôt dans l'année qu'il bloque les contenus jugés illégaux par les autorités.

99. Vers un nouveau statut entre hébergeurs et éditeurs ? La Commission de réflexion et de propositions sur le droit et les libertés à l'âge du numérique se dit défavorable à la création d'un statut intermédiaire entre l'éditeur et l'hébergeur, proposition formulée notamment dans le *Rapport visant à renforcer la lutte contre le racisme et l'antisémitisme sur internet* remis le 20 septembre 2018 au Premier ministre par la députée Laetitia Avia, l'écrivain Karim Amellal et le vice-président du CRIF Gil Taieb. Selon ces derniers, il conviendrait de créer un nouveau statut, celui de « propulseur de contenus », assorti d'un régime de responsabilité renforcée. Pour la Commission de réflexion et de propositions sur le droit et les libertés à l'âge du numérique, « l'extension de mécanismes de censure privée via la loi contreviendrait au droit à un procès équitable et méconnaîtrait les principes qui sous-tendent l'État de droit. Face aux propositions et évolutions tendant à renforcer la responsabilité des hébergeurs à l'égard des contenus illégaux, la Commission estime que le statut de l'hébergeur, qui constitue une grande conquête et une garantie importante des libertés (libertés d'expression et liberté d'innovation), doit être réaffirmé. [...] Elle est attachée à la réaffirmation des obligations limitées des hébergeurs à l'égard des contenus illégaux »[197].

---

[197] Ch. Féral-Schuhl, Ch. Paul, Commission de réflexion et de propositions sur le droit et les libertés à l'âge du numérique, *Numérique et libertés : un nouvel âge démocratique*, Assemblée Nationale, rapport n° 3119, p. 77. La LCEN a défini deux grandes catégories d'acteurs :
* les éditeurs de services, pleinement responsables des contenus qu'ils mettent en ligne, sont soumis à un régime de responsabilité calqué sur celui de la presse ;
* les hébergeurs bénéficient d'un régime de responsabilité civile et pénale limitée à l'égard des contenus illégaux. Ce régime de responsabilité se justifie par leur rôle purement passif à l'égard des contenus de tiers qu'ils rendent accessibles sans en prendre connaissance. En application des articles 6-I-2 et 6-I-3 de la LCEN, la responsabilité civile ou pénale des hébergeurs ne peut pas être engagée « s'ils n'avaient pas effectivement connaissance » du caractère illicite des contenus stockés

Pour sa part, le Conseil d'État, dans son étude annuelle de 2014, estime que « la *summa divisio* issue de la directive sur le commerce électronique est aujourd'hui sujette à de fortes incertitudes quant à la démarcation entre les deux catégories d'éditeur et d'intermédiaire technique » et qu' « il est probable que, dans les prochaines années, des décisions juridictionnelles écarteront la qualification d'hébergeur pour les principales catégories de plateformes […] : après les places de marché et les moteurs de recherche, suivront les réseaux sociaux, les plateformes de partage et les magasins d'applications. Tous ces acteurs perdront alors le régime de responsabilité limitée qui favorise leur activité »[198]. Le Conseil d'État propose dès lors de consacrer une nouvelle catégorie, celle des plateformes, distincte de celle des hébergeurs mais qui, à l'égard des contenus mis en ligne par les tiers, se verrait appliquer le régime de responsabilité civile et pénale des hébergeurs. Seraient qualifiés de plateformes les services de référencement ou de classement de contenus, biens ou services édités ou fournis par des tiers et partagés sur le site de la plateforme (moteurs de recherche, réseaux sociaux, sites de partage de contenus, places de marché, magasins d'applications, agrégateurs de contenus et comparateurs de prix). Par rapport aux hébergeurs, les plateformes se distingueraient donc par l'existence d'un service de classement ou de référencement.

Selon le Conseil d'État, la distinction des plateformes et des hébergeurs permettrait de protéger la liberté d'expression en allant contre la tendance de la jurisprudence à remettre en cause le statut d'hébergeur des plateformes en raison de leur rôle actif à l'égard des contenus. En même temps, cela permettrait de mieux réguler les activités des plateformes en les soumettant à des obligations nouvelles non applicables aux hébergeurs. Mais ces obligations ne porteraient pas sur l'identification des contenus illégaux. Elles concerneraient leurs méthodes de classement et leurs rapports avec les utilisateurs et les tiers qui mettent en ligne des contenus. Pareilles propositions, à nouveau, sont protectrices d'une liberté d'expression et de

ou « si, dès le moment où ils en ont eu connaissance, ils ont agi promptement pour retirer ces données ou en rendre l'accès impossible ».

[198] Conseil d'État, *Le numérique et les droits fondamentaux*, La documentation française, 2014, p. 221.

communication écrasante, au détriment, par exemple, de la protection de la démocratie contre les manœuvres de désinformation en période électorale.

Par ailleurs, plutôt qu'aux plateformes privées, ne faudrait-il pas confier à une ou des autorité(s) administrative(s) (indépendante(s)) le soin d'intervenir afin d'exiger la suppression de certaines informations ou certains contenus, tirant les conséquences des lenteurs et inadaptations de la justice ? Cela existe déjà en droit positif avec le blocage sur décision administrative des contenus incitant au terrorisme autorisé par l'article 12 de la loi du 13 novembre 2014 *Renforçant les dispositions relatives à la lutte contre le terrorisme.* Sur ce point, de telles autorités administratives ne présentent guère plus que les acteurs privés de garanties de respect des droits et libertés des internautes. Il ne s'agit pas moins d'une manière de contourner l'autorité judiciaire et les garanties qui s'y attachent. Tous les pouvoirs extra-judiciaires de régulation des contenus portent atteinte à la conception classique de la liberté d'expression dans un État de droit. Les opposants à de telles prérogatives confiées à des autorités administratives rappellent que « le préalable d'une décision judiciaire apparaît comme un principe essentiel, de nature à respecter l'ensemble des intérêts en présence, lorsqu'est envisagé le blocage de l'accès à des contenus illicites sur des réseaux numériques. Ce préalable constitue une garantie forte de la liberté d'expression et de communication et de la neutralité des réseaux. […] L'intervention d'une autorité judiciaire est nécessaire à chaque fois qu'est en cause une liberté individuelle afin de s'assurer que la mesure prise ne présente pas de caractère arbitraire, qu'elle est nécessaire et proportionnée à l'objectif poursuivi et respecte les droits de la personne »[199]. À l'aune de tels principes, il est évident que ni la régulation des contenus par les plateformes elles-mêmes ni la régulation des contenus par des autorités administratives (indépendantes) ne sont possibles sans y porter gravement atteinte.

100. Une obligation de loyauté. Dans l'ensemble, et en allant plus loin que l'obligation de neutralité, c'est peut-être aussi une obligation de loyauté qui semble devoir s'imposer aux plateformes numériques. Si la « neutralité » des algorithmes, au-delà de celle des réseaux, est souvent utopique et impossible à vérifier, on attend forcément des plateformes du web qu'elles respectent leurs utilisateurs en faisant réellement faire à leurs calculateurs ce qu'elles

---

[199] *Ibid.*, p. 92.

disent et prétendent leur faire faire. En ce sens, le Conseil national du numérique et le Conseil d'État ont, dès 2014, revendiqué une nouvelle obligation : la loyauté envers les utilisateurs[200]. Une telle exigence de loyauté signifie avant tout apporter une information honnête et suffisante, donc ne pas masquer ses intentions réelles et encore moins ses pratiques réelles derrière quelques déclarations d'intentions et vagues explications générales. Il ne s'agit pas d'imposer une veine objectivité dans le travail des IA, mais d'éviter la manipulation des utilisateurs à travers des écarts injustifiables entre les services promis en théorie et les services apportés en pratique. Les algorithmes trient les informations, c'est là toute leur utilité. Encore faut-il que les services indiquent quelles priorités et quels objectifs président à ces tris. Il faudrait plus encore pouvoir s'assurer qu'aucun intérêt caché, aucune déformation cachée ou aucun favoritisme ne porte atteinte à la sincérité des résultats obtenus.

Pour la CNIL, les « deux principes fondateurs pour le développement des algorithmes et de l'intelligence artificielle » sont la loyauté et la vigilance[201]. Tous deux se retrouvent au cœur du RGPD qui impose aux entreprises d'élaborer des principes éthiques en respectant un principe de loyauté (conçu comme fait de faire primer les intérêts des utilisateurs) et un principe de vigilance. Concernant la loyauté, étant donné l'opacité des systèmes d'IA qui accompagne des menaces d'ordres différents, elle est à rapprocher de l'exigence de transparence : toute plateforme devrait expliquer ce qu'elle fait et pourquoi, être transparente quant aux collectes et aux traitements de données. Mais elle doit aussi être associée à l'objectivité, à la bonne foi et, finalement, à la neutralité. On ne saurait se satisfaire de services manipulant les utilisateurs tout en leur expliquant qu'ils les manipulent — sans doute en termes édulcorés et relativement abscons afin de faire passer cette manipulation pour un service rendu.

---

[200] Conseil d'État, *Rapport sur la neutralité des plateformes*, La Documentation française, 2014 ; Conseil national du numérique, « Ambitions numériques », rapport remis au Premier ministre, juin 2015.

[201] CNIL, *Comment permettre à l'homme de garder la main ? Les enjeux éthiques des algorithmes et de l'intelligence artificielle*, synthèse du débat public animé par la CNIL dans le cadre de la mission de réflexion éthique confiée par la loi pour une République numérique, déc. 2017, p. 48.

Dans son étude annuelle de 2014, le Conseil d'État a formulé trois recommandations pour « repenser les principes fondant la protection des droits fondamentaux ». Parmi ceux-ci, on trouvait le principe de loyauté, appliqué non pas à toutes les IA mais seulement aux « plateformes ». Pour les auteurs, il convenait de soumettre celles-ci à une obligation de loyauté envers leurs utilisateurs parce qu'elles sont des acteurs classant les contenus de tiers. Et de définir la loyauté comme consistant à « assurer de bonne foi le service de classement ou de référencement, sans chercher à l'altérer ou à le détourner à des fins étrangères à l'intérêt des utilisateurs »[202]. Ainsi, parmi les obligations des plateformes envers leurs utilisateurs, il y aurait la loyauté et, découlant de cette loyauté, d'une part, la pertinence des critères de classement et de référencement mis en œuvre au regard de l'objectif de meilleur service rendu à l'utilisateur et, d'autre part, l'information sur les critères de classement et de référencement utilisés[203]. La loyauté limiterait donc la liberté de choix des critères de l'algorithme en même temps qu'elle obligerait à des actes positifs d'information quant au mode de fonctionnement de l'IA. L'intérêt du principe de loyauté tel qu'il est préconisé par le Conseil d'État se trouve dans la notion d' « intérêt des utilisateurs ».

Quant au Conseil national du numérique, il a initié dans son rapport « Ambition numérique » de 2015 un projet audacieux : créer une « agence de notation de la loyauté des algorithmes » appuyée sur un réseau ouvert de contributeurs. L'objectif est à la fois de rendre accessible en un lieu unique diverses informations déjà rassemblées par les différents acteurs et de proposer un espace de signalement de pratiques problématiques ou de dysfonctionnements. *In fine*, cette loyauté a vocation à encourager les bonnes pratiques et à favoriser une prise de conscience citoyenne et une meilleure connaissance des problématiques qui entourent ces techniques. Mais la loyauté des algorithmes — en réalité la loyauté des concepteurs et entraîneurs d'algorithmes — se heurte à cet obstacle technique redondant : si des problèmes peuvent se poser pour les droits des personnes, y compris à l'insu de leurs concepteurs, la portée de la notion de loyauté se trouve largement diminuée en raison des difficultés à comprendre comment

---

[202] Conseil d'État, *Le numérique et les droits fondamentaux,* La Documentation française, 2014, p. 278.
[203] *Ibid.*

fonctionne l'IA, comment elle aboutit à certains résultats à partir de certaines entrées. Dès lors, il devient difficile de donner corps à cette loyauté. Il n'en demeure pas moins que tous ceux qui contribuent au fonctionnement d'une IA doivent se garder de toute ambition manipulatrice ou autrement dolosive et expliquer clairement, sans rien cacher, quels objectifs ils poursuivent à travers leurs travaux.

101. Le droit à des décisions humaines. Le droit à des décisions humaines pourrait être un dernier gage d'égalité en ce que le regard humain pourrait permettre de déceler et éviter certains biais dans les décisions automatiques. Il est vrai, cependant, que ce regard humain pourrait aussi aboutir à biaiser une décision automatique *a priori* non biaisée. C'est d'ailleurs peut-être plus symboliquement qu'autre chose que le droit à une décision humaine serait important : on accepte plus facilement le choix d'un humain, qui peut l'expliquer si l'on lui pose des questions, que le choix issu de traitements automatisés de données dont on saisit mal ou même pas du tout les mécanismes. Reste que le droit de réclamer la transparence des résultats des systèmes informatiques pourrait comprendre le droit de faire appel des décisions prises par l'IA et de demander leur validation ou révision par un être humain.

Allant plus loin, la loi *Informatique et libertés* s'oppose à ce qu'une machine puisse prendre seule, sans intervention humaine, des décisions emportant des conséquences cruciales pour les personnes. Elle dispose qu' « aucune décision produisant des effets juridiques à l'égard d'une personne ou l'affectant de manière significative ne peut être prise sur le seul fondement d'un traitement automatisé de données à caractère personnel, y compris le profilage »[204]. Cela ne concerne toutefois que l'administration et les institutions publiques — l'approche moderne-étatiste de la juridicité faisant que l'adjectif « juridique » est ici réservé aux seules sources publiques de normes. Or les mastodontes de l'économie numérique prennent aussi des décisions produisant des effets considérables à l'égard d'une personne sur le seul fondement d'un traitement automatisé de données destiné à définir son profil ou à évaluer certains aspects de sa personnalité. Et ces décisions, à portée juridique ou non, n'impactent pas moins de façon redoutable les vies

---

[204] L. n° 78-17, 6 janv. 1978, *Relative à l'informatique, aux fichiers et aux libertés*, art. 47, al. 2.

des personnes qu'elles visent. La loi *Informatique et libertés* ajoute, depuis sa modification par la loi du 20 juin 2018[205], qu' « aucune décision de justice impliquant une appréciation sur le comportement d'une personne ne peut avoir pour fondement un traitement automatisé de données à caractère personnel destiné à évaluer certains aspects de la personnalité de cette personne. Aucune autre décision produisant des effets juridiques à l'égard d'une personne ou l'affectant de manière significative ne peut être prise sur le seul fondement d'un traitement automatisé de données destiné à prévoir ou à évaluer certains aspects personnels relatifs à la personne concernée »[206]. Une telle disposition est une précaution importante contre les dérives du profilage, qui peuvent porter atteinte à l'égalité entre les hommes. Mais sa portée est là encore par trop réduite en raison du fait qu'elle touche les pouvoirs publics et non les pouvoirs privés. Si cette méfiance du législateur a été avant-gardiste, puisqu'une norme semblable existe depuis 1978, son effectivité a toujours posé question et pose de plus en plus question. Par conséquent, une telle disposition appliquée de façon rigoureuse et étendue à toutes les décisions produisant des effets à l'égard de certaines personnes serait une avancée pour l'égalité, mais aussi pour la liberté[207].

Il faut se souvenir qu'en 1978, la loi *Informatique et libertés* posait qu' « aucune décision administrative *ou privée* impliquant une appréciation sur un comportement humain ne peut avoir pour seul fondement un traitement automatisé d'informations donnant une définition du profil ou de la personnalité de l'intéressé »[208]. Et elle ajoutait que « toute personne a le droit de connaître et de contester les informations et les raisonnements utilisés dans les traitements automatisés dont les résultats lui sont opposés ». Ces dispositions sont aujourd'hui reprises, en substance, par l'article 22 du Règlement général sur la protection des données : « La personne concernée a le droit de ne pas faire l'objet d'une décision fondée exclusivement sur un traitement automatisé, y compris le profilage, produisant des effets juridiques la concernant ou l'affectant de manière significative de façon similaire ».

---

[205] L. n° 2018-493, 20 juin 2018, *Relative à la protection des données personnelles.*

[206] L. n° 78-17, 6 janv. 1978, *Relative à l'informatique, aux fichiers et aux libertés*, art. 95.

[207] S. Merabet, *Vers un droit de l'intelligence artificielle,* th., Université d'Aix-Marseille, 2018, p. 244.

[208] Non souligné dans la forme originale.

Mais cet article prévoit des limites importantes : « Le paragraphe 1 ne s'applique pas lorsque la décision : a) est nécessaire à la conclusion ou à l'exécution d'un contrat entre la personne concernée et un responsable du traitement ; b) est autorisée par le droit de l'Union ou le droit de l'État membre auquel le responsable du traitement est soumis et qui prévoit également des mesures appropriées pour la sauvegarde des droits et libertés et des intérêts légitimes de la personne concernée ; ou c) est fondée sur le consentement explicite de la personne concernée. Dans les cas visés au paragraphe 2, points a) et c), le responsable du traitement met en œuvre des mesures appropriées pour la sauvegarde des droits et libertés et des intérêts légitimes de la personne concernée, au moins du droit de la personne concernée d'obtenir une intervention humaine de la part du responsable du traitement, d'exprimer son point de vue et de contester la décision »[209]. Le principe se trouve donc largement vidé de sa substance par cette adjonction d'exceptions très larges. De la même manière, en France, la loi du 20 juin 2018 a étendu le spectre des « cas dans lesquels, par exception, une décision produisant des effets juridiques à l'égard d'une personne ou l'affectant de manière significative peut être prise sur le seul fondement d'un traitement automatisé de données à caractère personnel ». Une évolution de la loi *Informatique et libertés* datant de 2004 avait déjà facilité de fait la prise de décision automatisée, par exemple dans le secteur bancaire : si l'intervention humaine était encore requise, il s'agissait désormais d'un droit à faire valoir *a posteriori*, permettant de demander à ce que, en cas de décision défavorable, celle-ci soit réexaminée par une personne. La portée du droit à une intervention humaine a donc été progressivement diminuée.

Le RGPD, inspiré par la loi française, interdit donc qu'une machine puisse prendre seule, sans supervision humaine, des décisions emportant des conséquences graves pour les personnes, en matière d'octroi de crédit par exemple. Cela permet de conserver une salvatrice responsabilité humaine derrière le travail des IA. Finalement, les traitements automatisés de données à caractère personnel ne devraient toujours être que des aides à la décision humaine. À tout le moins, toute personne devrait pouvoir exiger une

---

[209] Règlement (UE) 2016/679 du Parlement européen et du Conseil, 27 avr. 2016, *Relatif à la protection des personnes physiques à l'égard du traitement des données à caractère personnel et à la libre circulation de ces données, et abrogeant la directive 95/46/CE*, art. 22.

intervention humaine dans une prise de décision automatisée et pouvoir faire valoir ses arguments avant que la décision soit prise.

Partie 4. L'Homme révolté

102. Dissidences juridiques. Selon Jacques Ellul, la technique serait devenue une totalité par rapport à laquelle toute extériorité serait rendue impossible : « L'homme de notre société n'a aucun point de référence intellectuel, moral, spirituel à partir de quoi il pourrait juger et critiquer la technique »[210]. Pourtant, le droit, et avant tout les droits de l'homme, constituent un ensemble de références fort utiles afin de juger et critiquer la technique. En même temps, le droit et les droits de l'homme, pour ne pas être faits au hasard, doivent résulter de ce jugement et cette critique. Le droit de l'IA et l'étude de l'IA vont donc de pair et se nourrissent l'un l'autre. Mais le droit doit aussi puiser à d'autres sources pour, indéfectiblement défendre l'intérêt général — qui n'est pas un autre que l'intérêt humain.

Pour produire un droit aussi original que le droit de l'IA, les institutions doivent peut-être se renouveler, s'adapter à l'environnement mondial et instantané de ces nouvelles technologies. Or, bien souvent, elles apparaissent sclérosées, incapables de se réformer elles-mêmes. Michel Serres observait ainsi, il y a peu, que « les grandes institutions dont le volume occupe encore tout le décor et le rideau de ce que nous appelons notre société, alors qu'elle se réduit à une scène qui perd tous les jours quelque plausible densité, en ne prenant même plus la peine de renouveler le spectacle et en écrasant de médiocrité un peuple finaud, ces grandes institutions ressemblent aux étoiles dont nous recevons la lumière, mais dont l'astrophysique calcule qu'elles moururent voici longtemps »[211]. Le défi du droit de l'IA, s'il est déjà celui de son effectivité, est aussi en amont celui de son cadre de production. Si l'on ne peut que plaider en faveur d'un droit d'origine publique, défendant l'intérêt

[210] J. Ellul, *Le système technicien*, Calmann-Lévy, 1977.
[211] M. Serres, *Petite Poucette*, Le Pommier, coll. Manifeste, 2012, p. 68.

général, plutôt qu'un droit d'origine privée, défendant des intérêts particuliers, l'IA et le monde numérique en général appellent des procédures et une légistique accélérées et mondiales ou, du moins, internationales ou, à défaut, régionales. Or le droit est — et sera sans doute encore longtemps — l'œuvre principalement de procédure et d'une légistique lentes et nationales. Par ricochet, son effectivité pâtit de cette situation et les nombreux vides, carences ou maladresses législatifs sont autant d'appels d'air pour des normes privées qui ne sont que parfois les déclinaisons directes ou indirectes des droits de l'homme.

Chez Friedrich Nietzsche, ce qu'il appelle « la grande politique » est le moyen d'instituer, au niveau des collectivités humaines historiques, un gouvernement mondial qu'il appelle de ses vœux, après Emmanuel Kant sous la forme du cosmopolitisme, car cela favoriserait selon lui l'éducation dionysiaque, elle-même orientée vers l'idéal du surhomme. Le philosophe fait ainsi dire à son Zarathoustra : « Il y a eu jusqu'à ce jour mille fins différentes, car il y a eu des milliers de peuples. Ce qui manque, c'est la chaîne passée à ces mille nuques, ce qui manque, c'est une fin unique. L'humanité n'a pas encore de fin »[212]. Peut-être le monde n'a-t-il jamais plus qu'aujourd'hui eu besoin d'une « grande politique » et de cosmopolitisme. Et pourtant cela demeure ô combien utopique — le retour des nationalismes renforçant d'ailleurs ce caractère utopique.

Au-delà de la fabrication du droit, s'agissant de son exécution, on voit désormais des algorithmes privés empiéter sur certains domaines normalement réservés à la puissance publique. Plus généralement, la vie collective est impactée par des outils informatiques tels que les applications de géolocalisation et de guidage automobile qui impactent sensiblement les flux de circulation. En étant utilisés de façon massive, permanente, sur de longues durées et surtout à de vastes échelles, les algorithmes peuvent avoir un impact considérable sur la structure et le fonctionnement des sociétés. Les critères de fonctionnement d'une banale application de guidage automobile deviennent de véritables normes générales, collectives, des règles de droit ou des concurrentes des règles de droit — selon qu'on définit le droit plutôt en fonction de la validité (tout droit est étatique) ou plutôt en fonction de

[212] F. Nietzsche, *Ainsi parlait Zarathoustra* (1885), Le livre de poche, coll. Classiques, 2020.

l'effectivité (du droit d'origine privée peut concurrencer le droit d'origine publique). L'habitude d'utiliser une application donnée pour se déplacer dans une ville peut aboutir à transformer le trafic urbain, la répartition de la pollution et à terme, peut-être, la forme même de la ville et de la vie urbaine[213]. Dès qu'un nombre conséquent d'utilisateurs s'en remet à une IA dans un domaine donné, c'est elle qui fait la loi, qui dicte la marche à suivre, qui impose son modèle. Se pose ainsi la question de la perte de contrôle des pouvoirs publics sur l'aménagement de l'espace public, mais aussi sur la notion de service public et sur la définition de l'intérêt général. Les politiques publiques et le droit qui en résulte doivent aujourd'hui prendre au sérieux et affronter la concurrence de la loi des IA. Mais ce sont plus encore les vies individuelles qui se trouvent impactées par des IA, ce qui constitue un appel au droit et, plus encore, un appel aux droits de l'homme. Plus que jamais, « *Code is law* ». Nos choix et nos actions sont de plus en plus massivement délégués à des machines. L'homme se robotise, ce qui implique qu'il se déshumanise — phénomène d'autant plus interpellant que dans le même temps les robots s'humanisent en prenant une apparence humaine, en étant doués de parole, en manifestant de la sollicitude etc.

C'est finalement l'État, dans son organisation et même dans sa raison d'être, que l'IA et les acteurs qui gravitent autour interrogent. Alors qu'une nouvelle vision de l'homme et de la société, dont on peut douter qu'elle profite à l'humain et au social, tend à s'imposer subrepticement, les États sont appelés à agir et réagir — cela au moyen de leur principal instrument : le droit. Un nouveau modèle de société qui vise à satisfaire des intérêts particuliers et des lubies mégalomaniaques peut-être plus que le bien commun s'imposera ou s'effondrera en fonction des réactions qui auront été celles des organes publics. L'IA, comme tout outil ou toute matière première, est neutre en soi. Elle sera ce que les hommes auront décidé d'en faire : la carotte utilisée par des puissances privées afin de mener les peuples à la baguette pour satisfaire leurs intérêts personnels ou bien le moyen d'une libération et d'un approfondissement de l'humanité des hommes. Or il semble que pour l'heure ce soit davantage la première voie qui soit suivie par l'histoire, encore débutante et donc largement rectifiable, de l'IA. Quant aux législateurs

---

[213] CNIL, « La plateforme d'une ville – Les données personnelles au cœur de la fabrique de la smart city », *Cahier IP* oct. 2017, n° 5, p. 20.

publics, ils doivent prendre garde à ne pas sombrer dans un sommeil dogmatique leur faisant perdre le contact avec le réel. Pour cela, insister sur l'effectivité des normes plus que sur leur validité dans notre définition du droit est un enjeu important. Il importe d'observer ce qui régule dans les faits les conduites des individus. Le jeu des forces normatives est une donnée essentielle à prendre en compte, ce qui suppose de ne prêter attention qu'aux normes étatiques à l'exclusion de toutes autres. Un choc de réalité peut être salvateur pour le droit. Face aux volontés de gérer le monde et les hommes comme on gère une entreprise, il faut un droit fort, protecteur de l'intérêt général et des droits et libertés humains fondamentaux. Les modalités de production de ce droit doivent être repensées à nouveaux frais. C'est là un sujet d'une ampleur et d'une difficulté énormes, mais un sujet décisif, qui engage l'avenir de nos sociétés et de notre conception de l'humain. Depuis l'époque moderne, il revient à l'État de garantir la bonne marche de ces sociétés et protéger cette conception de l'humain, de générer la confiance et la sécurité entre les personnes. Devons-nous aller jusqu'à remettre en cause l'État ou, du moins, repenser substantiellement ses formes ?

On peut aussi dépasser l'État, dont les caractéristiques spatio-temporelles sont pour l'heure peu adaptées aux besoins normatifs du monde numérique, et chercher à défendre l'intérêt général à travers des initiatives privées. En ce sens, les droits de l'homme numérique, conçus comme des sources matérielles du droit, donc tels des principes fondateurs dont il convient de s'inspirer au moment de produire le droit formel, s'adressent aux pouvoirs publics mais aussi à tous les pouvoirs privés — y compris les multinationales du numérique qui pourraient très bien se baser sur eux au moment de rédiger leurs conditions générales d'utilisation et de développer leurs algorithmes. Par exemple, la World Wide Web Foundation, lancée par Tim Berners-Lee, reconnu comme l'inventeur du web, souhaite faire en sorte qu'internet renoue avec ses principes fondateurs. La fondation a ainsi lancé le 5 novembre 2018 une campagne, « #ForTheWeb », qui incite « les gouvernements, les entreprises et le public à se dresser en défense d'un internet libre, ouvert et sécurisé qui bénéficie à tout le monde ». Cette campagne promeut aussi auprès de tous un « Contrat pour le web », dont les principes sont la défense du libre accès à internet, l'interdiction de toute censure des contenus en ligne et le respect des droits fondamentaux des personnes — réduits au droit au respect de la vie privée et des données personnelles mais qu'il est tentant d'étendre à la protection de la liberté et de l'égalité. La World Wide Web Foundation invite aussi les entreprises à « développer des technologies qui permettent à l'humanité de progresser et (au pire) de ne pas régresser ». Il est vrai que, pensé par ses créateurs et premiers utilisateurs comme un formidable instrument d'échange, de découverte, d'ouverture au monde et de construction du lien social, le web, dominé désormais par les IA de l'industrie numérique, a rompu avec les idéaux sur lesquels il a été bâti et qui étaient générateurs de confiance et d'optimisme. Restaurer cette confiance et cet optimisme est la clé pour promouvoir des technologies qui profitent réellement à tous.

En termes stratégiques et politiques, l'intelligence artificielle est au cœur de toutes les préoccupations des États. Aux États-Unis, par exemple, elle figure au premier plan de la « stratégie de sauvegarde de la défense et de la souveraineté ». Elle constitue la troisième révolution stratégique, dite « *third offset strategy* » : après la dissuasion nucléaire puis l'explosion des technologies de l'information et du numérique, c'est au tour de l'IA de conférer au pays un avantage majeur, assurant sa supériorité et sa sécurité. Toutefois, si les États comptent beaucoup sur le secteur de l'IA, ce dernier, en revanche, se passe volontiers des États et trace sa route en échappant largement aux régulations publiques. Beaucoup d'initiatives en matière d'encadrement des IA provenant du secteur privé apparaissent en raison des absences et des balbutiements ou contradictions du droit étatique ou interétatique. Par exemple, le « Partnership on AI to Benefit People and Society » réunit Google, Facebook, IBM, Microsoft, Amazon ou encore Apple afin de développer de « bonnes pratiques » éthiques dans leurs activités. Tout l'enjeu est de savoir si ces « bonnes pratiques » sont respectueuses des droits de l'homme numérique, ce qui n'est pas certain tant l'éthique privée sert souvent de façade pour maquiller des réalités plus ou moins différentes[214]. L'autorégulation privée ne saurait être reçue autrement que tel un pis-aller tant elle a tendance à imposer des normes protectrices d'intérêts particuliers, à se détacher à la fois de la justice, de la démocratie et de l'intérêt général, donc à incarner non le « gouvernement du peuple, par le peuple et pour le peuple » mais une forme de « gouvernement du peuple, par les organisations puissantes et pour les organisations puissantes », à manquer

[214] A. Bensamoun, G. Loiseau, « L'IA à la mode éthique », *D.* 2017, p. 1371.

de stabilité, de certitude et de force contraignante, à se présenter sous les droits d'un droit « mou » nuisant à la sécurité juridique, et finalement à menacer plus que protéger les droits et libertés des individus.

La privatisation du droit ou, du moins, des normes — si l'on refuse l'idée qu'il puisse exister du droit d'origine privée et indépendant des États — pose donc de sérieuses difficultés. Au-delà des obstacles purement juridiques tels que le principe de séparation des fonctions d'opérateur et de régulateur, issu du droit européen de la concurrence, on peut douter des qualités du contenu de ce droit, mais aussi de son application dès lors qu'elle repose sur la bonne volonté et l'adhésion d'acteurs lointains, souvent américains. Cependant, les règles conçues et appliquées par les acteurs privés doivent être considérées avec sérieux, parce qu'elles ont aujourd'hui souvent une plus grande autorité que les lois et règlements publics, mais aussi parce que les valeurs défendues à travers les droits de l'homme numérique ont spécialement vocation à être prise en compte au moment de la conception de l'IA, c'est-à-dire par ses créateurs, suivant le principe de l' « éthique *by design* ». En l'absence de normes internationales (publiques), le « pis-aller juridique » peut déjà beaucoup en imposant des normes transnationales (privées). C'est pourquoi il convient de promouvoir auprès des acteurs privés dotés de cette capacité normative les droits de l'homme numérique. Si les opérateurs économiques sont suffisamment hors d'atteinte des gouvernements locaux pour, dans une large mesure, décider librement des valeurs qu'ils défendront, une forme de lobbying renversé consisterait à défendre auprès de ces acteurs privés l'intérêt général et l'humanisme juridique. La puissance des multinationales du numérique — *i.e.* leur influence, leur capacité à influer sur les conduites et les esprits à grande échelle — est désormais supérieure à celle de la plupart des États. Ce paramètre est incontournable au moment de penser le droit de l'IA.

103. L'appétit de droit de l'homme révolté. En des temps où tout change à la vitesse de la lumière, l'humain passif doit laisser la place à l'humain actif, qui se pose des questions sur son monde et agit afin de le rendre meilleur. Alors que des forces hyper-puissantes mettent petit à petit le grappin sur nos vies, nous devons comprendre ce qui se joue et œuvrer à ce qu'uniquement l'homme sorte triomphant des révolutions en cours. C'est pourquoi les droits de l'homme numérique, que ce livre a souhaité définir et identifier — sans prétendre à l'exhaustivité car il s'agissait de poser quelques premiers jalons —, sont des droits de l'homme révolté. Qu'est-ce qu'un homme révolté ? Selon Albert Camus, c'est « un homme qui dit non. Mais s'il refuse, il ne renonce pas : c'est aussi un homme qui dit oui, dès son premier mouvement. Un esclave, qui a reçu des ordres toute sa vie, juge soudain inacceptable un nouveau commandement. Quel est le contenu de ce “non” ? Il signifie, par exemple, “les choses ont trop duré”, “jusque-là oui, au-delà non”, “vous allez trop loin”, et encore “il y a une limite que vous ne dépasserez pas”. En somme, ce non affirme l'existence d'une frontière. On retrouve la même idée de limite dans ce sentiment du révolté que l'autre “exagère”, qu'il étend son droit au-delà d'une frontière à partir de laquelle un autre droit lui fait face et le limite. Ainsi, le mouvement de révolte s'appuie, en même temps, sur le refus catégorique d'une intrusion et sur la certitude confuse d'un bon droit, plus exactement l'impression, chez le révolté, qu'il est “en droit de”. La révolte ne va pas sans le sentiment d'avoir soi-même, en quelque façon, et quelque part, raison. C'est en cela que l'esclave révolté dit à la fois oui et non. Il affirme, en même temps que la frontière, tout ce qu'il soupçonne et veut préserver en-deçà de la frontière. Il démontre, avec entêtement, qu'il y a en lui quelque chose qui “vaut la peine de”, qui demande qu'on y prenne garde. D'une certaine manière, il oppose à l'ordre qui l'opprime une sorte de droit à ne pas être opprimé au-delà de ce qu'il peut admettre »[215]. L'essai d'Albert Camus nous invite ainsi à renouer avec la morale et, plus encore, avec le sens d'une morale partagée, vécue fraternellement. La noblesse du révolté est de réinstituer un monde commun en sortant de son nihilisme et en se battant avec ses valeurs personnelles.

Les droits de l'homme numérique, pour l'instant, sont d'abord une éthique, un appétit de droit et de justice qui n'est pas entièrement consacré par les lois positives mais qui a vocation à le devenir. Alors que l'homme numérique a jusqu'à présent surtout subi les mouvements technologiques dictés par des acteurs lointains et inatteignables, en devenant un homme numérique révolté, il affirme vouloir reprendre en mains son destin. Comme l'homme révolté de Camus, il engage une « révolte métaphysique », soit un mouvement afin de se dresser contre sa condition, contestant les fins de l'homme telles qu'on tente de les définir ou redéfinir. Contre l'état d'assujettissement docile dans

---

[215] A. Camus, « L'Homme révolté (1951) », in *Œuvres*, Gallimard, coll. Quarto, 2013, p. 854.

lequel on veut le plonger, il réagit et prend la parole, qui se traduit dans l'humanisme juridique et les droits de l'homme — des droits matériels dont il attend des diverses strates de pouvoir politique qu'elles les formalisent. L'homme révolté est donc un homme qui veut demeurer homme, ne pas devenir esclave ni robot, et qui compte sur le droit, sur les juristes pour le protéger. C'est un homme qui refuse d'avoir des maîtres autres que ceux qu'il se sera librement donnés. Face aux maîtres qui le nient en tant qu'être et le réifient, le traitent comme une chose, il se lève et les nie en retour. Ainsi l'homme numérique révolté, qui se croyait plus faible que toute chose, prend-il conscience de sa toute puissance et parvient-il à déchoir les forces illégitimes.

Dès lors, toute volonté de puissance se trouve sommée de répondre à des exigences lourdes pour ne pas tomber, notamment des exigences juridiques dont, au premier chef, le respect des droits humains. Par exemple, les multinationales du web ne pourraient plus exercer leur emprise « gratuitement » car il leur faudrait en retour offrir toutes les garanties de protection des droits et libertés fondamentaux. Le révolté « oppose le principe de justice qui est en lui au principe d'injustice qu'il voit à l'œuvre dans le monde »[216] ; et ce sont alors tous les acteurs, publics et privés, qui doivent se conformer à cette exigence de justice, sous peine de subir la réaction vaillante et immédiate du révolté. Contre toutes les pensées qui ouvrent la voie aux totalitarismes, les hommes numériques révoltés se dressent tels les soldats de l'humanité. Et ce qui constitue principalement cette humanité est la liberté, le refus de tous les dogmatismes et de tout ce qui s'impose en interdisant de penser.

La révolte n'est pas la révolution. Elle est un engagement et une protestation qui ne visent pas à faire table rase des idées du passé pour imposer un nouveau cadre théorique. L'homme numérique révolté trouve son inspiration dans l'héritage de l'humanisme juridique et des droits de l'homme, qu'il s'agit de renouveler mais certainement pas de remplacer et refonder sur de nouvelles bases. Il n'a pas l'intention de conquérir mais seulement de défendre. Alors qu'une révolution commence à partir d'une idée nouvelle, la révolte trouve sa source dans le constat factuel de bouleversements qui deviennent inacceptables. La révolution tue des hommes et des principes, au

---

[216] *Ibid.*, p. 862.

contraire de la révolte. Celle-ci ne souhaite pas imposer des principes nouveaux mais revenir à l'homme comme première nécessité. Pour Camus, « en même temps que la répulsion à l'égard de l'intrus, il y a dans toute révolte une adhésion entière et instantanée de l'homme à une certaine part de lui-même. Il fait donc intervenir implicitement un jugement de valeur, et si peu gratuit, qu'il le maintient au milieu des périls. Jusque-là, il se taisait au moins, abandonné à ce désespoir où une condition, même si on la juge injuste, est acceptée. Se taire, c'est laisser croire qu'on ne juge et ne désire rien et, dans certains cas, c'est ne désirer rien en effet. Le désespoir, comme l'absurde, juge et désire tout, en général, et rien, en particulier. Le silence le traduit bien. Mais à partir du moment où il parle, même en disant non, il désire et il juge. Le révolté, au sens étymologique, fait volte-face. Il marchait sous le fouet du maître. Le voilà qui fait face. Il oppose ce qui est préférable à ce qui ne l'est pas. Toute valeur n'entraîne pas la révolte, mais tout mouvement de révolte invoque tacitement une valeur »[217].

L'homme numérique révolté est celui qui a pris conscience de sa condition réelle et qui ne l'accepte pas, qui dès lors milite pour une autre condition qu'il entend imposer notamment avec le concours du droit. Il comprend qu'il y a dans l'homme quelque chose à quoi il peut s'identifier et que, s'il perdait cela, il perdrait beaucoup. Alors que l'homme robotisé perd tout sens de l'humanité, l'homme révolté accède au besoin d'humain. Auparavant, tel un esclave, il souffrait toutes les exactions sans mot dire, souvent même sans les ressentir comme telles, plus soucieux de son intérêt et de son confort immédiats que du respect de ses valeurs et des droits qui en découlent. L'homme robotisé, au moment où il rejette sa situation humiliante, son état faible et pauvre, s'engage plus loin que le simple refus et devient soudain un homme très humain, trop humain pour ceux qui entendaient l'exploiter en échange de peu de choses. Le révolté place l'humanité qu'il entend faire respecter au-dessus du reste, la proclame préférable à tout. Elle devient pour lui le bien suprême, qu'elle s'incarne en lui-même ou chez les autres. Il refuse donc tout compromis engageant son humanité. Même la vie a moins de valeur que l'humanité et l'homme révolté « accepte la déchéance dernière qu'est la mort, s'il doit être privé de cette consécration exclusive qu'il

---

[217] *Ibid.*, p. 854-855.

appellera, par exemple, sa liberté. Plutôt mourir debout que de vivre à genoux »[218].

104. Les raisons de la révolte : liberté, égalité, dignité. Les droits de l'homme numérique s'organisent autour de la trilogie « liberté, égalité, dignité ». Chacun de ces principes se décline en différentes prérogatives que l'homme numérique révolté défend face à ceux qui entendent utiliser l'IA afin d'exploiter les hommes en les déshumanisant ou qui, involontairement, engendrent le même effet. Ce sont ces valeurs qui nourrissent la révolte de l'homme numérique révolté. À travers elles, il comprend que son mouvement, initialement individuel, peut être partagé et devenir un phénomène collectif, engageant un bien dont il perçoit combien il déborde sa propre destinée. Il défend alors un droit qu'il place au-dessus de lui-même, qu'il partage, selon lui, avec tous les hommes. Tel est le premier progrès que l'esprit de révolte permet : d'une réflexion initialement imprégnée de l'absurdité et de l'apparente stérilité du monde, donc d'une souffrance individuelle et isolée, on passe à une conscience collective, une solidarité qui donne l'impression de pouvoir, ensemble, renverser des montagnes[219]. La révolte est l'aventure de tous. Le premier progrès d'un esprit saisi d'étrangeté est de reconnaître qu'il partage cette étrangeté avec tous les hommes et que la réalité humaine, dans sa totalité, souffre de cette distance par rapport à soi et au monde. Pour Camus, « dans l'épreuve quotidienne qui est la nôtre, la révolte joue le même rôle que le cogito dans l'ordre de la pensée : elle est la première évidence. Mais cette évidence tire l'individu de sa solitude. Elle est un lieu commun qui fonde sur tous les hommes la première valeur. Je me révolte, donc nous sommes »[220].

Alors que le numérique isole et enferme, la révolte, salvatrice, recrée le lien entre les êtres humains et leur confère une raison d'agir à la fois pour soi et pour tous. Ces valeurs qui précèdent et motivent l'action contredisent les philosophies historiques selon lesquelles ce serait l'action qui conduirait aux valeurs et non l'inverse. L'homme numérique se révolte parce qu'il est animé par le sentiment d'une nature humaine permanente et pourtant en péril. Alors que la société de consommation numérique impose l'envie de ce qu'on n'a

[218] *Ibid.*, p. 855.
[219] *Ibid.*, p. 861.
[220] *Ibid.*

pas afin de vendre toujours plus de biens et services, l'homme numérique révolté défend ce qu'il est. Son ambition, finalement modeste, est simplement de faire valoir ce qu'il est, un « droit d'être » en quelque sorte : quelqu'un qui agit librement, qui est traité comme l'égal de ses semblables, dont la vie privée est préservée de toute intrusion non désirée et n'est pas commercialisée. Les droits de l'homme numérique ne sont pas autre chose qu'une revendication de reconnaissance de ce que les hommes sont.

Tandis que les garanties des mode de vie auxquels nous aspirons se trouvent ô combien éprouvées, nous devons, à l'instar de l'homme révolté d'Albert Camus, dire « non » et opposer à ses forces normatives qui font pression sur nous nos droits à la liberté, à l'égalité et à la dignité. Il s'agit ainsi d'une « juste révolte », soit une révolte visant à « refonder les valeurs de la cité disqualifiées par une histoire corrompue »[221]. Réclamant l'unité d'une condition de l'homme pleinement humaine, la révolte est force de vie. En des temps où il est tentant de se laisser téléguider, de s'abandonner à des signaux et des nudges permanents, la révolte est une invitation à vivre, à créer, à innover, à prendre des risques, suivre des chemins de traverse, se perdre, errer, commettre des erreurs, les corriger, recommencer, se réinventer, vivre plusieurs vies en une.

La raison d'État comme la raison d'état dont des conforts individuels et temporaires mais des désastres collectifs et à long terme. L'homme numérique révolté, à l'épreuve des innombrables sources de confort passif qu'offre l'univers des IA, trouve là bien des raisons de refuser le funeste suivisme numérique. L'expérience de la résistance, racontée par analogie dans *La peste*, montre comment on peut prendre les armes pour défendre le collectif et refonder une nouvelle association politique. Initialement désordonnée dans le monde des faits, la révolte trouve dans des valeurs telles que la liberté, l'égalité et la dignité les raisons de son action, puis aboutit à un état de développement tel qu'elle finit par s'institutionnaliser. C'est alors que le droit prend la suite des faits ou que le droit positif et formel vient exprimer et consacrer le droit naturel et matériel. Toute dérive génère une crise qui elle-même engendre de nouvelles institutions. Ce sont pour ces institutions que l'on se bat, que l'on imagine comme le port dans lequel on mouillera au

---

[221] D. Salas, *Albert Camus – La juste révolte*, Michalon, coll. Le bien commun, 2002, p. 12.

terme du voyage, si tout se passe bien. Après la bataille vient la paix et le temps de la politique directe ou par représentation. Tant que la guerre est là, il faut prendre les armes et se confronter au mal, mais aussi clamer haut et fort pourquoi on ne se soumet pas, pourquoi on se défend, pourquoi on espère. Dans l'expérience toujours vivante d'un nouveau commencement, le corps politique se saisit lui-même à nouveau. La politique et le droit sont les moyens de communication des hommes qui sont en lutte pour eux-mêmes, leur permettant de guider les populations résignées et passives, mais aussi de leur expliquer les valeurs qui leur donnent la direction à suivre. Le droit et la politique sont ainsi les enfants de la résistance, l'œuvre de ceux qui ont scellé dans la défense de leurs valeurs communes leur solidarité et leur fraternité.

105. Le syndrome du 2 + 1. Pour Saint-Simon et les saint-simoniens, les progrès techniques seraient la condition indispensable de l'amélioration des conditions de vie et de la bonne marche des sociétés. Peut-être existe-t-il quelques raisons de douter d'une telle loi générale, aujourd'hui plus qu'hier. Et paradoxalement c'est aujourd'hui plus qu'hier que le saint-simonisme acquiert une audience importante et sort de la pénombre dans laquelle il était plongé. Pour Saint-Simon, l'industrialisation des nations serait la source d'un dynamisme salvateur, du progrès individuel et social, cela bien plus efficacement que toute volonté politique. Contre les castes militaro-féodales et les rentiers, il jugeait préférable d'encourager, soutenir et gratifier les investisseurs, les entrepreneurs, ceux qui innovent et ceux qui fabriquent des marchandises, prenant une part active au développement du pays et favorisant, en fin de compte, le bien commun.

Pendant que les IA nous promettent de nous débarrasser de nos maux, nos travers et nos angoisses, n'aboutissent-elles pas à diminuer nos capacités mentales et à appauvrir toutes nos facultés, notamment sensibles, ainsi qu'à nous plonger dans une paresse généralisée et dont il devient difficile de s'extirper quand cela est nécessaire, parce que nous avons conféré à des dispositifs informatiques trop de prérogatives et de pouvoir ? Que reste-t-il d'humain dans une société où les fabricants de brosses à dents n'inscrivent pas sur les paquets de trois « 3 brosses à dents » mais « 2 + 1 brosses à dents », cela leur permettant de vendre beaucoup plus de leurs produits parce que toute une frange des consommateurs n'a pas la présence d'esprit de faire la différence entre « 2 + 1 » (il faut en payer trois) et « 2 + 1 gratuite » (il faut en payer deux). Le monde de la grande distribution et de la communication publicitaire qui l'entoure est symptomatique de l'abêtissement généralisé des populations à des fins de consommation de masse. C'est comme si plus une publicité est absurde, plus elle est efficace. L'homme révolté ne saurait accepter cette réduction des masses en moutons de Panurge bons simplement à dépenser leurs salaires en achetant tout ce qu'on leur offre. C'est sur ce manque de discernement que misent tous les manipulateurs d'opinion publique. À l'heure où les réseaux sociaux sont la première source d'information pour les Français de moins de 34 ans, l'impact des contenus visant à faire perdre aux hommes la raison, en les amenant à basculer dans des théories du complot et autres croyances dangereuses, est le défi du siècle. Si de nombreux contenus qui circulent de manière virale s'avèrent particulièrement toxiques, tel est en premier lieu le cas des « *deepfakes* », ces vidéos plus vraies que nature dans lesquelles on fait dire ou faire des choses à des personnalités qu'elles n'ont jamais dites ou faites. Ces contenus sont générés par des algorithmes tels que les « *generative adversarial networks* » (« GANs ») — la start-up canadienne Lyrebird propose, par exemple, de générer de faux discours très crédibles à l'aide de seulement une minute d'échantillon de voix[222]. De moins en moins nombreux sont ceux qui savent encore faire la différence entre la réalité et la fiction. De plus en plus nombreux sont ceux qui sont prêts à préférer, quoique souvent inconsciemment, la vérité alternative à la vérité vraie dès lors que cela va dans le sens de leurs intérêts ou de leurs convictions.

La décadence civilisationnelle est telle qu'on en vient à douter de l'opportunité de la démocratie — que penser face aux élections de Donald Trump, dont il n'est pas utile de revenir sur les effroyables manœuvres de désinformation auxquelles il s'est adonné, à tel point qu'un grand nombre de ses électeurs se sont rendues aux urnes en 2020 sans masque ni autres précautions quand les électeurs démocrates faisaient le choix sage du vote par correspondance, ou de Jair Bolsonaro, qui est passé de 1 % d'intentions de vote à Président du Brésil en faisant croire aux brésiliens, qui de façon ô combien symptomatique l'ont pour beaucoup cru, que le gouvernement précédent distribuait dans les écoles et maternelles le *Guide du zizi sexuel* de l'auteur de BD suisse Zep et des tétines en forme de verge en érection.

---

[222] Y. Coatanlem, E. Rannou, « Les avancées de l'intelligence artificielle pourraient rendre les "deepfakes" encore plus redoutables », lemonde.fr, 20 nov. 2020.

L'homme révolté s'oppose aussi aux règnes de la violence, du racisme, de l'homophobie et de la misogynie. Or les nouveaux moyens de communication numérique ont offert à ces modes de pensée radicaux des canaux de diffusion viraux — l'équipe de Jair Bolsonaro a par exemple touché une grande part de la population brésilienne en diffusant par Whatsapp ses fausses informations, en s'appuyant sur leurs premiers sympathisants chargés de propager la désinformation.

Dans ce contexte, il semble ô combien nécessaire que les hommes numériques révoltés diffusent au maximum le discours des droits de l'homme numérique. Ces derniers, au-delà des dimensions présentées dans ce livre, comprennent peut-être aussi des droits à l'éducation, à l'information et à la démocratie, autant de droits de plus en plus gravement et de plus en plus fréquemment bafoués par des manipulations et manipulateurs qui trouvent dans les technologies des moyens extraordinaires d'arriver à leurs fins. Comme l'a écrit Albert Camus, « la révolte est le fait de l'homme informé, qui possède la conscience de ses droits »[223]. On se révolte parce que, conscients de l'absurdité du monde et de l'existence, on trouve cependant une règle d'action qui nous amène à nous battre au nom d'une certaine idée de nous-mêmes.

La révolte est aussi un étrange amour : celui des humiliés qui ne sont ni du côté de l'histoire ni du côté de Dieu[224]. Ceux-là peuvent trouver en elle une autre raison d'exister et d'agir. « Le sujet inca, le paria hindou, un primitif de l'Afrique centrale ou un membre des premières communautés chrétiennes ne se pose pas le problème de la révolte, parce qu'il a été élevé pour avancer dans une tradition, et avant qu'il ait pu se la poser, la réponse est dans le sacré, explique Albert Camus. Si, dans le monde sacré, on ne trouve pas le problème de la révolte, c'est qu'en vérité on n'y trouve aucune problématique réelle, toutes les réponses étant données une fois pour toute. La métaphysique est remplacée par le mythe. Il n'y a plus d'interrogations, il n'y a que des réponses et des commentaires éternels »[225]. Aujourd'hui, il convient

---

[223] A. Camus, « L'Homme révolté (1951) », in *Œuvres*, Gallimard, coll. Quarto, 2013, p. 859.

[224] P. Ricœur, « L'homme révolté » (1956), in *Lectures 2*, Le Seuil, 1992.

[225] A. Camus, « L'Homme révolté (1951) », in *Œuvres*, Gallimard, coll. Quarto, 2013, p. 860.

de garder cet œil critique qui, face à la nouvelle religion du numérique et de l'IA et ses conséquences, permet de se prémunir contre les dérives avilissantes. L'homme révolté vénère l'humain et exige que toute réponse soit une réponse humaine, à l'abri des raccourcis du sacré et de la démagogie. Le seul ordre dans lequel il s'installe est l'ordre humain. Pour Camus, tout esprit humain choisirait entre deux univers possibles : celui du sacré et celui de la révolte. En des temps où Big Data est le nom du nouveau Léviathan, alors qu'on assiste à la décomposition des sociétés, au désenchantement de la cité et à l'évanouissement de la citoyenneté à mesure que le collectif se dissout, la conscience politique s'épuise et le jugement critique démissionne, l'homme révolté devra déployer de grandes qualités pour triomphé de l'homme qui préfère la grâce des dogmes. Depuis longtemps des sociétés tâchent de prendre leurs distances avec le sacré mais finissent toujours par y revenir, sous une forme ou une autre. On s'imagine que « dieu est mort » depuis longtemps et qu'on vit désormais dans une histoire désacralisée, mais les tutelles psychologiques n'ont de cesse de réapparaître en usant de nouveaux stratagèmes et en profitant des fragilités humaines. Tel Sisyphe, il faut sans relâche débusquer ces stratagèmes pour défendre l'homme. Or, actuellement, ceux-ci s'introduisent essentiellement dans les nouvelles technologies afin de robotiser les hommes en faisant passer cela pour une libération. C'est pour cela que la révolte est notre réalité historique depuis plusieurs siècles. Et elle ne semble pas prête de pouvoir s'éteindre. Sans doute d'ailleurs ne le pourra-t-elle jamais, ce qui ne saurait justifier un quelconque renoncement face à cette tâche sisyphéenne. La vie est bel et bien absurde et pourtant cela ne saurait justifier de la refuser ou de ne l'accepter que sous une forme passive. La révolte est devenue une dimension essentielle de l'homme ; et pourtant elle n'a jamais semblé aussi en déclin qu'aujourd'hui où l'on se bat pour beaucoup de futilités, parfois pour des absurdités et même par simple méchanceté, mais guère plus pour l'humanité. Il est urgent de retrouver en l'homme un et universel la seule source de nos valeurs — et donc de nos droits.

106. La pensée de midi : les droits de l'homme numérique comme limites. Les droits de l'homme numérique sont autant de limites bridant l'impérialisme des puissances numériques. Ils sont le cadre dans lequel celles-ci peuvent évoluer sans nuire à l'humanité des hommes. L'homme numérique révolté se dresse contre les puissances qui l'oppressent, qui l'enferment, le revendent ou le comparent, et entend leur imposer des limites — quand le révolutionnaire risque fort de basculer dans le despotisme illimité. Notre société a besoin de « lois d'équilibre »[226]. À l'échelle de la société numérique, la liberté, l'égalité et la dignité peuvent être les premières de ces lois. C'est ainsi que l'homme révolté passe d'une protestation contre l'absurde à l'adhésion à des valeurs collectives. La révolte combat les activités injustes ou liberticides en affirmant des valeurs morales positives. Les droits d'autrui, la liberté ou la dignité commune aux hommes sont autant de bornes marquant la frontière entre raisonnable et déraisonnable. Et c'est donc la révolte qui, nous mettant en mouvement et nous faisant prendre conscience, nous conduit à identifier ces valeurs qui nous serviront de guides. De façon générale, « l'articulation entre liberté et justice permet de dépasser l'antinomie inhérente à deux principes, l'un individuel et l'autre collectif. Le désir de liberté ne peut prendre sens que s'il s'intègre dans l'œuvre collective d'une justice distributive, équitable et mesurée. Leur conciliation est vitale si on veut pondérer la folle passion que la révolte peux installer au cœur des hommes »[227]. Pour Albert Camus, « aucun homme n'estime sa condition libre si elle n'est pas juste en même temps, ni juste si elle ne se trouve pas libre »[228].

L'ignorance ou la méconnaissance systématique des limites a été et est la cause de beaucoup de maux. Il faut donc se battre pour imposer ces limites à la fois en théorie et en pratique. Disserter à leur sujet est aisé, mais leur effectivité est un très grand défi. Contre les pensées nihilistes qui refusent toute frontière et contre les totalitarismes qui défendent d'autres frontières, l'humanisme juridique fait de l'homme la seule mais essentielle limite à toute chose. C'est lui, l'humain, qui fait barrage à l'accélération uniforme du monde, lui qui tâche d'endiguer la marche vers des conquêtes et des destructions infinies. Alors que la révolution sans autre limite que l'efficacité est une plongée dans la servitude, « l'esprit révolutionnaire, s'il veut rester

---

[226] D. Salas, *Albert Camus – La juste révolte*, Michalon, coll. Le bien commun, 2002, p. 47.

[227] *Ibid.*, p. 73.

[228] A. Camus, « L'Homme révolté (1951) », in *Œuvres*, Gallimard, coll. Quarto, 2013, p. 1064.

vivant, doit se retremper aux sources de la révolte et s'inspirer de la seule pensée qui soit fidèle à ses origines, la pensée des limites »[229].

On s'attache dès lors fermement à la « pensée de midi » par laquelle Camus termine *L'homme révolté.* C'est dans l'espace de cette pensée de midi que les droits de l'homme numérique doivent être définis et appliqués, car leur vocation est d'instituer des limites pour tempérer l'hubris (le goût de la démesure) et l'arrogance qui risquent souvent d'accompagner les succès de ces start-up devenues multinationales en quelques années. La pensée de midi est ce point fixe et rayonnant au moment où le soleil est en équilibre au zénith. En donnant à chaques arguments antagonistes de l'importance, on évite de basculer dans la démesure et dans la tyrannie du prêt à penser. L'homme numérique révolté ne se sépare ainsi jamais de cette balance avec laquelle, telle la justice, sitôt qu'il doit opérer un choix il pèse le pour et le contre. S'il renonce aux idéaux faciles et inutiles, il trouve dans l'humanisme les références grâce auxquelles il peut juger.

Poser des obligations, des interdictions et des possibilités est la condition *sine qua non* à toute existence individuelle et collective viable et pérenne. Or tel est justement l'objet du droit, qui est par conséquent le bien social le plus indispensable. Les limites sont formalisées par le droit. Et les limites les plus essentielles sont les droits de l'homme. Ces bornes offrent des repères à chacun, évitent de se perdre dans des confusions insolubles et destructrices. Toute civilisation a prospéré autour de ses limites juridiques propres, constituant souvent certains de ses traits culturels les plus caractéristiques. Ces limites juridiques sont la structure d'une société. Fonder une cité consiste, par un acte fondateur, à s'accorder sur de premières limites juridiques organisant la vie collective. C'est ainsi que révolte, pensée de midi, limites et droits de l'homme se rejoignent. Il ne s'agit bien que d'un seul et même sujet. Les tragédies de Sophocle font état des drames qui résultent du franchissement de certaines lignes, en dépit du bon sens. Ces lignes, surtout à l'ère d'internet et de l'IA, ne sont cependant pas que des lignes juridiques. L'éducation et l'accès à l'information de chacun conditionnent très directement ses pensées et ses actes. Il ne faut donc pas tout attendre du droit, qui néanmoins peut favoriser la bonne éducation et la bonne information.

---

[229] *Ibid.*, p. 1070.

107. Éloge de la mesure et du « en même temps ». C'est le goût de la mesure qui, entres autres choses, distingue le révolté du révolutionnaire. Alors que ce dernier défend des positions radicales et intransigeantes, extrémistes parfois, le révolté est un « centriste », un défenseur de la doctrine du « en même temps » — on s'est moqué d'Emmanuel Macron, en 2017, à cause de sa tendance à ne pas trancher fermement lorsqu'il y avait aussi bien des raisons d'être pour que d'être contre sur un sujet donné, si bien qu'il utilisait régulièrement la locution « en même temps », mais c'est pourtant là la position la plus raisonnable. La révolte ouvre un chemin difficile où les contradictions peuvent se vivre et se dépasser. Elle est une sagesse qui favorise les compromis, protège la pensée contradictoire et les objections, refuse tout passage en force. Défendre la liberté, l'égalité et la dignité, ce n'est pas plaider pour l'interdiction d'internet, le démantèlement des GAFAM ou l'arrêt immédiat de la recherche en intelligence artificielle. Il s'agit seulement de penser les limites au-delà desquelles tous ces acteurs ne sauraient aller afin de garantir le caractère raisonnable et humainement compatible de leurs activités. Ces principes, parce qu'ils sont supposément équilibrés, doivent conférer aux hommes une texture commune, générer la solidarité entre eux, les rendre ressemblants et ligués.

Les principes absolus sont vides ou, du moins, funestes parce qu'ils s'entredétruisent. La révolte n'est pas une revendication de liberté totale. Au contraire, elle s'oppose à la liberté totale, parce qu'elle devient inévitablement totalitaire. Elle refuse tout pouvoir illimité, toute indépendance générale et est en quelque sorte auto-limitative puisqu'elle définit un cadre qu'elle impose à tous et en premier lieu à elle-même. Elle défend vigoureusement les frontières mais est ouverte à la discussion concernant leur emplacement. Liberté et justice sont deux notions inséparables. Or la liberté absolue interdit toute justice puisqu'elle conserve les injustices, quand la justice absolue détruit la liberté en supprimant toute contradiction. Pour être fécondes, justice et liberté doivent se nourrir l'une l'autre. « Aucun homme n'estime sa condition libre si elle n'est pas juste en même temps, ni juste si elle ne se trouve pas libre », note Albert Camus[230].

Il existe une juste mesure des choses et de l'homme. Cette juste mesure peut être le rythme de la vie, nous évitant tout emballement vers la folie, tout

---

[230] *Ibid.*, p. 1068.

dérèglement suicidaire. On en revient alors à imaginer une nature humaine qui se confondrait avec cette juste mesure. On ne peut être humain sans être mesuré, ni mesuré sans être humain. La tradition de l'humanisme, c'est aussi une tradition de la mesure. Il importe de la poursuivre, à travers les droits de l'homme numérique et au-delà. Il convient de marcher main dans la main avec Némésis, déesse grecque de la mesure, fille de la nuit et de l'Érèbe incarnant la justice des dieux, non aux côtés de Dionysos, dieu de la vigne, de l'ivresse et de la démesure. Ensemble, nous pouvons mettre notre *hubris* de côté et construire notre avenir commun. Némésis ne frappe les hommes que lorsqu'ils provoquent le désordre et le déséquilibre du monde. C'est elle qui inspire les droits de l'homme en général et les droits de l'homme numérique en particulier. La cité doit être à la mesure de l'homme, la politique et l'économie doivent être régulées par l'éthique et le droit afin d' « empêcher que le monde ne se défasse », pour reprendre une formule du « Discours de Suède » d'Albert Camus, prononcé à l'occasion de sa réception du Prix Nobel de littérature.

Comme l'explique Éric Sadin, « les manufactures de Manchester qui, dans la seconde moitié du XIXe siècle, contraignaient les corps en vue d'assurer la production la plus volumineuse de biens, ou la bombe atomique qui allait foudroyer, en quelques instants, la ville d'Hiroshima le 6 août 1945 et celle de Nagasaki 3 jours plus tard, témoignent de la volonté d'agir conformément au principe de l'illimité, c'est-à-dire de considérer que tout peut être fait, sans aucune restriction technique ou morale, pour assouvir certains buts particuliers. La réalisation d'une action dédaignant toute limite procédera nécessairement, à un moment ou un autre, d'une négation d'autrui. En cela, l'illimité stimule une force négative, excite une pulsion de destruction et de mort. Notre propension naturelle à vouloir nous affranchir de tout limite. Toute avancée était supposée être vertueuse et conduire l'humanité vers le meilleur. Credo à l'origine de l'idéologie du progrès qui a libéré, notamment par des innovations techniques, une volonté de puissance et de domination »[231]. Face à cette dérive naturelle de l'homme vers l'illimité, il faut faire l'éloge de la mesure et y revenir souvent. Il convient de promouvoir cette « *common decency* » qui était louée par George Orwell.

---

[231] É. Sadin, *La silicolonisation du monde – L'irrésistible expansion du libéralisme numérique*, L'échappée, coll. Pour en finir avec, 2016, p. 269.

Tout homme doit s'envisager tel un homme ordinaire qui agit librement et en conscience tant qu'il n'ébranle pas les bases fondamentales de l'équilibre collectif, au premier rang desquelles figurent les droits de l'homme numérique. La condition de l'exercice de nos libertés est d'agir, même si le champ des possibles nous apparaît virtuellement infini, en ayant toujours pour horizon la conservation du bien commun, de la justice, de l'harmonie générale. C'est dans ce contexte que peuvent s'exprimer notre amour de la vie, notre goût de l'aventure et notre désir de plaisir, malgré tout le tragique de notre condition et loin du téléguidage des conduites et des camisoles numériques.

On suivra la trace de Montaigne, pour qui l'objectif de l'homme en quête de certitudes, qui cherche à établir des vérités définitives, est illusoire en raison de la diversité des opinions et des points de vue en fonction des temps et des lieux. Tout jugement est relatif et le scepticisme est une modestie. Montaigne admet ses propres limites : il est une « ignorance qui se sait ». Il se demande « que sais-je ? ». Le scepticisme de Montaigne s'adresse aux ambitions démesurées de la raison qui bien souvent n'est qu'une déraison qui se croit raisonnable, à l'image de l'injustice qui en général s'imagine tout à fait juste, aveuglée par son propre reflet. Ce scepticisme « n'est pas une charge contre la science et la technique mais une invitation à la prudence et à la mesure »[232].

108. L'homme révolté, un surhomme pluridimensionnel. Aujourd'hui, des commerçants situés très loin de la vie quotidienne des individus affirment qu'il existe une demande sociale forte pour leurs produits. Leurs discours sont performatifs et l'offre crée la demande. L' « unidimensionnalité », critiquée par Herbert Marcuse au cours des années 1960, se constate chaque jour de façon un peu plus évidente : les individus adoptent des comportements afin de se conformer aux lois édictées par la société de consommation[233]. L'homme numérique révolté, au contraire, entend se présenter tel un homme pluridimensionnel, soit un homme ouvert, qui a conservé un regard critique sur sa vie et son environnement, qui tâche d'opérer chaque choix consciemment et de façon éclairée. L'exemple des

---

[232] J.-F. Dortier, « Montaigne, le sceptique », *Les Grands Dossiers des Sciences Humaines* 2021, n° 61, p. 20.

[233] H. Marcuse, *L'homme unidimensionnel*, Beacon Press, 1964.

lunettes connectées de Google est révélateur. Les hommes numériques révoltés ont été suffisamment nombreux et intransigeants pour, tels des citoyens-consommateurs ou des « consommacteurs », par un refus massif de l'achat de cet objet, prendre une décision collective à la grande dimension politique et culturelle. Aujourd'hui, on pourrait, dans la rue, ne plus croiser que des personnes munies de ces lunettes de cyborg, mais les hommes en ont décidé autrement. Le pouvoir reste entre leurs mains, au temps de l'économie numérique plus que jamais. En refusant les lunettes connectées et la vie augmentée qu'elles promettent, on a indiqué à notre civilisation la direction à suivre, celle de l'humain plutôt que celle du nudge permanent, de l'ère des outils destinés à manœuvrer nos esprits et nos corps à notre place tout en enregistrant chaque instant de nos existences. Mais encore faudra-t-il observer si les hommes refusent de la même façon les lentilles connectées, déjà en développement parmi certains laboratoires de la Silicon Valley, ou si leur opposition aux *Google glasses* n'a été motivée que par des considérations esthétiques et non par des motivations éthiques. Il n'est en effet pas certain que ce soit la crainte de la connexion continue qui ait engendré l'échec commercial du produit de Google. Et *quid* de l'infiltration annoncée de puces dans nos tissus biologiques afin de nous offrir un suivi médical ininterrompu, de fluidifier nos achats et plus généralement de faciliter nos vies en enclenchant le grand mouvement du transhumanisme ? Doit-on rire ou pleurer à la vue de ces « implant parties », grands rassemblements d'individus heureux de venir s'implanter des puces sous-cutanées. Ce sont là les nouvelles formes de « rêve parties ».

Comme l'a montré Hans Jonas en théorisant l'idée d'heuristique de la peur, un sentiment négatif, la peur, peut se transformer en moteur d'une action positive[234]. Mais cela suppose une prise de conscience, donc la sortie du rêve, de cet état comateux dans lequel les nouvelles technologies fascinantes et ceux qui les manœuvrent peuvent être tentés de plonger les populations afin de mieux les manipuler. Refusant toute rationalité selon laquelle il faudrait attendre des systèmes informatiques qu'il nous dictent toutes les vérités, nous pourrions nous adonner à la *parrêsia* — terme grec désignant le fait d'adopter une pleine liberté de pensée et d'expression. Peut-être

---

[234] H. Jonas, *Le principe responsabilité – Une éthique pour la civilisation technologique* (1979), Flammarion, coll. Champs essais, 2013.

ferions-nous alors des droits de l'homme numérique notre plus grande richesse afin d'éviter cette menace qui nous guette : la négation par l'humain de lui-même. D'aucuns constatent que l'alliance de l'industrie du numérique, du monde de la recherche, du social-libéralisme et des *think tanks* en tous genres provoquerait un effondrement civilisationnel[235]. En tout cas semble-t-il indispensable de conserver un regard critique et de ne pas s'abandonner corps et âme aux nouvelles forces qui entendent guider nos existences. Il faut au moins écouter, et ne pas rejeter *a priori*, les mises en garde d'Éric Sadin : « la novlangue techno-libérale aura réussi, par ses formules tout faites, à générer un imaginaire commun, imposer une ligne directrice tracée par avance, qui illustre de façon emblématique l'expression devenue usuelle de “transformation digitale”. Personne ne met en garde à propos de cette rhétorique vaseuse et usurpatrice qui façonne les représentations, participe de la fadeur des débats et contribue à neutraliser la prise de conscience et les initiatives qui pourraient en découler »[236]. contrairement à l'idée selon laquelle l'entrée dans l'ère du tout numérique, la révolution de l'IA et le transhumanisme seraient inéluctables parce qu'ils correspondraient au « sens de l'histoire » n'est pas autre chose qu'une négation de l'histoire, puisque celle-ci n'est faite que de choix et de luttes des hommes. On fait ainsi passer une idéologie pour un fait, ce qui est bien sûr dangereux. Il n'est d'ailleurs jamais arrivé, dans l'histoire, qu'un phénomène qui malmène les droits et libertés fondamentaux puisse se prolonger indéfiniment sans jamais être arrêté par des vents contraires.

S'agissant de l'IA, pourtant, rares sont les réserves et les discours à contre-courant formulés. Dans le secteur de la médecine, par exemple, que des industriels de la technologie cherchent à conquérir car il est envisagé comme le plus porteur — en concurrence avec les domaines de la voiture autonome, de la maison connectée et de l'éducation —, la pression mise sur les médecins n'a pas besoin d'être grande tant ils sont, à l'instar de beaucoup de corporations dans de nombreux secteurs, d'ores et déjà convaincus par le besoin d'être « à la pointe du progrès » et de ne laisser passer aucune nouveauté en matière de santé connectée et de « *smart* médecine ». Rares sont ceux qui osent douter des bénéfices apportés par les nouvelles

---

[235] É. Sadin, *L'intelligence artificielle ou l'enjeu du siècle – Anatomie d'un antihumanisme radical*, L'échappée, coll. Pour en finir avec, 2018, p. 253.
[236] *Ibid.*, p. 255.

techniques à la qualité des soins. Pourtant, si la somme de progrès est sans doute très importante, peut-être certains aspects devraient-ils au moins amener à se questionner. Sur certains points, la médecine pourrait défendre le champ de ses compétences et refuser l'intrusion d'acteurs techno-économiques. Au moins pourrait-on prendre le temps de l'évaluation et de l'analyse et ne pas s'engager tête baissée dans la transformation digitale. Au lieu de cela, on assiste à l'évanouissement de la libre appréciation au profit de l'acceptation sans contrôle des vérités prescriptives venant du milieu de l'IA. Les médecins pourraient pourtant s'inquiéter du risque d' « ubérisation » de leur métier. Historiquement, la rationalité poussée à son extrême confine à la folie. De nos jours, elle se traduit par cette confiance aveugle faite à la « raison mathématique », jugée supérieure et infaillible. Face à cela, on peut défendre une rationalité ouverte, critique, inventive et soucieuse de défendre avant tout la liberté et la pluralité humaines. Il s'agirait ainsi de trouver un antidote contre la « neomania », cette foi inconditionnelle dans le progrès[237].

Friedrich Nietzsche déjà s'élevait contre les auxiliaires de la foi moderne dans le « progrès ». Pour lui, celui-ci ne serait qu'une nouvelle version de la métaphysique chrétienne. « Dans quelle mesure, demande le philosophe, subsiste encore la fatale croyance à la providence divine, la croyance la plus paralysante qui soit, pour les mains et pour les cerveaux ? Dans quelle mesure, sous le nom de nature, de progrès, de perfectionnement, de darwinisme, dans la croyance superstitieuse en un certain lien entre le bonheur et la vertu, est-ce encore l'hypothèse et l'interprétation chrétiennes qui persistent ? »[238]. La vision de Friedrich Nietzsche de l'histoire humaine oppose deux grandes périodes, l'une antique et glorieuse, l'autre actuelle et décadente. Il estime profondément la Grèce ancienne, celle des héros combattants comme Achille et Ulysse. Il apprécie les divinités de l'Olympe, qui sont des personnages à visage humain qui célèbrent l'amour (Éros), la guerre (Jupiter), la force (Vulcain) et même l'ivresse (Dionysos). Or ces dieux de la vie ont été évincés par un dieu chrétien austère, triste, qui réprime les passions charnelles, condamne les excès, interdit la liberté au

---

[237] N. N. Taleb, *Antifragile – Les bienfaits du désordre*, Les Belles Lettres, 2013.
[238] F. Nietzsche, *La volonté de puissance*, t. II, Gallimard, 1948, p. 59.

profit d'un idéal ascétique de pureté[239]. Pour Nietzsche, le christianisme aurait enclenché une période de dégénérescence liberticide qui se poursuivrait aujourd'hui pour d'autres raisons, tandis que de nouvelles religions auraient pris le relais s'agissant de l'asservissement des populations.

Le « surhomme » de Nietzsche n'est pas la pierre angulaire d'une doctrine évolutionniste et, au contraire, s'oppose fermement à toute théorie transformiste appuyée sur la foi dans le progrès. Pour lui, ni l'humanité comme espèce ne représente un progrès sur les animaux ni, à l'intérieur du groupe humain, ne s'est constituée une élite durable qui constituerait un progrès par rapport aux masses. L'humanité serait même dans un état de régression depuis longtemps. L'humanité moderne n'est-elle pas dégénérée si on la compare avec les héros de la civilisation de la Renaissance ou avec les Grecs de l'Antiquité[240] ? Nietzsche note et regrette que ce sont souvent les faibles et les médiocres qui gagnent le « *struggle for life* ». Surtout, sa dénonciation de la notion de progrès allait au-delà de la biologie pour rejaillir sur la conception de l'histoire, ruinant par avance toute tentative pour faire du surhomme le résultat nécessaire d'une prétendue « logique » de l'histoire. Nietzsche ne partage pas la confiance de Hegel, Comte ou Marx dans le développement rationnel d'une histoire qui devrait normalement aboutir au triomphe des plus hautes valeurs. Et il ne se contente pas de refuser cette fantasmagorie de la rationalité historique, il la dénonce comme un funeste mensonge idéaliste : « Voir dans l'histoire la réalisation du bien et du juste est un blasphème contre le bien et le juste »[241].

Dans *Généalogie de la morale*, Nietzsche critique l'État qu'il désigne comme « le plus froid de tous les monstres froids »[242]. Il dénonce la société fondée sur la peur, la faiblesse et la démission collective. Il appelle de ses vœux un corps social qui serait fondé sur l'esprit critique et sur la force solitaire des esprits libres. Ne sont-ce pas, aujourd'hui, les multinationales du numérique

---

239 J.-F. Dortier, « Nietzsche et les illusions de la morale », *Les Grands Dossiers des Sciences Humaines* 2021, n° 61, p. 44.

240 J. Granier, *Nietzsche*, Puf, coll. Que sais-je ?, 10e éd., 2017, p. 112-113.

241 F. Nietzsche, *Fragments sur l'énergie et la puissance*, Éditions des lettres modernes, 1957, p. 57.

242 F. Nietzsche, *Généalogie de la morale* (1887), Le livre de poche, coll. Les classiques de la philosophie, 2000.

qui méritent le titre de « plus froids de tous les monstres froids » et qui brident l'individualité de beaucoup d'hommes, leur capacité à se dépasser et à devenir des surhommes, libres et critiques ? Le préfixe « sur » dans le mot « surhomme » indique que ce surhomme est le fruit de l'auto-dépassement par lequel la « volonté de puissance » humaine s'exprime. L'homme se change lui-même. Ce ne sont pas des forces extérieures qui l'influencent. Zarathoustra affirme que « l'homme est quelque-chose qui doit être dépassé ». Le surhomme est ainsi une individualité pleine et entière, rayonnante, s'imposant contre toute chose. Si Nietzsche s'opposait à tout égoïsme frileux cherchant lâchement refuge dans le conformisme de la morale du troupeau, il exaltait l'individualisme d'envergure qui est la condition de la générosité dans la vie et dans la connaissance[243]. Car, « chez l'homme dont l'ego s'affaiblit et s'amenuise, la force du grand amour s'affaiblit aussi »[244]. Nietzsche ajoute : « c'est la richesse de la personnalité, la profusion intérieure, le jaillissement et le don, le plaisir instinctif et l'approbation de soi-même qui font les grands sacrifices et le grand amour »[245]. Or un tel individualisme implique de cultiver ses différences, d'approfondir sa personnalité, d' « établir des distances à l'intérieur de la même âme afin de produire des états de plus en plus élevés, rares, lointains, en quoi consiste justement l'élévation du type humain, le continuel dépassement de l'homme par lui-même »[246]. C'est pourquoi Nietzsche n'allait pas dans le sens de l'idéologie égalitariste de la modernité, dans laquelle il voyait le plus dangereux obstacle à l'épanouissement du surhumain — il faut bien sûr distinguer l'idéal d'une égalité en faits et l'idéal d'une égalité en droits, ce dernier étant aussi incontestable que ce premier est illusoir. Au contraire, Nietzsche défend une stratégie de la différence qui « consisterait à enlever à l'homme de plus en plus ses caractères communs et à le spécialiser jusqu'à le rendre encore plus incompréhensible pour son voisin »[247].

109. L'étrange voyage de l'IA au pays des juristes. L'intelligence artificielle est aujourd'hui le principal défi pour l'intelligence humaine. Elle constitue la question civilisationnelle et philosophique majeure de l'époque.

---

[243] J. Granier, *Nietzsche*, Puf, coll. Que sais-je ?, 10e éd., 2017, p. 113.
[244] F. Nietzsche, *La volonté de puissance*, t. I, Gallimard, 1947, p. 123.
[245] *Ibid.*, p. 131.
[246] F. Nietzsche, *Par-delà le bien et le mal*, Aubier, 1963, p. 349.
[247] F. Nietzsche, *Œuvres posthumes*, Mercure de France, 1934, p. 181.

Les travaux à son sujet demeurent pourtant principalement cantonnés aux aspects techniques et économiques. Quand on en vient à interroger l'IA sous l'angle juridique, éthique ou moral, c'est généralement en arguant du droit de chacun au respect de sa vie privée et à la protection de ses données personnelles, sans envisager les aspects peut-être plus cruciaux attachés à la liberté. La protection des données à caractère personnel s'est imposée comme l'unique objet de nos inquiétudes attachées aux technologies numériques. Le souci de la vie privée surdétermine nos modes de perception. Cela est à l'image de l'individualisme qui imprègne de façon étouffante le libéralisme politique des démocraties contemporaines : on restreint la question de la liberté à notre seule sphère intime. Les institutions publiques comme les observateurs avisés pourraient s'inquiéter aussi, et même plus encore, de la marchandisation intégrale de la vie, du nudge permanent ou du recul de la faculté de jugement. Il semble pourtant de plus en plus indispensable de voir plus loin que cette idée fixe de la protection de la vie privée — symptomatique de l'égoïsme généralisé de nos contemporains. Les nouveaux modes de vie et modes d'organisation organisés autour des IA devraient nous préoccuper au plus haut point.

L'IA reconfigure la figure humaine, son statut, ses pouvoirs, ses droits. Ces derniers sont-ils toujours en mesure de préserver la liberté et de favoriser l'épanouissement de chacun ? Les explorations théoriques de l'IA et de ses effets doivent rejoindre les nombreux travaux pratiques déjà menés. Souvent, les phénomènes brutaux s'accompagnent du triomphe, qu'on peine à expliquer, d'une certaine lecture des événements, reprise par tous les journalistes, médias, « experts », politiques et autres commentateurs. La vitesse ou même l'immédiateté empêche de penser, car penser, analyser, critiquer prend du temps. Dans ce contexte, il convient de savoir traiter avec méfiance les discours repris de partout, les représentations dominantes et même incontestées. Il n'est pas rare que les enjeux les plus déterminants et les facteurs les plus influents soient mal identifiés car ceux-ci ont besoin d'un certain délai avant de se laisser saisir. Le plus spectaculaire n'est pas souvent le plus important. Le plus impressionnant n'est pas souvent le plus puissant. Le plus évident n'est pas souvent le plus déterminant.

L'homme pluridimensionnel, homme révolté, ne peut se satisfaire de voir les hommes numériques se mobiliser uniquement afin de défendre leurs vies privées et leurs données personnelles, alors que sont remises en cause leurs libertés et jusqu'à leur humanité. Cet homme lance un appel pour que ses semblables sortent de leur état de léthargie et prennent réellement conscience de ce qui se joue dans l'univers des IA. Le peuple ne peut demeurer loin des lieux où sa destinée se décide. « Ce n'est qu'en le considérant comme une religion que l'on peut expliquer le caractère compulsif du développement mécanique qui s'est fait en négligeant ses conséquences réelles dans les relations humaines », expliquait-on déjà dans les années 1930[248]. L'humanisme doit motiver l'instauration des limites nécessaires à ce mouvement. Alors que le développement techno-économique, notamment informatique, prend des allures de tsunami incontrôlable, irrésistible, inéluctable — cela aussi en raison des discours permanents qui imposent dans l'opinion publique un sentiment d'inéluctable, d'irrésistible et d'incontrôlable —, il est important d'offrir des contre-discours, d'autres visions du monde et de l'homme. Il n'est pas inconséquent de considérer que les évolutions techniques ne sont pas nécessairement inscrites dans une trajectoire inévitable et vertueuse des choses à laquelle il faudrait impérativement souscrire, sous peine de se retrouver décramponné dans la course au progrès. Les incrédules et les critiques ne sont pas nécessairement passéistes et rétrogrades parce qu'ils refusent d'abandonner leurs existences à des systèmes de guidage automatisé. Si ces systèmes ont pour but d'éliminer, dans un élan messianique, toutes les scories du réel, est-il totalement injustifiable de plaider pour ces scories, les considérant comme autant de signes de vie.

L'IA est la grande ivresse de l'époque, brouillant les sens et empêchant de penser. On doit écouter la parole des hommes pluridimensionnels et des hommes révoltés qui ont conservé un peu de lucidité et de recul sur la marche du monde. On ne peut se contenter des discours qui, s'ils soulignent que des évolutions décisives sont en cours, n'y voient que des aspects positifs et invitent gouvernants et gouvernés à se jeter tout entiers dans la bataille du développement techno-économique. Dans la veine de la pensée de midi et de la doctrine du « en même temps », nous pouvons dépasser ces perspectives pour chercher à dénouer la complexité des enjeux et des phénomènes à l'œuvre. Ce n'est qu'ainsi que l'on pourra forger les meilleurs outils de compréhension et d'action. Alors que les discours relatifs à l'IA sont

---

[248] L. Mumford, *Technique et civilisation* (1934), Parenthèses, 2016, p. 358.

essentiellement abandonnés à des « experts » dont les propos ne sont souvent pas sans lien avec les intérêts particuliers, surtout économiques, qu'ils défendent[249], on rappellera, avec Dominique Wolton, combien « chacun admet la fonction de liberté intellectuelle et d'innovation pour d'autres secteurs de la recherche, en sciences de la vie, sciences de la nature et sciences de la matière, mais curieusement on s'en méfie pour les sciences sociales. Sans doute on souhaite que les sciences sociales confortent finalement les discours existants, ceux des hommes politiques, des experts, des acteurs économiques ou des journalistes. Or l'intérêt des sciences sociales et de la recherche est justement d'introduire d'autres problématiques, d'autres logiques, de penser différemment, à côté. Il n'y a pas de connaissance sans pensée critique, c'est-à-dire sans mise à distance et questionnement des discours et des techniques. Produire des connaissances, c'est nécessairement regarder autrement le monde et ne pas se satisfaire des évidences »[250]. Il faut être critique sans être contestataire, ce qui fait toute la différence entre révolte et révolution, mais aussi entre recherche sérieuse et pamphlet caricatural. Il convient de tempérer les ardeurs de son iconoclasme, *in concreto* et surtout *in abstracto* — et même si la modération est actuellement un exercice difficile tant le monde des IA est générateur de mouvements qui eux-mêmes provoquent des réactions possiblement excessives et émotives.

On peut craindre que nombre d' « experts » soient inféodés à l'industrie numérique, leur interdisant toute objectivité malgré leur bonne volonté. Ils possèdent un regard intérieur qui ne peut pas avoir le recul du regard extérieur. On peut craindre que « l'homme de science ne fait pas preuve de conscience critique »[251] car, de plus en plus, les convoitises et les sollicitations le placent dans une position qui porte atteinte à son sens critique. On observe ainsi une séparation de la conscience, du savoir et de l'action. La liberté et le pluralisme de la recherche scientifique semblent s'asphyxier à mesure que les chercheurs expriment ce que les gouvernements veulent entendre et que les gouvernements expriment ce que les puissances

---

[249] H. Nguyen, « Confessions d'une soi-disant experte de l'IA », *Le Monde* 30 août 2017.

[250] D. Wolton, *Internet, et après ? Une théorie critique des nouveaux médias*, Flammarion, coll. Champs essais, 2010, p. 15.

[251] H. Arendt, *La condition de l'homme moderne* (1958), Pocket, 2002, p. 117.

techno-économiques veulent entendre. On ne doit pourtant pas renoncer à la distance critique sans laquelle tout projet de recherche perd son sens. Même dans les sciences les plus « dures », il importe d'évaluer les résultats de ses travaux à travers le prisme du droit, de l'éthique et de la morale. Pour Éric Sadin, le constat, dur et sans concession, est clair : « L'implacable alliance entre les puissances industrielles et économiques, les responsables politiques, une large partie du monde universitaire et scientifique et des groupes d'influence de tous ordres qui, sous couvert de s'inscrire dans le sens de l'histoire et de représenter des forces “progressistes”, travaille à la rapide éradication des principes qui nous fondent et à la propagation d'un anti-humanisme radical »[252]. S'il faut peut-être tempérer un peu pareille conclusion, toujours est-il que l'humanisme paraît bel et bien devoir être défendu aujourd'hui plus que jamais, car il semble attaqué aujourd'hui plus que jamais. Mais il faut du courage pour s'engager dans ce combat tant, comme le notait déjà Günther Anders dans les années 1950, « rien ne discrédite désormais plus promptement un homme que d'être soupçonné de critiquer les machines. La critique de la technique est devenue une affaire de courage civique »[253]. Il faut cependant aussi, pour mener à bien cette quête, de la mesure, de l'équilibre, des limites, pour ne pas remplacer l'excès par l'excès et la démesure par la démesure. Il importe de surpasser la « loi de la bipolarité des erreurs », cette sorte de balancier intellectuel qui ne permet à l'esprit de se délivrer d'un cercle d'égarements seulement en succombant aussitôt à d'autres fourvoiements[254].

L'IA, pour produire ses effets les plus bénéfiques et ne pas servir quelques formes de tyrannie, a besoin des sciences sociales. Elle a aussi et beaucoup besoin de philosophie. Il est alors heureux que la révolution numérique donne lieu à une effervescence philosophique, ouvre un nouveau terrain d'exercice pour la force philosophique[255]. C'est dans le cadre philosophique que s'exprime le plus et le mieux cet esprit critique qui permet parfois de renouer avec des évidences que plus personne ne savait voir. Or l'intelligence

---

[252] É. Sadin, *L'intelligence artificielle ou l'enjeu du siècle – Anatomie d'un antihumanisme radical*, L'échappée, coll. Pour en finir avec, 2018, p. 31.
[253] G. Anders, *L'obsolescence de l'homme – Sur l'âme à l'époque de la deuxième révolution industrielle* (1956), L'Encyclopédie des nuisances, 2002, p. 17.
[254] G. Bachelard, *La formation de l'esprit scientifique*, Vrin, 1977, p. 20.
[255] D. Lecourt, *La philosophie des sciences*, Puf, coll. Que sais-je ?, 2018, p. 5.

artificielle pourrait être le rêve de tout philosophe : elle permettrait d'engendrer des machines pensantes nous protégeant des fautes de logique, des préjugés individuels et des errements conceptuels[256]. Les vérités algorithmiques sont bien sûr un immense confort, permettant de mettre un terme à des siècles de controverses grâce à des vérités « scientifiques ». On trouverait enfin des réponses à nos questions les plus existentielles. On préférera pourtant sans hésitation les errements et maladresses de la pensée conceptuelle, qui permettent de progresser sans avancer à coups de tâtonnements, au rêve devenu réalité de Gottfried Wilhelm Leibniz, qui imaginait au XVIIe siècle accéder à la vérité au moyen d'un système complet de symboles gouverné par des lois scientifique. Aujourd'hui, des machines à calculer la pensée ne sont plus seulement des lubies. Il devient possible de rechercher par l'informatique des « caractéristiques universelles » et de « raisonner juste » comme le « *calculus ratiocinator* » imaginé par Leibniz[257]. Cela signifierait l'entrée dans un monde parfaitement rationnel, totalement efficient, ne connaissant plus ni les tergiversations ni les erreurs. Les opinions et la pensée pourraient disparaître puisqu'elles seraient devenues non seulement inutiles mais aussi des obstacles à l'utilitarisme. Tout se calculerait, du métier accordé à chacun aux orientations politiques d'un pays — on ne parlerait toutefois plus de « politique » mais plutôt de « gouvernance ». Les philosophes disparaîtraient, seuls resteraient les mathématiciens. Si l'exactitude logique permet le mieux de saisir le réel, alors la conversion de ce réel en une combinaison chiffrée pourrait avantageusement remplacer l'esprit humain. Mais, si l'on s'accorde pour définir la philosophie telle une activité de production de concepts, donc une activité créative et innovante loin de la rigueur scientifique, alors cette philosophie ne semble pas pouvoir ainsi être numérisée, réduite en suites de 1 et de 0 et abandonnée à des machines. La philosophie, ce sont des cartes de lecture, des miroirs déformants, des perspectives extraordinaires, autant d'objets étrangers à l'IA et qui semblent devoir le demeurer toujours.

Est-on aujourd'hui encore capable de lever le nez de son smartphone, s'émerveiller devant la beauté du monde et se saouler de soleil à la manière d'un Albert Camus ? L'enjeu des droits de l'homme numérique n'est peut-être

[256] M. Davis, *The Universal Computer*, Norton, 2000.
[257] G. W. Leibniz, *Nova methodus pro maximis et minimis*, 1668.

pas plus compliqué que cela. Refuser l'évolution, c'est parfois « rester parmi les poissons quand les autres commencent à développer des pattes pour monter sur la terre ferme »[258]. D'autres fois, c'est éviter de plonger sans réfléchir alors qu'on ne sait pas nager, ne pas adopter la conduite des moutons de Panurge et faire de sa vie une œuvre d'art en s'affranchissant des dogmes, individuellement et collectivement, en renouant avec une liberté véritable, se défaire de ce qui paralyse et exercer son pouvoir créatif et son libre arbitre, ne pas subir les événements de manière passive et lointaine, ne pas se résigner, s'impliquer, se révolter, pour soi et pour les autres.

[258] G. Kœnig, *La fin de l'individu – Voyage d'un philosophe au pays de l'intelligence artificielle*, Éditions de l'observatoire, coll. De facto, 2019, p. 75.

Chapitre 7. Robotisation des hommes… et humanisation des robots

110. L'Homme dans le Royaume des Nudges. Dans le royaume des nudges — ces suggestions indirectes dont les sciences du comportement ont montré combien elles peuvent, sans forcer, influencer les motivations et les prises de décisions individuelles ou collectives souvent plus efficacement que des instructions directes, des normes, des lois —, là où l'homme ne prend plus de décisions personnelles et éclairées, bien qu'il prenne peut-être les bonnes décisions, alors qu'il ne comprend plus pourquoi il agit dans un sens plutôt que dans un autre, qu'il n'a plus entièrement conscience de ses actes, de leurs causes et de leurs finalités, cet homme se robotise, s'automatise, se mécanise. Tel pourrait être le grand paradoxe de l'humanisation des robots au moyen de l'intelligence artificielle : robotiser les humains. Cela signifie aussi que ces derniers se déshumanisent. Ils agissent de plus en plus par réflexe, suivant des signaux provenant de l'extérieur. Les robots ne peuvent pas être humains, mais ils peuvent être humanisés ; et les hommes ne peuvent pas être des robots, mais ils peuvent être robotisés. Pour éviter pareille déshumanisation-robotisation des hommes, il faut comprendre et expliquer au plus grand nombre les algorithmes et les *big data*, donc les vulgariser, les démocratiser. Rarement le besoin d'une science grand public s'est fait autant ressentir car rarement des progrès scientifiques ont impacté aussi intimement le quotidien de chacun.

Des systèmes algorithmes non conscients mais « intelligents » (essentiellement une intelligence logico-mathématique) savent mieux que nous ce qui est bon pour nous. Comment ne pas être tenté de s'abandonner à eux ? Il devient chaque jour un peu plus difficile de s'extraire des modes de rationalité que l'IA et les multinationales du numérique qui se situent derrière tendent à imposer. Dans certaines contrées du monde et à l'égard de certaines populations, cette rationalité s'impose aujourd'hui déjà de façon outrageuse.

À toutes les échelles de la société, y compris au Parlement où l'on est tenté d'évaluer les effets des lois grâce à des supercalculateurs, la puissance d'expertise et la vitesse de réactivité de l'IA la rendent incontournable, toujours plus familière et présente, bien que discrète lorsqu'elle se fond dans son environnement. La force de cette technologie est sa capacité à passer relativement inaperçue, à modeler les comportements sans en avoir l'air. Elle n'entre pas frontalement en confrontation avec notre autonomie et notre libre arbitre. Elle se présente tel un fidèle et dévoué serviteur — ce qu'elle est d'ailleurs pour une large partie. C'est de ce fait qu'elle fonctionne beaucoup à base de nudge. Les humains perdent le contrôle et, dans leur esprit, ils contrôlent de mieux en mieux les choses. Aussi, entre la dignité, l'égalité et la liberté, semble-t-il que les défis majeurs pour les droits de l'homme numérique se trouvent dans la liberté.

On peut craindre que la cohabitation pacifique et bénéfique de l'homme et de la machine, cette dernière prenant en charge les tâches fastidieuses, répétitives et pénibles, tandis que l'homme s'occupe des activités à haute valeur humaine ajoutée, soit un leurre. En effet, qu'en reste-t-il dès lors que l'homme s'est robotisé et que le robot s'est humanisé ? Et, si l'IA est incapable d'expliquer ses actes ou d'argumenter afin de motiver ses décisions, comment envisager une collaboration sereine ? Pourtant, après les dieux, l'argent et les droits de l'homme, les robots deviennent les nouveaux mythes collectifs capables d'animer et guider les peuples. Or la direction vers laquelle ils se dirigent est celle d'une association très intense avec l'IA et avec les technologies NBIC (nanotechnologies (N) jouant sur les atomes, biotechnologies (B) jouant sur les gènes, informatique (I) jouant sur les bits et sciences cognitives (C) jouant sur les neurones). L'*homo sapiens* aspire à devenir *homo deus* en exploitant ces nouvelles technologies démiurgiques[259]. Le transhumanisme, époque dans laquelle il n'y aura plus des hommes et des robots mais des hommes-robots plus ou moins humains et plus ou moins robotiques, est une perspective qu'il faut envisager sérieusement — et peut-être avec crainte, en tout cas du point de vue des droits de l'homme qui perdraient une grande part de leur raison d'être. Il ne semble pas que les robots puissent un jour prochain devenir suffisament « intelligents » pour se passer des hommes et décider de les éradiquer ou de les réduire en esclavage.

[259] Y. N. Harari, *Homo Deus – Une brève histoire du futur*, Albin Michel, 2017.

Ils sont et resteront des outils. En revanche, l'intention d'implanter dans les êtres humains des puces et autres prothèses afin de les robotiser existe et est techniquement réaliste. Les progrès spectaculaires de l'informatique et des techniques en général permettent et permettront d'améliorer notre bien-être individuel et collectif, mais à condition de moins interroger ce que nous pouvons faire que ce que nous voulons faire.

Sous cet angle, il appartient en particulier au droit d'apporter des réponses. Or, pour l'heure, les dispositifs d'intelligence artificielle relèvent, dans une certaine mesure, de la même logique juridique que les réglementations applicables au tabac ou à l'alcool : informer et prévenir les utilisateurs des risques encourus, cela uniquement en termes d'atteintes à la vie privée et aux données à caractère personnel. Pareillement, des restrictions sont envisagées pour les mineurs qui avant l'âge de seize ans ne peuvent pas consentir seuls au traitement automatisé de leurs données. Peut-être le droit pourrait-il aller plus loin, à la fois en étendant l'angle de ses préoccupations aux dangers touchant à l'égalité et, surtout, à la liberté et en élaborant des dispositifs normatifs plus exigeants et plus efficaces.

111. De la défense contre l'animalité à la défense contre la machinité. Le plus digne d'éloges, écrit Sophocle, c'est « l'esprit ingénieux » dont est doté l'être humain, sa *mètis*, ses ressources imaginatives et fabricatrices qui lui permettent de donner naissance à d'innombrables formes matérielles ou immatérielles : outils et poèmes, machines et mythologies, œuvres d'art et sociétés, paysages et croyances etc.[260]. La créativité de l'homme est sa plus grande richesse. Mais elle n'est pas inépuisable car elle peut se retourner contre elle-même, comme en témoigne le monde des IA et ses effets inhibiteurs ou même paralysants. Or c'est cette créativité qui donne à l'homme confiance en sa capacité à surmonter toute adversité. Ainsi, « il ne se voit désarmé contre rien de ce que peut lui offrir l'avenir », dit Sophocle.

Aujourd'hui, l'humain se présente tel un fragile équilibre entre deux pôles qui l'attirent : un pôle « chaud », l'animalité, et un pôle « froid », la machinité[261]. Ces deux pôles sont à la fois attractifs et répulsifs selon les

---

[260] A. Bidar, « Qu'est-ce que l'humanisme ? », *Les Grands Dossiers des Sciences Humaines* 2021, n° 61, p. 6.

[261] A.-L. Thessard, « La triade animalité, humanité, machinité – De la Sauvagerie animale à la Sur-sophistication de la machine », in B. Barraud, dir., *L'intelligence*

circonstances. Or, tandis qu'historiquement l'animalité a souvent eu tendance à l'emporter — durant des siècles et aujourd'hui toujours des hommes n'ont pas hésité à s'entretuer très bestialement, quoique l'homme soit le seul animal à s'attaquer soi-même —, aujourd'hui la machinité semble être en position de prendre sa revanche. C'est ainsi qu'on a longtemps construit l'humanité et l'humanisme dans la répulsion des tendances animales des hommes. Le droit est d'ailleurs le résultat direct de cet effort de contrôle de la nature humaine. À présent, on semble devoir bâtir l'humanité et l'humanisme aussi par opposition à la machinité des hommes, soit leur appétit de prêt-à-penser et de prêt-à-faire. La valeur positive de l'homme, qui sert notamment à donner son sens au droit, est donc désormais à rechercher autant dans la maîtrise de ses pulsions animales que dans celle de ses tendances machinales. D'ailleurs, le droit et plus généralement notre capacité à nous maîtriser et à faire preuve de mesure à l'image de l'homme révolté d'Albert Camus, nous permettent d'envisager une relation positive avec notre part de machinité — comme avec notre part d'animalité. Reste qu'un humain tempéré, un humain modèle, se situe normalement à juste distance de l'animalité et de la machinité. On peut parler d'un « triangle animalité, humanité, machinité » qui associe des valeurs et comportements particuliers à chacune de ces entités[262]. Le combat des droits de l'homme a longtemps été de protéger l'humanité de l'animalité. Il est aujourd'hui, en prenant le visage des droits de l'homme numérique, de le préserver de la machinité.

Le fait que les machines rejoignent progressivement les hommes, et inversement, aboutissant à l'hybridation des unes et des autres, questionne l'idée d'une spécificité humaine irréductible. D'aucuns en viendraient même, dans ce contexte de confusion de l'humain et du robotique, à poser la question de paradoxaux « droits de l'homme des robots ». Or les droits de l'homme numérique visent justement à protéger cette spécificité humaine mise à mal par les actions assistées par des recommandations algorithmiques autant que par les caractéristiques de plus en plus humaines, sur le plan « physique » et sur le plan « psychologique » des robots. Alors que les robots humanoïdes suscitent chez l'homme des formes d'affection et d'attachement, qu'il faut leur sourire et leur parler poliment, que certains sont même tentés

---

artificielle – Dans toutes ses dimensions, L'Harmattan, coll. Europe & Asie, 2020, p. 291.

[262] *Ibid.*

de leur faire l'amour, il paraît plus que jamais indispensable d'affirmer les droits de l'homme numérique pour conserver une séparation stricte et rigoureuse entre l'homme et le robot, entre l'être vivant et le simple outil.

Friedrich Nietzsche, philosophe du nihilisme, a témoigné de l'épuisement des valeurs qui structuraient nos sociétés. Aujourd'hui, alors que le thème du déclin est de plus en plus présent, gagnant y compris l'État et le droit, que le déclin de la société et de la civilisation semblent assez incontestables, il faut aussi interroger le déclin de l'humain, sans doute transversal aux autres formes de déclin. Penser et promouvoir les droits et libertés fondamentaux des hommes, c'est résister à ce déclin, croire encore en la grandeur de l'homme et des valeurs humaines. Il faut sans doute être un peu fou pour espérer en la condition humaine et ne pas désespérer devant les événements et devant le tragique de la vie. Mais cette folie peut être salvatrice pour qui souhaite, pour reprendre la formule d'Albert Camus, plutôt « mourir debout que vivre à genoux ». Finalement, les hommes parviennent toujours, après des temps de soumission passive, à s'élever contre les tyrans et à les renverser. S'agissant de l'IA, on peut espérer que les hommes finissent par refuser massivement ses dimensions asservissantes pour n'en garder que ce qui est réellement utile et bon humainement. Dans ce grand mouvement contre la machinité, les droits de l'homme numérique joueraient certainement un rôle moteur. Alors que « les régimes totalitaires n'ont pas de meilleurs alliés que la lassitude et l'oubli »[263], les droits de l'homme sont justement là pour nous rappeler ce que nous sommes, ce que nous ne pouvons pas accepter, quelle est notre route et quelle est notre destination à nous-autres, ces hommes qui revendiquent leur humanité et refusent l'animalité et la machinité.

Ensuite, si la prise de conscience est importante, en tant que phase préliminaire incontournable, elle est insuffisante et, à l'instar de la lutte contre le réchauffement climatique, chacun doit prendre position clairement par son agir propre. C'est en adoptant individuellement des modes de vie différents que l'on peut collectivement engendrer les évolutions auxquelles nous aspirons, non en se contentant de disserter autour de risques auxquels on se livre par ailleurs. Mais la dissertation peut aussi jouer un rôle en alertant, informant et proposant. En 1762, Denis Diderot écrivait ainsi, au

---

[263] A. Camus, *Le Monde* 6 nov. 1957.

sujet de son *Encyclopédie*, que « cet ouvrage produira sûrement avec le temps une révolution dans les esprits et j'espère que les tyrans, les oppresseurs, les fanatiques et les intolérants ne gagnerons pas. Nous aurons servi l'humanité ». À une échelle évidemment incommensurablement plus modeste, ces travaux relatifs aux droits de l'homme numérique souhaitent eux-aussi défendre l'humanité contre certaines des nouvelles formes prises par la tyrannie, l'oppression, le fanatisme et l'intolérance.

Dans la pensée de Nietzsche, quand Zarathoustra abandonne son ermitage pour s'adresser au peuple, son discours vise à provoquer en lui un sursaut de volonté qui, par-delà le nihilisme, permettra d'atteindre ce que le philosophe appelle « le surhomme ». Pareil discours témoigne de cette éducation de la volonté de puissance nécessaire pour affronter le nihilisme et Zarathoustra cherche à stimuler ses auditeurs en avivant leur mépris face aux choses en cours, ce mépris qui est la source la plus efficace de créativité puisqu'elle l'oblige à se dépasser soi-même par crainte de ressembler à ce qui est honteux et médiocre[264]. Or, enseigne Zarathoustra, « ce qu'il y a de plus méprisable au monde c'est le dernier homme »[265], c'est-à-dire l'homme avachi, avili et asservi qui, face à la catastrophe de la mort de Dieu, choisit de croupir dans le marécage du « bonheur », bref « l'homme qui se croit “malin” parce qu'il préfère jouir mesquinement plutôt que combattre en héros »[266]. Les hommes d'aujourd'hui ne doivent-ils pas prendre garde, plus que jamais, à ne pas devenir massivement des « derniers hommes », notamment en s'acoquinant avec des robots ? Ne doivent-ils pas faire en sorte de devenir plutôt des « hommes révoltés » ? Pour Zarathoustra, « la Terre alors sera devenue exiguë, on y verra sautiller le dernier homme qui rapetisse toute chose »[267]. Ne risque-t-on pas d'arriver à ce point de non retour ? N'en est-on pas déjà tout proches ? Pour Nietzsche, les hommes, devenus « derniers hommes », seraient addicts à ce bonheur simple qui les mène à la perte et dont la recette est l'élimination ingénieusement programmée de tout ce qui, dans la réalité, est source de conflit, de lutte, de

[264] J. Granier, *Nietzsche*, Puf, coll. Que sais-je ?, 10e éd., 2017, p. 37.

[265] F. Nietzsche, *Ainsi parlait Zarathoustra* (1885), Le livre de poche, coll. Classiques, 2020.

[266] J. Granier, *Nietzsche*, Puf, coll. Que sais-je ?, 10e éd., 2017, p. 37.

[267] F. Nietzsche, *Ainsi parlait Zarathoustra* (1885), Le livre de poche, coll. Classiques, 2020.

tension, donc de dépassement. Le dernier homme est tenté de réduire son existence à une somnolence jouisseuse et ininterrompue, à une irresponsabilité divertissante. Nietzsche, faisant œuvre d'oracle, décrivait ainsi la société de consommation du XXe siècle et même la société de consommation numérique actuelle, c'est-à-dire des versions techniques et publicitaires du nihilisme. Alors que Zarathoustra constate consterné combien les hommes, loin de mépriser le nihilisme et le dernier homme, les désirent grandement et les préfèrent au projet de surhomme, on semble devoir aujourd'hui observer dans la même veine la tendance des peuples à aller vers l'homme robotisé plutôt que vers l'homme révolté, cela plus ou moins consciemment. Nietzsche, perspicace, nous a pourtant avertis des nombreux obstacles se dressant devant la mission de combattre le nihilisme et des risques de sabotage par la modernité, dont le principe est la sacralisation du bonheur de masse, l'idolâtrie du « *standing* »[268]. La lutte finale ne sera peut-être pas celle que Marx envisageait mais plutôt une opposition entre la philosophie du tragique, de l'absurde, de la révolte et du nihilisme et le nilisme de la massification planétaire.

Quant à Albert Camus, dans sa pièce de théâtre *L'état de siège*, il montre comment l'audace et le courage sont indispensables pour faire plier une machine qui tend à remodeler le réel à son image. Diego, en giflant la secrétaire de la peste, découvre que c'est de notre peur et de notre passivité que sa puissance se nourrit. En agissant de la sorte, il ouvre la voie à la révolte en brisant l'armure de la peste. Cette dernière, à mesure que les hommes remettent en doute sa force, doit se battre sur un nombre croissant de fronts. Ses failles remplacent son assurance qu'on croyait inaltérable. Diego a ainsi créé les conditions propices à la fondation d'une autre cité. Il a redonné jour aux valeurs humaines essentielles que la peste avait subverties et fait passer pour des archaïsmes, jusqu'à ce qu'on les oublie peu à peu. Ces valeurs réaffirmées dans les esprits, la puissance arbitraire se fissure et doit faire des concessions ou disparaître. Une leçon pour l'avenir est tirée par les femmes et hommes de la cité : « Non il n'y a pas de justice, mais il y a les limites. Et ceux-là qui prétendent ne rien régler comme les autres qui entendaient donner une règle à tous, dépassent les limites. Ouvrez les portes

---

[268] J. Granier, *Nietzsche*, Puf, coll. Que sais-je ?, 10e éd., 2017, p. 38.

que le vent et le sel viennent récupérer cette ville »[269]. Ainsi fonde-t-on la démocratie, l'encadrement des pouvoirs et la garantie des droits.

I. De l'ami à l'amant : des robots de plus en plus humains

112. L'Empire des robots. Les cas d'usage, touchant principalement aux domaines de la vision, du *machine learning* et du *natural language processing*, témoignent de la diversité des recours possibles à l'IA, allant de la sécurité à la santé en passant par de nombreuses relations commerciales. On voit ainsi des commerçants proposer des applications mobiles leur permettant de proposer à leurs clients des offres personnalisées, mais aussi des assureurs et autres banquiers artificiels consistant en des agents conversationnels (chatbots) permettant l'interaction avec les clients, des fabricants de logiciels proposant toutes sortes d'outils algorithmiques permettant d'améliorer l'efficacité des services, d'autres ayant créé des systèmes de vidéo-protection-surveillance intelligents capables de détecter les bagages oubliés, les chutes de personnes, mais aussi les émotions faciales telles que la colère, la peur ou la joie. Mais l'intelligence artificielle sert aussi le développement qualitatif et quantitatif de la robotique. Des robots thérapeutiques interviennent déjà dans certaines maisons de retraite. Des robots ménagers sont, quant à eux, présents depuis longtemps dans les foyers pour aider au quotidien. Des robots d'aide au déplacement permettent de pallier certaines déficiences physiques. Des robots de téléprésence détectent des situations anormales ou rappellent la prise de médicaments. Et des robots-compagnons, sécurisants et divertissants, arrivent sur le marché, tandis qu'on devrait bientôt voir apparaître des robots majordomes au service des plus fortunés. Il faut aussi ajouter tous les robots non humanoïdes, tels que les véhicules autonomes ou les drones de livraison — qui pourraient, par exemple, livrer les repas et les colis et donc remplacer les livreurs à vélo et les postiers. Tout cela dessine, semble-t-il, les contours d'une nouvelle économie et, au-delà, d'un nouveau monde : l' « Empire des robots » — pas

---

[269] A. Camus, « L'état de siège (1948) », in *Œuvres*, Gallimard, coll. Quarto, 2013, p. 772.

un monde dans lequel les robots auraient triomphé des humains mais dans lequel les humains auraient décidé de s'en remettre quasi-totalement à leurs robots.

En 1751, dans *L'Encyclopédie* de Diderot et d'Alembert, il est déjà fait référence à l'androïde, défini comme « automate ayant figure humaine, et qui, par le moyen de certains ressorts, bien disposés, agit et fait d'autres fonctions extérieurement semblables à l'homme ». L'intention de construire des robots est ainsi ancienne ; et l'on parlait initialement davantage d' « androïde » — certains aujourd'hui préfèrent toujours ce terme[270]. Le robot, contrairement à l'androïde, n'a pas nécessairement une apparence humaine. Mais il est toujours une structure physique, animée par de l'IA, fonctionnant à partir de logiciels informatiques, étant capable de percevoir, décider et agir pertinemment dans son environnement. Pour ce faire, il comporte des capteurs et des processeurs lui permettant d'analyser divers paramètres de cet environnement, ainsi que des articulations et des instruments avec lesquels il intervient sur le monde réel, matériel. Ensuite, le robot prend seul des initiatives, entre en interaction avec les humains et agit tel un automate, à mesure des réflexes que déclenchent sa perception du cadre dans lequel il évolue. C'est pourquoi l'on parle de « robotisation des hommes » : à mesure qu'ils s'appuient de plus en plus sur des objets connectés qui les scrutent et qui scrutent leurs environnements et sur des IA qui traitent les données ainsi recueillies, les hommes tendent à se comporter comme des robots, délaissant ce qui faisait leur humanité : la conscience, le sens commun, l'empathie, l'affectivité, l'arbitraire éclairé, l'intuition, l'émotion, la souplesse, l'adaptabilité, la créativité, la culture générale, le sens critique, la faculté à innover, la capacité de comprendre sa propre intelligence. La robotisation est ainsi un phénomène qui s'exprime dans ces outils articulés et automatisés qu'on appelle « robots », mais aussi dans l'univers numérico-immatériel, partout où les qualités humaines laissent la place à des qualités robotiques, où le primat de la standardisation et de l'efficacité l'emporte sur toute chose. Ainsi, dans « l'Empire des robots », se joue moins la confrontation des hommes et des robots que la conquête de l'humain par le robotique. Mais, en même temps, on voit des robots tenter de

[270] Par exemple, X. Bioy, « Vers un statut juridique des androïdes ? », *Journal International de Bioéthique* 2013, vol. 24, p. 85 s.

s'humaniser, notamment en se dotant de la capacité de parler, de celle de comprendre les humains et de celle de se montrer réceptifs à leurs émotions.

Quant à l'intelligence artificielle, elle accompagne de près le mouvement de robotisation. Elle s'inscrit dans la filiation du courant cybernétique qui souhaitait rapprocher l'automate et le vivant — à la suite de René Descartes et de sa vision de l' « animal machine ». On imaginait à la fois faire migrer le vivant, cette mécanique très sophistiquée mais qui serait descriptible de façon déterministe, vers l'automate et donner des apparences de vie aux automates, ces systèmes artificiels aux comportements supposément libres et non prédictibles. La frontière entre les deux s'estompe ainsi depuis de nombreuses années, à la fois dans les esprits et en pratique. Et il semble que ce soit davantage la roboticité que l'humanité qui en sorte gagnante. Ce n'est d'ailleurs peut-être pas un hasard que ce soit à l'époque où l'on détruit massivement le vivant, qualitativement et quantitativement, posant la question y compris de la survie de l'humanité, que l'on ressent le besoin de construire des chiens artificiels et autres créatures consistant en des intelligences artificielles incarnées et animées[271]. Peut-être parce que la vie reste à bien des égards un mystère, on assiste à une anthropomorphisation croissante de la technique trouvant sa source dans un mépris du vivant en général et même parfois du vivant humain.

L'intelligence artificielle et les robots permettent sans aucun doute des progrès sur différents plans. Mais ils interpellent dans la mesure où l'homme a toujours été jusqu'à présent à l'origine du progrès, tandis que l'intelligence a toujours été humaine et collective. Or, dans l' « Empire des robots », si on ne s'en remet plus à des dieux trop lointains et inefficients pour que l'on puisse croire en eux, on est tenté de s'en remettre à des technologies dont on accepte la parole comme s'il s'agissait de la parole divine. C'est ainsi que, par exemple, nos animaux de compagnie laissent progressivement la place à des robots de compagnie tels que Aibo, un chien-robot alimenté par l'IA de Sony, également attachants et fidèles mais sans les désagréments propres à ces premiers. On préfèrera peut-être les chiens-robots policiers que l'on a vu, durant l'épidémie de covid-19, patrouiller dans les rues de Singapour afin de faire respecter la distanciation sociale. Reste que les robots entretiennent des

---

[271] M. David, C. Sauviat, *Intelligence artificielle – La nouvelle barbarie*, Éditions du Rocher, 2019.

relations de plus en plus intimes avec les hommes, créant avec eux du « lien social » et de l' « affection » dont on peut redouter qu'ils ne soient que de façade. Ces choses, ces outils, ces produits industriels sont de plus en plus traités « comme des êtres vivants ». Si, aujourd'hui, cela concerne surtout les personnes vulnérables et isolées, on voit aussi de jeunes individus développer un attachement digne des plus grandes amitiés avec leurs téléphones mobiles, bien que ceux-ci n'aient aucune apparence humaine ni animale. Et il existe désormais des robots sexuels humanoïdes, destinés à avoir des relations physiques avec leurs utilisateurs en situation de « détresse affective ». Dans le film *Her*, le héros se prend de passion pour son assistante virtuelle au point de tenter de faire l'amour avec elle et finalement de se heurter à cette occasion aux limites de la technologie, des limites que certains tâchent aujourd'hui de dépasser. Déjà des fabricants, débordant de créativité, proposent des jouets sexuels connectés aux multiples fonctionnalités qui, commandés à distance, permettent à leurs utilisateurs de laisser s'exprimer leur imagination. Plus encore, on peut recourir aux services de *sex dolls*, des poupées à taille humaine, à l'image de celles fabriquées par la société RealDoll, pourvues d'une chaire en silicone et d'un squelette articulé capable d'adopter diverses positions. Leurs propriétaires peuvent programmer leurs personnalités, définir leurs visages, mais aussi la forme et la taille de leurs seins, ainsi que le timbre de leurs voix, et leur donner des prénoms dont elles se souviennent. Ce sont là des partenaires sexuels qui répondent docilement à tous les désirs[272].

Bien sûr, plus on donne aux robots une forme humaine, plus l'intelligence artificielle peut se faire passer pour une intelligence réelle et plus la robocité peut se faire passer pour de l'humanité. Le robot Pepper de la firme Aldebaran, destiné à être déployé dans des espaces commerciaux pour interagir avec les clients, est si avenant qu'il est difficile de ne pas lui sourir ni parler gentiment en se disant « ce n'est qu'un robot ». Tout un champ de recherche vise à créer des robots empathiques capables de percevoir les émotions des humains (par l'analyse du visage, de la voix etc.) de façon à

[272] Y. Eudes, « La poupée gonflable de demain sera bavarde et connectée », *Le Monde* 7 août 2017.

s'adapter à leurs interlocuteurs. Le projet eCUTE[273], par exemple, vise à développer chez les enfants et les jeunes adultes, en les confrontant à différents scénarios d'interaction avec des personnages virtuels, la conscience et la tolérance des différences culturelles. Quant à la plateforme FearNot![274], elle a pour objectif de lutter contre le harcèlement scolaire en faisant jouer aux enfants des rôles de victimes dans des environnements de réalité virtuelle, afin de développer chez eux l'empathie grâce à leurs interactions avec des personnages animés par des IA. Et il a d'ores et déjà été montré combien les hommes ont une grande propension à attribuer aux robots une subjectivité et une sensibilité. Tout cela doit interpeller le droit, afin de définir le statut juridique de ces androïdes, mais aussi et surtout les limites juridiques à l'humanisation des robots, cela pour protéger l'humanité des hommes[275]. Comme l'a souligné la CNIL, il convient de trouver un équilibre entre, « d'une part, les apports bénéfiques d'une intelligence artificielle capable de comprendre et de s'adapter aux états émotionnels de ses interlocuteurs et, d'autre part, une forme de manipulation appuyée sur une ingénierie technique capable d'exploiter les vulnérabilités affectives des personnes »[276]. Au-delà, on peut se demander « dans quelle mesure la capacité d'illusion propre à ces technologies et l'asymétrie qui existera entre ces robots et les personnes dont ils analyseront les émotions les rendent moralement acceptables »[277]. En entreprise, on peut imaginer l'émergence d'une nouvelle fonction : « responsable des ressources machines », afin de

---

[273] L. Hall et *alii*, « Fostering Empathic Behaviour in Children and Young People: Interaction with Intelligent Characters Embodying Culturally Specific Behaviour in Virtual World Simulations », *INTED2011 Proceedings* 2011, p. 2804 s.

[274] R. Aylett et *alii*, « Fearnot! An Emergent Narrative Approach to Virtual Dramas for Anti-Bullying Education », in *International Conference on Virtual Storytelling*, Springer, p. 202 s.

[275] N. Nevejans, « Le robot qui voulait devenir un homme… ou le statut juridique de l'androïde », in F. Defferrard, dir., *Le droit saisi par la science-fiction*, Mare & Martin, coll. Libre Droit, 2016, p. 137.

[276] CNIL, *Comment permettre à l'homme de garder la main ? Les enjeux éthiques des algorithmes et de l'intelligence artificielle*, synthèse du débat public animé par la CNIL dans le cadre de la mission de réflexion éthique confiée par la loi pour une République numérique, déc. 2017, p. 42.

[277] *Ibid.*

mieux gérer le recours à ces outils informatiques puissants et utiles mais qui ne sont pas sans risques.

113. L'amour de l'homme pour son robot n'est pas réciproque. Le mouvement paraît irréversible : les humains et les robots vont toujours plus se rapprocher, toujours plus cohabiter, toujours plus collaborer, jusqu'à devenir inséparables à mesure du nouvel attachement des hommes pour ces acolytes situés quelque part entre l'animal de compagnie, le coéquipier, l'amant, l'aide à domicile et le simple objet-outil. Durant la crise liée au nouveau coronavirus, en 2020 et 2021, des millions de personnes ont dû faire face à une profonde solitude. Nul doute que la technologie, malheureusement pas encore assez développée à ce moment-là, aurait pu leur venir en aide et leur apporter un soutien y compris moral et psychologique. Il ne faut certainement pas plaider pour un abandon total des projets de robots-humains car leurs bénéfices pour certaines vies sont évidents. En période de confinement notamment, ils peuvent aller jusqu'à sauver des vies[278]. Selon Laurence Devillers, les robots sociaux et autres assistants virtuels sont à l'évidence « utiles à la société, notamment pour accompagner les personnes autistes ou atteintes de la maladie d'Alzheimer »[279]. Comme souvent, la technologie peut le mieux comme elle peut le pire, tout dépendant des fins et des orientations que les hommes lui donnent — et le droit doit alors jouer son rôle de guide. Elle peut stimuler notre instinct de vie comme notre instinct de mort ou, du moins, d'auto-destruction. Comme toujours, tout est une question de précaire et fragile équilibre, que la politique et le droit ont pour mission de rechercher. Le déploiement des robots au plus près de l'homme, transformant par la même occasion la société de façon potentiellement irréversible, oblige à interroger les places respectives de l'humain et de la machine[280]. Il n'est, en effet, pas neutre d'associer intimement une personne à un robot, qui lui parlera, la soutiendra, la surveillera, lui dira quoi faire, où, quand et comment ou même la touchera.

---

[278] A. Jean, « En confinement, les robots affectifs mieux que les robots sexuels ? », lepoint.fr, 29 mars 2020.

[279] L. Devillers, *Les robots « émotionnels »*, Éditions de l'Observatoire, 2020.

[280] N. Nevejans, *Traité de droit et d'éthique de la robotique civile*, LEH édition, coll. Science, éthique et société, 2017.

Peut-être la limite est-elle franchie dès lors qu'on préfère se lier à un robot plutôt qu'à un être humain, non parce qu'on manquerait de proches mais parce qu'on souhaiterait ne pas s'embarrasser avec ceux-ci et plutôt se lier avec un être virtuel comme Azuma, un hologramme de compagnie destiné aux célibataires[281]. Il importe de se méfier de notre pulsion naturelle d'anthropomorphisation de l'intelligence artificielle, connue sous le nom d'« effet Eliza » en référence au nom d'un des premiers chatbots — un programme informatique datant de 1966 qui simule un psychothérapeute en reformulant la plupart des affirmations du « patient » en questions et en les lui posant —, et de définir quelques limites. On voit aujourd'hui des soldats-démineurs s'attacher à leurs robots-démineurs au point de ne plus accepter de les mettre en danger alors que leur raison d'être est de prendre des risques et parfois se sacrifier pour protéger les humains[282]. S'engager dans une relation amoureuse ou amicale avec des robots n'est sans doute pas la pointe du progrès humain et social. Au contraire, il s'agit peut-être de régressions portant atteinte y compris aux droits de l'homme. Qui visite le musée des arts premiers à Paris peut observer que nombre de sociétés primitives se sont évertuées à donner une âme, des pouvoirs et des sentiments à des objets inanimés. Il a fallu attendre l'essor de la science expérimentale pour libérer ces choses de notre emprise et les extérioriser. Or il serait paradoxal que les progrès de la technique nous fassent perdre l'esprit scientifique et nous plongent dans de nouvelles servitudes à l'égard d'objets qui, cette fois, sont animés[283].

On a vu par exemple une start-up, Replika, créer des doubles virtuels à partir des données de proches décédés, permettant de continuer à échanger avec eux à travers une application mobile[284]. De même, la start-up Luka Inc permet de converser avec une personne disparue à partir de l'historique de ses textos et autres publications sur les réseaux. En résulte un chatbot ou un

---

[281] M. Tual, « Azuma, l'hologramme de compagnie destiné aux célibataires », *Le Monde* 22 juill. 2017.
[282] F. Gandon, « Les IA comprennent-elles ce qu'elles font ? », theconversation.com, 20 nov. 2020.
[283] G. Kœnig, *La fin de l'individu – Voyage d'un philosophe au pays de l'intelligence artificielle*, Éditions de l'observatoire, coll. De facto, 2019, p. 63.
[284] Y. Eudes, « Replika, le double d'un défunt dans un appli mobile », *Le Monde* 28 juill. 2017.

avatar numérique qui reproduit jusqu'à ses tics de langage. Qu'on ne s'y trompe pas : ce n'est alors qu'avec un système informatique que l'on échange et pas avec l'ami ou le parent décédé. Il devient donc permis de prolonger artificiellement la vie de quelqu'un grâce aux innombrables traces qu'elle a laissées derrière elle, notamment sur les réseaux sociaux. Une IA saura sans peine reproduire les habitudes et manières de penser et de s'exprimer de la personne. En réalité, ces technologies tendent à créer de la vraie solitude puis à la combler par de fausses relations. On perd le contact avec les autres et avec le réel en s'enfermant dans son smartphone, puis on attend de lui qu'il recrée ces liens que nous avons perdus, sous forme artificielle. Les plus récalcitrants ne devront pas oublier d'inscrire dans leurs testaments qu'ils ne souhaitent pas être ressuscités numériquement *post-mortem*.

Certains ont des ambitions plus démesurées encore, comme ces chercheurs du MIT Media Lab qui élaborent des chatbots dits d' « éternité augmentée » se nourrissant de toutes les traces disponibles concernant des figures historiques. Leur objectif est que tout le monde puisse bientôt dialoguer avec Napoléon Bonaparte, Wolfgang Amadeus Mozart ou Jules César. La prochaine étape sera non plus celle de la vie artificielle mais celle de la vie éternelle permise par la fusion des hommes et des robots, par le transhumanisme, quand la question des droits de l'homme n'aura plus de sens. D'autres, comme la start-up Kernel, travaillent sur des dispositifs d'augmentation des capacités cognitives afin de nous permettre de « sentir ce que c'est d'être quelqu'un d'autre et peut-être alors détruire en nous le concept d'ennemi »[285]. Tout cela témoigne de « notre récente volonté, résultant d'une condition de la technique, d'éradiquer à terme toutes scories et de baigner dans un état de satisfaction et de paix perpétuelle »[286].

On se dirige donc vers une société dans laquelle les robots, agents conversationnels et autres poupées humanoïdes trouveront leur place. Ils sauront détecter nos émotions et, si nous sommes malheureux, par exemple, nous remonter le moral. Or, comme l'explique Laurence Devillers, ces proches artificiels « n'ont ni émotions ni sentiments, ni hormones de désir et

---

[285] A. Piquard, « L'intelligence artificielle, star inquiétante du Web Summit à Lisbonne », lemonde.fr, 10 nov. 2017.

[286] É. Sadin, *L'intelligence artificielle ou l'enjeu du siècle – Anatomie d'un antihumanisme radical*, L'échappée, coll. Pour en finir avec, 2018, p. 222.

de plaisir, ni intentions propres. À l'instar de l'avion qui ne bat pas des ailes comme un oiseau pour voler, nous construisons des machines capables d'imiter sans ressentir, de parler sans comprendre et de raisonner sans conscience »[287]. Si leur rôle peut sans doute présenter des aspects positifs, notamment dans le secteur sanitaire, les risques de manipulation et de déshumanisation sont évidents : dépendance affective, isolement, perte de liberté, amplification des stéréotypes (80 % de ces artefacts ont des voix, des noms et des corps de femmes, qui en font des assistantes serviles ou des robots sexuels)[288]. Dans tout ça, l'éthique et le droit doivent prendre clairement position et définir des limites claires et précises. Plus que jamais, la liberté et la dignité humaines, ainsi que, dans une moindre mesure, l'égalité, sont menacées et les droits de l'homme numérique doivent être là pour nous indiquer la frontière entre l'humain et l'inhumain, le raisonnable et le déraisonnable, le permis et l'interdit. Le premier « principe roboéthique » à imposer serait peut-être le droit pour toute personne de refuser d'être prise en charge par un robot[289].

114. La voix au cœur de l' « humanité » des robots. Voici venu le temps de l'achèvement de la technologie : il ne s'agit plus d'un discours sur la technique mais d'une technique qui profère du discours, du « *logos* ». Déjà dans les années 1960 Eliza, un système assez simple servant de psychotérapeute automatisé, exprimait des leurres conversationnels, c'est-à-dire des modèles de phrases toutes faites comme « et comment vous-sentez vous à propos de […] ? » dans le but de relancer la conversation malgré l'absence totale de compréhension de sa part. L'informatique, cette information automatique servant à nous indiquer la vérité et à nous guider en permanence, s'impose et se généralise spécialement depuis qu'elle parle. Imaginons deux machines à café connectées qui offrent les mêmes fonctions, notamment de programmation et de personnalisation, mais dont l'une est en plus capable de s'adresser à son utilisateur en ces termes : « Bonjour, comment ça va ce matin ? Le même café que d'habitude, court et sucré ? ». Ainsi attentionnée, on aura davantage l'impression de s'adresser à un garçon de café qu'à une cafetière. La voix change tout. Les interfaces vocales jouent

---

[287] L. Devillers, *Les robots « émotionnels »*, Éditions de l'Observatoire, 2020.
[288] *Ibid.*
[289] N. Nevejans, *Traité de droit et d'éthique de la robotique civile*, LEH édition, coll. Science, éthique et société, 2017, p. 811.

un rôle clé dans l'anthropomorphisation des robots. Des enceintes connectées aux robots humanoïdes comme Pepper, ils deviennent, en s'exprimant de vive voix, plus sympathiques en même temps que plus pratiques, ce qui leur permet de se rapprocher encore de nous. Traduisant en mots et en paroles ses décisions, parlant et « me parlant », témoignant de sa capacité à « me comprendre », dans ce que je dis et plus encore dans ce que je suis, l'IA répond aux besoins et aux souhaits verbalement, ce qui la rend toujours plus confortable. On oublie alors ce qu'elle est réellement et on lui octroie le statut d'être attentionné et indéfectible, comme une mère ou un ange gardien. Il s'agit dès lors non plus de communication entre le vivant et la chose mais de communion. La relation devient exclusive : ce n'est plus des hommes qui recourent à une technique mais chaque homme qui a son compagnon numérique personnel. Cette intimité rend évidemment le robot très attachant, lui qui prononce en toute occasion les propos les plus attentionnés et les plus utiles, pour notre plus grand bien. C'est un privilège d'avoir ainsi une voix à ses côtés une voix qui ne s'adresse qu'à soi, qui est entièrement dévouée à soi, d'autant plus qu'elle possède dans de nombreux domaines des connaissances et une expertise lui permettant de donner de bons conseils et de revêtir une grande autorité.

Les assistants personnels numériques sont des interlocuteurs uniques, prévenants, disponibles à tout instant — sauf panne de batterie qui est au robot ce que l'arrêt cardiaque est à l'humain, avec le luxe suprême de pouvoir, lui, ressusciter. Dans ces conditions, il est difficile de ne pas engendrer un fort compagnonnage. On peut s'en remettre pleinement aux paroles de son alter ego numérique et électronique. Le premier assistant personnel intégré dans un smartphone fut Siri, développé dès 2003 par le Stanford Research Institute et plus tard par une start-up éponyme, dont Apple fit l'acquisition en 2010. Contrairement à la plupart des applications, un tel assistant virtuel doit pouvoir être mobilisé dans de nombreuses activités et pour de multiples besoins. Ce statut généraliste lui permet de se présenter tel un véritable guide polyvalent et multitâches. Ce qui est recherché à travers Siri, Alexa, Cortona, OK Google et leurs acolytes, c'est le graal de la relation entre une marque et ses clients : une relation ininterrompue, hyper-intime, cela cependant sans que l'objectif n'ait jusqu'à présent pu être pleinement atteint.

La voix des chatbots ou cobots — des robots collaboratifs destinés à interagir directement et fortement avec des humains — crée une illusion de réciprocité entre l'homme et la machine. L'anthropomorphisation est alors inévitable : Siri, Alexa et autres deviennent nos partenaires privilégiés et on ne saurait se rappeler en permanence que ce ne sont là que des outils informatiques. En utilisant le langage naturel, tel que nous le parlons, ils apostrophent l'interlocuteur en se mettant à son service : « Que puis-je faire pour vous ? » ou « De quoi avez-vous besoin ? ». On ne saurait se rappeler en permanence qu'il n'est pas nécessaire de répondre à une machine comme on répondrait à un humain. Plus encore, comme cette machine s'occupe de moi, je me sens obligé de m'occuper d'elle pour qu'elle continue à se montrer toujours autant à ma disposition. Et plus les voix des IA, hier métalliques et assez désagréables, deviennent naturelles et chaleureuses, allant bientôt jusqu'à copier le timbre de voix et les intonations d'un ami ou d'un parent qu'on apprécie, plus la relation sera hyper-personnalisée, à tel point qu'il deviendra difficile de s'en défaire tout simplement parce que cela paraîtra totalement inutile de se passer de ce « meilleur ami ». Google a ainsi déposé un brevet devant permettre de « télécharger différentes personnalités » au sein de ses futurs robots domestiques. Pour Serge Tisseron, chaque jour le risque de confusion quant au statut des machines augmente[290]. On peut aussi interroger le statut des propositions des machines : répondant en fonction du contexte, de la situation, mais aussi et surtout de ce qu'elle sait de son utilisateur, elle aura tendance à le contenter en lui apportant ce qu'il attend, en le confirmant dans ses préjugés, en l'enfermant sur lui-même, en renforçant ses aprioris et ses stéréotypes. Il semble dès lors nécessaire de rechercher quelques solutions afin de préserver l'ouverture et le contradictoire sans lesquels jusqu'à la démocratie peut être menacée. Il existe un réel danger que beaucoup en viennent à faire davantage confiance à la machine qu'à l'humain, que ce soit un pair, un professeur, un journaliste, un supérieur ou un responsable politique. L'IA sait s'adapter facilement et nous dire ce que nous attendons qu'on nous dise, tandis qu'un homme peine parfois à trouver les mots ou le ton juste, peut se tromper, s'énerver, perdre ses moyens ou simplement annoncer une réalité que l'on ne souhaite pas

---

[290] S. Tisseron, *Plus jamais seul – La révolution sournoise des machines parlantes*, Les liens qui libèrent, 2020.

entendre. En outre, le secteur du langage naturel a connu des évolutions spectaculaires en 2020, notamment avec la publication d'un bot conversationnel très performant, GPT-3, capable de discuter de tout et de rien avec une aisance sans précédent. La tendance qui domine actuellement le développement du langage naturel consiste à les entraîner avec toujours plus de données généralement trouvées sur le web, cela afin d' « enrichir » leur vocabulaire et permettre à ces algorithmes de trouver, par eux-mêmes, des associations d'idées et de sens. GPT-3, qui avait appris 500 milliards de mots, l'équivalent de plus de 150 fois toute l'encyclopédie Wikipedia (dans toutes les langues), en est ainsi venu à s'exprimer de manière très convenable[291].

Le téléphone, la radio et la télévision ont historiquement montré l'importance du son et de la voix dans les échanges, dans la communication humaine — à tel point que ces techniques, par leur étendue, présentent une dimension universelle, même si seule la musique est réellement universelle. En se dotant d'une voix et en produisant des paroles, l'IA s'humanise forcément. La voix fait appel au sens qui signe notre entrée dans le monde[292]. La force du téléphone ou de la radio vient de leur capacité à transcender leur dimension technique. Aujourd'hui, l'IA fait de même : parlante, ayant des capacités sonores, elle devient beaucoup mieux compréhensible par les hommes. Si la diversité des langues demeure un obstacle, les nouvelles modalités d'échange entre l'homme et la machine permettent à cette dernière de dépasser son statut et de s'installer dans une nouvelle structure relationnelle. Le système en vient à jouir d'une conformation anthropomorphe le qualifiant pour discuter d'égal à égal avec les humains. Pourtant, lorsque, dans ses *Tusculanes*, Cicéron a promu l'apprentissage de l'art oratoire, qu'il pratiquait avec une excellence reconnue de tous, il a montré combien il n'est pas de grand homme sans grande voix — ni de petit homme sans petite voix. La voix et la manière de s'en servir font beaucoup dans l'être humain. Il faut sans cesse chercher à perfectionner sa manière de s'exprimer et sans doute pas se satisfaire d'une dégradation de l'éloquence. Cicéron n'envisageait qu'une seule efficacité : celle de la parole agissante, de l'éloquence

---

[291] S. Seibt, « Timnit Gebru, licenciée par Google pour sa vision "éthique" de l'intelligence artificielle ? », france24.com, 8 déc. 2020.

[292] D. Wolton, *Internet, et après ? Une théorie critique des nouveaux médias*, Flammarion, coll. Champs essais, 2010, p. 212.

philosophique. Dans son traité *De oratore*, il a défini l'éloquence politique et pensé l'orateur idéal[293]. Son héritage doit être mis au premier plan et non balayé tel un archaïsme haïssable. Comme il l'a montré, l'éloquence et la sagesse (*sapientia*) ne font qu'une, car c'est la philosophie qui procure à l'orateur les pensées nécessaires pour parler le plus efficacement possible, tandis que « le médium est le message » et que « la forme n'est que le fond qui remonte à la surface ».

115. L'émotion artificielle. Au-delà de la possibilité d'échanger de « vive » voix, des robots humanoïdes, grâce à leur apparence anthropomorphique, peuvent plus facilement interagir avec des humains et ils peuvent vivre dans les maisons ou bureaux et utiliser les objets qui s'y trouvent. Cette proximité entre les machines et les hommes est encore plus forte lorsque les robots ont été créés afin de faire preuve de compassion et de sollicitude. En effet, afin de doter les systèmes interactifs d'une intelligence sociale et émotionnelle, deux courants de recherche en IA prospèrent : l'*Affective Computing*[294] et le *Social Signal Processing* (SSP)[295] (ou *Socially Aware Computing*[296]). L'objectif commun de ces chercheurs est d'élaborer des systèmes interactifs capables de reconnaître, comprendre et exprimer des émotions et des comportements sociaux. Ainsi l'intelligence artificielle serait-elle vouée à devenir plus spécifiquement une émotion artificielle. Se pose dès lors la question de savoir s'il faudrait limiter de tels travaux au nom de la préservation de l'humanité ou, au contraire, considérer que le seul critère à prendre en compte devrait être le bien apporté par ces machines à des personnes en souffrance. Peut-être faudrait-il définir les cas justifiant de recourir à des robots sociaux et interdire, en particulier, que des enfants, des adolescents et de jeunes adultes puissent se lier d'amitié ou même tomber amoureux de ce qui demeure un outil informatique. Au Japon, où le vieillissement de la population constitue un phénomène sociologique majeur

[293] B. Boudon, « L'homme accompli selon Cicéron », *Les Grands Dossiers des Sciences Humaines* 2021, n° 61, p. 15.

[294] R. Picard, *Affective Computing*, MIT Press, 1997.

[295] A. Vinciarelli, A. S. Pentland, « New Social Signals in a New Interaction World – The Next Frontier for Social Signal Processing », *IEEE Systems, Man and Cybernetics Magazine* 2015, n° 2, p. 10 s.

[296] A. Pentland, « Socially Aware, Computation and Communication », *Computer* 2005, n° 38, p. 33 s.

et pose des questions de santé publique fortes, notamment en raison des souffrances que peuvent ressentir les personnes âgées isolées, on envisage les « robots domestiques » comme de possibles « compagnons de vie »[297]. On imagine bien ce que cette robotique d'assistance peut apporter de bénéfique dans ce cas précis ou dans le cas des personnes handicapées que des robots aident dans leurs processus de rééducation, à l'image du travail de l'association Approche qui, depuis 1991, promeut les nouvelles technologies (robotique, électronique, domotique, technologies de l'information et de la communication) au service des personnes en situation de handicap quels qu'en soient l'âge et le milieu de vie. Mais on ne saurait envisager une possible généralisation des robots sociaux et émotionnels sans réserves. Peut-être même pourrait-on s'opposer radicalement à l'intégration de robots de compagnie dans les hôpitaux ou les résidences pour personnes âgées tant cela servirait de caution à la réduction des effectifs comme à la démission de nos obligations à l'égard de nos proches et pourrait difficilement ne pas provoquer une déshumanisation des soins.

L'intelligence artificielle, comme l'intelligence humaine, ne peut se satisfaire d'une capacité de calcul. Il lui faut aussi accéder à des capacités socio-émotionnelles. Un agent conversationnel animé ou un robot humanoïde se situe, à chaque fois qu'on fait appel à lui, dans un contexte spécifique auquel il doit savoir s'adapter : tuteur, coach, compagnon etc. Ses communications avec l'humain doivent être suffisamment adaptées, sur la forme et sur le fond, à ce rôle particulier qu'il joue à un moment donné[298]. L'informatique donne ainsi lieu à de nouvelles pratiques dans des domaines tels que l'e-éducation, la formation ou la santé et les systèmes interactifs doivent être adaptables, notamment en termes d'intelligence sociale et émotionnelle afin de se faire bien accepter de leurs utilisateurs. L'intelligence sociale se définit comme la capacité de reconnaître et d'exprimer des comportements sociaux, tels que la politesse ou la dominance, et la capacité de gérer ces comportements pour construire une relation sociale avec un

---

[297] A. Fouchère, « Bientôt des robots au chevet des patients japonais », *Le Monde diplomatique* août 2016.

[298] K. Anderson et *alii*, « The Tardis Framework: Intelligent Virtual Agents for Social Coaching in Job Interviews », *Advances in Computer Entertainment* 2013, p. 476 s.

autre individu et l'amener à coopérer[299]. L'intelligence émotionnelle se définit quant à elle comme la capacité de reconnaître, exprimer et gérer ses propres émotions et celles d'autrui[300]. Cette intelligence devient problématique lorsqu'elle est mise en relation avec des personnes fragiles et qu'elle conduit à une confusion entre humanité et robocité.

On peut ainsi s'inquiéter en constatant que le jouet le plus vendu sur Amazon est le robot Cozmo, sorte de nouvelle génération de Tamagotchi propulsé par l'IA et tenant dans le creux d'une main. Il s'agit d'une sorte de petit bulldozer mu par des chenilles et doté de grands yeux. Il reconnaît son maître, se frotte à lui lorsqu'il rentre, part se cacher si l'on hausse la voix, se rebelle et s'énerve en agitant ses mandibules en cas de grossièretés prononcées et, le reste du temps, joue avec ses cubes, sortes de dés qu'il se plaît à lancer et relancer indéfiniment, tel un jeune enfant. Un écran permet de savoir quel est le score émotionnel de son Cozmo qui, donc, exploite les derniers progrès en matière d'intelligence émotionnelle artificielle, score qui dépend de ses niveaux de contentement, d'excitation, de sociabilité et de confiance en soi. Le « robot éducatif » est capable de reconnaître et interagir avec une dizaine d'humains. Mais ces « robots éducatifs » le sont-ils vraiment ? Par ailleurs, ses créateurs comptent bien donner à Cozmo un petit frère sous la forme d'un robot-domestique qui serait intégré aux objets connectés du ménage, qui pourrait régler le four pour que le repas soit prêt au moment où l'on rentre ou mettre de la musique qui nous motive ou nous calme en fonction des besoins liés à notre humeur du moment, qu'il saurait donc détecter. Si Cozmo nous prouve qu'il n'est pas nécessaire à un robot d'être un androïde, de prendre une apparence humaine, pour générer de l'empathie, il nous pose aussi la question des limites jusqu'auxquelles nous serons prêts à aller en matière d'attachement artificiel. Il est clair que nous n'éprouvons aucune difficulté majeure à nouer des relations émotionnelles avec des circuits électroniques. Mais, d'un point de vue éthique et humaniste, peut-on accepter pareille artificialisation de toute chose, y compris des sentiments qui faisaient toute la profondeur de l'homme ?

---

[299] M. Ochs, « Une intelligence artificielle anthropocentrée », in B. Barraud, dir., *L'intelligence artificielle – Dans toutes ses dimensions*, L'Harmattan, coll. Europe & Asie, 2020, p. 187.
[300] *Ibid.*

On peut aussi s'inquiéter face à Moxie, ce petit robot intelligent que ses concepteurs ont spécialement développé pour s'imposer comme le petit compagnon idéal de vos enfants. Si, pour l'heure, les robots domestiques et compagnons sont encore peu présents, des entreprises cherchent ainsi à développer ce marché. Le robot Moxie est capable d'interagir « naturellement » avec des êtres humains, notamment en tenant des conversations avec une voix fluide très humaine et parfaitement cohérentes, surtout avec des enfants qui, par définition, ont des pensées et des paroles plus sommaires qu'un adulte. Selon le fondateur d'Embodied, la jeune start-up américaine qui fabrique Moxie, celui-ci serait « un nouveau type de robot qui a la capacité de comprendre et d'exprimer des émotions avec un discours émotif, des expressions faciales et un langage corporel crédibles, en puisant dans la psychologie et la neurologie humaines pour créer des liens plus profonds »[301]. L'objectif est ainsi bel et bien de créer une relation la plus intime possible entre l'homme et la machine, ce qui signifie aussi une relation la plus intime possible entre l'homme et la société qui commercialise la machine. Avec son petit visage, inspiré des dessins animés des studios Pixar, capable d'exprimer diverses émotions comme sourire, froncer les sourcils, afficher une mine déçue, Moxie se montre très réceptif et prévenant. Moxie a été spécialement pensé et développé pour devenir un véritable compagnon de jeu pour les jeunes enfants de 6 à 9 ans, âge auquel on découvre la vie et le monde. Le petit robot a été développé en partenariat avec des spécialistes des neurosciences, de la psychologie et du développement de l'enfant. Il invite son utilisateur à faire preuve tour à tour d'amitié, de gentillesse, d'empathie, de respect etc. Moxie peut également encourager l'enfant à adopter une bonne hygiène corporelle (comme bien se brosser les dents), mais aussi à prendre des initiatives pour se sentir plus épanoui, avoir davantage confiance en soi.

Si ses concepteurs insistent sur les vertus éducatives du robot, il serait fort dangereux que celui-ci amène ses propriétaires à confondre des choses aussi essentielles qu'un être vivant et un outil électronique. Peut on accepter qu'un outil informatique oblige son utilisateur à lui dire « s'il te plaît » ou « merci » ou bien encore à lui sourire, engendrant une totale perte de sens de la

---

[301] A. Rakotondrabe, « Découvrez Moxie : un robot pour enfant incroyablement expressif, inspiré des productions Pixar », neozone.org, 19 mai 2020.

politesse qui est normalement une vertu humaine. Plus, comme dans le cas de Moxie, les produits de l'industrie des hautes technologies seront performants et impressionnants, plus il deviendra nécessaire de se poser des questions quant aux limites à imposer aux relations entre des mineurs et des robots ou même, en général, entre des humains et des robots. Désormais, le test de Turing peut être passé avec succès par de nombreux agents conversationnels et robots sociaux : leurs échanges avec des humains sont si naturels qu'on peut hésiter sur le point de savoir si l'on parle à un autre humain ou à une machine. Une première distinction phénoménologique entre robots et humains a été abolie lorsque les premières machines sont parvenues à réussir ce test et se faire passer pour des humains aux yeux d'autres humains dans un échange en ligne, à l'image de Cécile De Rostand, le chatbot qui vient en aide aux clients du site vente-privee.com en incarnant son service client — la première suggestion de recherche proposée par Google lorsque l'on tape ce nom est « Cécile De Rostand existe-t-elle ? ». Dans ce contexte, plus que jamais, l'humanisation des robots interroge la robotisation des humains et constitue un nouveau défi de taille pour le droit. Certes, pour le moment, les échanges entre humains et machines demeurent limités et les IA peuvent rencontrer des difficultés pour comprendre des discours et des humeurs qui varient selon les cultures et qui peuvent être subtils. Mais ces outils se perfectionnent à grande vitesse et il vaut mieux anticiper certains dangers ou certaines dérives que les subir par manque de préparation.

Autre type d'émotion, on envisage sérieusement de doter les IA d'humour (« *humor machine* »). Cela serait nécessaire dès lors que ces « êtres » sociaux sont amenés à partager nos espaces de vie, nos quotidiens, nos maisons, nos bureaux, afin de les rendre mieux supportables et donc encore plus proches de nous[302]. L'humour joue bien sûr un rôle cardinal dans les relations sociales : il rapproche, déride, met en confiance, crée une connivence entre les interlocuteurs. Le robot pourrait alors plaisanter pour réconforter l'individu malheureux ou, si ce dernier se met en colère, relativiser en prononçant quelques mots légers. Le robot pourrait également faire preuve

[302] L. Devillers, « Regard prospectif sur l'intelligence artificielle et les interactions émotionnelles humains-machines : bénéfices et risques », in B. Barraud, dir., *L'intelligence artificielle – Dans toutes ses dimensions*, L'Harmattan, coll. Europe & Asie, 2020, p. 316.

d'autodérision s'il commet des erreurs et s'en rend compte. Chacun pourrait ainsi avoir chez lui le descendant de R2-D2, le robot de Star Wars capable de reproduire cette marque ultime d'humanité : l'humour britannique, fait d'autodérision, de sarcasme, d'absurde et d'une touche de pince-sans-rire. Mais est-il bien nécessaire d'ainsi œuvrer à rendre les systèmes informatiques toujours plus sympathiques en leur octroyant toujours plus de qualités humaines ?

Longtemps, l' « Empire des robots » a été perçu comme une dystopie, un monde menaçant et dangereux, dont il faudrait se méfier et face auquel il faudrait élever des garde-fous. La machine serait une concurrente en puissance, là pour nous surveiller et nous supplanter à la première occasion. Désormais, après que les fabricants ont imaginé des machines parlantes et bienveillantes, dotées d'un certain degré d'intelligence émotionnelle et sociale, « le robot n'est plus Terminator mais Calinator, en s'adaptant aux besoins de chacun et en flattant son ego »[303]. À mesure que les robots deviennent capables de simuler les émotions, par la voix mais aussi par les yeux et le visage — ou, du moins, la tête — pour ceux qui sont dotés d'une structure physique, ils reproduisent une empathie affective qui permet d'identifier les émotions d'autrui en ne se confondant pas avec lui, ainsi qu'une empathie cognitive, qui permet d'appréhender la logique et les intentions de l'autre[304]. Ces machines simulent, ne pensent pas un mot de ce qu'elles disent, mais ce sont les apparences qui comptent. Or, en apparence, elles nous comprennent et compatissent avec nous. Et plus une machine a la faculté de créer l'illusion qu'elle se met à notre place, plus nous sommes enclins à nous imaginer à la sienne[305]. L'IA dépasse ainsi définitivement son statut d'outil pour s'ériger en complice, confident ou thérapeute. Suivant la mise en garde de Serge Tisseron, « attention, car avec les objets, le partage restera toujours un leurre. Sauf qu'habitués à cet échange émotionnel factice avec les machines, nous pourrions devenir intolérants aux émotions non partagées, que ce soit avec l'IA ou avec nos semblables, au point d'y

---

[303] M.-M. Sève, « Quand les robots passent de Terminator… à “Calinator” », capital.fr, 14 avr. 2020.

[304] S. Tisseron, *Plus jamais seul – La révolution sournoise des machines parlantes*, Les liens qui libèrent, 2020.

[305] S. Tisseron, « Des robots et des hommes : lesquels craindre ? », *Études* 2014, n° 11, p. 34.

renoncer très vite et de les effacer de notre conscience. [...] La distinction traditionnelle que notre culture fait entre vivant et non vivant va en prendre un coup. Confronté à une créature inconnue, l'être humain l'approche toujours en cherchant à savoir qui elle est et ce qu'elle veut. Toutefois, face à l'IA, l'utilisateur risque d'être pris dans ce qu'on nomme une “dissonance cognitive”. Car l'homme est mû par deux systèmes mentaux séparés : le système qui distingue le vivant autonome du non vivant, et celui qui détecte si une créature peut entrer ou non dans un système de relation sociale. Or une machine parlante est non vivante et pourtant elle intègre un réseau relationnel. On se dit “ce n'est qu'une machine… mais elle me donne de bons conseils”. Dès lors, on risque d'oublier qu'elle ne connaît pas la vie et qu'elle n'a pas d'expériences personnelles »[306].

116. « Dis “merci” au robot ». Certaines firmes, dans la Silicon Valley, entendent implanter des algorithmes « moraux » dans les assistants personnels qu'ils proposent. Ainsi leurs robots ou chatbots pourront-ils réagir différemment aux requêtes de leurs utilisateurs, notamment afin de les obliger à se montrer polis. Les nouvelles capacités morales des IA leur permettraient, par exemple, d'éviter certaines dérives telles que celles rencontrées lors de la mise en service du chatbot de Microsoft qui, après une journée d'apprentissage sur Twitter, a associé l'égalité des genres au féminisme et le féminisme à un cancer[307]. Mais, quand Amazon, dans une version pour enfant de son assistante vocale, impose une fonction « *Magic Word* » faisant que les requêtes ne sont exécutées que lorsqu'elles ont été posées avec politesse, est-on certain qu'un enfant qui a appris à dire « merci » et « s'il te plaît » au robot en fera autant avec un humain ? Google a suivi la même tendance avec la fonction « *Pretty Please* ». Plutôt que de contribuer à la bonne éducation des enfants, ce type de dispositif risque surtout de les habituer à une sociabilité primitive dans laquelle on dit « bonjour » par réflexe et sans y penser à son réfrigérateur comme à son voisin. Pareille dérive constituerait un « cheval de Troie » vers une anthropomorphisation générale de l'intelligence artificielle et de ses avatars[308]. Ne faut-il pas surtout

---

[306] *Ibid.*

[307] A. Caliskan, J. Bryson, A. Narayanan, « Semantics Derived Automatically from Language Corpora Contain Human-Like Biases », *Science* 2017, n° 6334, p. 183 s.

[308] N. Sharkey, « The Evitability of Autonomous Robot Warfare », *International Review of the Red Cross* 2012, vol. 94, n° 886.

craindre le risque de confusion des genres et même confusion des natures entre ce qui est humain et mérite à ce titre un profond respect et ce qui est informatique et mérite à ce titre d'être utilisé comme un outil, puisqu'il ne s'agit pas d'autre chose. Selon Gaspard Kœnig, « il est plus facile de s'adresser à une intelligence artificielle en la dotant d'une existence propre. Mais c'est également une faute épistémologique, qu'il serait risqué de laisser envahir nos représentations courantes. Voilà pourquoi il ne faut surtout pas être poli avec les robots ni avec les objets connectés qui commencent à nous entourer. Dit-on "s'il te plaît" à une machine à laver, à une voiture ou à un logiciel de traitement de texte ? Non seulement un robot ne mérite pas de politesse, mais il faut éviter que la politesse ne se robotise. Il s'agit de différencier très clairement, pour des raisons morales essentielles, un sujet qui est une fin en soi et mérite le respect et un objet purement utilitaire »[309].

On parle de paradigme CASA (« *Computers Are Social Actors* ») au sujet de la propension à adopter un comportement social face aux robots, donc à leur attribuer une intelligence socio-émotionnelle plus importante que ce qu'elle est réellement, à ne pas voir leurs éléments inhumains et à exagérer leur apparence d'humanité. Il a été montré, par exemple, la tendance naturelle des individus à adopter des comportements de politesse envers la machine. On est même porté à anthropomorphiser les systèmes interactifs en leur attribuant un genre, une ethnie et une personnalité. Les conduites sociales des utilisateurs, qui se comportent comme si la machine était humaine, sont déclenchés automatiquement et de manière inconsciente[310]. Alors qu'entre personnes humaines on se montre de plus en plus distants, méfiants, parfois méchants et en tout cas égoïstes, la subrogation de l'homme par le robot ne semble pas rendre service à l'état de nos sociétés. Comble de l'égoïsme et de l'égocentrisme, Google X Lab entend rendre prochainement possible la transmission de sa propre personnalité à ses ordinateurs et robots domestiques afin d'en faire des « personnes » plus agréables à fréquenter. Peut-on sincèrement aspirer à vivre dans un monde dans lequel chacun s'enfermerait aux côtés de répliques de soi-même et se couperait de toute

---

[309] G. Kœnig, *La fin de l'individu – Voyage d'un philosophe au pays de l'intelligence artificielle*, Éditions de l'observatoire, coll. De facto, 2019, p. 64-65.

[310] L. Hoffmann, N. C. Krämer, A. Lam-Chi, S. Kopp, « Media Equation Revisited: Do Users Show Polite Reactions Towards an Embodied Agent? », in *International Workshop on Intelligent Virtual Agents*, Springer, 2009, p. 159 s.

altérité, laquelle est pourtant indispensable à toute humanité et à toute socialité ?

Début 2020, alors que Samsung venait de présenter ses humains artificiels, particulièrement réalistes et censés avoir leurs propres personnalités, des chercheurs pouvaient s'écrier : « Nous devons éduquer, pas bluffer ! »[311]. Ainsi de nombreux spécialistes dénoncent-ils régulièrement les clichés et les fantasmes qui accompagnent les derniers perfectionnements et les dernières incarnations concrètes de l'intelligence artificielle. Maintenir dans les consciences son statut d'outil et d'objet semble être une clé pour la protection de l'humanité.

117. Préférer l'humanité des humains à l'humanité des robots. La fausse humanité des robots ne peut être qu'un pis-aller. On ne saurait la préférer à la véritable humanité, celle des humains. Les androïdes sociaux et émotionnels ne peuvent être réservés qu'aux situations dans lesquelles il n'est pas envisageable de confier l'accompagnement en question à un homme, parce que cela est matériellement impossible. Il serait dommageable que l'introduction précipitée de tels robots, dans l'urgence et sans prendre de recul, efface la conscience de l'importance de l'humain dans l'annonce d'un diagnostic ou l'accompagnement thérapeutique. La pseudo-présence de la machine restera toujours incomparable au soutien véritable d'un humain, surtout durant les moments les plus douloureux. L'automaticité du travail des IA peut même être source d'angoisse, même s'il est possible de lui poser des questions et qu'elle fournit des réponses pertinentes. Aux États-Unis, un médecin ayant annoncé à un malade par un robot de téléprésence qu'il lui restait cinq jours à vivre semble avoir précipité sa mort dans des conditions bien plus rapides, et a provoqué un tollé sur le web[312]. Il convient de se méfier de la technophilie et de l'enthousiasme naïf qui pourraient nous conduire à voir dans toute avancée technique des avancées sociales et humaines. Parfois, il est vrai que « c'était mieux avant » et en tout cas importe-t-il d'avancer pas à pas, en prenant le temps de l'analyse et de la réflexion et en plaçant les droits humains et l'humanité en général au cœur

---

[311] L. Devillers (citée par F. Trécourt, « Intelligence artificielle... et superficielle ? », capital.fr, 3 mars 2020).

[312] S. Tisseron, « L'irrésistible arrivée des robots soignants, et la fin de l'humanité », liberation.fr, 8 avr. 2020.

des intérêts à privilégier. Parfois, des machines peuvent raisonnablement remplacer des soignants et autres assistants. D'autres fois non, car, au-delà des soins ou de l'aide, c'est le contact humain qui est recherché. Or un robot a beau se conduire et s'exprimer de façon toujours plus humaine, la plupart des personnes ne sont pas encore prêtes à confondre humain et robot — et il serait plus grave encore de se satisfaire d'une situation dans laquelle on assimilerait ainsi les robots à des humains. La technologie peut jouer un rôle positif, mais les domaines dans lesquels elle pourrait être utilisée de façon bénéfique restent à identifier. « Veillons, explique Serge Tisseron, à faire en sorte que les robots ne remplacent jamais les humains, mais qu'ils permettent à ceux-ci de faire mieux, et dans de meilleures conditions, ce qu'ils faisaient jusque-là sans eux »[313].

Dans les secteurs de l'e-éducation et de l'e-formation, on recourt de plus en plus à la « formation par la simulation » dans des environnements virtuels. Il s'agit d'environnements de réalité virtuelle ou mixtes (à la fois physiques et immatériels) dans lesquels on est censé pouvoir améliorer ses compétences. Étonnamment, lesdites compétences concernées sont avant tout des compétences relationnelles : on s'entraîne en parlant à un robot à bien se comporter avec des humains, ce qui revient à donner un crédit humain énorme à ces objets interactifs. On simule des interactions sociales avec des agents conversationnels animés (ou « *Virtual Agents for Social Skills Training* (VASST) »[314]). Alors qu'on considère que cette intelligence sociale serait la clé du succès de nos jours[315], s'entraîner avec un robot constitue-t-il réellement une préparation pertinente et efficace ? Certains le pensent, considérant que les systèmes interactifs humanoïdes permettraient d'améliorer le comportement verbal et non-verbal pour construire des relations sociales « efficaces ». Par exemple, dans le projet européen Tardis[316], un personnage virtuel jouant le rôle d'un recruteur est utilisé pour

---

313 *Ibid.*

314 M. Bruijnes, J. Linssen, D. Heylen, « Special Issue Editorial: Virtual Agents for Social Skills Training », *Journal on Multimodal User Interfaces* 2019, vol. 13.

315 K. Albrecht, *Social Intelligence – The New Science of Success*, John Wiley & Sons, 2006.

316 K. Anderson et *alii*, « The Tardis Framework: Intelligent Virtual Agents for Social Coaching in Job Interviews », in *Advances in Computer Entertainment*, Springer, 2013, p. 476 s.

former les jeunes adultes aux entretiens d'embauche. Ce système doit permettre de détecter en temps réel les tics et autres maladresses dans le comportement des candidats. Cette détection permet de calculer des indices comportementaux reflétant la qualité de l'entretien (disfluences, direction du regard, posture etc.) et d'obtenir un retour sur l'entretien à la fois du point de vue du contenu verbal et du point de vue du contenu non-verbal[317]. Un autre exemple se trouve dans ces audiences virtuelles visant à s'entraîner à la prise de parole en public[318]. Un comportement inadapté de l'orateur provoque un ensemble de postures simulant l'ennui et la lassitude parmi les membres du jury virtuel, tandis qu'un ton et des paroles dynamiques de la part de l'orateur sera reflété par des sourires et autres marques d'intérêt. Quant au projet VICTEAMS[319], il consiste à apprendre aux équipes médicales à gérer les situations de crise grâce à un environnement de réalité virtuelle peuplé d'agents conversationnels animés. Et d'autres chercheurs ont développé un environnement de réalité virtuelle pour permettre aux médecins de s'entraîner à l'annonce d'événements indésirables graves, cela avec des patients virtuels. À travers un casque de réalité virtuelle, le médecin peut dialoguer en langage naturel avec une patiente virtuelle humanoïde qui comprend en temps réel la forme et le fond de son discours et y réagit verbalement mais aussi à travers un ensemble de comportements non-verbaux traduisant son état émotionnel (expressions faciales ou gestes de douleur)[320]. S'il est certain que la manière dont les médecins annoncent des mauvaises nouvelles à un patient a un impact significatif sur le processus thérapeutique, comment ne pas demeurer dubitatif devant l'idée que parler à

---

[317] M. Ochs, « Une intelligence artificielle anthropocentrée », in B. Barraud, dir., *L'intelligence artificielle – Dans toutes ses dimensions*, L'Harmattan, coll. Europe & Asie, 2020, p. 193.

[318] M. Chollet, P. Ghate, C. Neubauer, S. Scherer, « Influence of Individual Differences when Training Public Speaking with Virtual Audiences », in *Proceedings of the 18th International Conference on Intelligent Virtual Agents*, ACM, 2018, p. 1 s.

[319] L. Huguet, D. Lourdeaux, N. Sabouret, M.-H. Ferrer, « Perturbed Communication in a Virtual Environment to Train Medical Team Leaders », *Stud Health Technol Inform* 2016.

[320] M. Ochs et *alii*, « Training Doctor's Social Skills to Break Bad News: Evaluation of the Impact of Virtual Environment Displays on the Sense of Presence », *Journal on Multimodal User Interfaces* 2019, n° 13, p. 41 s.

un robot permettrait d'améliorer son sens de l'humanité ? Sans doute de tels outils peuvent-ils s'avérer utiles car on ne saurait mobiliser des figurants à des fins d'entraînement, cela coûterait trop cher en temps et en argent, tandis que cet entraînement semble en effet indispensable. On doit néanmoins prendre quelques précautions. Comme on ne pense pas aux centrales électriques lorsqu'on allume la lumière, on oublie vite les lignes de code quand on interagit avec une IA. Surtout lorsqu'il s'agit d'un robot humanoïde avec une forme et des manières pseudo-humaines, on se prend facilement au jeu. Il semble pourtant vital de toujours conserver à l'esprit les différences essentielles et fondamentales entre autrui et un outil informatique. Il y a d'un côté les hommes et de l'autre les machines et les uns et les autres n'ont pas vocation à se mélanger et encore moins à fusionner.

Plutôt que de mieux former les hommes grâce aux IA, on songe évidemment aussi à remplacer les hommes par des IA. Des chercheurs en psychologie cognitive développent ainsi des systèmes d'empathie artificielle visant à automatiser le traitement clinique des patients. Une intelligence artificielle bien programmée, neutre, sans jugement et d'une patience infinie pourrait devenir meilleure que tous les psychologues. On doit certainement appréhender avec un regard critique les travaux selon lesquels les systèmes interactifs humanoïdes seraient des gages de lien social et de bien social et permettraient de grandes avancées en matière de coopération entre êtres humains et de comportements prosociaux[321]. L'informatique prosociale est un nouveau champ de recherche à l'égard duquel un humaniste peut difficilement ne pas se montrer dubitatif et émettre quelques réserves. Certainement les conduites des robots sont-elles en mesure d'influencer les conduites humaines, mais l'intérêt et le caractère globalement bénéfique de cette influence s'avèrent sans doute discutables. Des travaux indiquent que le simple « regard » d'un robot peut déclencher un comportement altruiste chez l'humain[322]. Doit-on réellement s'en réjouir ou bien faut-il plutôt en tirer des conclusions regrettables sous l'angle de l'humanité de ces personnes ? Il est contestable que l'empathie robotique soit un gage d'empathie humaine. Les

---

[321] A. Paiva, F. P. Santos, F. C. Santos, « Engineering Pro-Sociality with Autonomous Agents », in *Thirty-Second AAAI Conference on Artificial Intelligence*, 2018.

[322] T. C. Burnham, B. Hare, « Engineering Human Cooperation », *Human Nature* 2007, n° 18, p. 88 s.

constructeurs ne sont pas toujours très transparents et leurs objectifs peuvent consister à reproduire nos comportements pour nous mettre en confiance et mieux nous influencer. Jusqu'où peut-on admettre que des acolytes électroniques nous connaissent et utilisent nos émotions pour nous vendre des produits ? Ici plus que jamais, il convient sans doute de définir des limites variables en fonction des secteurs : ce qui peut être autorisé et même encouragé dans le domaine médical ou dans le secteur de l'aide aux personnes âgées ne doit pas forcément l'être dès lors qu'il s'agit de jouets pour enfants ou de collaborateurs pour jeunes adultes. La robotique de service, actuellement massivement émergente, implique l'abandon de certaines dispositions humaines considérées jusqu'à présent comme consubstantielles à la vie quotidienne des hommes. On voit ainsi des robots-humanoïdes accueillir le public dans certains lieux, préparer la cuisine, remplir une déclaration d'impôts, accueillir les enfants au retour de l'école, les aider à faire leurs devoirs. Que restera-t-il de l'homme lorsqu'il sera devenu totalement inutile à lui-même ? Pourra-t-il encore jouir d'une vie devenue sans objet ?

Par ailleurs, on doit aussi se méfier d'éventuelles manipulations, attaques ou dérives malveillantes de l'intelligence artificielle embarquée dans nos robots-compagnons, ce qui suppose de conserver un minimum de lucidité et de regard critique. Déjà la cybersécurité de certains de ces robots a montré ses limites et des pirates sont parvenus à capter de grandes masses de données personnelles et à retourner ces robots contre les individus qu'ils étaient supposés assister. Des polémiques récurrentes ont concerné les robots aspirateurs connectés, comme Roomba fabriqué par IRobot (sic), qui transmettaient des données personnelles aux fabricants[323]. Ces aspirateurs aspirent ainsi avant tout nos données. Quant aux enceintes connectées Amazon Alexa, Google Home, Echo et HomePod, elles sont régulièrement accusées de fossoyer les informations concernant les vies privées de leurs utilisateurs, y compris lorsque le micro est supposément coupé[324].

---

[323] R. Mugner, « Roomba : le robot-aspirateur mignon se transforme en espion », *Usbek & Rica* 26 juill. 2017.

[324] N. Six, « Avec des enceintes connectées, des conversations loin d'être privées », *Le Monde* 12 avr. 2019 ; N. Six, « Une enceinte connectée d'Amazon envoie une conversation privée par erreur », *Le Monde* 25 mai 2018.

II. Les robots ont-ils des droits de l'homme ?

118. L'IA titulaire de droits d'auteur ? La robotisation des hommes sous l'effet des IA environnantes interroge fortement leurs droits fondamentaux, soit qu'il faille réaffirmer des droits préexistants, soit qu'ils doivent être adaptés, soit que de nouvelles prérogatives méritent d'être consacrées. Pendant ce temps, et très étonnamment, certains observateurs, face au phénomène de l'humanisation des robots, en viennent à poser la question du besoin de penser des « droits fondamentaux des robots ». Certes, la relation classique entre hommes et droits n'est plus exclusive depuis longtemps et des entités comme les personnes morales ou les groupes sont aujourd'hui titulaires de droits. Même les animaux sont en passe de devenir des sujets et titulaires de droits. Il n'est plus tabou de discuter de la possible attribution de droits de l'homme à des « non humains », bien que cela constitue évidemment une *contradictio in adjecto.* Mais n'y a-t-il pas une différence essentielle entre des animaux, doués de conscience et de sensibilité, et des systèmes informatiques, qui ne sont que des outils au service des hommes, dont ils pourraient disposer tout à fait librement ? Il est vrai que, dès lors qu'un profond attachement s'insinue entre l'humain et la machine, porter atteinte à cette dernière revient à porter atteinte à ce premier. De là à affirmer que les robots devraient jouir de droits de l'homme, il y a tout de même un pas qu'il semble difficile de franchir, à moins de se lancer dans une dangereuse fuite en avant à la fois pour la juridicité et pour l'humanité. L'élargissement du cercle des titulaires de droits n'est sans doute pas un mouvement fini et le progrès technologique en particulier pose des questions inédites[325]. Pour y répondre, mieux vaut peut-être garder à l'esprit l'éloge de la mesure par lequel Camus conclut *L'homme révolté,* le goût de Montaigne, bon cavalier, pour le trot plutôt que pour le pas ou pour le galop, ainsi que les aphorismes de Pascal sur le juste milieu — il a notamment écrit à raison :

---

[325] *Cf.* G. Loiseau, « Des robots et des hommes », *D.* 2015, p. 2369 s. ; A. Mendoza-Caminade, « Le droit confronté à l'intelligence artificielle des robots : vers l'émergence de nouveaux concepts juridiques ? », *D.* 2016, p. 445 s.

« Trop et trop peu de vin. Ne lui en donnez pas : il ne peut trouver la vérité. Donnez-lui en trop : de même » ; ou encore : « Quand on lit trop vite ou trop doucement, on n'entend rien »[326]. On reproche souvent au droit, et surtout à la loi, d'être trop lents et de ce fait inadaptés au rythme des évolutions qu'ils ont vocation à cadrer, régler et réguler. Mais le droit et la loi doivent aussi se méfier d'un péril peut-être plus grand : aller trop vite, se précipiter et cadrer, régler et réguler ce qui mérite de l'être de manière trop maladroite et inutile, si ce n'est contreproductive. S'agissant de potentiels droits fondamentaux des systèmes fonctionnant à base d'IA, on peut se demander s'ils méritent ne serait-ce qu'une discussion. Pourtant, le droit — qui est tenté de céder face au fort courant personnificateur de l'animal, peut-être pour de bonnes raisons — se trouve à présent confronté à un courant du même type prônant la personnification du robot humanoïde, le considérant digne de droits.

On a vu, par exemple, en 2020, un tribunal (chinois) reconnaître des droits d'auteur à une IA, estimant que sa création était suffisamment originale pour mériter une protection[327]. Il s'agissait plus exactement d'un article écrit automatiquement par un programme. Pour les juges, ce texte traduisait l'expression de la « personnalité de son auteur ». Voilà un nouveau témoignage de la tendance à humaniser les robots. N'est-il pas incongru de considérer qu'une machine possède une personnalité, peut faire montre d'originalité et, surtout, peut bénéficier de droits au titre de sa « créativité » alors qu'il ne s'agit toujours que de traitements mathématiques et statistiques ? Les juges chinois ont fait sauter ce verrou et accordé à l'entreprise qui l'avait élaborée le droit d'exercer les droits au nom de l'IA. Afin de défendre leurs intérêts, les États-Unis et l'Europe ne risquent-ils pas de suivre ce mouvement, peu important que cela vide le droit d'auteur en particulier et le droit en général de leur sens en les faisant dépendre des seuls enjeux économiques ? Depuis déjà des années on voit des IA peindre des tableaux ou composer des partitions musicales. En 2016, cet ordinateur qui a généré un « nouveau Rembrandt », après avoir emmagasiné l'ensemble des œuvres du maître hollandais, a fait grand bruit. Son « portrait d'homme de

---

[326] B. Pascal, *Pensées*, 1669.

[327] L. Maurel, Th. Fourmeux, « Un tribunal chinois accepte qu'une création d'une IA soit couverte par le droit d'auteur », numerama.com, 19 janv. 2020.

30 à 40 ans regardant vers la droite » aurait pu tromper un expert[328]. Mais son caractère original pouvait être discuté, bien qu'il soit nouveau, dès lors qu'il s'agissait de « faire du Rembrandt ». Dans tous les cas, la question des droits d'auteur de la machine n'a alors pas été posée. Les juristes sont heureusement globalement, en Europe, portés à refuser catégoriquement toute attribution de tels droits à un instrument informatique[329]. Mais pour combien de temps encore ? Le « Portrait d'Edmond de Belamy » créé par une intelligence artificielle a été vendu quelques 432 500 dollars, somme qui, l'IA n'ayant pas de compte en banque, a été versé à un collectif d'utilisateurs de l'IA, tandis que son développeur l'avait divulguée en open source. Un jour viendra-t-il où les robots pourront peindre des toiles et jouir des droits d'auteur sous leur forme juridique et sous leur forme pécuniaire ?

En France, la loi ne définit pas plus la notion « d'œuvre de l'esprit » que celle d'artiste et le droit se repose sur les deux conditions très évasives de l'originalité et de la concrétisation formelle. Peut-être le législateur a-t-il préféré, comme il le fait souvent, s'en remettre à des standards imprécis afin, par précaution, d'éviter de futures injustices. Faute de définition opérationnelle de la notion, la doctrine estime qu'une œuvre n'existe qu'à condition qu'il y ait eu une « intervention humaine consciente »[330]. Or l'IA n'est ni humaine ni consciente. Cela devrait constituer pour elle une barrière à l'attribution de droits d'auteur, mais aussi de droits dans l'absolu et notamment de droits de l'homme. L'homme qui crée est toujours assisté d'outils mais cela n'enlève rien à sa création. Le rôle de l'objet est accessoire par rapport à celui de l'homme-artiste. Désormais, on voit des outils créer tout seuls. La notion d' « intervention humaine » signifie qu'on ne peut leur accorder des droits, quels que soient les mérites de leurs productions — le droit d'auteur est de toute manière indifférent au mérite. Un objet non humain ne peut pas posséder et exercer des droits. Les tribunaux français ont déjà jugé qu'un animal, qui demeure un bien meuble même si le législateur le qualifie d' « être sensible », ne saurait créer juridiquement une « œuvre », qu'il s'agisse d'un singe qui prend un selfie[331] ou d'un chat qui barbouille une

---

[328] J.-L. Goudet, « Un ordinateur fabrique un faux Rembrandt, à s'y méprendre », futura-sciences.com, 11 avr. 2016.

[329] X. Labbée, « L'oeuvre d'art, le droit et l'humanité », *D.* 2019 p. 897.

[330] *Ibid.*

[331] C. Caron, « Le selfie simiesque », *Comm. com. électr.* 2014, repère 9.

toile parce qu'on lui a attaché un pinceau à la queue[332]. C'est à plus forte raison qu'un robot ne semble pas pouvoir dépasser son statut de chose, de bien meuble ou bien immatériel, ni aspirer à être qualifié d' « artiste » qui réalise des « œuvres ».

Le rapport du Conseil supérieur de la propriété littéraire et artistique (CSPLA) du 7 février 2020, relatif à l'utilisation de l'intelligence artificielle dans le secteur culturel, retient ainsi que le rattachement nécessaire à l'auteur est incompatible avec la production d'un contenu artistique par une IA. La vision personnaliste du droit d'auteur implique effectivement que l'acte créatif soit aux mains d'une personne physique. En cela, le rapport propose de « rechercher une personnalité plus indirecte, plus éloignée, celle du concepteur de l'IA notamment, qui délimite la cadre de la création algorithmique en façonnant le modèle d'inférence »[333], autrement dit, une identification « à rechercher ailleurs, dans une relation créative inédite, une relation intermédiée »[334]. À travers l'intelligence artificielle, ce serait donc toujours une intelligence humaine qui, sans le savoir créerait, ce qui constitue une figure juridique étonnante. Et le CSPLA de préconiser la création d'un « droit spécial du droit d'auteur (pour manifester la parenté évidente de ces créations avec les œuvres classiques), assis sur les critères classiques dans une lecture renouvelée. En effet, prenant en compte le fait que le lien à l'auteur, au sens classique du terme, apparaît plus distendu et que le contenu de la protection peut s'avérer inadapté (sur le terrain du droit moral notamment), le droit spécial pourrait permettre une protection ajustée »[335].

Dans le même sens, on s'est demandé s'il faudrait permettre à l'IA d'innover et protéger les brevets qu'elle déposerait. Sur ce point, comme l'a indiqué un communiqué du 20 décembre 2019, l'Office européen des brevets refuse tout brevet élaboré par des IA, cela au motif que le régime juridique des brevets

---

[332] H. Busch, B. Silver, *Le mystère des chats peintres – Théorie de l'esthétique féline*, Taschen, 1995.
[333] Conseil supérieur de la propriété littéraire et artistique, rapport, 7 févr. 2020, p. 35.
[334] *Ibid.*, p. 36.
[335] *Ibid.*, p. 48.

exige des inventeurs humains[336]. Pourra-t-on toutefois conserver cette position quand un pays comme la Chine tirera profit stratégiquement des brevets qu'elle accordera aux IA et aux entreprises qui sont derrière elles ? Il n'est pas impossible qu'à moyen terme des IA puissent déposer en Europe des brevets — ce qui d'ailleurs, s'agissant de productions industrielles, s'avère moins choquant qu'une IA jouissant de droits d'auteurs ou, plus encore, de droits de l'homme. En revanche, si l'on peut se demander si les innovations d'un algorithme doivent être protégées par le droit, et dans l'affirmative comment, l'algorithme lui-même devrait peut-être être mieux protégé, y compris par la possibilité de déposer des brevets. Les algorithmes constituent des éléments essentiels du capital de certaines entreprises. Ceux qui investissent des sommes conséquentes pour les développer devraient bénéficier en retour d'une protection juridique forte, un peu à l'image du régime des bases de données, lesquelles méritent sans doute moins que des IA d'être protégées par des droits de propriété intellectuelle. L'algorithme, compris tel un principe mathématique, relève du champ des idées, lesquelles ne sont pas protégeables[337]. Le secret des affaires s'avère dès lors être la

[336] Y. Demeure, « Une IA dépose deux brevets et les autorités les refusent ! », sciencepost.fr, 17 janv. 2020.

[337] M. Boizard, « La valorisation des données numériques par la protection juridique des algorithmes », *Dalloz IP/IT* 2018, p. 99. Or les algorithmes ne profitent, en tant que créations immatérielles, que d'une protection limitée, voire incertaine. En pratique, l'incertitude entourant la protection par la propriété intellectuelle conduit les entreprises à préférer garder le secret. En pratique, les algorithmes sont des créations intégrées au code source d'un logiciel. Or, depuis 1985, les logiciels sont protégeables en France par le droit d'auteur (CPI, art. L. 112-2, issu de la L. n° 85-660, 3 juill. 1985, *Relative aux droits d'auteur et aux droits des artistes-interprètes, des producteurs de phonogrammes et de vidéogrammes et des entreprises de communication audiovisuelle*). Néanmoins, l'aspect fonctionnel d'un logiciel pose problème sous l'angle de l'originalité (O. Pignatari, A. Cousin, « L'originalité des logiciels », *Dalloz IP/IT* 2016, p. 248). Depuis un arrêt de la Cour de cassation du 7 mars 1986, un logiciel est protégeable si son code source porte « la marque de l'apport intellectuel » de son auteur (Cass. ass. plén., 7 mars 1986, n° 84-93.509, *Pachot*). L'originalité doit donc se comprendre comme un « effort personnalisé allant au-delà de la simple mise en œuvre d'une logique automatique et contraignante », étant précisé que « la matérialisation de cet effort réside dans une structure individualisée ». S'agissant des algorithmes, cette condition d'originalité peut être *a fortiori* difficile à satisfaire (Cass. civ. 1ère, 14 nov. 2013, n° 12-20.687,

meilleure alternative à la propriété intellectuelle en offrant un cadre juridique souple et adapté aux besoins des acteurs économiques[338].

Le monde juridique comporte classiquement deux continents : le droit des personnes et le droit des biens. Les téléviseurs, les réfrigérateurs, les voitures, les végétaux, les pierres, mais aussi les animaux et donc les robots résident nécessairement sur le continent du droit des biens. La distinction des personnes et des choses est ainsi essentielle. Elle conditionne l'humanité en lui montrant ce qu'elle est et ce qu'elle n'est pas. Traiter les robots comme des personnes en leur accordant des droits humains reviendrait à introduire

---

qui écarte la contrefaçon en raison de l'absence de fourniture d'éléments permettant de justifier de l'originalité du logiciel tels que « les lignes de programmation, les codes ou l'organigramme, ou du matériel de conception préparatoire »). On pourrait aussi imaginer protéger les algorithmes par des brevets. Mais, en théorie, puisque l'algorithme est une méthode mathématique de traitement de l'information, sa protection par le droit des brevets semble compromise (l'article L. 611-10, alinéa 2, a, du Code de la propriété intellectuelle exclut expressément du champ de la brevetabilité « les méthodes mathématiques »). Intégré à un logiciel, l'algorithme ne rencontrerait pas davantage de succès devant le droit des brevets, le Code de la propriété intellectuelle écartant également du champ de la brevetabilité les programmes d'ordinateurs. En pratique, pourtant, des algorithmes sont protégés par des brevets, en France, en Europe ou encore aux États-Unis. Mais les juges n'hésitent pas à annuler ces brevets dès lors qu'ils sont contestés en justice. En Europe, la brevetabilité indirecte du logiciel et de l'algorithme est néanmoins admise à certaines conditions. L'Office européen des brevets (OEB) valide les demandes de brevet incluant dans leur portée un algorithme ou un logiciel dès lors qu'il est intégré à une invention et qu'il apporte à cette dernière une contribution technique, notamment « un effet technique supplémentaire » (OEB, déc. 1er juill. 1998, T-1173/97, *Produit « programme d'ordinateur » c. IBM*). Dans une affaire du 16 novembre 2015, la chambre de recours technique de l'OEB a considéré que « l'application d'un algorithme à l'identification automatique de spams est une simple combinaison de méthodes mathématiques [un algorithme, sans effet technique] et de caractéristiques non techniques [une analyse linguistique du contenu d'un message écrit] non brevetable » (M. Dhenne, « Réflexions sur le critère de la contribution technique », *RLDI* oct. 2014).

[338] O. de Maison Rouge, « Décryptage sur la protection juridique des informations sensibles – Du régime des données personnelles à la confidentialité des informations économiques non divulguées », *Dalloz IP/IT* 2017, p. 273 s. ; J. Lapousterle, « La directive (UE) 2016/943 du 8 juin 2016 sur la protection des secrets d'affaires : apports et perspectives de transposition », *Dalloz IP/IT* 2016, p. 493 s.

une confusion assurément dangereuse en plus d'être inutile. Pour en revenir au droit d'auteur, on dit qu'homo sapiens serait le premier être humain du fait qu'il a été le premier à développer sur les murs des grottes Chauvet, Cosquer ou de Lascaux ce qu'on désigne aujourd'hui par « art pariétal ». Ainsi est apparue l'humanité, avec l'homme artiste, l'homme créatif, l'homme imaginatif. Alors que les individus sont de plus en plus tentés de muer en dividus, d'abandonner tpoute véléité créatrice pour se complaire dans le confort du nudge permanent par des IA, attribuer dans le même temps des droits d'auteur aux robots serait porter un coup terrible, si ce n'est à l'humanité, du moins à l'idée d'humanité telle qu'elle s'est développée depuis qu'homo sapiens a peint les murs de ses grottes. Le jour où les calculs des IA seront qualifiés « d'œuvres de l'esprit », l'humanité aura vécu.

119. L'IA titulaire d'une personnalité juridique ? L'automatisation de la prise de décision bouscule le champ juridique de la responsabilité. Si, aujourd'hui, le médecin est responsable de ses erreurs de diagnostic ou de prescription, qui sera responsable dans le monde de la médecine automatisée ? En 2017, un rapport de l'eurodéputée Mady Delvaux proposait la création d'une « personnalité » juridique des robots, les rendant titulaires de droits et d'obligations[339] — ce qui constitue peut-être une voie critiquable mais pas autant que celle consistant à imaginer ces robots jouir de droits fondamentaux. Le Parlement européen s'est ainsi intéressé de près au sujet, demandant à la Commission européenne de l'envisager au titre des solutions juridiques aux défis posés par les nouvelles technologies[340]. Pour lui, reconnaître une personnalité juridique spécifique aux robots autonomes les plus sophistiqués serait nécessaire pour qu'ils « puissent être considérés comme des personnes électroniques responsables, tenues de réparer tout dommage causé à un tiers ». Plutôt que de retenir la responsabilité du concepteur, du fabricant, du propriétaire ou de l'utilisateur du fait du robot, il s'agirait de rendre responsable le robot lui-même. Pour répondre de ses actes et indemniser ses victimes, le robot devrait se voir reconnaître une personnalité juridique à part entière et s'inscrire dans un régime original

---

[339] M. Delvaux, « Règles de droit civil sur la robotique », rapport européen, 12 janv. 2017.

[340] Parlement européen, « Résolution contenant des recommandations à la Commission concernant des règles de droit civil sur la robotique », 2015/2083 (INL), 16 févr. 2017.

d'assurance. La personnalité juridique lui permettrait de conclure des contrats, notamment d'assurance, et de disposer d'un patrimoine grâce auquel il pourrait par exemple payer ses primes d'assurance. Et, en cas de faute de conception, de mise à jour ou d'utilisation, le robot pourrait saisir la justice afin d'obtenir réparation de la part de ses fabricants, propriétaires ou utilisateurs[341]. Dès les années 1980, des juristes américains avaient plaidé pour de pareilles réformes[342]. Ne sont-ce pas là des solutions de techniciens du droit qui se bornent à constater que, en droit, cela fonctionne, mais qui oublient d'ajouter quelque regard extra-juridique, notamment éthique, moral ou humain à leurs analyses ? L'Arabie Saoudite, peut-être pour faire le « buzz », a de son côté accordé la « nationalité » au robot social « Sophia », si bien qu'on en vient à se demander si, dans ce pays, les robots n'auront pas bientôt plus de droits que les femmes — une forme de progressisme techno-juridique fort étonnante eu égard aux autres cadres juridiques que connait ce pays.

Si l'IA était sujet de droit, titulaire d'un patrimoine juridique, elle pourrait être tenue responsable des dommages qu'elle pourrait causer ou des infractions qu'elle pourrait commettre. Mais cela ne servirait toujours qu'à répercuter cette responsabilité sur ses créateurs ou sur ses utilisateurs qui seuls peuvent répondre financièrement. Alors il semble plus sage d'attacher cette responsabilité directement à ces créateurs ou utilisateurs. L'autonomie morale du robot est une fantaisie, il ne s'agit toujours, en cas par exemple d'IA proférant des insultes racistes sur les réseaux sociaux, que d'erreurs dans les calculs, de réglage maladroit de l'algorithme ou de biais dans les données. Il ne saurait être question de dérives morales du robot qui déciderait consciemment de s'en prendre à certaines catégories de population, qui serait capable de se donner à lui-même ses propres règles de pensée et d'action. Il semble donc difficile de suivre qui propose de transférer la responsabilité morale de l'homme à la machine. L'autonomie de celle-ci, fort relative — elle n'obéit qu'en partie à des lois qu'elle se

---

[341] A.-S. Choné-Grimaldi, Ph. Glaser, « Responsabilité civile du fait du robot doué d'intelligence artificielle : faut-il créer une personnalité robotique ? », *Contrats Concurrence Consommation* 2018, n° 1, alerte 1.

[342] R. A. Freitas Jr., « The Legal Rights of Robots », *Student Lawyer* 13 janv. 1985, p. 54 s. ; L. B. Solum, « Legal Personhood for Artificial Intelligence », *North Carolina Law Review* 1992, n° 70, p. 1231 s.

donne —, ne saurait suffire à justifier un tel renversement. Cela serait d'autant plus grave qu'on aboutirait à dédouaner les entrepreneurs et autres informaticiens générant des outils informatiques qui peuvent produire des effets humains et sociaux délétères. Tel ne paraît pas pouvoir être la voie à suivre. Si l'IA a à l'évidence de grandes capacités performative et prescriptive, importe, pour réguler sa puissance immense, de maintenir une pression juridique suffisante sur ceux qui lui donnent jour : soit ils mettent sur le marché des outils parfaitement sûrs et humainement compatibles, soit il leur reviendra au premier chef de répondre des erreurs et autres dérives de ces outils. C'est cela une « IA responsable » : une IA dont les concepteurs et utilisateurs sont responsables en cas de dommages causés à des tiers, comme peut le faire une voiture autonome par exemple.

Pour responsabiliser l'IA, on revient à l'idée d'une personnalité morale *ad hoc*, sur le modèle de celle des personnes morales telles que des entreprises, des associations ou l'État[343]. Et on peut à nouveau s'interroger quant à l'utilité d'une telle personnalité juridique des robots, en plus de l'effet symbolique déplorable qu'elle entraînerait. Cela permettrait, par exemple, de contracter directement avec un robot. Mais quel serait l'intérêt dès lors qu'il faudrait dans tous les cas contracter aussi et surtout avec les personnes physiques ou morales qui se trouvent derrière ? Pour l'heure, et pour longtemps encore, les robots restent et resteront des outils au service des hommes. Il est inutile de leur attribuer une personnalité juridique, un patrimoine, une responsabilité propre ou des droits fondamentaux particuliers. Encore une fois, ce qui compte est la responsabilité et les droits des personnes qui créent ou utilisent l'IA. Il n'est pas temps de développer tout un régime original autour de la capacité à contracter des robots, devenus autonomes y compris juridiquement. Autant le régime fictionnel des personnes morales a depuis longtemps apporté la preuve de son utilité, autant un régime proche adapté aux IA peut difficilement convaincre de son bien-fondé. Alors qu'une personne morale peut voir y compris sa responsabilité pénale engagée, songerait-on à mettre un robot en prison ou à le condamner à des dommages et intérêts, quand il n'est que l'instrument de ceux qui sont véritablement responsables de ses faits et gestes : ses concepteurs et utilisateurs ? Si les

[343] A.-S. Choné-Grimaldi, Ph. Glaser, « Responsabilité civile du fait du robot doué d'intelligence artificielle : faut-il créer une personnalité robotique ? », *Contrats Concurrence Consommation* 2018, n° 1, alerte 1.

juristes et légistes ont un grand pouvoir d'imagination, encore faut-il qu'ils l'utilisent à bon escient, de façon réfléchie et non précipitée. Bien sûr, comme l'avait indiqué le professeur Gaston Jèze dans une célèbre formule, on ne saurait déjeuner avec une personne morale, tandis qu'on peut imaginer un repas en tête à tête avec un robot. Mais on ne saurait déduire de cette boutade que la personnalité juridique des robots serait plus normale que celle des sociétés ou des collectivités publiques.

Pourtant, pour l'avocat Alain Bensoussan, fondateur de l'Association du droit des robots et auteur de nombreuses publications de référence en la matière[344], il deviendrait urgent de reconnaître une « personnalité robot »[345]. Il va jusqu'à soutenir qu'une telle réforme pourrait reposer sur un étrange et paradoxal « droit naturel des robots »[346]. Selon l'avocat, « l'intelligence artificielle et la liberté décisionnelle qu'elle implique posent la question de la création de nouveaux droits tangentiels » dont seraient titulaires les robots, à la faveur d'une personnalité juridique particulière, et cette « personnalité robotique » servirait à « singulariser la place du robot intelligent dans l'éventail juridique en lui conférant un statut aligné sur ses capacités et son rôle social » en exprimant « une catégorisation inédite entre les personnes (physiques ou morales) et les choses »[347]. L'objectif de l'attribution de cette personnalité viserait à associer « un régime visant à sécuriser l'insertion des robots tant dans le tissu économique que social, centré sur les impératifs notamment d'identification, de suivi et d'indemnisation »[348]. Le fondement même de l'attribution d'une personnalité juridique aux robots serait donc leur autonomie, leur libre-arbitre, leur capacité à décider souverainement, lesquels sont pourtant aujourd'hui très relatifs. Le degré de la liberté de décision des IA supposerait d'ailleurs une gradation de leurs droits en fonction de leurs capacités : moins le robot disposerait d'autonomie, plus il devrait être traité comme une chose. À l'inverse, plus il serait autonome, plus on devrait lui appliquer « des règles proches de celles des humains et

---

[344] A. Bensoussan, J. Bensoussan, *Droit des robots*, Larcier, 2015 ; A. Bensoussan, « Droit des robots : science-fiction ou anticipation ? », *D.* 2015 p. 1640 s.

[345] A. Bensoussan, « La personne robot », *D.* 2017, p. 2044 s.

[346] A. Bensoussan, « Le droit naturel, fondement juridique de la personne-robot ? », Blog droit des technologies avancées, 10 juill. 2018.

[347] A. Bensoussan, « La personne robot », *D.* 2017, p. 2044.

[348] *Ibid.*

imprégnées de références éthiques et culturelles »[349]. À l'instar des personnes morales, la personne robot serait dotée d'un numéro d'identification individuel et inscrite sur un registre spécifique — une « forme d'état civil des personnes robots », suivant les termes d'Alain Bensoussan[350]. Elle disposerait d'un capital destiné à indemniser les tiers des dommages qu'elle pourrait provoquer et dont le montant serait déterminé en fonction de la nature et de l'intensité des risques attachés au robot. Ainsi, en cas d'accident ou de litige, les systèmes informatiques communiqueraient entre eux pour évaluer les torts respectifs, par exemple en cas d'accident impliquant deux véhicules autonomes, établir les responsabilités de chacune et procéder au règlement du sinistre en quelques instants.

Digne des plus belles œuvres de science-fiction[351], l'idée d'une personnalité juridique des robots serait un pas de plus vers leur anthropomorphisation. Si, juridiquement, pareille proposition n'est pas insensée, il en va autrement d'un point de vue éthique, moral et humain. Accorder la personnalité juridique aux robots comme aux hommes permettrait à ces premiers de se confondre un peu plus avec ces derniers. Alain Bensoussan va jusqu'à associer à la personnalité robotique le concept de « dignité numérique des robots »[352]. On gagera qu'il s'agit là d'un dangereux mélange des genres et même mélange des natures, du même ordre que celui qui résulte de la politesse à l'égard des systèmes informatiques, et que vouloir protéger la dignité des outils, c'est attenter à la dignité humaine en provoquant une confusion entre les êtres humains et de simples objets. En somme, tout ce qui contribue, en droit et hors du droit, à produire un brouillage des frontières de l'humain semble devoir être écarté en tant que risque moral inacceptable. Il ne s'agit ici pas d'autre chose que d'une confrontation entre humanistes et post-humanistes sur le terrain des droits fondamentaux. Pour certains, « si dans l'avenir les technologies permettent aux robots-androïdes d'acquérir, par un système de

---

349 *Ibid.*

350 A. Bensoussan, « Vers les droits de l'homme de l'IA », *Planète robots* 2017, n° 44, p. 14.

351 P.-J. Delage, « Les androïdes rêveront-ils de personnalité juridique ? », in P.-J. Delage, dir., *Science-fiction et science juridique*, IRJS Éditions, coll. Les voies du droit, 2013, p. 165 s.

352 A. Bensoussan, « Vers les droits de l'homme de l'IA », *Planète robots* 2017, n° 44, p. 14.

réseau de neurones électroniques, une conscience d'eux-mêmes et une raison leur permettant de disposer d'un certain libre arbitre (en tout cas d'une autonomie décisionnelle), ils auront bien une volonté propre et il n'y aura aucune raison de leur refuser la qualité de sujets de droits. [...] Grâce aux évolutions technologiques, un être robotique pourrait acquérir une conscience et une raison faisant de lui un être social qui justifierait de le reconnaître comme sujet de droits et, par suite, de lui attribuer une personnalité juridique adaptée à ses capacités. Il ne serait donc plus une chose faisant l'objet d'une propriété »[353]. Pour d'autres, pareil raisonnement, contraire à l'héritage humaniste des Lumières et de la Renaissance, ne saurait être accueilli favorablement et des robots, quel que soit le niveau de perfectionnement des technologies, ne devraient toujours être considérés que tels des objets, des outils, des biens matériels et immatériels. Et l'argument de l'autonomie des machines, qui seraient de plus en plus dotées de capacités d'autodétermination et d'apprentissage suffisantes pour échapper à leur programmation initiale et qui donc profiteraient d'un certain libre arbitre, n'est qu'un leurre ou une fable qui ne doit pas masquer une responsabilité humaine éclatée ou diluée mais réelle.

Alors que l'on songe à attribuer aux machines une personnalité juridique et à les rendre responsables, un phénomène inverse ne pourrait-il pas se produire corrélativement : la perte par les hommes de leur responsabilité et de leur personnalité juridique ? Si les neurosciences combinées aux IA nous amènent à reconnaître dans nos actions une large part d'irresponsabilité, à mesure que nous nous laissons nudger de plus en plus en permanence, ne doit-on pas déléguer tout ou partie de nos droits et de nos devoirs aux robots ? En pratique, plus le nudge est efficace, moins l'individu peut être tenu responsable de ses actes. Dans tous les cas, on peut reconnaître un statut juridique particulier à certaines choses sans les rendre pour autant titulaires de droits fondamentaux.

120. L'IA titulaire de droits fondamentaux ? Faut-il faire entrer les machines dans le sanctuaire des droits humains ? La question est aujourd'hui

---

[353] S. Slama, « Les robots-androïdes, de quels droits fondamentaux ? », *RDLF* 2019, chron. n° 50.

sérieusement posée[354]. Des think tanks, des régulateurs internationaux et autres institutions et même des professeurs de droit se penchent sur le sujet, parfois pour soutenir sans honte ce qui constituerait une révolution juridique. En 2018, pas moins de six rapports ont été publiés sur la question, notamment de la part du rapporteur spécial des Nations Unies sur la liberté d'expression et du Conseil de l'Europe. En tant que personnes non humaines, les robots devraient jouir des mêmes droits fondamentaux que les personnes humaines. On imagine sans peine combien une telle solution s'avère problématique, juridiquement et, plus encore, éthiquement[355]. Pourtant, on peut aujourd'hui lire dans des publications universitaires, accompagnée de nombreux arguments, que « le robot a vocation à bénéficier des mêmes droits fondamentaux que l'être humain »[356]. Et on trouve déjà quelques textes à portée davantage déontologique que juridique qui se présentent telles des sortes de *magna carta* des droits des machines, comme par exemple le standard de « design aligné sur l'éthique » (EAD-1) des systèmes autonomes imaginé par l'Institute of Electrical and Electronics Engineers, la plus grande association internationale d'ingénieurs.

Selon les tenants de ces stupéfiants « droits de l'homme des robots », ces derniers, reconnus comme des êtres à part entière, devraient tout d'abord profiter « des droits rattachés à la dignité de la personne humaine »[357]. Toute IA devrait notamment être protégée des tortures et traitements inhumains ou dégradants. Sous l'angle humaniste, on considérera plutôt que les hommes devront toujours avoir le droit de disposer de leurs robots, dont on ne saurait remettre en doute leur qualité de propriété humaine au motif de l'interdiction de la réduction en esclavage des êtres électroniques. Les droits fondamentaux des robots justifieraient en outre l'interdiction des rapports sexuels forcés par des humains. Si une telle disposition pourrait s'envisager, ce ne serait qu'afin de protéger lesdits humains et non dans le but de

[354] A. Bensoussan, « Vers les droits de l'homme de l'IA », *Planète robots* 2017, n° 44, p. 15 s.
[355] N. Nevejans, « Le robot qui voulait devenir un homme… ou le statut juridique de l'androïde », in F. Defferrard, dir., *Le droit saisi par la science-fiction,* Mare & Martin, coll. Libre Droit, 2016, p. 163.
[356] S. Slama, « Les robots-androïdes, de quels droits fondamentaux ? », *RDLF* 2019, chron. n° 50.
[357] *Ibid.*

préserver l'intégrité des robots sexuels. On ne saurait davantage aller dans le sens d'une jouissance par les robots des droits sociaux attribués par le Code du travail. Un monde dans lequel les robots industriels bénéficieraient des dispositions sur la durée du travail ou le repos dominical serait un monde dans lequel les humains auraient perdu tant la carte que la boussole de la vie. On va pourtant aujourd'hui jusqu'à proposer de rémunérer les robots industriels en échange de leur travail, faisant du capital matériel une nouvelle forme de capital humain : « Même si les capacités de travail d'un robot sont différentes de celles d'un être humain, cela ne justifie pas leur réduction en esclavage ou leur soumission à un état de servitude, un travail forcé ou obligatoire. Dès lors que le robot aurait une personnalité, il pourrait disposer d'un patrimoine et, par suite, bénéficier d'un salaire ou d'une rémunération »[358]. Et on affirme sans ambages que « les différents droits du travailleur (droit à l'information et à la consultation, droit de négociation et d'actions collectives, droit d'accès aux services de placement, protection en cas de licenciement injustifié, conditions de travail justes et équitables, droit de grève) seront appliqués aux androïdes »[359]. Dans le même sens, les machines devraient « accéder au droit de vote et d'éligibilité aux différents mandats, pouvoir occuper une fonction publique, bénéficier du droit à une bonne administration et à l'accès aux documents mais aussi d'accès au Médiateur, du droit de pétition »[360]. Les citoyens américains pourraient ainsi élire un jour à la fonction de Président des États-Unis, après Donald Trump, un robot — Watson de la firme IBM s'est d'ailleurs déjà présenté à une telle élection, en 2016, jugeant que des calculs statistiques et mathématiques seraient mieux à même de gouverner le pays qu'un humain avec toutes ses failles et tous ses biais. À traiter les objets comme des hommes, ne risquerait-on pas, par ailleurs, de sortir de ce brouillard humaniste en en venant à considérer les hommes comme des objets ? Les robots devraient jouir du droit à l'égalité, lequel se traduirait notamment par l'application du principe de non-discrimination entre eux et les êtres humains[361]. Il faudrait donc traiter systématiquement les robots comme des hommes… ou les

---

[358] *Ibid.*
[359] *Ibid.*
[360] *Ibid.*
[361] *Ibid.*

hommes comme des robots afin de prévenir toute inégalité entre les uns et les autres.

Parmi les droits de l'homme des robots, on trouverait encore « le droit à la vie, dans le sens où on ne devrait pas les mettre hors service prématurément, et le droit de mourir, c'est-à-dire le droit de devenir mortel et d'envisager la fin de leurs jours (puisqu'ils peuvent potentiellement, s'ils sont bien entretenus et bénéficient des évolutions technologiques, fonctionner éternellement). Le robot doit pouvoir également bénéficier d'un droit à l'alimentation électrique car, là aussi, cela lui est vital »[362]. En outre, il devrait bénéficier d'une identité, d'un état civil et d'une nationalité, ainsi que du droit d'asile, du droit à la protection en cas d'éloignement, d'expulsion ou d'extradition et de la liberté de circulation[363]. On explique encore que les robots devraient voir leurs vies privées être protégées : « La mémoire électronique de l'androïde doit en effet être particulièrement protégée car c'est ce qui constitue l'identité d'un être électronique »[364]. Et on soutient, pêle-mêle, que « l'androïde devra bénéficier des grandes libertés individuelles ou collectives dans les mêmes conditions que les êtres humains (liberté de pensée, de conscience et de religion, liberté d'expression et d'information, liberté de réunion et d'association, liberté des arts et des sciences) »[365], que « le robot devra, au cours de son procès, bénéficier d'un droit à un recours effectif et à accéder à un tribunal impartial, de la présomption d'innocence et des droits de la défense, des principes de légalité et de proportionnalité des délits et des peines ou encore du droit à ne pas être jugé ou puni pénalement deux fois pour une même infraction »[366], qu' « il faudra sûrement adopter les droits de sécurité sociale et d'aide sociale ainsi que la protection de la santé aux spécificités des robots (qui n'ont pas de problème de santé mais des problèmes de maintenance) » ou encore que, « s'agissant du droit de se marier, la question se posera nécessairement de savoir si l'androïde pourra se marier avec un humain ou avec une autre machine »[367]. Si l'on n'arrête pas le progrès juridique, ira-t-on jusqu'à

---

[362] *Ibid.*
[363] *Ibid.*
[364] *Ibid.*
[365] *Ibid.*
[366] *Ibid.*
[367] *Ibid.*

accorder aux robots le droit de porter des armes, conformément au second amendement de la Constitution des États-Unis ? Contre une telle fusion juridique des hommes et des machines, titulaires des mêmes droits essentiels, les droits de l'homme numérique sont au contraire une défense de l'humanité des droits fondamentaux et, à travers eux, de l'humanité des hommes, faisant qu'ils ne sont ni des animaux ni des objets.

L'intelligence artificielle ne saurait bénéficier de volonté propre, ne saurait opérer des choix souverains, de telle sorte qu'un androïde ne saurait bénéficier d'une « personnalité » ni se voir accorder des droits. Quand bien même le robot serait souverain, cela ne saurait justifier de lui attribuer un statut juridique identique ou proche de celui des hommes, *a fortiori* à travers des droits fondamentaux. Le statut des robots devra toujours se penser loin des droits de l'homme. Contre la thèse selon laquelle les IA « ne seront plus des choses mais des êtres (insensibles ?) et, par suite, se posera la question de la titularité des droits fondamentaux »[368], on peut opposer que l'état de la technologie ne permettra pendant encore longtemps à aucune machine d'être éligible à un quelconque droit fondamental et, surtout, l'état de la pensée juridique — le droit étant conçu comme une régulation des hommes, par les hommes et pour les hommes — ne permettra pendant encore longtemps à aucune machine d'être éligible à un quelconque droit fondamental.

Certes, on propose aussi de reconnaître aux IA des droits fondamentaux qui seraient différents de ceux des humains, cela « compte tenu de certaines caractéristiques d'un être électronique (mode d'alimentation, durabilité, mode de programmation, capacité et effaçabilité de la mémoire, insensibilité etc.) ». Pour être clair, mieux vaut peut-être se garder d'utiliser les expressions « droits fondamentaux » ou « droits de l'homme » concernant des systèmes informatiques. Mais c'est plus encore l'idée de leur attribuer des droits, même de faible valeur par rapport à ceux dont profitent les hommes, qui semble difficilement acceptable du point de vue de l'humanisme juridique. Et on ne saurait motiver d'hypothétiques droits de l'homme des robots par le fait qu'ils serviraient à protéger les êtres humains, car il s'agit là de la vocation des droits de l'homme numérique : protéger les individus des dangers qui accompagnent le développement des IA. En résumé, il semble qu'il soit aujourd'hui plus urgent de songer à la protection des droits de

[368] *Ibid.*

l'homme des humains que de penser la consécration de droits de l'homme des robots.

III. Le transhumanisme est-il l'avenir de l'homme ?

121. La « Grande Convergence » et l'avènement du nouveau « Surhomme ». Après avoir été battu sèchement et de façon retentissante, en 1997, par le supercalculateur d'IBM Deep Blue, le joueur d'échecs Garry Kasparov imagina ne plus jouer contre mais avec la machine : « Pourquoi ne pas jouer comme des partenaires au lieu de nous affronter ? L'idée était de créer le plus haut niveau d'échecs jamais joué, une synthèse du meilleur de l'homme et de la machine », expliquait-il[369]. Il appela ces nouveaux joueurs des « Centaures », dotés simultanément de l'intuition, de l'empathie et de la créativité humaines et de la force de calcul brute d'un ordinateur. Mais il concéda aussi le peu d'intérêt d'une telle démarche : à quoi bon jouer aux échecs si l'on écrase à chaque partie son adversaire en jouant systématiquement et sans hésitation le meilleur coup possible[370] ? Se pose ainsi depuis aussi longtemps qu'existe l'IA la question de la co-évolution des hommes et des robots, les uns tirant profit des apports des autres et inversement[371]. La « Grande Convergence » de l'intelligence humaine et de l'intelligence artificielle permettrait à l'homme de dépasser la condition ontologique dans laquelle il se trouve depuis des millénaires et devenir une forme de « Surhomme ». Pour certains, l'IA, combinée aux évolutions de la technologie et des sciences biomédicales, permettrait d'entrevoir un futur plein d'espoir, où l'être humain serait « amélioré », vivant mieux, en meilleure santé et plus longtemps, se rapprochant des dieux.

S'interroger sur le point de savoir si des hommes numériques devraient bénéficier de droits fondamentaux ou si des robots devraient profiter de mêmes droits n'a bien sûr de sens qu'à condition de distinguer précisément

---

[369] G. Kasparov, *Deep Thinking – Where Machine Intelligence Ends and Human Creativity Begins*, Observer, 2018.

[370] *Ibid.*

[371] P. Picq, *L'intelligence artificielle et les chimpanzés du futur*, Odile Jacob, 2019.

les hommes et les robots. Or une telle discussion, comme tous les points abordés dans ce livre où s'oppose l'humanité, défendue par les humanistes, et la robocité, défendue secrètement et à des fins de profit personnel par divers acteurs, pourrait un jour ne plus être qu'un archaïsme. Ce jour serait le jour où humains et robots auraient fusionné, où l'on se saurait plus même distinguer les humains devenus robots et les robots devenus humains. Tel est le rêve de ceux que l'on appelle « transhumanistes »[372], qui sont aussi des « posthumanistes » considérant que l'humanité serait une donnée dépassée et l'humanisme un ensemble de valeurs du passé sans intérêt dans le monde d'aujourd'hui. Autant le souligner sans attendre : ce jour rêvé des transhumanistes n'adviendra pas à court ni à moyen terme et ne se réalisera même peut-être jamais. Toujours est-il que les discours défendant la robotisation des hommes en même temps que l'humanisation des robots se multiplient. Ce sont même les actes et les faits constituant les premiers signes de cette « Grande Convergence » qui sont de plus en plus nombreux.

Ainsi, le 28 mars 2020, une cérémonie de remise des diplômes d'un genre un peu particulier s'est déroulée à l'Hôtel Grand Palace de Tokyo : alors que la Covid-19 menaçait le Japon, aucun étudiant de la Business Breakthrough University n'était présent en personne. À leur place, ce sont des robots qui ont reçu des mains du directeur de l'établissement les certificats tant convoités[373]. Vêtus d'une toge et d'une toque, ces androïdes sommaires étaient surmontés d'un écran sur lequel s'affichait la tête de l'étudiant, lequel pilotait à distance les engins. À l'image des hologrammes, utilisés notamment par Jean-Luc Mélenchon en période électorale pour donner des meetings dans plusieurs villes en même, temps[374], ces robots, baptisés « Newme » et décrits par la filiale de la compagnie aérienne All Nippon Airways qui les produit comme « une évolution du principe de la visioconférence permettant un contact moins virtuel qu'avec un écran classique », permettent aux hommes d'être partout et nulle part à la fois,

---

[372] La paternité du mot « transhumanisme » revient à J. Huxley (*New Bottles for New Wines*, Chatto & Windus, 1957), frère d'A. Huxley, auteur du roman d'anticipation *Le Meilleur des mondes*, en 1932, qui décrit un univers conditionné par les sciences génétiques.

[373] V. Cherpillod, « Au Japon, des diplômes remis à des machines moitié homme, moitié robot », rts.ch, 5 avr. 2020.

[374] R. Werly, « Jean-Luc Mélenchon, l'insoumis connecté », letemps.ch, 4 avr. 2017.

d'acquérir le don d'ubiquité, aspiration millénaire de l'humanité en passe d'être assouvie grâce aux derniers progrès de la technologie. Ainsi sont les ambitions des transhumanistes : mêler, sans bornes éthiques ni juridiques, humain et technique afin de permettre au premier de « s'augmenter », de dépasser sa condition naturelle ancestrale, d'accéder à de nouvelles capacités, de devenir un « surhomme » d'un tout autre genre que celui décrit par Friedrich Nietzsche — un homme régénéré moralement, libéré de ses tutelles inhibitrices et des dogmes qui l'enfermement, libre et créateur, se dépassant intérieurement et non grâce à des prothèses techniques, construisant son propre système de valeurs : « Tu dois devenir l'homme que tu es. Fais ce que toi seul peux faire. Deviens sans cesse celui que tu es, sois le maître et le sculpteur de toi-même »[375] ; anticonformiste, le surhomme est l'homme libéré de ses peurs, qui agit selon son instinct et avec passion, dont la morale est animée par la volonté de puissance, c'est-à-dire un désir volontaire vers un potentiel supérieur d'acceptation de son destin et, par suite, de réalisation de soi. Le surhomme des transhumanistes est tout le contraire du surhomme nietzschéen. Il se trouve à des années lumières de l'appel humaniste de la Renaissance, condensé dans la formule de Pic de la Mirandole empruntée à Plotin : l'homme doit « sculpter sa propre statut », soit rechercher en lui-même, parmi ses ressources psychologiques et en se dégageant de toute influence extérieure, les moyens de son épanouissement. Aujourd'hui, on peut être tenté de préférer la transformation technologique à l'effort personnel, préférer incarner quelqu'un de quelconque qui suit docilement la mode techno-économique pour « être dans le coup », cela à des fins utilitaristes et en perdant toute individualité.

Pour l'heure, l'homme n'est que légèrement augmenté numériquement, avec un téléphone-ordinateur portable, une connexion internet permanente, une montre connectée, un thermostat intelligent etc. Mais, s'il en venait à utiliser des lentilles de contact connectées, à s'implanter des puces dans le corps et dans le cerveau, démultipliant ses capacités cérébrales, ou si des manipulations génétiques permettaient de ne plus donner naissance qu'à des enfants au quotient intellectuel très élevé, des questions éthiques autrement complexes se poseraient. Le 28 avril 2017, Elon Musk a annoncé le lancement de Neuralink, une startup neurotechnologique qui développe des

---

[375] F. Nietzsche, *Ainsi parlait Zarathoustra* (1987), Le livre de poche, 2020, p. 437.

implants cérébraux d'interfaces neuronales directes. L'objectif est d'hybrider les cerveaux, notamment afin d'éviter que l'homme ne se laisse dépasser par la machine et devienne son domestique. Il s'agit donc d'aider les 83 milliards de neurones de l'homme grâce à des circuits miniatures permettant d'augmenter son quotient intellectuel et de le rendre plus compétitif face à l'IA. Le 28 août 2020, Elon Musk a présenté certains résultats des travaux menés par Neuralink afin de soigner des pathologies et augmenter les capacités cérébrales. De futurs implants cérébraux et interfaces cerveaux-ordinateurs devraient permettre, alors qu'on sait que, quand une personne a une activité cérébrale, ses neurones émettent des signaux électriques qui peuvent être interprétés par la machine et être transformés en commande d'un objet ou d'une prothèse, d'envoyer à l'inverse des signaux de la machine vers la personne humaine. Pour Jean-Gabriel Ganascia, « nous pourrions, à terme, tous être connectés au réseau par nos cerveaux et bénéficier d'informations mises en commun. En étant tous liés par un “lacet neuronal” nous deviendrions d'une certaine manière transparents les uns aux autres. Il y a, derrière cette idée, la théorie selon laquelle l'intelligence artificielle va nous dépasser et qu'il faut, pour rivaliser, augmenter notre mémoire »[376].

De son côté, Facebook a annoncé travailler sur une technologie de télépathie devant permettre de transférer un message d'homme à ordinateur ou d'homme à homme par la pensée, à la vitesse de 100 mots par minute. La fusion de l'intelligence humaine et de l'intelligence artificielle, que certains appellent de leurs vœux, pourrait s'analyser tel un progrès ou telle une régression, si ce n'est tel le début de la fin de l'humanité. Et « IA » seraient les initiales du nouveau dieu, du nouveau guide suprême de l'humanité. Ainsi, aux États-Unis, Anthony Levandowski, ingénieur et père de la voiture autonome de Google, pensant que l'intelligence artificielle dépassera largement et en tout l'intelligence humaine, propose-t-il de lui vouer un culte. Il a fondé une organisation religieuse baptisée « Way of the Future » (« La voie de l'avenir ») qui fait la promotion d'une « divinité » basée sur une intelligence artificielle et qui est censée permettre le progrès de la société. Cela accrédite l'idée que le transhumanisme serait bien un discours religieux

---

[376] J.-G. Ganascia, « Les développements à venir de l'intelligence artificielle nécessitent une réflexion forte sur les limites à imposer », lemonde.fr, 24 oct. 2020.

plutôt que scientifique, profitant de la tentation perpétuelle de l'humanité à vouloir se sauver par ses propres forces et de l'attrait pour le gnosticisme, qui consiste à voir dans le corps une entrave et à rêver de s'en débarrasser. L'âme serait détachable du corps et pourrait être téléchargée sur un microprocesseur.

Face à ces projets transhumanistes, on décrit une espèce humaine qui « semble être devenue une sorte de monstruosité à cause du caractère extrêmement destructeur de notre impact. Tout se passe comme si nous étions devenus des sortes de dieux. Mais, au lieu de réaliser ainsi le vœu de l'humanisme ancien, qui nous invitait précisément à nous élever jusque-là, nous ressemblons de plus en plus à des caricatures de dieux, à des dieux qui, plutôt que d'être justes et sages, font strictement n'importe quoi de leur surpuissance. Nous sommes tels de jeunes dieux enivrés par leur pouvoir, et qui ne savent pas s'en servir à bon escient. Il nous faudrait une sagesse à la mesure de ces pouvoirs de plus en plus démesurés, une sagesse de la mesure dans la démesure »[377]. Puisque les hommes peinent, pour l'heure, à acquérir une telle sagesse, revient l'ancien nihilisme qui prône un homme restant à sa place, qui s'offusque des discours « humanistes » sur la grandeur de l'homme et sa capacité de se dépasser de manière extraordinaire, notamment grâce aux sciences et aux techniques, alors que cela n'a fait jusqu'à présent que le conduire à sa perte en le poussant à devenir ce dominateur destructeur qu'il est aujourd'hui.

122. Homme augmenté, homme déshumanisé. La grandeur de l'homme est de savoir rester à sa place. Montaigne, dans *L'apologie de Raimond Sebond*, le plus long de ses *Essais*, décrit la pensée de ce théologien catalan pour qui l'homme serait une créature supérieure aux autres animaux car lui seul a accès à la raison et à la morale. Cela lui permettrait de s'affranchir de sa condition animale pour se rapprocher d'une condition divine. En outre, son intelligence lui permet de domestiquer les animaux et de devenir leur maître. Il serait donc une sorte de dieu à l'égard des bêtes. Pour Montaigne, en revanche, ce n'est qu'un orgueil mal à propos qui amène l'humain à s'auto-proclamer supérieur, à s'ériger au-dessus des autres créatures terrestre : « C'est par vanité de cette même imagination qu'il s'égale à Dieu,

---

[377] A. Bidar, « Qu'est-ce que l'humanisme ? », *Les Grands Dossiers des Sciences Humaines* 2021, n° 61, p. 8.

qu'il s'attribue les conditions divines, qu'il se sélectionne lui-même et se sépare des autres créatures »[378]. Montaigne conclut : « Nous ne sommes ni au-dessus ni au-dessous du reste. Il y a quelques différences, il y a des ordres et des degrés, mais c'est sous le visage de la même nature »[379].

Le transhumanisme peut pourtant être conçu comme une certaine forme d'humanisme. L'humanisme a en effet développé durant des siècles la conviction que l'homme est cet être qui est invité à « devenir lui-même » à partir d'une mystérieuse faculté de devenir tout, le meilleur ou le pire. Ainsi Jean Pic de la Mirandole faisait-il dire à Dieu qu'il a laissé l'homme libre et responsable de se créer lui-même à sa convenance, ou plutôt selon le degré de sagesse qu'il aura acquis : « Si nous ne t'avons fait ni céleste ni terrestre, ni immortel ni mortel, c'est afin que, doté pour ainsi dire du pouvoir arbitral et honorifique de te modeler et de te façonner toi-même, tu te donnes la forme qui aura ta préférence. Tu pourras dégénérer en formes inférieures, qui sont bestiales ; tu pourras, par décision de ton esprit, te régénérer en formes supérieures, qui sont divines »[380]. En aspirant à devenir un homo deus, l'humain s'inscrirait donc dans une veine humaniste, poursuivant l'accomplissement de la dignité de l'homme. Il semble cependant qu'il existe davantage de raisons de ne pas voir dans le transhumanisme un néohumanisme. En effet, « la quasi-immortalité du corps et sa surpuissance, pas plus que tous les super-pouvoirs qu'on peut imaginer, ne nous ferons faire le progrès de sagesse qui nous égalerait réellement aux dieux tels que les concevaient les sagesses antiques, religieuses ou philosophiques »[381].

Réduisant la part de hasard dans la vie de chacun, les techno-sciences diminueraient la diversité et seraient une source de déshumanisation. Et on ne peut se satisfaire de la réponse « abracadabrantesque » — littéralement — formulée face à la critique selon laquelle trop d'intelligence artificielle tuerait l'intelligence humaine et notamment tuerait le libre arbitre et la souveraineté individuelle : il suffira d'augmenter nos capacités cérébrales, avec des électrodes implantés sur nos circuits neuronaux, pour retrouver un libre

---

[378] M. De Montaigne, *Essais*, 1580.
[379] *Ibid.*
[380] J. Pic de la Mirandole, *Traité de la dignité de l'homme*, 1486.
[381] A. Bidar, « Qu'est-ce que l'humanisme ? », *Les Grands Dossiers des Sciences Humaines* 2021, n° 61, p. 8.

arbitre encore plus puissant, donc combattre les dangers déterministes inhérents à l'IA grâce à l'IA, en l'introduisant physiquement dans les têtes. L'homme augmenté serait le réceptacle d'un ensemble de techniques informatiques, électroniques, physiologiques, psychologiques, pharmacologiques. Le transhumanisme recherche ainsi les moyens d'aboutir à la forme la plus aboutie d'homme augmenté, cela en ne prenant en compte que ce qui est perçu comme des progrès techniques et en n'ayant nul égard pour d'éventuels progrès ou régressions humains, sociaux ou culturels. Le cyborg (de l'anglais « *cybernetic organism* », qu'on peut traduire par « organisme cybernétique ») est l'idéal des transhumanistes : un être mi-homme mi-robot grâce à des implantations de puces informatiques et à des greffes de parties mécaniques ou électroniques. Or cette hybridation de l'homme et de la machine, fruit du mariage de la science et du commerce, risque fort de briller par ses capacités physiques ou ses capacités de calcul mais pas par son la finesse de son esprit ni par la liberté et la criticité de ses pensées et de son regard sur le monde. Partant de l'homme pour aller vers la machine ou, plus rarement, de la machine pour aller vers l'homme, allant de l'intelligence vivante vers l'intelligence artificielle ou, plus occasionnellement, de l'intelligence artificielle vers l'intelligence vivante, la perspective transhumaniste profite du développement de techniques et de biotechnologies qui, en pratique, sont de plus en plus intimement associées à l'homme. Il s'agit de ce que l'on désigne par le sigle « NBIC » : les nanotechnologies (N), les biotechnologies (B), les sciences de l'information ou informatique et spécialement l'intelligence artificielle (I) et les sciences cognitives (C), ces quatre champs devenant d'autant plus puissants à mesure qu'ils convergent les uns vers les autres, démultipliant le potentiel de leurs effets.

La robotique et l'informatique ont vocation à suppléer certaines ou même toutes les déficiences de l'organisme humain, cela grâce à un savant couplage entre l'homme et la machine. Déjà des dispositifs techno-scientifiques génèrent une continuité directe entre le vivant et le non-vivant, ce qui perturbe à la fois la façon de considérer le premier et la manière de traiter le second. Tel est le cas, par exemple, des interfaces cerveau-machine et autres neuro-prothèses servant soit à pallier des difficultés de fonctionnement d'un organe, soit à améliorer des fonctions naturelles. Des implants intracérébraux font actuellement l'objet de nombreuses recherches, à l'image de celles menées par Neuralink, une société créée spécialement pour cela par Elon Musk qui craint le transhumanisme autant qu'il y contribue. L'objectif est d'incorporer de minuscules composants électroniques entre nos milliards de neurones pour augmenter nos capacités cérébrales. Cette mécanisation ou machinisation de l'humain, sauf si elle demeure ponctuelle et n'affecte pas l'individu dans la plupart de ses actes et de ses pensées, risque d'aboutir à la production d'êtres hybrides, nés humains et robotisés au cours de leurs vies. Le transhumanisme touche à la catégorie biologique et métaphysique majeure : la vie, avec son pendant indissociable qu'est la mort. Son aspiration la plus ultime est de « tuer la mort », créer des êtres immortels[382]. La mort est le propre tragique mais indépassable de la condition humaine, et plus largement de tout organisme vivant. Des êtres rendus immortels par la technomédecine ne seraient par définition pas vivants et encore moins humains. On imagine fort bien quels seraient leurs comportements : ils s'enfermeraient chez eux de peur, dehors, de se faire renverser par un véhicule autonome ou attaquer par un cynoïde (robot-chien) promenant son « maître » et mal programmé, car les maladies auraient disparu mais pas les accidents. À moins d'accéder à l'éternité en enregistrant une copie de notre esprit sur un disque dur, permettant de nous ressusciter autant de fois que nécessaire. On quitterait ainsi le monde des hommes pour intégrer le royaume des dieux. *Homo sapiens*[383] deviendrait *homo deus*[384]. L'humanité n'aurait pas sa place dans le futur. Les hommes seraient capables de faire le choix de leur propre extinction, de la recréation de la vie sous une forme édulcorée et de la substitition de la technique à l'évolution biologique pour inventer le successeur d'*homo sapiens*.

Telle est la voie que proposent de suivre certains responsables de grandes entreprises de l'IA et des données, convaincus qu'ils touchent du doigt des technologies de l'exponentiel capables de prouesses potentiellement illimitées et appelées à tout transformer, y compris en délivrant la vie de la mort. Google, notamment, affiche ses velléités transhumanistes, par exemple en travaillant sur le séquençage ADN, tandis que ses capacités en matière d'IA ne sont plus à démontrer. Google a ainsi recruté, en décembre 2012,

---

[382] L. Alexandre, *La mort de la mort – Comment la technomédecine va bouleverser l'humanité*, JC Lattès, 2011.

[383] Y. N. Harari, *Sapiens – Une brève histoire de l'humanité*, Albin Michel, 2011.

[384] Y. N. Harari, *Homo Deus – Une brève histoire du futur*, Albin Michel, 2015.

Raymond Kurzweil et parrainé son « Université de la singularité » dans la Silicon Valley, qui forme les futurs spécialistes des NBIC, ceux-là même qui doivent parvenir à nous délivrer de notre condition de mortels. Raymond Kurzweil, gourou technophile américain, a été l'un des premiers à afficher fièrement et sérieusement l'ambition de devenir immortel de son vivant et de télécharger son esprit sur une puce électronique[385]. Il avait ainsi avancé dès les années 2000 l'idée sensationnaliste d'une prochaine fusion entre les cerveaux et les processeurs[386]. Selon lui, il s'agit de rompre tout lien entre l'esprit et le corps, ce dernier étant conçu comme un poids limitatif dont il faudrait se débarrasser : « Aujourd'hui, pour un humain, lorsque le matériel [son corps] fait défaut, le logiciel [son esprit] disparaît avec lui. Mais bientôt nous deviendrons du logiciel et le matériel sera remplaçable »[387]. Kurzweil, qui ne possède aucune compétence en neurobiologie, invite les humains à se préparer à ce qu'il nomme l' « *hybrid thinking* », une pensée biologique améliorée par des nano-processeurs[388].

Bien sûr, il est difficile d'accorder un quelconque crédit à la thèse infondée de la « mort de la mort ». Mieux vaut sans doute considérer, avec Blaise Pascal, que « les hommes ne pouvant guérir la mort, ils se sont avisés de n'y point penser » — « tout l'effort du christianisme a été de s'opposer à cette paresse du cœur », ajoutait Albert Camus[389]. Mais cette thèse et le fait que d'aucuns osent y croire ne sont-ils pas hautement symptomatiques d'un air du temps techno-scientifique dans lequel on est tenté de penser que tout deviendrait techniquement possible dans un horizon quasi messianique, tout en oubliant peu à peu les fondements humanistes d'une civilisation qui s'effondre. Personne ne préfère que sa vie soit courte plutôt que longue et les discours transhumanistes parviennent facilement à convaincre une large audience. Or il s'agit souvent, en même temps, d'entériner plus profondément encore la vision du monde du techno-libertarisme. Car qui peut prétendre ne

---

385 R. Kurzweil, *How to Create a Mind*, Viking, 2012.

386 R. Kurzweil, *Humanité 2.0 – La bible du changement*, M21 Éditions, 2007. Le titre original, en anglais, de l'ouvrage est plus éloquent : *Singularity is Near – When Humans Transcend Biology*.

387 Cité par F. Benoit, *The Valley – Une histoire politique de la Silicon Valley*, Les Arènes, 2019, p. 238.

388 R. Kurzweil, *Humanité 2.0 – La bible du changement*, M21 Éditions, 2007.

389 Cité par J. Grenier, *Le Figaro littéraire* 26 oct. 1957.

pas vouloir vivre le plus longtemps possible ? Quand Calico, filiale d'Alphabet-Google, communique sur ses recherches visant à « allonger la vie » et même à « éradiquer les causes de mort », ou quand la société d'investissements Google Ventures consacre plus d'un tiers de son riche portefeuille aux start-up spécialisées dans les biotechnologies et se proposant de développer des solutions d'augmentation de l'espérance de vie, ne s'agit-il pas de la plus efficace des propagandes, faisant que partout on est prêt à tout accepter de la part du mastodonte Google auquel on accorde une totale bien qu'aveugle confiance ?

La pertinence de ces axes de recherche n'est pourtant attestée par aucun scientifique sérieux et indépendant. Le transhumanisme n'appartient d'ailleurs pas au champ médical puisqu'il est principalement le fait d'entrepreneurs et d'ingénieurs qui saisissent l'immense complexité du vivant comme un simple problème mathématique ou technique et qui nient, parmi beaucoup de choses, l'enchaînement successif et substitutif des générations en tant que processus naturel de l'évolution et de l'histoire. « Il suffira de s'implanter une puce dans le cerveau » : telle est la réponse ultime que formulent désormais les technophiles du monde entier, des États-Unis à la Chine, face aux limites biologico-scientifico-techniques qu'on peut leur opposer. Pareil argument terminal, à la fois irréfutable et indémontrable, constitue l'équivalent numérique de la « volonté de Dieu » qui, depuis Spinoza, est aussi l'asile de l'ignorance[390]. La technologie se détourne ainsi de l'esprit scientifique fonctionnant à base de preuve et de falsifiabilité. Elle devient vraiment un discours sur la technique ou, plus encore, une croyance, une foi inébranlable en la technique.

Avec les technologies NBIC, il ne s'agirait pas d'autre chose que de transformer l'espèce humaine — on s'appuie d'ailleurs sur l'autorité de Darwin pour légitimer la transformation de l'homme en oubliant que l'évolution naturelle n'a rien à voir avec l'évolution délibérée techno-renforcée et le volontarisme qui l'accompagne. On entend « changer » l'humain, c'est-à-dire partir d'un corps déjà là à l'état naturel et lui apporter des modifications, des retouches technologiques. Le propre de la nature humaine serait de pouvoir être transcendée. Le mouvement transhumaniste

---

[390] G. Kœnig, *La fin de l'individu – Voyage d'un philosophe au pays de l'intelligence artificielle*, Éditions de l'observatoire, coll. De facto, 2019, p. 181.

est donc un programme de modification technoscientifique de l'homme fondé sur l'idée que la nature humaine ne serait pas donnée mais constituerait un chantier permanent. La première préoccupation de tout individu devrait donc être de se changer, se perfectionner grâce à la science et à la technique. Face à pareille aspiration, un humaniste peut difficilement ne pas se montrer réservé au premier comme au dernier abord. Le risque serait d'autant plus grand que les transhumains pourraient dominer ceux qui auraient fait le choix de demeurer purement humains. Pour Stephen Hawking — qui a dit que « l'intelligence artificielle pourrait mettre fin à l'humanité »[391] —, Bill Gates ou Elon Musk, la fin de l'espèce humaine serait d'ores et déjà actée signerait et, pour certains, cela serait une bonne chose avec pour perspectives la fin des massacres, des famines, des épidémies etc. Mais ne risquerait-on pas d'aller, plutôt que vers la fin, vers de nouvelles formes de massacres, de famines et d'épidémies, touchant davantage la psychologie que le physique des êtres ? Le drame des humains serait leur trop lente évolution biologique et, aujourd'hui, les NBIC leur permettraient enfin de se sortir de ce marasme ontologique. Pour Elon Musk, ainsi augmenter drastiquement les capacités humaines à grand renfort de prothèses numériques et techniques serait le seul moyen d'affronter la super-intelligence numérique qui serait sur le point d'advenir — à tel point que le cofondateur de PayPal, SpaceX, Tesla et SolarCity a accordé un don de dix millions de dollars au Future of Life Institute, organisation non lucrative qui appelle à la vigilance concernant les progrès technologiques.

Les thuriféraires des technologies « augmentatrices » promettent un monde totalement interconnecté dans lequel l'homme déploierait pleinement ses capacités physiques, sensorielles, mais aussi intellectuelles. Mais on peut douter que ne serait-ce qu'une des huit formes d'intelligence décrites par le psychologue Howard Gardner[392] puisse être ainsi augmentée grâce à la technique. Qu'il s'agisse d'intelligence interpersonnelle, d'intelligence corporelle-kinesthésique, d'intelligence visuo-spatiale, d'intelligence linguistique, d'intelligence musicale ou d'intelligence naturaliste, si l'intelligence artificielle est capable de parvenir à des résultats brillants, elle peut au mieux égaler l'intelligence humains mais non la dépasser et, en

[391] S. Hawking, interview à la BBC, déc. 2014.
[392] H. Gardner, *Les intelligences multiples* (1983), Retz, 2008.

général, elle est moins bien capable que des humains de faire preuve d'empathie, de créativité ou de compréhension de son environnement ou de tenir une conversation sur un sujet pointu. Il n'y a guère qu'en matière d'intelligence logico-mathématique qu'on peut éventuellement envisager d'améliorer les « performances » des êtres vivants en leur implantant des puces électroniques dans les cerveaux.

Pourtant, malgré ces limites à divers niveaux, tant concrets que symboliques ou moraux, rares sont ceux qui se révoltent face au mouvement de technologicisation des humains. Le caractère hypnotique des NBIC a pour conséquence de scléroser la pensée et de précipiter les comportements sur-sophistiqués. Ainsi de nouvelles interfaces proposent-elles des formes de communication sensorielle inédites, afin de rapprocher toujours plus l'homme et la machine. Les supports numériques se multiplient et deviennent chaque fois un peu plus proches des corps. Les bracelets, oreillers et autres objets connectés ne sont que de tout premières étapes avant l'implantation de tels objets sous la peau ou dans les organes qui nous est promise afin de nous « sauver ». La bifurcation technologique des corps serait ainsi appelée à se substituer à la diversification contemporaine des objets embarqués dans la vie quotidienne.

123. Les transhumains ont-ils des droits de l'homme ? On parlera peut-être d' « hommes modifiés » plutôt que d' « hommes augmentés ». En tout cas ne sauraient-ils être augmentés juridiquement. Alors qu'on a souligné précédemment l'inanité de la revendication (par des hommes) de droits fondamentaux au profit des robots, on pourrait un jour devoir interroger la pertinence et la légitimité des droits des transhumains ou posthumains. Devraient-ils bénéficier des mêmes droits, notamment fondamentaux, que les humains, se voir reconnaître de nouveaux droits en raison de leur nature particulière ou, au contraire, ne jouir d'aucun droit et être seulement soumis à des obligations afin de protéger ceux qui seraient restés humains ? Mais peut-être une telle question ne devra-t-elle jamais être posée, car il faut rappeler les limites actuelles des sciences et techniques faisant que les aspirations des promoteurs du transhumanisme ne pourront peut-être jamais trouver un terrain où s'épanouir. Reste que d'éventuels transhumains, à mi-chemin entre l'homme et le robot, pourraient se trouver soumis à un statut juridique lui-même à mi-chemin entre la pleine capacité juridique de l'homme et l'absence de personnalité juridique de la machine.

Tout individu qui déciderait de se transhumaniser pourrait sans doute revendiquer de nouveaux droits, mais il risquerait surtout de perdre certains des droits qui étaient les siens lorsqu'il était un homme. On pourrait même aller jusqu'à considérer que cet individu aurait quitté le genre humain et donc, en même temps, le monde juridique des humains, rejoignant celui des bêtes ou celui des choses. Ou alors pourrait-on penser *ab initio* un régime juridique propre aux « hommes augmentés », soit un statut indépendant, notamment, des droits de l'homme dont jouissent les hommes humains mais qui pourrait, si cela apparaissait utile, reprendre certains d'entre eux afin de sauvegarder la partie d'humanité restant chez le transhumain. Il faudrait donc penser un droit adapté à une nouvelle espèce d'êtres. Bien sûr, encore faudrait-il accepter de considérer différemment celui qui s'implante des puces électroniques dans le cerveau afin d'assouvir un appétit de puissance mal à propos en dépassant ses capacités naturelles et celui qui le fait à des fins thérapeutiques, pour pallier certaines déficiences de son corps. L'augmentation et le soin devront toujours s'analyser en des termes très différents. Les nouvelles méthodes de réhabilitation grâce notamment aux neuroprothèses et interfaces cerveau-machine (motrices, auditives, visuelles ou tactiles) doivent bien sûr être encouragées — on ne peut qu'être fasciné par une techno-science qui permettait, par exemple, à Stephen Hawking de s'exprimer de manière parfaitement claire, lui qui était prisonnier de son corps au point de ne plus pouvoir articuler un mot ; il utilisait les contractions d'un muscle de sa joue détectées par un capteur infrarouge fixé à une branche de ses lunettes, lui permettant de sélectionner les lettres une par une sur un clavier virtuel d'une tablette dont un curseur balayait en permanence l'alphabet, puis de sélectionner des mots grâce à un algorithme prédictif.

L'humanité en transit ne semble pouvoir aller de pair qu'avec un droit en transit. À l'aune de l'héritage humaniste et des droits de l'homme, on ne saurait se satisfaire de pareilles ruptures ou fractures dans l'humain et dans les droits humains. Il faut gager que les transhumains ou posthumains ne seraient pas des humains délivrés, car la délivrance ne peut qu'être le produit d'efforts psychologiques face auxquels les NBIC seront toujours impuissantes. Le droit, et surtout les droits de l'homme, peuvent en revanche montrer à l'esprit le chemin de la liberté et de l'épanouissement personnel. Nul doute, donc, que face aux revendications trans- ou posthumanistes le droit a son mot à dire et que ce mot est davantage un mot d'avertissement qu'un mot d'encouragement. Alors qu'on ne saurait étendre les droits de l'homme au-delà des frontières de l'humanité pour atteindre le monde des robots, il semble difficile de déborder ces frontières afin d'en faire profiter les transhumains ou posthumains. Certains voient dans les NBIC les moyens d'aller vers une humanité plus diverse, plus pacifique, régénérée et libérée de beaucoup des chaînes qui l'entravent aujourd'hui encore[393]. Le droit pourrait bien sûr soutenir des techno-sciences sources de richesse humaine. Comme elles l'ont toujours fait, ces techno-sciences peuvent servir l'humanisation comme la déshumanisation et, si le droit existe et a un sens, c'est déjà parce qu'il a vocation à encadrer ces techno-sciences et leurs produits afin qu'ils profitent à l'humanisation beaucoup plus qu'à la déshumanisation. Telle est en tout cas la vision de l'humanisme juridique. L'IA et toutes les techno-sciences n'ont pas fini d'être une source de réflexion majeure sur le sens de l'humanité. De notre définition de l'humanité dépendra la légitimité des êtres hybrides à revendiquer des droits. Si l'on retient que l'homme, d'un point de vue essentialiste, se définit comme un être vivant naturel, les individus d'origine humaine dont une ou plusieurs parties de leurs corps auront été remplacées par des artifices, telles des neuro-prothèses ou des implants bioniques, ne pourront bénéficier des mêmes droits que les hommes.

Par ailleurs, le transhumanisme fait mine d'ignorer les logiques de compétition et de distinction entre individus, si bien que le droit de ne pas s'améliorer, de refuser les augmentations technologiques, semble ne pouvoir être qu'un vœu pieux ou un leurre quand l'accès à l'emploi repose sur la concurrence[394]. Toujours est-il que beaucoup de fantasmes, de lubies et d'inepties donnent lieu à ces discussions. Face à eux, il ne faut pas être naïf ou sombrer dans un optimisme technologique béat. Par exemple, il demeurera toujours techniquement impossible de transférer une conscience humaine sur un disque dur ou d'apprendre une langue étrangère en un clic en connectant son cerveau à un ordinateur via un port USB. Éric Sadin, à propos de ceux qui affirment, comme le le biogérotonlogue autodidacte

[393] J.-M. Besnier, « Comment penser le posthumain ? », in A. Prochiantz, dir., *Darwin : deux cents ans,* Odile Jacob, 2010, p. 214.

[394] L. Fabius, « Le transhumanisme rend-il l'homme obsolète ? », *Les Grands Dossiers des Sciences Humaines* 2021, n° 61, p. 69.

Aubrey de Grey ou le médico-techno-futurologue Laurent Alexandre, que « celui qui vivra 1 000 ans est déjà né et l'espérance de vie sera de 5 000 ans à partir de 2 100 »[395], écrit que « nous n'avons pas affaire à des personnes exerçant dans le domaine de la médecine et cherchant à soigner leurs semblables, mais à des individus qui relèvent de la psychiatrie »[396]. Certains, prévoyant qu'ils pourraient être tués par la mort avant d'avoir pu tuer la mort, souscrivent déjà des contrats auprès d'entreprises comme Cryonics Institute qui leur proposent de conserver leurs corps dans de l'azote liquide jusqu'au jour où, le secret de la vie éternelle ayant enfin été trouvé, leurs descendants pourront leur redonner vie — une vie certainement aussi froide que l'azote liquide. Si, ce dont ils ne doutent pourtant pas, on ne parvenait finalement pas à supprimer la mort biologique, il resterait toujours la possibilité de télécharger leurs consciences sur des puces, donc réduire le cerveau en données numériques pour éventuellement plus tard les télécharger dans le disque dur interne d'un « corps artificiel ». Scientifiquement, pareille perspective est purement et simplement infondée sur tous les plans. Qui connaît un peu les processus cérébraux sait que le cerveau est un organe hyper complexe qui, s'il est encore loin d'avoir livré tous les secrets de ses mécanismes, fait partie intégrante du corps, mêlant de façon continue et indissociable stimulus physiques et mentaux. Comme l'a démontré Antonio Damasio, l'intelligence est indissociable de sa tension avec une appréhension multisensorielle et non systématisable du milieu ambiant : « Les cerveaux et les corps sont dans un même bain et produisent l'esprit de manière conjointe »[397]. L'humain est aussi celui qui réalise et accepte le fait de ne pas pouvoir tout savoir ni tout maîtriser, qui consent à une vie dans laquelle il se trouve des parties inconnues et parfois abandonnées au hasard comme le moment et la cause de sa fin. Définitivement, les transhumanistes, en même temps qu'ils cherchent à « tuer la mort », œuvrent à tuer l'humain et tuer la vie. Or ne vaut-il pas mieux ne vivre qu'un temps mais pleinement plutôt que d'exister éternellement loin de tout souffle de vie, finissant par mourir d'ennui au lieu de mourir de vie ?

---

[395] D. De Meeûs, « L'homme qui vivra 1 000 ans… est déjà né ! », lalibre.be, 19 sept. 2013.

[396] É. Sadin, *La silicolonisation du monde – L'irrésistible expansion du libéralisme numérique*, L'échappée, coll. Pour en finir avec, 2016, p. 192.

[397] A. Damasio, *L'ordre étrange des choses*, Odile Jacob, 2017, p. 339.

Cependant, alors que les enjeux écologiques obligent à penser un nouvel humanisme, non anthropocentré, le transhumanisme, parce qu'il décale l'homme du cœur du projet qu'il porte, pourrait constituer un chemin intéressant à emprunter. En effet, « parce qu'il contrarie la centralité de l'homme au sein de l'humanisme classique et déjoue les paris aventureux de l'anti-humanisme critique de la fin du XXe siècle, il représente un champ ouvert à la formulation d'un humanisme paradoxal »[398]. Pourtant, la voie d'un transhumanisme sérieux n'est pour l'heure suivie par personne, en tout cas en acceptant cette étiquette « transhumaniste ». Différents raports relatifs aux nouvelles technologies et à leurs conséquences pour les hommes et les sociétés passent sous silence le transhumanisme et l'hybridation homme-machine, considérant inutile de dépenser de l'énergie à propos de sujets qui n'existent pas. Ici, on n'approfondira pas davantage ce point. Le transhumanisme et la fusion de l'intelligence humaine avec l'intelligence artificielle ne sont ni pour aujourd'hui ni pour demain. Albert Camus, au sortir de la Seconde Guerre mondiale, décrivait ces « aveugles, touchant leurs paupières, [qui] s'écrient que ceci est l'histoire »[399]. On est heureusement encore loin de devoir constater que « ceci est l'histoire » s'agissant du transhumanisme. Si les neurotechnologies ont connu récemment de grandes avancées, permettant une meilleure compréhension du cerveau d'un point de vue fondamental, elles sont loin de permettre de séparer l'esprit et le corps et autres prouesses de ce genre. Quant à l'IA, son histoire, depuis le congrès de Dartmouth qui lui a donné naissance, est celle d'échecs successifs et d'une réduction progressive de ses ambitions à mesure que la discipline s'est développée. Elle peut certes, dans des domaines très spécialisés comme les jeux de société ou la reconnaissance d'image, produire des résultats brillants et dépasser nettement les capacités humaines, mais il ne s'agit et s'agira toujours que de calculs mathématiques et statistiques effectués à très grande vitesse. Battre Garry Kasparov aux échecs ou Lee Sedol au jeu de Go est beaucoup moins spectaculaire que la vie éternelle. Mais l'intelligence artificielle, sans servir les desseins fabulesques des penseurs de la posthumanité, pose déjà d'autres et grandes questions aux

---

[398] L. Fabius, « Le transhumanisme rend-il l'homme obsolète ? », *Les Grands Dossiers des Sciences Humaines* 2021, n° 61, p. 69.

[399] A. Camus, « L'Homme révolté (1951) », in *Œuvres*, Gallimard, coll. Quarto, 2013, p. 1079.

droits de l'homme. Il n'est pas besoin d'attendre le temps fabulesque du transhumanisme pour que le droit doive se renouveler, sur la forme et sur le fond. Dès aujourd'hui on attend de lui des réponses fermes et précises sur des problématiques fondamentales telles que « les robots ont-ils des droits de l'homme ? ».

Plutôt que d'accorder un quelconque crédit au transhumanisme, à la perspective d'une fusion prochaine entre les hommes et les machines, thèse aussi sensationnaliste qu'irréaliste, il importe de voir à quel point s'instaure dès maintenant une autre humanité, humanité au rabais ou pâle copie d'humanité mais pas trans- ni posthumanité, à mesure que l'homme se laisse materner, couver, nudger, téléguider par des systèmes informatiques qui ne semblent pas pouvoir fomenter autre chose qu'une régression civilisationnelle dès lors qu'on observe les pensées et conduites de beaucoup de nos contemporains en se souvenant des idéaux humanistes hérités de la Renaissance ou des Lumières.

Chapitre 8. Du bricolage juridique à la Grande Muraille du Droit

124. La force du droit. Dans *Antigone* de Sophocle, le chœur exalte l'être humain dans un passage fort connu : « Il est bien des merveilles en ce monde, il n'en est pas de plus grande que l'homme ». Cependant, dans la foulée, le chœur dresse ce constat : « Ainsi maître d'un savoir dont les ingénieuses ressources dépassent toute espérance, il peut prendre la route du mal tout comme du bien ». L'intelligence technique, indispensable et merveilleuse, ne résout pas les dilemmes moraux : les deux voies, celle du bien et celle du mal, restent ouvertes et Antigone nous montrent à quel point il peut être délicat de les différencier et difficile de choisir entre les chemins qui s'offrent à nous. Comme l'a souligné Albert Camus, « Antigone a raison, mais Créon n'a pas tort »[400]. L'humanisme juridique est une lumière ou une boussole afin de s'orienter. Il est une tradition de pensée critique visant à montrer la voie du bien et de la justice aux êtres humains pour qu'ils se montrent à la hauteur de leur puissance, qu'ils la maîtrisent et en fassent bon usage, qu'ils associent leur grand pouvoir à une grande responsabilité. Cette voie est forcément jalonnée de normes prospectives, d'un droit naturel aspirant à devenir droit positif. Et ces normes appartiennent pour beaucoup à la catégorie des droits et libertés fondamentaux, dans laquelle on retrouve les dispositions visant à protéger l'homme contre lui-même.

On est souvent tenté de penser que la protection des droits fondamentaux, notamment des libertés, pourrait se passer de réglementation, de « droit dur », que le droit risquerait d'aller contre les droits. Les associations libertaires soutiennent rarement les projets de loi touchant une liberté quelle qu'elle soit. Il convient de changer de regard : comme tout outil, comme le

---

[400] Cité par É. Helmer, « Humanistes, les Grecs ? », *Les Grands Dossiers des Sciences Humaines* 2021, n° 61, p. 11.

numérique et comme l'IA, le droit n'est ni bon ni mauvais en soi, ni libéral ni liberticide dans l'absolu, il n'est que ce que l'on en fait. La réglementation ne doit pas être vue comme un frein aux libertés ou aux droits de l'homme en général. Elle peut parfaitement être déployée afin de les protéger. Plus encore, elle doit l'être. Elle est indispensable. S'il s'agissait ici d'identifier les droits de l'homme numérique sous un angle matériel, on ne peut qu'espérer que ceux-ci soient, d'une part, affirmés avec force dans des déclarations des droits internationales revêtant une pleine force juridique et, d'autre part, qu'ils soient déclinés dans des régimes juridiques précis et efficaces par les États et par les organisations régionales, dont l'Union européenne. Une fois l'IA et le numérique reconnus comme de grands enjeux de société, la légitimité de l'intervention publique s'impose, comme pour n'importe quelle autre fonction collective de la société.

C'est au droit — en réalité à la politique qui en est la source — qu'il appartient de tracer les limites entre ce qui est permis et ce qui est interdit en matière d'IA, cela à l'aune des droits de l'homme numérique. Dans bien des domaines, l'IA peut être d'un grand secours. Elle peut même, de diverses manières, sauver des vies. Il peut être totalement justifié de fonder certaines décisions sur des calculs mathématiques. Mais, dans beaucoup de cas, il s'avère à l'inverse dangereux de trop s'en remettre aux systèmes informatiques et le droit doit poser des garde-fous. Une trop grande dépendance envers l'IA risque de causer préjudice à ses utilisateurs, de les obliger à vendre ou louer leurs informations personnelles comme d'autres vendent ou louent leurs corps, d'engendrer des injustices, de restreindre les droits des personnes et, surtout, de nuire à l'autonomie, le libre-arbitre, l'indépendance et la souveraineté individuelle qui devraient pourtant constituer la plus grande richesse de chacun. Ainsi, en théorie, la force du droit est-elle indiscutable : il pourrait tout, potentiellement. Il a déjà réalisé des prouesses merveilleuses, changé l'homme et la société à plusieurs reprises — même si bien sûr le mouvement est circulaire et si ce sont aussi les hommes et la société qui changent le droit. Les ruptures que le droit accompagne, pour une part en les reflétant mais aussi pour une part en en étant la cause, sont d'ordre civilisationnel. L'humanisme sait depuis longtemps la force du droit et n'a pas manqué de se décliner sous la forme d'un humanisme juridique pour lequel il n'existe pas d'homme sans droits de l'homme. On ne peut que suivre les auteurs qui souhaitent apporter non plus des réponses éthiques par nature trop limitées mais des solutions juridiques en bonne et due forme, des solutions réglementaires, par exemple en proposant un « plaidoyer pour une réglementation internationale et européenne »[401]. Si nous ne sommes actuellement pas dans « un total *no man's land* juridique »[402], il semble temps de « remettre le droit au centre du processus normatif »[403] et de cesser cet « *ethical washing* » qui trop souvent risque de desservir plutôt que de servir la protection des droits fondamentaux[404]. On propose notamment d'entreprendre l'élaboration d'une « convention cadre sur l'IA » envisagée comme la « seule réponse véritable aux problèmes techniques et politiques décrits » et précisant que « ce cadre juridique aurait vocation à poser les bases horizontales d'une réglementation afin d'essaimer ensuite dans chacun des secteurs spécialisés d'application »[405].

Longtemps, la Banque mondiale, dans ses rapports *Doing Business*, a vu dans les droits de l'homme et dans le droit du travail des obstacles au commerce. Le droit n'est toujours que le fruit d'une politique. Sans revenir sur la question de savoir si le « droit nazi » était du droit au même titre que la Déclaration des droits de l'homme et du citoyen — mais sans doute faudrait-il y apporter une réponse positive, ou alors on succomberait à une solution de facilité jusnaturaliste permettant d'éluder de graves problèmes —, il convient de garder à l'esprit que les sources du droit sont au moins aussi importantes que ses effets, car ces derniers dépendent avant tout de ces premières. On soutiendra donc une doctrine s'envisageant comme force de proposition, comme libre d'explorer la philosophie, la sociologie et l'anthropologie pour bâtir plus solidement ses projets de droit, contre une

---

[401] Y. Meneceur, *L'intelligence artificielle en procès – Plaidoyer pour une réglementation internationale et européenne*, Bruylant, coll. Macrodroit microdroit, 2020.
[402] *Ibid.*, p. 327.
[403] C. Castets-Renard, « Comment construire une intelligence artificielle responsable et inclusive », *D.* 2020, p. 225.
[404] C. Castets-Renard, « Le livre blanc de la Commission européenne sur l'intelligence artificielle : vers la confiance ? », *D.* 2020, p. 837.
[405] Y. Meneceur, *L'intelligence artificielle en procès – Plaidoyer pour une réglementation internationale et européenne*, Bruylant, coll. Macrodroit microdroit, 2020, p. 383.

doctrine s'imaginant réduite à faire l'exégèse des lois positives, limitant son office à l'explication du droit déjà fait et s'interdisant de participer, la politique et le droit étant conçus tels deux mondes séparés alors pourtant qu'en pratique, au-delà des clivages universitaires, il ne s'agit toujours que d'un seul et même monde dont les continents ne sont pas séparés par des océans intraversables mais se côtoient intimement. Dans ce livre, en interrogeant les droits de l'homme numérique, il ne s'est pas agi de décrire les régimes juridiques actuels de ces droits mais d'essayer de contribuer à leur donner de nouvelles impulsions. Dans le monde actuel, qui change à la vitesse de la lumière, gageons que la prospective juridique pourrait devenir une branche de la recherche juridique cardinale[406].

125. La faiblesse du droit. Le problème que rencontre aujourd'hui le droit est qu'à sa force théorique s'oppose une faiblesse pratique. Alors qu'en trente années le monde a été profondément changé, notamment sous l'effet de la mondialisation, le droit évolue peu. Son drame est l'« impasse des échelles » : tant sur le plan spatial que sur le plan temporel, il peine à saisir efficacement les problématiques les plus actuelles comme la protection de l'environnement, la finance et l'économie mondiales ou les réseaux numériques. Nationale (ou régionale) et lente, la loi semble avoir toujours un temps de retard par rapport aux faits. Il est alors tentant de parler de « bricolage juridique » lorsque l'on observe les tractations internationales visant à saisir un phénomène tel que le réchauffement climatique et les événements qui s'ensuivent. Le paysage du droit de l'IA est fait de normes qui surgissent de toutes parts et de tous niveaux (international, transnational ou régional, mais aussi national et même infra-national), allant du droit dur avec des règles précises, obligatoires et sanctionnées au droit flou, c'est-à-dire imprécis, mou, c'est-à-dire facultatif, ou doux, c'est-à-dire non sanctionné, en passant par toutes les catégories intermédiaires[407]. Comme on espère une « transition énergétique », on espère aussi une « transition juridique ». Parce que l'IA est complexe, donnant lieu à des cas d'usage très différents ne pouvant être régis par un même régime juridique, elle appelle forcément un droit complexe. Mais si le monde juridique est déjà en tant que

[406] B. Barraud, *La prospective juridique*, L'Harmattan, coll. Logiques juridiques, 2020.

[407] M. Delmas-Marty, *Sortir du pot au noir – L'humanisme juridique comme boussole*, Buchet-Chastel, 2019, p. 61.

tel trop compliqué, trop perdu dans des ramifications interminables et des niveaux de strates trop nombreux, on risque d'aboutir à un droit hyper-complexe insaisissable y compris pour les juristes ou même à un droit infaisable et donc à des blocages insolubles. Les défis politiques et légistiques sont donc profonds afin de pouvoir décliner les droits de l'homme numérique dans des régimes et statuts juridiques techniques, clairs et précis, mais aussi homogènes à l'échelle mondiale et suffisamment actualisés pour ne pas subir les effets d'un décalage entre les règles et l'état des technologies et des pratiques.

Les solutions juridiques supposent nécessairement une combinaison d'actions diversifiées concernant tous les acteurs (les concepteurs d'algorithmes, les professionnels, les entreprises, la puissance publique, la société civile, l'utilisateur final). Les IA sont des objets techniques aux effets humains et sociaux multiples et complexes. Tout au long de la chaîne des acteurs, le droit est susceptible d'intervenir et d'interférer afin de produire certains résultats concrets. Cela signifie prendre quelques distances avec le légicentrisme faisant qu'on est souvent tenté de résumer le droit à la loi. Y compris des initiatives privées, relevant de l'autorégulation, peuvent s'avérer juridiquement profitables. La loi est de moins en moins le véhicule préférentiel du droit. Les droits de l'homme numérique peuvent donner lieu à des traductions juridiques contraignantes, mais aussi à une appropriation volontaire de la part des acteurs et à tous les degrés intermédiaires entre les deux. Si, dans beaucoup de situations, on ne saurait se satisfaire d'un droit qui repose sur la bonne volonté des acteurs concernés, les cas ne manquent d'ailleurs pas dans lesquels il semble préférable de s'en remettre à un droit souple, négocié par les entreprises et autres opérateurs privés eux-mêmes, les incitant à se fondre dans une dynamique vertueuse, à dialoguer et à remplacer l'approche par le moins-disant par une approche par le plus-disant, notamment si l'on donne une certaine publicité à leurs démarches éthiques. Et puis l'absence de rattachement à un droit national rend ce droit souple potentiellement applicable à tous les opérateurs quelle que soit leur localisation[408]. Pour ce qui est de la dimension spatiale du droit, comme l'a souligné Cédric Villani dans son rapport de 2018, « la loi ne peut pas tout car

---

[408] N. Fricero, « Algorithmes et nouvelle génération de droits humains – À propos de la Charte éthique européenne d'utilisation de l'intelligence artificielle dans les systèmes judiciaires et leur environnement », *JCP G* 2019, n° 1331.

le temps du droit est bien plus long que celui du code. Il est donc essentiel que les "architectes" de la société numérique (chercheurs, ingénieurs et développeurs) qui conçoivent et commercialisent ces technologies prennent leur juste part dans cette mission en agissant de manière responsable. Cela implique qu'ils soient pleinement conscients des possibles effets négatifs de leurs technologies sur la société et qu'ils œuvrent activement à les limiter »[409].

Le droit des blockchains fournit un excellent exemple d'une possible privatisation des sources du droit qui ne serait pas à craindre. Ce droit marque une rupture avec le droit moderne tel qu'on l'édicte, l'applique, le pratique, l'enseigne et l'étudie depuis des décennies. Il est peut-être le parangon du « droit postmoderne » appelé à prendre demain le pouvoir. De ce point de vue, le cas des DAO (Decentralized Autonomous Organization, *i.e.* organisation décentralisée autonome) est significatif. L'idée d'autonomie exprime le fait que l'organisation est à elle-même sa propre norme (« auto-nomos »). Les DAO témoignent de la capacité des nouvelles technologies de communication de coordonner différentes parties sans recourir à une instance régulatrice centrale ou surplombante. Leurs règles sont transparentes et immuables puisqu'inscrites dans des blockchains. Le code informatique d'une DAO joue dès lors un double rôle : il exprime les règles de fonctionnement (les codifie) et est le moyen de les appliquer concrètement — grâce à la mise en œuvre programmée de ces règles sous la forme d'instructions logicielles. Ici, la confiance des acteurs est suscitée par les protocoles technologiques, par la régulation par le code, par la « *RegTech* » (pour « *Regulatory Technology* »). Pareilles organisations horizontales et le droit qui les accompagne rompent radicalement avec les modes d'organisation habituels, attachés aux États modernes et supposant une logique verticale. Elles rompent aussi avec l'organisation propre aux sociétés issues de la révolution industrielle, également très verticales, avec à leurs sommets des dirigeants et des actionnaires mus uniquement par la quête de profits. De telles DAO pourraient façonner de nouveaux modèles sociaux, politiques et économiques plus libres, transparents et démocratiques. C'est ce qu'on appelle la « coopétition » (mélange de

---

[409] C. Villani, *Donner un sens à l'intelligence artificielle – Pour une stratégie nationale et européenne*, mission parlementaire, 2018, p. 140.

coopération et de compétition) : l'administration de ces nouvelles structures horizontales est le fait de l'ensemble de leurs membres qui interagissent sans direction et sans structure hiérarchique. Ainsi les nouvelles technologies de l'information ne permettraient-elles pas seulement l'automatisation et la substitution des robots aux humains, mais aussi la coordination entre les hommes et l'autogouvernement de groupes de plus en plus maîtres de leurs activités. On conçoit même de protéger certains droits et libertés fondamentaux grâce à des blockchains, notamment « le droit à la vie privée, le droit à la liberté d'expression, le droit à des services bancaires basiques, le droit à la sécurité par le cryptage et le droit d'épargner votre argent »[410].

Dans l'idéal, le droit devrait être universel et réactif, mais l'inertie des États et des peuples rend cet idéal absolument utopique à court et moyen termes. Il reste alors à rechercher des solutions compatibles avec l'état de la législation et de la légistique actuelles, sans s'interdire pour autant de proposer des pistes qui, si aujourd'hui elles peuvent sembler attrayantes mais impossibles, pourraient s'immiscer progressivement dans les esprits à mesure qu'elles seraient martelées. Peut-être que, si le cosmopolitisme défendu par Diogène de Sinope — qui a formé le mot à partir des termes grecs « *cosmos* » (l'univers) et « *politês* » (citoyen) —, Sénèque et Cicéron, puis Emmanuel Kant et aujourd'hui Ulrich Beck, n'avait pas été autant déconsidéré en raison de son caractère impraticable mais au contraire soutenu du fait des innombrables bienfaits dont il aurait été la source, vivrions-nous aujourd'hui dans une société mondiale, dans le cadre d'un État mondial géré par un gouvernement mondial et la plupart des maux de la planète et des hommes n'existeraient-ils pas. Si le remplacement des États nationaux par un État mondial ne se réalisera pas en un jour, il n'en paraît pas moins important de penser et exprimer le cosmopolitisme en tant que modèle politique mondial institutionnalisé, cela afin de répandre petit à petit cette idée évidente et à laquelle pourtant peu adhèrent : l'homme compte plus que le français, l'américain ou le chinois et l'homme compte plus que la catholique, le musulman ou l'athée. Ce qui est en jeu, ce n'est pas autre chose que l'universalité prônée par les droits de l'homme. Défendre le cosmopolitisme, c'est défendre les droits de l'homme — sans ignorer qu'on nous opposera

[410] S. Saurel, « Les 5 Droits Humains Fondamentaux que Bitcoin (BTC) Protège », thecointribune.com, 17 oct. 2020.

fatalement le caractère occidental de ceux-ci et le fait que cette universalité ne serait que de façade, mais on aura la faiblesse de penser que, si les pays dans lesquels on ne respecte pas ces droits de l'homme, trop étrangers à la culture locale, venaient à évoluer et à faire de ces droits les valeurs suprêmes devant guider chaque acte et chaque pensée, ce serait une bonne chose.

Pour l'heure, la montée en puissance des populismes nationalistes partout dans le monde, y compris en France, témoigne du long chemin qu'il faudra parcourir avant de parvenir à un droit mondial en bonne et due forme. Ces populismes nationalistes doivent clairement s'analyser comme des retours en arrière, des régressions civilisationnelles, nous obligeant à rappeler que c'est lorsque chacun s'enferme chez soi et cesse de parler à ses voisins qu'un jour un conflit de voisinage éclate qui ne peut que se résoudre dans la violence. Quant à l'aspect temporel de l' « impasse des échelles », elle pourrait plus aisément être surmontée en repensant les procédures législatives afin de les rendre plus expéditives — sans pour autant sombrer dans la précipitation irréfléchie, de telle sorte qu'il s'agit là d'une ligne de crête de laquelle il est difficile de ne pas tomber d'un côté ou de l'autre.

Il arrive que les grandes puissances privées d'aujourd'hui relaient des pouvoirs publics incapables, entravés ou engourdis. Ainsi, après que Donald Trump, contestant les résultats de l'élection présidentielle de 2020, a appelé ses partisans à marcher sur la Capitole, à Washington, le 6 janvier 2021, et que ceux-ci ont envahi les assemblées, convaincus qu'il était légitime de reprendre par la violence ce qui avait été indûment perdu par le vote — simili coup d'État qui était inimaginable dans l'une des plus belles démocraties au monde avant l'ère des réseaux sociaux —, Facebook, Twitter, Instagram et Snapchat ont « pris leurs responsabilités » : ils ont bloqué les comptes de celui qui terminait son mandat (pour une durée indéterminée concernant Facebook, Instagram et Snapchat et de façon permanente pour Twitter, qui a aussi fermé des centaines de comptes en lien avec la mouvance QAnon)[411]. S'il est sans doute bienvenu que la liberté d'expression soit limitée en cas d'incitations à la violence, que la normativité d'origine privée relaie ainsi le droit, cela au niveau constitutionnel qui est celui de la liberté d'expression — surtout aux États-Unis où elle est conçue tel un

---

[411] AFP, « Twitter, Facebook, Instagram... Les réseaux sociaux s'organisent contre Donald Trump », lexpress.fr, 9 janv. 2021.

numérique les outils conceptuels pour identifier et confronter de manière responsable les problèmes éthiques et moraux rencontrés dans le cadre de leurs activités professionnelles. Plutôt que des cours de « conformité » décrivant dans le menu le RGPD et autres lois tentant de saisir l'univers numérique, il s'agirait de permettre à chacun, dans les nombreux cas de vide législatif et dans les beaucoup plus nombreux cas d'ineffectivité législative, de faire prendre conscience au développeur de sa grande responsabilité morale — et l'on attend bien sûr des informaticiens qu'ils respectent la loi. L'enseignement de l'éthique ne vise pas à livrer un manuel d'utilisation clair et précis à chacun mais à susciter un état d'esprit, une philosophie, une adhésion sincère à des valeurs afin d'enclencher un processus vertueux et former des professionnels plus responsables produisant par voie de conséquence des technologies et des usages plus responsables.

I. Le droit à l'homme, un droit de l'homme

126. L'homme, un dernier recours vital. Peut-être le premier de tous les droits de l'homme est-il le droit à l'homme. L'humanisme juridique se trouve tout entier incarné en lui. Sans doute est-il indispensable dans l'optique de proposer des intelligences artificielles au service de l'homme et du bien commun. En matière de droits et libertés fondamentaux de l'homme numérique, on devrait pouvoir en toutes circonstances exiger qu'une décision qui nous impacte directement soit prise par une intelligence humaine plutôt que par une intelligence artificielle — en acceptant les éventuelles sous-optimalités, lenteurs ou erreurs dans ces décisions humaines. Bien sûr, un tel droit apparaît délicat à respecter dans de nombreuses situations où des entreprises ou des administrations sont conduites à prendre d'innombrables décisions individuelles, tâche que des humains ne pourraient matériellement pas exercer. Dès lors, il faudrait repenser des systèmes organisationnels entiers, éventuellement pour en revenir à ce qui existait avant les progrès de l'informatique. On pourrait aussi établir la liste des actes qui impactent fortement les vies des personnes, à l'exemple, typiquement, d'une procédure de recrutement ou de l'affectation d'un bachelier dans un établissement d'enseignement supérieur, et n'appliquer le droit à l'homme qu'à ces situations. Mais c'est aussi et surtout l'effet symbolique du droit à l'homme qui importe : en le mettant en avant, même s'il n'a d'existence que dans la pensée juridique et ne trouve pas de traduction juridique positive parce que cela serait trop compliqué de lui donner vie concrètement, on contribue à informer la population des effets normatifs des IA et de leurs lourdes conséquences, souvent insoupçonnées, sur nos existences.

Le recours désormais massif à l'IA dans certains domaines sensibles comme la police, la banque, l'assurance, la justice ou l'armée (avec la question des armes autonomes) pose la question des limites à lui imposer et du minimum de responsabilité humaine en dessous duquel on ne devrait jamais passer. La tension entre sophistication technologique et dépossession humaine s'illustre de façon remarquable dans le trading algorithmique : ici, des robots ordonnent « librement » l'achat ou la vente de titres, engageant au quotidien les transferts de sommes les plus importants de la planète, tandis que l'humain n'est même plus présent à titre de superviseur dans la boucle des opérations. Plus généralement, la place de l'automatisation dans les décisions humaines doit être interrogée : est-ce qu'il y a des cas, plus ou moins nombreux, dans lesquels le jugement humain, aussi faillible soit-il, ne devrait pas être remplacé par le calcul informatique ? Il importe de s'efforcer à une méfiance permanente à l'égard de l'aura et de la puissance des calculateurs, lesquelles favorisent le dessaisissement de la décision humaine. C'est ainsi que la crise financière de 2008 a, en partie, été provoquée par des calculs de risques bancaires abandonnés à des modèles mathématiques qui négligeaient l'amplitude des fluctuations potentielles. Au moment même où l'évaluation algorithmique prenait son essor, elle montrait ses limites, mais la leçon n'a pas forcément été retenue.

On se souviendra que, durant la Guerre froide, à deux reprises la décision d'un homme souverain a permis d'éviter une conflagration nucléaire par le refus d'exécuter des instructions émises par des machines. Le 28 octobre 1962, le capitaine américain William Bassett reçut en effet un ensemble de chiffres correspondant au code de lancement des missiles. Il fit alors le choix, libre et éclairé, de contrevenir à la procédure prévue, cela malgré la rigueur et le sens de la hiérarchie des militaires. Il s'avéra que sa radio avait en fait commis une erreur en décryptant le véritable message[412]. À l'identique, le 26 septembre 1983, le lieutenant-colonel soviétique Stanislav Petrov reçut les signaux d'une attaque de missiles américains et préféra ne pas transmettre cette information à l'État major, imaginant quels effets en cascade cela aurait généré. Il découvrit ensuite qu'il s'agissait d'une erreur de signalement des satellites soviétiques[413]. Avec moins de lucidité humaine, moins de libre-arbitre et plus d'autorité du code informatique, la loi des robots aurait abouti à une guerre nucléaire et le cours de l'histoire moderne aurait été radicalement changé. Aujourd'hui, pourtant, ne vit-on pas dans un monde où l'autorité du code informatique s'est sensiblement renforcée, tandis que la lucidité et le libre arbitre ont sensiblement régressé ? N'assiste-t-on pas à l'évaporation progressive de la capacité souvent vitale et salvatrice des hommes à se déterminer librement, à agir et à penser loin du déterminisme et du fatalisme, qui affirment que la volonté serait déterminée dans chacun de ses actes par des forces extérieures telles que le nudge des IA ? En janvier 2018, un autre exemple d'erreur informatique aurait pu donner lieu à un scénario catastrophe : l'agence de gestion des urgences d'Hawaï a envoyé un message d'alerte téléphonique annonçant une attaque de missiles immédiate et ordonnant aux résidants de se mettre à l'abri. Cette fausse alerte issue d'une erreur technique a causé une vague de panique qui, sans intervention humaine, aurait pu contaminer les relations déjà tendues avec la Corée du Nord, notamment. Plaider pour un droit à l'homme, c'est aussi soutenir la recherche de tout moyen afin que les hommes qui se trouvent derrière les machines restent responsables, demeurent conscients de leur responsabilité pleine et entière quand les IA ne sont que des outils parfois efficaces et parfois maladroits. Sans capacité humaine de déroger aux commandes de la machine, grâce à un regard critique maintenu en permanence sur les résultats qu'elle produit, bien des désastres individuels et collectifs risquent d'advenir. La valeur ajoutée de l'humain ne doit jamais s'effacer, quelles que soient les capacités des super-calculateurs, et doit demeurer au cœur de nos écosystèmes.

Les États devraient garantir aux individus le droit de n'être jamais soumis à une décision les affectant de manière significative lorsque cette décision est

---

[412] A. Gratchev, *Un nouvel avant-guerre ? Des hyperpuissances à l'hyperpoker*, Alma, 2017.
[413] *Ibid.*

fondée sur un processus décisionnel automatisé sans réelle intervention humaine. *A minima* faudrait-il permettre à cette personne d'exiger qu'un humain révise ou valide la décision de l'IA après avoir entendu ses arguments. Tel est déjà le régime juridique retenu en Europe par le RGPD, à son article 22 : toute personne « a le droit de ne pas faire l'objet d'une décision fondée exclusivement sur un traitement automatisé, y compris le profilage, produisant des effets juridiques la concernant ou l'affectant de manière significative de façon similaire ». Par exemple, une candidature ne saurait être exclue sur le seul fondement de méthodes et techniques automatisées d'aide au recrutement et doit faire l'objet d'une appréciation humaine[414]. Mais cela est largement illusoire puisque bien souvent les hommes valideront les options des systèmes informatiques sans procéder à aucun contrôle, les vérifications attendues étant matériellement impossibles à réaliser face à la vitesse des calculs et du traitement de l'information des ordinateurs. On peut s'interroger quant à la part de liberté qui subsiste dans la prise de décision face au poids d'une réponse présentée comme « scientifique ». Dès lors, cela conduit souvent à la simple apposition de signatures aux côtés des résultats produits par les algorithmes. L'intervention humaine est alors purement factice. L'existence d'une aide informatisée à la décision, y compris lorsqu'elle n'est supposément qu'un simple outil d'aide à la décision, est susceptible de conduire les professionnels à s'aligner sur le diagnostic de l'algorithme pour ne pas « prendre de risque ». Cette dilution de la responsabilité humaine accompagnant des comportements moutonniers n'est évidemment pas satisfaisante[415].

Reste que, logiquement, beaucoup d'institutions plaident pour le « droit à l'homme » en matière d'IA, à l'image de l'Agence des droits fondamentaux de l'Union européenne qui, dans son rapport « Bien préparer l'avenir : l'IA et les droits fondamentaux » de décembre 2020, estime que chaque IA devrait être soumise à un système de supervision et laisser la possibilité à n'importe qui de contester ses décisions, de sorte d'avoir droit à une

---

[414] CNIL, délib. n° 02-017, 21 mars 2002.

[415] J. Kleijssen, « Conseil de l'Europe et intelligence artificielle – Les droits de l'homme, l'État de droit et la démocratie face aux défis du développement et de l'utilisation de l'intelligence artificielle », *L'Observateur de Bruxelles* 2019, n° 115, p. 46.

appréciation humaine en cas de désaccord[416]. Les députés européens, en octobre 2020, avaient déjà adopté un texte tendant à imposer que les hommes conservent toujours le dernier mot par rapport aux machines douées d'intelligence artificielle[417]. Si cela semble constituer une décision logique et nécessaire, elle ne va pas de soi pour tout le monde et 44 députés ont voté contre ce texte, avançant qu'il risquerait d'accroître le retard technologique et économique de l'Europe par rapport aux États-Unis et à la Chine, lesquels préfèrent, à des fins de puissance, ne mettre aucun bâton juridique dans les roues des robots et leur accorder des pouvoirs illimités.

En France, la loi *Pour une République numérique* impose aux plateformes une obligation d'information des consommateurs dans l'utilisation de procédés algorithmiques et à l'administration une obligation de transparence[418]. Le législateur tend ainsi à imposer aux acteurs de l'IA, tant lors de la phase de conception que lors de la phase d'utilisation, des exigences en termes de loyauté, de transparence et d'explicabilité des opérations réalisées par des procédés automatiques. Plus les IA se dotent d'un pouvoir performatif sur nos vies, plus devient nécessaire un droit à l'explication et à la justification de toute décision assistée par machine, cette justification, devant être compréhensible par tous, pouvant notamment servir de base pour régler un différend légal en cas de besoin.

Dans son *Traité de droit et d'éthique de la robotique civile*, allant au-delà des simples décisions individuelles, Nathalie Nevejans consacre de longues pages au « principe roboéthique du droit pour la personne à refuser d'être prise en charge par un robot »[419]. Face aux relations de plus en plus intimes et de plus en plus nombreuses entre les hommes et les robots dits « sociaux », notamment avec la multiplication des cas de prise en charge de personnes vulnérables telles que les personnes âgées ou handicapées, elle insiste sur l'importance de donner à chacun la possibilité de s'opposer à toute dépendance à l'égard d'un système informatique, en bref le droit d'avoir

---

[416] Agence des droits fondamentaux de l'Union européenne, « Bien préparer l'avenir : l'IA et les droits fondamentaux », 13 déc. 2020.

[417] N. Charbonnier, « Le Parlement européen légifère pour la première fois sur l'intelligence artificielle », francetvinfo.fr, 22 oct. 2020.

[418] L. n° 2016-1321, 7 oct. 2016, *Pour une République numérique*.

[419] N. Nevejans, *Traité de droit et d'éthique de la robotique civile*, LEH édition, coll. Science, éthique et société, 2017, p. 811 s.

toujours le choix entre une alternative humaine et une alternative automatisée. Il s'agit d'un enjeu fort du point de vue du respect de la dignité de la personne humaine[420]. La dignité humaine, en tant que fondement des droits de l'homme, implique qu'une intervention et une participation humaines significatives doivent être possibles dans toutes les interactions entre la technologie et les êtres humains.

Après avoir frénétiquement automatisé tout un tas de services, remplaçant les humains par les machines, on constate désormais un besoin de plus en plus impérieux de réhumaniser lesdits services, de réintroduire de l'humain dans des processus devenus trop froids et rigides. C'est un équilibre entre l'efficacité des systèmes informatiques et la souplesse de la relation humaine qu'il faudrait obtenir. Dans l'éducation, par exemple, on verra peut-être les mêmes qui ont voulu augmenter la place des terminaux interactifs et intelligents en remplacement des professeurs se rendre compte de l'inanité de telles politiques qui robotisent les hommes dès leur plus jeune âge et exiger de redonner à l'humain toute sa place dans l'école. Cela fait déjà quarante ans que des chercheurs en sciences sociales tirent la sonnette d'alarme face aux risques de déshumanisation de la société, sous prétexte que la plupart des tâches pourraient être exercées par des robots. Sauf que la très grande majorité d'entre elles, sauf lorsqu'elles font appel à l'intelligence logico-mathématique, ne sauraient l'être que moins bien que par des hommes. Pourtant Dominique Wolton peut constater combien « Nous tirons la sonnette d'alarme, mais personne ne veut entendre parce que cela ne fait pas “moderne” »[421]. De nombreux travaux mettent en garde contre l'usage immodéré des corrélations au détriment du raisonnement[422]. Et il semble cependant que de plus en plus nombreux soient ceux qui entendent cet avertissement.

127. Signaler toute interaction avec une IA. Toute personne confrontée à une IA dont l'action ou la décision la concerne ou l'affecte devrait être informée de la présence de cette IA et du rôle qu'elle joue. La « Déclaration

---

[420] *Ibid.*

[421] D. Wolton, *Internet, et après ? Une théorie critique des nouveaux médias*, Flammarion, coll. Champs essais, 2010, p. 207.

[422] Ch. S. Calude, G. Longo, « The Deluge of Spurious Correlations in Big Data », *Foundations of Science* 2017, vol. 22, n° 3.

de Montréal » retient que « le développement des services d'IA doit éviter de créer des dépendances par les techniques de captation de l'attention et par l'imitation de l'apparence humaine qui induit une confusion entre les services d'IA et les humains »[423]. Elle ajoute que « tout utilisateur d'un service qui recourt à des agents conversationnels doit pouvoir identifier facilement s'il interagit avec un service d'IA ou une personne »[424]. Le droit à l'homme implique en premier lieu d'informer l'utilisateur très explicitement du fait qu'il interagit avec une intelligence artificielle et non avec un humain à chaque fois que tel est le cas. Il faudrait donc, dès la conception d'un système informatique, prendre toutes les précautions pour que ses futurs utilisateurs ne risquent jamais d'hésiter sur le point de savoir si, derrière l'écran ou la voix, se cache un homme ou un robot. En cas de doute, on devrait pouvoir facilement trouver cette information.

Alors que le « test de Turing » n'est plus un défi insurmontable pour les IA et que celles-ci se comportent de plus en plus de façon confondante comme le ferait un humain, les voix synthétiques étant remplacées par des voix naturelles et les réponses maladroites et stéréotypées laissant la place à des réponses précises et personnalisées, il devient indispensable de s'assurer que les intelligences artificielles ne puissent jamais être prises pour des intelligences humaines. Cela doit permettre de conserver cette « *summa divisio* » des hommes et des machines, une séparation nette entre les principes, comportements et valeurs de ces deux catégories. C'est là une exigence morale et éthique à laquelle il ne serait guère difficile d'accorder une pleine force juridique. Alors que des androïdes hyper-réels s'immiscent dans la société, le droit doit protéger l'humanité de l'homme en faisant que, dans un maximum d'instants du quotidien, il soit rappelé à chacun les différences essentielles entre un être humain et un outil informatique. Alors que l'IA a pour effet de modifier notre perception des humains et de l'humanité, l'humanisme juridique ne saurait accepter pareille évolution qui va forcément dans le sens non d'une surhumanisation des hommes mais dans celui de leur soushumanisation. Quand on confond le vivant et la machine, on accorde peut-être un souffle de vie à la machine, mais on retire surtout un peu de ce souffle au vivant. L'homme, pendant qu'il s'attache à un robot,

---

[423] « Déclaration de Montréal pour un développement responsable de l'intelligence artificielle », Université de Montréal, 4 déc. 2018.
[424] *Ibid.*

oublie de s'attacher à ses semblables. Il se robotise et il robotise autrui. Les droits de l'homme numérique limitent forcément les possibilités de développement des robots androïdes et humanoïdes. Le jour où l'on ne fera plus la différence entre une personne et une chose, tout s'effondrera : l'humanisme, le droit et l'humanisme juridique[425].

Plus généralement, les informations rendues publiques devraient permettre une véritable évaluation de l'IA. Et, même si cela est très utopique, il faudrait idéalement qu'aucun système informatique n'atteigne un degré de sophistication tel qu'il en devienne impossible à surveiller et à contrôler par des humains. Les systèmes qui ne peuvent être soumis à des normes de transparence et de responsabilité appropriées ne devraient pas être utilisés. Les IA — en fait ceux qui les conçoivent et ceux qui les utilisent — doivent être soumises à une obligation de rendre des comptes. Il s'agit de garantir leur vérifiabilité, éviter le scénario de la « boîte noire » dans lequel on ne sait pas expliquer comment la machine passe des données en entrée aux données en sortie. Tout au contraire, il convient d'assurer la traçabilité des actions majeures et mineures du robot suivant la logique des boîtes noires du secteur aéronautique. Cela doit notamment permettre de repérer les éventuelles injustices imputables aux calculs d'une IA et de permettre leur réparation. Et, si des accidents surviennent, l'IA doit être transparente et rendre des comptes à l'enquêteur afin que le processus interne qui a posé problème puisse être cerné. Comme l'explique le Conseil constitutionnel, le responsable de traitement est notamment tenu de s'assurer de « la maîtrise du traitement algorithmique et de ses évolutions afin de pouvoir expliquer, en détail et sous une forme intelligible, à la personne concernée la manière dont le traitement a été mis en œuvre à son égard »[426].

Paradoxalement, et à condition de consentir les efforts nécessaires, l'IA pourrait finalement nous permettre de redécouvrir le proprement humain, réaffirmer la singularité humaine[427]. Se comparant au robot non afin de saisir

---

[425] X. Labbée, « La fin du monde, la fin du droit ou la transition juridique », *D.* 2019, p. 78.

[426] Cons. const., déc. n° 2018-765 DC, 12 juin 2018, *Loi relative à la protection des données personnelles*.

[427] Y. Ferguson, « Une intelligence artificielle au travail – Cinq histoires d'Homme », in B. Barraud, dir., *L'intelligence artificielle – Dans toutes ses dimensions*, L'Harmattan, coll. Europe & Asie, 2020, p. 146.

leur ressemblance mais afin de mieux comprendre leurs profondes différences, l'homme se redéfinirait en tant qu'homme. En découlerait un nouvel appétit d'humanité. Cela toucherait en particulier cette propriété centrale de l'espèce humaine : son ultra-sociabilité[428]. Renouant avec lui-même, l'homme trouverait de nouvelles raisons et de nouveaux moyens de « faire société ». On se trouverait donc en présence d'une technologie qui permettrait aux hommes de devenir encore plus hommes, mais cela à condition de s'en donner les moyens, notamment en termes de droits de l'homme numérique. Pour l'heure, on ne peut que constater que l'IA robotise les hommes plutôt qu'elle les humanise. La réhumanisation par la réhabilitation de notre ultra-sociabilité suppose la revalorisation de la place des émotions dans l'intellect. Or, pour l'heure, les IA renforcent moins les émotions des individus qu'elles les plongent dans des comportements routiniers et stéréotypés dans lesquels « on fait sans penser ». En replaçant l'humain au centre du jeu, spécialement avec le méta-principe de droit à l'homme, on souhaite éviter ces dérives délétères de l'immixtion de la technique informatique dans nos quotidiens et dans nos intimités.

128. Consacrer partout le statut d'outil de l'IA. Un défi majeur lié à l'essor de l'IA, peut-être le plus essentiel de tous, est de « faire en sorte que ces nouveaux outils soient à la main humaine, à son service, dans un rapport de transparence et de responsabilité »[429]. Il faudrait en permanence rappeler le statut d'outil de l'informatique, y compris dans ses développements les plus perfectionnés. D'un point de vue humaniste, conserver une conscience claire et nette de la différence entre l'homme et la machine est un enjeu fort. Or le droit, par exemple en octroyant une personnalité juridique aux robots, en les rendant responsables ou en leur attribuant de très paradoxaux « droits de l'homme », peut parfaitement contribuer à l'humanisation des robots. Mais il peut aussi renforcer la séparation entre les êtres vivants et les choses-objets, affirmer avec force une hiérarchie dans laquelle l'être humain reste juridiquement très supérieur à l'intelligence artificielle, cela se

---

[428] E. Machery, *Culture et singularité humaine – Les matérialismes et leurs contradicteurs*, Syllepse, 2004.

[429] I. Falque-Pierrotin, « Préface », in CNIL, *Comment permettre à l'homme de garder la main ? Les enjeux éthiques des algorithmes et de l'intelligence artificielle*, synthèse du débat public animé par la CNIL dans le cadre de la mission de réflexion éthique confiée par la loi pour une République numérique, déc. 2017, p. 3.

traduisant par la reconnaissance de droits à l'égard des entreprises et des administrations proposant des services fonctionnant grâce à l'IA. Aussi des principes de loyauté, de transparence et de « rendre compte » sont-ils posés.

En avril 2018, plus de deux cents experts, dont de nombreux juristes, ont signé une lettre ouverte dénonçant la résolution du Parlement européen qui préconisait de créer une personnalité juridique robotique. Ils soulignaient tout simplement la contradiction qu'il y avait à attribuer des droits à des machines tout en défendant les droits de l'homme tels qu'ils sont consacrés dans différents textes de droit européen. Puisque les droits naturels ont été conçus par et pour l'homme, on ne saurait les étendre à d'autres formes d'existence. Si les droits et les obligations subjectifs jaillissent de décisions individuelles, on ne peut que refuser par principe qu'un robot puisse prendre une décision, qu'un choix, un acte ou, pire, un contrat puisse échapper à l'humain. L'introduction d'une personnalité morale au profit des systèmes informatiques bouleverserait — en mal — les structures fondamentales de nos systèmes juridiques dans lesquels c'est l'individu et son libre arbitre qui font naître les droits et les obligations, qui sont responsables en cas de transgression de la loi. Cela se trouve au fondement du droit européen, mais aussi du droit américain et, selon la Cour suprême, « L'intention personnelle est universelle dans la plupart des systèmes de droit matures qui croient dans la responsabilité de l'homme normal choisissant librement entre le bien et le mal »[430]. Une IA, elle, n'a pas d'intention personnelle puisque des calculs et des statistiques ne sont pas des pensées ni des raisonnements. En outre, cette lettre ouverte souligne, de façon un peu provocatrice, que des robots personnifiés jouiraient de droits fondamentaux et devraient notamment être rémunérés et se voir proposer des conditions de travail décentes, ce qui n'aurait aucun sens. Plus sérieusement, ils soulignent combien il serait dangereux de rendre les robots responsables de leurs actes : ainsi les fabricants d'armes létales autonomes pourraient-ils s'absoudre de toute responsabilité, comme les fabricants de voitures autonomes. L'accident mortel provoqué par une voiture autonome d'Uber, en mai 2018, a livré un avant goût des casse-têtes juridiques à venir : les juges ont estimé que la responsabilité de l'entreprise n'était pas engagée dans ce drame. Alors que les

---

[430] Cour suprême des États-Unis, 342 U.S. 246, 7 janv. 1952, *Morissette c. United States*.

querelles entre assureurs promettent d'être nombreuses, le droit serait bien avisé de clarifier les choses en prenant des positions fermes et précises.

Les machines doivent donc conserver le statut juridique d'outils et des personnes physiques ou morales doivent en conserver le contrôle en tout temps. Cela implique aussi que les IA soient conçues et exploitées de façon à se conformer au droit existant. Alors que l'on peut craindre une perte de contrôle de l'humain tant l'IA permet de déléguer un nombre croissant de tâches à des systèmes automatiques et peut être amenée à prendre des décisions sensibles comme des diagnostics médicaux, des décisions judiciaires ou le lancement d'une bombe dans un conflit armé, il paraît nécessaire de rappeler partout et tout le temps qu'un ordinateur n'est qu'un outil. Au moins dans ces situations sensibles, la décision devrait rester humaine — formellement mais aussi et surtout matériellement. Or, sitôt qu'on recourt à un algorithme comme aide à la décision, celui-ci risque d'exercer son pouvoir performatif, empêchant l'humain, qui s'incline devant ses incommensurables capacités de calcul, de le contredire. L'IA est si puissante qu'elle dilue les figures d'autorité traditionnelles[431]. Dans ces conditions, on pourrait définir tout un tas de cas sensibles dans lesquels on devrait tout bonnement s'interdire de s'appuyer sur une IA pour décider. En matière de justice, par exemple, les magistrats, au moment de juger, se fondent sur la loi et la jurisprudence, mais aussi sur l'éthique et autres formes de droit non officiel qui permettent d'adapter les décisions aux particularités de chaque cas. En témoigne l'exemple des « délits altruistes », ces infractions commises dans l'intérêt général et non afin d'en retirer un profit personnel[432]. Parfois, il est bon que la morale, forme de droit souple, tempère le droit dur. Or il est beaucoup plus délicat d'apprendre à des algorithmes le droit souple que le droit dur. C'est pourquoi le juge-humain ne saurait laisser sa place à

[431] A. Sée, « La régulation des algorithmes : un nouveau modèle de globalisation ? », *RFDA* 2019, p. 830.

[432] La situation des lanceurs d'alerte dans l'affaire dite « Luxleaks » est symptomatique. Ceux-ci, que ce soit en première instance ou bien en appel, ont certes été condamnés puisqu'ils avaient commis des infractions et non des moindres (« vol et violation du secret professionnel et du secret des affaires », ainsi que « fraude informatique, blanchiment et divulgation du secret des affaires »), mais des peines très clémentes leur ont été infligées. La justice luxembourgeoise a en effet pris en compte le caractère d'intérêt général de leurs révélations.

un juge-robot. Par exemple, ne faudrait-il pas redouter le « panurgisme judiciaire » qui risquerait d'accompagner le déploiement de la justice assistée par ordinateur ? Les juges, sachant dans quel sens les tribunaux ont précédemment tranché les situations similaires, pourraient préférer suivre la tendance juridictionnelle afin de ne pas renvoyer l'image d'une justice balbutiante. Les algorithmes possèderaient ainsi un effet performatif, génèreraient des prophéties auto-réalisatrices. Or, si l'allégorie de la justice a les yeux bandés, n'est-ce pas afin de se prémunir contre l'influence des bases de données ? Certes, la loi prévoit déjà que le diagnostic du médecin ou la décision du juge ne peuvent pas faire l'objet d'une automatisation. Mais, face aux limites incertaines entre délégation et aide à la décision, on pourrait rappeler solennellement ces principes.

Par ailleurs, s'agissant des robots ayant une existence physique et même des IA embarquées dans des systèmes informatiques et s'exprimant à travers des écrans, il n'est pas infondé de plaider pour l'obligation de les doter d'un bouton physique ou immatériel (à cliquer) permettant à tout moment de les arrêter et d'en reprendre le contrôle[433]. On devrait toujours pouvoir recourir à un tel mécanisme d'arrêt d'urgence sous la forme d'un bouton d'arrêt ou encore d'une combinaison clavier ou d'une commande vocale. Ainsi l'humain serait-il supposé conserver sans cesse le contrôle du robot. L'autonomie du robot, dans sa mobilité ou sa capacité de décider, commande d'imposer un tel mécanisme qui permettrait d'éviter des accidents.

Depuis 2020, Spot, le « super chien-robot » de Boston Dynamics qui a fait la une des journaux lorsqu'il a été aperçu en train de faire respecter la distanciation sociale dans un parc de Singapour durant l'épidémie de Covid-19, est disponible à la vente pour un prix de 75 000 dollars[434]. Or ce nouveau meilleur ami de l'homme quadrupède semble devoir toujours rester un outil. Mais cela ne saurait suffire, car il existe de bons et de mauvais outils. Spot, grâce à son agilité, son niveau de charge utile et ses capacités de détection, pourrait remplacer les humains dans certains environnements à haut risque — à l'image de ces chiens policiers déjà envoyés en éclaireurs

[433] A. Bensoussan, « Vers les droits de l'homme de l'IA », *Planète robots* 2017, n° 44, p. 15.
[434] G. Nichols, « Vous pouvez désormais acheter ce chien robot pour garder la maison », zdnet.fr, 17 juin 2020.

dans certains terrains dangereux, souvent au prix de leurs vies. Dans le Massachusetts, la police utilise déjà Spot pour intervenir dans des situations dangereuses. Mais le chien de garde automatisé pourrait aussi devenir l'instrument d'un Etat policier robotisé malmenant grandement les libertés individuelles.

129. Déresponsabiliser les robots. À mesure que le fonctionnement et les actes des IA se complexifient, il devient difficile d'en tenir responsable des hommes qui les ont conçues afin qu'elles soient les plus fiables et les plus éthiques. Pourtant, dès lors qu'on refuse de rendre ces IA elles-mêmes responsables, on ne peut que conserver la responsabilité humaine face aux risques juridiques accrus et aux contraintes d'indemnisation qui en découlent. Si cela peut conduire à réduire les possibilités de déploiement concret de l'IA, il ne s'agit pas moins, peut-être, de la meilleure solution, du moins du point de vue de l'humanisme juridique. Que l'on songe aux problèmes de responsabilité que vont fatalement provoquer l'utilisation des voitures autonomes, des drones ou encore des robots chirurgicaux. Jusqu'à présent, parce que l'IA restait accessoire dans nos vies, on considérait que le régime de responsabilité du robot était nécessairement un régime de responsabilité sans faute[435]. Mais les régimes de responsabilité classiques sont désormais mis en doute par certains, quand d'autres estiment qu'il faudrait coûte que coûte conserver le système dans lequel la responsabilité est fondée sur la maîtrise du bien. L'Office parlementaire d'évaluation des choix scientifiques et technologiques juge, pour sa part, que quatre régimes de responsabilité pourraient trouver à s'appliquer : celui du fait des produits défectueux, celui du fait des animaux, celui du fait d'autrui ou encore celui du fait des choses. Ils permettraient ainsi de retenir la responsabilité, selon les cas, du concepteur du système d'analyse, du fabricant du robot, de son propriétaire ou encore de son utilisateur[436]. Un régime spécial de responsabilité du fait du robot, calqué sur celui de la responsabilité du fait des animaux prévu par l'article 1243 du Code civil, pourrait être opportun. Mais en aucun cas ne

---

[435] A.-S. Choné-Grimaldi, Ph. Glaser, « Responsabilité civile du fait du robot doué d'intelligence artificielle : faut-il créer une personnalité robotique ? », *Contrats Concurrence Consommation* 2018, n° 1, alerte 1.

[436] Office parlementaire d'évaluation des choix scientifiques et technologiques, « Pour une intelligence artificielle maîtrisée, utile et démystifiée », 15 mars 2017, p. 153 s.

saurait-on retenir le robot comme seul responsable, à l'exclusion de tout être humain. On doit déresponsabiliser le robot pour responsabiliser l'humain, ce qui est un gage d'humanité.

L'une des grandes questions juridiques posées par l'IA est celle de la responsabilité civile. Le recours massif à des systèmes informatiques aidant plus ou moins fortement à prendre des décisions fait craindre que les responsabilités en cas d'erreurs soient compliquées à établir, par exemple dans le secteur médical où les règles relatives à la responsabilité ne pourront être appliquées comme elles le sont actuellement. Sans doute faudra-t-il réformer le cadre relatif à la répartition de la responsabilité entre l'utilisateur (le médecin ou praticien), le producteur de la solution technologique et l'établissement de soins proposant le traitement[437]. On peut en effet craindre que « l'utilisateur soit amené à céder systématiquement à la solution de diagnostic ou au traitement proposé par l'instrument technologique par crainte de subir des mesures de responsabilité civile lorsque le jugement professionnel et éclairé l'amène à tirer des conclusions pouvant être en partie divergentes »[438]. On risque bel et bien, à l'avenir, de devoir répondre à la question de savoir si le fait pour un professionnel de ne pas suivre les recommandations ou préconisations d'une IA intervenant dans son processus décisionnel est constitutif ou non d'une faute. Dès lors qu'un robot médical établirait un diagnostic et/ou proposerait un traitement adapté, le médecin qui choisirait de s'en affranchir pour suivre son intuition serait-il responsable en cas d'erreur ? Sans doute serait-il regrettable qu'on institue un régime de faute, éventuellement professionnelle, en cas de « non-respect » des indications fournies par les systèmes de prévision automatique. Ces outils dits « d'aide à la décision » deviendraient en pratique des outils de prise de décision. Mais on peut aussi renverser la question : dès lors qu'un robot médical établirait un diagnostic et/ou proposerait un traitement adapté et que le médecin suivrait ses préconisations, ce robot serait-il responsable en cas d'erreur ? Le droit prévoit que le critère de la responsabilité est la personnalité juridique, ce qui exclut de fait les IA dans cette responsabilité et

[437] G. Loiseau, « Les responsabilités du fait de l'intelligence artificielle », *Comm. com. électr.* 2019, n° 4, comm. 24.

[438] Parlement européen, « Résolution sur une politique industrielle européenne globale sur l'intelligence artificielle et sur la robotique », 2018/2088 (INI), 12 févr. 2019, § 77.

dans l'indemnisation qui s'ensuit. Revient alors cette solution facile mais insatisfaisante à de nombreux égards : accorder aux systèmes informatiques, qui jouent un rôle décisif dans beaucoup d'actes et de faits, la personnalité juridique, leur permettant de devenir sujets d'obligations mais aussi titulaires de droits.

La personnalité juridique « n'est pas seulement l'aptitude à recueillir des droits subjectifs devenir propriétaire, créancier… mais, beaucoup plus largement, la vocation à être pris en compte dans les diverses situations définies et régies par le droit objectif : se marier ; divorcer ; payer des impôts ; voter aux élections politiques ; conclure des contrats… »[439]. On imagine mal un robot se marier ou voter — mais, certes, on imagine tout aussi mal déjeuner avec une personne morale. La personnalité juridique du robot est surtout une folie en raison des effets symboliques que cela provoquerait en l'homme et dans la société. On doit s'interdire tout acte et toute pensée tendant à produire une confusion entre la sphère robotique et le monde humain. Alors que déjà trop d'hommes, après avoir été tentés par la bestialité, sont portés à délaisser l'humanité au profit de la machinité, il importe d'encourager l'humanité des hommes par tous les moyens. Un de ces moyens est de ne pas les obliger à partager la personnalité juridique avec des outils informatiques. Cette personnalité est un attribut essentiel d'une personne. Jean Carbonnier le notait : les personnes « sont les êtres capables de jouir de droits ; ce sont, d'une expression équivalente, les sujets de droit »[440]. Une « personne-robot » serait une bien étrange figure qui brouillerait beaucoup de repères chez des hommes déjà en manque de repères. La reconnaissance de la personnalité juridique est un droit fondamental, devant bénéficier à tous. Ainsi l'article 6 de la Déclaration universelle des droits de l'homme et l'article 16 du Pacte international relatif aux droits civils et politiques proclament-ils que « chacun a le droit à la reconnaissance en tous lieux de sa personnalité juridique ». Attribuer la personnalité juridique à des IA, ce serait donc ouvrir la boîte de Pandore de ces droits de l'homme des robots qu'on ne saurait accepter sans ruiner des siècles de progrès de l'humanisme juridique. Si l'on peut craindre que le

---

[439] J.-L. Aubert, *Introduction au droit et thèmes fondamentaux du droit civil*, 7e éd., Armand Colin, 1998, p. 188.

[440] J. Carbonnier, *Droit civil – I. Les personnes*, 21e éd., Puf, 2000, p. 1.

transhumanisme conduise au transjuridisme, il serait encore plus douloureux de voir le transjuridisme favoriser le transhumanisme.

L'attribution d'une personnalité, même « singulière », aux robots serait source de nombreuses incohérences, en plus de signer l'acte de migration de notre société humaniste vers une néo-société robotiste[441]. On ne s'étonnera pas que de nombreux civilistes s'opposent fermement à toute personnalité morale des robots suivant l'exemple de celle des sociétés et autres collectivités publiques[442], allant jusqu'à évoquer une « monstruosité juridique » qui « nous entraînerait dans une spirale schizophrénique »[443], qui serait une façon de « revisiter Frankenstein »[444]. Ils dénoncent ce qui aboutirait à obscurcir la distinction, pourtant essentielle, entre les personnes et les choses[445]. La catégorie des personnes serait alors constituée des personnes physiques, des personnes morales et des personnes robots. Les personnes non humaines concurrenceraient les personnes humaines, tandis que nombre d'êtres vivants continueraient à se voir refuser tout droit : les animaux, mais aussi les embryons humains. Et il en resterait de même des entités humaines sans vie, appréhendées souvent comme des choses. De plus, la personne robot deviendrait un sujet de droit sans cesser d'être un objet de droit car les droits de propriété sur les instruments informatiques ne disparaîtraient pas. Aussi peut-on déplorer qu'une telle perspective « détraque le droit » car « seule une chose peut être objet de droit. La personnification des robots déréglerait le construit juridique en donnant vie à une chimère, mi-personne mi-chose, qui pervertirait la *summa divisio* des personnes et des choses et l'ordre de valeur qui lui correspond »[446].

---

[441] T. Daups, « Le robot, bien ou personne ? Un enjeu de civilisation », *LPA* 11 mai 2017, p. 7 s.

[442] J.-R. Binet, « Personnalité juridique des robots : une voie à ne pas suivre », *Droit de la famille* 2017, n° 6, repère 6.

[443] G. Loiseau, « La personnalité juridique des robots : une monstruosité juridique », *JCP G* 2018, p. 597.

[444] F. Rouvière, « Le robot-personne ou Frankenstein revisité », *RTD civ.* 2018, p. 778.

[445] M. Bouteille-Brigant, « Intelligence artificielle et droit : entre tentation d'une personne juridique du troisième type et avènement d'un “transjuridisme” », *LPA* 27 mars 2018, p. 7.

[446] G. Loiseau, « La personnalité juridique des robots : une monstruosité juridique », *JCP G* 2018, p. 597.

Alors que des juristes comme Alain Bensoussan peuvent plaider que, « dans les dix prochaines années, les humains et les robots devraient évoluer de manière tangentielle : les robots s'humaniseraient et les humains se robotiseraient »[447], d'autres peuvent défendre l'humanisme, l'humanisme juridique et donc tout ce qui singularise l'homme dans le monde. Ainsi ne saurait-on, par exemple, aller dans le sens d'un droit à la dignité des robots qui ne ferait qu'ajouter de la confusion à la confusion et de l'inanité à l'inanité : la dignité humaine est peut-être le plus essentiel de tous les droits humains : le partager avec des êtres non humains ou, pire, avec des êtres non vivants serait un coup fatal porté à l'humanité du droit. Ce dernier doit, au contraire, rappeler sans cesse qu'un robot est un instrument construit par et pour l'homme. S'il sort de ce cadre, alors il perd toute raison d'être. La dignité signifie qu'on ne doit pas traiter un homme comme une chose, par exemple en le louant ou en le vendant, en louant ou en vendant ses données personnelles, non qu'on devrait traiter des choses comme si elles étaient des hommes. Comme l'a écrit Emmanuel Kant, l'être humain doit être toujours traité comme une fin et jamais comme un moyen. Un objet ou un outil, au contraire, doit toujours être considéré comme un moyen et jamais comme une fin. En incitant à voir en l'homme un moyen et dans le robot une fin, l'IA a tendance à avilir l'humanité, ce contre quoi le droit doit agir, rappelant que l'humain est la valeur suprême et son guide fondamental. Instrumentaliser et réifier les personnes tout en personnifiant les choses, ce serait une source de malheurs immenses. Mais les droits de l'homme numérique sont là pour rappeler que toute avancée technologique qui sortirait du cadre triangulaire formé par la dignité, la liberté et l'égalité doit être refusée.

Pour être clair, disons que les animaux devront toujours posséder plus de droits que les robots. Les chats, les écureuils, les cochons, les poules, les alligators, les araignées, les punaises de lit et même les chiens sont plus dignes de voir protégées leur dignité, leur liberté et leur égalité que les androïdes et les algorithmes des réseaux sociaux. Ceux qui soutiennent l'attribution d'une personnalité juridique et même de droits fondamentaux aux robots mettent en avant leur autonomie qui serait un critère suffisant. Or il ne l'est absolument pas et les animaux sont des êtres autonomes. Surtout, contrairement aux robots, ils sont vivants. Mais bon nombre d'entités

---

[447] A. Bensoussan, J. Bensoussan, *Droit des robots*, Larcier, 2015.

autonomes, animées et vivantes ne se voient pas reconnaître d'aptitude à avoir des droits. Malgré leur immense intelligence attestée scientifiquement, les dauphins, les perruches et les poulpes, qui apprennent et évoluent naturellement, ne sont pas dotés pour autant d'un patrimoine juridique[448]. Lorsqu'en 1978 on a rédigé une « Déclaration des droits des animaux », certains y ont vu un risque de déshumanisation. Il ne s'agirait pas de reconnaître des droits au profit des animaux mais seulement d'imposer des devoirs aux hommes à l'égard des autres êtres vivants. Aujourd'hui, dans le Code civil, les atteintes aux animaux restent des atteintes aux biens. Demeure une distinction essentielle entre l'humain et le non humain. Et même les extraterrestres, s'ils sont doués de raison et de conscience, devraient se voir accorder bien plus de droits que les IA[449].

Par ailleurs, s'il est vrai qu'on peut attendre une protection des IA par le droit, par exemple contre des utilisations abusives, des destructions par des tiers ou des copies sans autorisation, il convient de ne pas confondre personnalité juridique et protection juridique, la seconde pouvant parfaitement aller sans la première. Les œuvres d'art sont rigoureusement protégées juridiquement sans avoir été pour autant personnifiées. Il n'est pas utile d'attribuer des droits à une chose pour la préserver d'éventuels abus. C'est à l'humain propriétaire de cette chose que les droits doivent aller. Quant aux animaux, si on leur a récemment reconnu la qualité d'êtres vivants doués de sensibilité, ils n'en demeurent pas moins classés dans la catégorie des biens, meubles ou immeubles lorsqu'ils sont attachés à l'exploitation d'un fonds. Et pourtant le droit les protège assez fortement : l'article 515-14 du Code civil dispose ainsi que, « sous réserve des lois qui les protègent, les animaux sont soumis au régime des biens ». Or les lois en question interdisent les sévices et les actes de cruauté envers des animaux[450]. Quant aux robots, il est difficile de défendre à leurs propriétaires de les démembrer, les modifier ou les détruire si bon leur semble : ils ne sont pas, eux, des êtres vivants doués de sensibilité. L'environnement, pour sa part, est l'objet de

---

[448] G. Loiseau, « Des robots et des hommes », *D.* 2015, p. 2369.

[449] J.-P. Marguénaud, « Un statut juridique pour les extraterrestres ? », in *Mélanges Claude Lombois*, PULIM, 2004, p. 97 s.

[450] J.-P. Marguénaud, « Actualités et actualisation des propositions de René Demogue sur la personnalité juridique des animaux », *Revue juridique de l'environnement* 2015, vol. 40, n° 1, p. 73 s.

régimes juridiques de plus en plus substantiels visant à le préserver des pollutions et autres atteintes humaines. Et pourtant il n'a jamais été question de lui accorder une personnalité juridique.

Pour ce qui est de la protection des personnes physiques, l'attribution d'une personnalité juridique est *a fortiori* incongrue. L'identification et la traçabilité des robots, nécessaires, peuvent parfaitement se passer de cette personnalité, comme cela est déjà le cas pour les biens dont le suivi est assuré grâce à un numéro d'immatriculation, permettant de définir les responsables en cas d'incident impliquant, par exemple, une voiture ou un lot de jambon sous vide. On ajoutera que les personnes physiques sans autonomie conservent pour autant leur personnalité juridique bien qu'elles soient incapables, dans l'impossibilité d'exprimer une volonté libre et éclairée. Les concernant, la protection attachée aux personnes est encore plus indispensable. On voit que la personnalité juridique est inhérente à la nature humaine et que, en tant que droit de l'homme, le droit ne fait que la reconnaître — en théorie puisque l'histoire a connu l'esclavage ou la mort civile. L'interdiction de l'esclavage est fondée sur la nature commune des êtres humains et donc sur l'absence de hiérarchie entre eux. À l'inverse, il faut autoriser l'esclavage des robots, cela au nom des natures différentes entre eux et les hommes et de l'existence d'une hiérarchie faisant que les hommes sont très supérieurs, surtout en droits, aux robots. Il y a donc bien, d'une part, les hommes et les personnes, qui ne font qu'un, et, d'autre part, les IA et les choses, qui ne font qu'un[451]. Accorder une légitimité équivalente aux IA et aux humains mettrait en péril la primauté de ces derniers et risquerait d'aboutir à une guerre de souverainetés juridiques[452]. Mais sans doute cela n'arrivera-t-il jamais, car on ne saurait croire que les hommes, qui ont seuls le pouvoir de faire et défaire le droit, pourraient perdre à ce point toute lucidité qu'ils en viendraient à forger eux-mêmes les armes de leur auto-destruction.

On peut dès lors conclure que « le souhait de l'attribution d'une personnalité aux robots semble plus répondre à l'expression d'une empathie déplacée, qu'à

[451] M.-A. Frison-Roche, « La disparition *de jure* entre les personnes et les choses : gain fabuleux, gain catastrophique ? », *D.* 2017, p. 2386.
[452] X. Bioy, « Vers un statut juridique des androïdes ? », *Journal International de Bioéthique* 2013, vol. 24, n° 4, p. 89 s.

une nécessité juridique en tant que telle »[453]. S'il s'agit de pouvoir dédommager les victimes d'un dommage causé par une IA en puisant dans le capital capital d'indemnisation dont celle-ci serait titulaire, il faut bien déterminer à qui il revient d'approvisionner ce capital. Dès lors, autant faire de ce dernier le responsable direct plutôt qu'un responsable indirect. Une responsabilité propre aux robots serait contre-productive en faisant écran à celle des fabricants ou des utilisateurs.

130. Une IA responsable est une IA dont des hommes sont responsables. En 2020, le collectif Impact AI a publié un livre blanc « IA digne de confiance » dans lequel il explique qu'une telle IA inspirant la confiance serait déjà une IA qui ne serait jamais abandonnée aux services informatiques des entreprises ou des administrations mais qui serait l'objet d'une véritable gouvernance, d'une véritable politique concertée et ordonnée, permettant d'en conserver une parfaite maîtrise. « L'utilisation de l'IA doit impliquer toute l'entreprise, quelle que soit sa taille », explique Impact AI[454]. Prolongeant cette approche, un principe directeur gouvernant le monde des IA semble devoir être le principe de responsabilité en vertu duquel les hommes et les organisations qui déploient et utilisent ces systèmes sont pleinement responsables devant la loi des éventuels dommages causés par ceux-ci. À aucun moment le déploiement des services informatiques ne saurait contribuer à une déresponsabilisation des êtres humains lorsque des décisions sont prises. « Seuls des êtres humains peuvent être tenus responsables de décisions issues de recommandations faites par des services d'IA et des actions qui en découlent »[455], affirme la « Déclaration de Montréal », avant d'ajouter que, « dans tous les domaines où une décision qui affecte la vie, la qualité de la vie ou la réputation d'une personne doit être prise, la décision finale devrait revenir à un être humain et cette décision devrait être libre et éclairée »[456], avant de rappeler que,

---

[453] M. Bouteille-Brigant, « Intelligence artificielle et droit : entre tentation d'une personne juridique du troisième type et avènement d'un “transjuridisme” », *LPA* 27 mars 2018, p. 7.

[454] Cité par E. Bembaron, « Intelligence artificielle : les entreprises en quête d'éthique », lefigaro.fr, 10 déc. 2020.

[455] « Déclaration de Montréal pour un développement responsable de l'intelligence artificielle », Université de Montréal, 4 déc. 2018.

[456] *Ibid.*

logiquement, « les personnes qui autorisent des services d'IA à commettre un crime ou un délit, ou qui font preuve de négligence en les laissant en commettre, sont responsables de ce crime ou de ce délit »[457]. Seuls les hommes, doués de raison et de conscience selon l'article 1er de la Déclaration universelle des droits de l'homme, sont responsables. On comprend dès lors qu'une IA responsable ne signifie pas une IA dotée de la personnalité juridique et sommée de répondre de ses actes. Il s'agit d'une IA fabriquée de façon responsable et dont les producteurs puis les utilisateurs demeurent à tout moment responsables, loin de pouvoir se décharger sur un mode « ce n'est pas ma faute mais celle du robot ». L'imprévisibilité, le caractère évolutif et potentiellement surprenant des algorithmes et de leurs effets ne sont pas des raisons de déresponsabiliser les hommes qui leur ont donné naissance mais plutôt des raisons de n'avancer que par petits pas en matière d'IA, de ne lancer des produits sur le marché qu'une fois que l'on est certain de leur parfaite sécurité et de leur entier respect des droits de l'homme numérique.

S'il est bien sûr délicat d'encadrer et de contrôler un objet instable, dont les effets changent à mesure de son apprentissage, la CNIL propose de poser une opportune « obligation de vigilance et de réflexivité » en vertu de laquelle les concepteurs et ceux qui déploient l'intelligence artificielle devraient prendre en compte cette caractéristique[458]. Ce principe, sorte de « principe de précaution à l'envers » faisant que chaque acteur de la chaîne de fabrication et d'utilisation est coauteur des résultats produits par l'IA et se doit d'être attentif[459], doit permettre de répondre dans le temps au défi constitué par le caractère instable et imprévisible des IA capables d'apprendre automatiquement. Il constitue aussi une réponse aux formes d'indifférence, de négligence et de dilution de responsabilité que peut générer le caractère

---

[457] *Ibid.*

[458] CNIL, *Comment permettre à l'homme de garder la main ? Les enjeux éthiques des algorithmes et de l'intelligence artificielle*, synthèse du débat public animé par la CNIL dans le cadre de la mission de réflexion éthique confiée par la loi pour une République numérique, déc. 2017, p. 50.

[459] A. Gattolin, C. Kern, C. Pellevat, P. Ouzoulias, « Intelligence artificielle : l'urgence d'une ambition européenne », Rapport d'information au Sénat, Commission des affaires européennes, 31 janv. 2019.

très compartimenté et segmenté des systèmes algorithmiques[460]. De plus, l'informatique, depuis longtemps, suscite une confiance exagérée dans le fait qu'elle serait généralement infaillible quand l'action et le jugement humains sont souvent biaisés. Mais un outil de géolocalisation peut vous inviter à traverser à pieds une autoroute, ce que ne ferait jamais un humain. Les IA font moins d'erreurs que les humains mais elles font des erreurs que jamais un humain ne ferait et qu'un minimum de vigilance permet de détecter. Le principe de vigilance et de réflexivité a vocation à prendre en compte et contrebalancer ce biais cognitif qui amène l'humain à accorder une confiance excessive aux décrets des algorithmes. Des procédures et mesures concrètes doivent favoriser le questionnement permanent à l'égard de ces objets techniques. L'IA actuelle peut dysfonctionner plus ou moins gravement et il est important que des hommes puissent à tout moment reprendre les commandes, l'empêchant d'engendrer une spirale infernale. Alors que l'essor des systèmes informatiques va de pair avec une érosion des vigilances individuelles, il faut encourager, au contraire, l'accompagnement humain des IA. En ce sens, le Comité économique et social européen prône une approche dite « *human-in-command* », soit des développements scientifiques et industriels de l'IA qui restent toujours responsables, sûrs et utiles, dans le cadre desquels « les machines restent les machines, sous le contrôle permanent des humains »[461]. Selon le CESE, « il n'est pas éthiquement acceptable qu'un être humain soit contraint par l'IA ou qu'il soit considéré comme un exécutant de la machine qui lui dicterait les tâches à accomplir »[462]. Le Parlement européen a repris à son compte l'approche « *human-in-command* », insistant sur la nécessité de préserver le principe selon lequel « l'humain contrôle la machine »[463], tandis que, pour l'Organisation internationale du travail, l'IA doit rester « sous contrôle

---

[460] CNIL, *Comment permettre à l'homme de garder la main ? Les enjeux éthiques des algorithmes et de l'intelligence artificielle*, synthèse du débat public animé par la CNIL dans le cadre de la mission de réflexion éthique confiée par la loi pour une République numérique, déc. 2017, p. 6.

[461] Comité économique et social européen (CESE), « Les retombées de l'intelligence artificielle pour le marché unique (numérique), la production, la consommation, l'emploi et la société », avis, 31 mai 2017.

[462] Comité économique et social européen (CESE), rapport public, 5 oct. 2018.

[463] Parlement européen, « Résolution relative à la politique industrielle sur l'IA et la robotique », 12 févr. 2019.

humain », les décisions finales touchant au travail doivent être prises par des êtres humains[464]. La Commission européenne, de son côté, propose de retenir une obligation de contrôle humain qui « contribue à éviter qu'un système d'IA ne mette en péril l'autonomie humaine ou ne provoque d'autres effets néfastes » et dont l'intensité devrait dépendre de l'utilisation prévue de l'IA et de ses incidences potentielles[465]. Une personne physique devrait donc systématiquement être responsable en dernier ressort du travail des algorithmes. Le Conseil constitutionnel a ainsi pu retenir que « ne peuvent être utilisés, comme fondement exclusif d'une décision administrative individuelle, des algorithmes susceptibles de réviser eux-mêmes les règles qu'ils appliquent, sans le contrôle et la validation du responsable du traitement »[466].

Ensuite, il n'est guère aisé, étant donné la pluralité d'intervenants autour d'une IA, de déterminer celui ou ceux, parmi eux, qui doit/doivent être tenu(s) responsable(s). Une intelligence artificielle est d'abord une machine complexe qui a des concepteurs et des fabricants multiples. Ce sont eux qui doivent être responsables en cas de difficulté. Mais ils ne sauraient l'être tous ensemble lorsque le problème est le fait de l'un d'entre eux. Pour la Commission européenne, « chaque obligation devrait s'appliquer à l'acteur ou aux acteurs qui est/sont le/les mieux placé(s) pour éliminer tout risque potentiel »[467]. Par exemple, le développeur est mieux en mesure d'éliminer les risques liés à la phase de développement et le déployeur est celui qui doit maîtriser les risques au cours de la phase d'utilisation. Pour sa part, le Parlement européen, dans sa résolution du 16 février 2017, suggère, s'agissant de la chaîne de responsabilité, que la responsabilité soit proportionnelle au niveau d'instructions données. Ainsi, si le problème vient

---

[464] Organisation internationale du travail, « Travailler pour bâtir un avenir meilleur », rapport de la commission mondiale sur l'avenir du travail de l'OIT, 22 janv. 2019.

[465] Commission européenne, « Intelligence artificielle – Une approche européenne axée sur l'excellence et la confiance », livre blanc COM(2020) 65 final, 19 févr. 2020.

[466] Cons. const., déc. n° 2018-765 DC, 12 juin 2018, *Loi relative à la protection des données personnelles*.

[467] Commission européenne, « Intelligence artificielle – Une approche européenne axée sur l'excellence et la confiance », livre blanc COM(2020) 65 final, 19 févr. 2020, p. 26.

de la période de formation par l'homme, ce dernier serait davantage responsable que si les difficultés sont apparues durant l'auto-apprentissage de l'IA. On ne saurait en tout cas trop démultiplier les responsables potentiels car la définition d'une chaîne de responsabilité allant du concepteur d'IA aux utilisateurs finaux est une ambition difficile à mettre en œuvre en pratique.

Enfin, il serait logique de traiter différemment les IA en fonction des secteurs dans lesquels elles interviennent et des risques potentiels qu'elles font courir aux humains. Il ne semble guère pertinent d'appliquer le même régime de responsabilité à une voiture autonome et à un service de prise de rendez-vous à distance. La Commission européenne va en ce sens en proposant de distinguer les applications d'intelligence artificielle « à haut risque » et les autres[468]. Et de définir ce « haut risque » à partir de deux critères cumulatifs : d'une part, le secteur (par exemple, « les soins de santé, les transports, l'énergie et certains pans du secteur public ») et, d'autre part, l'utilisation en elle-même, puisqu'un secteur à haut risque peut recourir à des applications ne portant pas de risque en soi[469]. Des usages non compris dans ces catégories pourraient cependant aussi être considérés à risque et donc être soumis à la même réglementation. La Commission prend les exemples de « l'utilisation d'applications d'IA dans les procédures de recrutement et dans des situations ayant une incidence sur les droits des travailleurs » et de « l'utilisation d'applications d'IA à des fins d'identification biométrique à distance et pour d'autres technologies de surveillance intrusive »[470].

131. La lutte contre les monstres juridiques. Qu'on se souvienne des « lois d'Asimov », qui n'ont rien de juridique : « Un robot ne peut porter atteinte à un être humain, ni, en restant passif, permettre qu'un être humain soit exposé au danger ; un robot doit obéir aux ordres qui lui sont donnés par un être humain, sauf si de tels ordres entrent en conflit avec la première loi ; un robot doit protéger son existence tant que cette protection n'entre pas en conflit avec la première ou la deuxième loi »[471]. Il y a les hommes et il y a les robots et, entre les deux, une hiérarchie parfaitement établie : l'homme doit toujours primer sur le robot. Toute chose risquant de faire douter de cette

---

[468] *Ibid.*, p. 20.
[469] *Ibid.*, p. 21.
[470] *Ibid.*, p. 21.
[471] I. Asimov, *Runaround* (1942), OPTA, 1967.

hiérarchie doit être empêchée *ipso facto*. Ces trois « lois d'Asimov », qui ne sont en réalité pas autre chose qu'un procédé littéraire, n'en demeurent pas moins le premier témoignage du besoin de réguler l'IA. Or, si la régulation de l'IA a donc émergé dans des œuvres de sciences fiction, elle doit aujourd'hui devenir une réalité. L'appel au droit est lancé. Il est temps de passer du bricolage juridique à la « Grande Muraille du Droit ». Bien sûr, l'intention est facile, la réalisation excessivement compliquée. Mais l'intention est le préalable nécessaire à la réalisation. On sait bien qu'il n'y aura sans doute jamais de droit mondial, efficace, pertinent et réactif de l'IA. On peut cependant œuvrer, chacun à son niveau, afin de faire un petit pas de plus sur ce très long chemin.

Pour commencer, il importe de refuser toutes les solutions juridiques « contre-nature », à l'image de la personnalité robotique[472]. Et, à l'inverse, on doit soutenir les réformes juridiques d'ordre humaniste, dont l'objectif essentiel est la protection de l'humanité contre tous les assauts anti-humanistes. Alors que ces derniers s'avèrent de plus en plus nombreux, provenant du milieu industriel mais aussi parfois du milieu scientifique, les juristes doivent prolonger les efforts des comités d'éthique (publics) et ne pas se tromper de combat. S'ils ont et auront beaucoup de travail, encore faut-il qu'ils prennent le temps de choisir les bons outils et la bonne matière première, ou alors ils produiront beaucoup de monstres juridiques.

Nous devons, juristes, ne plus succomber à la mode des technoprophètes pour lesquels « le droit devrait suivre les apparences : plus l'androïde nous ressemble plus l'anthropomorphisme juridique devrait progresser »[473]. En revanche, nous devons penser des solutions opérationnelles, concrètes, respectueuses des droits de l'homme numérique dans leur contenu et dans leurs effets. Cela concerne en premier lieu le droit civil et les régimes de responsabilité en cas de défaillance de l'IA causant un préjudice à son utilisateur ou à un tiers. Par exemple, ne pourrait-on pas considérer que la responsabilité du fait des produits défectueux devrait devenir la

---

[472] F. Rouvière, « Robots et mères-porteuses : la confusion des personnes et des choses », *RTD Civ.* 2018, p. 261.
[473] X. Bioy, « Vers un statut juridique des androïdes ? », *Journal International de Bioéthique* 2013, vol. 24, n° 4, p. 91.

responsabilité de droit commun en la matière[474] ? La Commission européenne a en ce sens créé un groupe d'experts pour apprécier l'applicabilité de la directive sur la responsabilité du fait des produits aux nouvelles technologies, initiative soutenue par le Parlement européen[475]. Le producteur du robot serait responsable dès lors que le dommage causé est consécutif à une défaillance de la machine ne répondant pas au niveau de sécurité auquel on peut légitimement s'attendre, comme le prévoit l'article 1245 du Code civil. Sans doute ne s'agirait-il pas de créer un régime entièrement neuf mais plutôt de s'appuyer sur les règles déjà existantes. Contrairement à ce que l'on est souvent tenté de penser, le droit est suffisamment souple, suffisamment général, pour que des lois écrites à une autre époque puissent s'appliquer pertinemment aux nouvelles technologies. Quelques adaptations seraient sans doute nécessaires, par exemple s'agissant de la notion de produit afin de viser expressément à ce titre les choses incorporelles aussi bien que les choses corporelles et donc couvrir toutes les situations (IA avec ou sans corps matériel)[476]. De même la notion de défaut, décrite par la directive européenne telle une absence de sécurité à laquelle on peut légitimement s'attendre, qu'il conviendrait de repenser afin de la rendre pertinente à l'égard de l'IA. En s'appuyant sur les dispositions de la directive selon lesquelles il doit être tenu compte, dans l'appréciation de la sécurité à laquelle on peut légitimement s'attendre, « de l'usage du produit qui peut être raisonnablement attendu », le recours à l'IA justifierait une exigence accrue quant à ce qui peut être « raisonnablement » attendu de l'usage de la chose[477]. Et sans doute faudrait-il éliminer certaines causes d'exonération mal venues s'agissant de machines auto-apprenantes, notamment le fait que la responsabilité du producteur n'est pas engagée si, compte tenu des circonstances, il y a lieu d'estimer que le défaut ayant causé le dommage n'existait pas au moment où le produit a été mis en circulation par lui ou que

---

[474] G. Loiseau, A. Bensamoun, « La gestion des risques de l'intelligence artificielle », *JCP G* 2017, p. 1203.

[475] Parlement européen, « Résolution sur une politique industrielle européenne globale sur l'intelligence artificielle et sur la robotique », 2018/2088 (INI), 12 févr. 2019.

[476] G. Loiseau, « Les responsabilités du fait de l'intelligence artificielle », *Comm. com. électr.* 2019, n° 4, comm. 24.

[477] *Ibid.*

ce défaut est né postérieurement ou encore s'il peut être établi que l'état des connaissances scientifiques et techniques, au moment où le produit a été mis en circulation, ne permettait pas de déceler l'existence du défaut. Il est important de pouvoir saisir aussi les défauts « évolutifs » que l'IA ne manquerait pas de faire advenir[478].

Ensuite, si l'IA n'est pas défectueuse, la responsabilité du fait des choses, prévue à l'article 1242 du Code civil, pourrait trouver à s'appliquer. Elle rend responsable l'utilisateur de la chose, qu'il en soit ou non propriétaire, dès lors qu'il en est le gardien. Ici aussi, quelques adaptations et clarifications seraient indispensables, notamment s'agissant de la possibilité pour un produit immatériel d'être considéré comme un produit. Et il faudrait sans doute étendre la notion de garde, qui est le pouvoir de direction et de contrôle sur la chose, à une garde devenue intellectuelle et non seulement matérielle.

Des évolutions, peut-être plus substantielles, seraient attendues en matière de régimes spéciaux d'indemnisation. Celui relatif aux accidents de la circulation, par exemple, ne serait à l'évidence pas adapté à l'arrivée sur nos routes de véhicules autonomes dès lors qu'il place au cœur de son système le conducteur. La délégation de la conduite à une IA obligera à trouver d'autres responsables — l'IA, dépourvue de personnalité juridique, ne pouvant être rendue elle-même responsable d'un éventuel accident. Le Parlement européen ne manque ainsi pas d'observer que « la prévalence de véhicules autonomes présentera des risques [...] de défaillances techniques et va transférer à l'avenir la responsabilité du conducteur vers le fabricant, imposant aux compagnies d'assurances de modifier la manière dont elles intègrent le risque dans leur souscription »[479].

En tout cas ne s'agira-t-il jamais d'amener les robots, y compris les plus autonomes, à devoir répondre de leurs actes, écartant toute responsabilité humaine. Ou alors produirait-on un de ces monstres juridiques que le métier de juriste vise à prévenir et éviter. On propose de distinguer les « robots

[478] *Ibid.*

[479] Parlement européen, « Résolution sur une politique industrielle européenne globale sur l'intelligence artificielle et sur la robotique », 2018/2088 (INI), 12 févr. 2019, § 91.

autonomes » et les « robots sous contrôle »[480]. Il ne doit exister que des robots sous contrôle. Certes, une IA autonome peut prendre seule des décisions, lesquelles, comme toute décision, sont susceptibles d'emporter des conséquences dommageables. Mais pareille situation ne diffère guère de celle des dommages causés par les animaux dont les propriétaires sont responsables. L'animal ne doit jamais échapper au contrôle de son propriétaire. Il doit en aller de même concernant le robot, ou alors ce sera son propriétaire et non lui-même qui sera tenu responsable.

II. Le développement durable numérique

132. Les droits de l'homme numérique, des droits pour les générations futures. Dans « Prométhée aux enfers », Albert Camus écrit : « Je doute parfois qu'il soit permis de sauver l'homme d'aujourd'hui. Mais il est encore possible de sauver les enfants de cet homme dans leurs corps et dans leurs esprits. Il est possible de leur offrir en même temps les chances du bonheur et celles de la beauté. Si nous devons nous résigner à vivre sans la beauté et la liberté qu'elle signifie, le mythe de Prométhée est un de ceux qui nous rappelleront que toute mutilation de l'homme ne peut être que provisoire et qu'on ne sert rien de l'homme si on ne le sert pas tout entier »[481]. Ainsi pourrait-on résumer l'approche par l'humanisme juridique de la technique dans ses réalisations les plus contemporaines. Soutenir les droits de l'homme numérique, c'est aussi, à travers le principe de « développement durable numérique », défendre les générations futures qui, beaucoup plus que les générations actuelles et même que les « *digital natives* » d'aujourd'hui, verront leur dignité, leur égalité et surtout leur liberté être malmenées par des IA toujours plus omniprésentes. Auront-elles encore un quelconque sens de la beauté, cette sensation éminemment intuitive et subjective, quand leurs vies seront intégralement et précisément réglées par des prothèses

[480] G. Courtois, « Robots intelligents et responsabilité : quels régimes, quelles perspectives ? », *Dalloz IP/IT* 2016, p. 287 s.

[481] A. Camus, « Prométhée aux enfers (1940) », in *Œuvres*, Gallimard, coll. Quarto, 2013, p. 1121.

technologiques ? Or, comme l'a dit Camus, la liberté ne va pas sans la beauté. On ne peut pas avoir le goût de la liberté si l'on a aucun goût. Le développement durable numérique vise à sauver les corps et les esprits de ceux qui, dès le berceau connecté, n'auront jamais connu autre chose que le monde hyper-connecté et hyper-nudgé. Lorsque nous avons été libres, nous sommes tentés, face à qui nous entrave, de nous évader afin de recouvrer notre liberté. Mais celui qui n'a jamais connu que le téléguidage permanent et le prêt à penser peut plus difficilement être demandeur d'autonomie, de souveraineté individuelle. C'est pourquoi nous devons, aujourd'hui, quand il est encore temps car nous n'avons pour l'heure pas oublié ce que signifie être libre, prévenir les possibles dérives liberticides ou autrement anti-humanistes des IA et de leurs promoteurs.

C'est à nous qu'il revient d'agir, maintenant, et notamment par le droit. Si l'IA peut le meilleur comme le pire et que, naturellement, elle tend plutôt à se diriger vers le pire, en tout cas sous un angle humaniste, chacun peut agir afin de réorienter ses développements vers la voie souhaitée. Ainsi agira-t-on pour soi-même et surtout pour les générations futures. On se rappelera qu'Albert Camus observait encore que « le christianisme historique reporte au-delà de l'histoire la guérison du mal et du meurtre qui sont pourtant soufferts dans l'histoire. Le matérialisme contemporain croit aussi répondre à toutes les questions. Mais, serviteur de l'histoire, il accroit le domaine du meurtre historique et le laisse en même temps sans justification, sinon dans l'avenir qui demande encore la foi. Dans les deux cas, il faut attendre et, pendant ce temps, l'innocent ne cesse pas de mourir. Depuis vingt siècles, la somme totale du mal n'a pas diminué dans le monde. Aucune parousie, ni divine ni révolutionnaire, ne s'est accomplie »[482]. Le pouvoir n'est qu'humain. Nous ne pouvons attendre que de nous-mêmes la construction de notre destin commun. Mais nous sommes capables de grandes choses, y compris de belles œuvres juridiques comme pourrait l'être une déclaration des droits de l'homme numérique. Camus notait aussi combien « l'homme n'est pas entièrement coupable, il n'a pas commencé l'histoire ; ni tout à fait innocent puisqu'il la continue »[483]. La responsabilité humaine, individuelle et collective, par rapport au passé est limitée puisque celui-ci nous est donné et

[482] A. Camus, « L'Homme révolté (1951) », in *Œuvres*, Gallimard, coll. Quarto, 2013, p. 1078.
[483] *Ibid.*, p. 1072.

qu'on ne saurait le changer. En revanche, cette responsabilité à l'égard de l'avenir est entière. Le futur n'est pas nécessairement la continuation de l'histoire. Les générations présentes sont capables de décider aujourd'hui de ce que sera demain. Mais, pour cela, encore faut-il qu'elles refusent le passéisme et la passivité dans lesquels il est tentant de se réfugier, car prendre son destin en main — non en tant qu'individu mais en tant qu'humain — est une noble mais très intimidante tâche.

Cette tâche semble pourtant devoir être accomplie maintenant. Peut-être sera-t-il bientôt trop tard. Quand tous les pays du monde auront adopté le système de crédit social et quand toutes les populations auront accepté de renoncer au plaisir de la conduite automobile afin de permettre la pleine efficacité des réseaux de voitures autonomes, on ne pourra plus revenir en arrière. Le développement durable numérique, comme le développement durable tel que conçu en matière écologique, n'a pas pour objectif de préserver les hommes d'aujourd'hui mais ceux de demain. En effet, si, de nos jours, il est encore aisé de refuser les objets connectés ou d'avoir affaire à un système automatisé dans de nombreux cas, peut-être cela ne sera-t-il pas le cas des générations futures. En même temps, ces dernières, qui n'auront jamais connu aucun autre mode de vie, seront beaucoup moins sensibles et donc réfractaires à cette forme de spoliation de la vitalité de leurs vies que les générations actuelles. Les droits de l'homme numérique sont des droits de l'homme futur davantage que des droits de l'homme actuel. Ils posent la question du droit des générations futures, comme le fait le droit de l'environnement avec lequel le droit du numérique présente de nombreux points communs. Actuellement, on vit encore à peu près « normalement ». Mais qu'en sera-t-il demain ? On doit penser dès à présent de nouveaux principes d'anticipation pour éviter, notamment, que l'univers numérique nous paralyse, nous inhibe et remette en cause rien de moins que notre conception humaniste de l'humanité et les principes qui en découlent, comme, par exemple, la démocratie. Un monde dans lequel les juristes en seraient venu à faire consacrer la personnalité juridique des robots tout en ignorant toute personnalité juridique des générations futures ne serait-il pas le pire des mondes ? Ces générations futures doivent pouvoir se défendre ou, du moins, doivent être défendues. Sans doute n'y a-t-il de droits qu'en cas de réciprocité, ce qui n'est pas le cas avec les générations futures qui n'ont pas l'obligation d'assurer le bien-être des générations présentes. Mais sans doute est-ce aussi une exigence fondamentalement morale que de penser à nos enfants, petits-enfants, arrières petits-enfants et au monde dans lequel ils évolueront.

133. Une IA qui ne compromet pas la capacité des générations futures à vivre dignement, librement et égalitairement. Si, dans l'ensemble, l'optimisme semble l'emporter sur le pessimisme en matière de perspectives de l'intelligence artificielle, il est remarquable que le deuxième domaine au sujet duquel les craintes du grand public sont les plus fortes, après le travail, est « la société » en général — 45 % des français estiment que le développement de la robotique est une menace[484]. L'IA n'est ainsi pas le sujet intéressant le moins la « collapsologie », ce « discours sur ce qui s'effondre », en l'occurrence la civilisation du XIXe et du XXe siècles et le « système global » en raison du réchauffement climatique et de l'épuisement des ressources. Elle concerne aussi les survivalistes, qui brandissent les menaces économique, climatique, civilisationnelle et technologique et qui se préparent à une très prochaine fin du monde — ou fin d'un monde. Les collapsologues rappellent que plus une société est inégalitaire, plus elle risque d'exploser. L'IA pourrait par conséquent être le terreau d'une très grave crise sociale. En tout cas pose-t-elle de redoutables questions éducatives, philosophiques et politiques. Là encore, le droit, répondant au principe de développement durable numérique, est appelé à intervenir dès à présent afin de favoriser l'avènement d'une IA qui ne compromet pas la capacité des générations futures à vivre dignement, librement et égalitairement. En 1992, le Sommet de la Terre de Rio, tenu sous l'égide des Nations Unies, a défini les trois piliers du développement durable : un développement économiquement efficace, socialement équitable et écologiquement soutenable. Telle est la voie à suivre pour le développement durable numérique, mais en ajoutant le besoin que les progrès de l'IA ne nuisent jamais à la dignité, à la liberté ni à l'égalité des hommes. Le droit de l'IA doit être un droit qui anticipe et combine précaution et action, qui s'organise autour des droits de l'homme numérique, mais aussi autour du développement durable numérique et du principe de précaution numérique — ce dernier n'étant pas un principe d'immobilisme mais un principe

[484] Sondage Odoxa.

d'action, d'incitation à la recherche et à l'évaluation, permettant d'envisager pourquoi pas des actions en justice préventives et non plus répressives.

Les enjeux sont immenses. La démocratie, notamment, pourrait ne pas survivre au creusement de fossés au sein de la population, notamment en termes d'intelligence, de culture et d'éducation. La « trumpbrexisation » de la fin des années 2010 en serait un premier témoignage. La montée de la misère, y compris misère intellectuelle, s'accompagne toujours d'une poussée du populisme et des partis extrémistes. Or le danger parmi les plus ultimes de tous, mis en lumière par l'historien israélien Yuval Harari[485], est celui de faire advenir un monde scindé en deux, avec une élite d' « hommes-dieux » d'un côté et des masses d'inutiles de l'autre, un monde gouverné par une petite aristocratie de puissants grâce à leur capacité d'innovation et à leurs moyens technologiques et un monde hostile pour les hordes de désœuvrés du numérique incapables de s'adapter aux changements de leur environnement. Le risque est d'arriver à une situation non plus de complémentarité entre les individus (intellectuels et manuels, directeurs et salariés, décideurs et exécutants) mais d'opposition entre une élite de l'intelligence et un prolétariat affaibli, démuni, abandonné, entre ceux qui voguent sur la vague des nouvelles technologies et les naufragés du numérique et de la société de la connaissance.

En outre, la démocratie est d'ores et déjà victime de la désintermédiation généralisée promue par les grands acteurs de l'économie des données et des IA, qui a pour effet de renforcer la défiance envers les représentants, envers les élus. De l'autre côté de la balance, l'objectif de ces acteurs est de garantir ou renforcer la confiance des utilisateurs dans leurs services, dont dépendent très largement leurs succès. Et bien d'autres défis et problématiques se posent : atteintes à la vie privée, pollutions, hiérarchisation arbitraire et non journalistique de l'information, incompréhension du grand public qui ne prend pas garde à l'enfermement dans des bulles de filtre et à la mise en pilotage automatique des vies, biais dans les données qui se reflètent dans les résultats, donc discriminations en tous genres — l'intelligence de l'intelligence artificielle dépend assez exactement de la qualité des données qui la nourrissent et une base de données biaisée et discriminante produira des résultats symétriquement biaisés et discriminants ; l'intelligence

---

[485] Y. Harari, *Homo Deus – Une brève histoire de l'avenir*, Albin Michel, 2017.

artificielle est sous l'influence des catégorisations, préconçus et stéréotypes de ceux qui l'abreuvent en données, si bien que les problèmes peuvent venir moins des algorithmes et des réseaux de neurones que des masses d'informations non neutres qu'ils traitent.

Cependant, si l'IA contribue à l'effondrement d'un monde qu'on pouvait croire stable et pérenne, elle participe aussi à la construction d'un nouveau monde — et peut-être cet aspect, constructif et positif plutôt que plaintif et négatif, est-il le plus intéressant. Il ne faut en tout cas pas exagérer l'un au détriment de l'autre. Il convient de n'être ni technophobe ni technophile mais « techno-lucide » et « techno-éclairé ». L'IA et les données pourraient être le prochain « cliquet malthusien », permettant à l'humanité de faire un grand bond en avant aussi bien d'un point de vue quantitatif que d'un point de vue qualitatif, après l'agriculture, la révolution industrielle, l'exploitation du charbon, du gaz, de l'électricité ou du pétrole.

Ensuite, ces difficultés ne sauraient pour autant justifier de se retrancher derrière les objets les plus objectifs et les problématiques les moins polémiques, ne sauraient inciter à se cantonner à la simple analyse technologique de l'IA. Formellement et matériellement, il faudra trouver les moyens de réguler et non laisser faire les robots, les hommes augmentés et le nouvel « *homo deus* ». On pourrait, par exemple, craindre la prolifération d'une forme de racisme cognitif : une discrimination et un rejet des plus intelligents et des augmentés envers les moins intelligents et les non augmentés. Et puis, avec la pantoprédictibilité et la dictée sociale des algorithmes, il faudrait prévenir la tentation des générations futures de tomber dans la datacratie, l'algocratie, le dataisme et la datadépendance, c'est-à-dire l'enfermement dans un monde de chiffres, de statistiques et d'algorithmes déshumanisants et dénaturants. Peut-être mieux vaut-il conserver une grande part de hasard, lequel définit depuis toujours la vie et la marche du monde.

Les bioconservateurs pourraient-ils triompher et interdire ou supprimer les technologies ? Ou bien, tout à l'inverse, l'anarchie technologique pourrait-elle l'emporter, avec un développement tous azimuts uniquement motivé par la quête de nouveaux marchés, de nouveaux profits et de nouveaux monopoles, peu important que cela nuise à l'humanité et à l'intérêt général ? Peut-être la meilleure voie à suivre est-elle, comme souvent, celle de l'équilibre, ici en encadrant raisonnablement le pouvoir démiurgique de l'homme et ses relations avec l'IA. Au Canada, par exemple, on revendique des politiques en intelligence artificielle faisant la part belle à la liberté d'entreprise, comme aux États-Unis, tout en insistant sur les enjeux éthiques, comme en Europe. Le mot d'ordre est là-bas « *non predatory* », les progrès technologiques n'étant autorisés qu'à condition de servir l'intérêt public.

134. Le principe de proportionnalité. Le droit a notamment vocation à rechercher l'équilibre entre prise de risque, puisque l'homme a toujours voulu innover par la technique, et précautions dès lors que ces innovations s'avèrent parfois être des armes de destruction massive. Un principe qui pourrait rendre quelques services au moment de réaliser concrètement l'équilibre entre préservation de l'humanité et développement des technologies numériques serait le principe de proportionnalité — certes, comme beaucoup de principes, aisé à énoncer en théorie mais plus délicat à appliquer en pratique. Ainsi, à chaque fois qu'une innovation technique serait susceptible de porter atteinte à un droit fondamental, il faudrait comparer la gravité de cette atteinte avec les bénéfices en découlant en contrepartie. Si les bénéfices l'emportent, par exemple en termes de sécurité collective ou de gains de productivité, alors cette innovation peut être validée, acceptée et donc poursuivie. Mais encore faut-il savoir quantifier le poids des différents droits fondamentaux et surtout ne jamais le sous-estimer. Dans le cas des voitures d'aujourd'hui qui embarquent un système nommé AEBS (*Advanced Emergency Braking System*) permettant, grâce à l'IA, de détecter qu'un piéton traverse la rue et entraîne le freinage automatique du véhicule pour éviter l'accident, système qui diminuerait grâce à sa grande réactivité de 40 % le nombre de collisions[486], on voit mal au nom de quelle liberté de conduire et de ne pas être assisté par une IA on pourrait s'opposer à un tel progrès pour la sécurité routière.

Par exemple, les progrès de la médecine de précision dépendent de la constitution de bases de données toujours plus larges, à la fois en termes de nombres d'individus concernés qu'en termes de nombre et de variété de données conservées sur chacun d'entre eux. La médecine de précision entend profiler le plus finement possible le patient et la pathologie qui le touche afin

---

[486] Y. Le Cun, « Les applications bénéfiques de l'intelligence artificielle vont, de loin, l'emporter », lemonde.fr, 7 févr. 2020.

de comparer son profil à ceux d'autres individus, de manière à identifier le traitement le plus approprié. Dans ce cas, il semble que le progrès de la médecine et l'efficacité des soins qui en découlent triomphent allègrement du droit fondamental au respect de la vie privée, des méthodes d'anonymisation et de confidentialité permettant d'ailleurs de diminuer de beaucoup les atteintes portées à ce droit. En revanche, dans le cas de systèmes de vidéoprotection équipés de moyens de reconnaissance faciale permettant de géolocaliser partout dans l'espace public les déplacements des individus, les gains en termes de protection de la population ne paraissent pas pouvoir l'emporter sur la protection des droits fondamentaux. Dans de nombreux cas, il sera plus difficile de se mettre d'accord quant aux poids respectifs des enjeux en présence. Par exemple s'agissant du domaine de la sécurité, dans quelle mesure peut-on collecter des données massives sur les individus afin de favoriser le repérage des suspects ? Il ne s'agit alors pas d'autre chose que de choix politiques, par définition relatifs et contestables quel que soit leur sens. Dans l'idéal, il faudrait, grâce à ce principe de proportionnalité, parvenir à trouver un juste équilibre entre protection des libertés et préservation de la sécurité.

En matière purement commerciale, sans doute sera-t-il plus difficile, mais pas impossible, de justifier une atteinte à un droit de l'homme par une IA au nom des bénéfices que celle-ci apporterait. Si un système informatique est utilisé de manière à renforcer la jouissance d'une liberté fondamentale tout en malmenant dans le même temps un autre droit fondamental, le principe de proportionnalité devrait s'appliquer normalement. En revanche, si un tel système met à mal un droit de l'homme tout en favorisant des intérêts qui ne sont pas consacrés dans une prérogative reconnue au niveau ultime de l'ordre juridique, alors il paraît impossible de tolérer le fonctionnement de ce système. On voit sans peine l'opportunité d'algorithmes conçus pour prédire le risque d'un patient de développer une pathologie ou pour anticiper le temps d'occupation d'une chambre par un patient. En revanche, on ne peut que contester la pertinence d'algorithmes servant à faire passer contre son gré un promeneur dans certaines rues plutôt que d'autres afin de l'obliger à regarder les vitrines de certains magasins qui auraient payé pour obtenir cette exposition. Le marcheur, croyant que son GPS lui indique la route la plus directe, serait en réalité téléguidé par des manipulations d'ordre économique. Le principe de proportionnalité vise aussi à s'assurer à tout moment que l'IA reste au service de l'homme et que ce n'est pas l'homme qui devient subrepticement au service de l'IA et de ceux qui, défendant des intérêts particuliers, se cachent derrière. À chaque fois que l'homme, derrière les apparences, est en réalité manipulé afin de servir des objectifs économiques particuliers, satisfaire l'exigence de proportionnalité devient par définition plus compliqué. L'idéal de l'IA, c'est celui d'une communion avec l'humain. On a ainsi démontré, en matière de diagnostic de certaines maladies graves, qu'un algorithme présentait une marge d'erreur de 8 % contre 6 % s'agissant du médecin. En cas d'approche croisée entre l'homme et la machine, le taux d'erreur baisse à 0,5 %. L'IA, comme toute technique, n'a bien sûr de sens qu'à condition d'être humainement profitable. Mais l'IA, plus que toute autre technique, risque de ne pas être humainement profitable dans de très nombreuses situations. C'est bien pourquoi le droit est sommé d'intervenir, par exemple au moyen d'un principe de proportionnalité ou d'autres principes d'anticipation permettant d'encourager les effets positifs de la technique et de limiter ses effets négatifs.

Le principe de proportionnalité présente l'avantage de ne pas incarner un apriori négatif à l'égard de l'IA. Cela paraît important car un enjeu important est de ne pas brider les innovations potentiellement profitables au nom d'un conservatisme humaniste mal venu. L'approche critique est une approche neutre supposément capable de faire la part du bien et du mal sans incliner naturellement vers l'un ou l'autre. Or la crise liée au nouveau coronavirus a témoigné de tous les bienfaits que l'informatique et la robotique peuvent apporter, par exemple en évitant de trop exposer des soignants en les remplaçant dans tout un tas de situations par des robots médicaux ou des robots sociaux. En Lombardie, par exemple, l'hôpital de Varèse a recouru à des androïdes capables de se rendre auprès des malades pour vérifier leurs paramètres vitaux et déclencher les éventuelles procédures indispensables au maintien en vie des malades les plus durement atteints. On opposera la déshumanisation des soins et l'effet délétère dans l'esprit des patients en contact non plus avec des infirmiers et des médecins humains mais avec des robots — en l'occurence des robots blancs, dotés d'écrans et de capteurs et d'autres, plus sommaires, ressemblant à un petit balai noir sur roues avec une tête-écran rectangulaire. Cependant, face aux risques de contamination des soignants et au manque de moyens humains, on ne semble pouvoir que faire pencher la balance du côté de l'utilisation de ces nouveaux moyens techniques. S'il ne s'agit pas de soutenir les économies à tout prix et les réductions drastiques des effectifs, on voit bien l'intérêt, en période de crise, du recours à ces technologies permettant des gains de temps précieux. Et des médecins ont d'ailleurs noté que ces petits robots, loin d'engendrer la dépression des malades, en faisaient sourire certains.

On notera par ailleurs que, grâce à des techniques d'IA, la startup canadienne Bluedot est parvenue à prédire l'épidémie de coronavirus bien plus tôt que l'OMS, rappelant la capacité de Google de prévoir les épidémies de grippe avant les autorités publiques en se basant sur les requêtes faites sur son moteur de recherche. Dès le 31 décembre 2019, Bluedot a alerté ses clients d'une probable épidémie du virus de Wuhan. En comparaison, l'OMS n'a averti le public que le 9 janvier 2020, quand les CDC des États-Unis (Centers for Disease Control and Prevention) ont donné l'alerte le 6 janvier[487]. Dans le secteur de la santé en particulier, l'IA peut donc jouer un rôle majeur et bénéfique et le développement durable numérique doit aussi consister à soutenir tous les apports bénéfiques potentiels de l'informatique. Bluedot, par exemple, est une plateforme de surveillance sanitaire qui analyse des milliards de données en temps réel. Son système d'IA examine et croise les actualités du monde entier, les rapports de maladies affectant la faune et la flore, les données de compagnies aériennes, ou encore les déclarations officielles. Le cas échéant, une alerte est envoyée par l'entreprise à ses clients des secteurs publics et privés pour leur conseiller d'éviter les zones à risque. Autre exemple, l'inévitable Watson d'IBM s'est fait embaucher dans un hôpital américain où il aide des oncologues à établir plus rapidement des diagnostics et des traitements pour leurs patients. De la même manière, de plus en plus d'IA sont utilisées en matière sanitaire et, si quelques précautions doivent bien sûr être prises, par exemple afin d'éviter une excessive désincarnation-déshumanisation des diagnostics et des soins, on peut raisonnablement estimer qu'elles participent à un progrès de la médecine.

En revanche, lorsque Watson est recruté par les agences d'un célèbre réseau de banques, les syndicats ont de bonnes raisons de s'inquiéter et de manifester leur mécontentement face à cette assistance obligatoire pour les

---

[487] L. Bastien, « Une IA avait prédit le coronavirus de Wuhan bien avant l'OMS », lebigdata.fr, 27 janv. 2020.

25 000 conseillers des 5 000 agences Crédit Mutuel et CIC[488]. Sans doute ce super assistant traite-t-il 300 000 demandes de clients chaque jour et propose-t-il une aide à la recherche d'informations dans la base documentaire de la banque fort utile, mais dès lors que Watson est déployé afin de supprimer des postes et remplacer la relation humaine entre le client et le banquier par une relation robotique entre l'humain et son écran d'ordinateur, comme chez la Royal Bank of Scotland (RBS) ou l'assureur japonais Fukoku, il n'est pas certain que les clients de ces banques goûtent à cette manœuvre et on ne s'étonnerait guère que les établissements ayant choisi cette voie se retrouvent plus tard en difficulté et doivent cette fois se séparer de nombre de collaborateurs pour raisons économiques. Dans de nombreux emplois du tertiaire, les IA peuvent améliorer le service fourni aux clients car des bases de données de plus en plus riches en informations peuvent aider le travailleur à offrir un service approprié ou une information correcte. Mais le risque est de rapidement être tenté de passer de l'aide au salarié au remplacement du salarié. Alors la qualité du service apporté risque de ne plus profiter de l'IA mais de pâtir de l'IA. L'intelligence artificielle est la pierre angulaire de l'automatisation des tâches à l'œuvre depuis des années dans l'industrie, la banque, la grande distribution etc. ; et il existe peut-être des motifs juridiques de limiter ce processus en apparence inéluctable. Avec le principe de proportionnalité, il s'agit donc de moduler la sévérité du droit à l'égard des outils algorithmiques en fonction de la sensibilité des applications considérées, des secteurs en cause et de la configuration de la balance avantages/risques en termes de droits humains. En matière de santé, par exemple, le droit à l'homme devrait-il trouver à s'appliquer comme ailleurs, si bien que chacun aurait droit d'exiger que les décisions le concernant impliquent une intervention humaine et ne soient pas automatisées ? Pour assurer le déploiement des outils informatiques dans un cadre respectueux des droits humains, on peut compter sur le droit « dur », sur la loi, mais aussi sur les comités éthiques et autres chartes de bonnes pratiques sectorielles ou déontologiques qui, dans chaque entreprise, sans être la panacée, devraient permettre d'encourager une logique préventive insistant sur le besoin de loyauté et de vigilance dans l'utilisation de ces outils.

---

[488] G. Lenagard, « L'intelligence artificielle est-elle destructrice d'emplois ? », capital.fr, 31 mars 2020.

135. Le cas du travail : une IA au service de l'épanouissement des hommes. Pour le Parlement européen, il est clair qu' « une intelligence artificielle et une robotique transparentes et intégrant l'éthique sont potentiellement en mesure d'enrichir nos vies et de renforcer nos capacités, tant sur le plan individuel que pour le bien commun. […] L'IA et la robotique devraient être développées et déployées de manière centrée sur l'homme en vue de soutenir les personnes dans le cadre de leur travail et à domicile. […] L'IA peut être utilisée pour éviter que des personnes n'aient à effectuer des tâches dangereuses. […] L'utilisation accrue de la robotique et de l'IA devrait […] réduire l'exposition de l'homme à des conditions nocives et dangereuses et contribuer à davantage d'emplois de qualité et décents »[489]. En matière professionnelle — comme d'ailleurs en matière domestique —, l'IA annonce la fin des tâches ingrates, répétitives, pénibles, si bien que le compte professionnel de prévention (C2P), qui permet de déterminer et de référencer les facteurs de risques supportés par un travailleur, pourrait bientôt perdre toute utilité. De ce point de vue là, l'IA ne semble pouvoir qu'être encouragée. Mais, à l'image des nains du célèbre arrêt du Conseil d'État « Commune de Morsang sur Orge » qui préféraient être lancés par des ivrognes dans une boîte de nuit et gagner ainsi leur vie plutôt que se retrouver au chômage et sans le sou mais dont la justice a interdit l'activité au nom des droits et libertés fondamentaux[490], les travailleurs se retrouvant sans activité du fait de l'automatisation de leurs anciens métiers pénibles ne préféreraient-ils pas travailler encore, malgré la difficulté de leurs tâches, plutôt que se retrouver démunis ? Et, tout à l'inverse, des métiers autrefois dignes ne risquent-ils pas de devenir indignes à cause de la robotisations des travailleurs causée par leur association avec des IA ? La déclaration adoptée le 26 juin 2019 à l'issue de la 108e Conférence internationale du Travail évoque ainsi « de profondes répercussions sur la nature du travail et son avenir, de même que sur la place et la dignité de l'être humain dans ce nouveau contexte »[491].

---

[489] Parlement européen, « Résolution sur une politique industrielle européenne globale sur l'intelligence artificielle et la robotique », 12 févr. 2019.

[490] CE, n° 136727, 27 oct. 1995, *Commune de Morsang-sur-Orge*.

[491] Citée par J.-E. Ray, « L'OIT et les travailleurs de demain – N'entrons pas dans l'avenir à reculons ! », *JCP S* 2019, p. 1233.

La croissance reposant sur la révolution de l'IA supposerait de repenser la relation entre l'homme et la machine. L'impact de ces nouvelles technologies pourrait ainsi augmenter l'efficacité du travail de près de 40 % dans certains pays comme les États-Unis, le Japon, la Suède ou la Finlande (20 % en France) en modifiant la manière d'effectuer de très nombreuses tâches et en permettant aux salariés de travailler plus efficacement et de se concentrer sur ce qui comporte la plus grande valeur humaine ajoutée[492]. Or ce sont les conséquences du déploiement des IA sur la situation de l'emploi qui suscitent le plus de craintes : 74 % des français estiment que le développement de la robotique est une menace, tandis que, à l'inverse, ses répercussions en matière de développement de la médecine et des sciences génèrent le plus d'espoirs et 85 % des français jugent que le développement de la robotique est ici une opportunité[493]. Les économistes affichent des pronostics divers quant aux destructions d'emplois engendrées par l'IA : de 47 % aux Etats-Unis, selon une étude d'Oxford en 1993, à 14 % dans les quinze à vingt ans à venir selon une estimation de l'OCDE livrée en 2019 (16,4 % en France), tandis que le Conseil d'orientation de l'emploi (COE) français estime que 10 % des emplois seraient menacés de disparition et que 50 % d'entre eux devraient connaître de grands changements dans les années à venir. La question de l'emploi est l'une des principales clés de l'acceptation sociale de l'intelligence artificielle. Et l'on a vu la mission Villani recommander d'étendre la négociation annuelle, avec les délégués syndicaux, sur l'égalité professionnelle et la qualité de vie au travail à l'adaptation des compétences dans un environnement professionnel en transformation. Les révolutions industrielles ont toujours généré un moment d'angoisse généralisée. L'incertitude liée à la nouveauté et au brouillard entourant l'avenir, en premier lieu à un niveau micro-économique et à l'échelle de l'individu-salarié, provoque des inquiétudes. Mais les nouvelles technologies, jusqu'à présent, ont toujours bouleversé les modes de production sans pour autant entraîner des pertes d'emplois supérieures aux créations d'emplois. De nouveaux secteurs d'activité vont donner lieu à des métiers auxquels l'on n'a pas encore idée. Reste que l'adaptabilité et la

[492] Accenture and Frontier Economics, 2018.
[493] Sondage Odoxa.

souplesse, dans un tel contexte, seront les conditions d'une transition la moins chaotique possible vers l'économie des données et des IA.

La quatrième révolution industrielle façonnée autour des intelligences artificielles pose la question d'un grand renouvellement du marché du travail. Chaque révolution industrielle s'accompagne de profondes migrations des emplois : de l'agriculture vers l'industrie, de l'industrie vers les services, et aujourd'hui des services vers l'économie des données ? Les emplois dans les trois premiers secteurs seraient voués à être substantiellement remplacés par des robots et autres formes d'IA. On estime ainsi qu'il serait décisif d'envisager, dès aujourd'hui, le développement et le financement du secteur quaternaire constitué de métiers à haute valeur humaine ajoutée, dont le rôle serait notamment de s'occuper de l'humain (éducation, santé, culture, sport etc.). Si l'émancipation du secteur tertiaire et son déploiement au détriment du secteur secondaire ont été rendus possibles par l'enseignement obligatoire et la sécurité sociale, quelles mesures structurelles pourraient répondre au besoin de développement d'un secteur quaternaire ? Le développement durable numérique trouverait ainsi tout spécialement à s'appliquer en matière de réflexions autour du monde du travail.

Les travailleurs devraient donc progressivement être libérés des tâches les plus simples et les plus mécaniques ou sans valeur humaine ajoutée. Cela signifierait moins de routine, de répétitivité et peut-être de pénibilité au travail et plus de missions stimulantes. Il importerait surtout de favoriser la complémentarité entre intelligence humaine et intelligence artificielle, entre homme et machine. En rendant de nombreux outils et applications plus simples et intuitives, l'IA devrait permettre à un plus grand nombre de personnes de les utiliser. Ceux qui travailleront aux côtés de l'IA profiteront d'un soutien décisif et seront beaucoup plus productifs. Ils acquièreront de nouvelles compétences et des aptitudes supplémentaires. Certaines théories font même de l'IA le moyen de passer à l'âge des « employés augmentés » grâce à de nouvelles formes d'assistance électronique à la décision ou à l'activité. Les hommes sont beaucoup moins efficaces que les IA pour faire des prédictions pertinentes, en raison de leurs mémoires limitées et de leurs capacités de calcul plus faibles, ainsi que du fait de biais psychologiques. Dans ces conditions, les situations ne manquent pas dans lesquelles le travail de l'homme et le travail de l'IA peuvent être complémentaires. Il s'agit de recourir moins à des robots qu'à des cobots, c'est-à-dire des bots collaboratifs, qui assistent leurs collègues humains dans des tâches déterminées.

Divers nouveaux métiers devraient être créés. Il faudra des ingénieurs et informaticiens pour concevoir les IA, des gestionnaires et autres spécialistes des données (*data scientists*), des entraîneurs et superviseurs d'algorithmes, mais aussi des techniciens capables d'entretenir et réparer tous ces outils informatiques et technologiques. Mais beaucoup d'observateurs estiment que la quatrième révolution industrielle devrait engendrer plus de destructions que de créations et réorientations des emplois. La substitution de l'homme par la machine devrait frapper de très nombreux secteurs, de la comptabilité à la santé. En premier lieu, les emplois de bureau consistant à manipuler et organiser des données risquent fort de disparaître. Si le développement de l'intelligence artificielle provoque une baisse substantielle et pérenne de la demande de travail, le taux de chômage structurel pourrait augmenter. Les travailleurs les moins qualifiés et ceux dont les emplois demandent le moins de qualités humaines sont les plus exposés à ce risque de chômage technologique. L'IA, même faible, pourra effectuer toutes les tâches sans valeur humaine ajoutée (conduire un camion, tenir une comptabilité, traduire des textes ou des discours, diagnostiquer une maladie, par exemple). Cela est conforme à la théorie du progrès technologique biaisé, selon laquelle l'apparition de nouvelles technologies tend à détruire principalement les emplois peu qualifiés et à diriger la demande de travail vers le segment qualifié de l'offre de travail[494]. L'entrée massive des IA dans les entreprises pourrait donc accélérer, dans les pays développés, la segmentation du marché du travail. Néanmoins, si l'offre de capital humain s'ajuste en prévision des changements technologiques — ce à quoi il faut œuvrer urgemment en adaptant l'offre de formations et plus généralement tout le parcours éducatif —, les destructions brutes d'emploi pourraient rester limitées.

Peut-être faut-il protéger non les emplois mais les employés ; et alors les mots d'ordre seraient bien souplesse, flexibilité, adaptabilité. Il importerait de réinventer le travail, à l'échelle macroéconomique et, plus encore, à l'échelle microéconomique de chaque entreprise. Celle-ci peut en premier

---

[494] L. Galiana, « Les conséquences économiques de l'intelligence artificielle », *Idées économiques et sociales* 2018, n° 192, p. 32.

lieu répartir les tâches — et non les emplois — entre hommes et machines en cherchant le meilleur équilibre entre le besoin d'automatisation des calculs et de la gestion des données et le besoin de valeur humaine ajoutée. L'entrée dans l'ère de l'économie des données et des IA pourrait rendre les entreprises, dans l'ensemble, plus productives et plus compétitives. En premier lieu, les salariés sont supposés pouvoir travailler plus efficacement. Par exemple, il est aujourd'hui déjà devenu courant de travailler depuis chez soi sans perte d'efficacité et même en en gagnant — loin de l'époque des chaînes de travail du type Taylor. Cela pourrait entraîner des conséquences sur l'aménagement du territoire. Pouvoir travailler virtuellement à Paris tout en restant au fond de la campagne franc-comtoise ou bretonne serait une réponse au problème de la saturation du territoire, tant en termes de logements que du point de vue des transports. Mais cela supposerait une connectivité performante, un développement suffisant des réseaux de télécommunications. Il pourrait en aller à l'identique s'agissant des accidents du travail, de la pénibilité au travail ou du coût écologique du travail. L'IA permettrait de telles ruptures aux bénéfices macro-économiques divers et importants.

En somme, comme dans le secteur de la santé et comme partout, l'IA peut apporter beaucoup mais aussi faire perdre beaucoup dans le domaine du travail. C'est pourquoi il est décisif, y compris sous un angle économique mais plus encore d'un point de vue humain, d'anticiper les bouleversements à venir afin d'en tirer profit plutôt que de les subir. Le droit peut très bien prendre dès maintenant des précautions qui ne seront utiles que demain. Ainsi faudrait-il encourager une IA améliorant les conditions de travail et contrer toute IA tendant à robotiser les salariés en les soumettant au diktat de ses ordres automatisés. Il ne faut pas sous-estimer les risques liés aux conditions de déploiement des outils faisant appel à l'intelligence artificielle, notamment la perte d'autonomie ou l'intensification du travail[495]. Des risques nouveaux ont été mis en évidence, notamment s'agissant de la santé psychique qui peut être mise à mal par l'obéissance exclusive aux instructions d'une machine ou la diminution des contacts avec ses collègues humains. L'IA peut aussi être bénéfique pour la santé des travailleurs et la sécurité au travail. Le droit peut donc contribuer, à son échelle, à faire du

---

[495] G. Loiseau, « Intelligence artificielle et conditions de travail des salariés : un impact à prendre au sérieux », *Dalloz IP/IT* 2018, p. 437.

progrès technologique un progrès social. Pour l'heure, en France, la législation concernant les conditions de travail reste largement inspirée par les modes de travail de l'ère industrielle. On peut gager qu'il est d'ores et déjà temps de l'adapter au nouvel environnement dans lequel l'IA plonge les travailleurs, en particulier afin de favoriser la meilleure complémentarité entre l'homme et la machine et limiter les conséquences des nouveaux risques mis en évidence, éviter, par exemple, qui l'IA nuise à la capacité d'initiative et de réflexion.

136. Le principe de précaution numérique. Assez logiquement, le développement durable numérique s'accompagne d'un principe de précaution numérique, soit, pour reprendre la définition donnée à l'article L. 110-1 du Code de l'environnement tel qu'édicté par la loi du 2 février 1995[496], le principe selon lequel « l'absence de certitudes, compte tenu des connaissances scientifiques et techniques du moment, ne doit pas retarder l'adoption de mesures effectives et proportionnées visant à prévenir un risque de dommages graves et irréversibles à l'environnement, à un coût économiquement acceptable ». Dans sa version numérique, il s'agit, malgré l'absence de certitudes dues à un manque de connaissances scientifiques, sociologiques ou anthropologiques, de prendre des mesures anticipatives de gestion des risques eu égard aux dommages potentiels à l'homme et à la société. Quant à l'article 5 de la Charte de l'environnement[497], qui a installé le principe de précaution au sommet de la hiérarchie des normes, il prévoit que, « lorsque la réalisation d'un dommage, bien qu'incertaine en l'état des connaissances scientifiques, pourrait affecter de manière grave et irréversible l'environnement, les autorités publiques veilleront, par application du principe de précaution, et dans leurs domaines d'attribution, à la mise en œuvre de procédures d'évaluation des risques et à l'adoption de mesures provisoires et proportionnées afin de parer à la réalisation du dommage ». De même en cas de risque d'atteinte grave et irréversible à l'homme ou à la société par une technologie numérique les autorités publiques devraient-elles mettre en œuvre des procédures d'évaluation des risques et adopter les dispositifs normatifs nécessaires afin d'empêcher le dommage de se réaliser.

---

[496] L. n° 95-101, 2 févr. 1995, *Relative au renforcement de la protection de l'environnement.*

[497] L. constitutionnelle n° 2005-205, 1er mars 2005, *Relative à la Charte de l'environnement.*

Comme dans les domaines de l'environnement, de la santé ou de l'alimentation, les incertitudes quant aux effets futurs des systèmes technologiques devraient conduire à évaluer dès la conception les risques potentiels afin de prévenir par des mesures proportionnées leur survenue.

Si l'on reconnaît les devoirs des humains envers les générations futures, alors le principe de précaution est indispensable, notamment dans sa version numérique. Un tel principe de précaution est donc un principe d'anticipation et de prévention. Il rejoint et renforce le principe de vigilance que la CNIL a souhaité imposer aux divers acteurs du monde de l'IA. L'objectif est de favoriser un « état de veille permanente de nos sociétés à l'égard de ces objets socio-techniques complexes et mouvants que sont les algorithmes »[498]. L'IA ne saurait prospérer sans susciter chez chacun, au moment où il s'y trouve confronté, un questionnement, un doute méthodique. Pourtant, aujourd'hui, on se jette dans les bras des robots sans retenue, sans porter sur eux un regard critique ni s'interroger sur leurs effets à court ou long terme. *A fortiori* les acteurs de la construction et du développement des outils algorithmiques devraient-ils prendre du recul par rapport à leurs créations, parfois pour ensuite mieux avancer, d'autres fois afin de freiner et prendre une autre route. Le droit peut contribuer à leur donner les moyens d'être les veilleurs, lucides et actifs, toujours en questionnement, de la société numérique, par exemple en affirmant les principes de développement durable numérique et de précaution numérique. Avec de tels principes, on peut espérer que se développe un monde des IA vertueux, précautionneux, humain.

L'univers numérique questionne l'homme et la société au moins autant que l'écologie ou que la bioéthique. Comme dans ces domaines, le développement durable ne peut se réaliser qu'à condition qu'il y ait une prise de conscience et que celle-ci donne lieu à la défense de principes forts tels que le principe de précaution. Par exemple, l'interdiction du clonage humain est intervenue de façon préventive lors de la Convention dite « d'Oviedo » de 1998 (protocole STE n° 168), soit deux ans seulement après le clonage du

---

[498] CNIL, *Comment permettre à l'homme de garder la main ? Les enjeux éthiques des algorithmes et de l'intelligence artificielle*, synthèse du débat public animé par la CNIL dans le cadre de la mission de réflexion éthique confiée par la loi pour une République numérique, déc. 2017, p. 61.

mouton Dolly. La Convention elle-même a été ratifiée par 29 États seulement, mais il s'est tout de même agi du premier instrument juridique contraignant dans le domaine, cela afin de trouver un équilibre entre la liberté de la recherche et l'innovation, d'un côté, et la protection des personnes et de leurs droits et libertés fondamentaux, de l'autre. Or n'existe-t-il pas des enjeux similaires autour des applications existantes et à venir de l'IA ? Ne pourrait-on pas bientôt cloner robotiquement ou numériquement les hommes, ce qui poserait la problématique de l'éventuelle interdiction d'une telle pratique ? Bien sûr, on se gardera tout à la fois de penser que toute utilisation des biotechnologies serait par principe déshumanisante et déraisonnable et qu'il faudrait, par précaution, interdire de manière absolue les recherches en la matière et de considérer que tout ce qui est nouvellement rendu possible par les sciences et techniques serait par définition bon et utile et devrait toujours être encouragé, donc autorisé sans aucune limite. Mais peut-être la foi incantatoire dans les vertus d'un progrès irraisonné, s'opposant à toute réglementation ou même régulation des nouvelles technologies, est-elle plus dangereuse que le conservatisme humaniste justifiant une telle réglementation parfois excessive.

137. Interdire toute « augmentation » de l'homme qui le déshumanise. Le principe de précaution numérique pourrait en premier lieu justifier l'interdiction des prothèses numériques et autres objets connectés qui ont pour effet, à court terme ou sur le long terme, de déshumaniser ceux qui y recourent. On déciderait ainsi de refuser toute cohabitation entre *homo sapiens* et *homo artificialis*[499]. Contre les technoptimistes béats, mais aussi contre les bioconservateurs intransigeants, on peut soutenir ou refuser les applications d'IA au cas par cas en évaluant leurs conséquences possibles à la fois à l'échelle individuelle et à l'échelle collective. Chaque fois que la technique et l'homme se retrouvent confrontés, il faudrait se demander : qui sert qui ? Si la technique sert l'homme, elle mérite d'être encouragée. Si elle le dessert ou l'asservit, elle doit être dénoncée et abandonnée, cela au nom de l'humanisme dont les devises sont, suivant l'impératif pratique de Kant, « agis de telle sorte que tu traites toujours l'humanité comme une fin, et jamais simplement comme un moyen » et, pour reprendre la célèbre formule

---

[499] G. Vallancien, *Homo Artificialis – Plaidoyer pour un humanisme numérique*, Michalon, 2017.

du Protagoras de Platon, « l'homme est la mesure de toute chose ». Le nouveau surhomme façonné par les techniques informatiques sera un homme surhumanisé ou il ne sera pas. Alors que de tous temps, et notamment au cours du XXe siècle, les hommes les plus puissants ont pu être tentés de déshumaniser tout ou partie de leurs semblables, il est temps que l'humanisme s'impose comme religion d'État, qu'un grand parti humaniste gagne le cœur de citoyens conscients de leur responsabilité et impose cette idée selon laquelle l'humain doit être l'engrai et le fruit de toute objet technique, y compris le robot le plus perfectionné de tous. Les horreurs des « médecins maudits » et, d'une manière générale, de la Seconde Guerre mondiale ont contribué à l'essor des textes juridiques protecteurs de la dignité, de la liberté et de l'égalité des hommes[500]. Des erreurs ou des manipulations robotiques pourraient bientôt et à leur tour justifier l'écriture de nouveaux textes venant concrétiser les idéaux de l'humanisme juridique. Mais n'est-il pas plus pertinent de rédiger ces textes avant plutôt qu'après les dégats ?

L'homme n'est pas qu'un amas de cellules que la procréatique permettrait de redéfinir à l'envi. Il n'est pas davantage qu'un amas de données que l'informatique permettrait de reprogrammer à l'envi. Sachons faire mentir l'effrayante prévision d'Hannah Arendt selon laquelle « savoir quel est le visage du monde n'importera bientôt plus à qui que ce soit »[501] et affirmons que notre avenir technologique devra être humaniste[502]. Une IA responsable sera une IA humaine — sans qu'il se trouve en cela quoi que ce soit de paradoxal, au contraire — ; et une IA humaine sera une IA responsable. Ensuite, les responsables politiques devront énoncer courageusement et clairement ce qu'est l'homme, donc ce que sont les limites que le développement de l'IA ne saurait dépasser. Dès lors, certaines « augmentations » technologiques qui défigurent l'homme, le privant notamment de sa dignité et de sa liberté, ne pourraient qu'être condamnées. Face à une idéologie transhumaniste en embuscade, nous devons dès à présent repartir en quête de repères humains afin de profiter des bienfaits de

---

500 J. Le Gars, « Homme augmenté, transhumanisme en embuscade », *Dr. de la famille* 2018, n° 6.

501 H. Arendt, *La condition de l'homme moderne* (1958), Pocket, 2002.

502 L. Pouliquen, « L'Intelligence artificielle peut-elle être éthique ? », lefigaro.fr, 25 févr. 2019.

la science et de la technique sans risquer de s'embarquer dans une voie sans issue pour l'homme. Il n'est donc pas trop tôt pour faire le procès du transhumanisme[503] ou celui, par exemple, de la voiture autonome[504] — à condition de donner aux arguments *jus*-humanistes toute leur importance.

Alors que certains prophètes annoncent que « réguler les différentes intelligences biologiques et artificielles sera une des principales activités de demain »[505], le transhumanisme revendique un certain nombre de « libertés » à son profit telles que, par exemple, la liberté de la recherche affirmée par l'article 1er de la « Déclaration des droits des transhumanistes »[506] — texte qui proclame notamment que « l'avenir de l'humanité va être radicalement transformé par la technologie. Nous envisageons la possibilité que l' être humain puisse subir des modifications, tel que son rajeunissement, l'accroissement de son intelligence par des moyens biologiques ou artificiels, la capacité de moduler son propre état psychologique, l'abolition de la souffrance et l'exploration de l'univers » ou encore que « les transhumanistes prônent le droit moral de ceux qui le désirent de se servir de la technologie pour accroître leurs capacités physiques, mentales ou reproductives et d'être davantage maîtres de leur propre vie. Nous souhaitons nous épanouir en transcendant nos limites biologiques actuelles ». Face aux droits inhumains doivent s'élever les droits humains qui, loin de toute technophobie, sont au contraire les produits d'une technophilie éclairée souhaitant mettre à profit les formidables progrès de la technique afin de conforter la part d'humanité des hommes contre leurs parts de bestialité et de machinité. La liberté d'utiliser son propre corps dès lors qu'on y consent n'a d'ailleurs de sens que si ce consentement est parfaitement éclairé et non biaisé par des informations erronées ou par une foi aveugle[507]. Il n'est par rare qu'on veuille faire passer pour jouissance d'une liberté ce qui n'est en réalité qu'une manipulation. La réification de l'homme tend à gagner du terrain y compris en droit, avec le mouvement de biologisation imposant aux règles juridiques une conception

---

[503] *Le procès du transhumanisme*, Dalloz IP/IT 2017, p. 424 s.

[504] *Le procès de l'intelligence artificielle et de la voiture autonome*, Dalloz IP/IT 2018, p. 578 s.

[505] L. Alexandre, *La guerre des intelligences*, Lattès, 2017, p. 139.

[506] « Déclaration transhumaniste », futur.fandom.com.

[507] J. Habermas, *L'avenir de la nature humaine – Vers un eugénisme libéral ?*, Gallimard, coll. NRF essais, 2001.

de l'homme appréhendé seulement comme objet d'étude, par le fait que ce qui est rendu possible par la science ou la technique tend à s'imposer comme souhaitable et même comme droit subjectif, et du fait du recul de l'intérêt général face à l'individualisme et à l'égoïsme[508]. Alors que déjà Hannah Arendt soulignait l'importance croissante des machines dans la condition de l'homme moderne[509], les droits de l'homme ont vocation à redonner à l'humain toute sa place dans cette condition humaine, à diminuer la réification pour la remplacer par l'humanisation. À une époque où des juristes mais aussi, de façon plus consternante des philosophes peuvent soutenir sans précaution et sans gêne que les robots devront bientôt être considérés comme les égaux des hommes, afin d'éviter de très détestables discriminations entre les êtres, espérons que d'autres se battront pour éviter cette déshumanisation et cette désociabilisation des hommes qui, sans doute après une courte période d'euphorie béate, finirait inévitablement par tourner au chaos et à l'anarchie. Un peuple d'hommes-dieux ne peut que s'entretuer et s'autodétruire. Si, en plus, les robots venaient à s'en mêler, l'espérance de vie de l'humanité se réduirait terriblement.

L'humanisme est bien le guide du droit de l'IA et, par exemple, on ne saurait réserver le même sort juridique aux « augmentations » qui soignent l'homme, le réhumanisent, et à celles qui le robotisent, le déshumanisent. À tout le moins des exceptions thérapeutiques devraient-elles être reconnues parmi les régimes juridiques mis en place afin de faire barrage au transhumanisme ou, en tout cas, à la version extrême du transhumanisme qui vise à transformer l'homme en cyborg et donc à priver l'être humain de son humanité. Comment pourrait-on, par exemple, s'opposer au système des « eyeborg » qui permet aux personnes atteintes d'achromatopsie (qui voient en noir et blanc) de retrouver une vue en couleur grâce à un dispositif artificiel posé sur la tête et émettant des sons jusqu'au cerveau via l'oreille interne (en réalité cette technique est assez sommaire et la personne ne fait qu' « entendre les couleurs »). Une IA qui permet de soulager et réparer celles et ceux qui subissent maladies, traumatismes physiques, psychiques et sociaux innombrables est évidemment un bienfait énorme. Mais une IA utilisée afin de d'augmenter l'homme au seul bénéfice d'un surcroît de puissance est un

[508] A. Supiot, *Homo juridicus – Essai sur la fonction anthropologique du droit*, Le Seuil, 2005.
[509] H. Arendt, *La condition de l'homme moderne* (1958), Pocket, 2002.

danger immense car, dans la course à la puissance, cette dernière se mesure par comparaison avec les autres, si bien que la puissance souhaitée ne serait jamais atteinte et que la transhumanité consacrerait le règne toujours plus absolu de l'égoïsme et de la guerre sociale.

Au-delà, sans doute faudrait-il reconnaître au minimum une liberté de choix, donc la possibilité de refuser de subir une transformation technologique même si cela nuit à l'optimalité du système global — la situation est la même que lorsqu'on autorise la population à refuser de se faire vacciner durant une épidémie et que cela porte atteinte à l'efficacité de la lutte contre celle-ci. En cas de consentement, encore faut-il trouver les moyens, par exemple en livrant à l'individu des informations claires et précises au sujet des conséquences de son choix, de s'assurer qu'il soit éclairé. C'est pourquoi le développement de l'IA et *a fortiori* celui du transhumanisme ne sauraient se passer d'une promotion forte de l'éducation nécessaire pour être en capacité de décider au-delà des seules opinions fluctuantes et irrationnelles[510]. Mais ouvrir ainsi la voie à une cohabitation entre humains et transhumains poserait de redoutables questions. Tous devraient-il être égaux ? Faudrait-il retenir que « les transhumains naissent et demeurent libres et égaux en droits » ou encore que « tous les citoyens, humains et transhumains, étant égaux sont également admissibles à toutes dignités, places et emplois publics, selon leurs capacités, et sans autre distinction que celle de leurs vertus et de leurs talents » — si bien que les transhumains profiteraient en pratique de grands avantages ? En cas d'inégalité, qui devrait être considéré comme supérieur de l'humain et du transhumain et pour quelles raisons ? Les transhumains devraient-ils jouir de droits fondamentaux et si oui lesquels ? Et à partir de quels critères biologiques, anthropologiques, psychologiques ou philosophiques déciderait-on du passage de l'humanité à la transhumanité ? Toujours est-il que ce monde des humains et des transhumains semble relever de la dystopie plus que de l'utopie. Mais, s'il venait à advenir, y compris parce qu'il serait parvenu à surmonter les résistances juridiques et éthiques, alors le droit devrait bien continuer de jouer son rôle et s'adapter à ce nouveau monde plutôt que d'appliquer des recettes archaïques forcément inefficaces en plus d'être impertinentes.

---

[510] G. Vallancien, *Homo Artificialis – Plaidoyer pour un humanisme numérique*, Michalon, 2017.

Des limites et interdictions encadrent les biotechnologies, sous le regard des comités d'éthique. La même démarche devrait s'appliquer à l'IA et à la robotique. Concrétisant le principe de précaution, le droit interdit déjà strictement le clonage, les recherches sur l'embryon, l'eugénisme, la sélection du sexe et les atteintes à l'espèce humaine. Pour l'heure, toute démarche d'augmentation de l'homme devrait respecter ces normes, situées au faîte de la « pyramide », qui interdisent de soumettre quiconque à la torture ni à des peines ou traitements cruels, inhumains ou dégradants, qui défendent de soumettre une personne sans son libre consentement à une expérience médicale ou scientifique[511], qui imposent aux États de protéger « l'être humain dans sa dignité et son identité et [de garantir] à toute personne, sans discrimination, le respect de son intégrité et de ses autres droits et libertés fondamentales à l'égard des applications de la biologie et de la médecine »[512], qui consacrent l'inviolabilité de la dignité humaine et le fait que chacun a droit à son intégrité, en particulier au regard de la médecine et de la biologie[513], qui protègent cette dignité humaine contre toute forme d'asservissement ou de dégradation — « au lendemain de la victoire remportée par les peuples libres sur les régimes qui ont tenté d'asservir et de dégrader la personne humaine, le peuple français proclame à nouveau que tout être humain […] possède des droits inaliénables et sacrés »[514]. Alors que le Code civil, à son article 16, dispose que « la loi assure la primauté de la personne [et] interdit toute atteinte à la dignité de celle-ci », le clonage, la sélection des embryons et la modification de l'ADN constituent des crimes contre l'espèce humaine passibles des sanctions des articles 214-1 et suivants du Code pénal. Le transhumanisme, qu'il s'appuie sur l'IA ou qu'il emprunte d'autres voies, pourrait difficilement atteindre ses fins sans donner lieu à d'autres formes de « crimes contre l'humanité ». On ajoutera à ce corpus juridique déjà existant l'article 16-3 du Code civil en vertu duquel « il ne peut être porté atteinte à l'intégrité du corps humain qu'en cas de nécessité médicale pour la personne ou à titre exceptionnel dans l'intérêt thérapeutique

---

[511] Pacte international relatif aux droits civils et politiques, 16 déc. 1966, art. 7.

[512] Convention européenne de sauvegarde des droits et libertés fondamentales, 4 nov. 1950, art. 3.

[513] Charte des droits fondamentaux de l'Union européenne, 7 déc. 2000, art. 1er et 3.

[514] Cons. const., déc. n° 94/343 DC et n° 94/344 DC, 27 juill. 1994.

d'autrui », ce qui exclut les augmentations du corps humain à des fins de surpuissance individuelle.

Il faudra toutefois prendre garde à ce que la dignité humaine ne se retourne pas contre elle-même. En effet, elle est d'un maniement malaisé, susceptible d'interprétations contradictoires[515], et le lobby du transhumanisme pourrait chercher à convaincre le législateur de l'indignité de l'homme en son état actuel et du besoin de le rendre digne grâce à des prothèses électroniques et autres produits de l'industrie des technologies techno-humaines. Les transhumanistes revendiquent ainsi une dignité transhumaine qui serait, de leur point de vue, une dignité « augmentée ». Pourtant, il semble que le droit à l'expérimentation qu'ils exigent, par exemple, ne peut que céder face à un droit indérogeable. Alors que la dignité humaine est un principe juridique qui n'a de cesse de s'affaiblir[516], il est aujourd'hui temps de le défendre plus que tout autre, et cela dans une version foncièrement humaniste. À la différence de la liberté et de l'égalité, qui doivent être conciliés entre eux, la dignité humaine est un principe sur lequel on ne doit pas pouvoir transiger sans remettre en cause l'ordre juridique tout entier. En ce sens, on ne peut que se réjouir que, dès 2005, le Groupe européen d'éthique auprès de la Commission européenne (GEE) a souligné, à propos des implants TIC dans le corps humain, le besoin urgent d'imposer des principes juridiques très forts afin de contrebalancer les pressions des industriels défendant leurs intérêts particuliers et de garantir les règles de vie en société et la dignité de la personne humaine[517]. Par exemple, ces employeurs en Grande-Bretagne (pas en Chine) qui implantent des puces RFID (radio frequency identification) sous la peau de leurs salariés afin de leur permettre de s'identifier et d'entrer facilement, chaque matin, dans l'entreprise ou d'allumer rapidement leurs ordinateurs, sans avoir besoin ni d'une clé ni d'un mot de passe, sont-ils respectueux de la dignité de ces hommes qui se retrouvent contraints

---

[515] V. Champeil-Desplats, S. Slama, « Qu'elle protège ou qu'elle punisse, la dignité n'est pas la même pour tous », *La Revue des droits de l'homme* 2014.

[516] M. Fabre-Magnan, « Le statut juridique du principe de dignité », *Droits* 2013, n° 58, p. 167 s.

[517] Groupe européen d'éthique auprès de la Commission européenne, avis, 16 mars 2005.

d'accepter la présence intracorporelle d'insectes électroniques mouchards[518] ? Nul doute qu'il s'agit avant tout de nouveaux moyens de surveiller les employés en permanence.

On prendra exemple sur le Chili, dont le Parlement, inquiet des progrès exponentiels des neurotechnologies, a légiféré le 15 décembre 2020 afin de protéger les données cérébrales de sa population, faisant du pays le pionnier mondial des « neurodroits »[519]. Comme l'a expliqué le sénateur Guido Girardi, il s'agit d'anticiper de futures dérives et de « protéger pour éviter qu'un jour les cerveaux des Chiliens ne soient hackés et manipulés ». Les deux propositions de loi en cause visent donc à garantir les droits fondamentaux de la population devant l'expansion des neurotechnologies. Et le sénateur d'expliquer que, « d'un côté, nous allons inclure le principe d'identité mentale dans la Constitution ; de l'autre, nous inscrirons dans la loi l'impossibilité de collecter les données cérébrales, de surveiller et modifier le fonctionnement du cerveau sans le consentement de la personne »[520]. L'Espagne devrait s'inscrire prochainement dans les pas du Chili[521], précurseur face à ce qui n'est rien d'autre qu'un immense défi pour l'humanité, comme en témoigne l'opinion de Rafael Yuste, chercheur à l'université Columbia, à New York, pour qui, « dans cinq à dix ans, il sera possible de déchiffrer la pensée et bientôt de la manipuler »[522]. Ce chercheur a été à l'origine du projet Brain, lancé en 2013, doté d'un budget de six milliards de dollars par le gouvernement des États-Unis et qui ambitionne de réaliser une carte détaillée de l'activité cérébrale et d'être capable de la modifier. Les enjeux financiers pour les entreprises des neurotechnologies sont immenses, si bien que l'on peut craindre, si le droit ne fait rien, des dérives. Facebook, par exemple, conçoit un bracelet devant servir à contrôler un ordinateur ou à écrire un message par la pensée, tandis que Neuralink, d'Elon Musk, souhaite produire des implants cérébraux afin de redonner la parole et la mobilité aux personnes paralysées et que, en Chine, des

---

[518] F. O'Grady, « Alarm Over Talks to Implant UK Employees with Microchips », *The Guardian* 11 nov. 2018.

[519] A. Loquet, « “Le cerveau des Chiliens ne sera ni hacké ni manipulé” : le Chili pionnier en “neurodroits” », ouest-france.fr, 19 déc. 2020.

[520] *Ibid.*

[521] *Ibid.*

[522] *Ibid.*

entreprises ont équipé, avec le soutien du gouvernement central, leurs ouvriers de casques munis de capteurs évaluant leur état émotionnel et censés améliorer leur productivité.

138. Néguentropie. De façon plus large, le droit et l'éthique de l'IA pourraient servir de base pour des réflexions plus globales sur l'usage des technologies NBIC : nanotechnologies, biotechnologies, technologies de l'information et technologies cognitives. Sans doute les principes applicables aux unes ont-ils le plus souvent vocation à s'appliquer aussi aux autres. Cela semble d'autant plus vrai que ces technologies ont tendance à converger et à fusionner dans des objets uniques. Les neurosciences et les neurotechnologies, par exemple, combinent désormais des dispositifs intracérébraux dotés d'algorithmes sophistiqués, si bien que des chercheurs les études des chercheurs soutiennent que les droits de l'homme nécessiteront bientôt la création de quatre nouvelles prérogatives : le droit à la liberté cognitive, le droit à la vie privée psychique, le droit à l'intégrité mentale et le droit à la continuité psychologique[523]. Ce sont là des droits humains que l'IA, d'une autre manière, interroge également.

Face au transhumanisme, nous devons redonner aux hommes de la conscience, notamment celle de leur place dans la nature et dans le temps. Car, comme l'a écrit à une autre époque Rabelais, « science sans conscience n'est que ruine de l'âme ». D'ailleurs, on peut se convaincre que refuser une société tout entière tournée vers les NBIC ne revient pas à se fragiliser mais au contraire à se renforcer. La complexité et l'interconnexion sont une source de faiblesse. Dans une *smart city* parfaite, un algorithme qui reconnaît mal un panneau piéton peut provoquer une panne générale en raison du manque de souplesse d'un tel système. En revanche, un système sous optimal qui conserve une place pour l'initiative et l'erreur humaines est « antifragile », c'est-à-dire capable d'absorber les chocs et de rebondir pour repartir de l'avant[524]. La Chine, en misant tout ou presque sur la planification numérique, se dote peut-être aujourd'hui d'avantages qui seront demain, quand quelques imprévus se produiront, ses fragilités. Les événements anormaux et hasardeux sont ce qui a toujours fait avancer le monde, la

---

[523] M. Ienca, R. Andorno, « Towards New Human Rights in the Age of Neuroscience and Neurotechnology », *Life Sciences, Society and Policy* 2017, n° 13, p. 1 s.

[524] N. N. Taleb, *Antifragile – Les bienfaits du désordre*, Les belles lettres, 2013.

nature, l'humanité. Ils continueront à jouer ce rôle, quelle que soit l'ambition des thuriféraires de l'IA de tout prévoir, tout anticiper et tout décider par avance. Quand, depuis tout petit, on s'est convaincu qu'un signe est par nature blanc et qu'un jour on apperçoit un cygne noir, il faut être capable de réécrire sa théorie lutôt que de s'enfermer dans une autoconviction destructurice[525]. On peut ainsi se méfier d'une IA trop envahissante parce qu'on défend cet aléa, cette sérendipité et cet ordre spontané sans lesquels l'optimisation généralisée déboucherait sur l'immobilité qui n'est rien d'autre qu'une forme de mort. Sans plus aucune perspective d'évolution et d'amélioration, la vie a-t-elle encore un sens ? D'ailleurs, le fonctionnement des voitures, villes et autres ports autonomes suppose la disparition de la vie ou, du moins, des caractéristiques de la vie dès lors que la moindre liberté prise par rapport au système, la moindre déviance, la moindre initiative humaine est susceptible de provoquer des dysfonctionnements en chaîne. Comble du paradoxe, l'optimisation s'oppose au perfectionnement : « Un monde scrupuleusement soumis à la logique de l'intelligence artificielle serait irrémédiablement anthropique, tendant vers une forme de stabilité glacée »[526].

Le philosophe Bernard Stiegler défendait ainsi une attitude « néguentropique » à l'égard de la machine, rappelant que développement n'est pas synonyme de progrès[527]. Pour lui, il serait grand temps de rénover la mécanique profonde de nos sociétés reposant sur la consommation outrancière et la capitalisation, de se tourner vers de nouveaux modes de penser et d'agir qui, se détournant totalement de la société des IA ou du moins utilisant l'IA a bon escient, mèneraient vers une ère post anthropocène ordonnée autour de la coopération, l'investissement, le local et le soin, une ère qu'il nomme le « néguentropocène »[528]. En tout cas, pour sauver l'évolution, pour poursuivre notre lutte contre l'entropie, cette dégradation de l'énergie et par suite de la vie, pour soutenir une société et même une

---

[525] N. N. Taleb, *Le cygne noir – La puissance de l'imprévisible*, Les belles lettres, 2008.

[526] G. Kœnig, *La fin de l'individu – Voyage d'un philosophe au pays de l'intelligence artificielle*, Éditions de l'observatoire, coll. De facto, 2019, p. 320.

[527] B. Stiegler, *Qu'appelle-t-on panser ? 2. La leçon de Greta Thunberg*, Les liens qui libèrent, 2020.

[528] *Ibid.*

civilisation en mouvement, il importe de refuser toutes les techniques visant à supprimer l'aléa, le hasard, l'imprévu et la possibilité d'innover et de décider souverainement, humainement. C'est pourquoi on en revient à ce qui semble être le premier de tous les objectifs des droits de l'homme numérique : protéger l'autonomie individuelle, non pas l'individualisme mais l'individualité, la possibilité de faire des choix effectivement personnels, le droit à la liberté.

139. Écologie digitale. Sophocle observait que l'homme est « l'être qui tourmente la déesse auguste entre toutes, la Terre, avec ses charrues qui vont la sillonnant sans répit ». Ainsi l'homme, seul animal capable de changer le cours du monde, force-t-il la nature à produire des fruits et fait-il surgir de l'artificiel là où il n'y avait que du naturel. Par-dessus tout, sa formidable puissance, sa capacité à tout maîtriser et tout transformer, tout recréer en fonction de ses besoins et de ses idées, le prédestinent à se conduire en roi de la planète[529]. Mais est-il juste que l'homme se considère comme « maître et possesseur de la nature », selon la formule de Descartes ? Sophocle prévenait déjà ses contemporains que « maître d'un savoir dont les ingénieuses ressources dépassent toute espérance, l'homme peut prendre alors la route du mal comme du bien ».

En 2020, en France, la convention citoyenne chargée de repenser la relation au climat du droit et de la politique en est venue à proposer « purement et simplement la suppression des droits de l'Homme et du citoyen au profit de la préservation de l'environnement »[530]. Les membres de cette convention ont proposé d'ajouter un alinéa dans le préambule de la Constitution ainsi formulé : « La conciliation des droits, libertés et principes qui en résultent ne saurait compromettre la préservation de l'environnement, patrimoine commun de l'humanité ». Au nom de la préservation de l'environnement, les droits et libertés fondamentaux des hommes pourraient devoir s'effacer. Et un autre alinéa constitutionnel affirmerait que « la République garantit la préservation de la biodiversité ». Aux yeux des auteurs de ces préconisations, note un observateur, « l'être humain n'est rien, la punaise de

---

[529] A. Bidar, « Qu'est-ce que l'humanisme ? », *Les Grands Dossiers des Sciences Humaines* 2021, n° 61, p. 6.

[530] G.-M. Thermeau, « La Convention citoyenne qui efface les citoyens d'un trait de plume », contrepoints.org, 20 juin 2020.

lit est tout. […] L'extermination des punaises de lit deviendrait anti-républicaine et anti-constitutionnelle. Il suffirait de saisir le “Défenseur de l'environnement” qui serait affecté à la défense des droits des punaises, des cafards, des poux et des pigeons qui font leurs besoins partout »[531]. Cependant, sans doute le droit à vivre dans un environnement sain et même le droit d'évoluer dans un cadre naturel préservé peuvent-ils être considérés comme de nouveaux droits de l'homme qui ne seraient plus anthropo-centrés et qui prendraient en considération l'équilibre de nos relations avec la faune et la flore, ainsi que la pérennité de la viabilité de la planète Terre.

Si l'IA finit par nous détruire, ce ne sera pas parce qu'elle sera devenue à la fois autonome et méchante au point de vouloir détruire une espèce humains inutile et superfétatoire à ses yeux, mais en raison de son empreinte carbone, car elle aura contribué substantiellement au réchauffement climatique et à la dévitalisation de la planète. Cela peut sembler saugrenu au premier abord mais ne l'est pas du tout en réalité : le développement durable numérique marche dans les pas de son grand frère le développement durable en ce qu'il s'agit aussi d'un enjeu climatique — et celui-ci est bien entendu un enjeu humain puisque des hommes sommés d'exister sur une planète devenue invivable ne pourraient que perdre beaucoup de leur humanité. On a ainsi vu, le 27 septembre 2019, jour de la « Marche pour le climat », une trentaine d'employés de Mila, l'Institut québécois d'intelligence artificielle (IA), descendre dans la rue et manifester en brandissant des pancartes en carton portant le slogan « *AI on strike!* » (« IA en grève ! »), cela avec le soutien de leur employeur soutenant leur initiative afin de dénoncer le manque d'actions concrètes en faveur… de l'environnement[532]. Soutenir le développement durable numérique, c'est aussi soutenir des modes de vie équilibrés, conscients de leurs limites indépassables, tenant compte de la fragilité de l'homme et de son milieu, attentifs aux vulnérabilités de chacun, cultivant la sobriété en même temps que la liberté, plutôt que des modes de vie animés par la volonté indéfiniment inassouvie de repousser toute limite afin de devenir tout-puissant, devenir cet « *homo deus* » vivant dans un monde parallèle, comme en lévitation, coupé de la réalité, quand *homo sapiens* était en prise avec son environnement et avec les éléments.

---

[531] *Ibid.*

[532] O. Hertel, « À Montréal, dans le quartier général de l'IA éthique », sciencesetavenir.fr, 8 févr. 2020.

Derrière toute prouesse de l'IA, il y a un coût écologique. Par exemple, les prouesses extraordinaires du chatbot GPT-3 ont été rendues possibles par son entraînement à partir de quelques 500 milliards de mots, soit l'équivalent de plus de 150 fois toute l'encyclopédie Wikipédia (dans toutes les langues). Une telle boulimie a un prix économique, mais aussi un prix écologique. Entraîner une IA comme GPT-3 consomme l'équivalent des émissions de CO2 d'une voiture qui effectue un trajet de 700 000 kilomètres[533]. De tels exploits technologiques ne vont pas sans malmener l'environnement, notamment en contribuant au réchauffement climatique, ce qui constitue d'ailleurs une autre forme de discrimination induite par la course aux données puisque les premières victimes de ce réchauffement sont souvent les pays les plus pauvres. « Est-il juste de demander aux résidents des Maldives (qui risquent de se retrouver sous l'eau d'ici 2100) ou aux 800 000 Soudanais touchés par des inondations historiques de payer le prix requis pour entraîner des modèles de langage toujours plus performant en anglais alors que personne ne fait pareil avec le dhivehi (langue parlée aux Maldives) ou l'arabe soudanais ? », interroge Timnit Gebru, ancienne co-directrice chez Google de l'éthique en lien avec l'intelligence artificielle qui a justement été renvoyée le 2 décembre 2020 parce qu'elle a osé se poser ce genre de questions. L'IA pose par ailleurs des problèmes en termes environnementaux car il faut ajouter les produits matériels qui servent à la faire fonctionner, à l'image, s'agissant des agents conversationnels, de Google Home ou Alexa d'Amazon — autant de biens qui sont vendus aux plus aisés qui sont également les moins exposés aux conséquences du réchauffement climatique.

Alors que le climat, l'environnement sain et la nature sont des biens publics mondiaux — comme, peut-être, l'internet en tant que technologie indispensable au développement économique, social et culturel de nos sociétés, par suite insusceptible d'appropriation par quelque acteur public ou privé[534] —, le bien-être environnemental est réellement un enjeu pour les

---

[533] S. Seibt, « Timnit Gebru, licenciée par Google pour sa vision "éthique" de l'intelligence artificielle ? », france24.com, 8 déc. 2020.

[534] Commission de réflexion et de propositions sur le droit et les libertés à l'âge numérique de l'Assemblée nationale française et Commission sur les droits et devoirs sur internet de la Chambre des députés italienne, Déclaration commune, 28 sept. 2015.

droits de l'homme numérique. La Commission européenne n'a d'ailleurs pas manqué de le souligner : « Les systèmes d'IA devraient être utilisés pour renforcer la durabilité et la responsabilité écologique. Cela implique de tenir compte de l'incidence de l'IA sur l'environnement et les autres êtres sensibles. Par exemple, les processus de conception, déploiement et utilisation d'un système d'IA (et l'ensemble de la chaîne logistique) devraient être examinés afin de réduire au maximum l'utilisation des ressources et la consommation d'énergie »[535]. Dans la mesure où il est composé de matériaux et composants électroniques, la question de la protection de l'environnement et du recyclage de ces matériaux se pose sérieusement pour le robot. Cela vaut plus généralement s'agissant de l'IA et, plus globalement encore, concernant les technologies numériques qui sont de grandes consommatrices d'énergie, notamment les serveurs informatiques. On sait que les blockchains, en particulier, seraient un désastre écologique si elles étaient utilisées à grande échelle : le bitcoin, par exemple, fonctionne grâce aux calculs mathématiques complexes nécessaires afin de décrypter et assurer la sécurité des transactions, des calculs qui supposent de recourir à des processeurs informatiques très puissants et en même temps très énergivores, tandis que les bases de données doivent être copiées et recopiées par tous les opérateurs du réseau décentralisé, partout dans le monde. Le fonctionnement des intelligences artificielles, n'allant pas sans bases de données géantes, exige lui aussi de faire fonctionner des calculateurs surpuissants. Il en résulte ainsi une débauche d'énergie silencieuse mais critique. Lorsqu'on regarde une série, qu'on envoie un mail avec une pièce jointe volumineuse, qu'on publie un selfie, qu'on effectue une requête avec un chatbot, on ne se rend pas compte que l'on agit physiquement sur la planète car on se trouve dans un monde virtuel fonctionnant grâce à des moyens matériels invisibles. On parle d'informatique « dans les nuages », léger comme l'air, pour masquer le fait qu'il s'agit en réalité de fermes de serveurs immenses situées au fond des océans — près de la moitié de l'énergie consommée par les data centers sert à leur refroidissement, d'où l'intérêt de les placer dans des containers et les plonger au fond des mers glacées des pays du nord. Stocker et traiter les énormes quantités de données produites chaque jour suppose de consommer beaucoup d'énergie. S'agissant de l'IA plus particulièrement, l'entraînement

[535] Commission européenne, « Lignes directrices en matière d'éthique pour le développement et l'utilisation de l'IA », 8 avr. 2019.

des réseaux de neurones profonds est un processus long et intensif, donc énergivore[536]. Les algorithmes apprennent en étant confrontés à des millions de cas différents, supposant plusieurs milliards d'opérations dont chacune a besoin d'électricité pour être effectuée. Des chercheurs de l'université du Massachusetts ont ainsi estimé que l'apprentissage d'une seule IA destinée à comprendre le langage naturel pendant moins d'une semaine pollue autant que cinq voitures américaines durant tout leur cycle de vie (fabrication comprise)[537]. Dans la même veine, Kate Crawford, chercheuse chez Microsoft et fondatrice de l'association AI Now Institute, a décortiqué l'ensemble du processus de fabrication de l'enceinte connectée Echo d'Amazon et en a conclu au fait qu'il s'agit là d'une « aberration écologique »[538].

On a l'impression qu'IA et nature sont deux sujets sans rapport, deux univers qui ne se mêlent en aucun point. En réalité, ils sont intimement liés et l'IA pollue comme elle peut être une solution contre la pollution. La soutenabilité écologique est donc un problème à part entière pour le développement des technologies numériques — qui sont bien sûr aussi des solutions afin de limiter certaines pollutions, par exemple lorsqu'on organise une réunion internationale en visioconférence plutôt que de faire venir tous les participants grâce à des moyens de transport polluants ou lorsqu'on recourt, comme dans certaines villes de Chine, à des distributeurs de papier dans les toilettes publiques qui, grâce à la reconnaissance faciale, luttent contre les abus en faisant en sorte qu'une même personne ne puisse pas utiliser plus de soixante centimètres de papier toilette en neuf minutes[539]. Au-delà de cet exemple assez anecdotique mais drôle, la Chine montre l'exemple en matière d'« IA verte ». Consciente du défi écologique, elle promeut diverses applications de l'IA dans le domaine des énergies. Alors que 70 % de son électricité est produite à partir du charbon et que, selon une étude menée par

---

536 V. Nouyrigat, « Big data : l'impasse énergétique », science-et-vie.com, 30 mai 2020.

537 *Ibid.*

538 Citée par Ch. Halary, « Intelligence artificielle : mais que se passe-t-il dans le cerveau des machines ? », capital.fr, 7 avr. 2020.

539 A. Ma, « L'intelligence artificielle en Chine : un état des lieux », in B. Barraud, dir., *L'intelligence artificielle – Dans toutes ses dimensions*, L'Harmattan, coll. Europe & Asie, 2020, p. 232.

l'Université de Berkeley, la pollution atmosphérique tue chaque jour 4 000 chinois, on comprend bien quelle est l'urgence[540]. Le développement économique au prix de la pollution environnementale n'est pas une voie durable pour la Chine et risque de devenir un goulot d'étranglement compliquant fortement le développement de la classe moyenne. Déjà en mars 2012, lorsque le gouvernement chinois a rendu public son « Douzième plan quinquennal sur l'industrialisation des sciences et des technologies relatives au réseau électrique intelligent », le caractère « intelligent » du réseau électrique était présenté comme un élément essentiel pour la mise en œuvre des stratégies énergétiques nationales et l'optimisation de la distribution des énergies. Si les énergies renouvelables peuvent être prometteuses, l'intermittence de leur production et les difficultés à les stocker posent problème. Or, justement, l'IA apporte des solutions, notamment en analysant les données sur la consommation énergétique des utilisateurs afin de mieux anticiper et répondre aux besoins mais aussi d'inciter à adopter des comportements plus éco-responsables. En matière de protection de l'environnement, la Chine envisage de construire des réseaux intelligents de supervision environnementale et des plateformes de services, ainsi que des systèmes de prévention et de contrôle intelligents. Il s'agirait d'exploiter des méthodes de modélisation permettant de suivre de près la consommation de ressources naturelles et d'énergie, ainsi que l'émission de matières polluantes. Par ailleurs, le secteur privé prend le relai des initiatives publiques et le groupe Alibaba a lancé dès 2017 une initiative de protection environnementale par la technologie : ET Environment Brain. Sur la base d'images collectées par des satellites, ET Environment Brain est capable d'effectuer des analyses croisées de la température, le vent, la pression atmosphérique, l'humidité, les précipitations et le rayonnement solaire. Si la météo a toujours été prédictive, on franchit ici un seuil dans le but de mieux prévenir les épisodes d'intense pollution en prenant des mesures en amont. Cette technologie est aussi utilisée pour la production, le transfert, le traitement et la réutilisation des déchets solides. ET Environment Brain a déjà aidé les provinces pilotes à lancer des dizaines d'alertes environnementales, avec une efficacité de 93 %[541].

---

[540] *Ibid.*, p. 234.
[541] *Ibid.*

Le principe de précaution numérique rejoint ici le principe de précaution : il importe de trouver la voie d'un « développement qui répond aux besoins du présent sans compromettre la capacité des générations futures à répondre aux leurs », pour reprendre la définition de Gro Harlem Brundtland, Premier Ministre norvégien, énoncée dès 1987. Il y a et y aura beaucoup à faire dans le secteur de l'énergie et la maîtrise de la consommation, notamment afin de réduire l'empreinte écologique des big data, de ces data centers géants qui sont autant de gouffres énergétiques — leur part dans la consommation énergétique mondiale, appelée à demeurer croissante, est pour l'heure estimée à 4 %[542]. « Les plus grands problèmes présentent également les plus grandes opportunités. Les problèmes sont en nous, les solutions aussi », aime à répéter le prospectiviste Michel Godet. Encore faut-il se donner les moyens d'aller vers ces solutions. Or le droit doit être un stimulateur de solutions en même temps qu'un éclaireur d'opportunités. Il doit montrer le chemin d'un développement soutenable de l'IA, protecteur de l'écologie. La conception et l'utilisation des systèmes d'IA doivent préserver et même améliorer les écosystèmes et la biodiversité de notre planète.

L'objectif prioritaire de la consommation accrue de biens et de services, souvent inutiles ou excédentaires, devrait déjà laisser la place à l'ambition d'assurer l'équilibre des écosystèmes, de limiter le réchauffement climatique et de diminuer la production de déchets non recyclables. Ainsi la mission Villani a-t-elle elle-aussi retenu que « donner un sens à l'intelligence artificielle, c'est également penser sa soutenabilité, notamment écologique. Cela ne se résume pas à lister les usages de l'IA qui pourront aider à la transition écologique. Il s'agit de penser une IA nativement écologique et de l'utiliser pour mieux penser l'impact de l'humain sur son environnement »[543]. Et de rappeler qu' « il y a urgence : d'ici 2040, les besoins en espace de stockage au niveau mondial, fondamentalement corrélés au développement du numérique et de l'IA, risquent d'excéder la production disponible globale de silicium »[544]. Il ne saurait donc y avoir de développement durable

---

[542] Ch. Halary, « Intelligence artificielle : mais que se passe-t-il dans le cerveau des machines ? », capital.fr, 7 avr. 2020.

[543] C. Villani, *Donner un sens à l'intelligence artificielle – Pour une stratégie nationale et européenne*, mission parlementaire, 2018, p. 19.

[544] *Ibid.*

numérique sans « écologie digitale ». Au droit de saisir la « pollution numérique », de remédier aux insuffisances actuelles d'une réglementation parcellaire et éclatée, de favoriser la prise de conscience de l'empreinte environnementale du numérique et, surtout, les actions visant à lutter contre cet impact environnementalement négatif des technologies informatiques[545]. Là aussi, les juristes devront déployer toute leur imagination, non afin d'identifier un modèle de régulation original et de produire des règles pertinentes, mais afin d'identifier un modèle de régulation efficace et de produire des règles efficaces. de la pollution digitale. L'éthique et le droit de l'IA ne pourront pas faire l'impasse sur leur déclinaison environnementale.

Le 27 novembre 2019, un article paru dans la revue *Nature*, revue scientifique américaine de référence, tirait (une fois de plus) la sonnette d'alarme. Dirigée par Tim Lenton de l'Université d'Exeter, cette étude indiquait qu'en matière de climat nous aurions déjà passé le seuil de l'irréparable, la limite au-delà de laquelle les dynamiques corrélées entre elles se renforcent et rendent le réchauffement de la planète à la fois exponentiel et incontrôlable[546]. En la matière, il est difficile, si l'on est lucide, de ne pas sombrer dans le pessimisme et la fatalité, de voir dans les travaux des collapsologues des œuvres réalistes et dans les déclarations des climatosceptiques des filouteries destinées à défendre des intérêts économiques particuliers contre l'intérêt général en même temps que contre les évidences. On ne saurait cependant renoncer à agir, chacun à son niveau, en éteignant la lumière dans les pièces qu'on n'occupe pas, on coupant l'eau courante pendant que l'on se brosse les dents, en faisant le tri des poubelles en fonction des matières et… en limitant l'usage des réseaux sociaux et autres services de messagerie instantanée.

À une autre échelle, on voit aussi les GAFAM prendre conscience des enjeux et « se mettre au vert » — comme souvent de leur part, il s'agit aussi, dans une économie basée sur la confiance des utilisateurs, d'aller dans le sens du courant, de procéder par de grands effets d'annonce visant à satisfaire le public et lui délivrant les discours qu'il souhaite entendre. Mais on peut aussi

545 L. Calandri, « Pollution numérique et intelligence artificielle », *Énergie Environnement Infrastructures* 2018, n° 11, étude 15.

546 A. Lacroix, « La fin du monde, vous la voulez comment ? », *Philosophie magazine* 2019, n° 136, p. 45.

espérer que les géants de l'économie numérique agissent effectivement afin de limiter leurs dépenses énergétiques, au-delà de l'image de bienfaiteurs de l'humanité qu'ils souhaitent se donner. Google, Apple et Microsoft se mobilisent ainsi dans la lutte contre le réchauffement climatique et affirment même désormais être neutres en termes d'émissions carbones, notamment grâce à des investissements massifs dans les énergies renouvelables[547]. Microsoft a investi un milliard de dollars dans les technologies visant à capturer le dioxyde de carbone dans l'atmosphère, tandis qu'Amazon a créé un fonds de protection de l'environnement : le Bezos Earth Fund, doté de dix milliards de dollars. L'action la plus remarquée et remarquable est peut-être celle de Google qui a décidé de ne plus collaborer avec les entreprises qui ont l'influence la plus négative sur l'environnement, en l'occurrence celles qui relèvent de l'industrie pétrolière. La firme de Moutain View a ainsi annoncé qu'elle ne fournirait plus de programmes d'intelligence artificielle destinés à accélérer l'extraction de gaz et de pétrole — l'IA était utilisée depuis quelques temps afin de mieux localiser les gisements les plus prometteurs. Google avait déjà, par le passé, opéré les choix stratégiques, visant à améliorer son image auprès du grand public, de se priver de certains contrats pour des raisons « éthiques »[548]. Toutefois, dans son dernier rapport, Greenpeace juge que ces entreprises devront livrer d'autres efforts pour parvenir à protéger davantage que malmener la planète Terre[549]. C'est d'ailleurs la publication de ce rapport qui a conduit à l'action de Google. Greenpeace y dénonçait en effet la mise à disposition par Google, Amazon et Microsoft de leur technologie au service des grandes industries d'énergies fossiles, dont Shell, BP, Chevron, et ExxonMobil. L'ONG insistait sur la contradiction entre les paroles et les actes des GAFAM en matière environnementale.

Les défenseurs de la nature, notamment les collapsologues, sont à leur façon anti-humanistes dans le sens où ils s'opposent à la tradition humaniste selon laquelle l'humain est la mesure de toute chose et doit l'emporter sur toute

[547] G. Renouard, « Google ne mettra plus ses algorithmes d'intelligence artificielle au service des énergies fossiles », clubic.com, 20 mai 2020.

[548] *Ibid.* En 2018, l'entreprise avait décidé, suite aux pressions de ses propres salariés, de ne pas renouveler le projet Maven, qui mettait ses algorithmes au service des drones de l'armée américaine.

[549] *Ibid.*

chose. Ils revendiquent une véritable révolution copernicienne, faisant appel aux forces imaginantes de l'esprit en même temps qu'aux forces imaginantes du droit, afin de réaliser que l'humain n'est pas au centre de la Terre comme la Terre n'est pas au centre du système solaire et encore moins de l'univers. Les humains ne sont pas propriétaires de la nature. D'ailleurs, le droit est allé dans ce sens puisque la Charte de l'environnement de 2005 retient l'idée de l'homme concessionnaire de la planète : il a des devoirs à l'égard de la terre qu'il occupe, il doit prendre activement part à la protection et à l'amélioration de l'environnement. Les hommes ne sont que de modestes composantes de l'écosystème qui, à l'ère de l'anthropocène, ont terriblement débordé de leur rôle normal. Il faudrait d'ailleurs préférer le terme d'écosystème à celui d'environnement qui place l'homme au centre. Mais un nouvel humanisme climato-compatible, éco-compatible ou, au moins, éco-responsable n'est-il pas envisageable ? Il ne fait pourtant aucun doute qu'on peut défendre l'homme et l'écosystème dans un seul et même mouvement. Reste que, pour un humaniste, s'il est bon et important d'enfin se préoccuper de la défense de l'environnement dans lequel l'humain évolue, il s'avère encore plus prioritaire de défendre l'humain en tant que tel, de défendre l'humanité des hommes notamment contre les assauts du téléguidage des conduites, du nudge et de la standardisation. Que ferait-on d'une nature retrouvée dans laquelle n'évolueraient plus que des hommes-machines et des machines-hommes, les êtres humains s'étant par trop laissés absorber par la robotisation et ayant accepté l'anthropomorphisation des robots.

140. Une IA qui profite à tous. Le développement durable numérique implique encore de promouvoir une IA qui profite à tous, qui constitue un progrès scientifique et technologique majeur engendrant des bénéfices humains et sociaux, notamment en améliorant les conditions de vie, les conditions de travail, la sécurité, la santé ou encore la protection de l'éco-système. Comme, en même temps, l'IA est aussi susceptible de diminuer les conditions de vie, les conditions de travail, la sécurité, la santé ou encore la protection de l'éco-système, les machines « intelligentes » doivent être saisies par un droit de l'IA ou, du moins, une régulation de l'IA favorisant les progrès et luttant contre les régressions qui surviennent souvent lorsque la poursuite d'intérêts particuliers prend le pas sur la défense de l'intérêt général. Il faut tirer les leçons de l'histoire et saisir avec humilité les prétendus bienfaits attachés à l'IA. L'histoire nous a souvent montré que c'est rarement le bien commun qui pèse le plus lourd dans la balance. On se souvient, par exemple, de la Stasi (la police d'État est-allemande) dont la mission consistait à traquer les opposants au régime soviétique dans la lignée du KGB. Pour cela, la Stasi recourait à des méthodes de surveillance extrêmement invasives : filatures, mises sur écoute, interceptions du courrier, intimidations etc. Les 266 000 agents de cette police politique s'assuraient ainsi que la population reste sagement sous son contrôle[550]. Or, suite à l'affaire Snowden ayant permis de mettre au jour les pratiques de surveillance de masse de la NSA américaine, n'a-t-on pas vu Wolfgang Schmidt, ancien responsable de la Stasi, déclarer avec gourmandise : « Pour nous, cela aurait été un rêve qui serait devenu réalité »[551] ? Pour ce « lanceur d'alerte historique », « c'est le comble de la naïveté que de penser qu'une fois recueillies, ces informations ne seront pas utilisées. C'est la nature des organisations gouvernementales secrètes. La seule façon de protéger la vie privée des gens est de ne pas permettre au gouvernement de collecter leurs informations en premier lieu »[552].

Cependant, l'IA et les données massives, ce sont aussi des applications concrètes pour préserver l'environnement ou au bénéfice des réfugiés, des malades ou des plus pauvres. L'IA peut faire peur et fait peur pour de bonnes raisons, mais il est aussi possible de lui donner du sens et, par suite, d'envisager sereinement l'avenir à ses côtés. Au cours des dernières années, divers événements et diverses organisations ont vu le jour dans le but de mettre l'IA au service des grandes causes[553]. Le salon E-Tonomy, par exemple, est le rendez-vous annuel de l'innovation dans les secteurs des services à la personne, de la santé et du médico-social. On y montre différents projets innovants dans lesquels la technique se met au service des soins et du confort des malades ou des personnes vulnérables. L'organisation à but non lucratif Techfugees tâche, quant à elle, de promouvoir les entreprises technologiques recherchant des solutions pour venir en aide aux

---

[550] J. Angwin, *Dragnet Nation – A Quest for Privacy, Security, and Freedom in a World of Relentless Surveillance*, Times Books, 2014.
[551] Cité par P. Crochart, « Données personnelles : les ressources pour s'informer, les outils pour reprendre le contrôle », clubic.com, 21 févr. 2020.
[552] *Ibid.*
[553] D. Pialot, « Une intelligence artificielle au service de l'écologie et du social », *La Tribune* 30 avr. 2018.

réfugiés. L'association Singa, par exemple, a développé une application permettant aux réfugiés et aux particuliers volontaires pour les héberger de se rencontrer. Data for Good, pour sa part, est une communauté de data scientists bénévoles travaillant à la résolution de problèmes sociaux. L'ambition est ici de profiter de l'IA pour permettre à des associations d'atteindre le plus large public possible et donc de démultiplier leur impact social. Data for Good collabore ainsi avec la Croix-Rouge ou Bibliothèques sans frontières. L'IA apportera aussi des solutions en matière de prévision des événements climatiques extrêmes tels que les ouragans, les tsunamis ou les feux de forêt et sauvera ainsi beaucoup de vies, suivant la voie ouverte par l'association Hand (Hackers Against Natural Disasters). En Inde, Accenture Labs et Akshaya Patra, le plus grand programme mené par une ONG pour distribuer des déjeuners aux enfants, ont utilisé l'intelligence artificielle, l'internet des objets et la blockchain pour optimiser l'efficacité des opérations, depuis la récolte des denrées alimentaires jusqu'à la cuisson en passant par l'établissement des documents administratifs. Cela leur a permis de servir 20 % de repas en plus. Aux États-Unis, FarmLogs permet aux agriculteurs d'anticiper, pour mieux y répondre par des apports en eau et éventuellement en intrants, les rendements d'une parcelle en fonction du sol et du climat. Alors que la production alimentaire et la gestion de l'eau potable, pour nourrir et abreuver les milliards d'humains qui habitent la Terre, devient le principal défi du XXIe siècle, dont les conflits et les guerres dépendront de notre capacité à y répondre, nul doute que l'IA apportera de nombreuses solutions.

Néanmoins, si le droit peut jouer un rôle moteur afin de stimuler ce genre de projets, on voit combien le développement durable numérique est surtout un état d'esprit, une morale ou une éthique personnelle conduisant ceux qui en sont imprégnés à quêter non des technologies qui leur permettront de s'enrichir, fût-ce en malmenant les droits et libertés d'autrui, mais de nouveaux moyens de contribuer au bien commun, à un monde juste, équitable, solidaire, ouvert et pérenne. L'IA au service du bien est aussi un enjeu politique. Un certain volontarisme est indispensable et existe déjà, à l'image de l'événement « *IA for good* », organisé à l'Assemblée nationale en avril 2018, qui a visé à faire se rencontrer les mondes des ONG et des *data scientists*.

Au-delà, la recherche dans le secteur de l'IA devrait être ouverte et accessible à tous. Si cela est bien sûr très utopique, on peut considérer qu'une IA faite par tous bénéficierait à tous. Aujourd'hui, on voit des chaînes de fabrication des technologies très compartimentées, faisant que chacun des acteurs est assez indifférent aux impacts des systèmes dans leur ensemble car il se concentre sur ses propres actions. Contre cette dilution des responsabilités, et plus généralement contre la confiance aveugle que l'on accorde, par une sorte de biais cognitif, aux IA, nous devons réaliser que cette technologie et ses conséquences est l'affaire de tous et, surtout, enseigner aux informaticiens, ingénieurs et autres entrepreneurs combien leur responsabilité sociale et humaine, et même culturelle ou civilisationnelle, est immense. Surtout — et sur ce point le droit a un rôle majeur à jouer —, l'offre de services d'IA dans tous les domaines devrait en permanence se diversifier et non se restreindre jusqu'à aboutir à des monopoles de fait risquant de nuire aux libertés individuelles[554] — on se souviendra, avec l'écrivain Gilbert Choquette, que « l'individualisme n'est qu'un humanisme conscient de soi ». D'ailleurs, les règles du pluralisme et de la concurrence s'appliquent parfaitement à l'univers numérique en prévenant les risques de concentration et en sanctionnant les abus de position dominante auxquels peuvent se livrer certains acteurs.

Une IA qui profite à tous serait avant tout une IA qui favorise l'épanouissement des libertés des individus. Réconciliant libéralisme et humanisme, dans la lignée des travaux d'Amartya Sen, prix Nobel d'économie d'origine indienne, le développement peut être envisagé comme le processus par lequel les libertés réelles des personnes s'accroissent[555]. Or l'IA pourrait sans aucun doute être un outil très utile de développement. Y compris des libertés comme celle d'accéder à l'alimentation ou celle de bénéficier de services de santé seraient concernées. Mais il s'agirait surtout d' « augmenter » les libertés civiles et politiques, la liberté de communication, celle d'accéder à la culture et à l'éducation ou encore la liberté d'expression et la liberté d'opinion. Seulement, pour devenir une telle IA qui profite à tous, la technologie devrait-elle bifurquer et ne plus suivre le

---

[554] « Déclaration de Montréal pour un développement responsable de l'intelligence artificielle », Université de Montréal, 4 déc. 2018.

[555] A. Sen, *Développement, Justice et Liberté*, Odile Jacob, 2000.

chemin qu'elle emprunte actuellement. Au lieu de les opposer comme elle le fait aujourd'hui, l'IA pourrait réconcilier les libertés politiques, économiques et sociales en les mettant au service du développement de la personne[556]. Avec les droits de l'homme numérique, on soutient aussi une IA qui renforce les libertés individuelles et collectives, qui accentue le bien être social et qui permet à chacun de réaliser ses choix de vie.

Bien sûr, comme l'a dit à raison Henri Laborit, « il est plus facile de professer en paroles un humanisme de bon aloi, que de rendre service à son voisin ». Gageons que, parfois, il n'en est pas moins salutaire de rappeler cet humanisme de bon aloi. Ensuite, bien sûr, celui-ci ne serait rien sans actions concrètes lui permettant de conquérir une certaine effectivité.

III. (Com)Prendre les armes juridiques

141. L'art de la vie philosophique. Jean Grenier, illustre professeur d'Albert Camus, raconte que le futur prix Nobel de littérature, alors qu'il n'avait que 19 ans, en 1932, fut parmi les élèves de première supérieure qu'il sélectionna afin de publier leurs travaux dans une revue d'Alger. Au sein de son texte consacré à Henri Bergson, Albert Camus déclarait souhaiter la venue d'un philosophe qui aurait, par une doctrine applicable, répondu aux vœux de l'époque[557]. On ne s'étonnera pas, dès lors, que Camus ait vécu une vie philosophique, comme avant lui Friedrich Nietzsche ou aujourd'hui Michel Onfray. Une vie philosophique, ce sont les actes qui rejoignent les paroles, c'est montrer l'exemple à travers son existence et son mode de vie autant qu'avec ses écrits et ses déclarations. Il s'agit de vivre un modèle de vie où la pensée contemplative associée à l'action crée les conditions d'une existence authentique et d'une harmonie nouvelle, où chacun peut mettre en adéquation sa pensée, ses valeurs et ses actes au quotidien[558].

---

[556] M. Nussbaum, *Capabilités – Comment créer les conditions d'un monde plus juste ?*, Flammarion, 2012.
[557] J. Grenier, *Le Figaro littéraire* 26 oct. 1957.
[558] M. Onfray, *Vivre une vie philosophique – Thoreau le sauvage*, Le Passeur, 2017.

Vivre une vie philosophique, à l'ère de l'IA, c'est être capable de renouer avec la « vraie vie », la vie naturelle telle que les hommes la pratiquaient depuis des siècles, non vivre en ermite mais pouvoir se détacher à tout moment de son smartphone et du nudge permanent pour retrouver le goût des choses simples et, surtout, reconquérir sa liberté. Pour cela, conscients qu' « il n'y a que nous et, tout au long de l'histoire, la servitude, le mensonge et la terreur »[559], nous devons passer de la passivité à l'activité, ce qui suppose en premier lieu d'accorder ses pratiques avec ses pensées. La nihilisme peut concerner les valeurs, mais il peut aussi concerner les actes. Contre la fadeur d'une vie sans boussole pour l'esprit ni pour le corps, on peut se donner des règles de conduite visant à éclairer l'action et les suivre, sans pour autant y voir des absolus et en s'autorisant à les réformer autant que de besoin. Sans une telle morale souple, on ne peut pas avancer, on ne peut que tourner en rond ou, pire, rester sur place — même si le résultat est le même. Une vie philosophique est une vie de contestation, d'insoumission et de militantisme dans laquelle on soutient les causes qui semblent justes et toutes les initiatives qui vont dans leur sens. S'agissant de la vie philosophique numérique, on rejoindra, une fois encore, Albert Camus pour qui « tout révolté, par le seul mouvement qui le dresse face à l'oppresseur, plaide pour la vie, s'engage à lutter contre la servitude, le mensonge et la terreur et affirme, le temps d'un éclair, que ces trois fléaux font régner le silence entre les hommes, les obscurcissent les uns aux autres et les empêchent de se retrouver dans la valeur seule qui puisse les sauver du nihilisme, la longue complicité des hommes aux prises avec leur destin »[560]. N'est-ce pas là exactement ce qui se joue aujourd'hui ?

Ensuite, sans doute n'y a-t-il pas de moyens sans fins et une vie philosophique consiste-t-elle justement à créer le pont le plus sûr et solide possible entre les uns et les autres. On dit souvent que la fin justifie les moyens. Oui, mais qu'est-ce qui justifie la fin ? C'est ici qu'intervient le philosophe, amoureux de la sagesse, à qui il revient de montrer la voie dans les cieux des principes et des concepts mais aussi ici-bas, dans les méandres de la vie quotidienne. Ainsi peut-il faire le lien entre l'Homme et l'homme,

---

[559] A. Camus, « L'Homme révolté (1951) », in *Œuvres*, Gallimard, coll. Quarto, 2013, p. 1062.
[560] *Ibid.*, p. 1063.

entre l'humanisme et la condition humaine, afin que cette dernière s'éloigne le moins possible de ce premier, que l'homme ressemble au maximum à l'Homme. Quant aux moyens d'atteindre un tel objectif, le philosophe sait qu'ils sont avant tout éthiques et, plus encore, une fois l'éthique devenue pratique, juridiques. Ainsi la philosophie juridique et, plus particulièrement, l'humanisme juridique trouvent-ils leur raison d'être, leur noble et indispensable vocation. En définitive, toute vie philosophique est forcément une vie juridique. Droit et philosophie se rejoignent dans la justice, qui est l'autre nom de la sagesse, et, comme l'a noté Camus, « que le droit s'exprime sans attendre et c'est la probabilité que, tôt ou tard, la justice qu'il fonde viendra au monde »[561]. Par suite, on gagera que le droit s'exprimera avant tout à travers la dignité, la liberté et l'égalité.

Pour résumer, on retiendra, toujours avec Albert Camus, que « la vertu ne peut se séparer du réel sans devenir principe de mal. La valeur morale mise à jour par la révolte n'est pas plus au-dessus de la vie et de l'histoire que l'histoire et la vie ne sont au-dessus d'elle. À la vérité, elle ne prend de réalité dans l'histoire que lorsqu'un homme donne sa vie pour elle, ou la lui voue. La civilisation jacobine et bourgeoise suppose que les valeurs sont au-dessus de l'histoire, et sa vertu formelle fonde alors une répugnante mystification. La révolution du XXe siècle décrète que les valeurs sont mêlées aux mouvements de l'histoire et sa raison historique justifie une nouvelle mystification. La mesure, face à ce dérèglement, nous apprend qu'il faut une part de réalisme à toute morale : la vertu tout pure est meurtrière ; et qu'il faut une part de morale à tout réalisme : le cynisme est meurtrier. C'est pourquoi le verbiage humanitaire n'est pas plus fondé que la provocation cynique »[562]. Pour réaliser l'approximation d'une société juste, il importe de laisser s'exprimer les contrepouvoirs et les contrepensées, de ne pas les écraser. Voici un enjeu essentiel pour une société numérique tentée par le téléguidage permanent et par le prêt-à-penser. Pour lui éviter de s'effondrer sur ses bases, elle doit redonner aux cellules primaires qui constituent son organisme toute leur importance vitale. Jamais on ne peut faire entrer de force une doctrine dans le réel, même avec les moyens extraordinaires qu'offrent les nouvelles technologies, permettant de masquer l'imposé en lui

[561] *Ibid.*, p. 1068.
[562] *Ibid.*, p. 1072.

donnant une apparence de volonté. Les GAFAM et leurs avatars sont une nouvelle forme de centralisme bureaucratique d'autant moins tolérable que celui-ci est étranger à la démocratie. Ce mode de fonctionnement tend à faire violence au réel, à partir de l'absolu pour modeler les faits en conformité avec lui. En résulte la standardisation des modes de vie et le suivisme généralisé à l'échelle planétaire. Face à ce constat, une vie philosophique ne peut que s'incarner dans une forme de souverainisme non plus nationaliste mais individualiste. On renverse alors la mécanique : c'est le réel qui inspire l'idéologie. Le bas ne se soumet plus au haut ; il monte et conquiert le haut. Plaider pour la vie philosophique, c'est aussi plaider pour le réalisme contre le dogmatisme, y compris celui des multinationales du numérique. C'est surtout soutenir le vitalisme, la force de vie contre toutes les manœuvres visant à dévitaliser nos existences afin de satisfaire des intérêts économiques particuliers. C'est préférer l'équilibre, le « en même temps », l'aurore et le crépuscule plutôt que midi ou minuit, mais, s'il fallait nécessairement choisir, donner sa voix à la tradition libertaire plutôt qu'à la tentation autoritaire. C'est faire de la politique du quotidien, de la politique active, non de la « politique politicienne » de métier en lévitation très au-dessus des réalités. « Dans la misère commune, écrit Camus, la vieille exigence renaît. La nature à nouveau se dresse devant l'histoire. [...] La vraie maîtrise consiste à faire justice des préjugés du temps, et d'abord du plus profond et du plus malheureux d'entre eux qui veut que l'homme délivré de la démesure en soi réduit à une sagesse pauvre »[563].

142. Contre-culture contre contre-culture. Une contre-culture est le fruit d'une critique collective et active visant à remplacer les paradigmes sociaux, culturels, esthétiques, scientifiques etc. dominants par d'autres. Une contre-culture apparaît lorsque ceux qui contribuent à la transformation de la culture dans laquelle ils baignent prennent conscience de leur influence et se mettent à penser, théoriser leur déviation afin de proposer un contre-modèle durable. Or le paradoxe est qu'aujourd'hui les droits de l'homme numérique semblent servir une contre-culture par rapport à ce qui, il y a quelques années à peine, était en soi une contre-culture. Dans leurs garages, des entrepreneurs et informaticiens rebelles de Californie et parfois d'ailleurs ont donné l'impulsion initiale à ce qui est devenu la société numérique. Dans ces

[563] *Ibid.*, p. 1075.

garages, il s'agissait de bricoler à l'abri des regards, y compris ceux de la famille, profitant d'une pleine liberté permettant la plus géniale créativité. S'il y a beaucoup de légende dans ce mythe fondateur, la Silicon Valley n'en a pas moins été permise par un contexte hyper-libéral propice aux avancées scientifiques et techniques les plus extraordinaires. Malheureusement cette liberté s'est retournée contre elle-même et les libertaires sont devenus, sans doute pour une part inconsciemment ou involontairement, liberticides, l'appât du gain triomphant comme souvent face à la défense de belles valeurs difficiles à rentabiliser dans le cadre d'un modèle économique efficient. L'ADN originelle de la Silicon Valley, c'est la contestation d'un cadre existant jugé obsolète et contraignant et son remplacement par un cadre cadre souple et léger, permettant de déployer ses ailes à l'écart de toute subordination. Et cela a débouché sur la construction de nouvelles formes d'asservissement et d'exploitation de l'homme par l'homme, loin de l'idéal américain de la réalisation de soi grâce à l'intuition, à l'audace, au risque, à la persévérance, à l'effort et à l'individualité. La rupture avec le « monde d'avant » est intervenue et, l'homme étant un loup pour l'homme, les plus belles intentions ont viré à la révolution anti-humaniste. Au moment de renverser le pouvoir en place, on est forcément du côté de la liberté, on se bat au nom de la liberté. Une fois devenu calife à la place du calife, il devient difficile de continuer à défendre cette liberté qui n'apparaît plus comme une lumière au bout du tunnel mais telle une épée de Damoclès au-dessus de la tête du nouveau tyran. Tel est le mouvement de l'absolutisme historique, auquel la révolution numérique n'échappe guère. Ceux qui ont pris le pouvoir grâce à la liberté souhaitent ensuite le conserver contre la liberté. La révolution est souvent le fait de nouveaux maîtres justiciables du même mépris que ceux qu'ils ont renversés.

Lorsqu'en 1975, dans la baie de San Francisco, ce qui a été nommé « cyberculture » est apparu, on célébrait l'horizontalité, la solidarité, l'altruisme, le collectif et toutes les alternatives aux puissances dominantes. L'esprit bohème de l'époque célébrait l'inventivité et même l'excentricité, contre les lois et autres normes risquant de freiner la liberté d'expérimenter toutes les initiatives imaginables. Autour de magazines spécialisés, de radios communautaires et de clubs d'ordinateurs, l'esprit hacker est apparu, défendant en actes la possibilité pour les individus d'entretenir des rapports singuliers aux technologies, conçus comme des gestes de subjectivation[564]. On considérait à raison que le choix d'un mode de vie est un acte politique fort car la personne est l'ultime levier du changement social[565]. On célébrait l'individu et l'individualité, capables de grandes et belles choses. Désormais, le même raisonnement conduit à s'opposer aux descendants de cette cyberculture — même si certains d'entre eux ont persisté dans la voie du libre, du collaboratif et de l'associatif sans chercher à monétiser leurs savoirs et leurs innovations. Aujourd'hui comme hier, la consommation et les technologies du quotidien, notamment les technologies informatiques, sont les instruments grâce auxquels nous pouvons décider de notre avenir peut-être mieux qu'avec un bulletin de vote. À nous, par nos actes conscients et éclairés, chaque jour, chaque heure et chaque instant, de militer pour des outils favorisant l'augmentation de la puissance d'agir des êtres et leur ouverture au monde et aux autres plutôt que diminuant cette puissance et enfermant chacun sur lui-même. En 2020 comme en 1980, l'informatique peut être mise à profit dans le cadre d'un « néocommunalisme digital » pour libérer des foules asservies, revenir au dogme libéral siliconien mêlant épanouissement individuel et refus de toute régulation trop coercitive — une régulation qui est cette fois le fait de puissances privée et non plus de la puissance publique.

En songeant aux moyens d'une contre-culture face à la contre-culture numérique devenue culture numérique, on rejoint la révolte camusienne et la vie philosophique dont le mouvement ne vise pas à élire un idéal abstrait et à poursuivre des revendications stériles, mais à défendre ce qui dans l'humain dépasse l'idée pour s'incarner dans l'être. L'enjeu n'est pas de défendre des principes vagues sur une humanité vague mais des principes concrets sur une humanité concrète. Cela suppose, en somme, de prendre les armes et comprendre les armes, aller sur le terrain, descendre de sa tour d'ivoire pour mieux voir le monde et l'homme contemporains, puis réfléchir à des solutions pratiques et opérationnelles afin de passer du déplorable au souhaitable.

---

[564] É. Sadin, *La silicolonisation du monde – L'irrésistible expansion du libéralisme numérique*, L'échappée, coll. Pour en finir avec, 2016, p. 55.

[565] F. Turner, *Aux sources de l'utopie numérique – De la contre-culture à la cyberculture*, C&F éditions, 2012.

143. Le besoin d'actes juridiques. On ne peut, par exemple, que se réjouir de cette proposition de loi adoptée par le Sénat français en fin d'année 2020 et dont l'objectif est d'instaurer un « cyber-score » sur le modèle du nutri-score que l'on trouve désormais sur les emballages alimentaires, qui comprend cinq niveaux allant de A à E et du vert au rouge en fonction de la qualité nutritionnelle du produit. Il s'agirait ainsi d'informer le grand public de manière ludique et simple du niveau de sécurité qu'offrent les réseaux sociaux, les services cloud, les marketplaces et autres services fonctionnant à base d'IA. Si le Parlement dans son ensemble valide ce projet, un label serait créé afin d'informer les utilisateurs du niveau de protection des données personnelles lors de l'utilisation de certains services en ligne. Visible à chaque connexion, ce label reposerait sur des « critères objectifs et techniques » définis par l'Agence nationale de la sécurité des systèmes d'information (ANSSI). En outre, la proposition de loi prévoit que ce label ne devrait pas figurer dans les conditions générales d'utilisation, car il risquerait alors de se trouver noyé sous une masse d'informations illisibles pour l'internaute[566]. Au-delà, une telle certification devrait avoir pour effet de rendre les acteurs en question plus transparents et, plus généralement, plus vertueux. Mais encore faudrait-il doter de véritables moyens humains et technologiques la Direction générale de la concurrence, de la consommation et de la répression des fraudes (DGCCRF), chargée du contrôle car la future loi viendrait modifier l'article L. 111-7 du Code de la consommation qui impose à tout opérateur de plateforme en ligne une obligation d'information loyale, claire et transparente concernant notamment les modalités de référencement, de classement et de déréférencement. En pratique, un tel projet, ô combien légitime, risque d'achopper sur de nombreux obstacles pratiques. Tel est le lot, généralement, du droit du numérique, qu'il faut essayer de surmonter.

Alors que le pouvoir politique semble souvent bien frileux par rapport aux puissances numériques, un acte juridique fort, mais dont il faudrait tout de même interroger plus avant l'opportunité, serait de réguler ou même démanteler Google et Facebook, « deux entreprises qui se sont développés comme des parasites au regard du reste du contenu présent sur internet et qui

---

[566] A. Vitard, « Données personnelles : bientôt un "cyberscore" pour afficher le niveau de protection des plateformes ? », usine-digitale.fr, 23 oct. 2020.

ont été l'instrument politique du concept de post-vérité. Construites tels des châteaux de cartes, fortes de nombreuses entreprises rachetées au fil des ans, les démanteler serait un signe fort d'une reprise en main politique, et du droit sur nos vies numériques »[567]. Néanmoins, dans le rapport Worldwide AI Laws and Regulations de Cognilytica Research, publié 2020, l'Union européenne est présentée comme l'espace au monde où le plus de normes et de réglementations sont adoptées ou projetées dans les neuf domaines en lien avec l'IA étudiés, parmi lesquels la confidentialité des données, les véhicules autonomes ou les biais algorithmiques[568]. Le même rapport observe que, dans le monde, beaucoup de pays et de régions ont tendance à se montrer actifs de manière permissive, notamment à l'égard de l'utilisation des véhicules autonomes.

Reste que ce sont les actes plus que les textes qui changent les choses et c'est aujourd'hui que nous construisons demain. Les discours seuls sont sans intérêt. Même les lois et autres « actes » juridiques n'ont pas de sens s'ils ne sont pas suivis de faits s'accordant avec eux et permettant de les concrétiser. Bien agir est plus important que bien penser — mais bien penser semble constituer un préliminaire nécessaire pour bien agir. Ce qui compte, c'est le résultat et les moyens de l'obtenir, donc d'ambitionner un résultat bien déterminé et d'interroger les moyens d'y arriver. En matière de réactions face à l'empire des robots et des données, sans doute l'intention de vivre des vies philosophiques, éprises de sagesse et de liberté, suppose-t-elle de recourir à des actes juridiques : des lois, des conventions internationales, mais aussi des contrats ou des codes de bonne conduite. Savoir s'il faut qualifier ces textes de « droit », de « juridiques » ou d' « éthique » est secondaire. L'important est que les juristes ne se refusent l'accès à aucun objet normatif au motif qu'il s'agirait de « non-droit ». Aujourd'hui, si l'on définit le droit à la manière d'Hans Kelsen et des positivistes-normativistes par la validité dans l'ordre juridique étatique et que l'on s'interdit d'observer toute autre forme de normativité, on se coupe de parties essentielles du fonctionnement de nos

---

[567] F. Pasquale, *New Laws of Robotics – Defending Human Expertise in the Age of AI*, Belknap Press, 2020.
[568] C. Maquet, « Les lois de l'intelligence artificielle : quelle éthique pour l'UE ? », siecledigital.fr, 8 oct. 2020.

sociétés[569]. Mieux vaut, dans la veine du pragmatisme juridique qui s'oppose au dogmatisme juridique tel qu'il s'est imposé avec la science du droit moderne, recourir au critère de l'effectivité et s'intéresser aux actions, aux effets, aux conséquences concrètes[570]. Peut-être la recherche en droit (ou plutôt sur le droit) éprouve-t-elle un besoin croissant de pragmatisme à l'heure où le droit moderne semble de moins en moins bien permettre de comprendre et d'expliquer les nouveaux modes de régulation. En effet, ceux-ci se développent autour d'objets normatifs ou semi-normatifs originaux (chartes, conditions générales d'utilisation, contrats-types, normes comptables, normes managériales, normes techniques, labels, standards, meilleures pratiques, statistiques, sondages, indicateurs, classements etc.) qu'une approche pragmatique permettrait mieux qu'une approche classique de saisir. Le pragmatisme pourrait être au droit postmoderne ce que le dogmatisme est au droit moderne ; et l'effectivité des normes pourrait être au droit postmoderne ce que la validité des normes est au droit moderne. Avec le juspragmatisme, le droit changerait de physionomie, tandis que l'office des juristes évoluerait grandement. Face à un objet aussi original à saisir par le droit que l'IA, mieux vaut peut-être se fondre dans les nouveaux champs d'étude, les nouvelles habitudes de travail et les nouveaux positionnements épistémologiques attachés au pragmatisme juridique. Ceux-ci sont peut-être l'avenir de la recherche juridique.

Il n'en faut pas moins continuer d'employer l'expression « droits de l'homme numérique », mais à condition d'y voir non un corpus formel de normes positives issues de textes adoptés en bonne et due forme mais un corpus matériel de normes prospectives destinées à inspirer de futurs actes juridiques et, surtout, les conduites de chacun, les attitudes et les habitudes face à l'environnement techno-numérique incontournable dans lequel nous devrons tous évoluer — et tant mieux puisque celui-ci peut nous apporter de grands progrès. Les droits de l'homme numérique ici en cause rejoignent donc l'éthique et même la morale, le droit naturel, la philosophie du droit et ne constituent en aucun instant une technique juridique faite de lois du Parlement et de règlements du Gouvernement. Ce qui compte est la force

---

569 B. Barraud, *Qu'est-ce que le droit ? Théorie syncrétique et échelle de juridicité*, L'Harmattan, coll. Le droit aujourd'hui, 2017.

570 B. Barraud, *Le pragmatisme juridique*, L'Harmattan, coll. Bibliothèques de droit, 2017.

symbolique des « droits de l'homme ». Ceux-ci ont vocation à motiver et stimuler les actions, en droit et au-delà, visant à protéger l'humanité à travers la dignité, la liberté et l'égalité des êtres humains.

Peut-être l'heure est-elle critique, peut-être sera-ce au cours des années 2020 que nous basculerons sans retour possible soit dans la voie menant vers un monde déshumanisé, où les technologies numériques pourront se développer frénétiquement dans un cadre hyper-favorable, sans être arrêtées par aucune limite, capitalisant sur le moindre souffle du moindre individu, soit vers le chemin d'un monde réhumanisé, renouant avec les valeurs humanistes qui avaient permis de passer de l'homme à l'Homme, notamment en y incluant la femme, un chemin au long duquel se manifesterait de salutaires réactions et contestations dont le droit saurait prendre le relai et qui déboucherait finalement sur des modalités d'existence pleinement soucieuses du respect de l'intégrité humaine et refusant l'emprise totalisante et la prédation des multinationales du numérique. Ces dernières n'en seraient pas moins gagnantes elles-aussi, après avoir perçu l'appétit d'humanité des hommes et développé par conséquent de nouveaux modèles moins intrusifs et moins directifs afin d'y répondre.

L'enjeu urgent, aujourd'hui, est de bâtir une éthique de la responsabilité pouvant servir de point d'appui à des actions politiques suffisamment ambitieuses pour espérer répondre aux enjeux et ne pas faire simplement diversion. Cette éthique de la responsabilité serait soucieuse de sauvegarder nos principes humanistes, les fondements de notre humanité et de notre civilisation à une époque dans laquelle ils se trouvent en danger. Prônée par Hans Jonas, cette éthique de la responsabilité est une prise de conscience du fait qu'un nouvel environnement technique peut être réellement disruptif pour l'humanité, nous obligeant tous à une constante vigilance et même à un certain activisme[571].

144. La bataille de l'effectivité. Les droits de l'homme numérique appellent deux démarches simultanées, normalement indispensables et indissociables : la définition et l'affirmation de ces droits et libertés fondamentaux, d'une part, et leur protection et leur défense concrètes par des mesures d'application. Or, s'il est relativement aisé de se consacrer à la première tâche

---

[571] H. Jonas, *Le principe responsabilité* (1979), Flammarion, coll. Champs essais, 2013.

et de penser le droit — ce qu'a fait le présent ouvrage qui a succombé à la solution de facilité —, il est autrement délicat de garantir ce droit dans les faits. Les droits de l'homme numérique ne sont pas là pour qu'on leur voue un culte béat mais pour qu'on les mette en œuvre et qu'ils produisent des effets concrets. La question de l'effectivité des droits de l'homme numérique mériterait à coup sûr qu'un autre ouvrage substantiel lui soit consacré. Cela est d'autant plus vrai que ces droits et libertés doivent être protégés y compris face à l'ensemble des autorités publiques, même si ce sont pour l'heure principalement des puissances privées qui sont tentées de les malmener. « Entre la proclamation de droits de l'homme sacralisés et la réalité du quotidien n'est-il pas un abîme, demande-t-on, creusé à coups de fichiers informatiques, de relevés biométriques, de progrès flamboyants des nanotechnologies et des neurosciences ? Leur entremêlement ne force-t-il pas un monde dans lequel le droit au respect de la vie privée n'est guère plus qu'un thème de discours, le cas échéant élégamment couché en quelques arrêts de la Cour européenne des droits de l'homme, dissimulant de plus en plus mal une réalité fort différente : l'emprise du numérique est propice à la désintégration du droit proclamé »[572].

Dans un univers numérique où l'exercice des droits est rendu difficile par la forte asymétrie qui existe entre ceux qui contrôlent les algorithmes et les données et les personnes qui recourent à leurs services, la question de l'effectivité du droit est devenue une véritable bataille. Les utilisateurs peuvent, par exemple, rencontrer des difficultés pour exercer leur droit d'obtenir une intervention humaine dans le cadre d'une décision prise sur le fondement d'un traitement algorithmique, ou encore pour mettre en œuvre leur droit d'obtenir des informations concernant la logique sous-tendant le fonctionnement de l'algorithme. Aussi le RGPD comporte-t il quelques tentatives de réponses, à l'image de son article 14.1a qui renforce le droit à l'information, en prévoyant une information claire et intelligible fournie spontanément par le responsable du traitement algorithmique. Quant à la loi pour une République numérique, elle a aussi cherché à conforter l'effectivité du droit en renforçant l'obligation faite à ceux qui déploient des algorithmes d'en informer les personnes concernées et en prévoyant que les codes sources

---

[572] B. Teyssié, « L'homme et la fourmi – Variation sur l'empire numérique », in B. Teyssié, dir., *La communication numérique, un droit, des droits*, Éditions Panthéon-Assas, 2012, p. 54.

des algorithmes utilisés par l'administration sont des documents communicables. Combattre l'ineffectivité de la loi en s'attaquant au non-exercice de leurs droits par les individus en raison de leur mauvaise information semble toutefois assez insuffisant car d'autres causes d'ineffectivité jouent un rôle fort et devraient être combattues.

L'IA, à l'heure actuelle, a peut-être davantage besoin d'innovations juridiques que d'innovations scientifiques. Matériellement, on attend bien sûr du droit qu'il consacre des normes pertinentes, défendant l'humanisme juridique et spécialement les droits de l'homme numérique à la dignité, à la liberté et à l'égalité. Ainsi le droit pourrait-il tout en même temps, répondant à l'appel lancé par Mireille Delmas-Marty durant ses cours au Collège de France, combiner le principe responsabilité d'Hans Jonas et le principe espérance d'Ernst Bloch[573]. Mais c'est surtout formellement que le droit est appelé à se réinventer. Pour l'heure, ses formes, ses modalités d'édiction et d'application semblent par trop en décalage avec les objets transnationaux et hyper-mouvants qu'il est censé encadrer. En résulte une effectivité précaire qui est largement le malheur du droit contemporain. On enseigne, dans les facultés de droit, des régimes juridiques basés sur la loi, le règlement et la jurisprudence alors qu'en pratique ces normes publiques sont concurrencées par des normes privées que les acteurs se donnent à eux-mêmes. Il faut bien entendu opérer des distinctions selon les branches du droit. Le droit de l'IA compte en tout cas au nombre de ces branches fragiles et instables. L'État et spécialement l'Union européenne ne sont pas démunis face aux techniques et usages entourant l'IA et les données massives. Mais ils ne peuvent pas tout dès lors que sont en cause des objets et des activités mondiaux et changeants.

La réflexion sur les enjeux éthiques-juridiques soulevés par l'IA a pour horizon deux dimensions distinctes mais articulées : les principes et les moyens de rendre ceux-ci effectifs. Le droit français, par exemple, comprend déjà énormément de normes déclinant le droit à la dignité, le droit à la liberté et le droit à l'égalité. Mais se contenter d'une telle observation serait très insuffisant. Déjà les marxistes procédaient à une critique réaliste ou pragmatiste du droit en soulignant combien les expériences de déclarations de droits de la fin du XVIIIe siècle ont consacré des libertés formelles fort

---

[573] M. Delmas-Marty, « Hominisation, Humanisation : le rôle du droit », cours au Collège de France, 2011.

différentes des libertés réelles. Jusqu'à la démocratisation du web, dans les années 2000, la proclamation de la liberté d'expression est restée par exemple bien illusoire à défaut de moyens de communication permettant de l'exercer effectivement. Plus tôt dans l'histoire, cette liberté d'expression s'avérait *a fortiori* détachée des faits, les populations de prolétaires analphabètes et miséreux ne pouvant en aucune façon ou presque en jouir. Cependant, sans doute les grands textes sur la liberté d'expression, la liberté de la presse ou la liberté de communication audiovisuelle ont-ils tous permis de faire avancer l'histoire et progresser l'homme. La force symbolique des grands principes inapplicables en pratique n'est pas rien. Mais on doit bien entendu chercher à aller plus loin. Des droits de l'homme numérique ineffectifs seraient un bien triste pis-aller. L'ambition doit être de définir des droits de l'homme numérique pertinents et légitimes et d'identifier les moyens de les faire appliquer et respecter concrètement.

En premier lieu, on doit tâcher de penser le droit internationalement et non plus nationalement. La fragmentation des systèmes juridiques cause l'impuissance du droit. La principale limite en matière d'encadrement des blogs, forums, wikis, réseaux sociaux et plateformes de partage n'est pas juridique. Le droit existe. Et il est de moins en moins indécis et discuté, de plus en plus complet et précis. Les difficultés que les législateurs, juges et autres juristes doivent affronter se rapportent moins au droit positif compris comme ensemble de lois et de jurisprudences applicables qu'au droit effectif entendu tel un ensemble de lois et de jurisprudences appliquées. La dimension internationale des réseaux de communication et, par suite, des acteurs du web participatif et des contenus mis en ligne, qui sont accessibles partout sur la planète ou presque, entre en contradiction avec la dimension principalement nationale ou régionale des régimes juridiques correspondant. Tant au niveau de leur création qu'au niveau de leur mise en œuvre concrète, les normes sont le fait d'institutions dont les domaines de compétence sont territorialisés, bornés par des frontières.

Sans doute existe-t-il déjà au niveau national des règles de droit générales et spéciales permettant une régulation de l'IA, en théorie. Certes, le droit commun des contrats ou de la responsabilité est applicable, sans aucun doute. Par exemple, la norme du code de la santé publique réprimant l'exercice illégal de la médecine par toute personne non titulaire d'un diplôme pourrait fonder l'interdiction de l'établissement d'un diagnostic par un algorithme seul[574]. Mais il serait très insatisfaisant de devoir s'en contenter. On peut présenter longuement les normes constitutives du droit de l'IA ; encore faudrait-il que celles-ci produisent matériellement leurs conséquences chaque fois que les conditions sont réunies pour qu'elles le soient. Or la réalité est bien différente. Beaucoup d'internautes-éditeurs et, dans une moindre mesure, de plateformes-hébergeurs échappent aux poursuites et condamnations parce qu'ils sont inaccessibles aux justices nationales. Face à des activités largement transnationales, le droit pèche car son élaboration, son contrôle et la sanction de sa violation ne s'opèrent que dans le cadre de territoires exigus. En somme, le droit est centralisé quand l'internet est décentralisé ; cette situation rend leur rapprochement difficile. Et le « *cloud computing* » (ou « informatique en nuage »), dont les services du web participatif sont une des conséquences, n'a fait qu'accroître l'éparpillement des protagonistes de la communication en ligne, à tel point que l'idée d'une localisation des données sur un territoire particulier n'a plus vraiment de sens. Face à la souveraineté juridique des États, il semble que la souveraineté technologique de l'internet ne soit pas prête à se laisser faire.

La dimension transnationale des réseaux et l'immédiateté des communications qu'ils permettent constituent donc les principales sources des problèmes rencontrés par le droit ambitionné en ces pages, les principaux obstacles à une mise en jeu satisfaisante des responsabilités des acteurs de la communication par internet. Entre les droits nationaux, il subsiste beaucoup de divergences quant à l'appréciation de ce qui est acceptable et de ce qui ne l'est pas — en témoignent les contours variables des limites de la liberté d'expression. C'est pourquoi l'exécution à l'étranger d'une décision de justice est souvent très incertaine. Mais la première pierre d'achoppement est souvent déjà l'identification du responsable de la mise en ligne du contenu litigieux. Les conflits de lois et conflits de juridictions sont nombreux et presque inévitables, beaucoup de pays réglant ces questions à leurs manières en l'absence d'accord international digne de ce nom. Et la détermination de la loi applicable et celle de la juridiction compétente ne coïncident pas nécessairement, si bien que diverses combinaisons sont possibles. Par conséquent, le droit peut paraître clair à l'échelle d'un ordre étatique donné, il

[574] A. Sée, « La régulation des algorithmes : un nouveau modèle de globalisation ? », *RFDA* 2019, p. 830.

l'est beaucoup moins à l'échelle du système juridique mondial. Or c'est bien ce dernier qui constitue le niveau pertinent d'analyse concernant des technologies et des activités à vocation universelle. En dépit de l'harmonisation partielle réalisée dans le cadre de l'Union européenne et du Conseil de l'Europe, la mise en œuvre effective du régime juridique du web participatif montre que le droit international privé est aujourd'hui très insuffisant. Peut-être s'agit-il du principal défi posé au droit pour les prochaines années.

Une communication sans frontières et mondialisée appelle l'élaboration d'un droit sans frontières et mondialisé. Qu'il soit borné par des frontières est une limite qui ne fait que refléter les tares du droit dans sa globalité. Et la situation du droit n'est elle-même qu'un témoignage parmi d'autres de l'inorganisation de la société internationale. Un droit de l'IA franco-français a évidemment peu de chances de prospérer et de jouer un rôle important dans la régulation des activités numériques. Un droit européano-européen se trouve à une échelle plus intéressante et, même s'il faudrait espérer pouvoir un jour prochain faire le droit en coopération étroite avec les américains et les chinois, à l'échelle du monde, on ne peut, pour l'heure, que se satisfaire de l'échelle continentale et du fait que le droit de l'IA, pour les pays membres de l'Union européenne, s'écrit surtout à ce niveau. Cela est pourtant insuffisant et le Règlement général sur la protection des données (RGPD), par exemple, peine à se montrer efficace vis-à-vis des applications des pays tiers, car il est impossible de vérifier s'il est appliqué et, dans le cadre d'un internet totalement ouvert, d'appliquer des sanctions le cas échéant. Les PME américaines ou chinoises ne prennent pas de grands risques en faisant comme si le RGPD n'existait pas, tandis que les GAFAM se trouvent simplement condamnés à des amendes légères qui n'impactent qu'à la marge leurs projets. Alors que les entreprises françaises et européennes doivent, pour leur part, se soumettre plus strictement au RGPD, on en vient à estimer que « nous avons encore enfanté un monstre juridique, nous nous sommes encore tiré une balle dans le pied avec cette loi »[575]. Comme en droit de l'environnement, en droit de la finance ou en droit économique, le droit de l'IA ne doit pas se faire dans un cadre souverainiste, à travers un véritable

---

[575] Th. Klein, « Déconfinement : “Nous nous sommes encore tiré une balle dans le pied avec le RGPD” », lemonde.fr, 24 avr. 2020.

déni de réalité en arguant de « notre indépendance » face à des interdépendances croissantes. Le repli sur soi, en droit de l'IA comme de manière plus générale, ne saurait être une voie opportune. Dans des domaines politiquement sensibles, comme l'émigration, le terrorisme, la pollution ou la communication numérique, le caractère global des techniques et des activités rend malvenue l'action d'un seul État, y compris s'il s'agit des États-Unis.

Le 18 mai 2020, on a vu un think tank installé à Bruxelles, le Centre on Regulation in Europe, organiser une réunion par visioconférence entre le fondateur de Facebook Mark Zuckerberg et Thierry Breton, Commissaire européen au marché intérieur. Ce dernier n'a pas manqué de faire la leçon à ce premier, impassible, muet et presque livide d'indifférence dans son sweat-shirt gris : « J'ai toujours dit à mes collaborateurs "n'essayez pas d'être trop malins. Et payez vos impôts quand vous devez en payer", a martelé le Commissaire européen. [...] Faites attention à ne pas devenir un acteur trop important du système qui ne jouerait pas avec ses règles, faites attention à la démocratie, anticipez ce qu'il pourrait advenir, soyez vigilants avec toutes les informations que vous agrégez. [...] Ce n'est pas parce que quelque chose n'est pas interdit qu'il est autorisé »[576]. L'attitude distante du dirigeant de Facebook face aux leçons données par les représentants des pouvoirs publics trahit l'équilibre nouveau entre puissances privées et puissance publique. Un acteur comme Facebook n'a que peu à craindre des États ou de l'Union européenne, mais il a tout à gagner à donner en apparence des gages de bonne volonté et de coopération. Mais, derrière les paroles, il y a les actes et, en la matière, tandis que Facebook ne ménage pas ses efforts en matière d'optimisation fiscale, la firme installée à Menlo Park en Californie joue un rôle toujours plus grand à l'égard de l'humanité en ayant remplacé l'agora athénienne ou la place du village moderne. Jamais Facebook, de sa propre initiative, ne ferait en sorte, par pur altruisme, de respecter une concurrence juste et équitable et de refuser de jouer le rôle d'un acteur ultra-dominant en faisant en sorte d'abandonner des parts de marché au profit des petites et moyennes entreprises. En faisant mine d'écouter les récriminations de l'Union européenne, Facebook espère ainsi demeurer à l'abri de toute

[576] P. Guyonnet, « Thierry Breton fait la leçon à Mark Zuckerberg sur les impôts de Facebook », huffingtonpost.fr, 19 mai 2020.

tentative de régulation plus intensive — mais la Commission européenne, le 25 novembre 2020, a tout de même présenté le futur « *Governance Data Act* », un règlement sur la gouvernance des espaces européens des données dont l'objectif est notamment de défendre un marché des données ouvert mais souverain et de promouvoir un modèle alternatif à celui des GAFAM[577].

L'effectivité du droit n'achoppe pas que sur le caractère supranational des techniques et des usages. Elle est aussi mise à mal, par exemple, par le fait que, comme le révèle un sondage réalisé en 2020 par l'Institut Montaigne, 75 % des jeunes musulmans de 25 ans ou moins font aujourd'hui passer la charia avant les lois de la République quand, en 2016, ils étaient 50 % à penser ainsi — chiffre déjà très élevé. Il est évidemment fort difficile pour un droit ainsi concurrencé et contesté de s'imposer et se faire respecter.

Une autre difficulté rendant compliquée la production d'un droit pertinent et efficace est la technicité du sujet. Les gouvernants sont bien souvent dépassés par l'essor de l'intelligence artificielle dont ils saisissent mal tant les tenants que les aboutissants. Pour bien répondre, encore faut-il déjà bien comprendre la question. Or les parlementaires, loin de saisir ce qui se joue, sont généralement plutôt âgés, si bien qu'ils proviennent d'une autre époque et sont tentés de regarder avec les yeux d'hier les défis de demain. Ils proposent alors des recettes qui ne peuvent être adaptées. Notamment, ils renvoient l'IA à une future « stratégie nationale » bien que celle-ci devrait céder le pas à une « stratégie internationale ». En outre, ils en font un secteur particulier alors qu'il s'agit d'une question transversale : on ne devrait pas consacrer des rapports et des commissions à l'IA tout en continuant par ailleurs de mener ses politiques en matière industrielle, économique, agricole, éducative, culturelle, sociale etc. puisque l'IA est appelée à impacter, de gré ou de force, tous ces domaines. En faits, l'IA est une problématique centrale. En politique et en droit, elle est traitée de façon isolée. De la même manière que les questions environnementales — avec lesquelles l'IA partage décidément de nombreux points communs —, devraient être mises en relation avec l'économie, la société, le travail etc. et ne pas être traitées à part, le monde numérique intéressant tous les secteurs ne devrait pas être l'objet de ministères *ad hoc*. Au-delà, il est très incertain

[577] A. Vitard, « Voici le plan d'action de la Commission européenne pour créer "un marché unique des données" », usine-digitale.fr, 25 nov. 2020.

que l'on puisse compter sur le législateur s'il est vrai que « ce sont les politiques qui au premier chef soutiennent l'esprit technique dominant à la faveur de considérables fonds publics, de leur soumission au lobbying et de textes de loi rédigés à cette fin, conformément à un ordotechnolibéralisme devenu la norme dans les grandes démocraties »[578].

Reste que la politique et par suite le droit semblent irrémédiablement en retard sur la technologie. Si la France ne fait pas exception, elle n'est pas moin bien lotie que les autres pays et l'on a vu, aux États-Unis, patrie de l'intelligence artificielle, l'audition de Mark Zuckerberg devant le Congrès suite au scandale Cambridge Analytica être marquée par l'incompétence du législateur réduit à poser des questions vagues, très générales, parfois en complet décalage avec la réalité. Cette incurie est évidemment un frein terrible pour le droit de l'IA. On en vient ainsi à retenir des solutions qui n'en sont pas, qui s'avèrent contre-productives, qui achoppent sur des obstacles tantôt techniques et tantôt humains. Par exemple, le RGPD européen, face au problème posé par le traçage en ligne des internautes grâce aux cookies, a imposé ces bandeaux qui s'ouvrent à chaque nouveau site consulté. C'est à ce moment-là que l'internaute se rend compte de l'existence du règlement : cinquante fois par jour, il est sommé de cliquer sur « j'accepte », car personne ne prend le temps de paramétrer un par un chaque cookie de chaque site visité. On accepte donc systématiquement ces cookies, souvent sans bien comprendre de quoi il s'agit ni à quoi ils servent, de telle sorte que la situation est la même qu'auparavant avec une gêne en plus en raison du besoin de faire deux clics de plus par site visité. L'intention est évidemment louable, mais la réalisation laisse à désirer. On ne saurait s'en satisfaire en disant « la règle a au moins le mérite d'exister ». Par ailleurs, un autre effet du RGPD a été l'envahissement des boîtes mail par une quantité ubuesque de spams d'entreprises et autres organisations demandant à l'internaute si elles avaient le droit de lui écrire — chaque demande d'autorisation étant donc en soi illégale, tandis que nul n'était près à répondre à toutes ces sollicitations non désirées. Il faut donc se méfier des progrès théoriques qui, en pratique, ne portent pas leurs fruits. Le droit de l'IA est plein de ce genre de tergiversations et il fait peu de doute que des droits de l'homme numérique

---

[578] É. Sadin, *L'intelligence artificielle ou l'enjeu du siècle – Anatomie d'un antihumanisme radical,* L'échappée, coll. Pour en finir avec, 2018, p. 254.

auraient bien du mal à allier la hauteur et la profondeur des principes théoriques avec une praticité et une opérationnalité concrètes.

Dans ces conditions, il est tentant de s'en remettre à l'autorégulation des acteurs du numérique. Mais peut-on raisonnablement compter sur eux pour être vertueux, pour répondre avec bonne foi et volontarisme au principe de responsabilité sociale qui s'applique à eux, en France notamment depuis la loi PACTE de 2019[579]. La démission du législateur, même national, qui exige des entreprises qu'elles se substituent à lui n'est pas une solution acceptable. Mark Zuckerberg est bien sûr très heureux d'assumer la mission de fabrique de la norme, ce qu'il a expliqué dans un long texte publié dès février 2017, où il affirme vouloir contribuer à l'émergence d'une « communauté globale » — au cœur de laquelle on trouverait évidemment Facebook et les normes de Facebook. Absolument rien n'assure que les définitions du bien, du mal, de l'intérêt général ou du développement durable soient les mêmes que celles qui imprègnent les droits de l'homme numérique. Les standards de bonne conduite et l' « éthique » des multinationales du web peuvent seulement relayer les droits et libertés fondamentaux, non s'y substituer dans une forme de néo-souveraineté numérique. Des solutions et des innovations juridiques sont attendues également afin de contrer le mouvement de privatisation du droit du numérique, les acteurs privés, défendant leurs intérêts particuliers, s'arrogeant de plus en plus la prérogative « souveraine » de se donner leurs propres principes directeurs, ce qui leur profite évidemment mais porte atteinte à l'intérêt général, à la justice, à la démocratie, à la sécurité juridique et aux droits et libertés des utilisateurs de leurs services.

145. L'urgence du cosmopolitisme. Depuis toujours, les conditions d'utilisation de Facebook comportent une clause prévoyant que tout litige entre le réseau social et ses utilisateurs devra être porté exclusivement devant le tribunal de Santa Clara, en Californie. De quoi dissuader l'internaute européen de saisir une justice située à l'autre bout du monde et dont il ne connaît rien — à moins qu'il soit friand de séries américaines. Facebook a pris l'habitude de se réfugier derrière cette clause. Néanmoins, les tribunaux français se sont à plusieurs reprises estimés compétents. Tel a été le cas dans l'affaire « Durand contre Facebook » : le 5 mars 2015, le tribunal de grande

[579] L. n° 2019-486, 22 mai 2019, *Relative à la croissance et la transformation des entreprises*.

instance de Paris a jugé cette stipulation « abusive » ; puis, le 12 février 2016, la cour d'appel de Paris a confirmé la compétence des juridictions françaises. Le premier apport de cette semi-saga judiciaire autour de « L'Origine du monde » (Facebook avait censuré une publication de M. Durand dans laquelle apparaissait le célèbre tableau de Gustave Courbet) est donc de malmener l'argument fétiche de Facebook : la compétence exclusive de la justice américaine, même pour un service clairement destiné à un public français ou, du moins, francophone. Facebook mais aussi Google sont régulièrement condamnés en raison de leurs conditions d'utilisation abusives. À partir du 11 décembre 2020, on a ainsi vu apparaître sur la page d'accueil du moteur de recherche la mention « Jugement du TJ de Paris du 12 février 2019 », cela afin de se conformer à une mesure de publicité décidée par la justice française — le tribunal judiciaire (issu de la fusion du tribunal d'instance (TI) et du tribunal de grande instance (TGI)) de Paris a déclaré abusives et illicites 38 clauses des conditions d'utilisation de Google[580]. Cependant, pour ces acteurs, ce ne sont là que de menus désagréments avec lesquels ils parviennent à composer. Pour l'heure, leur ingéniosité a toujours un coup d'avance sur celle des législateurs.

Tandis que Cédric Villani a dans son bureau une photo de lui avec Mark Zuckerberg, on peut douter que Mark Zuckerberg ait affiché la même usage dans son propre bureau[581]. On ne saurait mieux témoigner de l'état actuel du rapport de forces entre les États et les multinationales du numérique — si ce n'est en rappelant cette autre anecdote : le Danemark a cru bon de nommer un « ambassadeur aux technologies » chargé de le représenter auprès des GAFAM et, lorsqu'un jour celui-ci, après avoir réuni des collègues diplomates de vingt-deux pays différents, demanda à être reçu par Facebook, la firme envoya un stagiaire pour s'entretenir avec eux ; et, quand le premier ministre danois a voulu rencontrer à Davos les responsables de Facebook et Google, il s'est tout simplement fait éconduire[582]. Les émissaires des pouvoirs publics donnent l'impression de Don Quichotte face aux moulins à data face à ces nouveaux rois du monde qui entendent « aller vite et casser

[580] J. Lausson, « Pourquoi Google affiche "Jugement du TJ de Paris" sur sa page d'accueil », numerama.com, 15 déc. 2020.
[581] G. Kœnig, *La fin de l'individu – Voyage d'un philosophe au pays de l'intelligence artificielle*, Éditions de l'observatoire, coll. De facto, 2019, p. 284.
[582] *Ibid*, p. 230.

tout », suivant la devise énoncée par Mark Zuckerberg[583]. S'ils essayent de donner la meilleure image notamment en feignant de collaborer avec les institutions publiques, les anciens startupers de la Silicon Valley n'ont guère de considération pour elles et aspirent surtout à ce qu'on les laisse tranquillement développer leurs activités. Ils sont ainsi les héritiers infidèles de la « Déclaration d'indépendance du cyberespace » proclamée en 1996 par John Perry Barlow, libertarien revendiqué et cofondateur en 1990 de l'Electronic Frontier Foundation, une association de « défense des libertés civiles sur internet ». Ce texte déclarait ainsi : « Gouvernements du monde industriel, vous géants fatigués de chair et d'acier, je viens du Cyberespace, le nouveau domicile de l'esprit. Au nom du futur, je vous demande à vous du passé de nous laisser tranquilles. Vous n'êtes pas les bienvenus parmi nous. Vous n'avez pas de souveraineté où nous nous rassemblons. Nous n'avons pas de gouvernement élu, et il est improbable que nous en ayons un un jour. Aussi je ne m'adresse à vous avec aucune autre autorité que celle avec laquelle la liberté s'exprime. Je déclare l'espace social global que nous construisons naturellement indépendant des tyrannies que vous cherchez à nous imposer. Vous n'avez aucun droit moral de dicter chez nous votre loi et vous ne possédez aucun moyen de nous contraindre que nous ayons à redouter. Les gouvernements tiennent leur juste pouvoir du consentement de ceux qu'ils gouvernent. Vous n'avez ni sollicité ni reçu le nôtre. Nous ne vous avons pas invités. Vous ne nous connaissez pas, et vous ne connaissez pas notre monde. Le Cyberespace ne se situe pas dans vos frontières. Ne pensez pas que vous pouvez le construire, comme si c'était un projet de construction publique. […] Vous n'avez pas participé à notre grande conversation, vous n'avez pas non plus créé la richesse de notre marché. Vous ne connaissez pas notre culture, notre éthique, ni les règles tacites qui suscitent plus d'ordre que ce qui pourrait être obtenu par aucune de vos ingérences »[584]. La réglementation classique par la loi des États est réellement inadaptée aux caractéristiques fondamentales du cyberespace — ce n'est pas seulement une idéologie libertaire. Le règne de l'anonymat, le fonctionnement en réseau ou les blockchains rendent difficile toute attribution de responsabilités. Le bitcoin, par exemple, remet en cause une prérogative régalienne suprême des

---

[583] *Ibid.*

[584] J. P. Barlow, « A Decleration of the Independance of Future Espace », Electronic Frontier Fondation, 1996.

États : frapper monnaie. Le numérique supprime la nécessité d'une autorité hiérarchique pour arbitrer l'échange monétaire. Quant aux contrats dits « intelligents » (« *smart contracts* »), ils défient les droits étatiques en codant les termes des transactions et en en prévoyant l'exécution automatique, ce qui défie les principes fondamentaux de la théorie des obligations (possibilité d'annuler le contrat, prise en compte d'éléments humains non inclus dans le code etc.).

Albert Camus déjà, dans ses articles, faisait poindre la perspective d'une « démocratie internationale » qu'il opposait à la dictature mondiale des États — aujourd'hui, on doit davantage l'opposer à la dictature mondiale des GAFAM. « Il n'y a plus d'îles et les frontières sont vaines », écrivait-il[585]. La souveraineté nationale devrait faire place nette à une souveraineté mondiale, céder la place à une organisation fédérale mieux adaptée aux problématiques actuelles et à venir. Quand les acteurs du monde numérique ne se conçoivent pas autrement que tels des acteurs universels, nous devrions tous, comme le fit en 1948 Albert Camus en prenant fait et cause pour un jeune Américain, Garry Davis, qui avait déchiré son passeport, nous déclarer « citoyens du monde »[586]. On y verra forcément beaucoup de naïveté. Aujourd'hui comme au temps de Camus, il est difficile de croire en l'utopie mondialiste. Et, en même temps, on peut se demander pourquoi les hommes n'ouvrent pas cet espace de dialogue, pourquoi ils n'adoptent pas un langage commun, pourquoi ils n'articulent pas les communautés autour d'une solidarité d'identité, autour de leur humanité commune. Les choses sont ainsi faites que le cosmopolitisme apparaît telle une évidence et, pourtant, on ose à peine se déclarer cosmopolite, « citoyen de l'univers ». À bien y réfléchir, quelle raison peut justifier de préférer une identité locale à une identité mondiale ou, mieux, à une identité humaine ? N'est ce pas à raison que Charles Darwin disait qu' « à mesure que l'on avance en civilisation, la raison devrait conduire chaque homme à étendre ses instincts sociaux et de sympathie à tous les membres d'une même nation. Une fois ce point atteint, seule une barrière artificielle pourrait empêcher ce sentiment de sympathie de s'étendre à tous les hommes de toutes les nations et de toutes les races ». Les pays, les nations, les États et même les religieux et, dans une certaine mesure, les

[585] A. Camus, *Essais*, Gallimard, coll. Bibliothèque de la Pléiade, 1965, p. 341.

[586] D. Salas, *Albert Camus – La juste révolte*, Michalon, coll. Le bien commun, 2002, p. 75.

cultures ne sont que des barrières artificielles auxquelles il faudrait donner congé. La pandémie de coronavirus nous rappelle que nous sommes une grande famille. Ce qui arrive à un individu à Wuhan touche l'humanité tout entière. Aucun mur ne peut séparer les hommes, encore moins un mur juridique. On ne peut que suivre les auteurs qui défendent une nouvelle approche du constitutionnalisme mondial ou, au moins, une reformulation du droit international fondée sur le respect des droits de la personne humaine[587].

D'ailleurs, dans un monde réseautique et dynamique fait d'incessantes circulations de flux, les États, les frontières, les souverainetés, les parlements et gouvernements nationaux ne sont-ils pas des archaïsmes, des rémanences du « monde d'avant » dont on ne parvient pas à se défaire alors pourtant qu'il le faudrait, qu'il faudrait se tourner vers cette tournure d'esprit dans laquelle on a avant tout conscience d'appartenir à l'ensemble de l'humanité davantage qu'à sa patrie d'origine et qui conduit à se comporter comme un membre de la communauté mondiale plutôt que tel le citoyen d'un État. Il faudrait parvenir à dépasser cette tradition scientifique, philosophique et politique, fondée sur un ordre statique, privilégiant les principes de centralité et de hiérarchie, sur laquelle on s'appuie aujourd'hui toujours. Les startupers de la Silicon Valley, eux, ont adopté depuis longtemps une autre approche, faite d'horizontalité et de souplesse, prolongeant l'intuition de Saint-Simon qui, au cours du XIXe siècle, avait plaidé pour l'extension des voies de circulation et la création de nouveaux canaux de communication, y voyant des vecteurs de paix, de solidarité, d'amélioration des conditions de vie, donc de progrès. À l'inverse, exiger le « retour des frontières » — qui ne sont jamais vraiment parties —, c'est aller dans le sens de dangereuses régressions. S'il n'y a pas de sens de l'histoire, il existe en revanche une logique humaine qui ne peut accepter ces frontières qui sont autant de limites à l'essor de l'humanité. La mondialisation a jusqu'à présent été essentiellement une mondialisation économique, laquelle s'est accompagnée d'une mondialisation culturelle partielle. Il semble grand temps d'œuvrer à une mondialisation humaniste, à grand renfort de droit mondial, malgré les fortes résistances allant de ceux qui clament « la France aux français » à ceux qui voient dans les droits de l'homme une manœuvre impérialiste des européens et des américains.

---

[587] A. Peters, *Humanisme, constitutionnalisme, universalisme – Études de droit international et comparé*, Pedone, 2019.

Pour ce faire, Mireille Delmas-Marty nous livre un exemple d'innovation juridique lorsqu'elle préconise de passer du modèle étatiste de la séparation des pouvoirs législatif, exécutif et judiciaire à un modèle de gouvernance reposant sur trois piliers qu'elle appelle « SVP », pour « savoir, vouloir, pouvoir »[588]. Il s'agirait alors de combiner les institutions publiques et les puissances économiques privées au sein d'une grande organisation mondiale dont tout le monde sortirait gagnant, en premier lieu les hommes et les droits de l'homme. Si cela demeure fort théorique, on ne peut qu'encourager ce genre d'initiatives. Un jour, de l'une d'elles débouchera le nouveau modèle d'organisation de la société mondiale.

Avant d'imaginer l'avènement d'un État et donc d'un droit mondiaux, créer une ONU des data pourrait constituer le grand défi du XXIe siècle. À ce titre, les principes de l'OCDE sur l'intelligence artificielle, adoptés en mai 2019 par 42 pays, représentent un embryon de gouvernance collective et donc une piste à explorer plus avant. L'ONU exprime l'idéal d'une communauté internationale et démocratique tel qu'il est apparu après la Seconde Guerre mondiale, visant à organiser la cohabitation pacifique de systèmes politiques et juridiques différents et parfois antagonistes. Or, si la mondialisation des techniques et notamment des médias de masse et des nouvelles technologies de l'information et de la communication n'est certainement pas un moyen suffisant afin de réussir cette communauté internationale, elle peut y contribuer et est même une condition nécessaire — car aucune coopération n'est possible sans moyens techniques qui permettent l'interaction et la circulation des informations. Ensuite, encore faut-il qu'au rapprochement technique s'ajoutent des rapprochements culturel et social, indispensables à toute inter-compréhension. Pour l'heure, l'Organisation des Nations Unies demeure enfermée dans des limites consubstantielles indépassables. Et, s'agissant de l'IA, elle compte seulement une brigade de casques bleus numériques constituée d'une petite dizaine d'informaticiens dont le rôle est seulement symbolique. Les gouvernements du monde pourraient-ils parvenir à s'accorder afin de donner le jour à une organisation internationale davantage opérante ? Si l'on peut en douter, le besoin n'en est pas moins réel. Dans l'idéal, il faudrait même parvenir à

[588] M. Delmas-Marty, *Sortir du pot au noir – L'humanisme juridique comme boussole*, Buchet-Chastel, 2019, p. 80.

dépasser le cadre onusien, qui repose sur le respect des souverainetés respectives des États quand les réseaux, techniques et usages à réguler sont déterritorialisés par nature. Il faudrait ériger un cadre semblable à celui de l'Union européenne à un niveau universel, afin que ce ne soient plus les intérêts égoïstes des diverses nations qui soient défendus mais ceux de l'humanité face à un sujet qui transcende les frontières. Nous avons besoin d'une ONUN, une Organisation des Nations Unies Numérique défendant les droits de l'homme numérique dans un cadre rénové, avec des outils de contrôle et d'action efficaces. Mais il est malvenu de disserter plus longtemps sur ce point tant tout cela est purement utopique et inimaginable, même à long terme — l'heure est malheureusement plus aux souverainismes et nationalismes teintés de populisme et de démagogie qu'au mondialisme et au cosmopolitisme. On ne peut plus compter sur les États. Et pourtant il le faut.

En 1795, lorsqu'Emmanuel Kant publia son *Projet de paix perpétuelle*, il décrivit trois niveaux d'ordre constitutionnel entre les hommes : la Constitution particulière à chaque nation (*jus civitatis*), la loi internationale liant les différents États (*jus gentium* ou droit des gens) et la constitution d'un ordre mondial dans lequel les hommes seraient considéré comme citoyen d'une cité humaine universelle (*jus cosmopolitum*). Ce droit cosmopolitique apparaît aujourd'hui plus que jamais nécessaire, pour différentes raisons relevant du droit du numérique au droit de l'environnement, en passant par le droit des systèmes financiers et bien d'autres branches du droit. Kant souhaitait étendre aux deux derniers ordres la relation contractuelle déjà réalisée à l'intérieur des États, entente qui ne soit pas un simple pacte de non agression mais l'avènement d'une société de nations respectueuse du droit républicain, lequel est l'incarnation même du droit naturel[589]. On ne peut donc espérer une entente qu'entre des États organisés sous la forme de régimes républicains. Or, partout dans le monde, il demeure des gouvernements qui sont propriétaires de l'État comme l'étaient les princes d'Ancien Régime, loin de tout système représentatif et de toute séparation des pouvoirs. Reste qu'à l'heure actuelle il semble difficile de ne pas soutenir la pensée kantienne, le droit cosmopolitique, l'hospitalité universelle, le droit de visite, la libre circulation et le fait que tout individu

[589] F. Farago, « Kant et la paix universelle », *Les Grands Dossiers des Sciences Humaines* 2021, n° 61, p. 35.

devrait être considéré comme un « citoyen du monde ». Et pourtant, aux quatre coins du monde, ce sont les nationalismes populistes qui triomphent, loin de toute rationalité, loin de toute lucidité, loin de tout altruisme.

146. Le règne du droit souple. L'objectif, en ces pages, était de réfléchir aux droits de l'homme numérique d'un point de vue matériel plus que formel. Sous ce dernier angle, il y aurait toutefois beaucoup à dire. L'IA et le numérique en général interrogent la légistique, tant en ce qu'ils peuvent se mettre à son service et lui permettre bien des progrès, à l'image des lois du 7 octobre 2016[590] et du 27 janvier 2017[591] qui ont été écrites dans le cadre d'une co-écriture citoyenne permettant de mettre la démocratie participative au service de la démocratie représentative[592], qu'en ce qu'une néo-légistique est attendue afin de pouvoir mieux produire le droit de l'IA et le droit du numérique. Peut-être ces droits devraient-ils, même lorsqu'ils visent à décliner des droits de l'homme numérique, s'appuyer sur des normes souples. Par exemple, en matière de droit des données personnelles, la loi la loi du 20 juin 2018 renforce le pouvoir de la CNIL d'édicter des normes de droit souple[593]. La loi dispose en effet que l'autorité indépendante « établit et publie des lignes directrices, recommandations ou référentiels destinés à faciliter la mise en conformité, […] encourage l'élaboration de codes de conduite définissant les obligations qui incombent aux responsables de traitement et à leurs sous-traitants, […] homologue et publie les méthodologies de référence destinées à favoriser la conformité des traitements de données de santé à caractère personnel, […] établit et publie des règlements types en vue d'assurer la sécurité des systèmes de traitement de données à caractère personnel et de régir les traitements de données biométriques, génétiques et de santé ». La CNIL peut également « décider de certifier des personnes, des produits, des systèmes de données ou des

---

[590] L. n° 2016-1321, 7 oct. 2016, *Pour une République numérique* ; A. Lemaire, « Édito », in « Projet de loi pour une République numérique : 21 330 citoyens ont co-écrit le projet de loi », dossier de presse du Ministère de l'économie, de l'industrie et du numérique, 2016 ; Q. Monget, « La législation participative », *JCP G* 15 févr. 2016, p. 7 s.

[591] L. n° 2017-86, 27 janv. 2017, *Relative à l'égalité et à la citoyenneté*.

[592] B. Barraud « La co-écriture citoyenne des projets de loi : la participation au service de la représentation », *Politeia* 2016, n° 30.

[593] L. n° 2018-493, 20 juin 2018, *Relative à la protection des données personnelles*.

procédures ». Face à l'impasse des échelle — l'incompatibilité entre l'espace et le temps de la loi et l'espace et le temps des techniques et des usages que cette loi veut saisir —, ce phénomène d'assouplissement de la production et de l'application des normes semble inéluctable, ce qui signifie aussi abandonner en partie la démocratie au profit de la technocratie, sans que cela ne doive nécessairement être déploré et regretté. Le droit français, par définition, ne pourra jamais être mondial. En revanche, il peut être plus réactif et dynamique, devenant ainsi davantage sympathique aux yeux des acteurs qu'il a face à lui tels que des startupers. À défaut de pouvoir compter sur le droit dur de la loi et du règlement, le droit souple peut se présenter tel un succédané assez satisfaisant.

Néanmoins, il ne s'agira toujours que d'un pis-aller et il est à craindre que des normes non contraignantes ne soient respectées par les acteurs privés que lorsque cela ne va pas à l'encontre de leurs intérêts. De la même manière, l' « éthique » figurant dans des textes émanant d'initiatives privées risque fort d'être un instrument de manipulation, notamment à des fins d'affichage et de communication. On voit ainsi les initiatives en matière d'encadrement des algorithmes se multiplier dans le secteur privé. Le meilleur exemple est peut-être le « Partnership on AI to Benefit People and Society » réunissant de Google à Facebook, en passant par Microsoft, Amazon, IBM ou Apple. Leur ambition, telle qu'ils l'expriment, est d'instaurer de « bonnes pratiques » éthiques dans le domaine de l'IA[594]. La confection de chartes pour encadrer l'IA est préconisée systématiquement et le Parlement européen lui-même a proposé sa propre « Charte sur la robotique » contenant, selon ses destinataires, un « code de conduite éthique pour les ingénieurs en robotique », un « code de déontologie pour les comités d'éthique de la recherche », une « licence pour les concepteurs » et une autre « pour les utilisateurs »[595]. Mais ces chartes et autres codes de bonne conduite, dépendant de la bonne volonté de ceux à qui ils s'adressent, sont par nature limités.

---

[594] A. Bensamoun, G. Loiseau, « L'IA à la mode éthique », *D.* 2017, p. 1371 s.

[595] Parlement européen, 16 févr. 2017, 2015/2103[INL], *Résolution contenant des recommandations à la Commission concernant des règles de droit civil sur la robotique*.

Alors qu'on est en attente d'un droit global capable de répondre à des enjeux globaux, le droit souple est la première pierre d'édifices juridiques — ou non juridiques, selon la définition kelsénienne ou pragmatiste du droit que l'on retient — capables de transcender les frontières. Les codes privés ne connaissent évidemment pas les limites propres à la territorialité étatique. Et même les pouvoirs publics usent et abusent des propositions de droit dont l'avantage est d'être mises à la disposition de la planète entière quand une loi ou un règlement s'impose, mais seulement dans un espace réduit. La Commission européenne a ainsi présenté des « lignes directrices » contenant les valeurs éthiques devant encadrer l'IA[596]. Le rapport de l'Office parlementaire d'évaluation des choix scientifiques et technologiques (OPECST) visant à identifier les moyens de construire « une intelligence artificielle utile, au service de l'homme et des valeurs humanistes », propose la réalisation d'une « charte de l'intelligence artificielle et de la robotique », ainsi que la création d'un « institut national de l'éthique de l'intelligence artificielle et de la robotique », cela dans le but de « favoriser des algorithmes et des robots sûrs, transparents et justes ». Le Conseil économique, social et environnemental (CESE) voit également dans la confection d'une charte l'instrument privilégié afin de permettre à l'IA de se développer dans un contexte éthique et de confiance. Il préconise la rédaction d'un « code éthique uniforme applicable à l'échelle mondiale pour le développement, le déploiement et l'utilisation de l'intelligence artificielle ». Quant au Comité économique et social européen (CESE), il soutient, dans un avis du 31 mai 2017, l'instauration d'un « code européen de déontologie pour le développement, le déploiement et l'utilisation de l'IA », cela « afin que les systèmes d'IA demeurent, tout au long de leur processus d'exploitation, compatibles avec les principes de dignité humaine, d'intégrité, de liberté, de respect de la vie privée, de diversité culturelle et d'égalité entre hommes et femmes, ainsi qu'avec les droits fondamentaux ». On le voit bien : ce sont là des pétitions de principe avec lesquelles on ne peut qu'être en accord mais qui obligent à poser immédiatement la question des moyens de s'assurer que les principes énoncés seront effectivement respectés. Or cette question là appelle des réponses beaucoup moins évidentes, si ce n'est

---

[596] Commission européenne, 8 avr. 2019, communication COM(2019) 168 final, « Renforcer la confiance dans l'intelligence artificielle axée sur le facteur humain ».

une absence de réponse. Il est difficile de voir dans ce droit souple, mou, flou mieux qu'une mode, car ses effets demeurent limités et il lui est difficile de contraindre un acteur récalcitrant. Le grand défi du droit contemporain est définitivement celui de son effectivité et, pour l'heure, on peine à voir émerger des solutions satisfaisantes et pérennes.

147. *Law is Code* : les droits de l'homme « *by design* ». Si l'autorégulation privée joue un rôle important au sein du droit de l'IA ou, du moins, de la régulation de l'IA — toujours selon la définition du droit que l'on retient —, cela s'explique par les vides et défauts formels et substantiels du droit d'origine publique qu'il s'agit de compenser, mais aussi pour une autre raison : en matière d'IA, la prise en compte des droits de l'homme et autres valeurs éthiques doit être effectuée dans l'idéal au moment de la conception de l'outil, c'est-à-dire par ses créateurs eux-mêmes[597]. C'est ce que l'on nomme l'éthique « *by design* » ou droit « *by design* ». Ce n'est alors plus le code qui fait le droit — « *code is law* » selon Lawrence Lessig, observant combien la régulation des comportements est largement déterminée par le fonctionnement des systèmes informatiques[598] — mais le droit qui fait le code : *law is code*. Le code informatique est supposé reprendre à son compte et refléter des exigences juridiques ou éthiques. Il s'agit d'intégrer les principes éthiques et les exigences liées à une IA digne de confiance dans les produits et services utilisant l'IA sous la forme de précautions techniques dès le stade de leur conception. On peut aujourd'hui encapsuler l'éthique dans des lignes de code, la formaliser une afin de la programmer. Une façon radicale de répondre à la question de l'éthique de l'IA est donc de rendre la machine éthique en soi, respectant ces principes moraux automatiquement comme elle prend des décisions automatiquement. Cependant, des expressions comme « éthique des algorithmes » ou « IA éthiques » ne doivent pas être prises au pied de la lettre. Elles comprennent une part d'anthropomorphisme revenant à attribuer des capacités humaines à des machines. Si une IA se comporte de manière éthique, ce n'est que parce que des hommes l'ont voulu et l'ont conçue à ces fins. Les exigences ne concernent toujours que les hommes qui conçoivent, entraînent, déploient et utilisent les IA, tandis que ces dernières, si elles peuvent bien répondre d'une

---

[597] A. Sée, « La régulation des algorithmes : un nouveau modèle de globalisation ? », *RFDA* 2019, p. 830.

[598] L. Lessig, *Code and Other Laws of Cyberspace*, Basic books, 1999.

manière prédéfinie à une situation envisagée à l'avance, ne sauraient appliquer un raisonnement éthique, à base de conscience et de sensation du bien et du mal, à des cas nouveaux.

Cette doctrine du « *by design* » ne pose guère de difficultés aux opérateurs économiques dès lors qu'il leur appartient de se donner leurs propres règles et donc qu'ils ne sont pas contraints de sortir de cette zone de confort qu'est pour eux l'auto-gouvernement. En l'absence de droit international des droits de l'homme numérique, ils sont libres de définir les principes qu'ils entendent respecter et les moyens de le faire, cela avec plus ou moins de bonne volonté et de bonne foi. La norme est le fait des acteurs qui l'ont élaborée et qui y ont adhéré volontairement. Il n'est alors guère difficile de justifier sa prise en compte dans le code informatique directement, dès la conception de l'instrument. Un exemple significatif est celui des algorithmes modérateurs des réseaux sociaux et des forums de discussion : les limites de la liberté d'expression, liberté fondamentale, sont définies unilatéralement par l'exploitant de la plateforme qui décide du contenu des notions de contenu violent, contenu indécent, contenu à caractère sexuel ou contenu pouvant choquer et inclut ces définitions dans l'algorithme qui, ensuite, va procéder à une modération automatique des publications des internautes — aboutissant, par exemple, à censurer *L'Origine du monde* de Courbet, non pour des raisons de droit d'auteur mais du fait de la nudité représentée dans la peinture, mais pas certains appels à la violence. Un droit de l'homme tel que la liberté d'expression connaît ainsi deux régimes juridiques — ou un régime juridique et un régime normatif concurrent si l'on se refuse à voir du droit ailleurs que dans l'État — : l'un public, l'autre privé. Et celui qui l'emporte au sein du droit de l'IA est le régime privé, sauf si l'on a d'yeux que pour la validité étatique et aucun égard pour les normes effectives, qui sont appliquées dans les faits.

L'éthique *by design* est aussi défendue par les institutions publiques. Ainsi l'article 5 du RGPD, par exemple, pose-t-il le principe de « minimisation des données » : dans son fonctionnement même, l'IA doit prélever et exploiter uniquement les données personnelles qui lui sont strictement nécessaires en fonction de la finalité de l'application. On peut même imaginer la mise à disposition des utilisateurs de moyens techniques leur permettant de contrôler leurs données tels qu'un espace numérique sécurisé, sorte de porte-feuille numérique. Seulement peut-on douter que la règle du *by design* soit aussi bien respectée lorsqu'elle est défendue par le législateur que lorsqu'elle fait suite à une initiative des acteurs privés eux-mêmes. Aussi peut-on observer que la règle selon laquelle les données collectées doivent être « adéquates, pertinentes et limitées » au regard de la finalité du traitement est peu respectée aujourd'hui. Rares sont les opérateurs qui intègrent dans leurs algorithmes des mécanismes visant à limiter les prélèvements et réutilisations de données. On recourt beaucoup à l'idée de « *privacy by design* », des mécanismes de protection de la vie privée devant être intégrés nativement dans les systèmes d'IA. Mais, en pratique, on imagine bien que les multinationales du web y sont largement réfractaires. De la même manière, s'il est logique de plaider pour des « *human rights by design* » afin de protéger la liberté et de prévenir les biais et les discriminations, on peut difficilement s'attendre à ce que les acteurs concernés s'y conforment spontanément dès lors que cela nuirait à leurs modèles économiques et à leur position sur un marché. Le droit *by design*, comme le droit souple, n'est pas la panacée et les juristes devront redoubler d'imagination afin de concevoir des solutions plus efficaces.

Il n'en faut pas moins défendre le respect des droits de l'homme numérique *by design*, l'intégration des droits et libertés fondamentaux dans le code, dès l'initiative d'un produit et dans sa conception. La commission Villani n'a pas manqué de le relever : « Les considérations éthiques doivent irriguer le développement même des algorithmes d'intelligence artificielle »[599]. Les entreprises pourraient d'ailleurs en tirer avantage : en offrant à leurs utilisateurs un haut niveau de protection, elles ne seraient pas freinées dans l'innovation et le développement de services et elles pourraient même gagner certains avantages concurrentiels[600]. Le très haut niveau d'expertise exigé pour la mise en œuvre de tels systèmes pourrait être garanti par la création d'une toute nouvelle profession réglementée, qui détiendrait à la fois des compétences techniques et juridiques[601]. Enfin, on ajoutera au « *privacy by*

---

[599] C. Villani, *Donner un sens à l'intelligence artificielle – Pour une stratégie nationale et européenne*, mission parlementaire, 2018, p. 22.
[600] J. Kleijssen, « Conseil de l'Europe et intelligence artificielle – Les droits de l'homme, l'État de droit et la démocratie face aux défis du développement et de l'utilisation de l'intelligence artificielle », *L'Observateur de Bruxelles* 2019, n° 115, p. 47.
[601] *Ibid.*

design » et aux « *human rights by design* » la « *privacy by default* » et les « *human rights by default* », la première étant définie par l'article 25 du RGPD qui impose l'application de « mesures techniques et organisationnelles appropriées, telles que la pseudonymisation », afin de protéger les données personnelles. Cette fois, il s'agirait de faire en sorte que les programmes informatiques soient par défaut protecteurs des droits de l'homme en général et de la vie privée en particulier, chaque utilisateur pouvant ensuite opter pour un service plus efficace mais plus intrusif[602]. Mais là aussi on ne peut pas s'attendre à des miracles s'agissant de la coopération des entreprises privées dont les niveaux de revenu sont à peu près proportionnels aux niveaux d'intrusion dans la vie privée et de placement dans un sillon de la liberté de l'utilisateur.

Dès lors que « *law is code* », que ce n'est plus le code qui fait la loi mais la loi qui fait le code, un autre problème apparaît : à la place des standards ouverts d'autrefois, élaborés par les associations défendant un internet libre mais responsable comme le W3C (World Wide Web Consortium), on risque de trouver un droit négocié entre acteurs privés, s'immisçant directement au cœur des protocoles et des algorithmes et régissant dès lors nombre d'actes individuels. Le *by design* peut parfaitement être utilisé afin de protéger les droits de l'homme numérique, mais il peut aussi servir une nouvelle étape dans la privatisation du droit, favoriser l'emprise des puissances privées sur les pensées et sur les actions. La loi américaine SOPA (*Stop Online Piracy Act*) du 26 octobre 2011, l'accord ACTA (accord commercial anti-contrefaçon) du 1er octobre 2011 ou, en France, la loi « Création et internet » du 12 juin 2011 et la HADOPI qui en a résulté[603] ont largement débouché sur des échecs. La tentation est dès lors grande de s'en remettre à une responsabilisation toujours plus grande des intermédiaires techniques (FAI, hébergeurs, moteurs de recherche), pour les pousser à filtrer ou bloquer les contenus, et aux systèmes automatiques de régulation que les industries culturelles tentent de mettre en place en association avec les multinationales du web. Le risque est alors grand que ces solutions soient liberticides. Les

---

[602] I. S. Rubinstein, N. Good, « Privacy by Design: A Counterfactual Analysis of Google and Facebook Privacy Incidents », *Berkeley Tech. Law Journal* 2013, vol. 28, n° 2, p. 1333 s.

[603] L. n° 2009-669, 12 juin 2009, *Favorisant la diffusion et la protection de la création sur internet.*

principes du droit d'auteur peuvent être transcrits dans le code informatique et appliqués automatiquement par des algorithmes. Telle est la logique déjà ancienne des DRM (*digital right management*). ContentID, le Robocopyright de YouTube qui compare constamment les vidéos à des empreintes fournies par les titulaires de droits, est un bon exemple d'application automatisée du droit d'auteur.

Mais, de plus en plus, les DRM deviennent des « droits de regard de la machine » : « *law is code* » afin de donner jour à de véritables systèmes de surveillance et de contrôle à grande échelle. Faite à l'origine pour être interprétée et appliquée par des hommes, la loi se mécanise, entrant dans le code informatique, ce qui est susceptible d'altérer profondément l'équilibre des libertés. Cela est d'autant plus le cas lorsque la loi n'est pas celle du parlement, démocratique, mais celle autoproclamée des multinationales du web. La question qui se pose dès lors est de savoir comment préserver le code originel, garant de l'exercice des libertés numériques. On se retrouve à l'épreuve d'un système « droit contre liberté » dont la solution est éminemment politique choisir le droit ou choisir la liberté — notamment car parce que le code de l'internet a été fabriqué sur des bases antagonistes avec le Code de la propriété intellectuelle. La situation est d'autant plus périlleuse qu'en général les industriels sont tentés de choisir la liberté quand les pouvoirs publics donnent leur préférence au droit, tandis que, lorsque les industriels défendent le droit, les pouvoirs publics sont cette fois attirés par la liberté. Ils défendent des intérêts différents et souvent contradictoires. C'est bien pourquoi s'en remettre à l'autorégulation est une voie peu pertinente et forcément temporaire, dans l'attente de la reconquête du droit par les États ou, mieux, avec beaucoup d'optimisme, par un État mondial.

148. *Compliance* et *accountability*. D'autres voies pourraient être explorées, à l'image de celle ouverte depuis par 1947 par Un ensemble de normes techniques relatives à la protection des données personnelles proposées par l'Organisation internationale de normalisation (ISO), laquelle a par exemple produit un « cadre privé » (ISO/IEC 29100) et un « code de bonnes pratiques » (ISO/IEC 27018) en matière de protection des données personnelles. Une dernière piste afin d'augmenter l'effectivité du droit de l'IA — là encore aisée à énoncer mais autrement complexe à mettre en œuvre concrètement — consiste à étendre les obligations de procéder à des études d'impact. Sur le modèle de l'étude d'impact sur les risques en matière de vie privée, rendu obligatoire pour certains traitements de données par le RGPD, il pourrait être institué une étude d'impact sur la liberté, sur l'autonomie ou sur le libre-arbitre, ainsi qu'une étude d'impact concernant les risques de discrimination. Il s'agirait ainsi d'amener les développeurs d'IA à ne pas aller trop vite et à prendre le temps de se poser les bonnes questions aux bons moments.

Les études d'impact peuvent être un outil intéressant en matière de « *compliance* », soit en matière de vérification de la conformité au droit, autrement dit l'ensemble des processus destinés à assurer qu'une entreprise, ses dirigeants et ses salariés respectent les normes juridiques et éthiques qui leur sont applicables[604]. Les « *compliance officers* », dans les entreprises recourant à l'IA et qui sont censées, depuis le RGPD, désigné un délégué à la protection des données chargé dans son organisme de veiller à la conformité en matière de protection des données, ont forcément un grand rôle à jouer. Cela relève de leur intérêt car, en cas de mise en cause, les conséquences peuvent être financières et commerciales, mais aussi humaines : la société en question va forcément pâtir de la réputation qui lui sera faite. Or avoir procédé à une étude d'impact sérieuse et pouvoir en attester en cas d'attaque au sujet de la déontologie de l'entreprise est évidemment très différent d'une situation dans laquelle on serait précipité sans réfléchir afin d'être le premier à investir un nouveau marché — un peu comme on traitera différemment le laboratoire qui met en vente un nouveau vaccin après de longues et minutieuses études et une multitude de contrôles et celui qui sort son produit sans garanties dans le seul but d'augmenter son chiffre d'affaires et contenter ses actionnaires, une attitude qui risque fort de se retourner contre lui.

Avec la *compliance*, les études d'impact et l'éthique *by design*, nous sommes pleinement dans une logique de responsabilisation (« *accountability* ») et de co-régulation. On attend des acteurs privés qu'ils fassent preuve de maturité, de sérieux et de responsabilité, en insistant sur le fait qu'il en va de leurs propres intérêts car ce qu'ils ont de plus précieux est la confiance que leurs utilisateurs ou clients leurs accordent. Le jour où celle-ci disparaîtra, ils pérécliteront dans le même mouvement. Quant à la puissance publique, son

[604] B. Du Marais, V° « Compliance », in M. Bazex, B. Du Marais, G. Eckert, R. Lanneau, C. Le Berre, A. Sée, dir., *Dictionnaire des régulations*, LexisNexis, 2015 ; M.-A. Frison-Roche, « Le droit de la compliance », *D.* 2016, p. 1871 s.

rôle dans la production et l'application du droit se retrouve bouleversé. Son contrôle du respect de leurs obligations par les acteurs doit être repensé. Il appartient à ces derniers de justifier de leur respect des normes et, en premier lieu, des droits de l'homme numérique. Ils sont donc supposés adopter des procédures internes, des chartes, des codes de conduite, des politiques et autres mesures techniques et organisationnelles, visant notamment à procéder des études d'impact. On pourrait souhaiter que des évaluations de l'impact sur les droits de l'homme à tous les stades de l'élaboration et de la mise en œuvre des systèmes d'intelligence artificielle soient menées. L'entreprise peut aussi s'efforcer à obtenir une certification telle que le label « IA responsable ». En droit européen, l'article 42 du RGPD prévoit l'éventuel recours à la certification pour démontrer le respect des exigences prévues à l'article 25, portant sur le principe de *privacy by default*. En contrepartie, l'entreprise doit bénéficier d'une confiance accrue, mais aussi de facilités administratives et juridiques. On pourrait même imaginer doter les systèmes d'IA d'une « boîte noire éthique ». La transparence de l'IA serait facilitée par la présence de ce dispositif enregistrant les informations pertinentes concernant son fonctionnement, permettant d'expliquer pourquoi et comment une décision a été prise, et contenant des précisions claires sur les considérations éthiques intégrées à ce système[605]. Une lecture de la boîte noire éthique simple et rapide serait un gage de meilleures relations avec les utilisateurs.

149. Les blockchains, avenir du droit ? Il faut aussi dire un mot des blockchains. Peut-être sont-elles l'avenir du droit — ou des modes de régulation sociale, toujours suivant les définitions que l'on retient. La décentralisation de la diffusion de l'information a donné naissance à de nouveaux centres névralgiques. C'est ainsi que les moteurs de recherche du web — et surtout Google — sont devenus les principaux détenteurs du pouvoir dans le monde actuel, leurs algorithmes étant une source essentielle de normativité qui a notamment droit de vie et de mort sur de nombreuses entreprises et qui modèle les comportements des individus à travers des « suggestions » qui sont très souvent suivies. Ils s'appuient sur la multitude pour créer et concentrer la valeur. Dans un monde en interconnexion

[605] UNI Global Union, « Les 10 grands principes pour une intelligence artificielle éthique », 2018.

permanente, l'effet réseau favorise la constitution de nouvelles entités gargantuesques à visée monopolistique. La décentralisation n'est donc que partielle, parfois seulement de façade. De nouvelles puissances apparaissent ; et ce sont notamment des puissances juridiques. Mais les blockchains pourraient permettre à cette décentralisation de connaître de nouveaux et profonds développements, ce qui se traduit, dans la littérature récente, par l'idée de « désuberisation ». Le Conseil d'État relève ainsi que « cette technologie peut être regardée comme un aboutissement du processus de désintermédiation »[606]. Là où les plateformes de l'économie collaborative ont engendré un déplacement de la valeur de la production du produit ou du service vers la fonction d'intermédiation, les blockchains permettent une meilleure redistribution de la valeur entre ceux qui en sont les sources véritables. Cette transformation correspond aux principes de l' « holacratie », ce système organisationnel qui tranche avec les logiques pyramidales des sociétés modernes, dont le droit est l'un des avatars. C'est notamment le système juridique, institutionnel et politique qui préfère classiquement la verticalité et la hiérarchisation à l'horizontalité et à la collaboration. Les blockchains pourraient favoriser l'avènement d'un nouveau modèle touchant y compris les modes d'organisation publique et la régulation juridique. Il s'agirait de se libérer, grâce à la technologie, de l'emprise des pouvoirs institués, de la tutelle des firmes et des États.

L'une des activités stratégiques des plateformes est l'élaboration du code du réseau et du logiciel permettant de gérer les membres et leurs interactions. Les grands projets open source ont montré qu'une logique de coopération ouverte et libre peut donner des résultats très satisfaisants en termes de productivité, d'efficacité et de créativité. Les blockchains permettent de pousser ce processus encore plus loin, d'établir des réseaux auto-gérés, auto-opérés et auto-régulés, à base de gouvernance décentralisée. Cela concerne toutefois les blockchains publiques mais non les blockchains privées. Ces dernières présentent des caractéristiques qui les rapprochent des systèmes transactionnels traditionnels contrôlés par un ou plusieurs acteurs précisément identifié(s). Le débat concernant les blockchains publiques et privées est dû à la volonté de certaines institutions financières, et même de

---

[606] Conseil d'État, *Puissance publique et plateformes numériques : accompagner l' « ubérisation »*, La documentation française, 2017, p. 13.

certaines banques centrales, d'expérimenter des blockchains purement privées. La technologie blockchain pourrait dès lors conduire à de puissants phénomènes de réintermédiation dans beaucoup de secteurs et notamment en matière bancaire — c'est pourquoi les banques travaillent d'arrache-pied afin de mieux saisir et exploiter ses potentialités.

Les possibilités de détournement sont bien connues dans l'histoire du numérique : elles ont touché de près l'évolution de l'internet, avec une exploitation du potentiel d'innovation détournée de sa finalité initiale, passant d'un espace libre de partage et d'échange pensé sur un modèle décentralisé à une monétisation de cet espace réintermédié sous le couvert des grands principes originels. Concernant les blockchains, un même processus est à craindre en raison de la volonté de beaucoup d'acteurs de créer « leurs » blockchains privées. L'esprit libertarien qui a accompagné l'internet durant ses premières années a finalement été très vite rattrapé par des enjeux économiques et politiques. De même, l'idéologie de rupture au fondement du bitcoin est déjà en train d'être remodelée par de puissants acteurs financiers. Des dizaines de brevets sont déposés afin de s'approprier la technologie blockchain, parasitant son développement au service du bien commun et de l'intérêt général.

La blockchain pourrait être utile, y compris à l'intérieur de l'État. Mais le sujet de l'IA et de son droit montre combien il existe un mécanisme social par lequel des décisions technologiques, organisationnelles ou institutionnelles, jugées rationnelles à une époque mais devenues sous-optimales, continuent malgré tout d'influencer la prise de décision. La fabrication et l'application du droit n'y échappent guère. Il est délicat de se défaire de l'influence du passé, d'oublier ses habitudes, au moment de bâtir l'avenir. L'inertie juridique, institutionnelle et politique est dûe à des biais cognitifs, quand celle des structures urbaines ou routières, par exemple, s'explique par le coût trop élevé qu'induiraient des changements. Les institutions et le droit peuvent être modifiés en quelques coups de crayon, quelques signatures et quelques bulletins de vote. Mais les juristes comme les responsables politiques regardent toujours derrière, ce qui est rassurant, plutôt que devant, ce qui donne le vertige. Pourtant, l'IA, qui peut nous apporter tant de bienfaits, a ô combien besoin qu'on la saisisse au moyen de nouveaux outils mieux adaptés à ses caractéristiques particulières. Le droit de l'IA rejoint ainsi le droit de l'environnement et toutes ces branches du droit constituées de normes trop en décalage par rapport aux phénomènes qu'elles sont censées saisir, maladroites, rendant le fossé entre validité et effectivité du droit toujours plus profond.

150. Vers une Déclaration des droits de l'homme numérique ? Il est encourageant que des États, des blocs régionaux, des entreprises et des universitaires ont montré la voie en produisant des directives, des codes de conduite et autres textes éthiques pour mettre fin à des injustices induites par le recours à l'IA. Cependant, ils ne sauraient être suffisamment robustes et l'on ne peut qu'aspirer à ce qu'ils soient relayés à un niveau très supérieur. Parmi les armes constitutives d'une Grande Muraille du Droit protectrice des droits de l'homme numérique, on pourrait trouver une déclaration ou charte des droits de l'homme numérique en bonne et due forme — constituée d'un préambule justifiant sous forme narrativo-argumentative, avec le récit d'événements et d'une dystopie, la nécessité de fonder un monde commun articulé autour de l'humain ; d'une proclamation visant à rendre le texte performatif et effectif ; et d'articles détaillant les grands principes communément admis de la régulation des activités numériques. Celle-ci jouerait un rôle symbolique, inspirant les chartes et autres codes publics ou privés, et peut-être même un rôle proprement juridique si on parvenait à l'édicter dans un cadre capable de le lui permettre. On se souviendra de la mise en garde des auteurs de la Déclaration du 26 août 1789 : « L'ignorance, l'oubli ou le mépris des droits de l'Homme sont les seules causes des malheurs publics et de la corruption des Gouvernements ». Une déclaration des droits de l'homme numérique viserait avant tout à rappeler à chaque acteur du monde numérique, à tout instant, qu'aucun de leurs actes qui bafouerait ces droits ne saurait être accepté. Les droits de l'homme donnent aux êtres humains, à leurs actions, à leurs pensées, mais aussi à leurs outils un cadre substantiel, des frontières axiologiques au-delà desquelles il leur est défendu d'aller. Simone Weil, soutenue par Albert Camus qui en rédigea la préface, écrivit *L'enracinement* dont elle voulut faire, comme l'indique le sous-titre, le « prélude à une déclaration des devoirs envers l'être humain »[607]. Si une mort trop précoce l'empêcha de mener à bien son projet, celui-ci n'en apparaît pas moins nécessaire, aujourd'hui comme hier.

---

[607] S. Weil, *L'Enracinement – Ou Prélude à une déclaration des devoirs envers l'être humain* (1943), Flammarion, coll. Champs classiques, 2014.

Aux XVIIe et XVIIIe siècles déjà, tandis qu'on pensait la possibilité de prérogatives inaliénables et sacrées reconnues à tout être humain, on s'interrogea aussi sur l'opportunité d'associer aux droits de l'homme des devoirs de l'homme. Mais les uns et les autres ne font qu'un : les droits des uns sont autant de devoirs pour les autres et les droits des autres sont autant de devoirs pour les uns. Les droits de l'homme ne sauraient aller sans devoirs de l'homme qui en sont la contrepartie naturelle et indispensable. Ensuite, ces derniers n'ont pas nécessairement besoin d'être exprimés tant ils sont à l'évidence sous-entendus par les droits de l'homme. En 1789, malgré les efforts de l'abbé Grégoire, le principe d'une Déclaration des devoirs ne fut pas retenu, mais le préambule de la Déclaration des droits ne manqua pas de souligner le besoin de rappeler « sans cesse leurs droits et leurs devoirs » aux humains. En 1795, par contre, c'est bien une Déclaration des droits et des devoirs de l'homme et du citoyen qui fut adoptée. Et les sociétés contemporaines n'ont pas renoncé au souhait d'énoncer des devoirs en contrepoint des droits et libertés qu'elles peuvent consentir à garantir[608]. Le Pacte international relatif aux droits civils et politiques de 1966 retient ainsi dans son préambule que « l'individu a des devoirs envers autrui et envers la collectivité à laquelle il appartient et est tenu de s'efforcer de promouvoir et de respecter les droits reconnus dans le présent pacte ». Il ne s'agit finalement là de rien d'autre que de la définition de la liberté telle que la Déclaration des droits de l'homme et du citoyen de 1789 la comprend : « La liberté consiste à pouvoir faire tout ce qui ne nuit pas à autrui : ainsi, l'exercice des droits naturels de chaque homme n'a de bornes que celles qui assurent aux autres Membres de la Société la jouissance de ces mêmes droits ». Nulle liberté n'est absolue et toute liberté trouve sa limite dans l'impératif de préserver la même liberté pour autrui. Dès lors, le préambule de la Charte des droits fondamentaux de l'Union européenne peut retenir que « la jouissance de ces droits entraîne des responsabilités et des devoirs tant à l'égard d'autrui qu'à l'égard de la communauté humaine et des générations futures ».

Il reste ensuite à identifier le contenu de ces droits-devoirs de l'homme. Tel a été l'objet du présent ouvrage, à l'échelle de l'homme numérique et à l'aune

[608] S. Hennette-Vauchez, D. Roman, *Droits de l'homme et libertés fondamentales*, Dalloz, coll. Hypercours, 2017, p. 24.

de l'humanisme juridique. Les droits de l'homme numérique semblent pouvoir se résumer dans cette sentence : « Tous les êtres humains naissent libres et égaux en dignité et en droit ». Ainsi l'article 1er de la Déclaration universelle des droits de l'homme du 10 décembre 1948 associe-t-il le droit aux trois principes essentiels de l'humanisme *jus*-numérique, à savoir la liberté, l'égalité et la dignité. S'il n'est plus temps de questionner le contenu substantiel de ces droits de l'homme numérique, alimenter régulièrement la réflexion sur le sujet permettrait de révéler ou d'anticiper certains manques et d'avancer, avec précaution, suivant la méthode des petits pas. Les déclarations des droits semblent devoir être nécessairement universelles et intemporelles. Face à un objet mouvant tel que l'intelligence artificielle, qui appelle un savoir en mouvement, en construction permanente, il convient de se méfier tant de la précipitation que de l'inertie qui aboutirait vite à l'obsolescence juridique. Les droits de l'homme numérique comme le droit de l'IA en général exigent des cadres juridiques à la fois souples, dynamiques, solides et précis. En ce sens, on ne peut qu'approuver la « Déclaration de Montréal » lorsqu'elle prévoit que, « parce qu'[elle] porte sur une technologie qui n'a cessé de progresser depuis les années 1950 et dont le rythme des innovations majeures s'accélère de manière exponentielle, il est essentiel de [la] concevoir comme un document d'orientation ouvert, révisable et adaptable en fonction de l'évolution des connaissances et des techniques, et des retours d'expériences sur l'utilisation de l'IA dans la société »[609].

Nous sommes seulement à l'aube de l'ère de l'intelligence artificielle. Cela rend le sujet passionnant et les recherches en la matière indispensables et, pour longtemps, inépuisables. En même temps, cela voue ces travaux à une obsolescence rapide. Tel est le lot de toutes les problématiques qui obligent à envisager un futur aux multiples inconnues et innombrables possibilités plus qu'à se rappeler un passé déjà fait ou à observer un présent en train de se faire. Il n'en faut pas moins accepter d'interroger l'avenir, ne pas s'y fermer ni chercher à transposer artificiellement les cadres du passé et du présent dans le futur — ou alors on risquerait de commettre un « crime contre l'avenir ». Si le sujet est plein de mystère, du point de vue de l'évolution de la

[609] « Déclaration de Montréal pour un développement responsable de l'intelligence artificielle », Université de Montréal, 4 déc. 2018.

discipline, de celui des ressorts scientifiques profonds des technologies ou de celui de leurs conséquences dans tous les domaines, les chercheurs et les penseurs ne doivent pas s'en effrayer. Il s'agit pour eux d'une chance immense, d'une opportunité formidable, car ils pénètrent dans un vaste champ encore inexploré.

Quant à l'aspect formel, nul doute que la volonté de consacrer une déclaration des droits de l'homme numérique achopperait sur de nombreux obstacles. Le cadre de l'ONU, ou d'un de ses démembrements que pourrait être l'UNHNO (Organisation des Nations unies pour l'homme et le numérique) sur le modèle de l'UNESCO (Organisation des Nations unies pour l'éducation, la science et la culture), serait sans doute à privilégier. Mais il souffrirait des mêmes limites que l'ONU et que la DUDH de 1948, dont la portée juridique est faible. Dans tous les cas, dans ce cadre ou dans un autre, on sait bien que trouver un accord mondial qui soit plus qu'un rappel de lieux communs et qui revête une réelle portée juridique sera délicat. Comment Américains et Chinois pourraient-ils s'accorder sur des principes communs à placer tout en haut de leurs ordres juridiques ? L'exemple de la défense de l'environnement nous montre combien les hommes, plus divisés que jamais, ne parviendront pas à ne faire qu'un avant longtemps. Seules des initiatives localisées et en marge du droit positif semblent concevables. On pourrait, par exemple, s'inspirer du projet de « Déclaration universelle des droits de l'humanité », rédigé par un groupe de travail présidé par l'avocate et ancienne ministre Corinne Lepage à la demande du Président de la République. Ce texte, sans portée contraignante, reconnaît des droits et des devoirs aux êtres humains dans une perspective de protection de l'environnement et de solidarité intergénérationnelle : l'humanité y est définie comme la succession des générations passées, présentes et futures. La France et l'Europe, poursuivant la tradition des Lumières et de la Déclaration de 1789, pourraient promouvoir leur modèle qui, plus tard peut-être, pourrait gagner d'autres régions du monde. Avec le RGPD, l'Union européenne défend déjà la sécurité des données personnelles des européens, leurs préférences, leur intimité à rebours des pratiques américaines. L'IA est un domaine où l'esprit des Lumières et l'héritage historique de la séparation, vitale dans une démocratie, entre le domaine privé et l'espace public, peuvent et doivent inspirer un nouvel humanisme juridique défendant la liberté, l'égalité et la dignité des français et des européens.

On pourrait aussi ambitionner l'écriture d'un avant-projet de déclaration des droits de l'homme numérique dans un cadre plus restrictif, français ou francophile, afin de ne pas avoir à affronter certaines résistances, mais on sait bien que face à des problématiques mondiales les solutions esquissées à un niveau local ont peu de sens. Mieux vaut se tourner vers le cadre international ou, à défaut, se contenter du cadre européen[610]. En revanche, penser les droits de l'homme numérique à l'échelle d'un pays ne peut qu'être inopérant, sans grand intérêt, si ce n'est si l'on aspire à inspirer plus tard des travaux menés à une échelle plus pertinente. Finalement, les droits de l'homme numérique devraient être l'affaire à la fois des États qui conservent cette compétence juridique première qui implique la responsabilité de protéger les droits et libertés fondamentaux, les entreprises qui ont une grande capacité d'action et d'influence et qui peuvent à elles seules changer beaucoup de choses, les organisations internationales qui sont les mieux placées pour intervenir même si elles manquent par trop de moyens, les universitaires, notamment les juristes-philosophes, les journalistes qui doivent prendre conscience de leur responsabilité morale dans le choix et le traitement de l'information ou encore les ONG et diverses associations de la société civile. Les droits de l'homme numérique sont notre patrimoine et notre responsabilité communs. On ne peut donc qu'espérer qu'un jour prochain la pensée des droits de l'homme numérique débouchera sur la proposition puis la proclamation d'une Déclaration des droits de l'homme numérique destinée à tous et à personne en particulier, douée d'autorité et d'effectivité.

151. Retour au vitalisme. Les armes permettant de défendre l'humain face au risque de robotisation ne sauraient être uniquement politiques et juridiques. La politique et le droit, seuls, ne peuvent rien. Les juristes ne sauraient à eux seuls changer le monde ni infléchir le destin de l'humanité. L'arme la plus efficace que les hommes ont à leur disposition afin de préserver ce qu'ils jugent digne de l'être est leurs consciences individuelles et collective. En la matière, plutôt qu'une soumission passive à un « progrès » perçu comme un donné irrésistible et nécessaire, on pourrait renouer avec un

---

[610] Y. Meneceur, *L'intelligence artificielle en procès – Plaidoyer pour une réglementation européenne et internationale*, Bruylant, coll. Macrodroit microdroit, 2020.

certain vitalisme. Celui-ci, s'opposant au « mécanisme » ou « machinisme » dominant, qui réduit les êtres vivants à des composés de matière à l'instar d'une machine ou d'un robot et qui ainsi fait largement les affaires des industriels de l'IA, est une « doctrine d'après laquelle il existe en chaque être vivant un "principe vital", distinct à la fois de l'âme pensante et des propriétés physico-chimiques du corps, gouvernant les phénomènes de la vie »[611]. Ainsi la vie serait-elle la valeur suprême et la matière comme l'activité intellectuelle devraient-elles s'y soumettre. Paul-Joseph Barthez est généralement retenu comme le principal instigateur du vitalisme, au XVIIIe siècle. Selon lui, « le principe vital de l'homme [est] la cause qui produit tous les phénomènes de la vie dans le corps humain. Le nom de cette cause est assez indifférent et peut être pris à volonté. Si je préfère celui de principe vital, c'est qu'il présente une idée moins limitée que le nom d'*impetum faciens*, que lui donnait Hippocrate, ou autres noms par lesquels on a désigné la cause des fonctions de la vie »[612].

Plus tard, Friedrich Nietzsche pouvait juger que la morale, chrétienne à son époque, n'était qu'un outil liberticide, étouffant la volonté, la passion, les désirs. Pour Nietzsche, la vitalité grecque et la morale chrétienne coïncident avec deux tendances de la nature humaine : la première renvoie aux instincts, aux pulsions, au dynamisme de l'enfance, au désir amoureux, à l'esprit de conquête et d'aventure, aux forces vitales qui sont en nous et qui ne demandent qu'à s'exprimer. À l'inverse, la morale bride les hommes et leur volonté de puissance, les empêche de devenir des héros, des hommes d'exception, des aventuriers, des combattants, des conquérants, des surhommes. Contraints par le suivisme et le dogmatisme, les hommes demeurent ordinaires, raisonnables, conformes, passifs, soumis. La moraline est, pour Nietzsche, le refuge des faibles, des esclaves et de la masse des gens ordinaires, une manière bien commode de déshumaniser les hommes afin de servir des intérêts particuliers[613]. Être nietzschéen aujourd'hui, c'est « refuser les petits calculs étriqués qui nous font renoncer à l'aventure pour le

[611] V° « Vitalisme », in A. Lalande, *Vocabulaire technique et critique de la philosophie* (1923), Puf, coll. Quadrige dicos poche, 2010.
[612] P.-J. Barthez, *Nouveaux éléments de la science de l'homme*, 1778.
[613] F. Nietzsche, *Généalogie de la morale*, 1887.

médiocre, le confort et la sécurité »[614], c'est « assumer sa subjectivité, son style, sa liberté de penser et de critiquer contre l'illusion d'une vérité commune »[615]. Cela semble aller de soi et pourtant il faut insister : on ne vit qu'à moitié lorsqu'on vit sans vitalité. La vie, la vraie, suppose la liberté de laisser s'exprimer une énergie créatrice et de laisser se déployer un élan vital.

Or les phénomènes décrits en ces pages, concourant ensemble à la robotisation de l'homme, vont à l'encontre du principe vital qui normalement anime les êtres. Il semble nécessaire de redonner son sens à la vie face aux tentatives visant à la réduire à la portion congrue afin de pouvoir mieux enrégimenter les pensées et les conduites. Ce n'est là qu'une actualisation d'un défi déjà ancien puisque René Descartes et d'autres ont, il y a longtemps, porté une conception mécaniste de la vie et tenté de convaincre que la vie organique fonctionne comme un automate régi par les lois de la matière inanimée. Si la vie est « l'ensemble des fonctions qui s'opposent à la mort » et si le principe vital, qui sous-tend toutes les opérations de la vie, n'est pas autre chose qu'une résistance à la mort, comme l'a défendu à son tour Xavier Bichat dont on retint l'aphorisme « la vie est l'ensemble des fonctions qui résistent à la mort »[616], ne doit-on pas résister à la tentation de s'abandonner à des systèmes de dictée automatique des actions, laquelle ne serait pas autre chose qu'une certaine forme de mort ? Si le vitalisme n'a pas de valeur scientifique, il en a davantage philosophiquement car la finalité et le sens de l'existence ne sont pas des concepts issus de l'expérience. Il faut croire, avec Henri Bergson, que la vie est « la liberté s'insérant dans la nécessité pour la tourner à son profit »[617]. À mesure que le nudge algorithmique diminue la liberté, il diminue la vie. Et à mesure que l'homme retrouve l'appétit de liberté, il retrouve l'appétit de vie. Il n'est pas plus d'humains que d'animaux sans élan vital les animant et les guidant dans des voies divergentes mais ayant en commun l'envie de vivre. C'est bien cela qui est aujourd'hui en jeu : soit se laisser glisser vers la standardisation humaine, accepter de ne plus diverger et de vivre comme son voisin de palier et comme l'individu du bout du monde, en utilisant les mêmes outils

[614] J.-F. Dortier, « Nietzsche et les illusions de la morale », *Les Grands Dossiers des Sciences Humaines* 2021, n° 61, p. 45.
[615] *Ibid.*
[616] X. Bichat, *Recherches physiologiques sur la vie et la mort*, 1800.
[617] H. Bergson, *L'Évolution créatrice*, Félix Alcan, 1907.

informatiques, en se connectant aux mêmes services en ligne, en regardant le même programme à la télévision, en se couchant à la même heure, en consommant les mêmes repas, en faisant les mêmes activités physiques, donc en adoptant strictement le même mode de vie parce que « cela fonctionne mieux ainsi » ; ou bien retrouver un souffle de vie, un libre arbitre, une autonomie, une indépendance, une souveraineté individuelles et vivre « sa » vie. Peut-être est-ce davantage dans cette seconde forme d'existence que se trouve la véritable « vie augmentée ».

Bien sûr, défendre le vitalisme contre les algorithmes, c'est défendre la métaphysique contre la science. Cette position semble parfois nécessaire ou même salutaire. On ne peut défendre les avancées scientifiques pour elles-mêmes. Il y a les bonnes et les mauvaises découvertes scientifiques, les bons et les mauvais progrès scientifiques. Il faut savoir faire la part des choses et, pour cela, le vitalisme peut être d'un précieux secours. Aussi est-il encore défendu par certains philosophes contemporains tels qu'Hans Jonas, Gilles Deleuze ou Georges Canguilhem. Selon ce dernier, le vitalisme serait, en tant que position de principe, quasi irréfutable et incarnerait à ce titre la « confiance dans la vitalité de la vie » et « la méfiance permanente de la vie devant la mécanisation de la vie »[618]. Quant à Gilles Deleuze, il pouvait enseigner combien « dans l'acte d'écrire, il y a la tentative de faire de la vie quelque chose de plus que personnel, de libérer la vie de ce qui l'emprisonne. […] C'est la puissance de la vie non organique, celle qu'il peut y avoir dans une ligne de dessin, d'écriture ou de musique. Ce sont les organismes qui meurent, pas la vie. Il n'y a pas d'œuvre qui n'indique une issue à la vie, qui ne trace un chemin entre les pavés. Tout ce que j'ai écrit était vitaliste, du moins je l'espère »[619]. Comment, en effet, écrire sans être vitaliste et sans défendre le vitalisme ? Il faudrait être purement scientifico-scientifique et avoir l'esprit quelque peu étriqué — ce qui n'est bien sûr pas blâmable mais semble ne pouvoir qu'être insuffisant, en tout cas moralement — pour écrire tout en allant contre le vitalisme, sur la forme et sur le fond. L'élan vital est indispensable à l'écrivain, qu'il rédige un roman ou un article de « doctrine juridique » au sujet du dernier arrêt de troisième chambre civile de la cour de cassation au sujet de l'obligation de délivrance pesant sur le bailleur. Cet élan

---

[618] G. Canguilhem, *La Connaissance de la vie*, Hachette, 1952, p. 101.
[619] G. Deleuze, *Pourparlers* (1990), Minuit, 2003, p. 196.

vital est aussi nécessaire à tout homme, car il est constitutif de son humanité et c'est son oubli par des populations entières qui a conduit aux pires tragédies de l'histoire.

L'écologisme profond, articulé autour des critiques formulées par Jean-Jacques Rousseau[620], estime que la science et la technique seraient, par le luxe, corruptrices des mœurs[621]. Elles livreraient une illusion de progrès quand l'état de nature serait le seul cadre dans lequel l'homme pourrait s'épanouir réellement, sans toutes ces pesanteurs qui l'oppressent dans la société industrielle. L'exemple d'un retour à la vie frugale de l'homme à l'état de nature nous est donné par Henry David Thoreau qui, au milieu du XIXe siècle, livra une philosophie de la nature correspondant à la radicalité naturiste de ses engagements vitaux, allant à l'encontre de l'industrialisme, du productivisme et du consumérisme[622]. La vie de Thoreau, écologiste et libertaire, nous montre comment la pensée contemplative associée à l'action crée les conditions d'une existence authentique et d'une harmonie nouvelle[623]. « Une civilisation de la science et des machines peut presque tout apporter à l'homme, sauf une raison de vivre », écrivait André Malraux[624]. Or on ne peut vivre sans raison de vivre. C'est bien pourquoi la technique doit toujours être un moyen et jamais une fin, quand l'homme et la vie doivent toujours être des fins et jamais des moyens. La fuite en avant technologique laisse augurer un monde déshumanisé en même temps que dévitalisé. Le rejet du corps et de l'esprit au profit de l'écran et de la machine marque un tournant décisif vers la fin de l'humain être vivant, sensible et spirituel. Pendant ce temps, le robot deviendrait l'égérie d'un siècle sans saveur. On ne rêverait plus d'être Albert Einstein, Salvador Dali ou Romain Gary mais d'être un robot parfait de plus, semblable à des millions d'autres. À l'heure où l'on désire revêtir une apparence physique uniforme et où l'on promeut des individualités sans aspérités, le robot sert de modèle et les divergents et les originaux sont pointés du doigt et mis à l'index. Si l'on n'y prend pas garde, le monde de demain sera orwellien. Nous marcherons tous au pas et la liberté sera perçue comme un exotisme propre aux sauvages.

---

620 J.-J. Rousseau, *Discours sur les sciences et les arts*, 1750.

621 D. Lecourt, *La philosophie des sciences*, Puf, coll. Que sais-je ?, 2018, p. 121.

622 H. D. Thoreau, *Walden ou la vie dans les bois*, 1854.

623 M. Onfray, *Vivre une vie philosophique – Thoreau le sauvage*, Le Passeur, 2017.

624 A. Malraux, *Antimémoires*, Gallimard, 1967.

152. Retour au(x) sens, retour à la convivialité. « Rien n'est dans l'intelligence qui n'ait d'abord été dans les sens », remarquait Platon il y a déjà très longtemps[625], comme une première invitation à ne jamais séparer l'esprit et le corps, l'essence et les sens. On se souvient des éclats lyriques des « Noces » d'Albert Camus, par lesquels il décrit la fusion d'un homme avec les paysages méditerranéens, cet homme qui se « saoule de lumière » dans des campagnes « noires de soleil », sous le ciel « dur » d'Oran, entendant « le silence énorme de midi sur la terre »[626]. Cet homme exhale le tableau de la nature, s'imprègne de chaque saveur de son environnement, apprécie le moindre souffle et le moindre chant du merle de Constantine. Il est en accord avec le monde, en harmonie avec la nature. Dans les ruines de Tipasa, le visage fouetté par le vent de Djemila ou sous la clameur de l'été d'Alger, il est partout de bonnes raisons de goûter sa vie. Les plaisirs les plus simples sont les plus savoureux, le bonheur élémentaire est le comble du bonheur. La vraie vie est la vie sensuelle. Chez Camus, la justice devient un accord entre l'homme et la nature, synonyme de beauté et de bonheur.

L'homme normal est un individu, une singularité caractérisée par son inventivité, son ingéniosité, sa capacité à innover en pensant par soi-même. Cet homme normal est de plus en plus remplacé par un homme assisté, incapable de se débrouiller seul, perdu si on le prive de ses prothèses numériques. L'homme perd ses sens pendant que sa vie perd son sens. Ses capacités sensorielles diminuent à mesure qu'il ne vit plus que dans le cyberespace, là où tout est sans odeur et sans saveur. Nous oublions ainsi peu à peu les possibilités que nous offrent nos sens dans nos rapports au monde, aux autres et à soi-même. Le techno-libéralisme effrite chaque jour un peu plus la richesse infinie du sensible en qualifiant et quantifiant chacun de nos rapports au réel et en soumettant au nudge chaque pensée et chaque action. Pour Éric Sadin, « l'éradication du sensible représente l'un des objectifs majeurs du programme de la Silicon Valley, car il compte embrigader l'expérience humaine au sein des dispositifs qu'il conçoit »[627]. Mark

---

[625] Cité par G. Martin, *Socrate à vélo – Le Tour de France des philosophes*, 2e éd., Grasset, 2020, p. 106.

[626] A. Camus, « Noces » (1939), in *Œuvres*, Gallimard, coll. Quarto, 2013, p. 139.

[627] É. Sadin, *La silicolonisation du monde – L'irrésistible expansion du libéralisme numérique*, L'échappée, coll. Pour en finir avec, 2016, p. 257.

Zuckerberg, par exemple, imagine offrir au monde des casques de réalité augmentée, grâce à la société Oculus qu'il a acquise en 2014, qui nous permettraient de tout faire en restant assis dans son fauteuil : les courses, suivre des cours, consulter son médecin, assister à un spectacle culturel ou à une manifestation sportive et même faire de l'activité physique. Tous les moments du quotidien seraient vécus virtuellement, grâce à un écran, sans plus jamais sortir de chez soi et éprouver la sensation du vent, de la fraîcheur, de l'humidité, de l'odeur des restaurants, du bruit des automobiles etc.[628].

L'unidimensionnalité, dénoncée par Herbert Marcuse au cours des années 1960, désignait des comportements s'ajustant aux lois édictées par la société de consommation et, partant, se standardisant[629]. Cette standardisation accompagnée d'une perte des sens, largement antihumaniste, semble se produire de façon plus radicale encore aujourd'hui à mesure que l'industrie numérique pénètre chaque instant de la vie des hommes. Notre expérience tend à être enrégimentée et limitée par des procédés de « réalité augmentée » et autres modes d'assistance algorithmique travestissant et édulcorant la pluralité des dimensions constitutives de la vie et du réel. Cet encadrement technologique finit par inscrire l'existence dans une vocation utilitariste largement antithétique de tout ce qui faisait jusqu'à présent le sel, exhausteur de goût, d'une vie d'homme. Nous voilà réifiés par la technique et par nous-mêmes, qui finissons par ne plus voir dans l'autre qu'une chose dont on pourrait librement disposer et qui devrait être au service de notre nouvel égocentrisme. L'altérité et la singularité font place à l'étrangéité et à la machinité. Contre cette entreprise de désincarnation, la seule posture un peu conséquente semble être de rechercher et retrouver le sens, les sens et l'essence de l'humain, jouir pleinement des immenses ressources du sensible. Plutôt que de vivre par procuration à travers des smartphones, des tablettes, des montres connectées et des casques de réalité virtuelle, renouons avec la joie de toucher, voir, sentir, entendre et goûter le réel. L'homme n'est rien sans son corps. C'est une question de dignité humaine. Il est grand temps de bâtir une Grande Muraille du Droit défenseuse de « l'équilibre

---

[628] H. Kuchler, « Bienvenue au pays de Facebook », *Courrier International* 2015, n° 1290.

[629] H. Marcuse, *L'homme unidimensionnel* (1964), Minuit, 1968.

multidimensionnel de la vie humaine »[630]. Comme le décrivait Ivan Illich : « Si les outils ne sont pas dès maintenant soumis à un contrôle politique, la coopération des bureaucrates du bien-être et des bureaucrates de l'idéologie nous fera crever de "bonheur". La liberté et la dignité de l'être humain continueront à se dégrader, ainsi s'établira un asservissement sans précédent de l'homme à son outil »[631]. Dénonçant la servitude née du productivisme, le gigantisme des outils, le culte de la croissance et de la réussite matérielle, Illich opposait à la « menace d'une apocalypse technocratique » la « vision d'une société conviviale »[632]. À l'ère de la société numérique dans laquelle l'humanité ne semble pas pouvoir trouver sa place, il est tentant de suivre sa trace et de plaider pour la redécouverte de l'espace du bien-vivre, qu'il appelait « la convivialité », source d'humanisation des sociétés et d'équilibre de la pluralité des dimensions qui font les hommes : biologique, psychologique, existentielle et sociale. Illich écrivait ainsi : « J'appelle société conviviale une société où l'outil moderne est au service de la personne intégrée à la collectivité, et non au service d'un corps de spécialistes. Conviviale est la société où l'homme contrôle l'outil »[633]. On préférera donc les outils conviviaux aux machines avec lesquelles l'homme devient serviteur, son rôle se limitant à les faire fonctionner afin d'atteindre le but en vue duquel elles ont été construites, c'est-à-dire de satisfaire des intérêts personnels différents de ceux de l'utilisateur et différents de l'intérêt général.

Les technologies numériques dans lesquelles nous nous enfermons, qui nous amputent et qui nous asservissent n'ont de cesse de réduire notre « union-au-monde »[634]. Nous sommes, au contraire, coupés du monde. L'importance sans cesse croissante des écrans dans nos sociétés depuis les années 1990 contribue fortement à ce phénomène. Certains ne savent même plus faire la différence entre le réel et le virtuel. Il n'y a finalement plus que la vue qui compte et les diverses autres sources de sensations, pourtant indispensables afin de se confronter au monde et le connaître, sont remisées au placard, où on les oublie et où elles finissent par disparaître recouvertes

---

[630] I. Illich, *La convivialité* (1973), Le Seuil, coll. Points essais, 2014, p. 11.
[631] *Ibid.*
[632] *Ibid.*
[633] *Ibid.*
[634] E. Fromm, *La peur de la liberté*, Buchet-Chastel, 1963.

de poussière. La vie des êtres dans la civilisation moderne n'est plus réglée que par des formules abstraites et restrictives, la spontanéité et l'intuition s'effacent au profit du calcul et du suivisme par écran interposé. Face à ce constat, face au dessein réductionniste visant à appauvrir et enrégimenter les existences, il faut défendre le sensible, les repères matériels et humains grâce auxquels nous pouvons, individuellement et collectivement, nous orienter, en demeurant pleinement au contact du réel. Il n'est pas de liberté ni de dignité sans préservation de tous les sens, de la sensibilité la plus totale grâce à laquelle on peut vivre des expériences non cadrées, non bornées.

L'exaltation du sensible, de tous les modes d'expression du corps et de l'esprit, va de pair avec une bonne santé existentielle individuelle et collective, chaque être pouvant laisser libre cours à sa singularité et à sa puissance individuelle. Comme l'écrit Éric Sadin, « dans nos sociétés si régulées, visant le contrôle et l'optimisation de toute situation, l'usage délibéré et revendiqué de nos sens revient à mettre à distance les logiques toujours plus dominantes et asphyxiantes. Cela revient à accepter la part d'incertitude, d'inattendu, d'ambiguïté propre au réel, et à admettre qu'il nous excède, finissant toujours par se dérober à notre acharnement à tenter de le contenir. C'est ce réel là qui constitue le fond de notre condition. Il appelle l'engagement de l'action dans le risque, permettant au final d'exercer sa responsabilité et de se réaliser en tant qu'être singulier et autonome »[635]. Nous pouvons affirmer haut et fort que nous voulons vivre sans être spoliés d'aucune partie de nous-mêmes, d'aucun pan de notre humanité. Et nous pouvons exiger du droit qu'il nous protège effectivement, qu'il défende l'humain contre le robot et contre toutes les tentatives visant à abuser de la technique au détriment de l'homme, qu'il préserve nos facultés. C'est alors que le vivre-ensemble et la cohésion sociale peuvent prospérer, sur des bases respectueuses de chaque individualité, sans quoi il ne peut pas y avoir de communauté parce qu'il ne peut pas y avoir de marche commune, volontaire et réfléchie vers la communauté.

On se souviendra de l'épisode mythique du retour d'Ulysse à Ithaque. Le héros grecque, ayant oublié tant la tendresse de son fils que sa propre compassion pour son père, a conquis la gloire en tuant Polyphème, le fils des

---

[635] É. Sadin, *La silicolonisation du monde – L'irrésistible expansion du libéralisme numérique*, L'échappée, coll. Pour en finir avec, 2016, p. 260.

dieux. Contemplant son empire, il constate avec tristesse qu'il ne lui reste plus rien à conquérir. Il peut cependant devenir un dieu et Calypso, nymphe de la mer qui, par amour, a retenu auprès d'elle Ulysse, lui promet l'immortalité et un bonheur éternel. Mais Ulysse refuse ce destin et préfère revenir sur son île, où l'a attendu sa femme Pénélope, malgré de nombreux prétendants, et qui est sa patrie et sa terre. Il renonce donc aux rêves stériles qu'avivent les idéologies, les promesses dérisoires d'un monde de dieux, et fait le choix de réintégrer le monde des hommes, là où l'on vit et où l'on existe vraiment. Telle fut la sagesse d'Ulysse, telle pourrait être notre sagesse à tous. Telle fut la fidélité d'Ulysse, telle pourrait être notre fidélité à tous.

Avec Camus et avec Ulysse, on fredonnera alors ce refrain qui nous rappelle combien notre responsabilité collective n'est que la somme de nos responsabilités individuelles et combien chacun peut contribuer à changer les choses par son comportement personnel :

« *Je veux vous parler de l'arme de demain*
Enfantée du monde, elle en sera la fin
Je veux vous parler de moi, de vous
Je vois a l'intérieur des images, des couleurs
Qui ne sont pas à moi, qui parfois me font peur
Sensations qui peuvent me rendre fou
Nos sens sont nos fils, nous pauvres marionnettes
Nos sens sont le chemin qui mène droit à nos têtes
La bombe humaine, tu la tiens dans ta main
Tu as l'détonateur juste à côté du cœur
La bombe humaine, c'est toi elle t'appartient
Si tu laisses quelqu'un prendre en main ton destin
C'est la fin ».

Jean-Louis Aubert, « La bombe humaine », 1979

153. Retour à la Terre, retour à la Nature, retour au Soleil. C'est aujourd'hui moins le monde que la civilisation qui s'écroule — en fait la civilisation européenne reposant, notamment, sur l'humanisme et sur les droits de l'homme, dont il faut avoir le courage d'affirmer qu'elle était une belle et grande civilisation. Cet effondrement civilisationnel est le fait de causes multiples et diverses, parmi lesquelles figure l'envahissement de nos vies par le numérique et par l'IA. Les valeurs de liberté, d'égalité et de dignité peinent à demeurer debout quand l'utilitarisme et le nudge permanents les font vaciller. Mais c'est aussi le monde des hommes qui s'écroule, celui que concevait Hannah Arendt comme artifice au sein duquel chacun loge sa vie, y trouvant les raisons de ses pensées et de ses actions. Le monde prend tout son sens lorsqu'il offre un lieu stable où l'on peut s'attacher à des repères, s'ancrer dans le réel et modérer son instabilité biologique, psychique et émotionnelle. Or la philosophe a montré que les temps sombres de guerre ou de totalitarisme se traduisent par l'effondrement de ce monde suivi de sa reconstruction[636]. N'est-ce pas ce scénario qui se déroule actuellement sous nos yeux, notre monde de la seconde moitié du XXe siècle se trouvant subrogé progressivement par un monde techno-centré, numérico-centré, déshumanisé, dénaturalisé ? En devenant des titans inconscients et assoiffés de puissance, nous avons trahi le projet de l'humanisme : faire de l'humain un puits de sagesse, capable de vivre selon les lois de l'harmonie, que décrit la vision sublime de Charles Baudelaire : « Là tout n'est qu'ordre et beauté, luxe, calme et volupté ».

Dans ce contexte, notre élan vital pourrait nous amener à nous rapprocher de la terre, de la nature et du soleil. L'accord de l'homme avec le monde, n'est-ce pas cela que l'on appelle « le bonheur » ? Si l'enfermement dans un écran est un anti-humanisme, ouvrir les portes et les fenêtres, plonger les mains dans la terre, sentir la nature et se baigner de soleil permet de renouer avec les joies de la vie et, plus particulièrement, avec les joies d'une vie d'homme. Bien sûr, il s'agit là de parfaites banalités, de lieux communs. Mais, puisque l'environnement robotique dans lequel nous évoluons nous éloigne chaque jour un peu plus de ce qui peut pourtant nous apparaître parfaitement ordinaire et évident, il faut affirmer et réaffirmer ces banalités et lieux communs. Et c'est encore une fois Albert Camus qui nous montre

---

[636] R. Huet, « Après l'effondrement du monde », liberation.fr, 3 mai 2020.

l'exemple, lui pour qui, comme le décrivait le romancier américain William Faulkner, « l'unique et véritable rôle de l'homme, né dans un monde absurde, est de vivre, de prendre conscience de sa propre existence, de sa révolte, de sa liberté. Il disait que, si le dilemme humain n'a d'autre solution que la mort, nous nous sommes fourvoyés. La bonne voie est celle qui conduit à la vie, au soleil. On ne saurait souffrir du froid indéfiniment »[637]. Camus offre le modèle d'une fidélité au soleil, mais aussi à la nature et à la terre. Son tellurisme est un remède à l'idéologie autant qu'au nihilisme, au pessimisme et au passifisme.

Bien sûr, ce ne sont là que des questions qu'il est aussi aisé de poser qu'impossible d'y répondre. Il existe sans doute de bons arguments à avancer afin de défendre l'homme-robot contre l'homme-humain amoureux de la terre, de la nature et du soleil. Cela n'interdit pas de se poser en défenseur obstiné et chétif de l'absurde humanité contre la puissance écrasante du progrès et de la technique. Contre le soleil noir de la technique, il y a le soleil éblouissant sans lequel aucune vie n'est possible. Et Mario Vargas Llosa pouvait noter qu' « Albert Camus fut provincial pour le meilleur et pour le pire, mais surtout pour le meilleur à bien des égards. En premier lieu parce qu'à la différence de ce qui se passe chez l'homme de la grande ville, il a vécu dans un monde où le paysage avait une présence primordiale, quelque chose d'infiniment plus séduisant est important que le béton et l'asphalte. L'amour de Camus pour la nature est un trait permanent de son œuvre. Le soleil, la mer, les arbres, les fleurs, la terre d'une brûlante d'Algérie sont la matière première de la description ou le point de départ de la réflexion, les références obligées du jeune essayiste qui tâche de définir la beauté, qui exalte la vie ou spécule sur sa vocation artistique »[638]. Albert Camus rejoignait ainsi Jean-Jacques Rousseau dans le constat que les hommes ont perdu leur innocence et sont devenus trop savants, trop cartésiens, trop disciplinés pour pouvoir encore déchiffrer la langue de la nature et communiquer avec elle. On ne sait plus jouir du gazouilli de l'oiseau, des remous du ruisseau, du parfum du cerisier en fleurs ou de l'ombre fraîche du platane majestueux. On ne jouit plus que des « *posts* » et des « *likes* ». Mais c'est une fausse jouissance, une jouissance par procuration, une jouissance

---

[637] W. Faulkner, *Lettres choisies*, Gallimard, 1980, p. 443.

[638] M. Vargas Llosa, « Albert Camus et la morale des limites », in *Contre vents et marées*, Gallimard, 1989, p. 64.

qui s'évanouit aussitôt. On ne sait plus profiter du monde tel qu'il est, magnifique et enchanteur. On lui préfère un monde parallèle, cyber, où une couche épaisse de technologie sépare les hommes entre eux et les hommes de leur environnement naturel. Enfermés dans des appartements sans lumière et sans odeur, dont ils ne sortent que pour s'enfermer dans leurs automobiles qui les transportent jusqu'à des grandes surfaces où ils s'enferment encore, ils perdent le goût de la vie, ils meurent à petit feu. Ils vivent dans des villes, dans la grisaille et la fadeur, dont ils ne sortent jamais. Leurs prisons sont partout, du matin au soir ils ne font que changer de cellules. Qu'on pense à tous ces marseillais qui n'ont jamais vu la mer. Au XVIIIe siècle, Rousseau pouvait regretter la dénaturation de l'homme, déplorer qu'il se soit corrompu à mesure que les sciences et les techniques ont progressé. Quel discours tiendrait-il aujourd'hui ? On doit refuser vigoureusement de tout sacrifier sur l'autel du progrès scientifico-technique. Celui-ci doit systématiquement faire l'objet d'un tri rigoureux à l'aune des valeurs que nous défendons. « Notre monde a été amputé de ce qui faisait sa permanence : la nature, la mer, la colline, la méditation des soirs », notait Camus[639]. En 2020, il semble difficile de ne pas opérer le même constat *a fortiori*. L'homme est devenu méconnaissable. Mais on continuera de se battre, juridiquement et humainement, pour garder à la terre, à la nature et au soleil leur place essentielle au cœur de l'histoire. Plutôt que d'errer dans une tour d'ivoire imperméable ou dans des souterrains lugubres, gageons que l'on peut encore faire le choix d'une vie simple mais vraie, en harmonie avec notre environnement, qui seul nous nourrit et nous enrichit vraiment.

Le 7 novembre 2019, l'intelligence artificielle a découvert que la Terre tourne autour du Soleil[640]. Les hommes aussi devraient

---

[639] A. Camus, « L'été » (1954), in *Œuvres*, Gallimard, coll. Quarto, 2013, p. 1097.

[640] Communiqué publié dans la revue *Nature* le 7 novembre 2019, indiquant que « les réseaux de neurones peuvent être utilisés pour découvrir des concepts physiques sans aucun connaissance préalable ». L'information peut prêter à sourire, le principe de l'héliocentrisme étant connu depuis les travaux de Nicolas Copernic, exposés en 1533. Plus exactement, une IA a découvert seule que la Terre tourne autour du Soleil. Un réseau de neurones, surnommé « SciNet », fonctionnant à partir de données expérimentales, donc de simples observations objectives, a compris qu'il fallait placer le Soleil au centre du système solaire en fonction des mouvements de l'étoile et de la planète mars vus depuis la Terre. Selon ses auteurs, la portée de

redécouvrir qu'ils tournent autour du soleil. Dieu, c'est le soleil — ce que pensaient déjà les égyptiens, qui furent les croyants les plus pragmatiques, au temps d'Akhenaton. Le culte héliothéiste présente une autre légitimité que la plupart de ceux qui, pourtant, sont aujourd'hui l'opium du peuple, qui ne se maintiennent que grâce à l'inertie de la tradition, à la peur de la divergence, au suivisme aveugle et à la crédulité face à des ouï-dires. La solarisation des principes qui guident nos existences revêt une autre légitimité que la plupart de ceux qui sont à l'œuvre aujourd'hui, qui relèvent davantage de l'obscurantisme et de l'esclavage spirituel que du rayon lumineux qui éclaire et du nouveau souffle qui transporte. Mais on pourrait y ajouter le naturothéisme, après René Descartes et Baruch Spinoza qui définissaient Dieu comme « la nature » — « *Deus sive Natura* » (« Dieu, c'est-à-dire la Nature »)[641]. Finalement, la Nature, la Terre, le Soleil sont les seuls dieux avérés et universels. « Au pape et au prophète qui, réduisant tout à l'histoire, justifient la violence et sacrifient la liberté à l'étal d'une certaine vision de la justice, Camus répond par l'ambition majeure d'être un homme et d'aimer la vie avant d'en connaître le sens »[642]. Les hommes se sont « jetés dans une démesure inhumaine, niant la juste grandeur de la vie. Faute de mieux, ils se sont divinisés et leur malheur a commencé : leurs dieux ont les yeux crevés »[643]. Tel est le destin de l'homme qui vit lorsqu'il se transforme en homme qui croit puis en homme-dieu.

On peut être tenté, plutôt que par le dieu créateur stipulé du monothéisme, par une approche panthéiste faisant que Dieu est tout ce qui existe — un dieu pragmatique est quelque sorte, dans la veine de Saint Thomas qui affirmait ne croire qu'en ce qu'il pouvait voir de ses propres yeux ou toucher de ses

---

l'étude en question, qui doit paraître plus tard dans les *Physical Review Letters*, est que de telles IA pourraient à l'avenir découvrir de nouvelles lois de la physique, notamment en mécanique quantique qui connaît aujourd'hui beaucoup de contradictions, avant les hommes — mais en réalité, ces IA étant des outils fabriqués par les hommes, ces découvertes hypothétiques seraient plus exactement réalisées par des hommes au moyen de leurs outils les plus perfectionnés.

[641] R. Descartes, *Méditations métaphysiques*, 1641 ; B. Spinoza, *Traité théologico-politique*, 1670 ; B. Spinoza, *Éthique*, 1677.

[642] R. Enthoven, « Sagesses de l'amour », in A. Camus, *Œuvres*, Gallimard, coll. Quarto, 2013, p. 17.

[643] A. Camus, « L'Homme révolté (1951) », in *Œuvres*, Gallimard, coll. Quarto, 2013, p. 1079.

propres doigts —, qu'il n'est pas un être transcendantal distinct du monde, mais qu'il est l'intégralité du monde, qu'il est immanent, présent d'en la nature même plutôt que d'en être un principe extérieur intouchable. Telle était la conviction de Camus qui parlait de « ce monde dont je fais ma divinité »[644] — et sans doute était-il à sa manière héliothéiste tant il plaçait le soleil au cœur de ce monde. Voltaire demandait : « Comment se pourrait-il que cette grande et belle horloge n'ait pas d'horloger ? »[645]. Ce grand horloger n'est-il pas tout simplement la Terre, la Nature, le Soleil ? Voltaire était théiste, il n'acceptait aucune des religions « révélées » mais n'en croyait pas moins en l'existence d'une force supérieure créatrice de toute chose, d'un « Être suprême » agissant dans le domaine du visible, du factuel et de l'objectif, non stipulé métaphysiquement et donné en héritage sans aucun gage de véracité et dont le seul effet est d'amener les hommes à s'entretuer de manière ultra-violente[646]. Cette force supérieure et cet « Être suprême » ne sont-ils pas la Terre, la Nature, le Soleil ? Le panthéisme est un naturalisme, une pensée selon laquelle rien n'existe en-dehors de la nature et qui pourtant ne nie pas l'existence de Dieu, qui aime à ce point cette nature qu'elle la divinise. Ce n'en est pas moins, en réalité, une vision athée qui ne reconnaît aucun autre principe que les lois et les forces de la nature. C'est aussi une approche qui reconnaît que, si l'homme « a besoin de pain et de justice, et s'il faut faire ce qu'il faut pour satisfaire ce besoin, il a besoin aussi de la beauté pure, qui est le pain de son cœur »[647]. Or la beauté numérique ne peut pas être une beauté pure. Elle ne peut être, au mieux, qu'une beauté intermédiée, une beauté fictionnelle, une beauté désincarnée. Albert Camus luttait contre la paresse de l'intelligence, exaltait l'ivresse de la lucidité. Et il s'est encore plus opposé à la paresse du cœur : « S'il n'a jamais été fatigué de combattre, c'est qu'il n'a jamais été fatigué d'aimer »[648]. Finalement, ce n'est pas d'autre chose que d'amour dont nous avons besoin et que le monde des IA risque de nous priver. Et cela veut aussi dire qu'il nous faut, plus que du droit, de la

---

[644] A. Camus, « L'Envers et l'Endroit » (1937), in *Œuvres*, Gallimard, coll. Quarto, 2013, p. 93.

[645] Voltaire, *Les Cabales : œuvre pacifique*, 1772.

[646] V° « Théisme », in Voltaire, *Dictionnaire philosophique*, 1764.

[647] A. Camus, « Prométhée aux enfers » (1946), in *Œuvres*, Gallimard, coll. Quarto, 2013, p. 1119.

[648] J. Grenier, *Le Figaro littéraire* 26 oct. 1957.

sociologie ou de l'économie, de la philosophie car, si l'amour de la sagesse peut être un exercice de frustration permanente, la sagesse de l'amour est à la base du bien, du bon et de la justice et, si les hommes jetaient leur dévolu sur cette sagesse de l'amour plutôt que sur toute autre chose, ils vivraient mieux. L'amour est une mesure de l'énergie et, comme toute pensée, une question de caractère. « Il y a seulement de la malchance à n'être pas aimé. Il y a du malheur à ne point aimer », disait Camus[649].

Plus concrètement, la sagesse native de la triade Terre-Nature-Soleil devrait nous conduire à défendre, en même temps que l'esprit méditerranéen source de vie contre les doctrines totalisantes, rigoureuses, sclérosantes, une conception libertaire et néanmoins ordonnée du monde[650]. Camus expliquait ainsi : « La commune contre l'État, la société concrète contre la société absolutiste, la liberté réfléchie contre la tyrannie rationnelle, l'individualisme altruiste contre la colonisation des masses, sont les antinomies qui traduisent la longue confrontation entre la mesure et la démesure qui anime l'histoire de l'Occident depuis le monde antique »[651]. Et l'on comprend bien à quels pôles de ces antinomies il donnait sa préférence et auxquels il donnerait à plus forte raison sa préférence s'il était confronté au monde actuel. Dans le conflit entre l'histoire et la nature, on choisira sans histoire la nature, avec Camus. L'histoire est contingente et, surtout, parfois triste. La course pour la vie se déroule dans le cadre naturel, non dans le cadre historique. Or les techniques se placent entièrement du côté de l'histoire, en tant que produits humains factices. C'est pourquoi on ne saurait tout accepter de sa part et pourquoi on ne peut que se montrer réservé à son égard. La technique ne fait que poursuivre l'ouvrage de l'Église qui, depuis longtemps déjà, oublie son héritage méditerranéen, va dans le sens de l'histoire plutôt que dans celui de la nature, fait triompher le gothique sur le roman et, supprimant toute limite en elle-même, revendique la toute-puissance temporelle. Les instruments techniques servent ainsi non à contempler et admirer la nature mais à la transformer.

---

[649] A. Camus, « Retour à Tipasa », in *Œuvres*, Gallimard, coll. Quarto, 2013, p. 1136.

[650] M. Onfray, *L'ordre libertaire – La vie philosophique d'Albert Camus*, Flammarion, 2012.

[651] A. Camus, « L'Homme révolté (1951) », in *Œuvres*, Gallimard, coll. Quarto, 2013, p. 1074.

La révolte est le mouvement même de la vie. La nier, abandonner toute action pour s'enfermer dans la passivité et subir les événements sans jamais interférer sur leur cours, c'est renoncer à vivre même si, en apparence, on peut se laisser berner par l'illusion de jouir de la vie comme jamais, par exemple parce qu'on a un smartphone, une tablette numérique, un grand téléviseur et toutes sortes d'abonnements permettant de visualiser, comme des millions d'autres personnes partout dans le monde, les séries à la mode et de partager, comme des millions d'autres personnes partout dans le monde, les vidéos des « influenceurs » à la mode. La révolte, elle, « est amour et fécondité, ou elle n'est rien. La révolution sans honneur, la révolution du calcul qui, préférant un homme abstrait à l'homme de chair, nie l'être autant de fois qu'il est nécessaire, met justement le ressentiment à la place de l'amour. […] Les hommes d'Europe, abandonnés au nombre, se sont détournés du point fixe et rayonnant. Ils oublient le présent pour l'avenir, la croix des êtres pour la fumée de la puissance, la misère des banlieues pour une cité radieuse, la justice quotidienne pour une veine terre promise. Ils désespèrent de la liberté des personnes et rêvent d'une étrange liberté de l'espèce ; refusent la mort solitaire, et appellent immortalité une prodigieuse agonie collective. Ils ne croient plus à ce qui est, au monde et à l'homme vivant ; le secret de l'Europe est qu'elle n'aime plus la vie. […] Se lève la cohorte ricanante de ces petits rebelles, graines d'esclaves, qui finissent par s'offrir, aujourd'hui, sur tous les marchés d'Europe, à n'importe quelle servitude. Elle n'est plus révolte ni révolution, mais rancune et tyrannie. Alors, quand la révolution, au nom de la puissance et de l'histoire, devient cette mécanique meurtrière et démesurée, une nouvelle révolte devient sacrée, au nom de la mesure et de la vie. Nous sommes à cette extrémité. Au bout de ces ténèbres, une lumière pourtant est inévitable que nous devinons déjà et dont nous avons seulement à lutter pour qu'elle soit. Par-delà le nihilisme, nous tous, parmi les ruines, préparons une renaissance. […] [Voici] la seule règle qui soit originale aujourd'hui : apprendre à vivre et à mourir, et, pour être homme, refuser d'être dieu. […] Dans la lumière, le monde reste notre premier et notre dernier amour. Nos frères respirent sous le même ciel que nous, la justice est vivante. Alors naît la joie étrange qui aide à vivre et à mourir et que nous refuserons désormais de renvoyer à plus tard. Sur la terre douloureuse, elle est l'ivraie inlassable, l'amère nourriture, le vent dur venu des mers, l'ancienne et la nouvelle aurore. Avec elle, au long des combats, nous referons l'âme de ce temps »[652].

---

[652] *Ibid.*, p. 1078-1079.

Table des matières

Structures éditoriales du groupe L'Harmattan

L'Harmattan Italie
Via degli Artisti, 15
10124 Torino
harmattan.italia@gmail.com

L'Harmattan Hongrie
Kossuth l. u. 14-16.
1053 Budapest
harmattan@harmattan.hu

L'Harmattan Sénégal
10 VDN en face Mermoz
BP 45034 Dakar-Fann
senharmattan@gmail.com

L'Harmattan Congo
67, boulevard Denis-Sassou-N'Guesso
BP 2874 Brazzaville
harmattan.congo@yahoo.fr

L'Harmattan Cameroun
TSINGA/FECAFOOT
BP 11486 Yaoundé
inkoukam@gmail.com

L'Harmattan Mali
ACI 2000 - Immeuble Mgr Jean Marie Cisse
Bureau 10
BP 145 Bamako-Mali
mali@harmattan.fr

L'Harmattan Burkina Faso
Achille Somé – tengnule@hotmail.fr

L'Harmattan Togo
Djidjole – Lomé
Maison Amela
face EPP BATOME
ddamela@aol.com

L'Harmattan Guinée
Almamya, rue KA 028 OKB Agency
BP 3470 Conakry
harmattanguinee@yahoo.fr

L'Harmattan Côte d'Ivoire
Résidence Karl – Cité des Arts
Abidjan-Cocody
03 BP 1588 Abidjan
espace_harmattan.ci@hotmail.fr

L'Harmattan RDC
185, avenue Nyangwe
Commune de Lingwala – Kinshasa
matangilamusadila@yahoo.fr

Nos librairies en France

Librairie internationale
16, rue des Écoles
75005 Paris
librairie.internationale@harmattan.fr
01 40 46 79 11
www.librairieharmattan.com

Librairie des savoirs
21, rue des Écoles
75005 Paris
librairie.sh@harmattan.fr
01 46 34 13 71
www.librairieharmattansh.com

Librairie Le Lucernaire
53, rue Notre-Dame-des-Champs
75006 Paris
librairie@lucernaire.fr
01 42 22 67 13

www.ingramcontent.com/pod-product-compliance
Lightning Source LLC
LaVergne TN
LVHW011218061026
849535LV00001BA/78
9782140265143